Arbeiter- und Soldatenräte im
rheinisch-westfälischen Industriegebiet

Sonderausgabe für die
Teilnehmer am Schülerwettbewerb 1975
um den
Gustav-Heinemann-Preis
»Vom Kaiserreich zur Republik 1918/19«

Anerkennungsgeschenk
der
Kurt A. Körber Stiftung

Arbeiter- und Soldatenräte im rheinisch-westfälischen Industriegebiet

Arbeiter- und Soldatenräte im rheinisch-westfälischen Industriegebiet

Studien zur Geschichte der Revolution 1918/19

Mit einem Vorwort von Gustav Walter Heinemann

Herausgegeben von Reinhard Rürup

Peter Hammer Verlag, Wuppertal

© Peter Hammer Verlag, Wuppertal 1975
Alle Rechte vorbehalten
Umschlag: Winkelschmidt
Umschlagfoto: Ullstein-Gircke
Gesetzt in der Linotype Garamond
Gesamtherstellung: Hans Kock, Buch- und Offsetdruck, Bielefeld
ISBN: 3 87294 088 0

Gustav-Heinemann-Preis

Vorwort

Dieses Buch behandelt einen Zeitabschnitt unserer Geschichte, der in der Forschung umstritten ist. So wie dieses Werk es versucht, haben auch Sie als Teilnehmer des Wettbewerbs 1975 mit Ernst und Eifer zur Aufhellung freiheitlicher Bestrebungen in unserer Geschichte beigetragen.
Mit Freude habe ich in einigen Wettbewerbsbeiträgen gelesen, deren Ergebnisse mich dabei oft überraschten und die mir halfen, Lücken meiner Kenntnisse über die damaligen Ereignisse zu schließen.
Nehmen Sie dieses Buch als Dank für Ihre Teilnahme, als Anerkennung für Ihre Leistung und als Anreiz für weitere Beschäftigung mit der Geschichte deutscher Freiheitsbewegungen.
Es waren nicht immer nur die großen Männer, die Geschichte machten, sondern vor allem auch die einfachen Menschen, die z. B. als Arbeiter- und Soldatenräte dafür kämpften und ihr Leben einsetzten, daß das deutsche Volk politisch mündig und moralisch verantwortlich sein Leben und seine Ordnung selbst gestalten kann. Siebzig Jahre nach der niedergeschlagenen 1848/49 er Revolution standen die Fragen nach den Grundrechten der Menschen noch einmal auf der Tagesordnung der Geschichte.
Und noch heute liegt es in unser aller Hand, das Angebot unseres Grundgesetzes ernst zu nehmen und für die folgerichtige Verwirklichung dieser Rechte in Mitverantwortung für die Gesellschaft zu sorgen.

am 15. 5. 1975   Gustav Walter Heinemann

Reinhard Rürup: Einleitung

I.

Die Geschichte der deutschen Revolution von 1918/19, die jahrzehntelang von der Geschichtswissenschaft kaum beachtet wurde, ist seit etwa zehn bis fünfzehn Jahren zu einem der zentralen Themenbereiche zeitgeschichtlicher Forschung geworden. Die Ergebnisse dieser wissenschaftlichen Arbeit machen es möglich, die Probleme und Ereignisse der Revolutionszeit heute sehr viel genauer und differenzierter zu erkennen, als es aufgrund älterer Darstellungen und der zeitgenössischen Diskussion scheinen mochte. Obwohl die Hauptlast der Forschung zweifellos von Historikern der Bundesrepublik und der DDR getragen wird, handelt es sich keineswegs nur um eine innerdeutsche Diskussion: auch amerikanische, englische und sowjetische Autoren haben wichtige Untersuchungen veröffentlicht, in denen nicht nur Detailfragen behandelt, sondern auch allgemeine Probleme des Verlaufs und Charakters der Revolution herausgearbeitet werden[1]. Während von der westdeutschen Wissenschaft trotz zahlreicher grundlegender Monographien und Quelleneditionen bislang keine neuere Gesamtdarstellung unternommen worden ist, liegen solche Werke inzwischen nicht nur von Historikern der DDR, sondern auch der Sowjetunion und einiger westlicher Länder vor[2]. In der Bundesrepublik hat nicht zuletzt deshalb die verdienstvolle, durch die neuere Forschung in entscheidenden Thesen jedoch längst überholte Darstellung Arthur Rosenbergs bis heute den Rang eines Standardwerkes behaupten können[3].

Es liegt auf der Hand, daß bei einer Revolution, deren Frontstellungen unübersehbar mit zeitgeschichtlichen Erfahrungen und politischen Überzeugungen auch unserer Gegenwart verbunden sind, von der Forschung kein einheitliches, in wesentlichen Punkten allgemein akzeptiertes Bild der geschichtlichen Ereignisse erwartet werden kann. Dennoch lassen sich einige allgemeine Resultate der internationalen Forschung nennen, die zumindest weithin Anerkennung gefunden haben und als relativ gesicherte Erkenntnisse gelten können. So ist heute zunächst einmal so gut wie unbestritten, daß im Winter 1918/19 tatsächlich politische Entscheidungen gefallen sind, die für das Schicksal der parlamentarischen Demokratie in Deutschland, der deutschen und internationalen Arbeiterbewegung und – im Hinblick auf die »Machtergreifung« des Nationalsozialismus – für die allgemeinen weltgeschichtlichen Entwicklungen unseres Jahrhunderts von grundlegender Bedeutung sind. Gewiß wird die Reichweite dieser Entscheidungen unterschiedlich eingeschätzt, aber es besteht kein Zweifel, daß die strukturelle Schwäche der Weimarer Republik wesentlich aus ihrer politischen Entstehungsgeschichte resultierte und keineswegs allein auf die Belastungen durch die militärische Niederlage und weltweite wirtschaftliche Krisen zurückgeführt werden kann. Ähnliches gilt für die fundamentale Schwäche der gespaltenen Arbeiterbewegung in den Jahren der Republik, die sich zu nicht geringen Teilen aus dem Scheitern der sozialdemokratischen Revolution und der gleichzeitigen militärischen Unterdrückung oppositioneller Arbeitermassen durch die Führung der Sozialdemokratie erklären läßt.

Auch die in älteren Darstellungen vorherrschende These, daß während der Revolution die größte Gefahr von links gedroht habe, hat mit jeder aus den Quellen gearbeiteten Untersuchung immer mehr an Boden verloren. Selbst die DDR-Forschung stellt bei aller Überbetonung der Aktivitäten des Spartakusbundes nicht mehr in Abrede, daß es sich bei den Kommunisten im Winter 1918/19 nur um eine zahlenmäßig äußerst schwache, organisatorisch und auch ideologisch noch ungefestigte Gruppierung handelte, die nur einige wenige lokale Schwerpunkte ausbilden konnte, insgesamt aber in keiner Weise der Massenbewegung ihren Stempel aufzudrücken vermochte. Obwohl die »Bolschewismusfurcht« in der sozialdemokratischen Führung zweifellos eine erhebliche Rolle spielte, stellte der »Bolschewismus« angesichts der eindeutig sozialdemokratischen Massenstimmung für die Politik der Volksbeauftragten offensichtlich keine reale Gefahr dar[4]. Die Arbeiter- und Soldatenräte – auch das ist ein weithin akzeptiertes Ergebnis der neueren Forschung – waren im November/Dezember 1918 fast ausnahmslos den neuen Regierungen gegenüber völlig loyal; sie verstanden sich als Träger und Organe der Revolutionsregierungen und waren in ihrer überwältigenden Mehrheit in Zielvorstellungen und Praxis bemerkenswert gemäßigt. Angesichts des inzwischen erdrückenden Materials gegen die verbreiteten Vorstellungen vom »roten Terror« und der revolutionären Mißwirtschaft der Arbeiter- und Soldatenräte besteht heute eher die umgekehrte Gefahr, daß mit der Rehabilitierung der Rätebewegung gegenüber früheren Verurteilungen die in ihnen ungeachtet aller Mäßigung durchaus vorhandene revolutionäre Substanz, der entschiedene und konkrete Wille zur Veränderung, aus dem Blick gerät[5].
Tatsächlich hatten die Arbeiter- und Soldatenräte nicht nur für einige Wochen die militärische und politische Macht in Händen, sondern sie hatten auch ein trotz ihres spontanen Ursprungs relativ einheitliches politisches Programm, das in den Wochen nach dem Staatsumsturz immer klarere

Formen annahm. Ihr Ziel war eine alle gesellschaftlichen Bereiche durchdringende parlamentarisch-demokratische Neuordnung, eine »Demokratisierung« vor allem des Heeres, der Verwaltung und der Wirtschaft – wobei die Sozialisierung der großen Industrie als selbstverständlich, aber angesichts der akuten Demobilisierungs- und Versorgungsprobleme nicht als vordringlich gegenüber anderen Maßnahmen angesehen wurde. Dabei bedeutete die grundsätzliche Entscheidung für die Nationalversammlung und ein parlamentarisches System nicht, daß alle Entscheidungen über den Demokratisierungsprozeß der Nationalversammlung vorbehalten sein sollten. Vielmehr erwartete man von den Regierungen sofortige und entschiedene Initiativen, um die mit dem Umsturz errungenen Machtverhältnisse zu sichern und das Wiedererstarken reaktionärer Kräfte unmöglich zu machen. Der Beginn einer demokratischen Neuordnung kraft revolutionären Rechts – das war das Programm der Arbeiter- und Soldatenräte. Man begnügte sich deshalb in der Regel zunächst auch damit, die zivilen und militärischen Behörden zu kontrollieren, ohne direkte Eingriffe in die überkommenen Strukturen vorzunehmen[6].

Spätestens ab Mitte Dezember war es freilich endgültig klar, daß die gegenrevolutionären Kräfte in allen Bereichen wieder erstarkten, ohne daß die Regierungen bereit gewesen wären, endlich entschiedene Reformmaßnahmen zur Sicherung der revolutionären Machtpositionen und zur Einleitung des Demokratisierungsprozesses durchzuführen. Der erste Reichskongreß der Arbeiter- und Soldatenräte, der vom 16. bis 20. Dezember in Berlin tagte und die Rechte eines Revolutionsparlamentes in Anspruch nahm, bedeutete hier eine entscheidende Weichenstellung. Der mit großer Mehrheit gefaßte Beschluß, die Wahlen zur verfassunggebenden Nationalversammlung bereits am 19. Januar durchzuführen, bekräftigte nicht nur die längst vorher erkennbare Entscheidung der Räte für ein parlamentarisches System, sondern machte zugleich unübersehbar deutlich, daß die revolutionäre Übergangszeit vor dem Zusammentritt der souveränen Nationalversammlung nicht im Sinne der Erwartungen der Massenbewegung genützt werden würde. Die sozialdemokratisch dominierte Regierung der Volksbeauftragten verfolgte vielmehr konsequent eine Politik des reinen »Übergangs«, d. h. der aktuellen Krisenbewältigung, ohne jeden Vorgriff auf die strukturelle Neuordnung der gesellschaftlichen und politischen Verhältnisse, die von ihr zum alleinigen Recht der Nationalversammlung – wie auch immer die Wahlen ausfallen mochten – erklärt wurde. Noch während des Kongresses wurde für jedermann unmißverständlich erkennbar, daß die SPD-Führung weder in der Sozialisierungsfrage ernsthafte Schritte ergreifen wollte, noch in der Militärfrage bereit war, die eindeutigen Kongreßbeschlüsse hinsichtlich der Überwindung des Militarismus und der Demokratisierung des Heeres auszuführen. Sie entschied sich stattdessen zu einer – unter diesen Umständen bereits deutlich voraussehbaren – Politik der Konfrontation mit der Massenbewegung, selbst um den Preis des Bündnisses mit dem alten Offizierskorps. Damit war die Entscheidung über das Schicksal der Revolution, über die Chancen einer tiefergreifenden demokratischen Neuordnung praktisch gefallen. Die Massenbewegung hätte in dieser Situation ihre Ziele nur noch durch den Sturz der Regierung, durch eine entschiedene Radikalisierung und ein Weitertreiben der Revolution im Sinne einer zumindest vorübergehenden Klassendiktatur erreichen können. Zu einer solchen offensiven Politik aber fehlten ihr alle Voraussetzungen. Die Mehrheit war nicht bereit, grundsätzlich von einer Politik der demokratischen Reformen in Zusammenarbeit mit der Regierung abzugehen, und trotz aller Kritik an der Politik der SPD-Führung kam den parteipolitischen Bindungen innerhalb einer gespaltenen Arbeiterbewegung auch jetzt noch erhebliches Gewicht zu. Seit Anfang Januar radikalisierten sich die Massenbewegungen und -kämpfe zwar in allen Teilen Deutschlands, aber es blieben – einschließlich der zunächst scheinbar erfolgreichen Sozialisierungsbewegung – ohnmächtige Protestaktionen und Abwehrkämpfe, die von der Regierung durchweg militärisch niedergeworfen wurden. Für die SPD-Regierung aber bedeutete dieses Scheitern der Revolution letztlich auch ein Scheitern ihrer eigenen Politik: sie verlor ihre Massenbasis und geriet in zunehmende Abhängigkeit von konservativen und reaktionären Kräften. Die Nationalversammlung bot in ihrer tatsächlichen Zusammensetzung nur noch sehr geringe und faktisch kaum wahrgenommene Chancen, wenigstens einzelnes von dem wiedergutzumachen, was in der revolutionären Übergangszeit an Entscheidungen versäumt worden war[7]. Das Militär hatte sich inzwischen trotz seiner Entmachtung im November und der Demobilmachung in bemerkenswertem Tempo wieder zu einem innenpolitischen Machtfaktor entwickelt, dessen Gewicht durch die bürgerkriegsartigen Kämpfe und ihre politischen Folgen ständig zunahm. Die Bürokratie war institutionell und personell im wesentlichen unverändert: angesichts des Ausbleibens entschiedener Reformen hatte die politische Kontrolle durch die Arbeiter- und Soldatenräte sich praktisch stabilisierend im Sinne der Verwaltungsbehörden ausgewirkt, da sie im Augenblick der Krise dadurch funktionsfähig erhalten und vor weitergehenden Eingriffen geschützt worden waren. Auch die Großindustrie, die durch Kriegspolitik und wirtschaftliche Demobilmachung in ihrer privatwirtschaftlichen Struktur ganz unabhängig von allen sozialistischen Bestrebungen erheblich gefährdet schien, da bis weit in das bürgerliche Lager Vorstellungen von einer notwendigen »gemeinwirtschaftlichen« Neuordnung der Wirtschaft verbreitet waren, hatte sich bereits so weit wieder gefestigt, daß alle Versuche, wenigstens Teile der Grundstoffindustrie zu sozialisieren, nur noch halbherzig unternommen wurden und erfolglos blieben. Die Revolution war steckengeblieben und damit gescheitert – und es war nur konsequent, daß von führenden Sozialdemokraten schon bald nicht nur ihre positiven Möglichkeiten bestritten, sondern sogar ihre Existenz geleugnet wurde. Die erfolglose, gescheiterte Revolution wurde, soweit nicht von rechts gegen die »Novemberverbrecher« polemisiert wurde, binnen weniger Jahre mit bemerkenswertem Erfolg aus dem Bewußtsein der Mit- und Nachwelt verdrängt. Lediglich die KPD pflegte, ebenfalls in polemischer Frontstellung gegen die SPD und den Weimarer Staat, bewußt die Erinnerung an die revolutionären Kämpfe[8].

II.

Auch heute, über ein halbes Jahrhundert nach den Ereignissen, ist die Revolution von 1918/19 noch immer ein Politikum. Diese Feststellung mag auf den ersten Blick überraschen, da, zumal in der Bundesrepublik, das öffentliche Interesse an dieser Revolution noch immer sehr schwach entwickelt ist. Dennoch kann wohl kaum bestritten werden, daß es sich hier nicht um ein Stück abgelebter Vergangenheit handelt, sondern daß Vergangenheit und Gegenwart gerade im Hinblick auf diese Revolution in einem – wenn auch überwiegend indirekten und dazu vielfach unbewußten – Wechselverhältnis stehen. Die Interpretation der Revolution ist in hohem Maße von den politischen Interessen und Kategorien des jeweils Urteilenden abhängig, ebenso wie andererseits die Bedeutung der Revolution für das politische Selbstverständnis unserer Gegenwart nicht unterschätzt werden darf.

Daß sich in den beiden deutschen Staaten ein höchst unterschiedliches Verhältnis zur Revolution von 1918/19 entwickelt hat, ist offenkundig. In der DDR wird die Revolution ungeachtet ihres Scheiterns als einer der Höhepunkte demokratischer und sozialistischer Bestrebungen in der deutschen Geschichte gewertet, während in der Bundesrepublik eine politische Traditionsbestimmung, die sich auf eine kritische Rezeption der demokratisch-sozialistischen Impulse der revolutionären Bewegungen im »Übergang vom Kaiserreich zur Republik« begründen würde, bis heute fehlt, wenn auch die zunächst durchweg negative Einschätzung der Revolutionsereignisse inzwischen einer differenzierteren Beurteilung gewichen ist[9]. Es ist bemerkenswert, daß selbst ein so engagierter Anwalt der Pflege freiheitlich-demokratischer Traditionen in Deutschland wie der sozialdemokratische Bundespräsident Gustav Heinemann 1974 bei der Eröffnung der »Erinnerungsstätte für die Freiheitsbewegungen in der deutschen Geschichte« in Rastatt neben dem Bauernkrieg von 1524/25 und der Revolution von 1848/49 zwar die Stedinger Bauern des 13. Jahrhunderts oder die Salpeterer des frühen 18. Jahrhunderts erwähnte und auf das studentische Wartburgfest von 1817 ebenso wie auf die demokratisch-liberale Massendemonstration des Hambacher Festes von 1832 hinwies, mit den Jahren 1918 und 1919 aber lediglich den »Zusammenbruch« des Kaiserreiches und die Entstehung der Weimarer Verfassung verband[10]. Das könnte natürlich ein bloßer Zufall sein, scheint aber symptomatisch. Denn auch der Deutsche Bundestag, der 1965 eine Feierstunde zum 150. Geburtstag Bismarcks veranstaltete, sah 1968 oder 1969 keine Veranlassung, der »Novemberrevolution« oder etwa der Eröffnung der Nationalversammlung offiziell zu gedenken, während dem hundertsten Jahrestag der Reichsgründung von 1871 dann wieder vielfältige offizielle Aufmerksamkeit zuteil wurde[11].

Die Schwierigkeiten der Traditionsbestimmung, der politischen Verortung der Revolution von 1918/19 in der deutschen Geschichte, sind bis heute im wesentlichen Schwierigkeiten der deutschen Sozialdemokratie. Für Konservative und Reaktionäre aller Schattierungen bedarf es selbst nach der historischen Erfahrung von Nationalsozialismus und Faschismus offensichtlich noch immer keiner langen Begründung, daß revolutionäre Bewegungen grundsätzlich abzulehnen bzw. zu bekämpfen sind, und zwar völlig ungeachtet der jeweiligen Zielvorstellung. Im Lager der Liberalen und der bürgerlichen Demokraten hat es zwar schon bei den Zeitgenossen nicht an Stimmen gefehlt, die warnend auf das Zuwenig an Revolution bei der Begründung der demokratischen Republik hinwiesen und eine tiefere Einsicht in den Charakter der revolutionären Massenbewegung entwickelten; insgesamt überwog jedoch auch hier bis heute die Furcht nicht nur vor dem »Bolschewismus«, sondern auch vor einer Herrschaft der konsequenten Sozialdemokratie. Unproblematisch ist das Verhältnis zur Revolution schließlich auch für die KPD und heute für die SED: für sie beweist die gescheiterte Revolution nicht nur die Notwendigkeit einer sozialistischen Neuordnung in Deutschland, sondern zugleich die Unfähigkeit bzw. den »Verrat« der Sozialdemokratie, die damit endgültig ihren Führungsanspruch innerhalb der Arbeiterklasse verloren habe. Darüber hinaus gilt die Revolution mit der in ihrem Verlauf erfolgten Gründung der Kommunistischen Partei als wesentlicher Ausgangspunkt – natürlich immer im Schatten der »Großen Sozialistischen Oktoberrevolution« – aller weiteren fortschrittlichen Entwicklungen bis hin zur Gründung der DDR und dem Aufbau des Sozialismus. Die »Novemberrevolution« wird somit von der DDR in besonderer Weise als Erbe und Auftrag akzeptiert, und es ist alles andere als zufällig, daß die dort Mitte der fünfziger Jahre geführte lebhafte Diskussion um den Charakter und die Ergebnisse der Revolution schließlich nicht durch die Wissenschaft, sondern durch die Partei entschieden wurde: die 1958 beschlossenen »Thesen« des Zentralkomitees der SED zur Revolution sind bis heute verbindlich[12]. Ausdrücklich wird die gesellschaftliche Wirklichkeit der DDR als Erfüllung der enttäuschten Hoffnungen von 1918/19 interpretiert: »Mit Stolz können wir sagen: Bei uns sind alle Lehren der Novemberrevolution gezogen worden«[13]. Damit wird aber das Vermächtnis der Revolution nicht nur exklusiv für den Marxismus-Leninismus reklamiert, es wird zugleich auch ganz offen konkreten politischen Entscheidungen der Parteiführung dienstbar gemacht – bis hin zur Rechtfertigung des Einmarsches der Warschauer Pakt-Truppen in die Tschechoslowakei aus den »Lehren« von 1918/19. So heißt es in der maßgebenden Veröffentlichung zum fünfzigsten Jahrestag der Revolution in aller Deutlichkeit: »Wir haben aus der Geschichte gelernt. Der 21. August 1968 hat erneut bestätigt: Der Sozialismus gibt dem Imperialismus keinen Meter Raum preis«[14].

Die deutschen Sozialdemokraten hatten dagegen von Anfang an ein sehr viel komplizierteres, gebrochenes Verhältnis zur Revolution. »Die einen haben uns entrüstet vorgeworfen, daß wir Sozialdemokraten *eine Revolution,* die anderen ebenso entrüstet, daß wir *keine Revolution* gemacht hätten«, schrieb Ernst Fraenkel am 9. November 1943 in der deutschsprachigen New Yorker »Neuen Volkszeitung«, als er in einem Artikel der gerade 25 Jahre zurückliegenden Ereignisse gedachte; er setzte hinzu: »In diesem Vorwurf spiegelt sich die Logik eines Umsturzes wider, der eine *politische Umwälzung* herbeiführte, aber eine *soziale Revolution* vermied. Und weil der Neunte November somit eine halbe Revolution war – unter den besonderen Verhältnissen des verlorenen Krieges damals nichts anderes sein konnte – ist uns vierzehn Jahre später eine ganze Niederlage bereitet worden.«[15] Läßt man hier einmal die Frage beiseite, ob die Revolution tatsächlich nur eine »halbe« sein konnte, so scheinen in dieser Analyse zwei Punkte deutlich herausgearbeitet, die für ein Verständnis der politischen Entwicklungen in Deutschland besonders wichtig sind: einmal der Zusammenhang der scheiternden, nicht weit genug geführten Revolution mit der strukturellen Schwäche der Republik und der »Machtergreifung« des Nationalsozialismus, zum andern das spezifische Dilemma einer Partei, deren Anhänger die Revolution »gemacht« haben und deren Führer durch sie an die Macht gebracht worden sind, ohne jedoch die Revolution als Basis ihres politischen Handelns und der neu zu schaffenden gesellschaftlich-politischen Ordnung zu akzeptieren.

Der Hinweis auf 1933 ist noch immer wichtig genug, da er dazu beitragen kann, gerade im Hinblick auf das Ende der Republik und seine welthistorischen Folgen die Fragen nach den Chancen und Risiken einer entschiedeneren demokratisch-sozialistischen Neuordnung während der Revolution noch einmal neu zu überdenken. Tatsächlich hat die SPD-Führung im Winter 1918/19 in erster Linie eine Politik der Risikovermeidung betrieben, indem sie alle Entscheidungen, die die unübersehbaren Gefahren eines innenpolitischen Chaos noch hätten vergrößern können, grundsätzlich vertagte. Für eine solche Politik gab es gewichtige Gründe, und man wird nicht bestreiten können, daß eine energische Demokratisierung des Militärs, der Bürokratie und der Wirtschaft wahrscheinlich die Übergangsprobleme verschärft und die Versorgung und Sicherheit der Bevölkerung erhöhten Belastungen ausgesetzt hätte. Andererseits kann jedoch ebenso wenig geleugnet werden, daß der Republik später eben jenes demokratische Fundament fehlte, das nur während der Revolutionszeit hätte geschaffen werden können. Keine Revolution ist ohne Risiken möglich, und die Chance einer grundsätzlichen Neuordnung ergibt sich in der Regel nicht in Zeiten der gesellschaftlichen Stabilität und des allgemeinen Wohlergehens, sondern vielmehr angesichts schärfster Krisen, die durch innere Konflikte, äußere Niederlagen oder eine Kombination von beidem verursacht werden – insofern unterschied sich die Situation im Winter 1918/19 in Deutschland durchaus nicht prinzipiell von den Ausgangsbedingungen anderer, erfolgreicher Revolutionen. Der Bürgerkrieg, den zu vermeiden man weitgehende Kompromisse mit den Funktionsträgern des alten Systems schloß, fand schließlich doch statt: er wurde nun allerdings von den sozialdemokratischen Regierungen gegen große Teile der revolutionären Massenbewegung und ihrer eigenen Anhänger geführt. Wie ehrenwert auch immer die Motive für eine Politik der Revolutionsverleugnung gewesen sein mögen – im Lichte der nachfolgenden Entwicklungen erweist sich die Strategie der Nicht-Revolution als kurzsichtig und verhängnisvoll.

Abgesehen von der strukturellen Schwäche der Weimarer Demokratie geriet durch diese Politik vor allem auch die Sozialdemokratie langfristig in eine schwierige Lage. Seit dem Frühjahr 1919 – in einer Regierungskoalition mit bürgerlichen Parteien, ohne Mehrheit für eine sozialistische oder auch nur konsequent demokratische Politik – saß die SPD praktisch zwischen zwei Stühlen. Die Erinnerung an die von ihr scheinbar geführte, dann vorzeitig abgestoppte und schließlich militärisch niedergeschlagene Revolution wurde zu einer Belastung der sozialdemokratischen Politik, die sie bald dadurch zu verringern suchte, daß sie die Revolution einfach weginterpretieren und zu einem durch den Zusammenbruch des Kaiserreiches unvermeidlichen bloßen Zwischenspiel umzustilisieren versuchte. Die

Aufgabenstellungen der Revolutionsregierungen wurde im Nachhinein auf bloßes Krisenmanagement und die Abwehr des »Bolschewismus« verkürzt, wodurch nicht nur die Unterdrückung revolutionärer Bestrebungen, sondern auch das Bündnis mit den konservativen Kräften gerechtfertigt werden sollten[16]. Der 9. November war in dieser Sicht nicht der Beginn einer Revolution, sondern Höhe- und Schlußpunkt eines durch äußere Faktoren erzwungenen Machtwechsels, so daß die weiterdrängenden Bewegungen dann allzu leicht als Revolten gegen die neuen, durchweg sozialdemokratisch geführten Regierungen gewertet werden konnten. Damit aber war der Sozialdemokratie ein positives Verhältnis zu der von den eigenen Anhängern getragenen revolutionären Massenbewegung auch für die Zukunft außerordentlich erschwert, da ein solches Verhältnis notwendigerweise eine kritische Auseinandersetzung mit der Politik der eigenen Parteiführung in den Revolutionsmonaten zur Voraussetzung hatte. Die Erfahrungen des Stalinismus und später dann des »Kalten Krieges« verschärften die Frontstellungen gegenüber dem Kommunismus und ließen eine gelegentlich auflebende Kritik an der 1918/19 eingeschlagenen Politik kaum zum Zuge kommen. Die Versuchung war groß, die Niederlage im Ringen um eine demokratische Ordnung nachträglich in einen frühen Sieg im Kampf zwischen »Totalitarismus« und Demokratie zu verwandeln.

»Was immer man auch sonst vom 9. November 1918 halten mag«, schrieb Ernst Fraenkel in dem bereits zitierten Artikel von 1943, »jenes Ereignis wird geschichtsbildende Kraft behalten. Ein Volk, das einmal in kritischer Stunde sein Geschick in seine eigene Hand genommen hat, wird auf die Dauer niemals wieder entmündigt werden.«[17] Das war – ganz abgesehen von den Anklängen an Kants Urteil über die Französische Revolution – unter den gegebenen Verhältnissen gewiß eine kühne Behauptung, ja eigentlich eher eine Beschwörung. Die grundsätzliche Bedeutung dieser These aber liegt darin, daß sie die Möglichkeit eines positiven Verständnisses der Revolution auch im Rahmen sozialdemokratischer Politik andeutete und darüber hinaus ganz allgemein auf die politische Bedeutung kollektiver Erinnerung, eines lebendigen, an freiheitlichen Traditionen orientierten Geschichtsbildes hinwies. Es ist aus der Geschichte anderer Nationen bekannt, welches politische Gewicht den im Bewußtsein des Volkes fest verankerten Traditionen des Kampfes um Recht und Freiheit, der volkstümlichen Freiheitsbewegungen und der revolutionären Erhebungen zukommt, und es ist nicht einzusehen, warum eine demokratische Ordnung in Deutschland auf solche Traditionen verzichten sollte. Die Revolution von 1918/19 war, wie die neuere Forschung eindeutig nachgewiesen hat, von einer breiten demokratischen Massenbewegung – vornehmlich in der Arbeiterklasse, aber auch über sie hinausgreifend – getragen, deren Ziel eine

freiheitlich-demokratische, in allen Bereichen der Gesellschaft fest verankerte Republik war. Es war einer der wenigen Augenblicke in der deutschen Geschichte, in denen ein mündiges, politisch verantwortliches Volk den Versuch unternahm, die alten Unterdrückungsmechanismen zu zerstören und eine neue demokratische Gesellschaft – den sozialen »Volksstaat«, wie man es damals gern nannte – zu verwirklichen. Das wird auch nicht dadurch verkleinert, daß im Augenblick der Erhebung das alte System sich fast widerstandslos aufgab, daß die politische Macht ergriffen werden konnte, aber kaum erobert werden mußte. Der Verzicht auf Terror, die Verpflichtung gegenüber demokratischen Grundsätzen (bis hin zur politischen Selbstaufgabe) kennzeichnen den Charakter dieser Bewegung, die durchaus den bürgerlichen Volksbewegungen von 1848/49 – die zum Teil wesentlich gewaltsamer waren – an die Seite gestellt werden kann.
Auch 1848/49 ist eine Revolution in Deutschland gescheitert, und es hat lange gedauert, ehe dieser bürgerlichen Revolution trotz ihrer unübersehbaren Schwächen die gebührende Anerkennung in breiten Schichten des deutschen Volkes zuteil geworden ist. Hinsichtlich der Revolution von 1918/19 hat dieser Prozeß der Wiederentdeckung und Umwertung gerade erst begonnen, es scheint jedoch möglich und nötig, daß auch ihr künftig ein zentraler Platz im demokratischen Geschichtsbild des deutschen Volkes eingeräumt wird. Eine der Grundvoraussetzungen dafür ist allerdings ein bereinigtes Verhältnis der deutschen Sozialdemokratie zu »ihrer« Revolution. Die Einsicht, daß die sozialdemokratische Führung 1918/19 zu viel Energie darauf verwandt hat, um Massenbewegungen ihrer eigenen Anhänger (und weiter links stehender Gruppierungen) niederzuhalten, aber zu wenig getan hat, um die im Sinne sozialdemokratischer Politik notwendigen Änderungen durchzusetzen bzw. dauerhaft zu stabilisieren, könnte auch in der Gegenwart dazu beitragen, angemessene und selbstbewußte politische Strategien zu entwerfen. Dabei geht es durchaus nicht um eine grundsätzliche Entscheidung zwischen Reform und Revolution, sondern um die Erkenntnis, daß auch die Politik der Vermeidung des Risikos ihre Risiken in sich trägt, daß auch Reformen nur im Rahmen einer entschlossenen, risikobereiten Politik möglich sind. Die kritische Aufarbeitung der Revolution könnte schließlich auch die Einsicht vertiefen, daß sozialdemokratische Politik keineswegs nur nach links abgegrenzt, sondern nach rechts durchgesetzt werden muß.

III.

Angesichts der Intensität der neueren Revolutionsforschung ist es auffällig, daß bislang keine Untersuchung von Problemen und Verlauf der Revolution im rheinisch-westfälischen Industriegebiet vorliegt, obwohl auch die Zahl der regional- und lokalgeschichtlichen Studien inzwischen nicht unbeträchtlich ist[18]. Das dürfte zum Teil daran liegen, daß die wirtschaftlichen und sozialstrukturellen Voraussetzungen der Revolution insgesamt bisher wenig erforscht worden sind und daß gerade für das westdeutsche Industriegebiet die notwendigen Vorarbeiten noch weitgehend fehlen[19]. Außerdem hat sich die neuere Forschung zunächst stark auf die im engeren Sinne politischen Aspekte und Entscheidungssituationen konzentriert. Hinzu kommen die besonderen Schwierigkeiten, die sich bei der Untersuchung einer Industrieregion ergeben, die nicht ganz eindeutig in ihren Grenzen ist, zu verschiedenen Verwaltungseinheiten gehört, auch kein eigenes politisches Zentrum hat. Es handelt sich um eine Wirtschaftsregion, deren Kern das schwerindustrielle Ruhrgebiet – auch das ist in seiner Ausdehnung nicht ganz eindeutig – bildet, zu dem aber auch Teile des Niederrheins und das Bergische Land zu rechnen sind. Als Teil des Staates Preußens gehörte das Industriegebiet teils zur Rheinprovinz, teils zur Provinz Westfalen; die zuständigen Verwaltungseinheiten waren der rheinische Regierungsbezirk Düsseldorf und die westfälischen Regierungsbezirke Arnsberg und Münster, die jeweils auch weite agrarische Gebiete einschlossen. Selbst bei den Arbeiterparteien gab es keine einheitliche Organisation für den Industriebezirk, sondern – bei den Unabhängigen Sozialdemokraten ebenso wie schon vorher bei der SPD – die Parteibezirke Niederrhein einerseits, Westliches Westfalen andererseits. Es fehlte der Mittelpunkt, auf den hin sich Demonstrationen und Protestbewegungen orientieren, das Zentrum, in dem regionale Machtfragen entschieden werden konnten. Lediglich im militärischen Bereich gab es, abgesehen von einigen westlichen Randgebieten, die zum VIII. Armeekorps gehörten, eine eindeutige Zuordnung: das gesamte Industriegebiet gehörte zum Bereich des VII. Armeekorps in Münster.

Den Anfang der neueren westdeutschen Untersuchungen zur Geschichte der Revolution im Ruhrgebiet markiert der grundlegende Aufsatz Peter von Oertzens über »Die großen Streiks der Ruhrbergarbeiterschaft im Frühjahr 1919« (1958), der mit der Analyse der Sozialisierungsbewegung im Ruhrkohlenbergbau zugleich einen wesentlichen Beitrag zu einem besseren Verständnis der Revolution insgesamt leistete[20]. In der DDR skizzierte wenig später H. Habedank »Verlauf und Wesen der Sozialisierungsbewegung im Ruhrgebiet«, während H. Walther u. D. Engelmann in einer umfangreichen Dissertation die »Linksentwicklung der Arbeiterbewegung im Rhein-Ruhrgebiet« von 1914 bis 1919 untersuchten[21]. Einen knappen Überblick über die revolutionären Auseinandersetzungen im Industriegebiet unter besonderer Berücksichtigung der Bergarbeiter- und Sozialisie-

rungsbewegung bietet das einleitende Kapitel in Erhard Lucas' Geschichte der »Märzrevolution im Ruhrgebiet« vom Frühjahr 1920[22]. Nützlich für das Verständnis der Bergarbeiterbewegung 1918/19 ist die Würzburger Dissertation von M. Dörnemann über die Politik des Verbandes der Bergarbeiter Deutschlands zwischen 1918 und 1921, die allerdings inzwischen in wesentlichen Punkten durch Hans Mommsens eindringliche Studie über »Die Bergarbeiterbewegung an der Ruhr 1918–1933« überholt ist[23]. Daneben verdient vor allem der material- und ergebnisreiche, in seiner Hauptthese allerdings nicht völlig überzeugende Aufsatz von E. Lucas über die von Hamborn ausgehenden, syndikalistisch gefärbten Aktionen der Bergarbeiter im westlichen Ruhrgebiet aufmerksame Beachtung[24]. Vergleichbare Studien über die Hüttenarbeiter des Industriegebiets und die Politik des Deutschen Metallarbeiterverbandes fehlen bislang, obwohl sie gerade für das Verständnis der Revolution und des Radikalisierungsprozesses im Industriegebiet besonders wichtig wären[25]. Eine informative Übersicht über die ersten Tage der Revolution im rheinischen Teil des Industriegebietes bietet Helmut Metzmachers Studie über den »Novemberumsturz 1918 in der Rheinprovinz«[26]. Von Jürgen Reulecke, der die wirtschaftliche Entwicklung Barmens vom späten Kaiserreich bis zur Mitte der Weimarer Republik untersucht hat, liegt jetzt auch ein erster Beitrag zur Entwicklung der Arbeiterbewegung im Industriegebiet während des Weltkrieges vor[27]. Schließlich sind aus der älteren Literatur zwei Darstellungen hervorzuheben, die wegen der Verarbeitung von inzwischen verlorenem oder nicht mehr zugänglichem Material trotz aller Vor- und Fehlurteile der Verfasser noch immer nicht völlig entbehrlich sind: der erste Band der im Auftrag des Bergbau-Vereins verfaßten Geschichte »Zwölf Jahre Ruhrbergbau« von Hans Spethmann und der das Ruhrgebiet behandelnde neunte Band der »Darstellungen aus den Nachkriegskämpfen deutscher Truppen und Freikorps« der Kriegsgeschichtlichen Forschungsanstalt des Heeres (mit zahlreichen Skizzen und Karten)[28]. Überblickt man diese Arbeiten insgesamt, so wird man – bei allem Respekt vor den inzwischen erreichten Leistungen – sagen müssen, daß die Untersuchung der wirtschaftlichen, sozialen und politischen Geschichte des rheinisch-westfälischen Industriegebietes während der Revolutionszeit noch in ihren Anfängen steht[29]. Auffällig ist außerdem, daß die eigentliche Zeit der Arbeiter- und Soldatenräte, d. h. das Revolutionsgeschehen vor allem im November und Dezember, in den meisten der neueren Arbeiten ausgespart oder nur am Rande behandelt worden ist.
Die Geschichte der Arbeiterbewegung im rheinisch-westfälischen Industriegebiet, zu der bereits zahlreiche Einzeluntersuchungen vorliegen, ist durch den kürzlich erschienenen, vor allem von Historikern der

Ruhr-Universität Bochum verfaßten Sammelband »Arbeiterbewegung an Rhein und Ruhr« wesentlich erhellt worden[30]. Im Rheinland und in Westfalen gab es bedeutende sozialistische Zentren schon um 1848, wobei nur an den »Bund der Kommunisten« in Köln oder an den »Volksclub« in Düsseldorf erinnert zu werden braucht. Nachdem zunächst vor allem im Westen der radikale Sozialismus stark vertreten war, wurde das Industriegebiet nach 1863 zu einem der wichtigsten Zentren des Allgemeinen Deutschen Arbeitervereins, und auch nach dem Zusammenschluß mit den »Eisenachern« dominierten hier noch lange die lassalleanischen Traditionen. Erfolge erzielte die Sozialdemokratie zunächst vor allem in Wuppertal, während sie im Ruhrgebiet bis 1890 auch bei den Reichstagswahlen nicht über 15 % der Stimmen hinauskam[31]. Das war wohl teilweise dadurch begründet, daß die sozialistische Arbeiterbewegung für lange Zeit allgemein in Mittel- und Kleinbetrieben stärker verankert war als in den industriellen Großunternehmen. Es hing aber auch damit zusammen, daß sich im rheinisch-westfälischen Industriegebiet die katholische Arbeiterbewegung besonders stark entwickelte. Innerhalb der sozialistischen Arbeiterbewegung dominierte hier auch im späten Kaiserreich ein weitgehend untheoretischer Pragmatismus, der sich u. a. dahin auswirkte, daß trotz des diskriminierenden Dreiklassenwahlrechts schon sehr früh eine Beteiligung auch an den Landtags- und Kommunalwahlen erfolgte (allerdings mit durchaus nicht überwältigenden Ergebnissen: 1912 gab es im Regierungsbezirk Düsseldorf insgesamt 208 SPD-Gemeindevertreter, im Regierungsbezirk Arnsberg 221)[32].

Allerdings zeichneten sich schon vor 1914 in den beiden Parteibezirken unterschiedliche Entwicklungen ab, die dann bei der Parteispaltung offen zutage traten. Auf dem Parteitag von 1913 stimmten zwei Drittel der Delegierten des Bezirks Niederrhein gegen die reformistische Politik des Parteivorstandes, während die Delegierten des Bezirks Westliches Westfalen sich überwiegend für diese Politik aussprachen. Seit 1915 verstärkten sich die oppositionellen Strömungen, besonders in den Industriestädten des Bezirks Niederrhein; wie in vielen anderen Teilen des Reiches spitzten sich auch hier die innerparteilichen Auseinandersetzungen im Streit um die Parteizeitungen zu. Nach der Spaltung der sozialdemokratischen Reichstagsfraktion im Frühjahr 1916 wurde rasch deutlich, daß der Bezirk Niederrhein mehrheitlich die oppositionelle »Sozialdemokratische Arbeitsgemeinschaft« unterstützte, während im Westlichen Westfalen eine Bezirkskonferenz einstimmig für die Mehrheit votierte. Entsprechend vollzog sich dann auch die Parteispaltung ein Jahr später; das Westliche Westfalen blieb fast durchweg in der SPD, während im Bezirk Niederrhein wichtige Ortsvereine mehr oder weniger geschlossen zur Unabhängigen Sozialdemokratischen Partei Deutschlands (USPD) übertraten (Remscheid-Lennepp, Solingen, Mettmann, Düsseldorf, Hagen-Schwelm, auch Elberfeld-Barmen)[33].

In der Gewerkschaftsbewegung, die auch in diesem Raum einmal mit den Tabakarbeitern und Druckern begonnen hatte, wurde die Szene weitgehend von den Hüttenarbeitern und Bergarbeitern beherrscht, d. h. im Rahmen der sozialistischen Gewerkschaftsbewegung vom Deutschen Metallarbeiterverband und vom Verband der Bergarbeiter Deutschlands, dem sog. Alten Verband[34]. Gerade im Bergbau aber war auch der Gewerkverein christlicher Bergarbeiter von erheblichem Gewicht, und hinzu kamen noch der Hirsch-Dunckersche Gewerkverein und die polnische Berufsvereinigung. Erfolge der gewerkschaftlichen Arbeit waren deshalb in erheblichem Maße von einer Kooperation der Verbände abhängig, wie der scheiternde Bergarbeiterstreik von 1912 noch einmal drastisch gezeigt hatte. Nicht zu übersehen waren schließlich auch die sog. Werksvereine: Anfang 1914 waren in den Zechenwerksvereinen des Ruhrgebiets rund 9,5 % der Gesamtbelegschaften organisiert[35]. Es war nicht überraschend, daß unter diesen Umständen die Führung des Alten Verbandes in der Regel eine vorsichtig-pragmatische Politik betrieb und während des Krieges zu den entschiedensten Verfechtern der »Burgfriedens«-Politik gehörte. Auch in den letzten Kriegsjahren richtete sich das Bemühen des Verbandes vor allem darauf, Unruhen und Streiks zu verhindern und die Zusammenarbeit mit der Regierung und dem Zechenverband zu festigen, ohne allerdings auf diese Weise den Zechenverband zu irgendwelchen Zugeständnissen gegenüber den gewerkschaftlichen Forderungen bewegen zu können. Erst Mitte Oktober 1918 kam es plötzlich, eingeleitet durch Gespräche zwischen Hugo Stinnes und Otto Hue, zu Verhandlungen, die schließlich – parallel zur Gründung der »Zentralarbeitsgemeinschaft« der Arbeitgeberverbände und der Gewerkschaften in Berlin – zur Bildung einer Arbeitsgemeinschaft zwischen den vier Bergarbeiterverbänden und dem Zechenverband führten; auch im Ruhrgebiet wurden diese Verhandlungen von den Gewerkschaftsführungen ungeachtet des inzwischen erfolgten Machtwechsels Mitte November auf einer im wesentlichen unveränderten Grundlage fortgeführt[36].

Die Entstehung der Revolution im Industriegebiet, d. h. die Umsturzbewegung und die Bildung revolutionärer Organe, unterscheidet sich nicht grundsätzlich von den Vorgängen in anderen Teilen des Reiches[37]. Die Revolution begann als Revolte der Matrosen und des Heimatheeres, und es waren am Niederrhein, im Bergischen Land und im Ruhrgebiet durchweg Matrosen und Marinesoldaten, die – in der Regel von auswärts, meist von Köln kommend – in den einzelnen Städten den Anstoß zur Revolte der örtlichen Truppen gaben. Überall war die Machtfrage binnen weniger Stunden eindeutig und ohne wesentlichen Widerstand entschieden: die alten Militär- und Zivilgewalten unterstellten sich den neuen Machthabern ebenso wie die gesamte Verwaltung. Die militärische Gewalt ging in die Hände eines rasch gebildeten Soldatenrates über, der sich ohne große Verzögerung mit einem Arbeiterrat zusammenschloß, der vielfach zunächst aufgrund einer vorläufigen Übereinkunft von SPD und USPD, zum Teil auch der Gewerkschaften, gebildet wurde. Dieser Arbeiter- und Soldatenrat wurde dann meist noch am gleichen oder am nächsten Tag in einer Massenversammlung bestätigt und als Revolutionsorgan legitimiert. Das im Kriege ständig gewachsene Potential an Unzufriedenheit und Kampfbereitschaft in der Arbeiterschaft war selbst in einem industriellen Ballungsgebiet offensichtlich noch nicht stark genug gewesen, um von sich aus eine Revolution herbeizuführen; andererseits trat jedoch im Augenblick des von außen ausgelösten Umsturzes die aufgestaute und unterdrückte revolutionäre Energie deutlich in Erscheinung. Die Arbeiter- und Soldatenräte fanden sofort eine breite Massenunterstützung, ohne daß damit eine weitergehende Radikalisierung verbunden gewesen wäre. Die praktische Arbeit der revolutionären Gremien war angesichts der scheinbar definitiv entschiedenen Machtfrage zunächst vor allem durch Bemühungen um die öffentliche Sicherheit, um die Versorgung der Bevölkerung und um die Demobilmachung bestimmt. Die Verwaltungen wurden zu diesem Zweck intakt gehalten und lediglich einer politischen Kontrolle unterworfen, wobei auch die Anhänger der linken USPD keine prinzipiell andere Haltung einnahmen. Nur in vereinzelten Fällen kam es zu Verhaftungen oder direkten Eingriffen in die Verwaltung; terroristische Aktionen blieben fast völlig aus. Die Forderung nach sofortiger Sozialisierung spielte zunächst keine besondere Rolle; im Vordergrund stand das Bekenntnis zur Republik und zur parlamentarischen Demokratie. Die Maßnahmen der lokalen Machtsicherung – u. a. durch die Bildung von Sicherheitswehren – korrespondierten mit einer allgemein abwartenden Haltung im Hinblick auf die von den neuen Regierungen erwarteten Initiativen zur politischen und sozialen Umgestaltung.

Der regionale Ausbau der Räteorganisation vollzog sich im Industriegebiet auch jetzt nicht einheitlich, sondern in Anlehnung an die Provinzgrenzen bzw. die Parteibezirke[38]. Für den Bezirk Niederrhein fand eine erste, allerdings abgebrochene Bezirkskonferenz am 17. November in Elberfeld statt. Während der nächsten Konferenz am 20. November in Barmen kam es zur Bildung eines Bezirks-Arbeiter- und Soldatenrates, der seinen Sitz bald darauf nach Remscheid verlegte und eindeutig von der USPD beherrscht wurde, die in dem Vollzugsausschuß 5 der 7 Sitze einnahm und der SPD le-

diglich 2 Sitze zugestand. Auch in den folgenden Wochen und Monaten blieb im Bezirk Niederrhein die Führung der USPD, und zwar ihres linken Flügels, unangetastet. Am 9. Dezember sprach sich eine weitere Bezirkskonferenz gegen die Einberufung der Nationalversammlung aus, und die entsprechende Stimmenmehrheit wurde auch dazu benutzt, ausschließlich USPD-Mitglieder als Delegierte des Bezirks zum Reichsrätekongreß nach Berlin zu schicken. Hier spiegelten sich bereits die schärfer werdenden Auseinandersetzungen zwischen USPD und SPD in den Räten, die zum Beispiel in Elberfeld schon vorher dazu geführt hatten, daß man dort nur SPD-Mitglieder zur Bezirkskonferenz delegiert hatte.
Im Bezirk Westliches Westfalen gelang es Dortmund von Anfang an, eine politisch beherrschende Stellung zu erringen. Der Dortmunder Arbeiter- und Soldatenrat war unter dem Vorsitz Ernst Mehlichs fest in der Hand der SPD; er war gut organisiert, auch militärisch stark und arbeitete ohne große Reibungen mit den städtischen Behörden zusammen. Schon am 13. November fand eine erste Sitzung der Arbeiter- und Soldatenräte des Bezirks statt, ohne daß jedoch ein konsequenter Ausbau der Bezirksorganisation betrieben worden zu sein scheint. Als Mitte Dezember ein zentraler Arbeiter- und Soldatenrat für den Regierungsbezirk Arnsberg gebildet wurde, fielen alle wichtigen Positionen den Vertretern des Dortmunder Rates zu. Anfang Dezember schon gelang es den Dortmundern, eine Konferenz der Arbeiter- und Soldatenräte des Industriegebietes durchzuführen, auf der 135 Delegierte aus den früheren Reichstagswahlkreisen vertreten waren, die sich eindeutig hinter die Regierung der Volksbeauftragten stellten und die Einberufung der Nationalversammlung, aber auch den sofortigen Beginn der Sozialisierung forderten. Zur Bildung eines Provinzialrates, wie es ihn zum Beispiel in Schlesien gab, kam es weder in der Rheinprovinz, noch in der Provinz Westfalen. Erst im Rahmen der Sozialisierungsbewegung und der militärisch-politischen Auseinandersetzungen seit Anfang Januar wurden die Grenzen der Provinzen und Parteibezirke zugunsten gemeinsamer Beratungen und Aktionen der Räte des Industriegebietes zeitweise überwunden. Eine klar zentralisierte Organisationsstruktur gab es lediglich bei den Soldatenräten, die auf einer Delegiertenkonferenz des VII. Armeekorps am 13. November einen Generalsoldatenrat mit Sitz in Münster gewählt hatten, der aus einem Engeren Rat (mit 10 Mitgliedern) und einem Weiteren Rat bestand[39]. Unterhalb des Generalsoldatenrates wurden Bezirkssoldatenräte gebildet, und zwar je einer in jedem der 23 zum Korpsbereich gehörenden Landwehr-Bezirke (wovon etwa ein Dutzend zum eigentlichen Industriegebiet zu rechnen sind); die Bezirkssoldatenrats-Funktionen wurden vielfach von den soldatischen Mitgliedern des jeweiligen Arbeiter- und Soldatenrates wahrgenommen. Auf der untersten Ebene be-

standen schließlich die Soldatenräte der einzelnen Formationen oder Stäbe. Dieser Organisationsaufbau blieb auch nach der Rückführung der aktiven Truppenteile ohne einschneidende Veränderungen erhalten.
Insgesamt vollzog sich der Machtwechsel im Industriegebiet – auch dort, wo die linke USPD das Feld beherrschte – außerordentlich ruhig. Auch in den folgenden Wochen konnte dieses Gebiet trotz zahlreicher Arbeitskämpfe und Ausstände keineswegs als ein Unruheherd bezeichnet werden. Die Politik der Zusammenarbeit mit den alten Behörden unter gleichzeitiger Aufrechterhaltung des politischen Führungsanspruchs und Sicherung der Machtmittel wurde von der Arbeiterschaft des Ruhrgebietes und den sie repräsentierenden Räteorganen voll bejaht. Auch die USPD betrieb trotz weitergehender Ziele zunächst grundsätzlich eine Politik der Sicherung des Überganges und der Bewältigung der dringenden Tagesaufgaben, die sich aus der militärischen und wirtschaftlichen Demobilmachung und aus der außerordentlich schwierigen Versorgungslage ergaben. Im Hinblick auf die relative Einheitlichkeit der Bewegung Mitte November kann ein Vergleich zwischen dem »radikalen« Mülheim und dem »gemäßigten« Dortmund höchst lehrreich sein. Die Spartakusgruppe spielte in diesen Wochen und Monaten im Industriegebiet nur eine sehr geringe Rolle; die kommunistische Bewegung verfügte zwar über einige hervorragende Persönlichkeiten, gewann aber eine nennenswerte Basis – und auch dann nur an wenigen Orten – erst mit dem Übertritt eines kleinen Teils der USPD-Mitglieder zur neugegründeten KPD seit Anfang Januar 1919. Allerdings wäre es falsch, die »Mäßigung« der Arbeiter des Ruhrgebiets als Ergebnis mangelnder revolutionärer Zielsetzungen und Energien mißzuverstehen – als ob etwa die Arbeiter sich mit dem bloßen Umsturz begnügt und lediglich die baldige Rückkehr zu »geordneten Verhältnissen« bei erweiterten politischen Rechten der Arbeiterbewegung gewünscht hätten. Daß dies nicht der Fall war, zeigt die Entwicklung seit spätestens Mitte Dezember in aller Deutlichkeit. Mit dem Ausbleiben energischer Maßnahmen seitens der neuen Regierungen, mit der allmählich immer deutlicheren Tendenz des Abbaus der Revolution durch die SPD-Führung setzte in großen Teilen der Arbeiterschaft des Industriegebietes – einschließlich vieler SPD-Anhänger – ein Lernprozeß ein, der zugleich zu einem Radikalisierungsprozeß wurde. Die Sozialisierungsbewegung verlieh dieser veränderten Situation auf überzeugende Weise Ausdruck.
Während der Umsturzbewegung und in den ersten Wochen danach kam der Sozialisierungsforderung auch im Industriegebiet keine zentrale Bedeutung zu. Andererseits schien es mehr oder weniger selbstverständlich, daß zu den Ergebnissen der Revolution eine weitgehende Änderung der Wirtschaftsstrukturen im Sinne der Sozialisierung gehören würde, wobei sich

allenthalben die Erwartungen in erster Linie auf den Bergbau richteten. Die Bergarbeiter erwarteten keine sofortigen Resultate, wohl aber eindeutige Initiativen und vorbereitende Maßnahmen von der Regierung. Im Vordergrund der aktuellen Forderungen standen Lohn- und Arbeitszeitfragen, dazu Probleme der allgemeinen Arbeitsbedingungen und der Betriebsverfassung wie die Neufestsetzung der Gedinge, die Abschaffung des »Nullens«, d. h. der möglichen Nichtanrechnung von erbrachten Arbeitsleistungen, und ganz allgemein eine Änderung der extrem autoritären Betriebsstrukturen in den Zechen. Die von den Bergarbeiterverbänden in dieser Hinsicht erzielten Erfolge wurden durch die allgemeinen sozialpolitischen Errungenschaften der Revolution stark relativiert, zumal damit der traditionelle Vorsprung der Bergarbeiter vor anderen Industriesektoren hinsichtlich Lohn und Arbeitszeit verloren zu gehen drohte. Außerdem konnten die Lohnerhöhungen das rapide Absinken des Reallohns keineswegs ausgleichen. Es kam deshalb im November und Anfang Dezember zu einer Reihe von Auseinandersetzungen in einzelnen Zechen, die aber überwiegend zeitlich und örtlich begrenzt blieben. Im Laufe des Dezembers entwickelte sich jedoch vor allem im Hamborner Raum eine breite Streik- und Demonstrationsbewegung, die mit der Anwendung syndikalistischer Kampfformen den wirtschaftlich-politischen Auseinandersetzungen eine neue Dynamik verlieh und die Situation im Ruhrgebiet wesentlich veränderte[40].

Die sog. Essener Sozialisierungsbewegung versuchte dann, die Anfang Januar im gesamten Ruhrgebiet aufflammenden Streiks und Unruhen unter Kontrolle zu bringen und in eine vorwärtsweisende Aktion umzusetzen[41]. Eine wichtige Rolle spielte dabei auch die mit dem Auseinanderbrechen der Koalition der beiden sozialdemokratischen Parteien und den vermehrten Kämpfen im Reich zunehmende allgemeine Radikalisierung, die Einsicht, nun nicht länger mehr warten zu können. Am 9. Januar entschloß sich der Arbeiter- und Soldatenrat Essen, der paritätisch aus Vertretern von SPD, USPD und Spartakus/KPD zusammengesetzt war, zur eigenmächtigen Proklamation der beginnenden Sozialisierung des Ruhrkohlenbergbaus, und am 11. Januar schritt er zur Besetzung der Büros des Bergbaulichen Vereins und des Rheinisch-Westfälischen Kohlensyndikats, um seinen Erklärungen Nachdruck zu verleihen. Für den 13. wurde eine Konferenz aller Arbeiter- und Soldatenräte des Industriegebietes nach Essen einberufen, zu der auch Vertreter der Reichsregierung und des Alten Verbandes erschienen. Der Druck der sich nun spontan hinter der Sozialisierungsparole sammelnden Massen war zu diesem Zeitpunkt bereits so groß, daß auch die zunächst noch zögernden Vertreter der SPD einerseits und der KPD andererseits mitgerissen wurden und selbst die Regierungs- und Gewerkschaftsvertreter der sofortigen Inangriffnahme der Sozialisierung des Kohlenbergbaus und der Bildung einer »Neuner-Kommission für die Vorbereitung der Sozialisierung im rheinisch-westfälischen Industriegebiet« zustimmten. Unter Sozialisierung wurde allerdings nicht einfach die Überführung der Zechen in Staatseigentum verstanden, sondern eine grundlegende Änderung der Betriebsverfassung zugunsten der Mit- und Selbstbestimmung der Arbeiter. Die Sozialisierung stellte sich dieser Bewegung, wie P. v. Oertzen herausgearbeitet hat, »als ein politischer, sozialer und ökonomischer Prozeß dar, in dessen Verlauf die Bergwerke durch die Allgemeinheit *und* die Arbeiter in Besitz genommen werden und dessen erste Etappe die Errichtung eines Rätesystems und die Kontrolle der Produktion durch die Arbeiter ist«[42]. Es wurden deshalb gleichzeitig Wahlen zu Steigerrevierräten, Zechenräten und Bergrevierräten beschlossen. Die Sozialisierung erschien so als ein erster Schritt zur Durchsetzung und Entfaltung einer neuen Gesellschaftsordnung. Unter den in Deutschland zu diesem Zeitpunkt gegebenen politischen Verhältnissen bedeutete die Sozialisierungsbewegung über ihre konkreten Zielsetzungen hinaus auch den Versuch, die revolutionäre Entwicklung insgesamt noch einmal voranzutreiben.

Mit den anfänglichen Erfolgen der Sozialisierungsbewegung schien es zunächst, daß plötzlich die gleichzeitige Verwirklichung zweier sich scheinbar ausschließender Zielsetzungen möglich geworden war: eine grundlegende Neuordnung des Kohlenbergbaus bei gleichzeitiger Aufrechterhaltung oder sogar Steigerung der Förderleistungen. Die allgemeine Streikbewegung ging schlagartig zurück; die Bergarbeiter waren offensichtlich bereit, im Rahmen der sich jetzt abzeichnenden Entwicklung alles zu tun, um die Kohleversorgung der Industrie und der Bevölkerung sicherzustellen. Ohnehin muß daran erinnert werden, daß der Rückgang der Kohleförderung nicht auf mangelnden Arbeitswillen radikalisierter Arbeiter zurückzuführen war, wie noch heute gelegentlich zu lesen ist, sondern auf den während des Krieges betriebenen Raubbau, den zeitweisen Mangel an qualifizierten Arbeitskräften und auf die körperliche Erschöpfung und unzureichende Lebensmittelversorgung der Bergarbeiter. Als auf der Zeche Viktoria-Lünen die Betriebsführung jetzt vom Zechenrat übernommen wurde, zeigte es sich, daß die Förderleistung nicht abnahm, sondern anstieg. Daß die Sozialisierungsbewegung dennoch scheiterte, lag entscheidend an der Politik der Berliner Regierung, die sich nicht zu einer Unterstützung dieser Entwicklung – die ihr trotz aller bisherigen Krisen eine breite Massenunterstützung im Ruhrgebiet gesichert hätte – entschließen konnte; sie hielt es vielmehr für nötig, energisch gegen die sich erneuernde revolutionäre Bewegung vorzugehen und scheute auch nicht den Einsatz militärischer

Machtmittel. Zunächst allerdings betrieb sie eine Politik des Abwiegelns und des Zeitgewinns[43]: daher die scheinbare Zustimmung zu den Essener Beschlüssen, die Verordnung vom 18. Januar mit der Anordnung von Wahlen zu Arbeiterausschüssen, die man »Zechen- und Bergwerksräte« nannte, obwohl sie den Beschlüssen vom 14. Januar durchaus entgegengesetzt waren, und die Einsetzung einer Regierungskommission zur Kontrolle des Ruhrbergbaus (deren Zusammensetzung – mit dem Generaldirektor der Deutsch-Luxemburgischen Bergwerks- und Hütten AG, Albert Vögler – allerdings deutlich erkennen ließ, daß man an ernsthaften Fortschritten im Sinne der Sozialisierung nicht interessiert war). Ganz im Sinne der Regierung handelte und taktierte auch der Alte Verband.

Die Politik der Berliner Regierung und das Scheitern der Sozialisierungsbewegung sind nicht zu verstehen ohne einen Blick auf die inzwischen erfolgten Entwicklungen im militärischen Bereich[44]. Im rheinisch-westfälischen Industriegebiet war im November/Dezember ein verhältnismäßig effektives Sicherheitswesen entwickelt worden, das überwiegend den Arbeiter- und Soldatenräten oder einer gemeinsamen Kommission der Räte und der lokalen Behörden unterstand. Zwar waren gelegentlich Ausschreitungen und Übergriffe dieser Wehren zu verzeichnen, aber sie blieben vereinzelt und prägten nicht das Gesamtbild. Bestrebungen, aus den heimkehrenden aktiven Truppenteilen gegenrevolutionäre Formationen aufzubauen, hatten zunächst keinen Erfolg. Der Organisationsausbau der Soldatenräte erfolgte im Bezirk des VII. Armeekorps rascher als in den meisten anderen Korpsbezirken; die Zusammenarbeit mit den Arbeiterräten war durchweg unproblematisch, und auch im innermilitärischen Bereich gab es wenig Reibungen. Wie die Soldatenräte in den einzelnen Standorten und Landwehr-Bezirken so stand auch der Generalsoldatenrat in Münster voll hinter der Regierung der Volksbeauftragten. Politisch dominierte das Bekenntnis zur Nationalversammlung und zur parlamentarischen Demokratie; grundsätzlich begriff man die Soldatenräte als Übergangsorgane bis zum Aufbau eines neuen demokratischen Heerwesens. Die konkreten Aufgaben der Übergangszeit wurden in der militärischen Sicherung der neuen Regierung, in der Aufrechterhaltung der inneren Sicherheit und in der Rückführung der Fronttruppen und der Demobilmachung gesehen. Dabei bestand allerdings, wie die Untersuchungen von Ulrich Kluge ergeben haben, »ein ganz enger Zusammenhang zwischen der Ansicht der Soldatenräte von der Dauer ihrer Funktionen und dem Vertrauen auf die umgestaltende, demokratisierende Kraft der Regierungen auf Reichs- und Länderebene«[45]. So bahnte sich mit dem Steckenbleiben der Revolution, d. h. mit dem Ausbleiben der erwarteten Regierungsinitiativen, notwendigerweise auch im Lager der Soldatenräte eine Krise an, zumal nicht zu übersehen war, daß zum Jahresende der größte Teil des Heeres demobilisiert sein würde, so daß die Soldatenräte ihre militärische Macht verloren, ehe entscheidende Maßnahmen durchgeführt waren. Diese Situation wurde wesentlich verschärft durch den gleichzeitigen Aufbau von Freiwilligenformationen unter der Führung von Mitgliedern des alten Offizierskorps; obwohl diese Freikorps zunächst im allgemeinen für den Grenzschutz im Osten angeworben wurden, war ihre innenpolitische Bedeutung unübersehbar.

Auch in diesem Zusammenhang kam dem Berliner Rätekongreß Mitte Dezember erhebliche Bedeutung zu: die überwiegend der SPD angehörenden Delegierten beschlossen nicht nur die Wahl der Nationalversammlung zum frühest möglichen Zeitpunkt, sondern mit großen Mehrheiten auch die »Sozialisierung aller hierzu reifen Industrien, insbesondere des Bergbaus« und die sog. »Hamburger Punkte«, die eine Zertrümmerung der traditionellen Militärverfassung und den Beginn einer revolutionär-demokratischen Neuordnung beinhalteten. Noch bevor der Kongreß zu Ende war, ließ jedoch der Rat der Volksbeauftragten erkennen, daß er nicht gewillt war, diesen Beschluß durchzuführen; er erklärte die »Hamburger Punkte« zu »Richtlinien«, die genauer »Ausführungsbestimmungen« bedürften und deshalb nicht unmittelbar in Kraft treten könnten[46]. Mit dem offensichtlichen Ausbleiben der Reformen aber setzten nun auch bei den mehrheitlich stets der SPD zuneigenden Soldatenräten deutliche Radikalisierungstendenzen ein. Anfang Januar begann der Engere Generalsoldatenrat in Münster bereits, sich offen gegen die allgemeine militärpolitische Entwicklung aufzulehnen, indem er u. a. die Anwerbung und Aufstellung von freiwilligen Grenzschutztruppen im Korpsbereich untersagte; allerdings wurde dieser Beschluß wenige Tage später vom Erweiterten Generalsoldatenrat, d. h. den Delegierten der einzelnen Landwehrbezirke, noch einmal aufgehoben, um die offene Konfrontation mit der Regierung zu vermeiden. Als jedoch die Verordnungen des preußischen Kriegsministers vom 19. Januar bekannt wurden, die als Ausführungsbestimmungen zu den Hamburger Punkten galten, deren politischen Inhalt aber geradezu ins Gegenteil verkehrten, schlug das Pendel endgültig um: der Generalsoldatenrat protestierte – ebenso wie die übrigen Korpssoldatenräte – energisch, forderte eine Reichskonferenz der Korpssoldatenräte und erklärte, daß er die Durchführung der Verordnungen nicht zulassen werde. Selbst jetzt ging es jedoch, wie U. Kluge herausgearbeitet hat, für die Mehrheit noch immer nicht in erster Linie darum, die Regierung zu stürzen, sondern sie zu bestimmtem Handeln zu zwingen[47].

Allerdings war diese Regierung inzwischen entschlossen, sich nicht länger auf die Rätebewegung, sondern auf die neu aufgebauten Freiwilligenformationen – die auch im Ruhrgebiet bereits im Januar militärisch überlegen waren – zu stützen, wobei nur an die Niederschlagung des sog. Januaraufstandes in Berlin und das militärische Vorgehen gegen Bremen Anfang Februar zu erinnern ist. Mit Zustimmung Noskes begann der im Januar neuernannte kommandierende General des VII. Armeekorps, Freiherr von Watter, die Soldatenräte im Korpsbereich auszuschalten und damit auch die Voraussetzungen für ein erfolgreiches militärisches Eingreifen gegen die Sozialisierungsbewegung im Ruhrgebiet zu schaffen. Am 7. Februar erklärte er die Verordnungen vom 19. Januar für den Korpsbereich für verbindlich und setzte außerdem eigenmächtig Neuwahlen für die Soldatenräte an. Obwohl sich der Erweiterte Generalsoldatenrat gegen diese Maßnahmen nun entschieden und mit überwältigender Mehrheit zur Wehr setzte und die Sicherheitswehren der Landwehrbezirke aufforderte, Truppen zu seinem Schutz nach Münster zu entsenden, war die Entwicklung nicht mehr aufzuhalten: am 11. Februar wurde der Generalsoldatenrat für abgesetzt erklärt, seine Mitglieder wurden mit Hilfe des Freikorps Lichtschlag verhaftet.

Mit der Verhaftung des Generalsoldatenrates setzte die entscheidende Krise auch der Sozialisierungsbewegung ein, deren Träger inzwischen ebenfalls den Zusammenhang zwischen der hinhaltenden Politik der Regierung in der Sozialisierungsfrage und den militärpolitischen Entwicklungen erkannt hatten[48]. Am 14. Februar forderten die Arbeiter- und Soldatenräte des Industriegebietes ultimativ die Freilassung und Wiedereinsetzung des Generalsoldatenrates und kündigten für den Fall der Nichterfüllung dieser Forderung den Generalstreik an, den eine vorsorglich für den 18. Februar einberufene Konferenz beschließen sollte. Bereits am 15. Februar kam es jedoch, provoziert durch den Einmarsch des Freikorps Lichtschlag ins nördliche Ruhrgebiet, zu einem Gefecht bei Hervest-Dorsten, wodurch sich die Ereignisse nun überstürzten und die Erfolgschancen des Generalstreiks immer geringer wurden. Nachdem zunächst eine eilig einberufene, nur von einem Teil der Räte beschickte Konferenz in Mülheim den sofortigen Generalstreik und bewaffneten Kampf beschlossen hatte, nahmen die Vertreter der SPD und des Alten Verbandes diese Eigenmächtigkeit zum Anlaß, um am 18. Februar dem Streikaufruf ihre Zustimmung zu versagen und sich zugleich aus der »Neunerkommission« zurückzuziehen. Die Restkonferenz beschloß dennoch den Streik, obwohl bereits abzusehen war, daß er unter den gegebenen Verhältnissen kaum noch zum Erfolg führen konnte. Er wurde deshalb auch bereits am 21. Februar abgebrochen – allerdings gegen den Willen der Streikleitung in Mülheim, die zur Fortsetzung des Kampfes entschlossen war. Doch auch diese letzten Versuche endeten mit einer vollen Niederlage: das Militär war eindeutig Herr der Lage, die Dy-

namik der Sozialisierungsbewegung, die auf der Einheit von Rätebewegung und Arbeiterparteien beruht hatte, war gebrochen. Allerdings wird man, um die revolutionäre Kraft dieser Bewegung richtig einzuschätzen, nicht außer Acht lassen dürfen, daß es trotz dieser eindeutigen Niederlage unter den Arbeitern des Ruhrgebietes zu einer weiteren Radikalisierung kam. Der Alte Verband verlor im Frühjahr 1919 in vielen Orten mindestens ein Viertel, manchmal sogar die Hälfte seiner Mitglieder an die radikale »Allgemeine Bergarbeiter-Union«[49], und auch die SPD hatte starke Verluste zugunsten der USPD, in Einzelfällen auch der KPD, zu verzeichnen. Während noch bis in den Januar hinein das Ruhrgebiet in seiner großen Mehrheit eindeutig hinter der von der SPD geführten Reichsregierung gestanden hatte, begann mit der Unterdrückung der Sozialisierungsbewegung und den folgenden Frühjahrskämpfen jene politische Entwicklung, die während der Weimarer Republik dem revolutionären Sozialismus und Kommunismus im Industriegebiet eine ungewöhnlich starke Stellung sicherte[50]. Während die Januarwahlen der USPD auch im Industriegebiet, selbst in ihren Hochburgen, nur geringe Erfolge gebracht hatten, zeigten die Kommunalwahlen Anfang März für sie zum Teil bereits eine aufsteigende Tendenz, die sich im Laufe des Jahres 1919 immer mehr verstärkte. In diesem Zusammenhang ist auch der neue Generalstreik ab 1. April von besonderer Bedeutung, der u. a. auf die Generalstreikbewegungen in Berlin und Mitteldeutschland und deren Niederwerfung reagierte und die wachsende Entfremdung großer Teile der Arbeiterklasse von der sich im Bündnis mit konservativ-reaktionären Kräften konsolidierenden Republik demonstrierte. Anders als noch im Februar waren jetzt zeitweise über 300 000 Bergarbeiter im Ausstand, und selbst im eindeutig SPD-beherrschten Dortmunder Raum wurde Anfang April der Generalstreik »fast vollständig befolgt«[51]. Es waren aber nicht mehr die Arbeiter- und Soldatenräte, die den organisatorischen Rahmen der Streikbewegung lieferten, es handelte sich vielmehr weitgehend um eine Bewegung ohne eigentliche Organisation und Zentren, in der syndikalistische und unionistische Tendenzen eine wichtige Rolle spielten – und trotzdem dauerte der Streik vier Wochen, und es bedurfte des Belagerungszustandes, militärischen Vorgehens und einer relativ geschickten Politik des inzwischen eingesetzten Staatskommissars Severing wie auch gewisser Zugeständnisse des Zechenverbandes (7 Stundenschicht), ehe der Kampfwille gebrochen war.
Die eigentliche Zeit der Arbeiter- und Soldatenräte waren die Monate November und Dezember 1918. Bei Jahreswechsel hatten sie bereits wesentlich an politischem Einfluß und militärischer Macht verloren, und spätestens mit dem Ausscheiden der USPD aus den Regierungen im Reich und in Preußen traten auch die parteipolitischen Bindungen in den Räten immer

stärker in den Vordergrund. Durch die im ersten Anlauf erstaunlich erfolgreiche, die gesamte sozialistische Arbeiterbewegung einigende Sozialisierungsbewegung wurde Anfang Februar noch einmal deutlich, daß eine zu entschiedenen Reformen bereite sozialdemokratische Regierung sich auf eine breite Massenbewegung stützen konnte, der man weder Terrorismus noch einen Mangel an Verständnis für Übergangsprobleme und die drängenden Versorgungsaufgaben vorwerfen konnte. Die militärische Niederwerfung dieser Bewegung und die zunehmende Polarisierung zwischen der SPD einerseits und der USPD/KPD andererseits engten den politischen Spielraum der Arbeiter- und Soldatenräte immer mehr ein und ließen sie vielfach einfach in das Fahrwasser der am jeweiligen Ort dominierenden Arbeiterpartei geraten. Mit dem Zusammentritt der Nationalversammlung am 6. Februar war ihre Rolle als Träger der politischen Macht in der revolutionären Übergangszeit beendet; mit den Kommunalwahlen Anfang März erlosch dann auch die Legitimation für die bis dahin noch beanspruchte politische Kontrolle über die kommunalen Behörden und Gremien. Soweit sie noch einige Zeit weiter bestanden, wurden sie zu ergänzenden Interessenvertretungen der örtlichen Arbeiterschaft, vornehmlich in sozialpolitischen Fragen – sie waren keine revolutionären Organe mehr, sondern lediglich geduldete Hilfsinstitutionen in einer auf anderen Fundamenten ruhenden politischen Gesamtordnung. Die Schwäche dieser Räte zeigte sich im April, als sie in den großen Streikkämpfen keinerlei Führungsfunktionen mehr übernehmen konnten. Auch im Industriegebiet folgte einer ersten Phase der Herrschaft der Arbeiter- und Soldatenräte im November/Dezember eine zweite Phase der Radikalisierung und des Protestes gegen die sich abzeichnende Wendung zur bürgerlich-demokratischen Republik unter Nichtausnutzung der gegebenen Demokratisierungsmöglichkeiten, die schließlich in eine politisch weitgehend ungeformte Bewegung der Abwehr und des defensiven Radikalismus einmündete.
Die Untersuchung der Arbeiter- und Soldatenräte des rheinisch-westfälischen Industriegebietes läßt über den regionalgeschichtlichen Ertrag hinaus auch die Ziele und das Potential der revolutionären Bewegung und die wichtigsten Gründe ihres Scheiterns deutlich erkennen. Dabei bestätigen und konkretisieren sich in den wesentlichen Punkten erneut die Ergebnisse der neueren Revolutionsforschung. Auch im Industriegebiet ging es nicht nur um eine Alternative »Bolschewismus« oder »Weimarer System«. Es bestand vielmehr eine reale Chance, eine Politik der sozialen Demokratie – d. h. der konsequent sozialdemokratischen Neuordnung – zu treiben, die mit einer breiten Massenunterstützung hätte rechnen können. Daß eine solche Politik aufgrund der außenpolitischen Situation nicht möglich gewesen wäre, ist zwar häufig behauptet, aber bisher nicht belegt worden.

Ebenso wenig spricht für die These, daß sie aufgrund der außerordentlichen Schwierigkeiten der militärischen und wirtschaftlichen Demobilmachung und der höchst angespannten Versorgungslage nicht realisierbar gewesen wäre, da gerade die Arbeiter- und Soldatenräte wesentlich zur Meisterung dieser Schwierigkeiten beigetragen haben und sich im allgemeinen durch ein großes Verständnis für die sogenannten Übergangsprobleme nach dem verlorenen Krieg auszeichneten. Schließlich ist es angesichts der Ausgangspositionen im November/Dezember auch wenig wahrscheinlich, daß eine solche Politik aufgrund ihrer inneren Dynamik der SPD entglitten wäre, um dann in eine »zweite Revolution« nach bolschewistischem Muster einzumünden. Auf der anderen Seite ist es jedoch eine historische Tatsache, daß die von der SPD-Führung eingeschlagene Politik der Konfrontation mit der Massenbewegung gescheitert ist, und zwar in doppelter Hinsicht: indem sie einmal die neue Republik in ihrer demokratischen Struktur zu ungefestigt ließ und sie insbesondere gegenüber allen Bedrohungen von rechts anfällig machte, und indem sie andererseits die Sozialdemokratie selber nicht nur durch erhebliche Mitglieder- und Wählerverluste schwächte, sondern auch ihre politische Handlungsfreiheit entscheidend einschränkte und sie für lange Zeit auf eine Abwehrhaltung gegenüber der sozialistischen Linken und eine grundsätzliche Koalitionsbereitschaft bis ins Lager der gemäßigten bürgerlichen Rechten hinein festlegte. Das Scheitern der revolutionären Bewegung von 1918/19 war eine Niederlage für die Demokratie in Deutschland.

Anmerkungen

1 Einen Überblick über Entwicklung und Stand der Revolutionsforschung bietet der Sammelband von Eberhard Kolb (Hrsg.): Vom Kaiserreich zur Weimarer Republik, Köln 1972, darin vor allem die Einleitung des Herausgebers und Helga Grebing: Konservative Republik oder soziale Demokratie? Zur Bewertung der Novemberrevolution in der neueren westdeutschen Historiographie, S. 386–403; siehe dort auch die vorzügliche, systematisch gegliederte Bibliographie, S. 405–425. Vgl. außerdem Reinhard Rürup: Probleme der Revolution in Deutschland 1918/19, Wiesbaden 1968. – Für die DDR-Forschung siehe vor allem Lutz Winckler: Die Novemberrevolution in der Geschichtsschreibung der DDR, in: Geschichte in Wissenschaft und Unterricht, Bd. 21, 1970, S. 216–234, und Alexander Decker: Die Novemberrevolution und die Geschichtswissenschaft in der DDR, in: Internationale Wissenschaftliche Korrespondenz zur Geschichte der deutschen Arbeiterbewegung, Bd. 10, 1974, S. 269–299.

2 Aus Großbritannien: Francis L. Carsten: Revolution in Mitteleuropa 1918–1919, Köln 1973; A. J. Ryder: The German Revolution of 1918, Cambridge 1967; aus der Sowjetunion: J. S. Drabkin: Die Novemberrevolution 1918 in Deutschland, Berlin (Ost) 1968; aus der DDR: Walter Nimtz: Die Novemberrevolution 1918 in Deutschland, Berlin (Ost) 1965[2]; Illustrierte Geschichte der Novemberrevolution in Deutschland, hrsg. v. Institut für Marxismus-Leninismus beim ZK der SED, Berlin (Ost) 1968; wichtig auch: Geschichte der deutschen Arbeiterbewegung, hrsg. v. Institut für Marxismus-Leninismus beim ZK der SED, Bd. 3, Berlin (Ost) 1966; aus Frankreich u. a. Pierre Broué: Révolution en Allemagne, 1917–1923, Paris 1971; in der westdeutschen Geschichtswissenschaft kommt die grundlegende Monographie von Eberhard Kolb: Die Arbeiterräte in der deutschen Innenpolitik 1918–1919, Düsseldorf 1962, einer Gesamtdarstellung am nächsten; vgl. auch den Versuch einer Interpretation der Revolution im Rahmen moderner Krisentheorien von Volker Rittberger: Revolution and Pseudo-Democratization: The Formation of the Weimar Republic, in: Gabriel A. Almond u. a. (Hrsg.): Crisis, Choice, and Change. Historical Studies of Political Development, Boston 1973, S. 285–391.

3 Arthur Rosenberg: Entstehung der Weimarer Republik, Frankfurt 1961 (zuerst: Berlin 1928); ders.: Geschichte der Weimarer Republik, Frankfurt 1961 (zuerst: Karlsbad 1935).

4 Vgl. hierzu Peter Lösche; Der Bolschewismus im Urteil der deutschen Sozialdemokratie 1903–1920, Berlin 1967.

5 Hierzu vor allem Walter Tormin: Zwischen Rätediktatur und sozialer Demokratie. Die Geschichte der Rätebewegung in der deutschen Revolution 1918/19, Düsseldorf 1954; Eberhard Kolb: Die Arbeiterräte in der deutschen Innenpolitik 1918/19, Düsseldorf 1962; ders.: Rätewirklichkeit und Räte-Ideologie in der deutschen Revolution von 1918/19, in: Helmut Neubauer (Hrsg.), Deutschland und die russische Revolution, Stuttgart 1968, S. 94–110; Peter von Oertzen: Betriebsräte in der Novemberrevolution, Düsseldorf 1963; Ulrich Kluge: Soldaten-

räte und Revolution, Göttingen 1975 (im Druck); zur Diskussion dieser Räteforschungen u. a. Dieter Baudis: Zur Problematik der Rätebewegung 1918/19 in Deutschland, in: Jahrbuch für Wirtschaftsgeschichte, 1967, Teil III, S. 394–420; Udo Bermbach: Das Scheitern des Rätesystems und der Demokratisierung der Bürokratie 1918/19, in: Politische Vierteljahresschrift, Bd. 8, 1967, S. 445–460; Reinhard Rürup: Rätebewegung und Revolution in Deutschland 1918/19, in: Neue Politische Literatur, Bd. 12, 1967, S. 303–315.
6 Zu Politik und Charakter der in den Arbeiter- und Soldatenräten organisierten Massenbewegung siehe Gerald D. Feldman, Eberhard Kolb, Reinhard Rürup: Die Massenbewegungen der Arbeiterschaft in Deutschland am Ende des Ersten Weltkrieges (1917–1920), in: Politische Vierteljahresschrift, Bd. 13, 1972, S. 84–105.
7 Zum Handlungsspielraum der Nationalversammlung vgl. Reinhard Rürup: Entstehung und Grundlagen der Weimarer Verfassung, in: E. Kolb (Hrsg.): Vom Kaiserreich zur Republik, S. 218–243; Heinrich Potthoff: Das Weimarer Verfassungswerk und die deutsche Linke, in: Archiv für Sozialgeschichte, Bd. 12, 1972, S. 433–483; siehe auch Karl Dietrich Bracher: Entstehung der Weimarer Verfassung, in: ders., Deutschland zwischen Demokratie und Diktatur, Berlin 1964, S. 11–32; zur parteipolitischen Situation Gerhard A. Ritter: Kontinuität und Umformung des deutschen Parteiensystems 1918–1920, in: E. Kolb (Hrsg.): Vom Kaiserreich zur Republik, S. 224–275.
8 Vgl. die von der KPD herausgegebene Illustrierte Geschichte der Deutschen Revolution, Berlin 1929 (Neudruck: Frankfurt 1968).
9 Ansätze zu einer kritischen Rezeption hat es vor allem im Rahmen der Studentenbewegung und Teilen der Neuen Linken gegeben, zumeist im Zusammenhang der rätetheoretischen Diskussionen; vgl. dazu die Verhandlungen des Deutschen Politologentages Berlin 1969, in: Politische Vierteljahresschrift, Sonderheft 2, 1970.
10 Vgl. Gustav W. Heinemann: Die Freiheitsbewegungen in der deutschen Geschichte, in: Geschichte in Wissenschaft und Unterricht, Bd. 25, 1974, S. 601–606. – Erfreulicherweise ist jedoch inzwischen für den Schülerwettbewerb um den Gustav-Heinemann-Preis 1975 das Thema »Vom Kaiserreich zur Republik 1918/19« gewählt worden.
11 Vgl. Jens Petersen u. a.: 1918–1968. Der fünfzigste Jahrestag der Novemberrevolution im Spiegel der deutschen Presse, in: Geschichte in Wissenschaft und Unterricht, Bd. 20, 1969, S. 454–479.
12 Die Novemberrevolution 1918 in Deutschland. Thesen anläßlich des 40. Jahrestages, in: Zeitschrift für Geschichtswissenschaft, Bd. 6, 1958, Sonderheft, S. 6–23. Vgl. auch die Entschließung des Parteivorstandes von 1948: Die Novemberrevolution und ihre Lehren für die deutsche Arbeiterbewegung, in: Dokumente der Sozialistischen Einheitspartei Deutschlands, Bd. 2, Berlin 1950, S. 100–116. – Vgl. allgemein die oben Anm. 1 zitierten Arbeiten von Winckler und Decker.
13 Ernst Diehl: Die Bedeutung der Novemberrevolution 1918, in: Zeitschrift für Geschichtswissenschaft, Bd. 17, 1969, S. 14. Vgl. allgemein auch Gerhard Meisel: Die Novemberrevolution und die beiden deutschen Staaten, Berlin (Ost) 1968.
14 E. Diehl, S. 21.
15 Ernst Fraenkel: November-Gedanken, in: Neue Volkszeitung, New York, 13. November 1943, S. 2. Unter der Überschrift »Aussichten einer deutschen Revo-

lution« hatte sich Fraenkel zwei Monate früher mit den politischen Möglichkeiten der deutschen Arbeiterbewegung nach dem Ende des »Dritten Reiches« kritisch auseinandergesetzt: ebd., 18. September 1943, S. 7 f. – Für den Hinweis auf diese Diskussion bin ich Herrn Hans Biegert, Berlin, zu Dank verpflichtet.

16 Vgl. den von der Reichsregierung unter dem SPD-Kanzler Hermann Müller herausgegebenen Sammelband: Zehn Jahre deutsche Geschichte 1918–1928, Berlin 1929, in dem der einzige die Revolutionszeit zusammenfassend behandelnde Beitrag den Titel »Die Abwehr des Bolschewismus« trug und von Gustav Noske verfaßt war.

17 Fraenkel, S. 5.

18 Vgl. hierzu die Bibliographie bei E. Kolb (Hrsg.): Vom Kaiserreich zur Weimarer Republik, S. 418–421, dort auch Hinweise auf die umfangreiche regional- und lokalgeschichtliche Literatur in der DDR. Als Überblick nützlich: Erich Kittel: Novemberumsturz 1918. Bemerkungen zu einer vergleichenden Revolutionsgeschichte der deutschen Länder, in: Blätter für deutsche Landesgeschichte, Bd. 104, 1968, S. 42–108. Besonders gut erforscht ist die bayerische Revolutionsgeschichte, vor allem von Allan Mitchell: Revolution in Bayern 1918/19, München 1967, und Karl Bosl (Hrsg.): Bayern im Umbruch. Die Revolution von 1918, ihre Voraussetzungen, ihr Verlauf und ihre Folgen, München 1969; vgl. ferner Wolfgang Schumann: Oberschlesien 1918/19, Berlin (Ost) 1961; Wolf-Heino Struck: Die Revolution von 1918/19 im Erleben des Rhein-Main-Gebietes, in: Hessisches Jahrbuch für Landesgeschichte, Bd. 19, 1969, S. 368–438; Richard A. Comfort: Revolutionary Hamburg. Labor Politics in the Early Weimar Republic, Stanford 1966; Peter Kuckuck: Bremer Linksradikale bzw. Kommunisten von der Militärrevolte im November 1918 bis zum Kapp-Putsch im März 1920, Diss. phil. Hamburg 1970; Frauke Bey-Heard: Hauptstadt und Staatsumwälzung Berlin 1919. Problematik und Scheitern der Rätebewegung in der Berliner Kommunalverwaltung, Stuttgart 1969; Erhard Lucas: Frankfurt unter der Herrschaft des Arbeiter- und Soldatenrats 1918/19, Frankfurt 1969; Klaus-Dieter Schwarz: Weltkrieg und Revolution in Nürnberg, Stuttgart 1971.

19 Eine höchst anregende historisch-systematische Diskussion der sozialgeschichtlichen Bedingungen der Revolution jetzt bei Jürgen Kocka: Klassengesellschaft im Krieg. Deutsche Sozialgeschichte 1914–1918, Göttingen 1973; grundlegend für die Kriegszeit Gerald D. Feldman: Army, Industry and Labor in Germany 1914–1918, Princeton 1966.

20 Peter von Oertzen: Die großen Streiks der Ruhrbergarbeiterschaft im Frühjahr 1919, in: Vierteljahreshefte für Zeitgeschichte, Bd. 6, 1958, S. 231–262 (jetzt auch in: E. Kolb (Hrsg.): Vom Kaiserreich zur Weimarer Republik, S. 185–217); v. Oertzen hat diese Studien fortgeführt in seinem Buch über die Betriebsräte (s. oben Anm. 5), bes. S. 110–133.

21 Heinz Habedank: Über Verlauf und Wesen der Sozialisierungsbewegung im Ruhrgebiet während der Novemberrevolution, in: Beiträge zur Geschichte der Novemberrevolution, Berlin (Ost) 1960, S. 42–61; vgl. ders.: Um Mitbestimmung und Nationalisierung während der Novemberrevolution und im Frühjahr 1919, Berlin (Ost) o. J. (1968); Henri Walther u. Dieter Engelmann: Zur Linksentwicklung der Arbeiterbewegung im Rhein-Ruhrgebiet. (. . .) Juli/August 1914 bis Dezember 1919, Diss. phil. Leipzig 1965.

22 Erhard Lucas: Märzrevolution im Ruhrgebiet. Vom Generalstreik gegen den Militärputsch zum bewaffneten Arbeiteraufstand. März–April 1920, Bd. 1, Frankfurt 1970, S. 7–50 (mit Diskussion der älteren Literatur). Von Lucas ist vor eini-

gen Jahren auch eine Darstellung der Revolution von 1918/19 im Ruhrgebiet angekündigt worden.
23 Manfred Dörnemann: Die Politik des Verbandes der Bergarbeiter Deutschlands von der Novemberrevolution 1918 bis zum Osterputsch 1921 unter besonderer Berücksichtigung der Verhältnisse im rheinisch-westfälischen Industriegebiet, Diss. phil. Würzburg 1966; Hans Mommsen: Die Bergarbeiterbewegung an der Ruhr 1918–1933, in: Jürgen Reulecke (Hrsg.): Arbeiterbewegung an Rhein und Ruhr, Wuppertal 1974, S. 275–314.
24 Erhard Lucas: Ursachen und Verlauf der Bergarbeiterbewegung in Hamborn und im westlichen Ruhrgebiet 1918/19. Zum Syndikalismus in der Novemberrevolution, in: Duisburger Forschungen, Bd. 15, 1971, S. 1–119.
25 Vgl. allgemein Fritz Opel: Der Deutsche Metallarbeiter-Verband während des Ersten Weltkrieges und der Revolution, Hannover 1962^2.
26 Helmut Metzmacher: Der Novemberumsturz 1918 in der Rheinprovinz, in: Annalen des Historischen Vereins für den Niederrhein, Bd. 168/169, 1967, S. 135–265.
27 Jürgen Reulecke: Die wirtschaftliche Entwicklung der Stadt Barmen 1910 bis 1925, Neustadt/Aisch 1973; ders.: Der Erste Weltkrieg und die Arbeiterbewegung im rheinisch-westfälischen Industriegebiet, in: ders. (Hrsg.): Arbeiterbewegung an Rhein und Ruhr, S. 205–239.
28 Hans Spethmann: Zwölf Jahre Ruhrbergbau, Bd. 1: Aufstand und Ausstand bis zum zweiten Generalstreik April 1919, Berlin 1928; Darstellungen aus den Nachkriegskämpfen deutscher Truppen und Freikorps. Im Auftrage des Oberkommandos des Heeres bearb. u. hrsg. v. d. Kriegsgeschichtlichen Forschungsanstalt des Heeres, Bd. 9: Errettung des Ruhrgebiets (1918–1920), Berlin 1943; zu diesen Werken gehört wegen seines Materialreichtums (und seiner Vorurteile) auch Eduard Schulte: Münstersche Chronik zu Novemberrevolte und Separatismus 1918, Münster 1936; ders.: Münstersche Chronik zu Spartakismus und Separatismus Anfang 1919, Münster 1939.
29 Hervorzuheben sind jedoch einige lokalgeschichtliche Studien, die im Rahmen weiter gefaßter Themenstellungen auch Probleme der Revolutionszeit berücksichtigen: Hanno Lambers: Die Revolutionszeit in Hagen. Die politische Entwicklung von 1917 bis 1924 in Hagen und Haspe, Hagen 1963; Hermann Emil Kromberg: Politische Strömungen und Wahlen im Stadt- und Landkreis Essen von der Novemberrevolution 1918 bis zur Reichstagswahl vom Dezember 1924, Diss. phil. Bonn 1968; vgl. auch Herbert Kühr: Parteien und Wahlen im Stadt- und Landkreis Essen in der Zeit der Weimarer Republik, Düsseldorf 1973.
30 S. oben Anm. 23.
31 Hans-Otto Hemmer: Die Bergarbeiterbewegung im Ruhrgebiet unter dem Sozialistengesetz, in: J. Reulecke (Hrsg.): Arbeiterbewegung, S. 85.
32 Kurt Koszyk: Die sozialdemokratische Arbeiterbewegung 1890 bis 1914, in: ebd., S. 170.
33 Zu den innerparteilichen Entwicklungen während des Krieges vgl. Jürgen Reulecke: Der Erste Weltkrieg und die Arbeiterbewegung im rheinisch-westfälischen Industriegebiet, in: ebd., S. 205–239.
34 Vgl. Walter Neumann: Die Gewerkschaften im Ruhrgebiet. Voraussetzungen, Entwicklung und Wirksamkeit, Köln 1951.
35 Klaus J. Mattheier: Werkvereine und wirtschaftsfriedlich-nationale (gelbe) Arbeiterbewegung im Ruhrgebiet, in: J. Reulecke (Hrsg.): Arbeiterbewegung, S. 188.

36 Vgl. allgemein Max Jürgen Koch: Die Bergarbeiterbewegung im Ruhrgebiet zur Zeit Wilhelm II. (1889–1914), Düsseldorf 1954; zur Politik des Alten Verbandes während des Krieges und zum Abschluß der Arbeitsgemeinschaft zwischen Bergarbeiterverbänden und Zechenverband besonders Hans Mommsen: Die Bergarbeiterbewegung an der Ruhr 1918–1933, in: J. Reulecke (Hrsg.): Arbeiterbewegung, S. 278–289. – Zur »Zentralarbeitsgemeinschaft« siehe Gerald D. Feldman: German Business Between War and Revolution: The Origins of the Stinnes-Legien Agreement, in: Gerhard A. Ritter (Hrsg.): Entstehung und Wandel der modernen Gesellschaft, Berlin 1970, S. 312–341; vgl. dazu die wichtige Dokumentation von G. D. Feldman unter Mitwirkung von Irmgard Steinisch: The Origins of the Stinnes-Legien Agreement. A Documentation, in: Internationale Wissenschaftliche Korrespondenz zur Geschichte der deutschen Arbeiterbewegung, Heft 19/20, 1973, S. 45–102.
37 Die folgende Skizze der Revolutionszeit im Industriegebiet beruht außer auf der bereits genannten und noch zu nennenden Literatur auf den Ergebnissen der einzelnen Beiträge dieses Bandes. Auf Verweise innerhalb des Bandes wird im allgemeinen verzichtet.
38 Zum Ausbau der Räteorganisationen vgl. E. Kolb: Die Arbeiterräte, S. 99–113, hier besonders S. 109 f.; dazu vor allem die Beiträge von H.-U. Knies (Niederrhein) und I. Marßolek (Westliches Westfalen) in diesem Band.
39 Hierzu U. Kluge, Der Generalsoldatenrat, in diesem Band.
40 E. Lucas: Ursachen und Verlauf der Bergarbeiterbewegung, besonders S. 37–101; vgl. allgemein Hans Manfred Bock: Syndikalismus und Linkskommunismus von 1918–1923. Zur Geschichte und Soziologie der Freien Arbeiter-Union Deutschlands (Syndikalisten), der Allgemeinen Arbeiter-Union Deutschlands und der Kommunistischen Arbeiter-Partei Deutschlands, Meisenheim am Glan 1969.
41 Zur Sozialisierungsbewegung im Ruhrgebiet siehe die bereits genannten Arbeiten von P. v. Oertzen (Anm. 20), H. Habedank (Anm. 21), M. Dörnemann (Anm. 23), H. Mommsen (Anm. 23), E. Lucas (Anm. 22, 24); außerdem H. Spethmann, Bd. 1 (Anm. 28); Richard Müller: Bürgerkrieg in Deutschland, Berlin 1925, S. 127–142; Illustrierte Geschichte (Anm. 8), S. 311–334; Die Sozialisierung des Bergbaus und der Generalstreik im rheinisch-westfälischen Industriegebiet, Essen o. J. (1919), hrsg. v. d. »Neunerkommission«; Bericht des Untersuchungsausschusses der Preußischen Landesversammlung über die Ursachen und den Verlauf der Unruhen im Rheinland und in Westfalen in der Zeit vom 1. Januar bis 19. März 1919, S. 5585–5673 (Drucksache Nr. 3228). – Zur allgemeinen Sozialisierungsproblematik und zu den wirtschaftspolitischen Auseinandersetzungen 1918/19 siehe darüber hinaus vor allem Hans Schieck: Der Kampf um die deutsche Wirtschaftspolitik nach dem Novemberumsturz 1918, Diss. phil. Heidelberg 1958; ders.: Die Behandlung der Sozialisierungsfrage in den Monaten nach dem Staatsumsturz, in: E. Kolb (Hrsg.): Vom Kaiserreich zur Weimarer Republik, S. 138–164; Dieter Baudis: Zur Geschichte des Kampfes der deutschen Arbeiterklasse um die Kontrolle über die Produktion während der Novemberrevolution und der Massenstreiks im Frühjahr 1919, Wirtschaftswiss. Diss. Berlin (Ost) 1960; Kurt Trüschler: Die Sozialisierungspolitik in der Weimarer Republik, Diss. phil. Marburg 1968; Gerhard Brehme: Die sogenannte Sozialisierungsgesetzgebung der Weimarer Republik, Berlin (Ost) 1960; Gerald D. Feldman: Wirtschafts- und sozialpolitische Probleme der deutschen Demobilmachung, in: Hans Mommsen u. a. (Hrsg.): Industrielles System und politische

Entwicklung in der Weimarer Republik, Düsseldorf 1974, S. 618–647; Günter Schmidt: Zur Staats- und Machtfrage in der Novemberrevolution. Wirtschaftsexperimente des Demobilmachungsamtes, in: Jahrbuch für Geschichte, Bd. 2, 1967, S. 249–282; Eckhard Biechele: Der Kampf um die Gemeinwirtschaftskonzeption des Reichswirtschaftsministeriums im Jahre 1919, Diss. rer. pol. Berlin 1973; vgl. auch Friedrich Zunkel: Industrie und Staatssozialismus. Der Kampf um die Wirtschaftsordnung in Deutschland 1914–1918, Düsseldorf 1974; zur wissenschaftlichen Diskussion zuletzt Hans Dieter Hellige: Die Sozialisierungsfrage in der deutschen Revolution 1918/19. Zu einigen neueren Darstellungen, in: Internationale Wissenschaftliche Korrespondenz zur Geschichte der deutschen Arbeiterbewegung, Bd. 11, 1975, S. 91–100.
42 P. v. Oertzen, Die großen Streiks, S. 200.
43 Am 28. Januar 1919 wies Noske in einer Sitzung des Zentralrats mit dem Rat der Volksbeauftragten darauf hin, daß »die nötigen militärischen Machtmittel« fehlten, so daß man im Ruhrgebiet »auf Verhandlungen und gütliches Zureden angewiesen« sei; er verwies aber bereits auf die Bildung von Freikorps, die eventuell ein militärisches Eingreifen ermöglichen würden; vgl. Der Zentralrat der deutschen sozialistischen Republik, bearbeitet v. E. Kolb u. Mitw. v. R. Rürup, Leiden 1968, S. 497. Ähnlich schon Ebert am 2. Januar hinsichtlich der Streikbewegungen im Ruhrgebiet: »Wir sind in einer so furchtbar hilflosen Lage, daß wir solche Dinge nur durch Verständigung und dilatorische Behandlung erledigen können«; s. Die Regierung der Volksbeauftragten, bearbeitet v. Susanne Miller u. Mitw. v. H. Potthoff, Düsseldorf 1969, Teil II, S. 180.
44 Zur militärpolitischen Situation siehe vor allem die grundlegende Untersuchung von U. Kluge (Anm. 5); außerdem Wolfgang Sauer: Das Bündnis Ebert-Groener, Diss. phil. Berlin 1957; Wolfgang Elben: Das Problem der Kontinuität in der deutschen Revolution. Die Politik der Staatssekretäre und der militärischen Führung von November 1918 bis Februar 1919, Düsseldorf 1965; Lothar Berthold u. Helmut Neef: Militarismus und Opportunismus gegen die Novemberrevolution. Das Bündnis der rechten SPD-Führung mit der Obersten Heeresleitung November-Dezember 1918. Eine Dokumentation, Berlin (Ost) 1958; Heinz Oeckel: Die revolutionäre Volkswehr 1918/19. Die deutsche Arbeiterklasse im Kampf um die revolutionäre Volkswehr, Berlin (Ost) 1968; Erwin Könnemann: Einwohnerwehren und Zeitfreiwilligenverbände. Ihre Funktion beim Aufbau eines neuen imperialistischen Militärsystems, Berlin (Ost) 1970; Hagen Schulze: Freikorps und Republik 1918–1920, Boppard 1969; Heinz Hürten: Soldatenräte in der deutschen Novemberrevolution 1918, in: Historisches Jahrbuch, Bd. 90, 1970, S. 299–328; Dieter Dreetz: Zur Entwicklung der Soldatenräte des Heimatheeres (November 1918 bis März 1919), in: Zeitschrift für Militärgeschichte, Bd. 9, 1970, S. 429–438; Rolf Feldner jr.: Zwischen kaiserlicher Armee und Reichswehr. Das Problem der Machtverteilung in der revolutionären Übergangsperiode, in: Aus Politik und Zeitgeschichte. Beilage zur Wochenzeitung Das Parlament, B 50/71, 11. Dezember 1971, S. 3–21.
45 Siehe unten S. 330.
46 Text der Kongreßbeschlüsse in: Der Zentralrat, S. 2–4; ebd. auch die entscheidende Sitzung des Zentralrats mit dem Rat der Volksbeauftragten in Anwesenheit Groeners und Ritter v. Manns am 20. 12. 1918, in der die Beschlüsse praktisch zurückgenommen wurden: S. 24–43. Auch die weitere Behandlung der Beschlüsse bis zu den Verordnungen vom 19. Januar und den anschließenden Protestbewegungen ist dort ausführlich dokumentiert.

47 Siehe unten S. 375f.
48 Die in der Literatur in der Regel völlig übersehenen Zusammenhänge zwischen militärpolitischer Entwicklung und Sozialisierungsbewegung sind zuerst von U. Kluge herausgearbeitet worden: Essener Sozialisierungsbewegung und Volkswehrbewegung im rheinisch-westfälischen Industriegebiet 1918/19, in: Internationale Wissenschaftliche Korrespondenz zur Geschichte der deutschen Arbeiterbewegung, Heft 16, 1972, S. 55–65.
49 H. M. Bock, S. 132f.
50 Vgl. allgemein Martin Martiny: Arbeiterbewegung an Rhein und Ruhr vom Scheitern der Räte- und Sozialisierungsbewegung bis zum Ende der letzten parlamentarischen Regierung der Weimarer Republik (1920–1930), in: J. Reulecke (Hrsg.): Arbeiterbewegung an Rhein und Ruhr, S. 241–273; Siegfried Bahne: Die KPD im Ruhrgebiet in der Weimarer Republik, in: ebd., S. 315–353.
51 I. Marßolek, Siehe unten S. 292.

Ulrich Kluge: Militärrevolte und Staatsumsturz. Ausbreitung und Konsolidierung der Räteorganisationen im rheinisch-westfälischen Industriegebiet

Am 8. November 1918 befand sich der größte Teil des Gebietes zwischen Münster und Köln, zwischen Aachen und Bielefeld unter dem bestimmenden Einfluß aufständischer Soldaten und Matrosen[1]. Ursprungsort des Aufstandes war Kiel, von wo aus sich seit dem 5. November die Bewegung entlang der Ost- und Nordseeküste und südwärts ausbreitete. Auslösendes Ereignis war die Meuterei der Schiffsbesatzungen des I. und III. Hochseegeschwaders[2].

I. Der Matrosenaufstand und die Ausbreitung der militärischen Rätebewegung in Norddeutschland

Ausgangspunkt der Militärrevolte, die im November 1918 binnen weniger Tage einen revolutionären Staatsumsturz bewirkte, waren die vor Wilhelmshaven liegenden Geschwader der deutschen Hochseeflotte. Die seit dem 29. Oktober rapide um sich greifenden Dienstverweigerungen der Schiffsbesatzungen der Hochseegeschwader wurden durch Gerüchte über Planung und Vorbereitung eines Flottenvorstoßes gegen England ausgelöst. Die neuere Forschung hat eindeutig zu zeigen vermocht, daß diese Planungen ohne Kenntnis und gegen die Politik der Reichsregierung, die sich um einen Waffenstillstand bemühte, durchgeführt wurden. Die Seekriegsleitung, die über die Marine als einzige noch intakte Waffengattung verfügte, stand den Waffenstillstandsbemühungen von Anfang an ablehnend gegenüber[3]. Nach der Einstellung des U-Boot-Krieges infolge des Notenwechsels mit Wilson, glaubte sich die Marineführung in der zweiten Oktoberhälfte vor die Alternative »Resignation oder das Wagnis eines letzten, ehrenvollen Kampfes«[4] gestellt. Die internen Anweisungen und Vorbereitungen der Seekriegsleitung zu diesem Zeitpunkt erwecken den Eindruck einer von allen Rücksichten auf die Existenz der Flotte und ihrer Besatzung losgelösten Führungsinstanz, die angesichts der bevorstehenden Niederlage alles daransetzte, um wenigstens den eigenen Ruf zu retten. So wurde am 22. Oktober eine Einigung darüber erzielt, daß »ein möglichst baldiger Zeitpunkt« für einen Vorstoß der Hochseeflotte festzusetzen sei. Als Zielpunkte standen die Ostküste Englands und der Kanal zur Debatte;

aus taktischen Gründen entschied man sich für den Einsatz im Kanal. Am 27. Oktober wurde der Einsatzbefehl genehmigt, und am Abend des 29. Oktober wurden die Verbandschefs vom Flottenchef über den für den folgenden Tag vorgesehenen Flottenvorstoß unterrichtet[5].

Die Kenntnis über die Vorbereitung des Flottenvorstoßes blieb nicht auf den kleinen Kreis hoher Seeoffiziere beschränkt, denn in Cuxhaven kursierte bereits am 25. Oktober das Gerücht über eine bevorstehende »große Seeschlacht«. Wegen der sich seit dem 29. Oktober rapide ausbreitenden Dienstverweigerungen der Mannschaften mußte der Einsatzbefehl am 30. Oktober wieder aufgehoben werden[6].

Wurde die Meuterei durch die Vorbereitung des Flottenvorstoßes ausgelöst, so war sie doch zugleich Ausdruck eines allgemeinen Protestes: Seit dem Aufstand der Matrosen im Sommer 1917 waren Mißstände vor allem in der inneren Führung bekannt; eine Reform war versäumt worden, da die Flottenleitung die politisch-radikale Agitation unter den Mannschaften allein außenstehenden Kräften zuschrieb. Die Kritik an dem revisionsbedürftigen Dienstreglement, an den Klassenunterschieden in den Lebensbedingungen an Bord der Großkampfschiffe und an einer Reihe anderer Faktoren hatte seitdem noch an Schärfe zugenommen. Hinzu kamen die immer stärker werdende Kriegsmüdigkeit und die wachsende Einsicht in die Ausweglosigkeit der militärischen Situation, wie sie für die Marine in der Räumung der Militärstützpunkte in Flandern deutlich wurde[7].

Die Vorfälle, die sich am 29. Oktober auf den Schiffen der Hochseegeschwader ereigneten, müssen als eine spontane Demonstration der Matrosen gekennzeichnet werden. Diese Ereignisse stellten in der Intention der Beteiligten nicht den Beginn einer umfassenden politisch-radikalen Bewegung im Militär dar, ihre Träger hatten weder politische Leitsätze formuliert, noch organisatorische Ansätze geschaffen. Sofern Vorformen einer militärischen Räteorganisation vorhanden waren, lassen sie sich nachträglich nicht mehr erkennen. Die Matrosen verbanden mit ihrer massiven Demonstration weder Sabotageakte gegenüber den Kriegsmitteln noch Übergriffe auf die militärischen Funktionsträger. Schon gar nicht versuchten sie, mit dieser Demonstration den bestehenden Staat in Frage zu stellen. Das »Programm«, zu dem sich die Matrosen einmütig und spontan bekannten, bestand darin, den Krieg in seiner offensiven Weiterführung zu verhindern, um nicht die Chancen für einen baldigen Friedensschluß vernichten zu lassen. Deutlich erkennbar handelten die Matrosen in dem Glauben, die Flottenleitung habe die Vorbereitungen zum Vorstoß bewußt im Gegensatz zur Regierung getroffen. So war mit ihrer Demonstration für die Kriegsbeendigung zugleich die Hoffnung auf Hilfe durch die Regierung verbunden. Zugleich mit der Aufhebung des Einsatzbefehls am 30. Oktober versuchte die Flottenleitung, die Rebellion einzudämmen. Die Hochseegeschwader wurden auseinandergezogen, das III. Geschwader wurde in die Ostsee, das I. zur Elbmündung und das IV. zur Jademündung beordert. Damit verbunden waren umfangreiche Verhaftungen: über 1000 Mann wurden arretiert. Die weitere Entwicklung war wesentlich durch die Sorge um das Schicksal dieser arretierten Kameraden bestimmt[8].

Das III. Geschwader lief am 31. Oktober nachts in Kiel ein. Bereits am nächsten Tag kam es zu ersten Beratungen und Kommissionsbildungen, um die Freilassung der Kameraden durchzusetzen. Zugleich bahnte sich eine Solidarisierung des in Kiel stationierten Militärs mit den Matrosen an, und erstmals traten auch führende Persönlichkeiten der örtlichen Parteileitung der USPD in Erscheinung. Der Umschlag dieser Protestbewegung in eine militante politische Umsturzbewegung wurde am 3. November durch einen Zusammenstoß zwischen Demonstranten und einer bewaffneten Patrouille, bei dem es zahlreiche Tote und Verletzte gab, herbeigeführt. Dieser Vorfall brachte auch die Mehrheitssozialdemokraten in Kiel auf die Seite des aufständischen Militärs[9]. Die Bewaffnung der Aufständischen schritt rasch voran, während bei den Kommandobehörden kaum eine Gegenwehr zu beobachten war.

In dieser Situation wurde am 4. November ein Soldatenrat gebildet, dessen Mitglieder von den einzelnen Einheiten gewählt worden waren. Er war nicht nur Verhandlungsorgan der Aufständischen, sondern neue, revolutionäre Autorität, die sich erfolgreich darum bemühte, ein drohendes Chaos zu verhindern. Neben der Freilassung der inhaftierten Kameraden wurden nun auch politische Forderungen gestellt: sofortige Beendigung des Krieges, annexions- und kontributionsloser Frieden, Selbstbestimmungsrecht der Völker, Freilassung sämtlicher politischer Gefangenen, Einführung eines demokratischen Wahlrechts. Mit diesen Forderungen gewann die Bewegung über ihren engeren Bereich hinaus an politischer Bedeutung. Der Soldatenrat wurde vom Gouverneur anerkannt, ein Teil der Gefangenen wurde sofort freigelassen, der Zuzug auswärtiger Truppen unterblieb. Am Nachmittag des 4. November vollzog sich die Vereinigung des streikenden Militärs mit der Industriearbeiterschaft von Kiel. Am Abend des gleichen Tages trafen Staatssekretär Conrad Haußmann (DVP) und der Reichstagsabgeordnete Gustav Noske (SPD) in Kiel ein[10], aber nicht mit Vollmachten zur Verhandlungsführung ausgestattet, sondern nur als Beobachter.

Zur gleichen Zeit und unabhängig von den alsbald einsetzenden Beratungen mit den Berliner Vertretern wurde von den Vertrauensleuten verschiedener Schiffe und Formationen und einigen Arbeitervertretern im Gewerkschaftshaus ein militärpolitisches Programm in 14 Punkten aufgestellt, das hinsichtlich der innerdienstlichen Verhältnisse in den nächsten Tagen für die meisten Garnisonen im Reichsgebiet zum Modell wurde. Es handelte sich dabei um folgende Punkte: 1. Freilassung aller Inhaftierten und politischen Gefangenen; 2. vollständige Rede- und Pressefreiheit; 3. Aufhebung der Briefzensur; 4. sachgemäße Behandlungen der Mannschaften durch die Vorgesetzten; 5. straffreie Rückkehr sämtlicher Kameraden an Bord und in die Kaserne; 6. keine Ausfahrt der Flotte; 7. jegliche Schutzmaßnahmen mit Waffengewalt haben zu unterbleiben; 8. Zurückziehung sämtlicher garnisonsfremden Truppen; 9. alle Maßnahmen zum Schutze des Privateigentums werden ab sofort vom Soldatenrat getroffen; 10. es gibt außer Dienst keine Vorgesetzten mehr; 11. unbeschränkte persönliche Freiheit jedes Mannes von Beendigung des Dienstes bis zu Beginn des nächsten Dienstes; 12. Offiziere, die sich mit den Maßnahmen des jetzt bestehenden Soldatenrates einverstanden erklären, werden willkommen geheißen, die anderen haben ohne Anspruch auf Versorgung den Dienst zu quittieren; 13. jeder Angehörige des Soldatenrates ist von jeglichem Dienst zu befreien; 14. sämtliche in Zukunft zu treffenden Maßnahmen sind nur mit Zustimmung des Soldatenrates zu treffen[11].

Am Abend des 5. November hatten sich in Kiel die Machtverhältnisse eindeutig zugunsten der Soldaten und Matrosen gefestigt, es gab aber noch keine politische Ausstrahlung auf die Nachbarregionen[12]. Am Morgen dieses Tages hatte sich ein Arbeiterrat konstituiert, der aus den Obleuten der Großbetriebe, aus 14 Vorstandsmitgliedern der beiden sozialistischen Parteien und dem Vorsitzenden des Kieler Gewerkschaftskartells bestand. Auch ein Soldatenrat in neuer personeller Zusammensetzung wurde gegründet, da das *ad hoc* entstandene Gremium, das tags zuvor die Verhandlungen mit dem Gouverneur geführt hatte, nicht mehr existierte[13].

Währenddessen bekannte sich die Reichsregierung zwar zur Amnestie und zur Straffreiheit, lehnte es aber ab, die politischen Forderungen der Aufständischen zu erfüllen mit dem Hinweis darauf, daß Beratungen hierüber allein dem Reichstag zuständen, der mit Beginn der Waffenstillstandsverhandlungen zusammentreten würde[14]. Der Versuch Noskes und der Kieler SPD-Führung, die Soldaten und Matrosen zur Anerkennung der Regierungsentscheidungen zu bewegen, scheiterte[15]. Unter dem Eindruck der sich kraftvoll ausbreitenden Aufstandsbewegung unter dem Militär in den Nachbarregionen Kiels entschloß sich Noske zu einer Kursänderung, wodurch er den Mehrheitssozialdemokraten den Anschluß an die Bewegung sichern wollte, bevor sie völlig außer Kontrolle oder unter den Einfluß der Unabhängigen geriet. Am 7. November wurde der Kieler Arbeiterrat als »provisorische Leitung für Schleswig-Holstein« proklamiert, und am sel-

ben Tage wurde Noske von ca. 800 Vertrauensleuten aller Kieler Truppenteile und Schiffe einstimmig zum Gouverneur gewählt[16].
Mehr als bisher drängten Forderungen verfassungspolitischer Natur in den Vordergrund, bedingt durch den wachsenden Einfluß der Sozialdemokraten beider Richtungen, und allmählich zeigten sich von Kiel aus beeinflußte Aktionen in den Nachbargarnisonen. Noch *bevor* Kiel zum Ausgangspunkt weiterer Unruhen im angrenzenden Reichsgebiet sich zu entwickeln imstande war, brachen in Norddeutschland Militärstreiks größeren Umfangs aus. Die negative Zielsetzung lag nunmehr klar im Umsturz der bestehenden verfassungspolitischen Wirklichkeit, während ihre positive Zielsetzung durch republikanisch-demokratische Forderungen bestimmt würde. Die Unruhen unter dem Militär im Küstenbereich der Ost- und Nordseeküste, die sich am 5. November sporadisch zeigten, hatten ihren Ausgang nicht von Kiel genommen, sondern von den Schiffen der Hochseegeschwader. Von einem Angriff auf den bestehenden Staat kann zu dieser Zeit noch keine Rede sein. Es handelte sich lediglich um Aktionen mit dem Ziel, die Bestrafung der verhafteten Matrosen zu verhindern und den Einsatz militärischer Mittel zur Bekämpfung der Unruhen von den angrenzenden Gebieten her lahmzulegen. Die Aktionen der Matrosen, deren Schärfe vom Widerstandswillen der Kommandobehörden bestimmt war, wiesen überall spontanen Charakter auf, und wo es Ansätze einer Räteorganisation gab, waren sie stets das Resultat dieser Aktionen, in keinem Falle aber ihre Initialzündung[17].
Am 6. November veränderte sich die Lage entscheidend: in *Lübeck*, *Wismar*, *Schwerin*, *Rostock* und *Warnemünde* kam es zu Unruhen unter dem Militär und der Industriearbeiterschaft[18]. In *Brunsbüttel* solidarisierten sich Infanterietruppen aus *Itzehoe*, die von den Kommandobehörden zur Bekämpfung der Aufstandsbewegung herangeführt worden waren, mit den streikenden Matrosen und Soldaten[19]. In *Cuxhaven* formierten sich schon am 6. November aus dem spontan entstandenen Soldatenrat ein »Aktionsausschuß« (21-er Rat) und ein »Vollzugsausschuß« (5-er Rat), der in Permanenz tagte[20]. Die tatsächliche Kommandogewalt im Festungsbereich ging auf den Arbeiter- und Soldatenrat über, als sämtliche Offiziere entwaffnet worden waren. Unter dem Druck einer großen Demonstration von 40 000 Soldaten und Zivilisten in *Hamburg* brach der Widerstand des Stellvertretenden Generalkommandos des IX. Armeekorps unter General von Falk zusammen, nachdem es zwischen den Demonstranten und Angehörigen eines Infanterieregimentes zu Zusammenstößen gekommen war. Die Aufständischen forderten vom Senat der Hansestadt die Absetzung des Generals, die Anerkennung des Arbeiter- und Soldatenrates durch das Stellvertretende Generalkommando sowie Verhandlungen zwischen dieser

Militärbehörde und dem Rätegremium, die Kontrolle der städtischen Lebensmittelversorgung durch den Arbeiterrat, die Übergabe des öffentlichen Verkehrs an den Soldatenrat und die Sicherstellung des Papierkontingents für die Bekanntmachungen des Arbeiter- und Soldatenrates[21].
Die Revolutionsbewegung in *Bremen* brach aus, als sich mehrere hundert gefangene Matrosen aus Wilhelmshaven weigerten, nach Munsterlager abtransportiert zu werden. Das Garnisonskommando von Bremen zeigte sich in den darauffolgenden Verhandlungen mit aufständischen Soldaten zu weitgehenden Konzessionen bereit. Bis zum Abend hatte sich unter der Bremer Industriearbeiterschaft eine breite Demonstrationsbewegung entfaltet, die sich dem Militär in einer großen Volksversammlung anschloß. Die örtliche USPD-Leitung bekam die Führung der Bewegung in die Hand und kündigte die Bildung eines Arbeiter- und Soldatenrates an. Sie forderte die streikenden Arbeiter auf, an ihre Arbeitsplätze zurückzukehren und für die kommenden Verhandlungen mit dem Senat »Vertrauensmänner« zu benennen. Ähnlich wie in Hamburg versuchten die Bremer Bürgerschaft und der Senat, eine lange Zeit verzögertes verfassungspolitisches Reformwerk zu aktivieren, um die sich ausbreitende Bewegung in kontrollierte Bahnen zu leiten und den Druck aus den unterprivilegierten sozialen Gruppen aufzufangen. Während vor dem Rathaus sich neue politische Kräfte zu formieren begannen, stimmte die Bürgerschaft einem Antrag der Mehrheitssozialdemokraten zu, der auf die Einführung des allgemeinen, gleichen und direkten Wahlrechtes abzielte. Noch hatte der Senat sein Votum hierzu abzugeben, doch durch den Machtverschiebungsprozeß besaß er keine unabhängige Herrschaftsposition mehr. In diesen Tagen griff die Umsturzbewegung auch auf *Wilhelmshaven* und die Unterweser-Orte *Bremerhaven, Lehe* und *Geestemünde* über[22].
Im Vergleich zum 5. November hatten sich, insgesamt gesehen, die Verhältnisse im nördlichen Teil des Reiches insofern verändert, als in den großen Garnisonen bzw. Marinestützpunkten und in den industriellen Zentren die bisherigen Träger militärischer und kommunaler Funktionen ihre Herrschaftspositionen weitgehend eingebüßt hatten. Ein Teil des Reiches mit so bedeutenden Städten wie *Hamburg, Bremen, Schwerin* und *Lübeck* befand sich außerhalb der staatlichen Ordnung; Widerstand hiergegen zu leisten, erschien zu diesem Zeitpunkt und mit den zur Verfügung stehenden Truppen, über deren Loyalität Zweifel bestanden, praktisch unmöglich. In fast allen Standorten, in denen sich am 6. November erstmals eine Demonstrationsbewegung zu entfalten begann, ging die Initiative dazu von den örtlichen Militärformationen aus, lediglich im Küstengebiet der Ostsee standen die Unruhen im unmittelbaren Zusammenhang mit dem Erscheinen von Matrosengruppen aus Kiel, wobei sie nicht mit Waffengewalt die

Demonstrationsbewegung aktivierten, sondern durch das Mittel der Agitation. In keinem Falle okkupierten die Matrosen Machtpositionen auf örtlicher Ebene ohne die Garnisonstruppen, sondern stets gemeinsam mit ihnen. In allen Fällen ging der Demonstrationsbewegung der örtlichen Arbeiterschaft die Demonstrationsbewegung des örtlichen Militärs voraus, auf die die Parteiführungen der Sozialdemokraten keinen Einfluß besaßen. Polizei und regierungstreues Militär leisteten kaum Widerstand. Nahezu überall brach der Schutz der militärischen und kommunalen Ordnung in sich zusammen, bevor seine Träger in Aktion zu treten versucht hatten. Die militärischen Kommandobehörden wichen vor der Übermacht der Demonstrationsbewegung zurück und beugten sich in den meisten Garnisonen den Forderungen des aufständischen Militärs.

Wo sich am 6. November auf örtlicher Ebene Räteorgane zu bilden begannen, standen sie nie am Anfang des Machtverschiebungsprozesses. Sie traten stets dann in Erscheinung, wenn es zu Verhandlungen zwischen den Demonstranten und den militärischen bzw. zivilen Behörden kam; hierbei trugen sie die Funktion von Verhandlungskommissionen. Ihre personelle Zusammensetzung entsprang der Improvisation; überall vollzog sich nach dem Zusammenfließen der militärischen und zivilen Demonstrationsbewegung die organisatorische Fusion der Soldatenräte mit den Arbeiterräten. In fast allen Fällen besaßen die Gremien noch keine differenzierte Organisationsstruktur. Obwohl militärische und zivile Behörden nicht mehr in der Lage waren, sich der Demonstrationsbewegung zu widersetzen, wurden sie doch fast überall als Verhandlungspartner akzeptiert.

Die kontrollierte Bewahrung des militärisch-organisatorischen Rahmens, nicht seine Zerstörung gehörte zu den Zielen der Demonstrationsbewegung. Die Forderungen des aufständischen Militärs bezogen sich weitgehend auf interne militärische Probleme: Grußpflicht, Verpflegung, Disziplin. Dort wo die Bewegung von den Matrosen ausging, rangierte in der Skala die Forderung nach Amnestie der arretierten Schiffsbesatzungen weit oben. Politische Forderungen wurden nur im Zusammenhang mit einem baldigen Waffenstillstand erhoben. Die Frage der Staatsform wurde im Militär zu dieser Zeit – von Kiel abgesehen – nicht diskutiert. Insgesamt betrachtet richtete sich die Bewegung in den norddeutschen Standorten nicht gegen die Monarchie, sondern gegen ihr reformbedürftiges Militärsystem. Doch war bereits klar, daß eine Restaurierung alter Herrschaftsverhältnisse im norddeutschen Raum nicht mehr möglich war, und ebenso war klar, daß für den Fall umfassender Konzessionen des Kabinetts in Berlin gegenüber den Forderungen des aufständischen Militärs das Militärsystem und mit ihm die Monarchie erschüttert werden würden.

Am 7. November befanden sich über die bisher genannten hinaus folgende

Standorte im Küstengebiet der Ost- und Nordsee unter dem Einfluß des aufständischen Militärs und der streikenden Industriearbeiterschaft: *Rendsburg*[23], *Flensburg*[24], *Eckernförde*[25], *Eutin*[26], *Lockstedter Lager*[27], *Greifswald*[28], *Neumünster*[29], *Parchim*[30] und *Wismar*[31].

II. Die Bildung von Räteorganisationen in den Bereichen des VII. und VIII. Armeekorps. Materialien zu einer Typologie der militärischen Umsturzbewegung in Deutschland

Der Hauptstrom der Aufständischen ergoß sich von Kiel und Wilhelmshaven über Hannover kommend nach Köln und berührte von da aus sternförmig die Städte im Gebiet zwischen Rhein, Lippe und Ruhr[1].

1) VIII. Armeekorpsbereich (nördlicher und südlicher Abschnitt): Köln, Bonn und Koblenz

Bereits am 5. November begannen einige Matrosengruppen, die aus Kiel nach *Köln* gekommen waren, unter Angehörigen der Ersatzformationen zu agitieren[2]. Als es am Nachmittag des 7. November etwa 200 Matrosen aus Kiel gelang, trotz aller Absperrungsversuche nach Köln durchzukommen, gerieten große Gruppen der 45 000 Mann starken Garnisonsbesatzung in Bewegung: Militär- und Zivilgefängnisse wurden geöffnet, und im Verlauf einer Demonstration kam es zu Ausschreitungen gegen privates Eigentum. Das Gouvernement war zu dieser Zeit praktisch machtlos. Die Parteiführungen von SPD und USPD einigten sich am 8. November auf die Bildung eines paritätisch besetzten Arbeiterrates (insgesamt 12 Mitglieder), der von einer Volksversammlung noch am selben Tage bestätigt wurde. In dieser Versammlung wurde durch Zuwahl von sechs Soldatenvertretern der Arbeiterrat zum Arbeiter- und Soldatenrat erweitert. Wenige Stunden später konstituierte sich das Gremium in einer neuen organisatorischen Form und übernahm nun auch offiziell die vollziehende Gewalt in Köln. Mit jeweils zwei Vorsitzenden wurden mehrere Ausschüsse eingerichtet: Sicherheitsausschuß, Ausschuß für Verpflegung, Unterkunft, Bekleidung, Abtransport, Presseausschuß, ferner ein Gesundheits- und ein Finanzausschuß. Die meisten dieser Ausschüsse entstanden aus der Notwendigkeit, die im Zuge des bevorstehenden Waffenstillstandes anfallenden organisatorischen Aufgaben auf militärischem Gebiet zu koordinieren und zu erfüllen.

Aus Vertretern sämtlicher Formationen von Köln und Umgebung gebildet, trat am 9. November der »Große Soldatenrat« zusammen, der sich mit der bisherigen Politik des Arbeiter- und Soldatenrates solidarisch erklärte. Die Verbindung zur organisierten Arbeiterschaft in Köln wurde erst am 10. November deutlich, als sechs Abgeordnete der freien Gewerkschaften in den Arbeiter- und Soldatenrat aufgenommen wurden. Zu den politischen Forderungen der neuen Machthaber gehörte der sofortige Friede, die Vereidigung des Heeres auf die Verfassung, die Abschaffung aller Dynastien im Reich, die Entlassung sämtlicher politischen Gefangenen, die Einstellung aller militärischen Einberufungen und die Annullierung der Kriegsanleihen. Von besonderer Bedeutung war die Tatsache, daß die Kölner Bewegung sich im Zeichen des politischen Ausgleichs und der Wiederannäherung der beiden sozialistischen Richtungen abspielte. Das Zeichen dazu gab Wilhelm Sollmann (SPD), als er eine schnelle Einigung der »sozialistischen Bruderparteien« in ganz Deutschland verlangte, damit »ohne Zögern« eine »einige deutsche sozialdemokratische (!) Republik« entstehe[3].
Die politische Bewegung in *Bonn* begann, als am Abend des 8. November eine (bereits angekündigte) Abordnung des Kölner Arbeiter- und Soldatenrates in Begleitung von etwa 50 bewaffneten Soldaten auf dem Hauptbahnhof eintraf. Hieran schloß sich unmittelbar eine Aktion zur Befreiung von Strafgefangenen. In den Stunden danach wiederholten sich Gefangenenbefreiungen. Öffentliches Eigentum wurde im Verlauf von Ausschreitungen geplündert, während sich Übergriffe auf privates Eigentum in auffallend geringem Ausmaße ereigneten[4]. Die Aufständischen erzwangen in der Nacht zum 9. November die Übergabe des Garnisonskommandos[5]. Am Morgen des 9. November trat unter Vorsitz von Oberbürgermeister Spiritus ein »Bürgerausschuß« zusammen, und nach längeren Verhandlungen in diesem Gremium, an denen sämtliche Beigeordnete, der Bahnhofskommandant und ein Vertreter des Kölner Arbeiter- und Soldatenrates teilnahmen, wurde ein Arbeiter-, Bürger- und Soldatenrat gebildet. (Bereits am 8. November hatte sich in Bonn provisorisch ein Soldatenrat konstituiert[6]). »Unter Hinzuziehung weiterer Bürger« bildete der Arbeiter-, Bürger- und Soldatenrat am 9. November mehrere Ausschüsse, deren Tätigkeiten fast ausschließlich auf die Bewältigung der im Zusammenhang mit dem Rückmarsch des Westheeres entstehenden Aufgaben gerichtet war: ein Sicherheitsausschuß, ein Transport- und Verpflegungsausschuß, ein Presse- und Gesundheitsausschuß[7]. Die kommunale Administration Bonns blieb von der politischen Bewegung nahezu vollkommen unberührt[8].
Noch bevor die Umsturzbewegung ihren Einfluß auf Bonn auszuüben begann, machten sich in der Garnison von *Koblenz* Unruhen am Nachmittag des 8. November bemerkbar[9]. Ein Demonstrationszug, der aus etwa 150

Soldaten und 400 bis 500 Zivilisten bestand, stürmte das Militärgefängnis und kurze Zeit später, nachdem sich die Demonstranten um mehrere tausend Sympathisanten verstärkt hatten, das Zivilgefängnis. Die Bewachung beider Gefängnisse versagte, so daß mühelos sämtliche Insassen befreit werden konnten. Inzwischen hatte sich ein provisorischer Soldatenrat spontan gebildet, der mit dem Ortskommandanten verhandelte, schließlich die Militär- und Polizeigewalt übernahm und Aufrufe an die städtische Bevölkerung und an die Garnisonsbesatzung erließ, Ruhe und Disziplin zu bewahren. An diese Aktionen schloß sich der Sturm auf das Polizeipräsidium und das Zivilkasino an[10].

Das Hauptergebnis der Bewegung unter dem Militär in den Morgenstunden des 9. November war die Konstituierung des Soldatenrates in seiner endgültigen Zusammensetzung. Jede Kompanie entsandte 3 Vertrauensmänner in das Gremium. In Verhandlungen mit der Kriegsamtsstelle und der Intendantur wählte der Soldatenrat einen Arbeitsausschuß, der aus 6 Mitgliedern bestand und der die »Durchführung der Versorgung des Feldheeres und der Heimat im Bereich des VIII. Armeekorps« sicherstellen sollte. Beide militärische Institutionen sowie die ihnen unterstellten Dienststellen der Garnison bzw. des Korpsbereichs blieben bestehen, insbesondere war die Versorgung der Truppe, der Lazarette und der Bevölkerung sowie der Betriebe mit Rohstoffen und mit Lebensmitteln im Einverständnis mit dem Soldatenrat weiterzuführen. Bis zu diesem Zeitpunkt hatten sich weder die Vertreter der städtischen Arbeiterschaft in den Gewerkschaften und in den beiden politischen Parteien der Bewegung unter dem Militär angeschlossen, noch war es zur Gründung eines Arbeiterrates gekommen. Der Sozialdemokratische Verein in Koblenz hatte sich dagegen verwahrt, »mit dem Umzug und den nachfolgenden Exzessen« im Zusammenhang zu stehen. Die Verbindung zwischen dem aufständischen Militär und lokalen politischen Organisationen wurde hergestellt, als sich der Soldatenrat an einen Zentrumsabgeordneten im Reichstag, Greber[11], wandte und ihn um Hilfe »bei der Neuordnung der Dinge« ersuchte. Die Kontaktaufnahme mit dem Politiker leitete die Umsturzbewegung in Koblenz in eine neue Phase, in deren Verlauf sich auch Verhandlungen mit dem Leiter der kommunalen Administration, Oberbürgermeister Clostermann, ergaben. Er und der Regierungspräsident mußten sich der Übermacht der neuen Gewalten beugen und erkannten den Soldatenrat »als leitendes Organ der militärischen Revolution« an.

Auf einer Sitzung der Soldatenräte des gesamten Korpsbereichs am 12. November wurde der Soldatenrat von Koblenz als »Zentralinstanz der Soldatenräte des VIII. Armeekorps« gewählt. Hatte er bisher gemeinsam mit dem Arbeiterrat seine Vertretung in die kommunalen Behörden ent-

sandt, so kontrollierten seit dem 12. ständige Vertreter des Koblenzer Soldatenrates das Stellvertretende Generalkommando.
So dürftig und einseitig die Berichte über den Umsturz in Koblenz auch sind, so eindeutig geht doch aus ihnen die dominierende Rolle des Militärs und das relativ späte Einschwenken der sozialistischen Parteiführungen sowie der städtischen Industriearbeiterschaft in die Bewegung hervor. Die staatlichen und städtischen Behörden (Regierungspräsident und Oberbürgermeister) wurden zwar nicht in ihrer Existenz in Frage gestellt, doch büßten sie weitgehend ihre politische Macht – zumindest in den ersten Wochen nach dem Umsturz – ein.

2) VIII. Armeekorpsbereich (westlicher Abschnitt): Mönchengladbach, Rheydt, Düren, Aachen und Trier

Vor dem Hintergrund der Unruhen in Köln und Düsseldorf, über die Nachrichten nach *Mönchengladbach* gelangt waren, entstand in den Abendstunden des 8. November ein provisorischer Soldatenrat[12]. Noch in der Nacht wurden im Polizei- und Gerichtsgefängnis Gefangene befreit und ein großer Teil der städtischen Polizeibeamten entwaffnet. Am 9. November (in den Morgenstunden) konstituierte sich in Anwesenheit von Marinesoldaten aus Köln ein Arbeiter- und Soldatenrat, in dem Vertreter der SPD, USPD und zwei Vertreter der christlichen Gewerkschaften saßen. Polizeibehörden und Stadtverwaltung blieben von den neuen Machthabern unangetastet, es kam hier, wie überall in den Städten, zu einer Zusammenarbeit zwischen den alten Funktionsträgern der Verwaltung und den revolutionären Gremien, um die öffentliche Ordnung und Sicherheit aufrechtzuerhalten.
Der politische Umsturz in *Rheydt* war begleitet von Ausschreitungen gegen öffentliches Eigentum, als am späten Abend des 8. November eine größere Menschenmenge das Bezirkskommando, das Bataillonsbüro und die Bekleidungskammern stürmte und plünderte[13]. Die Konstituierung des Arbeiter- und Soldatenrates verlief unter dem Einfluß einer Gruppe auswärtiger Soldaten, die entweder aus Köln oder aus Mönchengladbach gekommen war. Insgesamt setzte sich der Arbeiter- und Soldatenrat aus 17 Personen zusammen: je 5 aus der SPD und USPD, je einer aus dem Freisinn und dem Zentrum; mithin bestand der Soldatenrat aus 5 Mitgliedern. Drei weitere Mandate für dieses Gremium sollten bürgerlichen Politikern vorbehalten bleiben.

Die revolutionären Ereignisse in *Düren* standen ganz im Zeichen einer auswärtigen Soldaten- und Matrosengruppe, die aus Köln am späten Nachmittag des 8. November in der Stadt eingetroffen war und eine Soldatenversammlung einberufen hatte[14]. Allem Anschein nach kam die kommunale Administration den Demonstranten durch Versprechungen entgegen und nahm radikalen Forderungen von vornherein die Spitze. Trotz beschwichtigender Maßnahmen seitens des Bürgermeisters kam es doch zur Befreiung von Gefängnisinsassen und zur Meuterei der Garnisonsbesatzung, die sich der spontanen Bewegung anschloß. In der Nacht zum 9. November konstituierte sich in Düren ein Arbeiter- und Soldatenrat, über dessen personelle und politische Zusammensetzung nichts bekannt ist; er übernahm die Verwaltung der Stadt, wie es in einem Bericht aus jenen Tagen hieß, doch kann mit Sicherheit angenommen werden, daß dieses Gremium lediglich die Kontrolle über die kommunale Administration sowie über die Garnisonsverwaltung übernahm, während die Zivil- und Militärbeamten weiterhin in ihren Ämtern blieben.

Die Nachricht von den revolutionären Ereignissen in Hamburg und Köln, die am 8. November in *Trier* bekannt geworden waren, lösten innerhalb der SPD keine Aktionen aus, sondern man begnügte sich mit Diskussionen über »bestimmte, notwendig erscheinende Maßnahmen«[15]. Aus Köln kommend traf am späten Abend des 8. November eine kleine Gruppe von Soldaten auf dem Trierer Bahnhof ein, der es gelang, den Bahnhof in ihre Gewalt zu bringen und die eintreffenden Soldaten und Offiziere zu entwaffnen. Sowohl die Linienkommandantur in Trier als auch das Stellvertretende Generalkommando des XXI. Armeekorps in Saarbrücken ergriffen keine Gegenwehr. In den Morgenstunden des 9. November trafen aus Köln weitere aufständische Soldaten ein, die die Ereignisse in der Garnison bestimmten. Hier wie in anderen Städten kam es zu Entwaffnungsaktionen, die Rangabzeichen an den Offiziersuniformen wurden mehr oder weniger gewaltsam entfernt, und das Militärgefängnis und das Zivilgefängnis wurden gestürmt. Trotz dieser Vorkommnisse mußte die bürgerliche »Trierer Zeitung« am 10. November zugeben, daß sich die Aktionen, d. h. die Öffnung der Gefängnisse und die Befreiung der politischen Gefangenen, »in ziemlicher Ruhe« abgespielt hatten, und daß die Führer der Bewegung sich Mühe gegeben hätten, »alle unnötigen Exzesse zu vermeiden« und »die Ordnung aufrechtzuerhalten«[16]. Die revolutionäre Kerntruppe der aufständischen Soldaten erhielt im Laufe der Aktionen mehr und mehr Zuwachs durch die Zivilisten, doch bis zum Mittag des 9. November hatte sich noch keine Führungsgruppe herausgearbeitet, und von den Sozialistenführern Triers war nichts zu sehen. Erst in den Mittagsstunden des 9. November, nachdem weitere Matrosen und Soldaten unter Führung eines Obermaates in Trier eingetroffen waren, bildete sich – im Auftrage des Arbeiter- und Soldatenrates Köln – ein Rätegremium. Nachdem diese Gruppe mit den Führern der Trierer SPD und USPD Kontakt aufgenommen hatte, kam es zur Bildung eines lokalen Arbeiter- und Soldatenrates, der sich wahrscheinlich paritätisch aus SPD und USPD-Mitgliedern sowie aus Angehörigen der Trierer Garnison zusammensetzte.

Die Ereignisse in *Aachen* standen ganz im Zeichen der Geschehnisse von Köln[17]. Charakteristisch für die organisatorische Basis der Bewegung in Aachen war die Gründung eines »Aktionsausschusses«, der aus 7 SPD-Mitgliedern und 2 der SPD angehörigen Soldaten des Infanterie-Bataillons VIII/47 bestand und der dem Vorstand des Sozialdemokratischen Vereins zur Seite gestellt wurde. Dieser Ausschuß verdankte seine Gründung der stürmischen Forderung einer Mitgliederversammlung des Sozialdemokratischen Vereins am 8. November, an der zahlreiche Soldaten der Garnison Aachen teilgenommen hatten. Nach den Intentionen seiner Gründer hatte dieser Aktionsausschuß nicht die Aufgabe, in Aachen die politische Bewegung in Gang zu setzen und ihre Führung zu übernehmen, sondern dieser Bewegung zuvorzukommen bzw. sie in gemäßigte Bahnen zu lenken. Trotz dieser Präventivmaßnahme gelang es einer (angekündigten) Abordnung des Kölner Arbeiter- und Soldatenrates und einer Abteilung Matrosen, den Aachener Hauptbahnhof und die Vorstadtbahnhöfe zu besetzen[18]. Nachdem sich auf dem Hauptbahnhof ein provisorischer Soldatenrat gebildet hatte und ankommende und abfahrende Soldaten überzeugt oder gezwungen wurden, Kokarden, Achselstücke und Waffen abzulegen, versuchten 300 Soldaten und Zivilisten, das Militärgefängnis und das Zivilgefängnis von Aachen zu stürmen, wobei es einigen Mitgliedern des »Aktionsausschusses« gelang, die Aufständischen von ihrem Vorhaben abzubringen und auf die »ordentliche Regelung« der Forderung am nächsten Tag zu vertrösten. Dessen ungeachtet wurde in den Nachtstunden zum 9. November das Zivilgefängnis gestürmt, die Angehörigen der Landsturmbataillone VIII/47 und VIII/49 wurden für den Anschluß an die Aufständischen gewonnen. Die Sicherheitsposten des provisorischen Soldatenrates hatten große Mühe, Plünderer zu vertreiben, doch gelang es ihnen, die Ordnung in Aachen wiederherzustellen.

In den Morgenstunden des 9. November wurde die Verbindung zwischen dem Aktionsausschuß der SPD und dem provisorischen Soldatenrat hergestellt, um die Gründung eines vorläufigen Arbeiterrates in die Wege zu leiten. Daran schlossen sich Besprechungen der neuen Machthaber von Aachen mit den kommunalen Behörden und dem Garnisonskommando an. Die überkommenen Funktionsträger, unter ihnen Regierungspräsident von Dalwigk, Polizeipräsident von Hammacher und Oberbürgermeister

Farwick, beugten sich den neuen Machtverhältnissen und erkannten die Tatsache an, daß die Macht und die öffentliche Gewalt in der Stadt in den Händen des Arbeiter- und Soldatenrates lag. Mit dem Kommandeur des Ersatzbataillons, Major Claaßen, traf der Arbeiter- und Soldatenrat die Abmachung, daß die Offiziere sich im allgemeinen öffentlichen Interesse und zur Aufrechterhaltung der Ruhe und Ordnung dem Soldatenrat unterstellten; dafür wurde ihnen konzediert, Waffen, Achselstücke und Kriegsauszeichnungen weiter zu tragen. Am 10. November konstituierte sich der Arbeiter- und Soldatenrat in seiner endgültigen personellen Zusammensetzung; den Vorsitz führte der SPD-Funktionär und Redakteur Honrath. Insgesamt setzte sich das Gremium aus 9 SPD-Mitgliedern, 4 USPD-Mitgliedern, einem Mitglied der Fortschrittspartei und zwei Vertretern der Kriegsbeschädigten zusammen; den Soldatenrat bildeten insgesamt 13 Delegierte der Aachener Garnisonstruppen.

3) *VII. Armeekorpsbereich (mittlerer Abschnitt): Rheinisch-westfälisches Industriegebiet (Dortmund, Bochum, Gelsenkirchen, Düsseldorf, Duisburg, Krefeld, Essen, Recklinghausen, Mülheim)*

In den Vormittagsstunden des 8. November tauchten im Stadtgebiet von *Dortmund* auswärtige Marinesoldaten auf[19]. Aus dem anwesenden Militär konstituierte sich spontan ein Soldatenrat, und im Verlauf der nächsten Stunden ereigneten sich auch hier die Befreiung von Militärstrafgefangenen und die Besetzung der Bahnhofswachen. Nach Beratungen mit der örtlichen Gewerkschaftsleitung wurde von den Aufständischen beschlossen, die städtische Verwaltung einschließlich Polizei zu übernehmen. Der Machtwechsel verlief ohne Störungen, denn die Aufständischen waren Herr der Lage und verhinderten Plünderungen und Ausschreitungen. Das Garnisonskommando unterwarf sich ohne Widerstand. Der Arbeiter- und Soldatenrat proklamierte die Übernahme der militärischen Gewalt und legte bei Verhandlungen mit dem Garnisonskommando fest, daß alle Befehle der Kommandobehörde durch ihn gekennzeichnet werden müßten. Das Dortmunder Offizierkorps wurde verpflichtet, rote Armbinden zu tragen, dafür durften die Offiziere weiterhin Kokarden, Degen und Achselstücke behalten. Zum Schutz der Stadt wurde provisorisch eine Sicherheitswehr organisiert, die allein den Weisungen des Arbeiter- und Soldatenrates zu folgen hatte.
Die revolutionären Ereignisse in *Bochum* wurden durch den Einfluß von auswärtigem Militär (wahrscheinlich aus Köln) am 8. November be-

stimmt[20]. Am 5. November erschien eine Nachricht über »Unruhen in Kiel«, bei denen 8 Personen erschossen worden waren, in dem sozialdemokratischen Organ »Volksblatt«. Von dieser Meldung ab tauchten in den Tagen bis zum Umsturz in Bochum weitere Meldungen über die politische Situation im Reichsgebiet in den Spalten dieser Zeitung auf. Anhand der Berichterstattung des »Volksblatts« läßt sich zeigen, wie der Informationsstand der städtischen Bevölkerung, zumindest eines Teiles, in jenen Tagen war. Das Bochumer Beispiel steht hier für die Berichterstattung der meisten westdeutschen SPD-Zeitungen. Während am 5. November knapp über die Unruhen in Kiel berichtet wurde, druckte das »Volksblatt« ein Flugblatt des SPD-Parteivorstandes in Berlin ab, das mit der Ermahnung schloß: »Folgt darum *keiner* Parole, die von einer *unverantwortlichen* Minderheit ausgegeben wird«. Die Berichterstattung am 6. November konzentrierte sich auf die »Unruhen in den Werftstädten« und auf Details über den Matrosenaufstand in Kiel. Die Vorgänge in Hamburg zu jener Zeit wurden als Bewegung unter den ausschließlich jugendlichen Werftarbeitern hingestellt, wobei »besonnene Elemente« die Oberhand behalten haben. Die erste Nachricht über Arbeiterräte klang an in dem Satz, daß von den Arbeitern »Kommissionen« gewählt worden seien, durch die den Arbeitgebern verschiedene Wünsche (!) unterbreitet wurden. Die weitere Berichterstattung über die Innenpolitik jener Tage war gekennzeichnet durch den Hinweis auf die Reformpolitik der SPD und auf ihren notwendigerweise langsamen Verlauf. In der Ausgabe vom 7. November wurde über den »Aufruhr« in Hamburg berichtet, außerdem wurden die 14 Kieler Punkte im Wortlaut genannt. Im Mittelpunkt der Berichterstattung vom 8. November standen Meldungen über die Ereignisse in Norddeutschland und über »Kundgebungen« (!) in München. Für den 10. November wurde eine Parteiversammlung angekündigt, auf der der sozialdemokratische Gewerkschaftsfunktionär Otto Hue über das Thema »Die politische Lage« sprechen wollte[21]. Das SPD-Blatt druckte auch einen Werbeaufruf des Bochumer Magistrats ab, in dem zum Eintritt in eine freiwillige Bürgerschutzwache aufgerufen wurde. Während auf der ersten Seite der Ausgabe vom 9. November über »das Ende des Militarismus« und den Sturz des Kaisers sowie über die Revolution in Bayern ausführlich berichtet wurde, räumte man den Bochumer Ereignissen einen Platz auf der dritten Seite ein, nachdem über die Sitzung der Stadtverordnetenversammlung auf der zweiten Seite ausführlich berichtet worden war.

Das auswärtige Militär entwaffnete Soldaten und Offiziere in Dortmund und zwang das Bezirkskommando zur Anerkennung der neuen Machtverhältnisse. Im Verlauf der Unruhen in Bochum kam es zur Befreiung von Strafgefangenen, die auf Zechen und in den Fabriken arbeiteten. Die politische Rolle der lokalen SPD-Organisation erschöpfte sich in der Sorge um die Aufrechterhaltung der »Ordnung«. Konkret sah das so aus, daß der Redakteur der Parteizeitung und ein Gewerkschaftssekretär der Gefangenenbefreiung »beiwohnten« und darüber wachten, daß lediglich Militärstrafgefangene befreit wurden. Am 9. November hatte sich noch kein Arbeiter- und Soldatenrat konstituiert, nicht einmal in provisorischer Form. Auf einer Volksversammlung am 10. November forderte der Redakteur der Parteizeitung, Steinkamp, die Aufrechterhaltung von Ruhe und Ordnung, bat um die Mithilfe aller Bochumer Bürger und unterstellte die kommunale Administration dem inzwischen provisorisch gebildeten Arbeiter- und Soldatenrat[22]. Das Rätegremium setzte sich aus sieben Mitgliedern (in der Mehrzahl Mehrheitssozialdemokraten) zusammen[23].

Auch in *Gelsenkirchen* nahm die Revolutionsbewegung ihren Ausgang von einer Aktion auswärtigen Militärs[24]. Hier wie in anderen Städten des rheinisch-westfälischen Industriegebiets wurden die Parteigremien und die kommunale Administration von den Ereignissen überrascht. Die Mehrheitssozialdemokraten Gelsenkirchens und die kommunale Administration waren sich in dem Bestreben einig, von der Stadt Unruhen und chaotische Verhältnisse im Zuge der politischen Umwälzung fernzuhalten. Aus diesem Grunde rief der Polizeipräsident zu einer Versammlung im Bahnhofswartesaal am 8. November auf, wo sich sehr viel durchreisendes Militär befand. Er wurde dabei unterstützt von Parteifunktionären der SPD, die zur Aufrechterhaltung von Ruhe und Ordnung aufforderten. Dessen ungeachtet formierte sich ein Demonstrationszug, der den politischen Umsturz in Gelsenkirchen einleitete: Im Bezirkskommando kam es zu Zusammenstößen zwischen den Demonstranten und der Kommandobehörde; aus dem Stadtgefängnis wurden Strafgefangene befreit. In aller Eile wurde ein Soldatenrat gegründet, über dessen Zusammensetzung und Entstehung kaum etwas bekannt ist. Wichtigstes Ergebnis des Konstituierungsvorganges war die Einigung darüber, daß am nächsten Tag in Gelsenkirchen eine Volksversammlung stattfinden sollte. Diese Vorgänge haben sich offensichtlich so isoliert abgespielt, daß die Gelsenkirchener Bevölkerung am nächsten Tag sich vor vollendete Tatsachen gestellt sah. Weder die SPD noch die USPD hatten direkten oder indirekten Einfluß auf die politische Bewegung genommen.

Die Gelsenkirchener Industriearbeiterschaft war ebenfalls von der Umsturzbewegung überrascht worden. In welcher Verwirrung sie sich befand und mit welcher Unschlüssigkeit sie reagierte, das geht aus folgender Episode hervor, die sich am 9. 11. auf der Zeche »Alma« abspielte. In den frühen Morgenstunden erschienen mehrere Soldaten und erzwangen den Zugang zum Zechengelände, indem sie erklärten, daß sie zum Soldatenrat gehörten und Flugblätter verteilen wollten. Von der Arbeiterschaft wurde der Zechenleitung gemeldet, daß man auf der Straße von bewaffneten Soldaten aufgefordert worden sei, heute nicht einzufahren. Die Arbeiter waren sich nicht einig darüber, wie sie sich in den nächsten Stunden verhalten sollten. Zunächst folgten nur wenige Arbeiter der Aufforderung, bis bald darauf alle Arbeiter nach Hause oder in die Stadt gingen.

Die Volksversammlung in Gelsenkirchen stand ganz im Zeichen der starken Beteiligung der Zivilbevölkerung. Die sich daran anschließende Phase der Volksbewegung war gekennzeichnet durch die Konstituierung des Arbeiter- und Soldatenrates sowie durch dessen Proklamation der nächsten politischen Ziele, in denen sich die neuen Machthaber Gelsenkirchens ganz auf die Bewahrung der Ruhe und Ordnung, auf die Garantierung des privaten und öffentlichen Eigentums und auf die öffentliche Sicherheit konzentrierten. Ebenso wie die beiden sozialistischen Parteiführungen der Stadt hatten sich die städtische Verwaltung und die Ordnungsorgane Gelsenkirchens den neuen Verhältnissen angepaßt. Das breite Fundament für die Zusammenarbeit der neuen und alten Gewalten ergab sich aus der Identität der Interessen für die nächstfolgende Zeit. Der Sicherheitsdienst wurde von den Vertretern der Soldaten im Verein mit der Schutzmannschaft aufgenommen, die militärische Gewalt in der Stadt wurde fortan von Mitgliedern des Soldatenrates und dem Bezirkskommandeur Oberst Rendel ausgeübt. Waffen und Munition wurden von einer Kommission in gemeinschaftliche Verwahrung genommen. Darüber hinaus orientierte sich der Gelsenkirchener Soldatenrat an den 14 Punkten der Kieler Räteorganisation, in denen u. a. über das Verhältnis zwischen Mannschaften und Offizieren bzw. über den Status des Offizierkorps unter den neuen Machtverhältnissen bestimmt worden war, daß die Offiziere ihre Achselstücke behalten, die Rondeoffiziere im Dienst bleiben und Vorgesetzte im Dienst als solche zu beachten seien.

Der Anstoß für die politische Bewegung in *Düsseldorf* erfolgte am 8. November, als eine größere Anzahl Matrosen, aus Köln kommend, die Bahnhofskommandantur besetzte, die Hauptpost unter Kontrolle brachte und einen provisorischen Arbeiter- und Soldatenrat einsetzte[25]. In Verhandlungen zwischen dem Leiter der Düsseldorfer Polizei, Robert Lehr, und den Arbeiter- und Soldatenräten wurde Einigung darüber erzielt, verhandeln zu wollen, »um Blutvergießen zu vermeiden und Übergriffen auf das Privateigentum zu wehren und im vollen Umfange im Stadtgebiet die öffentliche Ruhe, Sicherheit und Ordnung aufrechtzuerhalten«. Beide Seiten waren sich darüber einig, daß alles geschehen müsse, um die Versorgung mit Lebensmittel und Kohle zu gewährleisten, die Kriegsunterstützung und alle Wohlfahrtseinrichtungen »in vollem Umfange« weiterzuführen.

Dann wurde in gemeinsamer Verantwortung ein örtlicher Sicherheitsdienst eingerichtet und zwischen dem Arbeiter- und Soldatenrat und dem Garnisonskommando ein Arrangement getroffen, in dem die Kommandobehörde die neuen Machtverhältnisse akzeptierte und das Rätegremium den Offizieren des Standortes Rangabzeichen und Seitengewehr konzedierte. Typisch für die Düsseldorfer Verhältnisse war auch das relativ späte Einschwenken der beiden sozialistischen Parteien auf die neuen Verhältnisse. Die Unabhängigen hatten erst für den 10. November eine Versammlung angesetzt, doch läßt sich nicht genau erkennen, welche konkreten politischen Schritte sie im Anschluß an die Demonstration unternehmen wollten. Erst in der Nacht zum 10. November kam eine Besprechung zwischen dem Arbeiter- und Soldatenrat, der USPD, der SPD und führenden Gewerkschaftlern zustande, zu deren Hauptergebnissen der Rücktritt Robert Lehrs und die Auflösung der politischen Polizei in Düsseldorf gehörten. Der Arbeiterrat setzte sich paritätisch aus Mitgliedern der SPD und der USPD zusammen, während der Soldatenrat aus Mitgliedern des ortsansässigen Reserve-Infanterieregiments Nr. 39 gebildet wurde.

Durch den Anstoß von außen begannen auch in *Duisburg* die Unruhen, als am Abend des 8. November Soldaten in der Stadt erschienen. Nach einer erfolgreichen Aktion gegen die städtischen Gefängnisse konstituierte sich spontan ein provisorischer Arbeiter- und Soldatenrat, in dem von den beiden sozialistischen Parteiführungen die USPD zunächst bestimmenden Einfluß besaß, während die Mehrheitssozialdemokraten von den Ereignissen überrollt worden waren. Im Gegensatz zu vielen anderen Städten im rheinisch-westfälischen Industriegebiet befanden sich die Anhänger der USPD bereits inmitten der Gruppe aufständischer Soldaten, als die Aktion ihren Anfang nahm. Ihre anfängliche Führungsrolle verloren sie allerdings schon wenige Tage später, als sich der Arbeiter- und Soldatenrat neu konstituierte und sich auf die paritätische Besetzung durch die beiden sozialistischen Parteien und durch die Gewerkschaften einigte. Die zweite Phase der Umsturzbewegung in Duisburg gestaltete sich nicht anders als in den Nachbarstädten: die Kommunalverwaltung unter Führung von Oberbürgermeister Jarres erkannte die neuen Machtverhältnisse an und stellte sich unter die Kontrolle des Arbeiter- und Soldatenrates, die Polizeiorgane wurden zum Teil neu formiert und übten ihren Dienst unter dem Befehl des Arbeiter- und Soldatenrates aus. Hier wie in allen Städten des Industriegebietes gab es kaum Zweifel daran, daß sich die kommende politische Entwicklung unter dem bestimmenden Einfluß des Arbeiter- und Soldatenrates und der sozialistischen Parteien und Gewerkschaften vollziehen würde[26].

Die Anfangsphase der revolutionären Umwälzung am 8. November in

Krefeld stand unter dem Einfluß auswärtiger Marinesoldaten[27]. Wahrscheinlich handelte es sich hierbei um Abgesandte des Soldatenrates von Köln[28]. Vollkommen war der Militäraufstand insofern nicht, als ein Teil der Garnison, die Gardejäger, sich von der politischen Aktion fernhielten. Kennzeichnend für die Situation vieler Garnisonen im Industriegebiet war das völlige Fehlen jeglichen bewaffneten Widerstandes, nicht nur bei den Offizieren, sondern auch bei solchen Unteroffizieren und Mannschaften, die der revolutionären Bewegung mit Mißtrauen begegneten. Im Bataillonsbüro in Krefeld wurde von dem inzwischen formierten Demonstrationszug die Freilassung der Militärstrafgefangenen gefordert und auch von der Kommandobehörde bewilligt. Im Mannschaftsdepot und in der Husarenkaserne wurden die Militärstrafgefangenen befreit; inzwischen hatte sich der Zug auf dreihundert Personen verstärkt. Im Gerichtsgebäude wurden über hundert Zivilgefangene befreit, doch »alles das spielte sich verhältnismäßig ruhig ab«, schrieb der Berichterstatter einer Lokalzeitung am darauffolgenden Tag, »da die Leitung die Menge fest in der Hand hielt«[29].
Am nächsten Tag bekam die Bewegung in Krefeld organisatorische Konturen, als eine von den aufständischen Soldaten einberufene Versammlung stattfand, an der etwa 1800 bis 2000 Personen, zum größten Teil Soldaten, aber auch Industriearbeiter, teilnahmen[30].
»Die auftretenden Redner waren sich alle darin einig, daß die Umwälzung in Ruhe und Ordnung vor sich gehen müsse, aber der Arbeit und der Freiheit eine Gasse gebahnt werden müsse. Das einzige, was dem Proletariat nutzen könne, sei Frieden um jeden Preis. Man wolle die Ordnung sachlich aufbauen, dabei aber auch nicht alles blindlings niederreißen. Alle Verwaltungszweige der Stadt sollten besetzt werden, damit es der Reaktion nicht möglich werde, die revolutionären Absichten zu verhindern«[31].
Die Haltung der Sozialdemokraten und der Unabhängigen in Krefeld vor dem Umsturz ist nicht klar erkennbar, aber es kann angenommen werden, daß beide Parteiführungen von der Aktion des Militärs überrascht worden waren und sich erst im Laufe des 8. bzw. am Morgen des 9. November in die Bewegung eingeschaltet haben. Ohne Widerstand konnten sie den Arbeiter- und Soldatenrat bilden, der aus 7 Mehrheitssozialdemokraten und 6 Unabhängigen bestand, dazu kamen 15 Vertreter der Soldaten. Ihre Wahl erfolgte einstimmig durch Handaufheben in jener Volksversammlung[32].
Der Oberbürgermeister von Krefeld und das Garnisonskommando stellten sich den neuen Gewalthabern zur Verfügung, deren Hauptvertreter der 1. Gewerkschaftssekretär, Johann Thabor, war. Hier wie in vielen anderen Städten des Industriegebietes schlossen sich nach seiner Gründung die konkreten Maßnahmen des Arbeiter- und Soldatenrates an: die Gründung einer Sicherheitswehr bzw. einer Schutzwache, »die der öffentlichen Si-

cherheit und dem Schutze der errungenen Freiheiten dienen soll«[33], und die Belebung der kommunalen Verwaltungstätigkeit unter der Kontrolle des Arbeiter- und Soldatenrates.

Unter dem Einfluß der Ereignisse in Köln wurden in *Essen* Vorkehrungen getroffen, um der Umsturzbewegung wirkungsvoll zu begegnen[34]. Vertreter der kommunalen Administration, der lokalen Wirtschaft, der Stadtverordnetenversammlung sowie Vertreter der Gewerkschaften fanden sich in einer Notgemeinschaft zusammen und gründeten am 7. November »als äußeres Zeichen der Einigkeit« und »als sicheren Rückhalt für gemeinsame Angelegenheiten« einen Vertrauensausschuß, der sich mit dem Versprechen an die Bevölkerung der Stadt Essen wandte, »die berechtigten Bedürfnisse und Wünsche der Bürgerschaft in allen ihren Teilen [zu] vertreten«[35]. Die Essener Sozialdemokraten unterstützten Oberbürgermeister Luther bei seinen Bemühungen und bewiesen hier wie auch in anderen Städten des Industriegebietes, daß sie keine Bestrebungen unternahmen, die bestehende gesellschaftliche Ordnung in Frage zu stellen, obwohl ihnen klar geworden war, daß die innenpolitischen Maßnahmen der Regierung Max von Baden sich von denen der vorhergehenden Regierung kaum unterschieden. Wo immer die Mehrheitssozialdemokraten Kritik an der Innenpolitik des Kabinetts der Mehrheitsparteien äußerten, konzentrierten sie sich nicht auf den Inhalt der Politik des Kabinetts Max von Baden, sondern auf das langsame Tempo der politischen Veränderungen. Die führenden politischen Kräfte in Essen glaubten, daß mit dem Vertrauensausschuß und zusätzlichen militärischen Maßnahmen seitens des Garnisonskommandos eine ausreichende Garantie dafür geboten sei, daß die Umsturzbewegung blockiert werden könnte. Die Kapitulation der politischen Kräfte in Essen war die notwendige Folge der Kapitulation der politischen Kräfte in weiten Teilen des Reiches, denn am 8. November mußte das Generalkommando in Münster die Anweisung herausgeben, mit dem in der Stadt eintreffenden aufständischen Militär zu verhandeln und auf jeden Fall Blutvergießen zu vermeiden.

So war es einer relativ kleinen Abteilung aufständischer Matrosen und Soldaten aus Köln möglich, die Wachmannschaften der Garnison zu entwaffnen, die Bahnhofskommandantur zu besetzen und eine »revolutionäre Bahnhofskommandantur« einzusetzen. Überall fügten sich die Offiziere der Garnison in die neuen Machtverhältnisse, Widerstand regte sich nirgendwo, auch nicht bei der Befreiung der Gefangenen. Während der ersten Phase des Umsturzes, die hier wie in den meisten Industriestädten von tumultartigen Umzügen, Gefangenenbefreiungen und Entmachtung der militärischen Kommandobehörden gekennzeichnet war, hatte sich in Essen provisorisch ein Soldatenrat konstituiert, dessen personelle Zusammenset-

zung und politische Ausrichtung jedoch nicht erkennbar ist. Hier wie anderswo besaß er primär die Funktion, mit den Zivil- und Kommandobehörden zu verhandeln und ihnen als Sprecher der Aufständischen die Forderungen der streikenden Soldaten und Zivilisten zu unterbreiten. Die Unruhen in Essen führten dazu, daß sich die führenden Persönlichkeiten der USPD, der SPD und der Gewerkschaften zusammenfanden mit dem Ziel, einen Arbeiterrat und einen Sicherheitsdienst zu gründen. Damit wurden die Essener Mehrheitssozialdemokraten in die Oppositionsrolle gegen die Stadtverwaltung gedrängt, und die Unabhängigen fanden Eingang in die politische Bewegung vom 8. November. Den Aufständischen gelang es, in der Nacht vom 8. zum 9. November ihre Machtposition weiter zu festigen, als alle Flakstationen in und um Essen sowie die wichtigsten Punkte der Kruppwerke von ihnen besetzt wurden. Am 9. November trat ein Drittel der Belegschaft der Zeche »Dahlbusch« in Ausstand und verstärkte so die Zahl der Streikenden, die auf einer von SPD und USPD gemeinsam für den Vormittag einberufenen Versammlung den Arbeiter- und Soldatenrat wählten. Von einer Wahl im eigentlichen Sinne kann hier allerdings nicht die Rede sein, sondern nur von einer Bestätigung, da der Arbeiterrat bereits bestand, und zwar in einer personellen Zusammensetzung, die vorher zwischen beiden Parteien ausgehandelt worden war. Zum Vorsitzenden des Rätegremiums wurde der Sanitätsunteroffizier Fritz Baade gewählt, der sich innerhalb kurzer Zeit politisch profilieren sollte.
Die zweite Phase der revolutionären Bewegung in Essen wurde durch die Verhandlungen zwischen dem Arbeiter- und Soldatenrat und Oberbürgermeister Luther eingeleitet, in denen zahlreiche Verbesserungen für die soziale Lage der Arbeiter erreicht wurden. Die kommunale Administration blieb von irgendwelchen Eingriffen in ihre Belange unbehelligt, wenn man von der Einsetzung eines Kommissars für das Lebensmittelamt absieht. Die Notwendigkeit, dem drohenden Chaos entgegenzuwirken, veranlaßte den Arbeiter- und Soldatenrat dazu, sich der kommunalen Administration und ihren Funktionären anzuvertrauen; sie führte gleichzeitig dazu, der Forderung nach Kontrolle der überkommenen Bürokratie nur in bescheidenem Maße nachzugeben. Die ebenso rasche wie vollkommene Anpassung der Verwaltungsträger an die neuen Machtverhältnisse ließ überdies keine Konfrontation mit den Aufständischen entstehen.
In der Nacht vom 8. zum 9. November traf in *Recklinghausen* ein Sonderzug mit 150 Soldaten aus Köln ein, die die Bahnhofswache überrumpelten und vor ihrer Weiterfahrt nach Hamm Gefangene aus den örtlichen Strafanstalten befreiten. Am 9. November fand eine Besprechung zwischen dem Oberbürgermeister und Vertretern der örtlichen Arbeiterschaft statt, wobei die Einsetzung eines »Ordnungs- und Vollzugsausschusses« gefor-

dert wurde, was schließlich konzediert wurde. Im Verlauf der nächsten Stunden schalteten sich die zivilen Gruppen in die vom Militär bis dahin weitgehend bestimmte Bewegung ein mit dem Ziel, einen Arbeiter- und Soldatenrat zu bilden. Er kam schließlich zustande und setzte sich das Ziel, die öffentliche Ruhe, Ordnung und Sicherheit aufrechtzuerhalten und bei allen Maßnahmen auf dem Gebiet der Arbeitsbeschaffung, der Lebensmittelversorgung, des Wohnungswesens und der öffentlichen Fürsorge mitzubestimmen. Die kommunale Administration sowie die Offiziere des Garnisonskommandos blieben in ihrer Existenz von der politischen Entwicklung unbehelligt: den Offizieren konzedierten die neuen Machthaber die Uniformattribute, wilde Degradierungen wurden verboten. Dieser knappe Einblick in die Verhältnisse von Recklinghausen während des Umsturzes genügt, um zu zeigen, daß hier die Entwicklung keinen anderen Verlauf genommen hat als in den benachbarten Städten[36].

In *Mülheim* wurden die politischen Gruppen von der revolutionären Bewegung überrollt[37]. In der Nacht vom 8. zum 9. November rissen einige revolutionäre Matrosen und die in Mülheim befindlichen Deserteure die Initiative an sich und leiteten die erste Phase des politischen Umsturzes in der Stadt ein, als tausend in Mülheimer Rüstungsbetrieben beschäftigte Strafgefangene befreit wurden. Hierauf beeilten sich die beiden sozialistischen Parteien und die Gewerkschaften, den Anschluß an die Bewegung, die auf die Belegschaft der Maschinenfabrik Thyssen übergriff, nicht zu verpassen. Der politische Umsturzprozeß in Mülheim besaß nur im beschränkten Maße Auswirkungen auf die militärischen Verhältnisse im Standort, denn das Offizierkorps blieb nicht nur in seinen Funktionen weitgehend unangetastet, sondern Vertreter des Offizierkorps wurden in den Soldatenrat mit aufgenommen. Der am 9. November entstandene Soldatenrat stellte sich vier Tage später erstmals der Öffentlichkeit vor; er bestand aus 26 Mitgliedern, unter ihnen 5 Angehörige des oberen Führungskorps, 8 Angehörige des mittleren Führungskorps, 6 Angehörige des Mannschaftsstandes, außerdem 7 Matrosen. Die Konzessionen des aufständischen Militärs in Mülheim gingen sogar soweit, daß der Garnisonsälteste, Hauptmann von Heydebreck, den ersten Vorsitz des Soldatenrates übernehmen konnte, während ein Sergeant, der Mitglied der Unabhängigen war, als zweiter Vorsitzender fungierte[38].

4) *VII. Armeekorpsbereich (südlicher Abschnitt): Bergisches Land und Sauerland (Wuppertal, Hagen und Solingen)*

Eine Gruppe Matrosen, aus Köln kommend, erreichte in den Mittagsstunden des 8. November die Wupperstädte *Elberfeld* und *Barmen*[39]. Auch hier waren Mehrheitssozialdemokraten und Unabhängige von der Bewegung unter dem Militär überrascht worden und schwenkten sehr schnell auf die Linie der aufständischen Soldaten ein. In einer von den Unabhängigen einberufenen Versammlung wurde ein gemeinsamer Arbeiter- und Soldatenrat für Barmen und Elberfeld gewählt, der sich in seiner zivilen Fraktion paritätisch aus jeweils 8 SPD-, USPD- und Gewerkschaftsfunktionären zusammensetzte und in seiner militärischen Fraktion aus 16 Vertretern bestand. Die weitere Entwicklung war in beiden Städten davon bestimmt, daß sich nirgendwo Widerstand zeigte und die Kommandobehörden wie die kommunale Administration sehr schnell bereit waren, mit den neuen Machthabern zu kooperieren. Die Forderungen des Arbeiter- und Soldatenrates hielten sich im Rahmen dessen, was in jenen Tagen in der näheren und weiteren Umgebung von den Aufständischen gefordert worden war. Gruppen bewaffneter Matrosen und Soldaten kamen in der Nacht vom 8. zum 9. November in *Hagen* an. Am 9. November erschien eine Deputation unter Führung eines Matrosen und einiger Mitglieder der örtlichen USPD-Organisation beim Oberbürgermeister und erklärte ihm, daß sie als Arbeiter- und Soldatenrat für Hagen »gewählt« worden sei und daß sie gemeinsam mit der bisherigen Stadtverwaltung die Verantwortung für Hagen übernehmen wolle. Alle Maßnahmen sollten künftig des Einverständnisses der Räteorganisation bedürfen. Die Repräsentanten der kommunalen Administration beugten sich diesem Machtanspruch angesichts der umfassenden Revolutionierung der Nachbarstädte. Noch am selben Tag wurde der Arbeiter- und Soldatenrat von einer öffentlichen Versammlung in seiner Zusammensetzung bestätigt[40].
Die Linkssozialisten in *Solingen* zeigten auch angesichts der Vorgänge in Norddeutschland, über die seit dem 6. November in der »Bergischen Arbeiterstimme« berichtet wurde, keine Anzeichen, die Konfrontation mit den etablierten Gewalten zu suchen. Nachdem am 8. November aus Köln über die dortigen Verhältnisse die ersten Nachrichten in die Solinger Zeitungen gekommen waren, erschienen in der Stadt auswärtige Soldaten in der Absicht, die Militärgefangenen zu befreien. Von den Soldaten aufgefordert, reihten sich zwei USPD-Funktionäre in den Demonstrationszug ein, der im Stadthaus nach Verhandlungen mit dem Oberbürgermeister Einverständnis darüber erzielte, daß die militärischen Gefangenen unverzüglich freigelassen werden sollten. Die Beamtenschaft stellte sich sehr

schnell auf die neuen Machtverhältnisse ein, ebenso das Bezirkskommando. Erst nachdem die Aufständischen die Gewalt in der Stadt übernommen hatten, entstand ein provisorischer Arbeiter- und Soldatenrat, der sein Mandat von einer Versammlung im Gewerkschaftshaus erhielt. Für den darauffolgenden Tag wurde ein eintägiger Generalstreik beschlossen und durchgeführt. In den Gemeinden *Wald, Ohligs, Höhscheid* und *Leichlingen* entstanden überall am 9. bzw. 10. November im Anschluß an USPD-Versammlungen Arbeiter- und Soldatenräte. Sowohl in diesen Gemeinden wie in den Gemeinden *Burscheid, Witzhelden* und *Schlebusch* wurden in den darauffolgenden Tagen die Geschäfte der Gemeindeverwaltungen von Arbeiterräten übernommen[41].

5) *VII. Armeekorpsbereich (nördlicher und östlicher Abschnitt): Nördliches und östliches Westfalen (Münster, Soest, Minden, Bielefeld, Detmold und Paderborn)*[42]

Auf die Nachricht hin, daß sich in Hannover die Machtverhältnisse geändert und daß sich in Haltern ein Soldatenrat konstituiert habe, nahm das Stellvertretende Generalkommando (!) in *Münster* Verhandlungen mit den örtlichen Parteiführern der Mehrheitssozialdemokraten auf, um einen Soldatenrat zu bilden, bevor die Bewegung im engeren Befehlsbereich in die Hände unkontrollierter Gruppen geriet. Einen Tag später, am 9. November, rief der Oberbürgermeister von Münster, Dieckmann, mehrheitssozialdemokratische Funktionäre und den Gewerkschaftssekretär Camps zu Verhandlungen zusammen, an denen sich zwei Offiziere und Vertreter des inzwischen provisorisch konstituierten Soldatenrates beteiligten. Das Ergebnis dieser Verhandlungen war eine Reihe von Vereinbarungen zwischen dem Soldatenrat und der Kommandobehörde: militärische Anordnungen waren gemeinsam vom Soldatenrat und vom Generalkommando zu treffen, das Verpflegungswesen unterlag der Kontrolle durch den Soldatenrat, die Funktionen aller Dienststellen und Dienstgrade sollten erhalten bleiben, Achselstücke und Degen, Attribute der Offizieruniform, blieben von Neuerungen unberührt, das Vorgesetztenverhältnis sollte ab sofort nur noch für die Dienstzeit bestehen, der Grußzwang außerhalb des Dienstes wurde aufgehoben, schließlich wurde ausdrücklich festgelegt, daß den Vorgesetzten im Dienst unbedingt Gehorsam zu erweisen sei.

Das Generalkommando gab sich mit dieser plötzlich eingetretenen Machtverschiebung nicht zufrieden und versuchte den Einfluß des Soldatenrates dahingehend einzuschränken, daß es in einer Kaserne versuchte, den Befehl der Obersten Heeresleitung zu realisieren, Soldatenräte nach einem bestimmten Reglement zu bilden. Das Bataillonskommando forderte von den Soldaten, daß nur »zuverlässig militärisch denkende Leute« in den Soldatenrat gewählt wurden und engte dessen Aufgaben auf unverbindliche beratende Funktionen ein. Hiergegen protestierten die Bataillonsangehörigen und verlangten Wahlen zum Soldatenrat »nach rein revolutionären Grundsätzen«. Die Versammelten stimmten Hochrufe auf Ebert und Scheidemann an, und innerhalb kurzer Zeit konstituierte sich der Soldatenrat der Garnison in seiner endgültigen personellen Zusammensetzung. Er bestand aus 9 Unteroffizieren und Mannschaften. Am 10. November erließ das inzwischen unter die Kontrolle des Soldatenrates geratene Generalkommando einen »Allgemeinen Befehl«, wonach jeder Truppenteil und jede Militärbehörde je zwei Delegierte zum erweiterten Soldatenrat zu wählen hatte. Nach diesem Befehl sollten wieder beide Kokarden getragen werden. Die Träger der neuen Gewalt in Münster ordneten nicht nur die militärischen Verhältnisse nach neuen Gesichtspunkten, sondern bestimmten außerdem, daß die kommunale Administration unter ihrer Kontrolle weiterzuarbeiten habe[43].

Fast unbemerkt von der Bevölkerung der Stadt *Soest* verlief der Machtverschiebungsprozeß in den Nachtstunden vom 8. zum 9. November[44]. Ein Soldatenrat hatte sich spontan gebildet, und in der Stadt waren keinerlei Ausschreitungen gegen privates und öffentliches Eigentum vorgekommen. Die Kommunalverwaltung, der Landrat und die militärische Kommandobehörde hatten ihre Machtpositionen ohne Widerstand eingebüßt und mußten sich den Beschlüssen des Soldatenrates fügen.

Die Vorgänge in *Minden* verliefen ebenso undramatisch wie in den benachbarten Garnisonen und waren bestimmt von dem Ausgleich mit den überkommenen zivilen und militärischen Behörden. Bereits am 9. November existierte ein Arbeiter- und Soldatenrat, dem die gesamte militärische und kommunale Gewalt »zur Vermeidung von öffentlichen Unruhen, insbesondere von Blutvergießen« unterstellt wurde[45].

Während es am 8. November in dem Lokalteil der »Westfälischen Neuesten Nachrichten« hieß: »Noch ist in *Bielefeld* alles ruhig«, lautete die Schlagzeile am 9. November: »Bielefeld unter der Herrschaft des Soldatenrats«[46]. In den Abendstunden des 8. November wurde ein Matrose durch Soldaten und Zivilisten vor dem Zugriff einer Militärstreife bewahrt. Spontan formierte sich daraufhin ein Demonstrationszug, der sich vor allem aus Soldaten zusammensetzte, unter denen sich etwa 10 Matrosen aus Wilhelmshaven befanden. Innerhalb kurzer Zeit traten Mannschaften der VIII. Kompanie zu den Aufständischen über. Währenddessen berieten der Bielefelder Oberbürgermeister, ein hoher Offizier des Garnisonskommandos, der SPD-Stadtverordnete Carl Severing »und mehrere andere Herren« über die Lage in der Stadt. Sehr rasch gelang es den Demonstranten, sich zu bewaffnen; sie versuchten, aus dem Gerichtsgefängnis militärische Gefangene zu befreien, was aber nicht gelang. Schließlich stieß Severing zu den Demonstranten, »der in einer kleinen Ansprache seiner Genugtuung darüber Ausdruck gab, daß alles so gut klappte«. Den Demonstranten gelang es, die Bahnhofswache zu überrumpeln und in einem neuen, erfolgreichen Versuch die Militärgefangenen zu befreien. Das nächste Ziel der Demonstranten war die Sparrenburg, denn dort war die IV. Kompanie einquartiert, die über ein umfangreiches Waffenlager verfügte. Zwischen dem Befehlshaber und den Demonstranten fanden Verhandlungen statt, wobei sich der Kommandeur zur Übergabe bereit erklärte, wenn die Stadtkommandantur ihre Einwilligung hierzu erteilen würde. Der freie Abzug eines Offiziers mit einer Wache wurde vereinbart, der nach einiger Zeit mit dem Befehl zurückkam, die Burg zu übergeben. Bis dahin existierte in Bielefeld noch kein Soldatenrat, die Demonstranten handelten offensichtlich unter dem starken Einfluß der Matrosen. Die Gründung eines Soldatenrates wurde für den 9. November in Aussicht gestellt. Währenddessen nahm die politische Bewegung in der Stadt ihren ruhigen Verlauf: persönliches und öffentliches Eigentum blieben unangetastet, Menschenleben waren nicht zu beklagen, bewaffnete Zusammenstöße fanden nicht statt, und auf der Sparrenburg wurde nicht die rote Fahne gehißt, sondern auch die Fahne mit dem Bielefelder Stadtwappen. Auch die am 9. November stattfindende Soldatenversammlung verlief ohne Zwischenfälle, so daß die Ermahnungen Severings zu Disziplin, Ruhe und Ordnung nicht nötig waren. Er schlug vor, »um die Bewegung in einheitliche Bahnen zu lenken«, nach dem Beispiel Bremens und Hannovers auch in Bielefeld zwischen dem zu errichtenden Arbeiter- und Soldatenrat und der Militär- und Zivilgewalt »Abmachungen« zu treffen. Severing konfrontierte die Soldatenversammlung mit der Bekanntmachung über die Gründung eines »Arbeiter- bzw. Volksrates«, der bereits am Vortage in Verhandlungen des sozialdemokratischen Vereins von Bielefeld mit den Gewerkschaften provisorisch eingesetzt worden war; es dürfe sich empfehlen, führte er aus, wenn dieser mit dem jetzt zu wählenden Soldatenrat, dem Stadtoberhaupt und dem Garnisonskommando offiziell Mitteilung von dem Geschehen machen und erklären würde, daß der Rat mit der Zivil- und Militärgewalt die Regelung und Aufrechterhaltung der Ordnung in die Hand nehmen wolle. Daraufhin wurde der Soldatenrat durch Zurufe gewählt und Severings Vorschlag widerspruchslos akzeptiert.

Die Politik der Sozialdemokraten war deutlich darauf abgestimmt, mit den überkommenen Trägern der Militär- und Zivilgewalt ein Arrangement zu treffen, denn der Parteisekretär Schreck forderte die Soldaten auf, die Offiziere und sonstigen Vorgesetzten nicht zu schikanieren und zu drangsalieren; darüber hinaus wurde den Offizieren konzediert, weiterhin Degen, Achselstücke und Kokarden zu tragen; die Mannschaften wurden verpflichtet, ihren Dienst wie bisher zu verrichten. Am Nachmittag des 9. November fand die konstituierende Sitzung des Volks- und Soldatenrates statt. Hierbei wurde an die Vertreter des Bielefelder Bürgertums die Aufforderung gerichtet, in den Volksrat einzutreten, da Severing erklärte, man wolle nicht die Aufrichtung einer proletarischen Diktatur, sondern wolle alle Kräfte, die dazu den guten Willen hätten, in den Dienst des Volkes stellen. Mit der Beteuerung, daß die Räte keine »Bolschewisten« seien, forderte er eine vertrauensvolle Zusammenarbeit von Offizieren und Soldaten. Danach wurde ein Programm verabschiedet, dem Oberbürgermeister Stapenhorst, Landrat Beckhaus und Oberstleutnant Thümmel vom Bezirkskommando zugestimmt hatten und in dem die Funktionen der Militärbehörde sowie das Verhältnis zwischen Offizieren und Mannschaften ähnlich wie in Bremen und Hannover festgelegt wurde. Danach wurde die Militärgewalt gemeinsam vom Bezirkskommandeur und vom Soldatenrat ausgeübt, Waffen und Munition wurden gemeinsam verwaltet usw. Dem Oberbürgermeister, dem Landrat und dem Bezirkskommandeur wurde konzediert, zu allen Sitzungen des Volks- und Soldatenrates mit beratender Stimme hinzugezogen zu werden.

Die Garnisonsangehörigen in *Detmold* handelten unter dem Einfluß einer von Bielefeld kommenden Gruppe von Aufständischen. Am Abend des 9. November beschlossen die örtlichen Parteiführer der SPD, gemeinsam mit den Bielefelder Parteiinstanzen einen »Volksrat« zu bilden. Nachdem sich der Soldatenrat endgültig am 10. November konstituiert hatte, wurde die militärische Kommandogewalt durch ihn und den Garnisonsältesten gemeinsam ausgeübt. Der 1. Vorsitzende des Soldatenrates war ein Hauptmann der Landwehr, der 2. Vorsitzende ein Wehrmann, außerdem gehörten zu ihm ein Mitglied des Offizierkorps, vier Mitglieder des mittleren Führungskorps und drei Mitglieder des Mannschaftsstandes[47].

Die politische Umwälzung in *Paderborn* begann unter dem Eindruck der Volksbewegung in Norddeutschland und auf dem Truppenübungsplatz Sennelager (nördlich von Paderborn). Die Nachricht von den Geschehnissen im Reichsgebiet verbreitete sich in der Stadt vor allem durch die Militärflieger, die in Paderborn stationiert waren. Am Abend des 8. November wurden Militärarrestanten und Zivilgefangene von demonstrierenden Soldaten der Garnison befreit. Der »Paderborner Anzeiger« berichtete am 9. November, daß die ganze Bewegung »nur lose organisiert« zu sein scheine. Der Soldatenrat konstituierte sich in vorläufiger Form erst an diesem Tage und vereinbarte mit dem Garnisonsältesten ein 19-Punkte-Programm, in dem u. a. folgendes vereinbart wurde: Die militärische Kommandogewalt wird gemeinsam vom Soldatenrat ausgeübt; der Soldatenrat verpflichtet sich, für Ruhe, Ordnung und Sicherheit zu sorgen; die nationale Kokarde, Achselstücke, Achselklappen, Tressen, Kompanieabzeichen und militärische Auszeichnungen werden getragen; die Arbeit in den Betrieben darf nicht eingestellt werden[48].

Aufs Ganze gesehen besaßen in Deutschland vier Garnisonen für Ausbruch, Verlauf und Erfolg der Volksbewegung entscheidende Bedeutung: Kiel, Wilhelmshaven, München und Köln. Auf die rheinische Großstadt konzentrierte sich spontan das Interesse der Matrosen und Soldaten, und zwar aus zwei Motiven: Zum einen galt es, hier die Arbeiterschaft zur Solidarisierung mit dem streikenden Militär zu bewegen, zum anderen mußte zwischen dem Landesinnern und den vom Aufstand noch nicht erfaßten Etappengebieten mit ihrer großen Zahl mobiler Truppen jenseits des Rheins ein Keil getrieben werden, um die Gefahr einer Gegenrevolution auszuschalten, da die Lage im politischen Zentrum des Reiches, in Berlin, und in den Militärbezirken östlich der Elbe noch relativ stabil war. Die Hauptstadt war das Fernziel der Aufstandsbewegung, die seit dem Sturz der Monarchie in München bewußt auf den Sturz der Monarchie in Berlin hinarbeitete. Selbstverständlich lag im Berliner Stadtgebiet sowie in der näheren und weiteren hauptstädtischen Umgebung sehr viel Militär, aber solange es isoliert blieb und keine Truppenverstärkungen aus dem Westen erhielt, konnte sich der Militärstreik und der Aufstand der Industriearbeiterschaft fortsetzen. Hinter alledem wirkte nicht die geheime Kraft einer radikalen Revolutionszentrale, vielmehr basierte der äußere Ablauf der Aufstandsbewegung, dort, wo sie vom Militär initiiert wurde, auf den Entscheidungen kleiner, in der Mehrzahl spontan entstandener Matrosen- und Soldatengruppen, die in dem Bestreben einig waren, alle Kräfte zum Kampf gegen die Monarchie zu mobilisieren. Diese dominierende Zielsetzung schuf einerseits die feste Verbindung zwischen Militär und Arbeiterschaft und gab andererseits der Volksbewegung jene große Kraft, gegen die die alten Gewalten nicht aufkamen.

Durch die von Köln sich verbreitende Aufstandsbewegung wurde direkt oder indirekt im Laufe des 8. November der größte Teil der Garnisonen im VII. und VIII. Armeekorps revolutioniert, unter ihnen die meisten Standorte im Industriegebiet. In der Nacht vom 8. zum 9. November okkupierten in Bielefeld, Recklinghausen, Mülheim, Hagen und Soest aufständische Soldaten die Macht, am 9. November schließlich entstanden in Münster, Detmold und Minden Räteorganisationen. Bis zum 10. November hatte in den Randgebieten der Großstädte der Machtverschiebungsprozeß seinen Abschluß gefunden. Zwei Faktoren haben die Ausbreitung der Bewegung beeinflußt: Erstens, der schwache Impuls, den die Revolution in Hannover (am 7. November) den westlich und südwestlich gelegenen Standorten vermittelte, wodurch die am Ostrand des VII. Armeekorpsbereichs liegenden Garnisonen relativ spät revolutioniert wurden; und zweitens, die erst nach der Proklamation der Republik in Berlin am 9. November ausbrechende politische Bewegung im Westheer und in den Etappengebieten. Hierdurch ergaben sich zwischen den Aufständischen in grenznahen Garnisonen des VII. und VIII. Armeekorps und den Frontformationen keine Wechselbeziehungen.

Von lokalbedingten Besonderheiten abgesehen, konzentrierten sich die Aufständischen in den meisten Städten zuerst darauf, die Gefängnisse zu öffnen und hauptsächlich Militärarrestanten zu befreien. Nachdem sich die Empörung der Soldaten über die allenthalben als zu hart und ungerecht empfundene Militärjustiz entladen hatte, entstanden oftmals innerhalb weniger Stunden improvisierte Organisationen der Soldaten und Arbeiter, die nach der Machtübernahme in den Städten aus sich heraus Ausschüsse, Komitees usw. bildeten, um die vordringlichsten Aufgaben zur Erhaltung der Gesellschaft, Ernährung und Sicherheit, zu bewältigen. Bevor in Berlin die Republik ausgerufen wurde, existierten im rheinisch-westfälischen Industriegebiet unter der Herrschaft der Soldatenräte und Arbeiterräte revolutionär-republikanische Verhältnisse, die nicht mehr zu beseitigen waren.

Der Militäraufstand in Kiel bildete die Initialzündung für die Revolutionsbewegung, der Sturz der Monarchie in München stellte die Weichen für die verfassungspolitische Ausrichtung Deutschlands auf eine Republik, und die Revolutionierung des Gebietes zwischen Rhein, Lippe und Ruhr mit seiner millionenstarken Arbeiterschaft, seinem Industriepotential und wegen seiner strategisch wichtigen Position zwischen Front und Heimat konsolidierte die revolutionär-republikanischen Verhältnisse.

III. Zielsetzung, Funktionen und Programmatik der Soldatenräte

Der Umsturz der Machtverhältnisse in Deutschland im November 1918, das läßt sich anhand der Ereignisse im rheinisch-westfälischen Industriegebiet klar erkennen und das gilt auch für das übrige Reichsgebiet, ging primär vom Militär aus und wurde auch weitgehend vom Militär getragen. Aufs Ganze gesehen entwickelte sich der Umsturz in drei deutlich voneinander abgesetzten Aktionsarten: Er begann als *Revolte,* die in dem Prozeß der *Machtergreifung* gipfelte, dieser folgte die bewußte *Revolutionierung* der bestehenden Ordnung. Jede dieser Aktionsarten trug eigene, unverwechselbare Merkmale. Die Revolte war die massive Artikulation allgemein-politisch, militärisch- bzw. kommunalpolitisch akzentuierter Kritik unterprivilegierter sozialer Schichten am herrschenden System. Sie war eine zunächst politisch unprofilierte Demonstrationsbewegung, die im allgemeinen mit militärischen Mitteln nach außen hin nicht abgesichert wurde. Durch die Machtergreifung wurden die alten Funktionsträger in ihren Positionen und in ihrem Handlungsspielraum von den Aufständischen mehr oder weniger weitgehend durch Kontrolle eingeengt, während sich im Prozeß der Machtergreifung die teilweise äußere Beherrschung des alten Machtapparates vollzog. In diesem Stadium des politischen Umbruchs wurde von den Aufständischen im allgemeinen die Macht im engeren Umkreis mit militärischen Mitteln gesichert. Im Prozeß der Revolutionierung wurden die entscheidenden Funktionsträger des bekämpften Systems bewußt ausgeschaltet, und zwar von der Spitze des Staates bis in die Zentralstellen des militärischen Befehlsapparates sowie der militärischen und zivilen Administration, verbunden mit der allgemeinen politischen Zielsetzung, das gesellschaftliche und politische Leben zu demokratisieren. In diesem Stadium erreichten die Aufständischen ein Höchstmaß an äußerer Beherrschung entscheidender Machtpositionen in Militär, Polizei, Verwaltung usw.

Aber hatte die »Revolution« wirklich gesiegt? War das Fundament für eine nach demokratischen und republikanischen Prinzipien ausgerichtete Politik geschaffen worden? Für die aufständischen Soldaten und Industriearbeiter zumindest schien der Sieg vollkommen, denn nicht nur der Kaiser war gestürzt worden, sondern mit ihm alle deutschen Fürsten, das Polizeisystem der Monarchie war ohne Widerstand in sich zusammengebrochen, der organisierte Militärapparat und das privilegierte Offizierkorps waren durch einen Handstreich entmachtet worden, die kommunale Administration hatte sich den Anordnungen der Aufständischen ebenso reibungslos wie beflissen zur Verfügung gestellt. Die politische Euphorie verdeckte alle Warnzeichen einer kommenden Reaktion.

Das Hauptkennzeichen der politischen Bewegung im kaiserlichen Heer und in der Marine war die spontane und organisatorisch improvisierte Bildung von Vertretungskörperschaften des aufständischen Militärs: Soldatenräte *neben* den etablierten militärischen Befehls- und Verwaltungsinstitutionen am Ende eines fast überall unblutigen und erfolgreichen äußeren Machtverschiebungsprozesses. Es gilt auch für die Soldatenräte, was für die Arbeiterräte festgestellt worden ist, daß sie – »nicht Ergebnis zielbewußten Vorgehens, sondern Improvisation unter dem Zwang der Verhältnisse«[1] – zunächst ein von Stadt zu Stadt verschiedenes Gesicht zeigten. Aber dieses Gesicht wurde nicht so sehr wie in der zivilen Rätebewegung von der örtlichen politischen Lage und den örtlichen Kräfteverhältnissen im Lager der Linken geprägt, sondern in erster Linie von den Spannungen zwischen den drei Gruppen innerhalb der Formationen: den Mannschaften, dem mittleren Führungskorps und dem Offizierskorps. Wenn auch die Entstehung der Soldatenräte von Ort zu Ort recht unterschiedliche Züge trug, so lassen sich in ihrem Ursprung deutlich zwei Arten der Konstituierung voneinander trennen: die *Einsetzung* und die *Wahl*. Bei der Einsetzung handelte es sich um die im allgemeinen widerstandslos durchgeführte Aktion einzelner politisch aktiver Mitglieder einer Garnison bzw. Formation, die sich als Repräsentanten der lokalen Räteorganisation proklamierten, sich zu Sprechern des aufständischen Militärs machten und die Konsolidierung dieser Position anstrebten. Bei der Einsetzung handelte es sich zum Teil aber auch um das Werk aufständischer garnisons- bzw. formationsfremder Heeres- und Marineangehöriger, die – und das trifft besonders auf das rheinisch-westfälische Industriegebiet zu – entweder aus ihrer Gruppe heraus den Soldatenrat bildeten oder einige Mitglieder der betreffenden Garnison bzw. Formation des Soldatenrates bestimmten.

Der Erfolg, den die Matrosen im Reichsinneren, besonders aber im Westen des Reiches erzielten, lag darin begründet, daß sich alsbald zwischen ihnen und den Soldaten bzw. Industriearbeitern der Garnisonsstädte ein Konsensus jenseits aller parteipolitischen Differenzen und sozialen Unterschiede ergab. Dieser Konsensus basierte vor allem auf der tiefen Kriegsmüdigkeit und der massiven Kritik an der bestehenden militärischen, politischen und sozialen Ordnung und ihren Repräsentanten. Überall dort, wo die Matrosen auftauchten, schlossen sich ihnen die Kriegsmüden an. Die blaue Uniform wurde in weiten Teilen Westdeutschlands eher zum Symbol für den Umsturz als die rote Fahne.

Die Wahl stellte die zweite Art der Konstituierung einer Räteorganisation dar. Der Ur-Wahlkörper als Träger des Wahlaktes war entweder homogen oder heterogen strukturiert. Homogene Ur-Wahlkörper setzen sich aus Wählern zusammen, die nur der betreffenden Formation oder militärischen Befehls- und Verwaltungsinstitution angehörten, in der die Wahl stattfand, d. h. wenn sowohl Angehörige anderer Formationen, als auch Zivilisten vom Wahlakt ausgeschlossen blieben. Das war im rheinisch-westfälischen Industriegebiet kaum der Fall. Hier entstanden überwiegend heterogen strukturierte Ur-Wahlkörper, denn fast überall war die Bindung der Soldaten an die Formation im Verlauf des Zerfalls des Armeegefüges verschwunden; stark machte sich der Einfluß garnisonsfremder Matrosen bemerkbar, und vielfach ergab sich eine Verbindung zwischen meuternden Soldaten, streikenden Arbeitern und deren Führern.

An der spontanen Konstituierung der militärischen Räteorganisationen im

Heimatheer waren neben aufständischen Mannschaftsangehörigen zu einem erheblichen Teil auch die Träger mittlerer Chargen beteiligt. In einigen Fällen wurden auch Offiziere in den Kreis der Ur-Wählerschaft mit einbezogen, doch das gehörte zu den Ausnahmen. Viel wichtiger aber ist, daß die spontane Konstituierung militärischer Räteorganisationen keine exklusive politische Tat des »gemeinen« Soldaten war, sondern daß sie sowohl von den Mannschaften als auch vom mittleren Führungskorps getragen wurde. Ein Einblick in die Sozialstruktur der Soldatenräte bleibt aufgrund der mangelnden Informationen im allgemeinen verwehrt; wo er dennoch möglich ist, läßt er die Annahme zu, daß sowohl bei den Mannschaftsangehörigen wie bei den Angehörigen des mittleren Führungskorps Akademiker, Handwerker, kleine Gewerbetreibende dominierten. Aus der Arbeiterschaft kam hingegen nur ein kleiner Teil der Soldatenräte.
In der überwiegenden Zahl der Fälle galt das Votum der Wähler entweder a) der überragenden, aber unpolitischen Führerpersönlichkeit, oder b) dem parteipolitisch und gewerkschaftlich organisierten Militärangehörigen (hierbei eindeutig die Sozialisten): Soldatenrat als *politischer Führer* der aufständischen Soldaten, oder c) dem Träger militärischer Funktionen, der in einer vermittelnden Position in der Militärhierarchie stand. Diese Position nahmen die Mitglieder des mittleren Führungskorps ein. Sie wurden überall dort mit dem Mandat eines Soldatenrates spontan betraut, wo es den aufständischen Soldaten darum ging, ihre materiellen Ansprüche gegenüber den in ihrem Bestand unangetasteten vorgesetzten Kommandobehörden und der Militäradministration durch sachkundige und mit militärischer Autorität ausgestattete Sprecher vertreten zu lassen. In diesen Fällen wurde der Soldatenrat in erster Linie als *Vertretungsinstanz* der aufständischen Soldaten verstanden. Angehörige des mittleren Führungskorps gelangten daneben überall in die Räteorganisationen, wo diese sich zur eigentlichen Führungsinstanz der Garnison bzw. Formation nach der vollständigen Entmachtung des Offizierskorps wie der alten Vorgesetzten überhaupt erklärt hatten: Soldatenrat als neuer *militärischer Führer*. Die Ur-Wählerschaft betraute vielfach Angehörige der Militäradministration mit einem Mandat, denn sie besaßen fundierte Kenntnisse über den komplizierten Verwaltungsaufbau und besaßen darüber hinaus einen Überblick über die während der letzten Kriegsmonate stark zusammengeschrumpften Bekleidungs- und Lebensmittelvorräte: Soldatenrat als *bürokratischer Fachmann*.

Aus homogenen und heterogenen Ur-Wahlkörpern gingen die militärischen Räteorganisationen in regelloser Manier hervor. Jeder Urwahlkörper gab sich sein eigenes Reglement, das der Improvisation entsprang. Die Intuition rangierte oft genug vor der abwägenden Überlegung. Die Kandidaten wurden in den meisten Fällen mit dem Mandat in offener Abstimmung betraut, nur in Ausnahmefällen erfolgte eine geheime Abstimmung per Stimmzettel. Die Zahl der Mitglieder eines sich spontan konstituierenden Soldatenrates schwankte von Garnison zu Garnison bzw. von Formation zu Formation beträchtlich. In zahlreichen Fällen ergab sich die Zahl der Mitglieder aus den Verhandlungen mit den örtlichen Arbeiterräten. Ganz deutlich zeigte sich auf beiden Seiten das Bestreben, zumindest die numerische Parität von Soldaten- und Arbeiterdelegierten im Arbeiter- und Soldatenrat durchzusetzen. Nur hierin zeigten die Soldatenräte »Kompromißstruktur« (Kolb); diese mußte nicht – wie bei den Arbeiterräten – in parteipolitischer Hinsicht durchgesetzt werden, weil parteipolitische Aktivität örtlicher Kräftegruppen sich erst in den Wochen nach dem Umsturz in den militärischen Räteorganisationen bemerkbar machten und ihren Niederschlag in der Zusammensetzung der Gremien fand.

Das Verhältnis zwischen Wählern und Gewählten blieb im allgemeinen undefiniert; der Soldatenrat agierte in der Regel frei von jeder Verantwortung gegenüber seinen Wählern. Zumeist blieb die spontan entstandene militärische Räteorganisation in ihrer Zusammensetzung ungegliedert: zwischen den Mandatsträgern herrschte sehr oft keine Arbeitsteilung; nur dort, wo die aufständischen Soldaten über den Soldatenrat auf die Übernahme der Kommandogewalt und die Ausübung administrativer Funktionen abzielten, bildeten sich Departements, die wie die militärischen Führungs- und Verwaltungskörper gegliedert waren. Gemeinsam mit dem örtlichen Arbeiterrat wurden ad hoc Ausschüsse geschaffen, die an die Stelle der ausgefallenen alten Instanzen im kommunalen Bereich traten: Lebensmittelausschüsse, die die Arbeit der etablierten Verwaltungsabteilungen übernahmen, Sicherheitsausschüsse, die an die Stelle der alten Polizeiinstanzen traten.

Zielsetzung und Programmatik der Aufständischen bildeten keine feststehende Einheit, sondern veränderten sich auf örtlicher Ebene mit fortschreitendem und wachsendem Selbstbewußtsein der Bewegung in Militär und Arbeiterschaft. Sie besaßen insgesamt gesehen einen von Ort zu Ort verschieden stark akzentuierten allgemein-politischen, militär- und kommunalpolitischen Aspekt. Zu den militärpolitischen Zielen der Aufständischen gehörte weder die Zerstörung des bestehenden militärorganisatorischen Rahmens noch die vollständige Aufhebung der bislang gültigen disziplinären Normen bzw. die Beseitigung des Offizierkorps als Vertreter der Kommandogewalt.

Der Zusammenbruch der alten Ordnung schuf einen herrschaftsfreien Raum und ein für die Gesellschaft gefährliches machtpolitisches Vakuum, wodurch alle notwendigen Funktionen zu ihrer Erhaltung, wie Versor-

gung, Verkehr und öffentliche Ordnung, in Frage gestellt wurden. In den improvisierten Organisationen setzte sich jedoch sehr schnell die Erkenntnis durch, daß die Soldatenräte allein nicht imstande sein würden, dieses Vakuum auszufüllen. Daher umwarben sie diejenigen Kräfte, die für die ungefährdete materielle Existenz der Bevölkerung unter republikanischem Vorzeichen bereitstanden. Das waren Kräfte aus den sozialistischen Partei- und Gewerkschaftsorganisationen, die sich nahezu überall um den bereits bestehenden Arbeiterrat sammelten oder sich an seiner Gründung beteiligten. Wo sich Soldatenräte etablierten, geschah das ohne einheitliche, zentral vermittelte Konzeption und ohne konkretes Vorbild weder im Hinblick auf ihre Organisation noch auf ihre Kompetenzen. Alles das ergab sich aus der während des Machtwechsels entstandenen spezifischen örtlichen Situation. Drei essentielle Aufgaben, resultierend aus dem Ende des Krieges und dem Zusammenbruch der alten Ordnung, drängten zur unverzüglichen Bewältigung: die Demobilisierung und Liquidierung der Kriegsfolgen, die Aufrechterhaltung der öffentlichen Ordnung und die Garantierung der ungestörten Volksernährung. Eine Vernachlässigung dieser Aufgaben vertrug sich nicht mit der allgemein politischen Auffassung der Soldatenräte, republikanische Verhältnisse im Reich zu errichten und zu bewahren. Das fast einmütige spontane Bekenntnis zur Republik war begleitet von der Furcht vor dem Chaos, aus dem nur die Gegner der neuen Ordnung Nutzen ziehen konnten. So bot die Furcht vor einem Chaos keinen Raum für die Errichtung örtlicher Zwangsherrschaften, für die ohnehin schon deshalb keine Notwendigkeit bestand, weil es im November 1918 für das aufständische Militär keinen greifbaren innenpolitischen Gegner gab, den es zu bekämpfen galt. Die deutliche Trennung zwischen der »alleinschuldigen« monarchischen Spitze des Staates und der unter ihr leidenden Bevölkerung, eine ebenso simple wie eindrucksvolle Konstruktion, bestimmte die Handlungsweise der Aufständischen. Sie bewahrte Deutschland zugleich vor einem terroristischen Bürgerkrieg, der allein durch die allenthalben gezeigte opportunistische Haltung der alten staatstragenden Kräfte in Militär und Verwaltung gegenüber der Volksbewegung nicht hätte verhütet werden können.
Konzeptionslosigkeit auf der einen Seite, der Zwang zum unverzüglichen Handeln und das Verantwortungsgefühl für die Zivilbevölkerung auf der anderen Seite gewährten den Soldatenräten und den Arbeiterräten keinen Spielraum, um irgendwelche Ersatzinstitutionen für den alten Verwaltungsapparat aus dem Boden zu stampfen. Sie mußten zwangsläufig auf die überkommene Administration zurückgreifen, oftmals mit ungutem Gefühl und häufig genug in der Gewißheit, daß sich von dieser Seite zu gegebener Zeit aktiver oder zumindest passiver Widerstand erheben würde. Wo sich

der alte Verwaltungsapparat als funktionsuntüchtig erwiesen hatte, wurde er personell erneuert und umorganisiert, doch in der überwiegenden Zahl der Fälle wurde er bewahrt und unter die Aufsicht einer mehr oder weniger wirksamen und kompetenten Kontrollinstanz gestellt. Für die zivile Rätebewegung stellt Kolb im gleichen Zusammenhang fest, daß der Charakter der Kontrolleinrichtung als Zwangsprodukt der Situation am eindrucksvollsten dadurch bewiesen wird,»daß sie spontan in allen Städten in nahezu gleicher Form ins Leben gerufen wurde, ohne daß die Möglichkeit von Absprachen und gegenseitigen Ratschlägen bestand«. Auch zwischen USPD und SPD haben in diesem Punkte allgemein keine grundsätzlichen Differenzen bestanden, und »linksradikale Anregungen spielten bei der Einrichtung der Verwaltungskontrolle keine Rolle«[2].

Der Aufstand der Soldaten entwickelte sich ohne die unmittelbare Einwirkung parteipolitischer Aktivität. In nahezu allen Garnisonen bestanden kaum Ansätze einer Verbindung zwischen den Soldaten und den lokalen Parteileitungen. Wo sie existierten, waren sie erst im Augenblick des Militäraufstandes geknüpft worden. USPD und Spartakusbund blieben während des Militäraufstandes im rheinisch-westfälischen Industriegebiet im Hintergrund, allenfalls führten sie die Streikbewegung der Industriearbeiter in einigen Städten an. Ebenso wie die Mehrheitssozialdemokraten gewannen sie erst nachträglich Einfluß auf die Bewegung der Soldaten. Die lokalen SPD-Führer reagierten in den meisten Fällen zögernd, wenn nicht sogar abweisend und mißtrauisch auf die ersten Kontakte, die die aufständischen Soldaten mit ihnen zu knüpfen versuchten. Als der Aufstand dann losbrach, schoben sie sich rasch ins politische Spiel, da ihnen keine andere Wahl blieb, wollten sie nicht von der Massenbewegung überrollt werden und politisches Terrain an die Linkssozialisten verlieren. Immerhin bewies der größte Teil der lokalen SPD-Funktionäre ein so großes Maß an Flexibilität, daß ihr plötzliches Eintreten für die spontane Volksbewegung nicht als Bruch ihrer bisherigen Haltung empfunden wurde.

Wie ist die Aufstandsbewegung des Militärs und der Industriearbeiterschaft zu charakterisieren? War sie eine Klassenbewegung, eine Reformbewegung oder eine Revolutionsbewegung? Von der sozialen Zugehörigkeit ihrer Trägerschaft und deren Programmatik her gesehen stellte sie keine Klassenbewegung dar, sondern in ihr vereinigten sich sowohl bürgerliche wie proletarische Elemente. Die Volksbewegung war in ihrem Ursprung auch keine Parteien- und Gewerkschaftsbewegung, sie war vielmehr die Bewegung der Unorganisierten. Erst durch die Etablierung von Soldatenräten und Arbeiterräten erhielt sie ihre Organisationsstruktur, die sich auf ziviler Seite sehr bald nach ihrer Entstehung an der Partei- und Gewerkschaftsstruktur der Sozialisten orientierte und teilweise mit dieser verbunden wurde. In ihrer Grundhaltung blieb die Volksbewegung zwiespältig: sie war dort eine Revolutionsbewegung, wo sie die Monarchien stürzte, an ihre Stelle neue, auf die republikanische Idee ausgerichtete Kräftegruppen setzte, und wo sie die Grundlagen für eine parlamentarisch-demokratische Herrschaft schuf. Darüber hinaus war sie in Aktion und Artikulation eine vorsichtige Reformbewegung, deren Träger, vor allem nach der Verflechtung mit der SPD, vor revolutionären Veränderungen auf wirtschaftspolitischem, kommunalpolitischem, vor allem aber auf militärpolitischem Gebiet aus aktuellen wie aus ideologischen Gründen zunächst zurückschreckten.

Zum Zeitpunkt des 9./10. November 1918 stellte die republikanische Staatsform den ersten großen und sichtbaren Erfolg der Volksbewegung dar, während Demokratisierung und Liberalisierung des gesellschaftlichen Daseins nicht mit der Republik quasi automatisch Realität wurden, sondern den klaren, noch zu realisierenden Auftrag der Volksbewegung an die politischen Kräftegruppen darstellten, die durch sie an die Macht gelangt waren. Die Hauptschwächen der Volksbewegung lagen in dem weitgehenden Fehlen einer spezifischen Ideologie und in dem Mangel an umfassender politischer Perspektive und revolutionärem Impetus. Das Hauptgefahrenmoment der Bewegung lag in der Ansicht begründet, daß durch den lautlosen Zusammenbruch der Monarchien die ganze Macht gewonnen sei, wobei übersehen wurde, daß sich ein großer Teil der politischen Macht noch in den Händen der vom Aufstand nicht tangierten Funktionsträger sowohl in der militärischen als auch in der zivilen Administration befand. Die Stimmen derer, die warnend auf das Faktum der unvollendeten Machtübernahme durch die neuen Gewalten hinwiesen, befanden sich nicht nur im Spartakusbund, es gab sie auch in der SPD, bei den Unabhängigen und den Linksliberalen, aber sie waren zu schwach, um im allgemeinen Siegestaumel über die Beseitigung der Monarchien gehört zu werden.

Anmerkungen

1 Das rheinisch-westfälische Industriegebiet entsprach in der Einteilung nach Militärbezirken dem VII. und VIII. Armeekorpsbereich. Sitz der Generalkommandos waren Münster (VII.) und Koblenz (nach Einrichtung der entmilitarisierten Zone Osnabrück).
Folgende Garnisonen gehörten zum VII. Armeekorps: Münster, Coesfeld, Minden, Detmold, Dortmund, Bochum, Bielefeld, Soest, Paderborn, Bocholt, Geldern, Solingen, Krefeld, Wesel, Essen, Gelsenkirchen, Recklinghausen, Mülheim, Duisburg, Düsseldorf, Barmen, Elberfeld, Hagen, Lennepp (1929 in Remscheid eingemeindet), Bückeburg. Die Hauptstandorte im Bereich des VIII. Armeekorps waren: Köln, Deutz b. Köln, Aachen, Trier, Düren, Mönchengladbach, Rheydt und Bonn.
Die Materiallage über die Ereignisse in den einzelnen Garnisonen ist sehr unterschiedlich. In der folgenden Darstellung ist nicht beabsichtigt, die Entwicklung des Revolutionsgeschehens lückenlos zu schildern, sondern typische, für die Gesamtbeurteilung der Revolutions- und Rätebewegung in diesem Gebiet wichtige Handlungsabläufe darzustellen.

2 Siehe die Darstellung der Vorgänge in: Das Werk des Untersuchungsausschusses der Deutschen Verfassungsgebenden Nationalversammlung und des Deutschen Reichstages 1919–26, hg. v. Walter Schücking, Peter Spahn (u. a.), Reihe 4, 9. Bd./II, S. 160; ferner bei Bernhard Rausch: Am Springquell der Revolution, Kiel 1918, S. 7 f.; Heinrich Neu: Die revolutionäre Bewegung auf der deutschen Flotte 1917-1918, Stuttgart 1930, S. 60 f.; Kurt Zeisler: Die revolutionäre Matrosenbewegung in Deutschland im Oktober/November 1918, in: Revolutionäre Ereignisse und Probleme in Deutschland während der Periode der Großen Sozialistischen Oktoberrevolution 1917/18, hg. v. Institut f. Geschichte a. d. Dt. Akad. d. Wiss. zu Berlin unter d. Red. v. Albert Schreiner, Berlin 1957, S. 195 ff.; Wilhelm Deist: Die Politik der Seekriegsleitung und die Rebellion der Flotte Ende Oktober 1918, in: Vierteljahrshefte für Zeitgeschichte 14, 1966, S. 361 ff.

3 Über die Einleitung des Waffenstillstandsersuchens und die weitere Entwicklung der außenpolitischen Kontakte zwischen Berlin und Washington s. Amtliche Urkunden zur Vorgeschichte des Waffenstillstandes 1918, 2. verm. Aufl., Berlin 1924; Die Regierung des Prinzen Max von Baden, bearb. v. Erich Matthias u. Rudolf Morsey, Düsseldorf 1962 (= Quellen zur Geschichte des Parlamentarismus und der politischen Parteien, 1. Reihe, Band 2); Urkunden der Obersten Heeresleitung über ihre Tätigkeit 1916/18, Berlin 1920; Prinz Max von Baden: Erinnerungen und Dokumente, Berlin 1927; Klaus Lütge: Die Politik des Reichskanzlers Max von Baden, Diss. phil. Kiel 1953.

4 W. Deist, S. 360.

5 Bernd Stegemann: Die deutsche Marinepolitik 1916–1918, Berlin 1970, Anl. 7; W. Deist (S. 352 ff.) kommt wie B. Stegemann zu dem Schluß, daß die bewußte Ausschaltung jeglichen Einflusses der politischen Führung des Reiches durch die

Seekriegsleitung zugleich ein Beweis dafür ist, daß sie sich über die Regelwidrigkeit ihres Verfahrens durchaus im klaren war.
6 W. Deist, S. 362.
7 Vgl. Werk d. Untersuchungsausschusses 10/II, S. 295 ff.
8 Reinhard Scheer: Deutschlands Hochseeflotte im Weltkrieg, Berlin 1937, S. 497; über die Ereignisse auf »Thüringen« und »Helgoland« am 30./31. Oktober s. K. Zeisler, S. 196 f.; Werk d. Untersuchungsausschusses 9/I, S. 486 u. 9/II, S. 158.
9 Über die Ereignisse in Kiel seit Ende Oktober 1918 existieren zwei Darstellungen, die von unmittelbar an den Ereignissen Beteiligten wenige Wochen nach Beendigung des revolutionären Umsturzes geschrieben wurden. Die eine von dem SPD-Funktionär Bernhard Rausch: Am Springquell der Revolution, die andere von den USPD-Mitgliedern Lothar Popp und Karl Artelt: Ursprung und Entwicklung der November-Revolution 1918, Kiel 1919. In den Beständen des Stadtarchivs Kiel befinden sich Unterlagen über die Ereignisse nur in geringem Maße. Eine Zusammenfassung der wichtigsten Ereignisse geben drei zur Erinnerung an den Umsturz verfaßte Artikel: Eduard Adler: Wie die Revolution begann, in: Schleswig-Holsteinische Volkszeitung v. 5. 11. 1919; Vor zwei Jahren. Erinnerungen an die Vorgänge am 3. November 1918, in: Schleswig-Holsteinische Volkszeitung v. 4. 11. 1920; Zum Gedächnis. Schilderung aus den Kieler Novembertagen 1918, in: Schleswig-Holsteinische Volkszeitung v. 5. 11. 1920. K. Artelt, einer der Gründer des Kieler Soldatenrates, nahm zu den Ereignissen wenige Jahre später vor dem Untersuchungsausschuß des Reichstages Stellung, s. Werk d. Untersuchungsausschusses 9/II, S. 579 f.; vgl. seine Darstellung aus dem Jahre 1968, in: Vorwärts und nicht vergessen. Erlebnisberichte aktiver Teilnehmer der November-Revolution 1918/19, hg. v. Institut f. Marxismus-Leninismus b. ZK d. SED, Berlin 1958, S. 92 ff.
10 S. hierzu: Werk d. Untersuchungsausschusses 9/II, S. 580; L. Popp/K. Artelt, S. 15 ff.; Gustav Noske, Von Kiel bis Kapp, Berlin 1920, S. 8.
11 B. Rausch, S. 16; hier wird darauf hingewiesen, daß die 14 Punkte spontan in dieser Versammlung aufgestellt wurden.
12 L. Popp/K. Artelt, S. 25 weisen auf eine Stimmungskrise zu dieser Zeit hin, die sich in Kiel unter den Aufständischen ausbreitete.
13 G. Noske, S. 16; Werk d. Untersuchungsausschusses 9/II, S. 72. Die Ursachen für den hier geschilderten Zerfall der improvisierten Organisation des ersten Soldatenrats liegen im Dunkeln. Über die Neugründung s. G. Noske, S. 17 u. 19; L. Popp/K. Artelt, S. 23.
14 Philipp Scheidemann: Der Zusammenbruch, Berlin 1921, S. 196; Die Regierung des Prinzen Max von Baden, S. 553 f.
15 In dieser wichtigen Frage gehen allerdings die Darstellungen bei G. Noske (S. 23 f.) und bei L. Popp/K. Artelt (S. 25) auseinander.
16 G. Noske, S. 25; L. Popp/K. Artelt, S. 26; vgl. Ph. Scheidemann, S. 197.
17 Über die Unruhen in *Brunsbüttel* s. Werk d. Untersuchungsausschusses 10/I, S. 286 ff.; über *Cuxhaven* s. John Ulrich Schroeder: Im Morgenlichte der deutschen Revolution, Hamburg 1921, S. 16 ff.; vgl. Vorwärts und nicht vergessen, S. 117 f.; über die Ereignisse in *Hamburg* s. Paul Neumann: Hamburg unter der Regierung des Arbeiter- und Soldatenrates, Hamburg 1919, S. 2 ff.; Frederick Seyd Baumann: Um den Staat, Hamburg 1924, S. 17 f.; Richard Bünemann: Hamburg in der deutschen Revolution 1918/19, Diss. phil. Hamburg 1951, S. 67 ff.; Richard A. Comfort: Revolutionary Hamburg, Stanford (Calif.) 1966, S. 30 ff.

18 Über die Ereignisse in *Lübeck* s. Eberhard Buchner: Revolutionsdokumente, Bd. 1, Berlin 1921, Nr. 65a; Emil Ferdinand Fehling: Aus meinem Leben, Lübeck 1929, S. 186; über *Wismar* s. Sturmtage Wismar 1918/1919, hg. v.d. Kreisleitung d. SED Wismar, o.O.u.J. (Wismar 1958), S. 9; über *Schwerin* s.: 1918–1958. Ihr Vermächtnis – Unser Sieg, hg. v. d. Bezirks-Leitung d. SED Schwerin, Abt. Agit./Prop., o.O.u.J. (Schwerin 1958), S. 4; Peter Hintze: Zur Frage des Charakters der Arbeiter- und Soldatenräte in der Novemberrevolution 1918, dargestellt am Beispiel der Räte in Mecklenburg, in: Zeitschrift für Geschichtswissenschaft 2, 1957, S. 264 f.; Heinz Meiritz: Die Herausbildung einer revolutionären Massenpartei im ehemaligen Land Mecklenburg-Schwerin unter besonderer Berücksichtigung der Vereinigung des linken Flügels der USPD mit der KPD (1917–1920), Diss. phil. Rostock 1965, S. 59 f.; über die Verhältnisse in *Rostock* und *Warnemünde* s. Günter Heidorn: Die Novembertage 1918 in Rostock, in: Neue Mecklenburgische Monatshefte 3, 1957, S. 170 ff. (dieser Aufsatz erschien auch in: Wiss. Zeitschrift d. Univ. Rostock 1955/56, gesellschafts- u. sprachwiss. Reihe, Sonderheft, S. 185).
19 Werk d. Untersuchungsausschusses 10/I, S. 291 ff.
20 Militärgeschichtl. Forschungsamt Freiburg i. Br.: Fasc. 1663/PG – 91854, Organisation d. Arbeiter- und Soldatenrates Cuxhaven; vgl. Vorwärts und nicht vergessen, S. 121.
21 P. Neumann, S. 7 ff.; F. S. Baumann, S. 18; E. Buchner, Nr. 70; Walther Lamp'l: Die Revolution in Groß-Hamburg, Hamburg 1921, S. 12 f.
22 »Bremer Bürgerzeitung«, Nr. 260 ff., ab. 5. 11. 1918; »Weser-Zeitung«, Nr. 779 ff.; Bremen in der deutschen Revolution 1918 bis zum März 1919, hg. v. Wilhelm Breves, Bremen 1919; eine kritische und detaillierte Darstellung der Ereignisse bietet Peter Kuckuk: Bremer Linksradikale bzw. Kommunisten von der Militärrevolte im November 1918 bis zum Kapp-Putsch im März 1920, Diss. phil. Hamburg 1969/70; s. ferner die Quellensammlung: Revolution und Räterepublik in Bremen, hg. v. Peter Kuckuk, Frankfurt/Main 1969 (Edition Suhrkamp. 367); weitere Literaturhinweise in: Internationale Wissenschaftliche Korrespondenz zur Geschichte der Deutschen Arbeiterbewegung (IWK) 7, 1968, S. 42; Josef Kliche: Vier Monate Revolution in Wilhelmshaven, Rüstringen 1919, S. 9 ff.; Johann Cramer: Der rote November 1918, Wilhelmshaven 1968, S. 33 ff.; Aus der Geschichte der Arbeiterbewegung in den Unterweserorten, hg. v. Fritz Thienst, S. 143 ff.
23 E. Buchner, Nr. 72 c.
24 Ebd., Nr. 72 d.
25 Ebd., Nr. 72 e.
26 Ebd., Nr. 72 f.
27 Ebd., Nr. 72 a.
28 Kiel gab das Signal, hg. v. d. Bezirksleitung d. SED Rostock, o.O. (Rostock) 1958, S. 32 ff.
29 Tätigkeitsbericht d. Arbeiter- und Soldatenrates Neumünster v. 7. November 1918 bis 20. Februar 1919. Akte SPD-A 11 (im Besitz des SPD-Parteibüros Kiel).
30 Die Lage der Werktätigen während des 1. Weltkrieges und der Kampf der Arbeiterklasse in der revolutionären Nachkriegsperiode im Kreis Parchim, hg. v. d. Komm. z. Erforschung d. örtl. Arbeiterbewegung b. d. Kreisleitung Parchim d. SED, Abt. Agit./Prop., Kultur, o.O.u.J. (Parchim 1957), S. 16.
31 Sturmtage Wismar, S. 10.

Kapitel II.

1 Die Ausbreitung der Aufstandsbewegung nach Süden und die spontane Entstehung von Zellen isolierter Aufstandsbewegungen, u. a. in München am 7./8. November, bleiben hier unberücksichtigt. Es kommt im folgenden nicht darauf an, die Handlungsabläufe des Revolutionsgeschehens in den einzelnen Städten minutiös zu schildern, sondern vielmehr die Hauptlinien der Bewegung unter dem örtlichen Militär zu verfolgen. Das Hauptaugenmerk gilt den Soldatenräten, ihrer Entstehung, ihren Intentionen, ihrer Entfaltung und schließlich ihrer improvisierten Organisationsstruktur. Die folgende Darstellung der Ereignisse in diesem Gebiet knüpft an die Darstellung von Helmut Metzmacher: Der Novemberumsturz 1918 in der Rheinprovinz, in: Annalen des Historischen Vereins für den Niederrhein 168/69, 1967, S. 135–265. Der Vorzug der Arbeit von Metzmacher liegt vor allem darin, daß er mit der tradierten Darstellung der Novemberereignisse in den Stadtchroniken bricht und aufgrund einer Vielzahl staatlicher und städtischer Unterlagen amtlicher Herkunft versucht, ein von zeitbedingten ideologischen Verzerrungen freies Bild vom Verlauf und den Ergebnissen der Bewegung und den Intentionen der Beteiligten zu entwerfen.

2 Während man die Fakten über die Umsturzbewegung in Bonn und in Koblenz aus archiviertem amtlichem Schriftgut erhält, fehlen solche Unterlagen für die Vorgänge in Köln. Sowohl das Historische Archiv der Stadt Köln als auch das Hauptstaatsarchiv Düsseldorf verloren die Akten durch Kriegseinwirkungen. Zwei sozialdemokratische Parteifunktionäre haben die Revolution in Köln beschrieben: Wilhelm Sollmann: Die Revolution in Köln, Köln 1918, und Heinrich Schäfer: Tagebuchblätter eines rheinischen Sozialisten, Bonn 1919. Wilhelm Sollmann (1881–1951) war Mitglied der SPD seit 1906, Mitglied der Nationalversammlung und des deutschen Reichstages 1919/20, Reichsminister des Innern 1923. 1935 emigrierte er in die USA. Heinrich Schäfer (1880–1924) wurde 1910 Sekretär der Kölner Konsumgesellschaft »Hoffnung«; im November 1918 wurde er Mitglied des Kölner Arbeiter- und Soldatenrates, der ihn Anfang Dezember in den Berliner Vollzugsrat delegierte; auf dem Reichsrätekongreß (Dezember 1918) und im I. Zentralrat repräsentierte er die »besetzten Gebiete«; seit Anfang 1919 war Schäfer Mitglied der preußischen Landesversammlung und Mitglied des II. Zentralrats; seit Anfang 1920 bekleidete er das Amt eines ersten Beigeordneten der Stadt Köln (bis 1924). Über die Darstellungen von Sollmann und Schäfer hinaus kann als Quelle die »Rheinische Zeitung« herangezogen werden. Die folgende Darstellung stützt sich weitgehend auf die Ergebnisse von H. Metzmacher, S. 158 ff.

3 H. Metzmacher, S. 180.

4 Stadtarchiv Bonn: Verwaltungsbericht 1914–1918 (Manuskript I. u. II. S. 258).

5 H. Metzmacher, S. 233.

6 Stadtarchiv Bonn: Verwaltungsbericht, S. 258; am 29. November bereits wurde der Soldatenrat wieder aufgelöst. Bonner Zeitung Nr. 329 v. 29. 11. 1918; der Arbeiter- und Bürgerrat stellte am 11. Dezember 1918 seine Tätigkeit ein. Stadtarchiv Bonn; K 80, Auszug aus dem Sitzungsprotokoll des Arbeiter- und Bürgerrates der Stadt Bonn am 11. 12. 1918.

7 Stadtarchiv Bonn: Verwaltungsbericht, S. 260; Pr. 3167, Tätigkeit des Sicherheitsausschusses.

8 Nach einem Beschluß des Arbeiter- und Bürgerrates sollten die Geschäfte der Stadtverwaltung und der übrigen Behörden in der bisherigen Weise weiterge-

führt werden. Stadtarchiv Bonn: K 80, Aus dem Sitzungsprotokoll des Arbeiter-, Bürger- und Soldatenrates vom 10. 11. 1918.
9 Zum folgenden H. Metzmacher, S. 192 ff., der sich auf Unterlagen und Berichte in der »Coblenzer Volkszeitung« (1918) stützt. Erlebnisberichte von Koblenzer Sozialdemokraten existieren nicht, sondern ausschließlich amtliches Material. Aus diesem Grunde ähnelt die folgende Darstellung sehr stark einem Polizeibericht.
10 Den amtlichen Berichten zufolge kam es in der Stadt zu zahlreichen Plünderungen, die in ihrem tatsächlichen Ausmaß aber nicht überprüft werden können. Metzmacher hat die Berichte über die Ausschreitungen in der Stadt unkritisch übernommen und erweckt durch seine Darstellung den Eindruck, als sei in Koblenz mehrere Stunden lang geplündert und geschossen worden. Bei der Beurteilung dieser Vorgänge muß man jedoch äußerste Vorsicht walten lassen, um die Vorgänge in Gefolge des politischen Umsturzes in ihren richtigen Dimensionen zu beschreiben. Zwar sollen Ausschreitungen nicht bagatellisiert werden, doch im Falle von Koblenz läßt sich in der nachträglichen Beurteilung sagen, daß zum einen der Soldatenrat nach der Machtübernahme die städtische Bevölkerung zur Ruhe ermahnt hat und daß er zum anderen die aufständischen Garnisonsbesatzung fest im Griff hatte; denn trotz »lebhaften Schießens«, wie es im Bericht des Regierungspräsidenten an den Innenminister hieß, sind in Koblenz keine Verwundeten oder gar Tote zu beklagen gewesen. Der Umsturz in Koblenz verlief unblutig; Plünderungen, wie sie die amtlichen Berichte beschreiben, auch der Brand im Gerichtsgefängnis, sind unbedeutende Begleiterscheinungen gewesen.
11 Johannes Greber (1876–1944), Pfarrer, Mitglied des Reichstages von Januar 1918 bis November 1918 im Wahlkreis 3 (Koblenz).
12 Zum folgenden H. Metzmacher, S. 227 ff., dessen Hauptquelle die – nicht sehr ergiebige – »Westdeutsche Landeszeitung« (1918) war. Aus diesem Grund konnte die Schilderung des Handlungsablaufes bei ihm nicht an Profil gewinnen.
13 Zum folgenden H. Metzmacher, S. 229.
14 Zum folgenden H. Metzmacher, S. 257 f., der einen Bericht aus der »Dürener Zeitung« vom 9. November 1918 zitiert, dessen Informationsgehalt allerdings gering ist.
15 Zum folgenden H. Metzmacher, S. 242–247, der Materialien aus dem Staatsarchiv Koblenz (Reg. Trier) heranziehen konnte; von Bedeutung ist ferner das Tagebuch des Redakteurs der liberalen »Trierer Zeitung«, Fritz Haubrich, das sich im Stadtarchiv Trier befindet. Über die Vorgänge in der Stadt berichtete die »Trierer Zeitung« Nr. 378 ff. (ab 9. 11. 1918). Ergänzende Darstellungen: Gottfried Kentenich: Zwölf Jahre unter der Geißel der Fremdherrschaft. Trier und das Trierer Land in der Besatzungszeit 1919 bis 1930, Trier (1930), und Emil Zenz: Die kommunale Selbstverwaltung der Stadt Trier seit Beginn der preußischen Zeit 1814 bis 1959, Trier 1959.
16 Zit. bei H. Metzmacher, S. 245.
17 Zum folgenden H. Metzmacher, S. 236–242, u. ders.: Der Arbeiter- und Soldatenrat 1918 in Aachen, in: Zs. d. Aachener Geschichtsvereins 97, 1968, S. 149–161. Verf. stützt sich in seiner Analyse der Aachener Ereignisse auf das »Aachener Echo der Gegenwart« (1918) und auf die Erinnerungen des Vorsitzenden des örtlichen Sozialdemokratischen Vereins, Ludwig Kuhnen, die dieser unter dem Titel ,,Aachen während der Revolution von 1918" in der ,,Aachener Freien Presse" v. 3. 7. 1920 ff. veröffentlicht hat. S. auch die Darstellung von Alfred Rübmann: Aachen. Ein Jahrhundert preußische Garnision, Aachen 1937.

18 In Aachen wurde besonders deutlich, daß die Militärbehörden keine Kraftreserven besaßen, um die revolutionäre Bewegung mit Waffengewalt aufhalten zu können. So mußte ein Bataillon Jäger, das als zuverlässig galt, wieder nach Herbesthal zurückgezogen werden; Infanteristen, die zum Schutz der Aachener Bahnhofskommandantur zusammengezogen worden waren, gingen beim Eintreffen der Matrosen in der Stadt sofort zu den Aufständischen über. H. Metzmacher, S. 238; vgl. Alfred Niemann: Revolution von oben – Umsturz von unten, Berlin 1927, S. 351 u. 452 ff.
19 Die Darstellung des Geschehens basiert hauptsächlich auf der Arbeit von Inge Marßolek: Die revolutionären Ereignisse in Dortmund Ende 1918/Anfang 1919. Hausarbeit zur Fachprüfung f. d. Lehramt an Höheren Schulen (Berlin, Freie Universität) 1971, S. 27 ff.; wegen des ausführlichen Beitrages von I. Marßolek im vorliegenden Band erübrigt sich eine breitere Darstellung.
20 Zum folgenden: Volksblatt. Sozialdemokratisches Organ f. d. Wahlkreise Bochum, Gelsenkirchen, Hattingen, Witten, Herne und Rheinhausen-Borken Nr. 260 v. 5. 11. 1918 ff. (im Bestand des Stadtarchivs Bochum). Über die Zusammenarbeit zwischen dem Arbeiter- und Soldatenrat und der städtischen Verwaltung gibt es einige Unterlagen im Bestand Nr. 1252, Bl. 1 ff.
21 1868–1922; seit 1893 Mitglied des Verbandes deutscher Berg- und Hüttenarbeiter und seit Anfang der 90er
21 1868–1922; seit 1893 Mitglied des Verbandes deutscher Berg- und Hüttenarbeiter und seit Anfang der 90er Jahre Mitglied der Sozialdemokratischen Partei. Von 1894 bis 1922 arbeitete er als Redakteur der »Bergarbeiter-Zeitung« in Bochum. In den Jahren 1913 bis 1916 war Hue Mitglied des preußischen Abgeordnetenhauses, 1919 Mitglied der Sozialisierungskommission, später Beigeordneter im preußischen Handelsministerium.
22 Volksblatt Nr. 265 v. 11. 11. 1918.
23 Volksblatt Nr. 266 v. 12. 11. 1918.
24 Hauptquellen über die Ereignisse in Gelsenkirchen sind die »Gelsenkirchener Zeitung« und die »Gelsenkirchener Allgemeine Zeitung« (jeweils November 1918 bis Mai 1919). Auf den Zeitungsberichten und den Unterlagen aus den Akten der Stadtverwaltung fußen die beiden Arbeiten über die Revolutionsbewegung in Gelsenkirchen von Ursula Witte: Entstehung und Tätigkeit des Arbeiter- und Soldatenrates in Gelsenkirchen von November 1918 bis Februar 1919. Ungedr. Prüfungsarbeit, Pädagogische Hochschule Westfalen-Lippe, Abt. Münster I, 1968 (im Bestand des Stadtarchivs Gelsenkirchen St. A. 41/KM) und Hans Rudolf Thiel: Räte, Rote und Revolten, in Beiträge zur Stadtgeschichte, Bd. IV, 1969, S. 59–67. Zum folgenden: U. Witte, S. 7 ff.
25 Im Stadtarchiv Düsseldorf existiert ein großer Bestand amtlicher Akten über Entstehung, Zusammensetzung und Tätigkeit des örtlichen Arbeiter- und Soldatenrates. Daneben gehören zu den Hauptquellen die beiden Zeitungen »Düsseldorfer Nachrichten« und »Düsseldorfer Tageblatt«. Das Stadtarchiv Düsseldorf verwaltet ferner Vorarbeiten zu einer Darstellung der Stadtgeschichte 1918 bis 1930 von Richard Hennig (XXIII. 168) und das Tagebuch von Max Ludwig Richter, geführt vom 1. 1. 1915 bis 10. 10. 1919, das auch Presseausschnitte enthält (XXIII. 418). Von beschränktem Informationswert sind die Darstellungen des Düsseldorfer Oberbürgermeisters Adalbert Oehler: Düsseldorf im Weltkrieg, Düsseldorf 1927 (Düsseldorfer Jahrbuch 33), sowie seine persönlichen Erinnerungen: Meine Beziehungen zur Revolution in Düsseldorf, Düsseldorf 1919; Richard August Keller: Die Revolution in Düsseldorf, in: Der Deut-

sche Erzieher, Gauausgabe Düsseldorf 1938, Heft 7, S. 169 ff.; H. G. Kukuk: Der Kampf um die Heimatstadt, in: Das Tor, Düsseldorfer Heimatblätter, 3. Jg., 1934, H. 2, 3, 4, 5 und 8; s. ferner Walter Zensen: Politische Unruhen in Düsseldorf 1919/20. Ungedr. Staatsexamensarbeit, Pädagogische Hochschule Rheinland, Abt. Neuß 1969 (im Bestand des Stadtarchivs Düsseldorf BG 148). Die jüngste gedruckte Darstellung der Revolutionsereignisse in Düsseldorf wurde von H. Metzmacher verfaßt, S. 199–210.

26 Stadtarchiv Duisburg: Generalakten betr. Arbeiter- und Soldatenräte, Nr. 7, hierin: Protokoll der Verhandlung zwischen der Stadtverwaltung Duisburg und dem Arbeiter- und Soldatenrat am 11. 11. 1918; Hauptstaatsarchiv Düsseldorf/Schloß Kalkum; Reg. Düsseldorf, Nr. 15279 Bl. 139 ff.; zusammenfassend H. Metzmacher, S. 223 ff.

27 Auf der Revolutionsversammlung im Stadtarchiv Krefeld beruht die Darstellung von Helmut Metzmacher: Der Arbeiter- und Soldatenrat 1918 in Krefeld, in: Die Heimat 40, Krefeld 1969, S. 82-84. Informativ für das Geschehen in der Stadt ist die tagespolitische Berichterstattung in »Crefelder Zeitung« und »Niederrheinische Volkszeitung« (beide im Bestand des Stadtarchivs Krefeld), ferner einige Akten aus den Beständen des Stadtarchivs.

28 Stadtarchiv Krefeld: Bestand 4, Nr. 2027, Bl. 157 (Zeitungsausschnitt: Generalanzeiger Nr. 572 v. 9. 11. 1918).

29 Ebd., Zeitungsausschnitt: Niederrheinische Volkszeitung Nr. 555 v. 9. 11. 1918.

30 H. Metzmacher: Novemberumsturz, S. 230.

31 Stadtarchiv Krefeld: Nr. 2027, Bl. 157 (Zeitungsausschnitt: Niederrheinische Volkszeitung Nr. 555 v. 9. 11. 1918).

32 Die Gesamtzahl der im Arbeiter- und Soldatenrat befindlichen Mitglieder schwankt in den einzelnen Angaben zwischen jeweils 13 und 16 Mitgliedern.

33 Stadtarchiv Krefeld: Nr. 2027, Bl. 159 (Zeitungsausschnitt: Niederrheinische Volkszeitung Nr. 557 v. 11. 11. 1918).

34 Zwei führende Persönlichkeiten des Essener politischen Lebens haben den Verlauf der Revolutionsbewegung aus ihrer Sicht dargestellt: Hans Luther: Zusammenbruch und Jahre nach dem 1. Krieg, in: Beiträge zur Geschichte von Stadt und Stift Essen 73, 1958, und Fritz Baade: Die Novemberrevolution 1918, in: Die Heimatstadt Essen 12, 1960/61, S. 53. H. Metzmacher, S. 217–223, hat sich bemüht, auf der Grundlage des im Stadtarchivs Essen befindlichen amtlichen Materials sowie der beiden großen lokalen Tageszeitungen »Essener Arbeiter-Zeitung« und »Rheinisch-Westfälische Zeitung« ein objektives Bild des politischen Geschehens zu entwerfen.

35 H. Metzmacher, S. 217 f.

36 Stadtarchiv Recklinghausen: Abt. C/XII/Nr. 1: Erste Revolution, Bl. 1, 5, 7, 10, 13, 27 f., 40 ff.

37 Die Darstellung des Geschehens basiert hauptsächlich auf der Arbeit von Irmgard Steinisch in diesem Band. Einige wichtige Stationen des Handlungsablaufes werden hier der Vollständigkeit halber skizziert.

38 Stadtarchiv Mülheim: Best. 32–26, Nr. 170; Mülheimer Zeitung Nr. 265 u. 267 v. 11. u. 13. 11. 1918.

39 H. Metzmacher, S. 210–213; H.-U. Knies: Die Vorgänge der Novemberrevolution unter besonderer Berücksichtigung des Geschehens in Elberfeld-Barmen. Ungedr. Staatsexamensarbeit (FU Berlin/Friedrich-Meinecke-Institut), Berlin 1966, S. 36; s. auch die Ausführungen von H.-U. Knies in diesem Band.

40 Hanno Lambers: Die Revolutionszeit in Hagen, Hagen 1963 (Hagener Beiträge zur Geschichte und Landeskunde, Heft 5.), S. 46 ff.
41 Bergische Arbeiterstimme Nr. 262 v. 7. 11. 1918 ff. (im Bestand des Stadtarchivs Solingen); Stadtarchiv Solingen: N-5-17, Bd. II spez., Aus dem Rundschreiben d. Reg.Präsidenten in Düsseldorf am 13. 11. 1918 an den Oberbürgermeister von Solingen.
42 Über folgende Garnisonen, die in diesem Abschnitt liegen, existieren nur sehr wenig Unterlagen, die außerdem nicht sehr informativ sind und deshalb in der folgenden Darstellung unberücksichtigt bleiben: Coesfeld, Bocholt, Wesel, Geldern und Bückeburg.
43 Eduard Schulte: Münstersche Chronik zu Novemberrevolte und Spartakismus 1918, Münster 1936, S. 33 f., 42, 52 f., 55, 62 f., 72 ff.
44 Stadtarchiv Soest: Hs V 176, Bürgermeister Dr. ten Doornkaat-Kolmann: Erinnerungen an die Revolution 1918–19 in Soest, Bl. 1 ff.
45 Stadtarchiv Minden: Best. G I A Nr. 106, Bl. 2 f.
46 Stadtarchiv Bielefeld: Westfälische Neueste Nachrichten Nr. 264 v. 9. 11. 1918; über die weiteren Ereignisse s. ebd. Nr. 265 v. 11. 11. 1918; über seine Rolle während des Umsturzes berichtet Carl Severing in seinen Memoiren: Mein Lebensweg, Bd. 1, Köln 1950, S. 225 ff.; eine ausführlichere Darstellung der Revolutionsereignisse in Bielefeld ist nicht möglich, da die Archivalien des Stadtarchivs während des Krieges fast vollständig vernichtet wurden.
47 Erich Kittel: Geschichte des Landes Lippe, Köln 1957, S. 256 f.; Protokolle d. Sitzungen d. Lippischen Volks- und Soldatenrates, Detmold o.J., S. 3 f.
48 Paderborner Anzeiger v. 9. u. 11. 11. 1918 (im Bestand des Stadtarchivs Paderborn).

Kapitel III.

1 Eberhard Kolb, Die Arbeiterräte in der deutschen Innenpolitik 1918–1919, Düsseldorf 1962, S. 85.
2 Ebd., S. 98.

Hans-Ulrich Knies: Arbeiterbewegung und Revolution im Wuppertal. Entwicklung und Tätigkeit der Arbeiter- und Soldatenräte in Elberfeld und Barmen

I. Zur wirtschaftlichen, sozialen und politischen Situation in Barmen und Elberfeld vor der Revolution.

Barmen und Elberfeld, Nachbarstädte im Bergischen Land, sind schon vor ihrer Vereinigung im Jahre 1929[1] in mannigfacher Weise verbunden gewesen. Die Enge des Wuppertales, die frühe Industrialisierung, das Textilgewerbe und schließlich auch die calvinistisch geprägte Lebensauffassung der Bevölkerung begründeten eine alte Verflochtenheit der beiden Städte. Gewiß, man mag eine Differenzierung nach der »eher rheinisch bestimmten Handelsstadt Elberfeld« und der »mehr westfälisch orientierten Fabrikstadt Barmen« vornehmen. Das aber sind im besten Falle Nuancen; denn derselbe Autor, der diese Akzentsetzung vornimmt, fährt fort: »Trotz dieser Verschiedenheit waren in beiden bergischen Städten Industrie und Bevölkerung annähernd die gleichen«[2]. Das beweisen auch die Statistiken über die wirtschaftlichen, sozialen, konfessionellen und bevölkerungspolitischen Gegebenheiten.

Das Textilgewerbe, seit Jahrhunderten im Wuppertal[3] betrieben, machte Barmen und Elberfeld bereits im frühen 19. Jahrhundert zu einem großen Industriezentrum; nach Ansicht von Wirtschaftshistorikern bildeten die beiden Städte das »erste deutsche Industriegebiet«[4]. Schon sehr früh stellte sich hier die »soziale Frage«: das Wuppertal genoß wegen der schweren Mißstände in Fabriken und Arbeiterwohnungen bald den Ruf eines »deutschen Manchester«. Zur Milderung dieser Zustände wurden im Laufe des 19. Jahrhunderts zahlreiche Versuche unternommen, unter denen das »Elberfelder System« der Armenpflege über die Grenzen des Tales hinaus Bedeutung erlangt hat. Die immer stärker ausgreifende Textilindustrie bewirkte schon seit den ersten Jahrzehnten des vorigen Jahrhunderts eine beträchtliche Zunahme der Bevölkerung. Um 1850 waren Barmen und Elberfeld nach Köln und Aachen die größten westdeutschen Städte, und beide überschritten um 1880 die Grenze zur Großstadt. Während die Industriestruktur vor 1850 noch patriarchalisch eingebunden blieb, sprengte der Übergang zum Hochkapitalismus auch in den Wuppertstädten die bestehende soziale Ordnung[5].

In der zweiten Hälfte des 19. Jahrhunderts kommt es auch im Wuppertal zur Herausbildung einer starken sozialistischen Arbeiterbewegung. Sozialistische Veranstaltungen gab es hier schon 1845, »vielleicht die frühesten auf deutschem Boden«[6]. Sie wurden von Friedrich Engels und Moses Hess geleitet. Die eigentliche Arbeiterbewegung der Jahre nach 1850 entstand jedoch unabhängig von diesen Personen. Im »Allgemeinen Deutschen Arbeiterverein« von 1863 spielte das Wuppertal eine führende Rolle. Lassalle weilte häufig in den Wupperstädten und genoß ebenso wie sein Nachfolger von Schweitzer einen legendären Ruf unter der Wuppertaler Arbeiterschaft[7]. 1867 wurde von Schweitzer im Wahlkreis Barmen-Elberfeld in den Norddeutschen Reichstag gewählt; in der Stichwahl erhielt er 57% der Stimmen[8]. Auf dem Parteitag von 1868 durften die Wuppertaler Sozialisten vom Parteivorsitzenden die Auszeichnung als »Avantgarde der Sozialdemokratischen Partei« entgegennehmen[9]. Das Wuppertal wurde zu einer Hochburg der Arbeiterbewegung; von 1884 bis 1907 wurde es durchgehend von sozialistischen Reichstagsabgeordneten vertreten.

Die bürgerliche Seite versuchte lange vergeblich, dieses sozialistische Übergewicht abzubauen. Erfolge wurden erst seit 1900 erzielt, und zwar durch die Bildung eines »Evangelischen Volksvereins«, der nach ähnlich straffen Prinzipien wie die Sozialdemokratische Partei organisiert war[10]. Er war eine Art Dachorganisation für alle Parteien der Rechten und für die Evangelischen Arbeitervereine. Der Volksverein verdrängte die SPD aus der dritten Klasse bei den Wahlen zur Stadtverordnetenversammlung und verhalf im Jahre 1907 dem konservativen und bewußt evangelischen Schulrat Linz zum Reichstagsmandat. Die Sozialdemokraten revanchierten sich allerdings 1912, als sie Friedrich Ebert zur Reichstagskandidatur ins Wuppertal holten; Ebert konnte einen knappen Wahlerfolg erringen. Damit ergab sich folgende politische Konstellation für die Zeit unmittelbar vor Ausbruch des Krieges: Einer starken sozialistischen Bewegung[11] stand eine bedeutende konservative Gruppierung gegenüber, welche ihren Rückhalt in den evangelischen Kreisen und auch in der kirchlich gesinnten Arbeiterschaft fand. Die liberalen Parteien hatten ihre früheren Positionen verloren und repräsentierten nicht mehr als ein Sechstel der Bevölkerung. Das Zentrum blieb – bei einem katholischen Bevölkerungsanteil von 21% – unter einem Zehntel der Wählerstimmen.

Die Wirtschaft des Wuppertals wurde durch das Kriegsgeschehen nachhaltig beeinflußt. Die Textilindustrie wurde bereits während der unsicheren internationalen Situation vor Kriegsausbruch von Rückschlägen betroffen. Während des Krieges unterlag die Textilindustrie als ohnehin nicht unmittelbar kriegsnotwendige Branche zusätzlichen Belastungen: der Export ins feindliche Ausland, insbesondere nach Großbritannien, brach sofort ab; die Nachfrage nach Modeartikeln, auf die die Wuppertaler Industrie spezialisiert war, ging sehr stark zurück. Die Belieferung mit Rohstoffen, de-

ren Preise bei Kriegsanfang rapide anstiegen, wurde durch die Umdirigierung von Verkehrsmitteln für Heereszwecke behindert.
Aus einer neueren Untersuchung[12] wird deutlich, daß die Wuppertaler Industrie auf den Kriegsausbruch relativ schlecht vorbereitet war. Selbst Heeresaufträge, die den Textilsektor betrafen, gelangten aus verschiedenen Gründen nur spärlich ins Wuppertal. Viele Firmen arbeiteten schon ab Ende Juli 1914 halbe Tage. Im August 1914 schnellte die Zahl der arbeitslosen Männer Barmens von 369 auf 6288 hoch. Während im Reich die Beschäftigungszahlen von Juli bis August 1914 durchschnittlich um ein Viertel zurückgingen, verloren in Barmen mehr als ein Drittel ihre Arbeit[13]. Dabei waren die für die Wuppertaler Industriestruktur typischen kleineren Betriebe stärker betroffen als die Großbetriebe. Diese Entwicklung führte dazu, daß schon sehr bald einzelne metallverarbeitende Betriebe, die sich sogleich auf Munitionsherstellung umgestellt hatten, wegen der starken an sie gestellten Anforderungen Teile ihrer Aufträge an kleinere Textilbetriebe weitergaben. 1916 wurde die bis dahin bestehende Arbeitslosigkeit durch einen Arbeitskräftemangel abgelöst. Im zweiten Teil des Krieges waren etwa die Hälfte aller Wuppertaler Arbeiter in der Rüstungsindustrie beschäftigt[14].
Diese Wirtschaftsentwicklung brachte nicht unbeträchtliche Kriegsgewinne ins Wuppertal. Es ist bezeichnend, daß die Wuppertaler Unternehmer davon im wesentlichen erst ab 1917 betroffen wurden, während in den kriegswichtigen Branchen Metall, Chemie und Leder – wie an den ausgeschütteten Dividenden erkennbar – schon 1915 eine Hochkonjunktur herrschte. So konnte die Elberfelder Weberei Boeddinghaus, Reimann und C., AG, ihre Dividende 1917 von jährlich 5% auf 10% erhöhen, während die Firma J. P. Bemberg AG, die 1913 keine Dividende ausgezahlt hatte, im Jahre 1917 8% und 1918 10% ausschüttete[15]. Die Kriegsgewinne wurden, wie die Stadtverordnetenprotokolle belegen, im Wuppertal in der Endphase zu einem von den ärmeren Bevölkerungsschichten lebhaft empfundenen sozialen Ärgernis. In Verbindung mit oft beklagten Erscheinungen wie Schleichhandel und Wucherpreisen häuften besonders eklatante Beispiele von Kriegsgewinnlertum, etwa der Fall der Kohlengroßhandlung Koch u. Hiby[16], sozialen Konfliktstoff an, der sich bei Vorgängen wie den Demonstrationen und Streiks vom Februar 1917 oder Januar 1918 entlud. Auch das starke Anwachsen der Mitgliederzahlen in den Wuppertaler sozialistischen Gewerkschaften wird von diesen Vorgängen nicht zu trennen sein[17].
Im Zusammenhang unserer Untersuchung interessiert für die Kriegsjahre neben der Wirtschaft des Wuppertals in erster Linie die Entwicklung der Sozialdemokratie. Die sozialdemokratische Tageszeitung des Wuppertals,

die »Freie Presse«, zeigte schon sehr früh Sympathien für die sich formierende Opposition gegen die Kriegs- bzw. »Burgfriedens«-Politik der Parteiführung. Das beruhte zunächst auf einer eher zufälligen Entwicklung, da zwei Redaktionsmitglieder (Quietzau und Molkenbuhr), die später bei der Parteimehrheit blieben, eingezogen wurden, während die beiden anderen Redakteure (Niebuhr und O. Hoffmann), die später zur USPD gingen, übrig blieben und nun die politische Linie der Zeitung bestimmten. Aber auch in der Parteiorganisation machte die Opposition Fortschritte. 1915 und 1916 erschienen mehrmals Ebert und Haase, die Parteivorsitzenden und Exponenten der beiden Richtungen innerhalb der Partei, auf Wuppertaler Funktionärsversammlungen; von Mal zu Mal wuchs der Anteil der Haase-Anhänger, und schon 1916 überwog er erheblich[18]. Im Juni 1916 wurden vier Mitglieder der Partei-Opposition verhaftet, als sie anläßlich der Verurteilung Liebknechts verbotene Flugblätter verteilten; das Reichsgericht verurteilte sie zu mehrmonatigen Gefängnisstrafen[19]. Anlaß zum Bruch zwischen den beiden Richtungen wurde der Kampf um die »Freie Presse«. Anfang 1917 kam es, nachdem die Zeitung zunächst für eine Woche verboten worden war, um die Einsetzung eines vom Generalkommando in Münster geforderten Zensors zu einer Auseinandersetzung zwischen der noch von den Mehrheitssozialisten beherrschten »Handelsgesellschaft« der »Freien Presse« und der Redaktion. Dies war die Zeit, in der auch in anderen Städten ähnliche Kämpfe um Parteizeitungen entbrannten und in der die Auseinandersetzung zwischen der Mehrheitssozialdemokratie und der »Sozialistischen Arbeitsgemeinschaft« in ihre entscheidende Phase trat.

In Elberfeld saß die »Handelsgesellschaft«, nicht zuletzt durch die Rückendeckung des Generalkommandos, am längeren Hebel, so daß schließlich die Redaktion gewechselt und die »Freie Presse« wieder auf »Mehrheits«-Kurs gebracht wurde[20]. Diese Entscheidung stand jedoch in krassem Gegensatz zur Entwicklung in der Parteiorganisation. Eine sofort einberufene Mitgliederversammlung sprach sich mit einer Mehrheit von 80–90% der Anwesenden[21] für die Politik der Partei-Opposition und gegen das Vorgehen der Mehrheit in der Pressefrage aus. Die in der Minderheit gebliebenen »Mehrheitler« vollzogen daraufhin die Separation vom lokalen »Sozialdemokratischen Verein« und nannten sich fortan »Sozialdemokratischer Parteiverein«; die Zeitung blieb in ihren Händen. Die Mitgliederschaft der Parteien entschied sich im Verhältnis von 4 zu 1 für die Partei-Opposition[22], die sich im April 1917 auf Reichsebene unter dem Namen »Unabhängige Sozialdemokratische Partei« als selbständige Partei konstituierte. In auffälligem Kontrast zur großen Mehrheit der Parteimitglieder blieb die Mehrzahl der führenden Funktionäre im Wuppertal bei der alten

Partei; von 9 sozialdemokratischen Stadträten gingen nur 2 zur USPD[23]. Ebenso blieben die beiden Sekretäre für den Bezirk Niederrhein, dessen Sitz Elberfeld war, Dröner und Haberland, bei den Mehrheitssozialdemokraten. Zum weiteren Verhältnis der beiden Parteien zueinander ist festzustellen, daß die Trennung in allen Bereichen mit »schneidender Schärfe«[24] durchgeführt wurde und daß die Atmosphäre wegen der »Freien Presse« vergiftet blieb. Viele USPD-Anhänger bestellten die »Freie Presse« ab und wechselten zur »Bergischen Arbeiterstimme«, die in Solingen erschien und in Händen der USPD war[25].
Heftige Kämpfe spielten sich auch im Bezirksvorstand ab, in die wiederholt Scheidemann und Ebert, die Abgeordneten von Solingen und Barmen-Elberfeld, eingriffen. Im März 1917 optierte eine knappe Mehrheit für die Opposition (15:13, zwei Enthaltungen)[26]. Innerhalb des Bezirks Niederrhein kam es zu einer USPD-Mehrheit in Düsseldorf, Solingen und Remscheid. In ihrer politischen Arbeit war die USPD freilich stark behindert. Das Generalkommando in Münster, zu dessen Bereich das Wuppertal gehörte, erließ im Juni 1917 scharfe Kontrollbestimmungen zur Überwachung der USPD[27]. Bis zum Regierungswechsel im Oktober 1918 konnte die Partei keine eigenen Veranstaltungen durchführen; sie wich deshalb auf »Diskussionsbeiträge« bei den Versammlungen anderer Parteien, vornehmlich der SPD, aus.
Zur Geschichte der bürgerlichen Parteien im Wuppertal ist im Rahmen unseres Themas nur wenig anzumerken. Zu einer engeren Zusammenarbeit zwischen den Parteien der Friedensresolution des Reichstags – Zentrum, Fortschritt, Sozialdemokratie – kam es auf kommunaler Ebene nicht. Fortschritt und Zentrum vertraten beide nur etwa 8 % der Wuppertaler Wählerschaft. Während die Fortschrittspartei durch das Dreiklassenwahlrecht begünstigt war, hatte das Zentrum, das fast ausschließlich auf Arbeiterkreise beschränkt war, Mühe, überhaupt einen Kandidaten in die Stadtverordnetenversammlung zu bringen. Die Nationalliberalen, die sich in etwa gleicher Stärke präsentierten, wird man eher dem rechten Flügel innerhalb der Gesamtpartei zurechnen müssen[28]. Auftrieb erhielt die gesamte bürgerliche Rechte im Herbst 1917, als sich die »Vaterlandspartei«, die sich als Gegengewicht zur Reichstagsmehrheit der Friedensresolution verstand und einen »Siegfrieden« anstrebte, auch in den Wupperstädten etablierte, und zwar zunächst mit beträchtlichem Erfolg. Schon Anfang Oktober 1917 hatte sie allein in Elberfeld 683 Mitglieder, wenige Wochen später bereits über 2000[29]. Zu ihren Kundgebungen strömten die Menschen zu Tausenden. Unter dem Gründungsaufruf der Partei standen die Namen der führenden Nationalliberalen, Deutschvölkischen und Freikonservativen. Auch die Christlich-Sozialen[30] gewährten ihre Unterstützung. Von beson-

derer Bedeutung war es, daß die evangelischen Kirchengemeinden sich einhellig hinter die Politik der Vaterlandspartei stellten. Die Vaterlandspartei trat als überparteiliche Sammlungsbewegung auf; so findet sich unter dem Gründungsaufruf auch der Name des Elberfelder Oberbürgermeisters Funck[31].

Die politische Entwicklung war freilich auch im kommunalen Bereich mit zunehmender Kriegsdauer nicht mehr allein durch die Parteien repräsentiert. Es kam zu Unruhen, Demonstrationen und Streiks. Der harte Winter 1916/17, im Volksmund »Steckrübenwinter« genannt, brachte in den meisten deutschen Städten eine katastrophale Kartoffelknappheit. In Barmen zogen am 26. Februar 1917 etwa 8–10 000 Menschen, angeführt von Soldaten, die ihren Heimaturlaub verbrachten, vor das Rathaus und forderten die Austeilung von Mehl als Ersatz für die fehlenden Kartoffeln[32]. Da ihre Forderungen nicht erfüllt wurden, bewarfen sie das Rathaus mit Steinen, zertrümmerten die Scheiben; Polizei und Feuerwehr konnte die Menge nur mit Mühe abdrängen. Es kam nun zur Plünderung von Bäckerläden, »darunter auch mehrerer Verkaufsstellen des sozialdemokratischen Konsumvereins«[33]. Schließlich schickte das Generalkommando aus Münster drei Kompanien nach Barmen und setzte ein Kriegsgericht ein. Durch die Ankündigung einer Kartoffellieferung wurden die Wogen des Aufruhrs geglättet, bevor es zu ernsthaften Zusammenstößen kam. Ursachen der Unruhen waren – außer der allgemeinen Lebensmittelknappheit, der Teuerung und, auf der anderen Seite, den Kriegsgewinnen – die angebliche Bevorzugung der ländlichen Bevölkerung vor der städtischen, Unregelmäßigkeiten bei den Schwerstarbeiterzulagen sowie der Schleichhandel. Auslösendes Moment scheint die unrichtige Nachricht gewesen zu sein, Kartoffeln würden von Barmen nach Essen geschafft, um dort einen Streik zu beschwichtigen. Spitzelberichte der Polizei behaupteten, Mitglieder des Metallarbeiterverbandes und eine Spartakusgruppe unter Führung der Duisburgerin Resi Wolfstein seien für die Falschmeldung verantwortlich gewesen[34]. Diese Angaben erscheinen jedoch sehr zweifelhaft, denn gerade der Metallarbeiterverband bewies im folgenden Jahr seine Mäßigung, und die Spartakusgruppe, deren wichtigste Mitglieder (Möller und Dattan) damals im Gefängnis saßen, war zahlenmäßig völlig unbedeutend. Bei der Demonstration selbst waren keine politischen Parolen laut geworden; ein Politikum von hoher Bedeutung war jedoch zweifellos die große Zahl der Teilnehmer.

Anfang Juli 1917 traten in zwei Munitionswerken in Elberfeld und Barmen einmal 60, einmal 2000 Arbeiter für einen Tag in den Ausstand; die Ursachen waren der Lebensmittelmangel und Lohnforderungen[35]. Von wesentlich größerer Bedeutung waren die Arbeitsniederlegungen Ende Januar

1918, die im Zusammenhang mit der großen Streikwelle standen, welche in ganz Deutschland über eine Million Arbeiter erfaßte und besonders in Berlin und anderen industriellen Zentren eindeutig politischen Charakter annahm. Am 28. Januar 1918 erfaßte die Streikwelle Barmer Rüstungsbetriebe und veranlaßte 5–6000 Arbeiter, für einige Tage in den Ausstand zu treten; das waren etwa 30% der Barmer Metallarbeiter[36]. Die über den Streik vorliegenden Quellen erlauben es nicht, den Ausstand endgültig zu beurteilen; namentlich die Frage nach den Urhebern und dem Ausmaß der Politisierung ist schwer zu klären. Fest steht, daß die Mehrheitssozialisten mit dem Streik nichts zu tun hatten. Der Metallarbeiterverband, dessen führende Funktionäre USPD-Mitglieder waren[37], versuchte im letzten Augenblick noch, die Arbeiter vom Ausstand zurückzuhalten; er konnte auf eine Besprechung mit Behördenvertretern verweisen, die am 2. Februar, also vier Tage nach der ersten Arbeitsniederlegung, die Versorgungsfrage der Arbeiter regeln sollte. Der Verband schob die Urheberschaft des Streikaufrufs auf »einige verantwortliche Hetzer«, die »aus rein politischen Gründen« gehandelt hätten[38]. Angesichts der Ausweitung des Streikes erklärte dann auch die »Freie Presse«, daß es sich um eine Aktion handele, »die nach einheitlichem Plan unter einheitlicher Leitung erfolgt«[39]. Solche politisch motivierten Feststellungen werfen freilich mehr Fragen auf, als sie Antworten bieten. Deutlich ist jedenfalls, daß es eine gewisse Basis für Massenaktionen auch im Wuppertal gab, wenngleich die Mehrheit der Arbeiterschaft nicht zu radikalen Aktionen disponiert schien.

Die politischen Entscheidungen und Initiativen im Oktober 1918 – Regierungsbildung, Parlamentarisierung und Einleitung der Waffenstillstandsverhandlungen – bestimmen die politischen Auseinandersetzungen und die Entwicklung der Massenstimmung auch im Wuppertal. Heftig aufflammender Nationalismus und mangelnde Einsicht in die militärische und politische Lage kennzeichnen das bürgerliche Lager. Von der Vaterlandspartei bis hin zu den Linksliberalen gelobte man »Nibelungentreue«[40] zur militärischen Führung und »Opferwilligkeit bis zum letzten«[41]. Die Vorstellung einer letzten, umfassenden Volkserhebung, einer »levée en masse«, fand in Elberfeld und Barmen ein starkes Echo. Noch am 21. Oktober 1918 konstituierte sich ein »Elberfelder Volksausschuß für Nationale Verteidigung«. Sein besonderes Gepräge erhielt dieser kriegerische Patriotismus im Wuppertal durch das Engagement der evangelischen Kirchen[42]. Erneut zeigte sich die hier besonders intensive Verklammerung von national-bürgerlichem und evangelisch-kirchlichem Leben; die Kundgebungen des »Volksausschusses« endeten mit dem Choral »Ein feste Burg ist unser Gott«[43]. Da der Krieg als »Weltanschauungskampf«, in dem die protestantische Kultur Deutschlands ihre Höherwertigkeit zu beweisen hatte, interpretiert wurde, berief man sich auch im Oktober 1918 noch auf die sogenannte »Kriegstheologie«, die theologische Rechtfertigung der »deutschen Sache«[44]. Schon wenig später zeigte sich dann angesichts der militärischen und politischen Entwicklung der Umschlag in Gerichts- und Weltuntergangsstimmungen: »Unglaube und Sünde, insbesondere Hochmut und Genußsucht, Weltbürgertum, heute Sozialdemokratie genannt, haben die Fundamente unserer Volkskraft erweicht . . . Und nun ist über uns gekommen das Gericht des feigen Herzens, von dem 3. Mose 26, 36 geschrieben steht«[45].

Im Gegensatz zu dieser bürgerlich-protestantischen Massenstimmung riefen die Mehrheitssozialdemokraten Ende Oktober zu einer »Friedenskundgebung« auf, die etwa 3500 Besucher zählte und ihr »Einverständnis mit der Friedensarbeit der Sozialdemokratie« demonstrierte[46]. Inzwischen trat auch die USPD mit eigenen Versammlungen, die ihr seit dem Regierungswechsel Anfang Oktober genehmigt waren, vor die Öffentlichkeit. Um den 20. Oktober zog der durch Amnestie aus dem Gefängnis entlassene USPD-Reichstagsabgeordnete Wilhelm Dittmann[47] als gefeierter Märtyrer durch die Städte des Bergischen Landes; im Wuppertal verzeichnete seine Kundgebung etliche Tausend Zuhörer. Dittmann wandte sich leidenschaftlich gegen die »Kriegsverlängerer« aus dem nationalistischen Lager, aber er setzte sich zugleich auch kritisch mit der Politik der Mehrheitssozialdemokraten auseinander. Auf einer geheimen Bezirkskonferenz am 13. Oktober in Elberfeld beriet die USPD über den bevorstehenden und von ihr begrüßten »Zusammenbruch von Imperialismus und Militarismus«. Ob die Wuppertaler USPD-Vertreter dabei den radikalen Forderungen ihrer Parteifreunde vom Bezirk Niederrhein zustimmten, die »Demoralisierung« sofort zu »revolutionären Handlungen« auszunützen, ist nicht erkennbar, erscheint aber aufgrund der späteren Entwicklung fraglich[48]. Wenn in anderen Städten, wie etwa im benachbarten Hagen oder in Bielefeld, noch gemeinsame Veranstaltungen aller bürgerlichen Parteien und der Mehrheitssozialdemokraten zur Demonstrierung einer intakten Heimatfront möglich waren[49], so galt das im Wuppertal nicht mehr. Der »Burgfrieden« war im Oktober für die SPD, wahrscheinlich auch für das Zentrum, nicht mehr in Kraft. Die Kriegsmüdigkeit, verschärft durch die mangelhafte Versorgungslage, durch die Kriegsgewinne der Unternehmer, durch Berichte von Fronturlaubern und durch die sozialistische Agitation, ergriff immer weitere Kreise und wurde durch die offiziellen Durchhalte-Kundgebungen nur noch mühsam verdeckt.

Der innenpolitische Systemwandel, die Parlamentarisierung und die Abschaffung des Dreiklassenwahlrechts übten keinen bestimmenden Einfluß auf die politische Entwicklung in Elberfeld und Barmen aus. Die Neuordnung war nicht von unten erkämpft, sondern mehr oder weniger überraschend von oben dekretiert worden. Das Interesse der Bevölkerung galt dem Kriegsausgang, nicht so sehr den zunächst recht abstrakt bleibenden verfassungspolitischen Entscheidungen. Die SPD identifizierte sich auch im Wuppertal mit der »Oktoberreform«. Über die Politik der USPD heißt es in einem Polizeibericht über eine geheime Funktionärskonferenz des Bezirks Niederrhein in Elberfeld, »daß in der nächsten Zeit die USPD aller Wahrscheinlichkeit nach zu revolutionären Handlungen übergehen und versuchen werde, eine gewaltsame Verfassungsänderung herbeizuführen«[50]. Aber auch hier ist zu beachten, daß die USPD im Wuppertal in diesen Wochen durchweg gemäßigter auftrat als in zahlreichen anderen Großstädten des Bezirks. Selbst die »Kaiserfrage«, die durch die Wilson-Noten aufgeworfene Frage der Abdankung Wilhelms II., wühlte in der Wuppertaler Bevölkerung keine Leidenschaften auf. Die Mehrheitssozialdemokraten zeigten eine bemerkenswerte Zurückhaltung, und erst am 6. oder 7. November sprachen sie sich – gemeinsam mit den Unabhängigen – für die Einführung der Republik aus[51]. Für die USPD hatte Dittmann bereits in einer Veranstaltung am 20. Oktober die »soziale Republik« »mit dem ›Zuchthäusler‹ Liebknecht als Präsidenten« gefordert[52].

Das Interesse der Wuppertaler Bevölkerung galt auch in diesen Wochen in erster Linie den Zuständen auf wirtschaftlichem und sozialem Gebiet. Ihre Erfahrungen und Forderungen in diesem Bereich wurden von immer größerer Bedeutung auch für die politische Meinungsbildung. Schon 1917 war der Kalorienwert der Tagesration in der Heimat auf durchschnittlich 1000[53] gesunken, d. h. auf weniger als die Hälfte des für normal angesehenen Wertes. Obwohl der Friedensschluß mit Rußland und die Besetzung der Ukraine eine Besserung in Aussicht gestellt hatten, verschärfte sich die Versorgungskrise im Jahre 1918 weiter, wie u. a. aus einem Bericht des Düsseldorfer Regierungspräsidenten für unser Gebiet hervorgeht[54]. Während die Getreide- und Brotversorgung beinahe normal, die Kartoffelzufuhr erträglich war, wurde besonders der Ausfall von Eiern, Milch und Fleisch empfunden. Im Oktober mußte für die folgenden drei Monate wieder je eine »fleischlose Woche« angesetzt werden[55]. Der Anteil der Todesfälle infolge Unterernährung stieg 1918 auf 37% aller Fälle (1916: 14,3%)[56]. Bei den Brennstoffen war eine Verknappung der Kohlen für Haushaltszwecke eingetreten. Die geschwächte physische Konstitution machte die Menschen besonders anfällig für eine Grippewelle, die sich, wie es scheint, im Oktober 1918 im ganzen Reich verbreitet hatte[57]. Es handelte sich um die sogenannte »spanische Grippe«[58]. Der Barmer Kreisarzt stellte für Anfang Oktober einen »explosionsartigen Ausbruch der Seuche« fest, die bald ein

Drittel der gesamten Bevölkerung des Wuppertales befiel; Volks- und Mittelschulen wurden geschlossen[59]. Zu der Grippe trat in vielen Fällen eine Lungenentzündung hinzu, so daß sie allein in Barmen innerhalb von zehn Tagen 120 Todesopfer forderte[60]. Zweifellos war hiermit ein Beunruhigungsmoment von nicht zu unterschätzender Bedeutung gegeben. Die Lebenshaltungskosten waren – bei leicht angestiegenen Löhnen – im Laufe des Krieges um mehr als das Doppelte gestiegen. Die Preissteigerungen für Lebensmittel schwankten im Wuppertal zwischen 100% und 200%. Die durchschnittliche Arbeitszeit betrug bei den Metallarbeitern im Sommer 1918 zwischen 57 und 60 Stunden pro Woche[61].
Im Oktober des letzten Kriegsjahres mehrten sich die Fälle von Schleichhandel, Lebensmittelfälschung und Überschreitung der Höchstpreise. Wie aus den fast täglichen Zeitungsnotizen zu ersehen ist, standen die Behörden bei der Bekämpfung dieser Mißstände vor einem nicht mehr zu bewältigenden Problem. Die sozialdemokratische Freie Presse sah in »Wucher und Schleichhandel« geradezu die Ursachen des deutschen Zusammenbruchs[62]. Die Praxis mancher Bauern, ihre Kartoffeln nicht mehr vollständig abzuliefern, sondern an Privatkunden zu verkaufen, verbitterte das Gros der Städter gegen die Landbevölkerung[63]. Insgesamt läßt sich sagen, daß die Versorgungslage bis Oktober 1918 sich kontinuierlich verschlechterte, ohne dabei gegenüber den Vormonaten »dramatische« Formen anzunehmen; begründete Hoffnung auf eine Verbesserung der Lebensmittelzufuhren bestand nicht. Die Aussicht auf einen neuen Kriegswinter mußte selbst manchen entschiedenen Patrioten wankend machen.

II. Die Revolution und die Bildung der Arbeiter- und Soldatenräte in den Wupperstädten

Trotz aller Mißstände und Mißstimmungen hatten sich die Verhältnisse im Wuppertal Anfang November noch nicht dahin entwickelt, daß eine selbständige revolutionäre Aktion in Barmen oder Elberfeld zu erwarten gewesen wäre. Der Metallarbeiterverband erließ noch am 7. oder 8. November – nachdem im Oktober und Anfang November unter der Arbeiterschaft keinerlei besondere Unruhen aufgetreten waren – an seine Mitglieder eine Warnung, »nicht zu streiken und die jungen Leute im Zaume zu halten«[1]. Im Bereich der Sozialpolitik war noch im Oktober eine Vereinbarung zwischen Arbeitgebern und Arbeiterausschüssen[2] zustande gekommen, nach der die wöchentliche Arbeitszeit 58 Stunden nicht überschreiten durfte. Ein Großteil der Betriebe mußte daraufhin die Arbeitszeit um durchschnittlich

6 Stunden verkürzen und einen Verdienstausgleich zwischen 2% und 30% zahlen. Betriebe, die schon bisher weniger als 58 Stunden arbeiteten, erhöhten die Stundenlöhne um 5 bis 35 Pfennig[3]. Neben diesen materiellen Verbesserungen erreichten die Gewerkschaften ein bemerkenswertes Ergebnis auf arbeitsrechtlichem Gebiet: die Einrichtung eines Arbeitsamtes. Am 7. November hatten sie die Forderung nach einem derartigem Amt aufgestellt, in dem die Angelegenheiten der heimkehrenden Soldaten und der erwerbslos werdenden Arbeiter geregelt werden sollten, insbesondere Fragen der Arbeitsbeschaffung, Lohn- und Unterstützungsfragen. Für Barmen kam es unter Vermittlung des Oberbürgermeisters Hartmann bereits am folgenden Tage zu einem Übereinkommen, welches die Bildung eines derartigen Arbeitsamtes auf der Grundlage paritätischer Besetzung vorsah; es begann wenige Tage später zu arbeiten[4].

Im Hinblick auf die bevorstehende Belastung durch die Demobilmachung und die zu erwartenden politischen Unruhen bildeten die Elberfelder Stadtverordneten am 8. November in einer Sondersitzung einen fünfköpfigen »Vertrauensausschuß«, der »jederzeit der Verwaltung in den sich aus der gegenwärtigen Lage ergebenden dringlichen Angelegenheiten zur Seite stehen soll«[5]. Zu diesem Ausschuß, der fortan zu täglichen Konsultationen zusammentrat, gehörte auch der Mehrheitssozialdemokrat Rechtsanwalt Landé. Von der Wuppertaler SPD gingen keinerlei Initiativen für den revolutionären Umsturz aus. Die »Freie Presse« mokierte sich darüber, daß ein radikaler Remscheider USPD-Vertreter statt von »Arbeiterausschüssen« von »Arbeiterräten« sprach, die man mit »Bolschewismus« zu identifizieren pflegte[6]. Dieselbe Zeitung gewann den Vorgängen in Kiel, die sie als »Ruhestörung« »unter unabhängiger Führung« kennzeichnete, zunächst gar keine Sympathien ab[7]. Noch am 6. November nahm sie nicht Partei für die Demonstranten. Erst am folgenden Tage, nachdem bekannt geworden war, daß ihr Parteifreund Noske die Dinge in die Hand genommen hatte, und als zugleich die ersten Auswirkungen erkennbar wurden, nannte sie als Ursachen für den Kieler Aufstand »die vollständige Verkennung der Zeichen der Zeit (durch die Marineleitung), den Versuch, mit allen Mitteln ein überlebtes System aufrecht zu erhalten«. Es zeigt sich dabei deutlich: »Kiel« war kein Fanal, nicht einmal für die Unabhängigen. Diese hielten am 6. oder 7. November[8], also zwei oder drei Tage nach der Bildung des ersten Arbeiter- und Soldatenrates in Deutschland, eine Volksversammlung mit dem Reichstagsabgeordneten Dr. Erdmann aus Dortmund ab, in der von revolutionären Vorgängen nicht die Rede war und Kiel nicht einmal erwähnt wurde. Wichtig an dieser Veranstaltung war dagegen, daß es gelang, den »Bruderstreit« mit den Mehrheitssozialdemokraten im Wuppertal völlig herunterzuspielen. Die Vertreter der SPD, Parteisekretär Dröner und

Redakteur Woldt, gingen auf diese Tendenz ein – fünf Minuten vor zwölf war eine Annäherung der beiden sozialistischen Parteien erzielt worden. Unterdessen gelangten aus Norddeutschland die ersten Matrosen im Rheinland an und richteten sich zuerst im militärisch wichtigen Köln ein (6. November). Sie öffneten am folgenden Tage die Kölner Gefängnisse, entwaffneten die Offiziere und ließen es den beiden sozialistischen Parteien, die darauf kaum vorbereitet waren, geraten erschienen, am Vormittag des 8. November einen Arbeiter- und Soldatenrat in Köln einzusetzen[9]. Von Köln aus setzte sich ein Trupp Matrosen mit der Eisenbahn nach Düsseldorf und ins Wuppertal in Bewegung. Er erreichte am Vormittag des 8. November Düsseldorf und gegen Mittag in einer Stärke von 100 Mann die Wupperstädte. Die Matrosen entwaffneten am Bahnhof Elberfeld (Döppersberg) die anwesenden Militärpersonen und suchten in den Lokalen der Stadt nach Offizieren, denen sie die Achselstücke abnahmen[10]. Von Elberfeld begaben sie sich noch am Nachmittag nach Barmen. Diesen Matrosen schlossen sich in den Straßen spontan Menschengruppen an, die die »Internationale« sangen. Das alles war improvisiert und ohne institutionelle Leitung.

Am weiteren Verlauf der Revolution in Wuppertal haben die Matrosen jedoch nur geringen Anteil. Die Einsetzung der Revolutionsorgane, der »Arbeiter- und Soldatenräte«, war ausschließlich Angelegenheit der Wuppertaler Soldaten und Arbeiter, repräsentiert durch die beiden sozialdemokratischen Parteien[11]. Als das Eintreffen der Matrosen als unmittelbar bevorstehend bekannt wurde, scheint die erste Reaktion der Sozialdemokraten in Barmen darin bestanden zu haben, daß sich die Spitzenfunktionäre beider Parteien am Vormittag des 8. November gemeinsam beim Oberbürgermeister Hartmann einfanden, um ihn für Abwehrmaßnahmen gegen das vermutete radikale Auftreten der Matrosen zu gewinnen. Hartmann stimmte den vorgetragenen Ansichten sofort zu; daraufhin wurden zuverlässige Mitglieder beiden Parteien mit Waffen versehen[12]. Wie man in Elberfeld vorging, ist nicht klar ersichtlich; die vorhandenen Akten bezeugen die erste Kontaktaufnahme zwischen Arbeitervertretern und dem Oberbürgermeister Funck erst für den Vormittag des 9. November[13]. Offenbar verhielten sich jedoch die Matrosen weniger aufrührerisch als befürchtet; es kam zu keinerlei Zusammenstößen[14]. Die Verbindung der Matrosen mit den Wuppertaler Soldaten und Arbeitern, d. h. den Vertretern der sozialdemokratischen Parteien, scheint ohne Schwierigkeiten hergestellt worden zu sein. Damit war die revolutionäre Führungsrolle der Matrosen auch schon beendet[15]. Bei den noch am gleichen Tage zusammentretenden ersten Revolutionsversammlungen hatten sie keinen Einfluß, und in den Räten tauchten sie nicht mehr auf.

Die ersten Zusammenkünfte von Soldaten und Arbeitern, bei denen die erstgenannten bei weitem in der Überzahl waren[16], wurden am Spätnachmittag des 8. November in beiden Städten durchgeführt. Die hier auftretenden Redner – die das »Hoch auf die kommende Republik« aussprachen – bildeten in ihrer Zusammensetzung die Konstellation der kommenden Tage vor: von den jeweils vier Rednern war einer SPD-Vertreter (Woldt), einer USPD-Vertreter (Ibanetz), der dritte sprach für die Freien Gewerkschaften und war USPD-Mitglied (Busch), während der Sprecher der Soldaten als vierter der SPD angehörte (Enz). Das waren die vier Gruppen bzw. zwei Parteien, von denen das kommende Geschehen in zunächst möglichst gerechtem Proporz bestimmt wurde. Aus den Versammlungen des Freitagnachmittag (8. November) gingen in beiden Städten achtköpfige Soldatenräte hervor, ein Zeichen dafür, daß der erste Akt der Revolution den Soldaten, nicht den Arbeitern gehörte[17]. Ihre erste revolutionäre Handlung war die sofortige Annullierung der jüngsten Gestellungsbefehle des Bezirkskommandos – drei Tage vor der Unterzeichnung des Waffenstillstandes (11. November). Dieser Vorgang dokumentierte, wogegen sich die unmittelbare Erbitterung der Revolutionäre am stärksten richtete: gegen die allmächtige Militärgewalt[18].

Die Soldatenräte übergaben noch am selben Abend ihre Kompetenzen an ein größeres Gremium, in dem nun auch die Vertreter der Arbeiterschaft – mit der man sich im Wunsch nach schneller Herbeiführung des Friedens einig war – saßen: für Elberfeld und Barmen wurde ein gemeinsamer »Provisorischer Arbeiter- und Soldatenrat« mit 40 Mitgliedern gebildet. Dieser Rat war nicht gewählt worden, sondern beruhte auf einer Absprache der genannten vier Gruppen. Die näheren Umstände der Bildung des Rates sind nicht bekannt; die beiden sozialistischen Parteien – denn bei ihnen lag letztlich die Entscheidung – scheinen sich bei der Aushandlung des Proporzes ohne Schwierigkeiten geeinigt zu haben. Der Rat setzte sich aus acht Mehrheitssozialdemokraten, acht Unabhängigen, acht Mitgliedern der Freien Gewerkschaften und sechzehn Soldaten zusammen[19]. Die Gewerkschaftler waren sämtlich, die Soldaten – soweit feststellbar – fast ausschließlich Parteimitglieder, wobei die Mehrheitssozialdemokraten über ein geringes Übergewicht verfügten. Ein Mitglied des Soldatenrates, ein Vizefeldwebel, soll den Freikonservativen zuzurechnen gewesen sein[20].

Der in dieser Weise gebildete Arbeiter- und Soldatenrat traf in der Nacht zum 9. November seine ersten Maßnahmen, die – abgesehen von der schon erwähnten Annullierung der Gestellungsbefehle – Regelungen zur Aufrechterhaltung von Ordnung und Sicherheit beinhalteten; schon am nächsten Vormittag wurde mit den beiden Oberbürgermeistern ein ausführliches Programm besprochen. Zunächst galt es jedoch, die Massen der

Bevölkerung an der Umwälzung teilnehmen zu lassen, und zwar in möglichst konkreter Form. Deshalb forderte man die Bevölkerung auf, am Samstag, dem 9. November, um 9 Uhr vormittags die Arbeit demonstrativ niederzulegen und sich um 13 Uhr zu Massenversammlungen einzufinden[21]. Dieser Aufforderung wurde fast überall Folge geleistet. Freilich hatte die Arbeitsniederlegung überwiegend weniger den Charakter einer Kampfmaßnahme als den einer Manifestation der Übereinstimmung mit den vollzogenen Umwandlungen. An den Machtverhältnissen bestand seit dem Vorabend kein Zweifel mehr, zumal seitdem bekanntgeworden war, daß auch in den benachbarten Städten, vor allem im Vorbild gebenden Köln, die Machtübernahme durch die Räte vollzogen war. In beiden Städten versammelten sich am Samstagmittag je etwa 8000 Menschen in den größten Hallen, die dafür gefunden werden konnten, um die Vertreter des Arbeiter- und Soldatenrates über die neuen Verhältnisse sprechen zu hören.

Noch während der Kundgebung konnte die Abdankung Wilhelms II. bekanntgegeben werden, was die Menge mit »tosendem und anhaltendem Beifall« aufnahm[22]. Die abschließenden Hochrufe auf »Deutschland als freie Republik« erfolgten, ohne daß die Ausrufung der Republik in Berlin bereits bekannt gewesen wäre. Entscheidend für die lokale Entwicklung war, was die Sprecher des Arbeiter- und Soldatenrats über die Zusammenarbeit der beiden Wuppertaler Arbeiterparteien erklärten. Die vereinbarte Parität war vom Willen zur Kooperation bestimmt, wenn auch das Trennende nicht übersehen wurde. Dröner (SPD) kennzeichnete die gegebene Situation sehr präzise: »Die Zusammenfassung aller Kräfte aus den Parteien der Sozialdemokratie ist notwendig. Die inneren Gegensätze . . . sind nicht verschwunden, nach außen steht die Einheitsfront. Der Bruderkampf ist eingestellt, die inneren Auseinandersetzungen sind verschoben«[23]. Das Bekenntnis zur Zusammenarbeit der beiden Parteien wurde von den Versammlungen begeistert aufgenommen. Die Bestätigung der einzelnen Mitglieder des Arbeiter- und Soldatenrates war unter diesen Voraussetzungen in beiden Versammlungen nur noch eine Formalität.

Den Kundgebungen folgten Demonstrationszüge durch die Stadt, denen sich weitere Menschenmassen anschlossen[24]. Am folgenden Sonntag (10. November) wurden erneut Massenversammlungen abgehalten, die die Wuppertaler Bevölkerung mit den ersten und wichtigsten Maßnahmen des Rates vertraut machen sollten. Auf diese Weise nahm schließlich ein großer Teil der Bevölkerung an der Umwälzung teil. Das vom Arbeiter- und Soldatenrat geforderte »ruhige und besonnene Verhalten« bestimmte durchweg den Gang der Ereignisse. So heißt es im amtlichen »Barmer Anzeiger« über die Barmer Versammlung vom 9. November: »Die Versammlung

nahm einen Verlauf, wie man sich bei der wohldisziplinierten Arbeiterschaft unserer Stadt nicht anders denken konnte. Die Ausführungen der Redner waren, namentlich bei den Hinweisen auf die Innehaltung strengster Disziplin, vielfach von lebhaftem Beifall begleitet worden; im übrigen aber herrschte außerordentliche Ruhe, Aufmerksamkeit und, wie sich bei den Beifallskundgebungen und Abstimmungen zeigte, Einigkeit«[25]
Die Art und Weise, in der sich die Revolution im Wuppertal vollzog, läßt deutlich erkennen, daß der Arbeiter- und Soldatenrat ein Werk des Augenblicks und in keiner Hinsicht von irgendeiner Gruppe vorbereitet war. Es bestanden daher bei der Bildung des Rates auch noch keine klaren Vorstellungen über die Zuordnung zu den bestehenden kommunalen Institutionen, der Stadtverordnetenversammlung und der Verwaltung. Auch mußte ein Arbeits- und Sachprogramm des Rates erst erarbeitet werden. Nach Aufgaben brauchte man nicht lange zu suchen. Es ging ganz allgemein um die Sicherung und den Ausbau der »revolutionären Errungenschaften«, d. h. um die Stabilisierung der neuen Machtverhältnisse und um die Vorbereitung der notwendigen politischen und sozialen Reformen. Daneben standen die unmittelbar drängenden Tagesaufgaben: die Aufrechterhaltung von Sicherheit und Ordnung, die Versorgung der Bevölkerung, die Demobilisierung im militärischen und wirtschaftlichen Bereich. Vor allem diese aktuellen Aufgaben zur Bewältigung der politischen und sozialen Krise wurden schon in jenem Flugblatt herausgestellt, das der Arbeiter- und Soldatenrat in den frühen Morgenstunden des 9. November an die arbeitende Bevölkerung verteilen ließ. Sie standen auch im Mittelpunkt der Unterredung, die die Vertreter des Rates am Vormittag des 9. November mit den Oberbürgermeistern der beiden Städte führten. Sie fanden sich schließlich im sogenannten »Arbeitsprogramm«, das in den Volksversammlungen des selben Tages bekanntgegeben und von der Menge gebilligt wurde[26].
Auf die Versorgungsfrage wird in anderem Zusammenhang noch näher einzugehen sein. Es genügt hier anzumerken, daß der Arbeiter- und Soldatenrat vom ersten Tag an Razzien veranstalten ließ, um die in Privathand angehäuften Lebensmittelvorräte aufzuspüren, und daß er Maßnahmen gegen Schleichhandel und überhöhte Preise ergriff[27]. Hinsichtlich der Sicherheitsfrage nahm der Arbeiter- und Soldatenrat sogleich Verbindung zu den – ihm nunmehr unterstellten – Polizeibehörden auf und erreichte, daß ein Sicherheitsdienst gebildet wurde, dem weitgehende Befugnisse eingeräumt wurden. Man ging davon aus, daß die öffentliche Sicherheit in den nächsten Wochen schweren Belastungen ausgesetzt sein würde, daß insbesondere mit Überfällen und Plünderungen angesichts der wirtschaftlichen und auch der moralischen Krise zu rechnen sei. Die Posten und Patrouillen des Sicherheitsdienstes setzten sich zusammen »aus je einem Mitglied des Arbei-

ter- und Soldatenrates, der Militäruniform und Schußwaffe trägt, und je einem Polizeibeamten, der Uniform mit Mütze und Säbel trägt«[28]. Die Sicherheitsbeauftragten des Arbeiter- und Soldatenrates, zu denen auch die von Köln gekommenen Matrosen gehörten, und die Polizeibeamten waren durch rote Armbinden kenntlich gemacht. Das äußere Zeichen der Überordnung des Arbeiter- und Soldatenrats-Beauftragten über den Polizeibeamten – das Tragen der Schußwaffe – wurde schon nach vier Tagen abgeschafft, als die Polizisten ihre Schußwaffen zurückerhielten[29]. Für die Zeit nach 24 Uhr wurde eine Ausgangssperre verhängt; Frauen und Kindern wurde empfohlen, bei Dunkelheit die Straße zu meiden. Die Lokale hatten um 23 Uhr zu schließen; vor allem war ihnen jeder Ausschank von Alkohol untersagt, wie auch die Bevölkerung beschworen wurde, den Genuß von Alkohol zu meiden. Einige Lokale, die das Verbot nicht beachteten, wurden rigoros geschlossen[30]. Nach einer Woche schon konnten angesichts des Ausbleibens von Ruhestörungen diese Verbote und Beschränkungen wieder aufgehoben werden. Besondere Aufmerksamkeit widmete der Rat den Verhältnissen unter den Soldaten. Er richtete Standgerichte ein, weil – wie Justizrat Landé (SPD) begründete – die Militärgerichte »zu langsam« arbeiteten. Sie setzten sich aus juristisch geschulten »Beiräten« sowie Beisitzern aus den Arbeiter- und Soldatenräten zusammen und wurden von einem städtischen Beigeordneten geleitet. Ihre Existenz war vom strengen Rechtsstandpunkt aus zwar problematisch, doch schienen sie sich in der Praxis zu bewähren. Die Strafen überschritten normalerweise nicht das Maß von einem Monat. Nach vier Wochen, als die meisten Soldaten ins Zivilleben zurückgekehrt waren, wurden die Standgerichte wieder aufgelöst.
Mit der Bildung der Soldatenräte am 8. November waren von diesen die Kompetenzen der beiden Wuppertaler Bezirkskommandos übernommen worden. Die Bezirkskommandos konnten sich nach der eindeutigen Option der Wuppertaler Soldaten diesem Anspruch nicht widersetzen. Die Soldatenräte erklärten nicht nur, wie erwähnt, die Gestellungsbefehle für nichtig, sie befreiten auch die wegen Disziplinarvergehen festgesetzten Soldaten aus dem Arrestlokal in Bendahl[31]. Auch die Militärpolizei unterstellte sich ohne Widerstand dem Arbeiter- und Soldatenrat. Als Träger der lokalen militärischen und zivilen Gewalt[32] war der Arbeiter- und Soldatenrat nun auch in vollem Umfang verantwortlich für die Durchführung der Demobilisation im kommunalen Bereich. Zur Abwicklung dieser Aufgaben wurden von den Stadtverwaltungen im Einvernehmen mit dem Arbeiter- und Soldatenrat zahlreiche Arbeitgeber und Arbeitnehmer zu einer Sitzung eingeladen, auf der am 11. November Demobilmachungsausschüsse gebildet wurden[33]; diese Ausschüsse standen unter der Kontrolle von Kommissaren des Arbeiter- und Soldatenrates (Landé für Elberfeld, Ha-

berland für Barmen). In Barmen wurde der Demobilmachungsausschuß wenige Tage später in das neu gegründete Arbeitsamt einbezogen, während die gleiche Institution in Elberfeld im Januar 1919 als Grundstock eines dort zu errichtenden Arbeitsamtes verwendet wurde[34]. Zwischen diesen Demobilmachungsausschüssen und dem Arbeiter- und Soldatenrat, der sich vielfach selbständig in die Demobilisierung einschaltete, scheinen die Kompetenzen nicht klar abgegrenzt gewesen zu sein. Die Kontrolle der Demobilmachung aber blieb stets in Händen des Arbeiter- und Soldatenrates.

Im einzelnen waren folgende Aufgaben zu lösen: die im Wuppertal ansässigen Soldaten hatten – soweit sie nicht dem Sicherheitsdienst angehörten – ihre Waffen abzuliefern und mußten in den Arbeitsprozeß eingegliedert werden. Dafür waren umfangreiche Expertisen über den Beschäftigungsstand in den einzelnen Wirtschaftszweigen anzustellen. Gleichzeitig mußte die Umstellung der Kriegswirtschaft auf Friedensverhältnisse ins Auge gefaßt werden: zahlreiche Betriebe des Wuppertals, die ihre Textilproduktion im Kriege zugunsten der Rüstungsproduktion umstellen mußten, waren jetzt wieder auf die alten Verhältnisse einzurichten. Das bedeutete die Notwendigkeit der Beschaffung von Rohmaterialien und Aufträgen, zugleich auch die Umleitung vieler Arbeitskräfte. Grundsätzlich waren die Arbeitgeber verpflichtet, für die Dauer von zunächst vier Wochen (die Frist wurde im Dezember verlängert) Arbeiter nicht ohne die Einwilligung der Demobilisierungsbehörden zu entlassen[35], zugleich aber auch, ihre früheren Arbeitskräfte, die eingezogen waren, nach der Rückkehr wieder einzustellen. Das war eine außerordentliche Belastung: in wenigen Wochen sollten Zehntausende in den Arbeitsprozeß eingegliedert werden. Der Achtstundentag – eine der sozialpolitischen Errungenschaften der Revolution, vom Wuppertaler Arbeiter- und Soldatenrat streng überwacht – bot zwar die Möglichkeit, mehr Arbeitskräfte, wenn auch bei weitem nicht alle, zu beschäftigen, schuf aber seinerseits neue Probleme. Vor allem die Bestimmung des vollen Lohnausgleichs schien viele Unternehmer – bei einer Arbeitszeitverkürzung von meist zehn Stunden pro Woche – vor erhebliche Probleme zu stellen.

Neben der Lösung dieser drängenden Tagesaufgaben stellte sich grundsätzlich das Problem des Verhältnisses der neuen revolutionären Gremien zu den kommunalen Institutionen. Die Arbeiter- und Soldatenräte waren die Träger der Macht, aber die kommunale Verwaltung und Selbstverwaltung bestand weiter. Die Preußische Regierung, die am 12. November vom Berliner Vollzugsrat eingesetzt wurde, erließ am 13. November Bestimmungen an die Regierungspräsidenten über deren Zusammenwirken mit den Arbeiter- und Soldatenräten[36]. Schon am 9. November hatte der Düsseldorfer Regierungspräsident die Oberbürgermeister seines Bezirks angewiesen, »so weit als möglich mit den Räten zusammenzuarbeiten und das Hauptgewicht darauf zu legen, daß die öffentliche Ruhe, Sicherheit und Ordnung aufrecht erhalten bleibt«[37]. Die ersten und grundlegenden Entscheidungen waren in Wuppertal jedoch bereits gefallen, ehe diese Anweisungen von außen eingingen. Bereits am Vormittag des 9. November war es zu Besprechungen von Vertretern der Arbeiter- und Soldatenräte mit den Oberbürgermeistern beider Städte gekommen. Oberbürgermeister Funck fertigte über die Elberfelder Vereinbarungen eine ausführliche Niederschrift an[38], aus der hervorgeht, daß man sich ohne große Mühe zu arrangieren verstand. Funck, politisch der Rechten zuzuordnen[39], war einsichtig genug, sich der Forderungen der Räte nicht zu verschließen. Seinen Sinn für Pragmatismus hatte er schon am Tage zuvor bei der Einsetzung des »Vertrauensausschusses« und bei dem Beschluß, die »Bürgerwehr« nicht gegen die anrückende Revolution zu verwenden[40], bewiesen. In Barmen gelang das Arrangement ebenfalls in gütlicher Weise, zumal Oberbürgermeister Dr. Hartmann politisch zum Linksliberalismus tendierte.

Die Vertreter der Arbeiter- und Soldatenräte gingen in diesen Unterredungen davon aus, daß man auf den alten Apparat nicht verzichten konnte, so lange kein Ersatzapparat bereitstand. Sie forderten daher die Oberbürgermeister auf, gemeinsam mit allen städtischen Beamten im Dienst zu bleiben. Dieser Aufforderung wurde von den Oberbürgermeistern und Beamten entsprochen. Von entscheidender politischer Bedeutung mußte es nun sein, in welcher Weise der Arbeiter- und Soldatenrat die Kontrollbefugnisse, mittels deren er seine Macht ausüben wollte, handhaben würde. Im »Arbeitsprogramm« vom 9. November war vage von einem »weitgehenden Kontrollrecht« die Rede. Eine Vereinbarung vom 15. November mit Oberbürgermeister Funck, die der Arbeiter- und Soldatenrat-Vorsitzende Ibanetz (USPD) konzipiert hatte[41], besagte, daß sich nicht nur die Verwaltung, sondern auch der kontrollierende Arbeiter- und Soldatenrat an strikte Vorschriften zu halten habe; alle Anordnungen einzelner Mitglieder des Arbeiter- und Soldatenrates bedurften zu ihrer Gültigkeit der Unterschrift beider Vorsitzender. Beispiele aus der Praxis, etwa aus der Kontrolle der Stadtverordnetenversammlungen, weisen darauf hin, daß die Überwachung durch den Arbeiter- und Soldatenrat in sehr zurückhaltender Form erfolgte; den bestehenden kommunalen Institutionen wurde vom Arbeiter- und Soldatenrat eine bemerkenswerter Vertrauensvorschuß gewährt.

Nächst den beiden Vorsitzenden des Arbeiter- und Soldatenrats, die eine starke Stellung sowohl gegenüber den städtischen Behörden als auch gegenüber den Mitgliedern ihrer eigenen Organisation hatten, waren die sogenannten »städtischen Kommissare« die einflußreichsten Personen (für

Elberfeld Landé, für Barmen Haberland)[42]. Diese hatten einerseits die Verbindungen des Arbeiter- und Soldatenrats zum Oberbürgermeister und zur Verwaltung zu koordinieren[43], andererseits eine kontrollierende Funktion in der kommunalen Legislative, der Stadtverordnetenversammlung, auszuüben[44]; sie hatten beide schon vor dem Umsturz als Stadtverordnete Mandate für die Stadtparlamente inne. Schließlich delegierte der Arbeiter- und Soldatenrat seine Mitglieder in die städtischen Kommsissionen und in die Deputationen der Verwaltung, jeweils in einer Stärke von 1–3 Personen. Auf diese Weise erreichte es der Arbeiter- und Soldatenrat, etwa eine Woche nach der Umwälzung die gesamte städtische Verwaltung zumindest unter formaler Kontrolle zu haben, ohne daß das Weiterarbeiten der eingespielten Verwaltungsmechanismen ernstlich gestört wurde. Über die politische Substanz dieser Kontrolle war damit freilich noch nicht viel gesagt; es blieb abzuwarten, wer sich in Konfliktfällen durchsetzen würde. Das hing von der weiteren Entwicklung im Wuppertal, aber natürlich auch von der Gesamtentwicklung im Reich ab. Die Stadtverordnetenversammlung wurde übrigens, obwohl sie noch durch das Dreiklassenwahlrecht bestimmt war, vom Arbeiter- und Soldatenrat in ihrem Bestand nicht angetastet, wie es in anderen Städten durchaus der Fall war[45]. Sie wurde einfach dem Arbeiter- und Soldatenrat untergeordnet, da man davon ausging, daß sie in Kürze aufgelöst und neu gewählt werden würde.
Wichtig für die weitere Entwicklung war auch der Ausbau der Organisation der improvisierten Räte-Organe selbst. Der am 8. November für beide Städte gebildete »Provisorische Arbeiter- und Soldatenrat« wurde zwei Tage später nach beiden Orten getrennt. Diese Regelung war zweckmäßig, denn noch hatten Elberfeld und Barmen eigene Stadtverwaltungen. Man hielt aber daran fest, daß beide Räte sich in wöchentlichem oder vierzehntägigem Abstand zu gemeinsamen Sitzungen vereinten. Beide Arbeiter- und Soldatenräte, fortan aus je etwa dreißig Personen bestehend[46], behielten ihr paritätisches Gesicht, auch bei der Wahl der Vorsitzenden. Sie traten täglich um 18 Uhr zu öffentlichen Sitzungen in den Rathäusern zusammen, wo auch Räume für die laufenden Arbeiten belegt wurden. Um das Plenum von Kleinarbeit zu entlasten und die Arbeitseffektivität zu steigern, wurden von beiden Räten sechs Unterkommissionen für folgende Sachgebiete gebildet: 1. Militärische Angelegenheiten, 2. Sicherheit und Verkehr, 3. Lebensmittel und Kohlen, 4. Übergangswirtschaft und Arbeitsangelegenheiten, 5. Sanitäts- und Wohlfahrtsausschuß, 6. Presse und Propaganda. Jede dieser Kommissionen war 7–10 Personen stark, sie erhielt von der Stadtverwaltung ein sachverständiges Mitglied zugeordnet (meist Beigeordnete)[47]. Bei der Wahl der Kommissionsvorsitzenden wurde wiederum ein exakter Parteiproporz eingehalten. Dagegen wurden die Gruppenparitäten (zwei

Parteien, Gewerkschaften, Soldaten) in den Kommissionen nicht beibehalten; vor allem die Soldaten waren, wie am Elberfelder Beispiel deutlich wird[48], unterrepräsentiert und erhielten keinen einzigen Vorsitz, nicht einmal in der Kommission für Militärische Angelegenheiten.
Die Arbeit verlagerte sich nun immer stärker in die Kommissionen. Die Plenarsitzungen konnten daher allmählich in größeren Zeitabständen durchgeführt werden; im Dezember entfielen auf eine Woche etwa zwei Sitzungen. Die Publikation der Beschlüsse des Arbeiter- und Soldatenrats erfolgte in allen Wuppertaler Zeitungen. Ein Schriftführer fertigte Berichte über die Sitzungen an, die einheitlich von den Tageszeitungen übernommen wurden[49]; die Sitzungsberichte gaben im allgemeinen ausführlich den Gang der Verhandlungen, oft auch die Unterschiedlichkeit der Auffassungen, wieder. Die »Freie Presse« wurde zum »Offiziellen Organ der Arbeiter- und Soldatenräte« erhoben, ohne grundsätzlich mehr Informationen zu bieten als die anderen Tageszeitungen[50]. Eine selbständige Berichterstattung der Tageszeitungen über Angelegenheiten der Räte trat erst im Dezember 1918 ein[51].
Die Finanzierung der Arbeiter- und Soldatenräte wurde vom ersten Tage an, als Oberbürgermeister Funck die Elberfelder Stadtkasse mit einem Vorschuß an den Arbeiter- und Soldatenrat in Höhe von 1000,– Mark belastete, von den beiden Stadtverwaltungen geleistet, und zwar auf der Basis von Vorauszahlungen, über die später abzurechnen war. Über die Höhe der zu zahlenden Summen wies die Preußische Regierung die Kommunalbehörden am 16. November folgendermaßen an: »Im allgemeinen ist der entgangene Arbeitsverdienst zu vergüten. Hinzu tritt eine Aufwandsentschädigung und Ersatz der baren Auslagen. Dabei ist jedoch zu beachten, daß es sich um öffentliche Gelder handelt und daß mithin bei dem Ernst der Zeit möglichste Sparsamkeit geboten ist«[52]. Von der im zweiten Teil dieser Verfügung enthaltenen Möglichkeit, die Forderungen des Arbeiter- und Soldatenrates einzuschränken oder in bestimmten Fällen abzulehnen, ist von den Wuppertaler Behörden in den ersten Wochen und – so weit ersichtlich – auch im Jahre 1919 kein Gebrauch gemacht worden. Alle finanziellen Leistungen der Stadt mußten nach dem geltenden Recht von den Stadtverordnetenversammlungen bewilligt werden. Angesichts der gegebenen Machtlage konnten die Stadtverordnetenversammlungen jedoch bestenfalls eine »nachträgliche Kontrolle« ausüben, wie es ein Stadtverordneter ausdrückte[53]. Die Versammlungen fanden sich damit ab, daß sie zu den Maßnahmen des Arbeiter- und Soldatenrats nichts anderes als ihr »Placet« geben konnten. In der Praxis wirtschafteten beide Arbeiter- und Soldatenräte peinlich sparsam; sie reichten ihre Belege vollzählig ein und veröffentlichten ihre Abrechnungen in der Presse. Von Verwaltung und Stadtverordnetenver-

sammlung wurde nicht bestritten, daß die getätigten Ausgaben notwendig und angemessen waren[54]. Von den gesamten Ausgaben entfielen etwa 75% auf die Durchführung des Sicherheitsdienstes, etwa 8% auf sogenannte »sächliche Kosten« und der Rest auf Sitzungsgelder und Vergütungen[55].

Die Arbeit innerhalb der revolutionären Gremien war in den ersten beiden Wochen durch die gute Zusammenarbeit zwischen den beiden Parteien geprägt. Hinsichtlich der Bewältigung der aktuellen Tagesaufgaben gab es wenig Meinungsverschiedenheiten, die grundsätzlichen Differenzen wurden vorläufig zurückgestellt. Immerhin gab es auch Ansätze zu einer offenen, durch den Willen zur praktischen Kooperation bestimmten politischen Diskussion. Über eine Funktionärsversammlung vom 14. November berichtete die »Freie Presse« wie folgt: »Den Hauptraum nahm eine große prinzipielle Auseinandersetzung zwischen Rechts- und Linkssozialdemokraten über die Haltung beider Parteien während des Krieges ein. Die Aussprache war sehr eingehend, jede Richtung schickte ihre Wortführer vor, eine Einigung der Prinzipien ist nicht erfolgt. Es wurde aber trotzdem angesichts der ungeheuren Bedeutung gemeinsamen Handelns in der jetzigen Zeit ohne Widerspruch beschlossen, zusammenzuarbeiten. Die Erkenntnis, daß eine Parteirichtung allein nicht den begonnenen Weg der Revolution fortsetzen könne, gab den Ausschlag«[56].

Die Gewerkschafter, die durchweg führende Parteimitglieder waren, legten schon bald auf die Bezeichnung als Gewerkschaftsvertreter in den Räteorganen keinen Wert mehr. Auch die Bedeutung der Soldaten als einer selbständigen Gruppe innerhalb der Räte entwickelte sich rückläufig, obwohl zunächst die Zahl der in Wuppertal anwesenden Soldaten stieg. Im Arbeiter- und Soldatenrat machte sich jedoch bei den Parteivertretern die Tendenz bemerkbar, nur noch geschulte Parteifunktionäre mit wichtigen Aufgaben zu betrauen[57], und dafür kam die Mehrzahl der Soldaten nicht in Frage. Es ist bereits erwähnt worden, daß nur wenige Soldaten in den Unterkommissionen der Arbeiter- und Soldatenräte vertreten waren, und unter den vier Vorsitzenden der beiden Räte befand sich kein Soldatenvertreter. Dieser Mangel wurde von den Soldaten lebhaft empfunden. Sie riefen zwei Soldatenversammlungen ein, bei denen mehere tausend Soldaten anwesend waren. Es kam zu stürmischen Debatten. Dröner (SPD) mußte zugeben, daß inzwischen die Zahl der Parteivertreter im Arbeiter- und Soldatenrat gegenüber den Soldaten durch Kooptationen gestiegen sei. Die Debatten endeten mit einem Erfolg der Soldaten: in beiden Räten wurde die Anzahl der Mitglieder auf 36 Mitglieder erhöht, von denen die Hälfte Soldaten sein mußten; von nunmehr vier Vorsitzenden für jeden Rat sollte ebenfalls die Hälfte von den Soldaten gestellt werden[58]. Damit hatten die

Soldatenvertreter noch einmal ein neues Gewicht in den revolutionären Gremien erlangt, was freilich angesichts des ausgeprägten Proporzdenkens mit einer größeren Schwerfälligkeit der Räte erkauft wurde.
Die Arbeit der Wuppertaler Arbeiter- und Soldatenräte war in ihrer Anfangsperiode entscheidend geprägt durch den Willen zur »Seriosität«. Die neuen Repräsentanten der lokalen Gewalt erstrebten keine Klassendiktatur, sie wollten vom Bürgertum nicht nur erzwungenermaßen anerkannt sein, sondern waren sichtlich bestrebt, das Vertrauen der nicht-sozialistischen Bürgerschaft durch Leistungen zu gewinnen. In einer der Volksversammlungen hatte ein USPD-Parteivertreter (Busch) erklärt, »es gelte, nicht nur die Arbeiterschaft auf Seiten der neuen Bewegung zu bringen, sondern die gesamte Bürgerschaft müsse einsehen lernen, daß wir nicht die Leute sind, als die man uns immer hingestellt hat«[59]. Das Bemühen um Seriosität und um Vertrauen in der Bevölkerung wird besonders deutlich in der scharfen Reaktion der Räte auf Mißgriffe seitens einzelner Mitglieder oder solcher Personen, die im Namen des Arbeiter- und Soldatenrates zu handeln vorgaben. Übereifrige Soldaten unterbrachen beispielsweise am ersten Revolutionsabend eine Theatervorstellung, um die anwesenden Offiziere zu entwaffnen; der Arbeiter- und Soldatenrat versicherte daraufhin sogleich, daß solche Störungen in Zukunft unterbleiben würden[60].
Die praktische Arbeit der Arbeiter- und Soldatenräte war in den ersten Tagen überwiegend durch Pragmatismus und eine weitgehende Übereinstimmung in Sachfragen mit den städtischen Behörden bestimmt. Einer der Gründe dafür dürfte in der kommunalpolitischen Erfahrung liegen, auf die führende Mitglieder der Räte durch ihre frühere Tätigkeit im Stadtparlament zurückgreifen konnten[61]. Ein anderer sehr wesentlicher Umstand war die gemäßigte Haltung der Wuppertaler USPD, wobei zu beachten ist, daß die Unabhängigen zu diesem Zeitpunkt nur über wenige profilierte Sprecher verfügten[62] und deshalb gegenüber den erfahrenen SPD-Funktionären ein wenig ins Hintertreffen gerieten. Innerhalb der SPD bestand nie ein Zweifel darüber, daß die Arbeiter- und Soldatenräte nur eine Übergangsform bilden sollten, bis überall demokratisch neu gewählte Gremien bestünden. Am deutlichsten formulierte Redakteur Woldt diesen Standpunkt in einem Leitartikel der »Freien Presse« am 18. November: »Die bei uns gebildeten Arbeiter- und Soldatenräte können lediglich den Charakter einer freien Organisation haben, zur Unterstützung der Übergangsregierung, die unter voller Wahrung demokratischer Grundsätze für alle Teile der Bevölkerung den neuen Zustand vorbereiten muß. Eine deutsche Nationalversammlung hat endgültig den Charakter der neuen Staats- und Gesellschaftsordnung zu bestimmen«[63]. Solche Äußerungen wurden von der Wuppertaler USPD, anders als von ihren Parteigenossen in Remscheid und

Solingen, in den ersten Tagen nach dem Umsturz nicht in Frage gestellt. So konnte der Wuppertaler Arbeiter- und Soldatenrat, auch wenn er gegenüber den alten Autoritäten mit Entschlossenheit auftrat, sich stets als »Steigbügelhalter« der parlamentarischen Demokratie ausweisen, wie er es vor allem in seinem Arbeitsprogramm vom 9. November niedergelegt hatte[64].

Über die sachliche Arbeit des Wuppertaler Rates fehlte es auch im bürgerlichen Lager daher nicht an erkennenden Äußerungen[65]. Allerdings wurden Versuche, den Arbeiter- und Soldatenrat durch Vertreter bürgerlicher Parteien und Gruppierungen zu ergänzen, von diesem abgelehnt. Während z. B. in Oberhausen oder Duisburg[66] auch Zentrumsvertreter in den Räten saßen, wurde ein entsprechender Antrag des Barmer Vereins der Fortschrittlichen Volkspartei vom 15. November abschlägig beschieden[67]. Auch eine entsprechende Anfrage des »Vaterländischen Hilfsausschusses« wurde abgelehnt[68]. Erfolglos blieb auch der Versuch einer Gründung von »Bürgerausschüssen«. Am 12. November hatte der »Hansa-Bund« – eine Vereinigung zur Förderung wirtschaftsliberaler Ziele – in Berlin einen Aufruf erlassen, der zur Bildung solcher »Bürgerausschüsse« zur »Wahrung der bürgerlichen Rechte« aufforderte[69]. Wuppertaler Zeitungen hatten die Bildung solcher Ausschüsse auch im Wuppertal befürwortet und dabei besonders betont, daß diese durchaus nicht als Gegenorganisation, sondern als Unterstützung der Arbeiter- und Soldatenräte seitens der Bürgerschaft zu verstehen seien[70]. Oberbürgermeister Funck wandte sich jedoch entschieden gegen eine solche Gründung, da »der Arbeiter- und Soldatenrat im Augenblick eine solche bürgerliche Aktion als gegenrevolutionäre Organisation ansehen und aufs schärfste bekämpfen würde«[71].

Zu politischen Auseinandersetzungen mit dem bürgerlichen Lager kam es angesichts der allgemein zu beobachtenden Resignation oder Zurückhaltung zunächst kaum. Selbst die konservativen Gruppen und die Christlich-Sozialen taktierten sehr vorsichtig. Es fiel schon aus dem Rahmen, wenn die »Westdeutsche Rundschau«, das Sprachrohr der Konservativen, dem Arbeiter- und Soldatenrat die Ausübung einer Zensur über die Wuppertaler Zeitungen vorwarf[72]. Von den städtischen Behörden wurde allenfalls gelegentlich eine durch die faktische Verdoppelung mancher Ämter gegebene »überflüssige Arbeit« erwähnt[73]. Grundsätzlich aber bestätigten sich Arbeiter- und Soldatenrat und Stadtverwaltung gegenseitig ein ungestörtes Zusammenwirken und eine effektive Arbeit zugunsten der Bevölkerung[74].

III. Rätebewegung und Parteipolitik: Auseinandersetzungen zwischen SPD und USPD bis Ende Dezember 1918

Die politische Entwicklung der lokalen Wuppertaler Arbeiter- und Soldatenräte von Ende November bis zum Jahreswechsel ist nur zu verstehen im Zusammenhang der regionalen Räteorganisation und der in dieser dominierenden Politik. Wichtig wurden hier die Bezirkskonferenz der Arbeiter- und Soldatenräte im Bezirk Niederrhein und der aus ihr hervorgegangene »Bezirks-Arbeiter- und Soldatenrat«[1]. Die Entwicklung der sozialdemokratischen Parteien im Bezirk, die der USPD ein starkes Übergewicht gebracht hatte, schlug sich nun auch in der Zusammensetzung der Räteorganisation des Bezirks nieder: die USPD nahm eindeutig das Heft in die Hand. Tonangebend aber war im Rahmen des Bezirks nicht, wie im Wuppertal, der gemäßigte Flügel, sondern der radikale Flügel, der seine Schwerpunkte in Düsseldorf, Solingen und vor allem Remscheid hatte. Bevor jedoch die erste Bezirkskonferenz zusammentrat, machte bereits eine von bürgerlicher Seite einberufene Veranstaltung deutlich, wie die Fronten künftig verlaufen würden. Der Düsseldorfer Regierungspräsident Kruse, ein konservativer Mann, der sich indes um ein Arrangement mit den neuen Machtträgern bemühte, lud für den 15. November Vertreter aller politischen Richtungen aus dem Regierungsbezirk zu einer Konferenz in die Düsseldorfer Tonhalle ein, um Fragen der Demobilmachung und der Versorgung zu erörtern. Aus Barmen und Elberfeld nahmen je zwölf Personen teil, darunter Stadtverordnete, Vertreter der Verwaltung und Mitglieder des Arbeiter- und Soldatenrates. Der Regierungspräsident betonte, »daß politische Erörterungen irgend welcher Art nicht stattzufinden haben«[2], daß es vielmehr um reine Sachfragen gehe. Er hatte es freilich unterlassen, die Zustimmung des ihn kontrollierenden Düsseldorfer Arbeiter- und Soldatenrates zur Einberufung der Versammlung einzuholen. Dagegen wurde zu Beginn der Versammlung protestiert, ohne daß jedoch die sachliche Notwendigkeit der Konferenz völlig bestritten wurde. Nach einführenden Referaten eines Sozialdemokraten[3], zweier Vertreter der nichtsozialistischen Gewerkschaften und eines Sprechers der Rechtsparteien kam es zur Diskussion. Hierbei verfolgte nun der linke USPD-Flügel eine klare Taktik: die »Remscheider«, wie es bald nur noch hieß[4], reichten eine Liste ein, die die Plätze 1, 3 und 5 usw. unter den Diskussionsrednern beanspruchte. Die Absicht war deutlich: man wollte die »illegale« Veranstaltung zwar nicht auffliegen lassen, sie aber fest im Griff behalten. Anstelle der Erörterung scheinbar unpolitischer Sachfragen kam es zur politischen Auseinandersetzung. Am schärfsten äußerte sich Otto Braß (Remscheid): nicht nur die Einberufung sei illegal, auch die Anwesenden, die keinem Arbeiter- und

Soldatenrat angehörten, hätten bei einer derartigen Besprechung nichts zu suchen. »Ich mache Sie besonders darauf aufmerksam, daß wir nicht gewillt sind, uns ein Jota dieser Macht nehmen zu lassen«. Auch zu den Mitgliedern der SPD, die er offen des Verrats an der Revolution beschuldigte, brach er – vor bürgerlichem Publikum – die Brücken ab: »Wir sind gegen die Nationalversammlung, Reichsversammlung oder möge sie sonstwie heißen.« Ähnlich argumentierten auch die übrigen »Remscheider«, indem sie in entschiedener Form vor der Gegenrevolution warnten, deren Anfänge sich in dieser Versammlung gezeigt hätten. Die Teilnehmer aus Elberfeld und Barmen meldeten sich nicht zu Wort; die Wuppertaler USPD-Vertreter widersprachen ihren bergischen Parteifreunden nicht, aber leisteten ihnen auch keine Unterstützung[5].

Otto Braß, Verleger der Remscheider »Volksstimme« (USPD), führender Sprecher des linken USPD-Flügels beim ersten Rätekongreß und später Abgeordneter der Nationalversammlung (USPD) und des Reichstages (KPD), war es, der den Räten des Niederrheins fortan das politische Gepräge zu geben versuchte[6]. Eine erste Gelegenheit dazu bot die zum 17. November von dem Elberfelder und Barmer Arbeiter- und Soldatenrat einberufene Delegiertenkonferenz aller Arbeiter- und Soldatenräte des niederrheinischen Bezirks. Den Vorsitz führte der Elberfelder Ibanetz (USPD). Von den »Remscheidern« wurde die Konferenz gleich zu Beginn in eine überraschende Geschäftsordnungsdebatte verwickelt: man behauptete, daß die Einladung über die Bezirksleitungen der beiden Parteien hätte erfolgen müssen. Das konnte freilich kaum ernst genommen werden und diente wohl auch nur der Distanzierung von einer zu engen Zusammenarbeit mit den Mehrheitssozialdemokraten. Braß sprach deutlich aus, daß er jeder politischen Zusammenarbeit mit der SPD sehr skeptisch gegenüberstehe: »es sei das stärkste Mißtrauen notwendig gegenüber jener Richtung um Dröner[7], deren Politik vor dem Kriege verhängnisvoll gewesen sei und nun auch diese Revolution in das Fahrwasser der bürgerlichen Kreise hineinzuleiten gedenke«[8]. Und es lag auf der gleichen Linie, daß Braß auch mit der USPD Elberfeld-Barmens abrechnete: ihre Mitglieder im Arbeiter- und Soldatenrat »hätten sich von den Rechtssozialdemokraten hier am Ort die Führung aus der Hand nehmen lassen«. Die Erklärungen von Busch und Ibanetz, man habe den Bruderstreit nur vorläufig ausgeklammert, fruchteten nichts: die Mehrheit der Delegierten entschied sich im Sinne der von Braß eingeschlagenen Politik für den Abbruch der Konferenz, bevor man in die eigentliche Tagesordnung eingetreten war.

Für die nächste Bezirkskonferenz zeichnete Otto Braß selbst verantwortlich; sie wurde von der USPD-Bezirksleitung (ohne Beteiligung der SPD-Bezirksleitung) am 20. November – drei Tage nach dem mißglückten Elberfelder Versuch – in Barmen abgehalten. Nicht nur die Veranstaltungsleitung lag somit bei den Vertretern der linken USPD, auch die vier Referenten der Konferenz waren »Remscheider«, also Angehörige des linken Flügels der Unabhängigen. Die Konferenz hatte sich die Aufgabe gestellt, »festzulegen, in welcher Richtung die Revolution weitergeführt werden müsse«[9]. Der Hauptreferent (Merkel/Solingen) erklärte, er bestehe »voll und ganz auf der Diktatur des Proletariats«, »selbst auf die Gefahr hin, daß man seinen Standpunkt vielleicht als Terrorismus bezeichnen könnte«. Die Nationalversammlung werde die notwendige Vergesellschaftung der Produktionsmittel verhindern. Er sprach »sein Bedauern darüber aus, daß drei Unabhängige Mitglieder der Reichsregierung« seien. Die kompromißlose Ablehnung der Nationalversammlung wurde von allen Remscheider und Solinger Delegierten gefordert. Die Wuppertaler USPD-Vertreter, für die Drescher und Gewerkschaftssekretär Sauerbrey sprachen, hielten dagegen grundsätzlich an der Nationalversammlung als politischer Zielsetzung fest; es dürfe allerdings erst dann zur Nationalversammlung gewählt werden, wenn die Errungenschaften der Revolution konsolidiert worden seien. »Die Diktatur des Proletariats sei ein Eingeständnis der Schwäche«, formulierte Drescher in eindeutiger Distanzierung von den Linksradikalen. Seinem Standpunkt traten die USPD-Delegierten aus Hagen, Ronsdorf und Wermelskirchen bei. Auf verlorenem Posten standen die Mehrheitssozialdemokraten. Dröner, Landé und Haberland vertraten die These, die künftige Nationalversammlung werde eine sozialistische Mehrheit bringen und dann könne man mit legalen Mitteln der politischen Revolution die soziale folgen lassen.

Die Delegierten waren deutlich in drei Lager gespalten; von diesen standen sich, genau genommen, SPD und rechter Flügel der USPD, die beide die Nationalversammlung im Prinzip befürworteten und nur in der Festsetzung des Zeitpunktes differierten, näher als die beiden Flügel der USPD. Ein Auseinanderfallen der USPD wurde jedoch trotz dieser schwerwiegenden Differenzen vermieden. Die Remscheider brachten eine Resolution ein, die geschickt einen Kompromiß ansteuerte[10]: zwar beschuldigte man die Politik des Rates der Volksbeauftragten, daß sie die Revolution »versanden« ließ, aber in der Frage der Nationalversammlung hieß es, man lehne diese vor der »Sicherstellung der Revolution« »auf das bestimmteste« ab. Die eingebrachte Resolution wurde mit großer Mehrheit angenommen. Die politischen Entscheidungen innerhalb der USPD waren vorläufig vertagt.

Die Konferenz brachte schließlich eine Reihe organisatorischer Ergebnisse: ein zentraler »Bezirks-Arbeiter und Soldatenrat« wurde gebildet[11]. Dieser trat am 25. November in Barmen erstmalig zusammen und wählte einen siebenköpfigen »Vollzugsausschuß« (5 USPD-, 2 SPD-Vertreter)[12], der die Kontrolle bei der Regierung in Düsseldorf übernahm[13]. Der »Leitfaden«[14], den der Bezirks-Arbeiter- und Soldatenrat am 25. November für die Räte des Bezirks beschloß, verfolgte keine ganz klare Linie. Einerseits beugte er sich der Verordnung der preußischen Regierung[15], die Stadtverordnetenversammlungen unangetastet zu lassen, andererseits dekretierte er in scharfem Widerspruch zur Preußischen Regierung[16]: »dem Gerichtswesen ist besondere Bedeutung zu widmen. Urteile sind durch den Arbeiter- und Soldatenrat zu kontrollieren«[17]. Schließlich wurde vom Bezirks-Arbeiter- und Soldatenrat auch die Bildung eines »Bezirks-Presseamtes« angekündigt. Auf diese Weise hatte der Bezirk Niederrhein Ende November alle Voraussetzungen für eine straffe Räteorganisation geschaffen[18]. Das organisatorische Zentrum folgte an den Ort des politischen: Remscheid wurde Sitz des Bezirks-Arbeiter- und Soldatenrates, ein Remscheider (Bühler) wurde dessen Sekretär.

Die Bemühungen der Wuppertaler Räte auf Bezirksebene hatten wenig Erfolg gehabt. Die Mehrheitssozialdemokraten, deren führende Bezirksvertreter in Elberfeld und Barmen saßen, hatten sich nicht durchsetzen können. Aber auch bei den Unabhängigen konnte über die Entwicklung im Bezirk kein Frohlocken herrschen. Die Barmer Konferenz hatte deutlich bei der Mehrheit der USPD im Bezirk eine Tendenz zur Spartakus-Politik gezeigt, die im Widerspruch zur bisherigen Politik der Wuppertaler Unabhängigen stand. Wichtig war vor allem, daß es nicht gelungen war, den Gedanken der Partei-Parität, wie er in Wuppertal praktiziert wurde, auf die Organe des Bezirks zu übertragen. Für Elberfeld und Barmen stellte sich nun die Frage, wieweit die künftige Politik der USPD in den beiden Städten von der allgemeinen Entwicklung im Bezirk her bestimmt werden würde.

Am 21. November, einen Tag nach der Grundsatzdebatte der Barmer Bezirkskonferenz, trat der Arbeiter- und Soldatenrat Elberfeld zu einer Sitzung zusammen, die sichtlich im Zeichen der vorausgegangenen Ereignisse auf Bezirksebene stand. Landé (SPD) forderte den Boykott des Bezirks-Arbeiter- und Soldatenrates, weil dort »die große Mehrheit . . . einen Standpunkt einnehme, dem er sich nicht anschließen könne«[19]. Eine Entscheidung darüber wurde vertagt, und erst einige Tage später faßte man auf einer gemeinsamen Sitzung mit dem Barmer Arbeiter- und Soldatenrat den Beschluß, die Mitarbeit nicht einzustellen[20]. Die Stimmung bei den Mehrheitssozialdemokraten war merklich gesunken; neben Dröner, der sich schon vielfach in schwierigen Situationen bewährt hatte, fand sich bei der SPD kein zweiter Vertreter der »ersten Garnitur« für den Bezirks-Rat[21]. Bei der Wahl der vier Delegierten, die dem Wahlkreis Elberfeld-Barmen im

Bezirks-Rat zustanden, wahrte man die Parität zwischen den beiden Parteien; die beiden SPD-Vertreter kamen jedoch beide aus Elberfeld, die beiden Unabhängigen (Klöpping und Sauerbrey) aus Barmen. Damit deutete sich bereits eine Tendenz an, die in den folgenden Wochen sehr viel ausgeprägter wurde: im Barmer Arbeiter- und Soldatenrat begann die USPD, sich ein Übergewicht zu verschaffen, unter anderem durch Kooptation von Kriegsheimkehrern wie Löwenstein und Sauerbrey.

Der 22. November brachte eine solche Verschärfung der politischen Auseinandersetzungen in Wuppertal, daß man von einer grundlegenden Krise sprechen und dieses Datum als die erste große Zäsur in der Entwicklung der Wuppertaler Arbeiter- und Soldatenräte ansprechen muß. Morgens früh um sieben Uhr erschienen etwa 30 bewaffnete Soldaten – darunter Mitglieder des Soldatenrates Barmen – unter Anführung der Unabhängigen Sauerbrey und Drescher in der Redaktion der »Freien Presse«, besetzten das Druckhaus und erklärten den anwesenden Redaktionsmitgliedern, die Zeitung habe ihren Kurs zu ändern. Trotz des mitgeführten Maschinengewehrs gab man an, keine Gewalttat vollführen zu wollen, es solle lediglich die USPD in ihre alten Rechte eingesetzt werden. Die Redaktion (Woldt und Molkenbuhr) mußte weichen. Die Ausgabe vom 22. November erschien bereits mit verändertem Impressum und mit einer »Erklärung« der neuen Besitzer auf der ersten Seite, allerdings mit den Artikeln der alten Redakteure. So fand sich dort auch der Bericht über die Bezirkskonferenz, bei der Drescher, der über den »Raub der Freien Presse« gesprochen hatte, durch Zwischenruf aufgefordert worden war: »Werft die Redaktion doch hinaus!«[22]. Die SPD reagierte auf diesen Coup nicht ungeschickt. Sie brachte noch am gleichen Tage – eine organisatorische Meisterleistung – eine Ersatzzeitung »unter dem alten Kampfruf ›Vorwärts‹« heraus[23]. In einer Funktionärsbesprechung am selben Abend wurde einstimmig beschlossen, »sofort den Elberfelder Soldatenrat anzurufen, um hier Remedur zu schaffen«[24]. So geschah es dann auch: in der Nacht auf den 23. November fuhr ein LKW vor dem Gebäude der »Freien Presse« vor und täuschte den Soldaten, die für die USPD die Besetzung aufrechterhielten, eine Wachablösung vor. Die Kriminalgeschichte endete glatt: die USPD-Sodaten stiegen auf, der Wagen fuhr ab, und der Soldatenrat Elberfeld gab die Zeitung an die Mehrheitssozialdemokraten zurück.

Fragt man nach den Ursachen für das Vorgehen der Unabhängigen, so ist zunächst auf die alte und noch längst nicht überwundene Erbitterung über den Zeitungsverlust im Jahre 1917 zu verweisen. Hinzu kam der Druck im Bezirk, den in den vergangenen Tagen die »Remscheider« um Braß auf die Wuppertaler USPD ausgeübt hatten. Wichtig war sicherlich auch das Auftreten des Kriegsheimkehrers Sauerbrey, der sofort schwerste Bedenken

gegen die Zusammenarbeit mit den Rechtssozialdemokraten äußerte[25]. Und schließlich ist ein Mann zu nennen, der in den kommenden Wochen das Geschehen wesentlich mitbestimmte: Walter Stoecker[26]. Sein Anteil an dem geschilderten Unternehmen ist allerdings nicht klar auszumachen, er war erst ein oder zwei Tage zuvor von Köln nach Elberfeld übergesiedelt[27] und übernahm sogleich die Chefredaktion der einen USPD-Ausgabe der »Freien Presse«. Stoecker war kurz zuvor in Berlin gewesen, wo er Kontakt mit führenden »Revolutionären Obleuten« aufgenommen hatte, und er hatte dort den Hinweis erhalten, er möge sich um die Gründung einer Wuppertaler USPD-Zeitung kümmern[28]. Im Rahmen der Wuppertaler Entwicklung scheint es, daß der Überfall auf die Redaktion ein schwerer Fehler seitens der USPD war. Die Mehrzahl der den Arbeiter- und Soldatenrat stützenden Bevölkerung war zu diesem Zeitpunkt noch gegen jeden »Bruderstreit« eingestellt, und erst recht gegen massive Gewaltmaßnahmen. Es kann nicht ausgeschlossen werden, daß sich die USPD am 22. November viele Sympathien verscherzte. Auf der anderen Seite darf freilich auch nicht übersehen werden, daß es ein unhaltbarer Zustand war, daß die mitgliederstärkste Partei[29] in den Wupperstädten keine eigene Zeitung besaß; dies wurde danach auch von SPD-Funktionären eingeräumt[30].
Das zweite Ereignis, das den 22. November zu einem tiefen Einschnitt werden ließ, war eine Soldatenversammlung in Barmen, die auf Initiative des Unabhängigen Sauerbrey einberufen wurde; als Tagesordnung wurden »Wichtige Angelegenheiten« angekündigt[31]. Sauerbrey ging mit den Soldaten und den Rechtssozialisten »scharf ins Gericht«, insbesondere die Soldatenvertreter der SPD seien »unfähig« und nicht »echt«[32]. In der Versammlung fand Sauerbrey Zustimmung; man meinte darüber hinaus, einige belastete Polizeikommissare hätten entfernt werden müssen, und auch Oberbürgermeister Hartmann sei abzusetzen, da er die Schuld an der Lebensmittelnot trage. Gegen den Protest der Mehrheitssozialdemokraten wurde von der Versammlung der alte Soldatenrat wegen Versagens abgesetzt und ein neuer gewählt, der nur aus USPD-Anhängern bestand. Obwohl hierbei offenkundige Verfahrensfehler vorlagen, wurde die Rechtmäßigkeit der Wahl vom Arbeiter- und Soldatenrat Barmen bestätigt, freilich mit einer USPD-Mehrheit, die erst der neue Soldatenrat eingebracht hatte. Einige der abgewählten Soldatenrats-Mitglieder, die der SPD angehörten, blieben trotzdem im Arbeiter- und Soldatenrat.
Zu diesem Zeitpunkt gab es auf beiden Seiten noch genügend Kräfte, die einen Bruch zu vermeiden wünschten. Aber bald schon mehrten sich die Anzeichen für eine Auseinanderentwicklung der beiden Parteien. In Elberfeld trat eine Soldatenversammlung zusammen, die eine Resolution Landés annahm, in der das Verhalten der Unabhängigen gegenüber der »Freien Pres-

se« scharf mißbilligt wurde[33]. Die Soldaten schienen sich nunmehr in Barmen auf die USPD, in Elberfeld auf die SPD zu konzentrieren. Die SPD entfesselte in den letzten Novembertagen eine rege Propaganda für die schnelle Einberufung der Nationalversammlung[34], wobei sie die Auffassung der gemäßigten USPD-Mitglieder, die Wahl zur Nationalversammlung nicht zu schnell vorzunehmen, als Hinwendung zur »Diktatur« abqualifizierte. Auf der anderen Seite wurden in SPD-Versammlungen von dem USPD-Mitglied Jürges, Vorsitzender des Arbeiter- und Soldatenrates in Barmen, öffentlich heftige Anschuldigungen gegen SPD-Mitglieder erhoben[35]. Auch ließen die Unabhängigen unter den Soldaten ein Flugblatt verteilen, daß der SPD vorwarf, kein »ehrlicher Vorkämpfer der Arbeiterklasse« zu sein[36]. Als in Barmen die mit der SPD sympathisierenden Soldaten eine Protestversammlung gegen die einseitige Wahl des neuen Soldatenrates abhalten wollten, füllten Unabhängige vorher das Veranstaltungslokal und ließen es dank der Raum-Enge gar nicht erst zu der erforderlichen SPD-Mehrheit im Saale kommen. Hier formulierte Sauerbrey noch einmal die Gründe, warum der Soldatenrat einen schärferen Kurs steuern müsse: die Sozialisierung sei nur durch die Diktatur zu erreichen; im Wuppertal sei die Konterrevolution am Werk, was sich in der vorübergehenden Entwaffnung von Wachmannschaften des Arbeiter- und Soldatenrates am Bahnhof Rittershausen gezeigt habe[37].

Die SPD analysierte die Situation Anfang Dezember folgendermaßen: innerhalb der Arbeiter- und Soldatenräte könne sie mit den Unabhängigen loyal zusammenarbeiten, aber »außerhalb des Rathauses« betrieben diese, besonders unter den Soldaten, Hetze gegen die Mehrheitler[38]. Unter diesen Verhältnissen strebte sie nunmehr eine grundlegende Revision der Arbeiter- und Soldatenräte an. Gestützt auf einen Beschluß der Bezirksleitung der SPD forderten Mehrheitssozialdemokraten die Räte ultimativ auf, sich bis zum 11. Dezember einer Wahl durch die gesamte arbeitende Bevölkerung[39] zu stellen[40]. Im anderen Falle hätten alle SPD-Vertreter die Arbeiter- und Soldatenräte zu verlassen. Als Gründe für die Neuwahlen wurden genannt: 1. beim bevorstehenden Rätekongreß in Berlin (16.–21. Dezember) müsse eine wahrheitsgetreue Repräsentation der arbeitenden Bevölkerung in Erscheinung treten; 2. die inzwischen durchgeführten Ergänzungen der Räte durch heimgekehrte Soldaten seien im Wege der Kooptation vorgenommen worden, entbehren also der öffentlichen Kontrolle; 3. die Massen der mittlerweile heimgekehrten Soldaten müßten die Möglichkeit erhalten, sich zu den bestehenden Räten zu äußern. Das waren nicht von der Hand zu weisende Argumente; dennoch bestand kein Zweifel darüber, daß das eigentliche Ziel die Zurückdrängung der Unabhängigen war. Diese hatten sich in den vergangenen zwei Wochen nicht nur durch Spitzenfunktionäre (Sauerbrey, Löwenstein, Stoecker) verstärken können, sondern hatten auch immer stärker versucht, eine Radikalisierung der Bevölkerung zu erreichen. Bei einer Wahl zum jetzigen Zeitpunkt wären jedoch die Unabhängigen in die Minderheit gedrängt worden; bei der SPD schien man jetzt selbst bürgerliche Arbeiter- und Soldatenrats-Mitglieder hinnehmen zu wollen.

Die Reaktion auf diese Initiative in den Räten war negativ. Die Unabhängigen erkannten deutlich die drohende Gefahr, aber auch die Mehrheitssozialdemokraten sprachen sich gegen den Antrag der Bezirksleitung aus. In Elberfeld erhielt der Antrag nur 9 Ja-Stimmen (von 40 möglichen Stimmen), während er in Barmen dilatorisch behandelt wurde, bis er unaktuell war[41]. Es gab in der Tat gute Gründe, Neuwahlen zu diesem Zeitpunkt abzulehnen. Einmal waren die Soldaten auch jetzt erst zu einem Teil zurückgekehrt. Zum anderen – und das war das gewichtigste Gegenargument – wäre es unzweckmäßig gewesen, eine Institution, die noch keinen Monat bestanden und ständig Mühe hatte, ihre Autorität zu behaupten, einer Neuwahl zu unterwerfen: als Instrument der Revolution hätte sie dadurch an Wirksamkeit sicherlich verloren. Schließlich war auch die Abgrenzung der Wählerschaft umstritten; vieles sprach dafür, daß man in diesem Moment nur den an der Revolution interessierten Menschen das Wahlrecht einräumte, also etwa den Mitgliedern der Linksparteien und der verschiedenen Gewerkschaften. Auch wenn die Revolution im Sinne der Mehrheitssozialdemokraten durchgeführt werden sollte, mußte das Pendel zunächst stärker nach links ausschlagen, bevor der angestrebte Mittelweg – parlamentarische Demokratie und »soziale Republik« – mit Aussicht auf dauerhafte Erfolge beschritten werden konnte. Die Leute um Dröner zeigten sich dann auch einsichtig und flexibel genug, die angedrohten Konsequenzen nicht wahr zu machen: sie blieben in den Räten[42]. Aufgelöst hingegen wurde der Soldatenrat in Elberfeld, was einer Forderung des erwähnten SPD-Antrages entsprach, nach welchem die Entlassung der Soldaten ein weiteres Bestehen von Soldatenräten außerhalb der Garnisonstädte überflüssig machte. Die Elberfelder Soldatenrats-Mitglieder wurden in den städtischen Dienst übernommen[43]. Dagegen widersetzte sich der Barmer Soldatenrat, der ausschließlich aus USPD-Mitgliedern bestand, erfolgreich seiner Auflösung[44]. Die SPD-Initiative erwies sich in diesem Punkt politisch eher als ein Bumerang.

Für den Berliner Rätekongreß sollten 19 Delegierte des Bezirks Niederrhein auf einer Bezirkskonferenz am 9. Dezember in Barmen gewählt werden. Die SPD benutzte nun ihre Mehrheit im Elberfelder Arbeiter- und Soldatenrat dazu, zu dieser Bezirkskonferenz ausschließlich Parteigenossen zu delegieren. Am folgenden Tag verfuhr dann die USPD in Barmen in der gleichen Weise[45]. Die bemerkenswert schwache Position der SPD im Bezirk wurde dadurch weiter beeinträchtigt, daß die sechs linksrheinischen Wahlkreise, die überwiegend mehrheitssozialdemokratisch orientiert waren, nicht an der Konferenz teilnehmen konnten, weil sie zum Besatzungsgebiet gehörten. Tatsächlich stellte dann die SPD nur etwa 20 der 150 Konferenzteilnehmer[46]. Die USPD macht von dieser Mehrheit entschiedenen Gebrauch und lehnte alle Anträge Dröners ab, die die Position der SPD bei der Wahl der Delegierten zu verbessern suchten. Braß warnte nachdrücklich vor den Mehrheitlern, die die überall sichtbar werdenden gegenrevolutionären Tendenzen duldeten[47]. Die SPD-Vertreter verließen daraufhin unter Dröners Führung die Barmer Konferenz[48]. Dröner selber ließ sich vom Elberfelder Arbeiter- und Soldatenrat ein Mandat für den Berliner Kongreß geben – übrigens ohne eine einzige Gegenstimme: 20 Ratsmitglieder sprachen sich für seine Delegierung aus, 9 enthielten sich, darunter die USPD-Mitglieder Stoecker, Koch und Wichelhaus[49]. Außer Dröner waren die Wuppertaler USPD-Mitglieder Backhaus, Löwenstein und Ibanetz, die über die Bezirksliste gewählt worden waren, Teilnehmer am ersten Rätekongreß[50].

Die Sitzung des Arbeiter- und Soldatenrates Elberfeld am 11. Dezember brachte eine weitere Klärung der politischen Fronten. Landé ließ über zwei Anträge abstimmen, die die Einberufung der Nationalversammlung bis Mitte Januar und Kommunalwahlen nach neuem Wahlrecht bis zum 1. Januar 1919 zum Gegenstand hatten. Dieser Test brachte in beiden Fällen eine starke Mehrheit für Landés Anträge[51]; auch einzelne USPD-Mitglieder müssen positiv gestimmt haben. In dieser Entscheidung dokumentierte sich, daß die Mehrheit des Elberfelder Arbeiter- und Soldatenrates sich auf ein baldiges Ende der Räte vorbereitete, denn die Ablösung der Räte durch die neuen Stadtverordnetenversammlungen war das erklärte Ziel des Antragstellers. Auf der Gegenseite zeichnete sich in der Debatte über die Anträge die Formulierung eines radikalen USPD-Flügels im Rate ab[52]. Diese Konstellation blieb in Elberfeld bis Anfang Januar erhalten. Der Barmer Arbeiter- und Soldatenrat wurde vor keine derartigen Testabstimmungen gestellt. Er hatte seit Ende November dank seiner Soldaten-Mitglieder eine solide USPD-Mehrheit; die Mehrheitssozialdemokraten arbeiteten aber weiterhin mit.

In der Zeitungsfrage kam es Anfang Dezember zu einigen provozierenden Beschlüssen in SPD-Mitgliederversammlungen. Gespräche zwischen den Parteien hatten die Gründung einer USPD-Zeitung vorangetrieben, die neue Zeitung sollte im Haus der »Freien Presse« gedruckt werden. Dieses wurde jedoch von der Mitgliederversammlung der Mehrheitssozialdemokraten zweimal abgelehnt, obwohl führende SPD-Funktionäre sich für den

Plan eingesetzt hatten. Wenige Tage später kam es dann dennoch zur Gründung der Zeitung, wie vorauszusehen war.
Im Vordergrund der Tätigkeit der Wuppertaler Arbeiter- und Soldatenräte stand in der zweiten Novemberhälfte vor allem die Rückführung der deutschen Truppen[53]. Für das Wuppertal war mit täglich 50 000 durchziehenden Soldaten zu rechnen, die verpflegt und zum Teil auch logiert werden mußten. Die Arbeiter- und Soldatenräte übernahmen in Zusammenarbeit mit der Verwaltung leerstehende Fabrikräume und die größeren Säle der beiden Städte für die Unterbringung der Soldaten sowie Stallungen und Schuppen für die Pferde. Zahlreiche Verpflegungsstationen wurden entlang der Durchzugsstraße errichtet, und der Barmer Arbeiter- und Soldatenrat unterhielt sogar eine besondere Versorgungsstelle für »versprengte, verirrte und falschgeleitete« Soldaten. Die Sicherheitspatrouillen standen in dieser Zeit vor besonders verantwortungsvollen Aufgaben. Für einige Wochen glich Wuppertal, dessen Straßen voller Militärfahrzeuge und Kanonen standen, einer großen Garnison. Arbeiter- und Soldatenräte und Bürgermeister hatten die Bevölkerung gemeinsam aufgerufen, ihren »Willkommensgruß in sichtbarer Weise zum Ausdruck zu bringen und die Häuser zu schmücken«[54]. Zum Schmuck der Häuser zählten traditionsgemäß Fahnen, und hier gab es Mißstimmigkeiten. Zwar hatte auch die »Freie Presse« gemeint, daß die Soldaten »durch das neue Deutschland nicht wie durch einen Friedhof marschieren sollten«; aber welche Fahnen gehißt werden durften, blieb unklar. Als viele Bürgerhäuser die kaiserlichen schwarz-weiß-roten Farben zeigten, ließ der Arbeiter- und Soldatenrat diese verbieten. Er selbst bevorzugte rote Fahnen, während dem Bürgertum jetzt gestattet wurde, die Farben des Bergischen Landes und der Wupperstädte zu benutzen. Während die Bürger sich damit abfanden, kam es zu einem Zwischenfall durch einen durchziehenden Husarenoffizier, der eine rote Fahne entfernen ließ und sich außerdem abfällig über ein Mitglied des Soldatenrates äußerte. Er wurde vom Arbeiter- und Soldatenrat festgenommen. Eine Kompanie sächsischer Pioniere drohte daraufhin jedoch mit der Erstürmung des Rathauses, so daß der Offizier freigelassen wurde[55]. Unstimmigkeiten gab es auch um den vom Arbeiter- und Soldatenrat in Elberfeld untersagten Einsatz der Schülerkapellen, die zum Empfang der Soldaten musizieren wollten[56]. Insgesamt jedoch verlief die Truppenrückführung im Wuppertal »glatt und ohne Reibung«[57].
Trotz der unbestreitbaren Leistungen der Arbeiter- und Soldatenräte in diesem wie in anderen Bereichen zeigte sich in diesen Wochen ein gewisses Nachlassen seines Ansehens in der Öffentlichkeit. Dabei wurde ungerechtfertigterweise das Randalieren oder Plündern einzelner Soldaten den neuen Räteorganen angelastet[58]. Vereinzelt gaben sich Personen als Beauftragte

des Arbeiter- und Soldatenrates aus, um Lebensmittel zu »beschlagnahmen«. Oder ein Unbekannter suchte eine Familie auf, um sie vor einer Haussuchung des Arbeiter- und Soldatenrates zu warnen und die Habseligkeiten dieser Familie in Schutz und Verwahrung zu nehmen[59]. Gerade an einem solchen Beispiel wurde deutlich, wie sehr viele Bürger mit der Tätigkeit des Arbeiter- und Soldatenrats Vorstellungen wie »Gewaltsamkeit« und »Radikalität« verbanden. Schwerwiegender war natürlich, wenn Wachtposten, die vom Arbeiter- und Soldatenrat angestellt waren, sich an Plünderungen beteiligten, die Soldaten am Bahnhof Döppersberg beim Ausladen von Kleidungsstücken unternahmen[60]. Das war ein Einzelfall, aber er wurde eben doch nicht selten für symptomatisch erklärt.

Unter allen Vorwürfen und Verdächtigungen, die gegen die Arbeiter- und Soldatenräte erhoben wurden, war sicherlich die Anschuldigung am wenigsten gerechtfertigt, die Räte seien für die schlechte Wirtschafts- und Versorgungslage verantwortlich. Der Arbeiter- und Soldatenrat hatte in den Wupperstädten sogleich die Kontrolle über die städtischen Lebensmittellager übernommen und die Wachtposten verstärkt. Gegen den Schleichhandel, der in der letzten Kriegsphase außerordentlich zugenommen hatte, ging der Arbeiter- und Soldatenrat energischer vor, als es die alten Behörden vermocht hatten. Es wurden Lebensmittelkontrollen und Haussuchungen von Beauftragten der Räte vorgenommen[61]. Waren, die zu Wucherpreisen vor allem von Privatpersonen gehandelt wurden, verfielen der Enteignung; sie wurden sodann seitens einer städtischen Zentrale zu Normalpreisen verkauft. Folgt man den Zeitungsmeldungen, so sanken die Fälle von Lebensmittelvergehen zum Jahresende, obwohl die Versorgungslage sich keineswegs besserte; zu ihrer völligen Ausschaltung reichte es dennoch bei weitem nicht[62]. Die Lebensmittelsendungen ließen auf sich warten und auch die erhofften Lieferungen aus den nahegelegenen Niederlanden verzögerten sich[63]. Zufriedenstellend war die Versorgung nur hinsichtlich der Brotrationen; sie konnten im Oktober 1918 um ein halbes Pfund auf 4 Pfund pro Woche erhöht werden und stiegen im Frühjahr 1919 weiter an. Freilich wurde der Brotteig durch Verwendung des minderwertigen Gerstenmehls gestreckt. Der Arbeiter- und Soldatenrat erließ wegen der Knappheit an Weizenmehl ein striktes Kuchenbackverbot[64]. Die Gemüseversorgung war aufgrund einer allgemein guten Gemüseernte und vieler Selbstversorger zufriedenstellend[65], auch die Kartoffelversorgung schien sich in erträglichen Grenzen zu bewegen. Allerdings kamen die Bauern ihrer Ablieferungspflicht nur teilweise und zögernd nach. Nur durch die vorsorglich angelegten Kartoffellager konnten die Kartoffelzuteilungen aufrechterhalten werden; sie betrugen im Wuppertal im Winter 1918/19 »je nach den Eingängen« zwischen 3 und 10 Pfund pro Woche[66]. Zucker

wurde alle zehn Tage in einer Menge von 200 g pro Kopf ausgegeben. Schlecht stand es um die Versorgung bei Fett, Fleisch, Fisch und Obst, katastrophal war sie bei Eiern und Milch. Die Butterration wurde Ende November auf 50 g pro Woche herabgesetzt. Es mußte das in Elberfeld befindliche Lager der Reichsfettstelle beschlagnahmt werden[67], um die Wochenrationen beibehalten zu können. Die wöchentliche Fleischausgabe machte Ende 1918 nur 20% des Verbrauchs zu Friedenszeiten aus (ein Jahr später sogar nur 10%)[68]. Die Obsternte betrug 1918 im Rheinland – anders als beim Gemüse – nur 10% des vorausgegangenen Jahres. Die Vollmilchausgabe an Kinder zwischen dem 7. und 14. Lebensjahr war schon im Laufe des Jahres 1918 eingestellt worden, im November mußte auch den 6jährigen Kindern die Vollmilch entzogen werden[69]. In Elberfeld wurden täglich 10 000 l angeliefert, von denen 2/3 an die Krankenanstalten gingen, so daß die Bevölkerung von 150 000 Menschen sich mit den restlichen 3200 l begnügen mußte. Ähnlich düster sah es mit der Verteilung von Eiern aus: Im ganzen Monat Dezember gab es pro Kopf ein einziges Ei – es sollte kurz vor Weihnachten ausgegeben werden[70].
Problematisch war auch die Kohleversorgung. Schon im Kriege war die Kohle für den Hausbrand stark eingeschränkt worden, jetzt wurde sie in erster Linie für die Eisenbahn, die den Rücktransport der Truppen in kürzester Zeit zu bewältigen hatte, und für die Industrie gebraucht. Katastrophal wirkte sich der Hamborner Bergarbeiterstreik aus, der nach mehrwöchiger Dauer erst am 30. Dezember 1918 eingestellt wurde. Der Kohlepreis, während des Krieges schon mehr als verdoppelt, stieg innerhalb von vier Wochen von 28 auf 42 Mark[71]. Der Streik tauchte das Wuppertal in nächtliche Dunkelheit, da die Gasbeleuchtung eingestellt werden mußte; ebenso mußten die Papierzuteilungen an die Zeitungen gekürzt werden[72]. Arbeiter- und Soldatenrat und Verwaltung schickten städtische und private Fuhrwerke zu einzelnen Zechen, um die Kohleversorgung nicht ganz zusammenbrechen zu lassen[73].
Eine weitere Folge des Bergarbeiterstreiks war das Anwachsen der Arbeitslosigkeit im Wuppertal[74]. Die Hauptursache der Arbeitslosigkeit waren freilich die vielen in den Arbeitsprozeß wieder einzugliedernden Soldaten. Allein in Elberfeld nahm die Zahl der Arbeitnehmer Ende November um 20 000 zu[75]. Obwohl die Betriebe strikten Maßregeln hinsichtlich der Weiterbeschäftigung unterworfen waren und zusätzlich »Notstandsarbeiten« mit einer Mindestarbeitszeit von 6 Stunden durchführen mußten, konnte nicht vermieden werden, daß Anfang Dezember 10 000 Arbeitslose im Wuppertal gemeldet wurden[76]. Auch die Stadtverwaltungen wurden zu einem umfangreichen Programm von Notstandsarbeiten verpflichtet[77]. Aber im Januar 1919 war die Zahl der Arbeitslosen auf weit über 20 000 an-

gestiegen; das war nach Angaben des Beauftragten des Arbeiterrates die höchste Quote im rheinisch-westfälischen Industriegebiet[78]. Vor allem die Wuppertaler Textilindustrie, die im Kriege der Rüstungsproduktion hatte weichen müssen, konnte die Umstellung auf die alte Produktion nur langsam vornehmen. Abgesehen von vielen anderen Schwierigkeiten fehlten für lange Zeit die Handelsverbindungen mit dem Ausland, von denen die Textilindustrie stark abhängig war.

Bei den Versuchen, die Vielzahl der anstehenden Probleme zu lösen, gab es aufs ganze gesehen eine bemerkenswert gute Zusammenarbeit zwischen Räteorganen und kommunaler Verwaltung. Die Wuppertaler Beamtenvereine etwa bekundeten Mitte Dezember – stolz darauf, daß »die deutsche Beamtenschaft« sich im Zusammenbruch als »die bestdiszipliniertste der Welt« erwiesen habe –, sie wollten ihr loyales Verhalten innerhalb der bestehenden Ordnung beibehalten; um den Wiederaufbau zu fördern, stehe die Beamtenschaft »auch heute noch zur Verfügung der Regierung Ebert-Haase, obwohl sie zum überwiegenden Teile deren grundsätzliche Gegnerin« sei[79]. Auch andere Bevölkerungskreise suchten die Zusammenarbeit mit den Arbeiter- und Soldatenräten, wenn auch aus sicherlich sehr unterschiedlichen Motiven: so versuchte die Zweigstelle des »Hansabundes«, dem Arbeiter- und Soldatenrat einen Wirtschaftsbeirat zur Seite zu geben[80], und eine von der SPD einberufene Lehrerversammlung beschloß, einen Lehrerrat zu bilden, der dem Arbeiter- und Soldatenrat als Fachkommission angegliedert werden sollte[81]. Es scheint allerdings, daß beide Projekte nicht durchgeführt wurden. Oberbürgermeister Funck nannte die Zusammenarbeit Ende Dezember »befriedigend«[82]. Sein Kollege Hartmann umschrieb am 4. Januar den Kompetenz- und Aufgabenbereich des Barmer Arbeiter- und Soldatenrates folgendermaßen: »Beteiligung an der Wahrnehmung des Sicherheitsdienstes, der Demobilisation. Kontrolle der Geschäfte der Verwaltungsbehörden«. Und über den Ablauf der Geschäfte stellte er fest: »Reibungen sind bisher kaum vorgekommen«[83].

Einige besondere Probleme ergaben sich durch die Einbeziehung Elberfelds und dann auch Barmens in die sogenannte »neutrale Zone«. Die Waffenstillstandsbedingungen sahen die Bildung eines Brückenkopfes Köln vor, der auf dem rechten Rheinufer einen Halbkreis von 30 km umfassen sollte. Südliche Teile von Elberfeld lagen innerhalb dieser Zone, doch gelang es, die ganze Stadt aus dem Brückenkopf auszuklammern. Nachdem entgegen den ursprünglichen Bestimmungen festgelegt worden war, daß auch um die Brückenköpfe eine »neutrale Zone« von 10 km zu legen sei, zählten auch Elberfeld und Barmen zu dem neutralen Gebiet. Nur der Vorort Wichlinghausen blieb außerhalb dieser Zone; er hatte seitdem Teile der Kölner Garnison zu beherbergen[84]. Diese Entwicklung, über die bis An-

fang Dezember Unklarheit bestanden hatte [85], machte es nun nötig, den im Sicherheitsdienst beschäftigten Soldaten einen zivilen Status zu geben. Arbeiter- und Soldatenrat und Polizeiverwaltung stellten das bisherige Sicherheitssystem auf eine sogenannte »Sicherheitswehr« um. Diese war umfassender als der alte Sicherheitsdienst; sie beschäftigte zwar keine »Militärpersonen« mehr, warb aber viele der Arbeitslosen an, stellte vor allem auch organisierte Arbeiter ein und bezog die in früheren Jahren gebildete »Bürgerwehr« ein. Außer der Aufstellung von Sonderbereitschaften blieb im Prinzip das vom Arbeiter- und Soldatenrat zu Anfang eingeführte Patrouillensystem erhalten[86].
Einige Aufregung gab es um den künftigen Status der Arbeiter- und Soldatenräte, da bürgerliche Zeitungen die Meldung brachten, daß die Entente die Arbeiter- und Soldatenräte nicht anerkenne und sie im neutralen Gebiet auflösen würde[87]. Der Düsseldorfer Regierungspräsident verordnete am 6. Dezember, daß im Verhältnis der Räte zur Verwaltung keine Änderung einzutreten habe[88]. Aber es folgte zunächst doch noch eine Reihe neuer, verwirrender Meldungen, so daß der Elberfelder Oberbürgermeister die Verordnung des Regierungspräsidenten mit der Notiz versah: »Überholt durch immer neue, sich teils widersprechende Nachrichten und Verfügungen.« Eine Klärung schien sich Ende Dezember anzubahnen, als der deutsche Abschnittskommandant (in Wipperfürth) mitteilte, daß alle Räte aufzulösen seien[89]. Die Arbeiter- und Soldatenräte, die sich in ihrer Arbeit bis dahin nicht hatten beirren lassen, riefen sofort eine Bezirkskonferenz ein (28. Dezember), die energisch protestierte und erklärte, »die Räte würden nur der Gewalt weichen«[90]. Der Elberfelder Arbeiterrat wandte sich an den Rat der Volksbeauftragten[91] in Berlin und konferierte mit dem Oberbürgermeister; Funck konnte in dieser Besprechung mitteilen, daß der Abschnittskommandant soeben seine zwei Tage alte Anordnung widerrufen hatte[92]. Am 3. Januar telegraphierte jedoch die Reichsregierung an den Arbeiter- und Soldatenrat Elberfeld: »Befugnisse der Arbeiterräte im neutralen Gebiet noch nicht völlig geklärt. Bis auf weiteres sämtliche Funktionen wie bisher ausüben. Falls Entente Schwierigkeiten macht, sofort Reichsregierung benachrichtigen«[93]. Eine endgültige Entscheidung ist nach den vorliegenden Akten nicht gefällt worden. Die Entente machte offensichtlich keine Schwierigkeiten, die Wuppertaler Räte fungierten insoweit unbehelligt weiter.

IV. Die politischen Parteien und die Wahl zur Nationalversammlung in Elberfeld und Barmen

Am 9. November 1918 waren im Wuppertal – wie im ganzen Reich – die Arbeiter- und Soldatenräte und mit ihnen die sozialdemokratischen Parteien im Besitz der politischen Macht. »Das deutsche Bürgertum außerhalb der Sozialdemokratie sieht sich gegenwärtig fast zur Einflußlosigkeit verurteilt«, stellte Stresemann am 12. November zutreffend fest[1]. Wie wir sahen, hatten die Wuppertaler bürgerlichen Organisationen und Parteien, auch Zentrum und Fortschrittliche Volkspartei, keine Chance, in die lokalen Arbeiter- und Soldatenräte aufgenommen zu werden. Gleichwohl stellten sie sich »auf den Boden der gegebenen Verhältnisse«, und nach wenigen Tagen der Lähmung begannen die ersten Versuche der Reorganisation bzw. Neuorganisation des parteipolitischen Lebens im bürgerlichen Lager.

Verhältnismäßig lange dauerte es, bis sich die politische Rechte neu formierte. Auch im Wuppertal gelang es, eine einheitliche Rechtspartei zu bilden, die »Deutschnationale Volkspartei«. Bis Mitte November lösten sich die Ortsgruppen der Freikonservativen[2], der Christlich-Sozialen[3] und der Deutschvölkischen[4] auf und traten geschlossen der DNVP bei. Die erste Kundgebung der neuen Partei wurde am 8. Dezember abgehalten. Wie in der Vaterlandspartei, deren Zusammensetzung – abgesehen vom rechten Flügel der Nationalliberalen – weitgehend der neuen Partei entsprach, nahmen auch in der DNVP die Wuppertaler evangelischen Gemeinden einen wichtigen Platz ein. Schulrat Linz, der frühere Reichstagsabgeordnete und Hauptsprecher der Partei, war aus dem »Evangelischen Volksverein« hervorgegangen[5]. Die »Freie Evangelische Volksvereinigung« wurde Annahmestelle für Beitrittserklärungen der DNVP[6]. Sprachrohr der Partei war die »Westdeutsche Rundschau«, das sogenannte »Pastorenblatt«. Die Wuppertaler DNVP bemühte sich nicht ganz ohne Erfolg, auch auf das Programm der Gesamtpartei Einfluß zu nehmen. Man bemängelte, daß der erste Aufruf der Partei die Anliegen der christlichen Kräfte im allgemeinen und die der »christlichen Frauenwelt« und der christlichen Gewerkschaften im besonderen zu wenig angesprochen habe. Der Zentralausschuß der Partei telegraphierte zurück: »Ihre Wünsche für endgültiges Programm werden berücksichtigt«[7]. Die drei – von Linz aufgestellten – Forderungen waren kennzeichnend für die Wuppertaler Verhältnisse. Die evangelischen Arbeitervereine Barmen und Elberfeld waren noch immer einflußreich. Sie faßten Ende Dezember eine Resolution zugunsten der DNVP; ihr führender Vertreter war Wilhelm Koch, der spätere Reichsverkehrsminister[8]. Vor allem die evangelischen Frauenvereine waren eine wichtige Kraft im gesellschaftlichen Leben im Wuppertal. Sie schlossen sich im Dezember 1918 zu einer Aktionsgemeinschaft zusammen, um »die Interessen der evangelischen Frauenwelt im Staat, bürgerlicher Gemeinde, Kirche und Schule tatkräftig zu vertreten«[9]. Leiterin dieser Aktion war die Elberfelder Oberin Magdalene von Tiling, gleichzeitig Vorsitzende der »Vereinigung Evangelischer Frauenverbände« in Deutschland[10]; sie wurde zweite Vorsitzende des »Reichsfrauenausschuß« der DNVP[11] und war später Mitglied des preußischen Landtags und des Reichstags. Dem Werben der DNVP unter den Protestanten kamen besonders die kirchenfeindlichen Erlasse des preußischen Kultusministers Adolph Hoffmann (USPD) gelegen. Bis Weihnachten 1918 hatte allein die Ortsgruppe Barmen 2400 Mitglieder[12]. Man kann zusammenfassend feststellen, daß sich die DNVP mit großem Erfolg im Wuppertal etablierte und zugleich über bemerkenswerte Verbindungen zur Parteispitze verfügte.

Schritte auf die Bildung einer einheitlichen liberalen Partei hin gab es zunächst – wie im Reich – auch in Elberfeld und Barmen. Die Fortschrittspartei zog am 15. November einen deutlichen Trennungsstrich gegenüber dem alten System[13]. Eine Woche später wurde das Programm der in Berlin gegründeten »Deutschen Demokratischen Partei« von der Mitgliedschaft akzeptiert. Am 1. Dezember veranstaltete die DDP als erste der bürgerlichen Parteien eine Kundgebung, die 2000 Besucher zählte und von diesen nach dem Bericht einer Barmer Zeitung »wie eine Erlösung« aus der Lethargie empfunden wurde, in der sich das Bürgertum befunden habe[14]. Schon am 25. November hatte die Barmer Gruppe der Nationalliberalen beschlossen, den »Anschluß« an »die neue, in der Bildung begriffene demokratische Partei« zu vollziehen[15]. Es scheint, daß die Mehrzahl der Barmer Nationalliberalen zur DDP überwechselte[16]. In Elberfeld dagegen betonte eine Mitgliederversammlung am 9. Dezember die Unvereinbarkeit zwischen der »Berliner-Tageblatt«-Gruppe und der »stark national empfindenden, bismarckisch gesonnenen Mehrheit der Nationalliberalen«; sie verwarf die Vorstellung, sich »zu einem internationalen, jedem Machtgedanken abholden Weltpazifismus bekehren« zu müssen, wie ihn die DDP praktiziere[17]. Bis auf 14 Personen sprach sich die Mitgliederversammlung daher für den Anschluß an die »Deutsche Volkspartei« aus. Unter der Minderheit, die bereits der DDP beigetreten war, befanden sich allerdings prominente Männer wie der Fabrikant Künne, Vorsitzender der nationalliberalen Parteiorganisation der Rheinprovinz[18], und Otto Würz, der bald darauf Geschäftsführer des »Bürgerrates« wurde; beide kandidierten für die DDP zur preußischen Landesversammlung[19]. Die DDP der Wupperstädte errang sehr rasch eine starke Position innerhalb der regionalen Parteiorganisation. Ende Dezember wurde ein Elberfelder (Helbeck) zum Bezirksvorsitzenden gewählt, und unter den übrigen 6 Vorstandsmitgliedern waren weitere drei Wuppertaler. Zum Bezirks-Vorort der DDP, der anläßlich der Wahlen zur Nationalversammlung zu bilden war, avancierte nicht, wie zunächst zu erwarten war, Düsseldorf, sondern Elberfeld[20]. Die DVP hatte dagegen zunächst schwer zu kämpfen. Wenn auch nicht – wie in den Nachbarstädten Köln, Krefeld und Duisburg[21] – die Nationalliberalen geschlossen zur DDP übergegangen waren, so entwickelte sich dort vor allem in Barmen die Parteiorganisation nur zögernd. Während des Winters 1918/19 war sie politisch von nur geringer Bedeutung.

Die Zentrumspartei überstand ganz allgemein den Wechsel zur Republik mit einer »erstaunlichen Elastizität«[22]. »Das Zentrum muß bleiben, aber es muß anders werden«, schrieb die katholische »Bergische Tageszeitung«[23]. Für das Wuppertal wurde dabei wichtig, daß sich die katholische Bevölkerung fast ausschließlich aus zugewanderten Arbeitskräften zusammensetzte und die lokale Parteiorganisation daher zum linken Parteiflügel gehörte. Wichtig wurde auch im Zentrum die politische Arbeit unter den Frauen; unter ihnen befand sich mit Helene Weber auch das prominenteste Wuppertaler Parteimitglied. Es gab offenbar in Elberfeld und Barmen keine Versuche, eine beide Konfessionen umfassende christliche Partei zu gründen, wie sie andernorts, vor allem in Berlin, unternommen worden waren[24]. Zwar gab es eine gemeinsame Protestkundgebung von Katholiken und Protestanten gegen Adolph Hoffmanns Schulerlaß[25], aber ein überkonfessionelles Zentrum war im Wuppertal kaum denkbar. Der politische Protestantismus war zu stark der traditionellen konservativen Politik verhaftet, als daß seine Anhänger sich einer anderen Richtung als der DNVP anschließen konnten.

Die Entwicklung der sozialdemokratischen Parteien ist bereits verschiedentlich angesprochen worden; es genügen daher hier einige kurze Bemerkungen. Die SPD entwickelte seit dem 25. November eine starke parteipolitische Aktivität, um Bevölkerungsgruppen anzusprechen, die ihr bisher fernstanden. Redakteur Woldt und Rechtsanwalt Landé sprachen u. a. in Lehrer- und Angestelltenversammlungen. Die Mitgliederzahl der Partei wuchs von knapp 800 im Sommer 1918[26] auf etwa 4000 im Januar 1919 an[27]. Dieser sprunghafte Anstieg war offenbar nur zu einem Teil auf die Rückkehr der Soldaten zurückzuführen; das Ansehen einer »Regierungspartei« mag auch an den politischen Zielen der Partei minder interessierte Leute angezogen haben. Die Mitgliederversammlungen zählten jedenfalls nicht mehr als 200 Besucher. Die führenden Männer der SPD, besonders Dröner und Landé, waren dem rechten Flügel der Partei zuzurechnen. Das zeigte sich nicht zuletzt in ihrem Drängen, die Institution der Arbeiter- und Soldatenräte zu überwinden.

Während die Sprecher der USPD anfangs durchweg eine gemäßigte Linie

(Haase/Dittmann) vertreten hatten, trat seit dem 20. November immer bestimmender der radikale Flügel hervor, wie bereits dargelegt worden ist. Seit dem 19. Dezember besaß die USPD in der »Volkstribüne« ihre eigene Zeitung[28]. Unter den führenden Leuten bezogen Drescher eine gemäßigte, Sauerbrey eine mittlere und Stoecker sowie Loewenstein eine radikale Position. Seit Ende Dezember machte sich der aus dem Kriege zurückgekehrte Oskar Hoffmann zum Sprecher des gemäßigten Flügels und wurde damit zum Hauptkontrahenten Stoeckers. Bis dahin hatte jedoch Stoecker – nicht zuletzt durch seine Stellung als Chefredakteur der »Volkstribüne«[29] – die Mehrheit der Partei auf seine Seite gebracht. Seine politische Linie entsprach sehr weitgehend derjenigen der Berliner »Revolutionären Obleute«. Anfang Dezember führte er einen einstimmigen Mitgliederbeschluß herbei, daß der USPD-Parteivorstand bis Ende Dezember einen Parteitag durchzuführen habe, um die Haltung der USPD gegenüber der bestehenden Regierung Ebert-Haase zu klären[30]. Dieser Beschluß war gegen Haase und Dittmann gerichtet; ähnliche Beschlüsse wurden an anderen Orten gleichzeitig von den »Revolutionären Obleuten« und den Spartakusleuten gefaßt[31]. Stoecker bekannte sich zu dem »klaren, entschlossen revolutionären Programm, wie es sich unter Führung Däumigs und Ledebours« auf dem Rätekongreß herausgebildet habe: Einberufung eines Parteitags, um die USPD-Mitglieder aus dem Rat der Volksbeauftragten zurückzuziehen, Bevorzugung des Rätesystems vor der Nationalversammlung, aber trotzdem Beteiligung an den Nationalversammlungswahlen, nachdem der Rätekongreß so beschlossen hatte[32]. Die Mitgliederzahl der USPD betrug im Januar 1919 zwischen 5–6000, so daß die USPD zu dieser Zeit sehr wahrscheinlich die stärkste Partei des Wuppertals war[33].

Die Organisation der Spartakus-Gruppe war Ende 1918 noch recht schwach, obgleich ihre erste öffentliche Versammlung am 23. November, auf der Rosi Wolfstein aus Düsseldorf gesprochen hatte, »stark besucht« war. Bei einer Veranstaltung im Dezember, für die man die große Barmer »Olympia« gemietet hatte, zählte man dann jedoch weniger als 100 Besucher[34]. Vorsitzender der Ortsgruppe war der Drogist Dattan. Genaue Mitgliederzahlen sind nicht zu ermitteln. Daß die KPD 1920 in den Wupperstädten von 170 000 Wählerstimmen nur 854 auf sich vereinigte, macht einen stärkeren Einfluß der Spartakus-Gruppe für Ende 1918 ganz unwahrscheinlich. Die Radikalen des Wuppertals, die in ihren politischen Auffassungen den Spartakusleuten nahestanden, setzten auf die Einheit der USPD als der Partei der revolutionären Arbeiterschaft. Die Sparatkus-Gruppe machte zunächst keinen Versuch, über die Arbeiter- und Soldatenräte ihre Ziele zu verfolgen. Sie verbot sogar ihren Mitgliedern, in den Arbeiter- und Soldatenrat einzutreten; erst Ende Januar bewarb sie sich offiziell um Man-

date in den Räten[35]. Beim Gründungsparteitag der KPD (30. Dezember 1918 bis 1. Januar 1919) gehörten Barmen und Elberfeld zu den 46 Städten, die ihre Vertreter nach Berlin geschickt hatten[36].
Die Aktivität der politischen Parteien konzentrierte sich zunächst auf Mitgliederwerbung, Festigung der Organisation und Wahlvorbereitungen zur Nationalversammlung. Die Agitation zugunsten der Nationalversammlung, die vor der Entscheidung des ersten Rätekongresses die politischen Auseinandersetzungen geprägt hatte, war weniger von den Parteien als von gesellschaftlichen Gruppen und Organisationen bestimmt. Auffällig war in allen Parteien die starke Belebung der Mitgliederversammlungen, und die Wahlkundgebungen hatten auch ohne Redner der »ersten Garnitur« häufig Tausende von Zuhörern. Eine besondere Rolle spielte der Kampf um die weiblichen Wählerstimmen. Die Berechtigung des Frauenwahlrechts wurde von keiner Partei mehr angezweifelt, obwohl die Durchsetzung dieses Rechts ein Werk der Revolution und ein Ergebnis der langjährigen Forderungen der Sozialdemokratie war[37]. Die Parteien organisierten zahlreiche Frauenversammlungen, und kaum eine Kundgebung verzichtete auf weibliche Redner. Darüber hinaus gab es Ansätze, die Frauen in überparteilicher Form auf ihre staatsbürgerlichen Pflichten vorzubereiten. In Barmen schlossen sich 35 Frauenvereine in der Absicht zusammen, eine »Schulung der Frau« einzuleiten, »um sie in möglichst kurzer Zeit zu befähigen, selbständig politisch zu denken und ihrer Wahlpflicht zu genügen«[38]. Andere Vereinigungen, wie »Frauenwohl« und der »Immanuelverein«, ließen Redner der verschiedenen Parteien vor ihrem Forum referieren. Der Erfolg dieser Bemühungen zeigte sich bei den Januarwahlen: die Beteiligung der Frauen im Wahlkreis Düsseldorf-Ost war höher als die der Männer; bei allen späteren Wahlen waren dann die Männer in der Überzahl[39].
Betrachtet man die Wahlkampfführung der einzelnen Parteien, so fällt auf, daß SPD und Zentrum die niedrigste Zahl von Wahlveranstaltungen erreichten. Das dürfte sich wesentlich daher erklären, daß beide auf ein festes Wählerreservoir vertrauen konnten. Die SPD des Wahlkreises Düsseldorf-Ost, in den der alte Wahlkreis Elberfeld-Barmen wie auch die übrigen bergischen Wahlkreise aufgegangen waren, erlebte bei der Nominierung der Spitzenkandidaten eine unangenehme Überraschung: Ebert und Scheidemann verzichteten auf erneute Kandidaturen; beide glaubten, ihren Pflichten gegenüber den bergischen Wählern wegen ihrer Funktionen in Berlin nicht mehr nachkommen zu können. Die beiden Volksbeauftragten griffen auch nicht in den Wahlkampf ihrer alten Wahlkreise ein, obwohl man das wegen des starken USPD-Druckes gern gesehen hätte. Bei Wuppertaler SPD-Veranstaltungen sprachen überhaupt nur Wuppertaler Parteifunktionäre. Auch der dritte der berühmten bergischen Abgeordneten

von 1912, Wilhelm Dittmann, der ebenfalls dem Rat der Volksbeauftragten angehörte, kandidierte nicht an alter Stelle. Ihn freilich wollte die zuständige USPD-Organisation nicht mehr aufstellen, da er innerhalb der Partei zum rechten Flügel gezählt wurde. Im Wahlkampf der Wuppertaler USPD, der sehr intensiv geführt wurde, zeigte sich deutlich, daß die Richtung Stoeckers die Oberhand gewonnen hatte: als prominenteste Sprecher wurden Paul Eckert und Ernst Däumig gewonnen, beide aus dem Kreis der Berliner »Revolutionären Obleute« und Mitglieder des Berliner »Vollzugsrates«[40].

Ebenso rührig wie die USPD waren auch die DDP und auf der Rechten die DNVP und die DVP, die eine gemeinsame Liste aufstellten. Während die DNVP traditionsgemäß auf die evangelisch-kirchlichen Wähler zählen konnte, versuchte die DDP, durch den linksgerichteten Solinger Pfarrer Lic. Hartmann ebenfalls in die evangelische Wählerschaft einzudringen[41]. Ein Flugblatt der DDP betonte, daß der Hauptausschuß der deutschen Freikirchen »in allen wesentlichen Punkten« seine Übereinstimmung mit dem Programm der DDP festgestellt habe[42]. Dagegen erklärten führende Wuppertaler Mitglieder der Freikirchen ihre Sympathie für die DNVP, und diese Partei zögerte auch nicht, die DDP in Zeitungsannoncen als »rechten Flügel der SPD« anzuschwärzen. Die DVP bekundete schließlich einen Tag vor der Wahl mit Nachdruck, daß sie von der alten Nationalliberalen Partei nichts als die Organisation übernommen habe.

Angesichts der Heftigkeit des Wahlkampfes blieben auch Zwischenfälle nicht aus: am 9. Januar drangen Teilnehmer einer Spartakus-Versammlung in eine Veranstaltung der Deutschnationalen in der Elberfelder Stadthalle ein und bemächtigten sich des Rednerpults, so daß es zu einer regelrechten Saalschlacht kam. Für den 12. Januar kündigte die USPD eine Straßendemonstration an, um das »gegenrevolutionäre Verhalten der Regierung Ebert-Scheidemann« zu brandmarken. Daraufhin rief die SPD zu einer Gegendemonstration auf, die durch eine überraschende Initiative im bürgerlichen Lager ihren besonderen Stempel aufgedrückt erhielt. Der »Verein Wuppertaler Presse« überzeugte alle bürgerlichen Parteiführer, daß sie ihre Anhänger zur Unterstützung der SPD-Aktion auffordern müßten. »Wer zu Hause bleibt«, hieß es im bürgerlichen Aufruf, »unterstützt die Feinde der Ordnung«[43]. So kam es, daß am Sonntag vor der Wahl riesige Marschsäulen durch die Straßen zogen: auf USPD-Seite etwa 8000, bei den Gegendemonstranten etwa 12 000 Menschen. Angesichts dieser Konstellation ließ sich die USPD natürlich nicht die Gelegenheit entgehen, die Arbeiterschaft darauf aufmerksam zu machen, daß Droener und Haberland »Arm in Arm« mit der DNVP die Revolution verrieten. Zu Zwischenfällen kam es nicht. Unruhe verbreitete ein aus Berlin stammendes, von den Rechts-

parteien verteiltes Flugblatt, das schwere Anschuldigungen gegen die Arbeiter- und Soldatenräte enthielt, die angeblich schuldig seien, ein Wirtschaftschaos herbeigeführt und Heeresgut verschleudert zu haben[44]. Radikale Mitglieder des Arbeiter- und Soldatenrates griffen daraufhin zur Selbstjustiz: sie brachen das Wahlbüro der DVP auf und warfen die Flugblätter in die Wupper; die Tageszeitungen wurden gezwungen, Gegendarstellungen des Arbeiter- und Soldatenrates kostenlos zu veröffentlichen[45]. Vom »Verein Wuppertaler Presse« wurde dieser Vorfall auch dem Rat der Volksbeauftragten gemeldet[46].
Ergebnis dieser intensiven Wahlvorbereitungen war zunächst einmal die sehr hohe Wahlbeteiligung im Wuppertal: über 88%[47]. Von den Parteien hatte die SPD mit 38% erwartungsgemäß den größten Anteil, aber nicht die Mehrheit errungen; ihr folgte die verbündete Rechte, DNVP/DVP, mit 26%. In das restliche Drittel der Stimmen teilten sich die DDP (13%), das Zentrum (12%) und die USPD (11%). In die Nationalversammlung zogen folgende Wuppertaler Kandidaten ein: Parteisekretär Dröner (SPD), Gewerkschaftssekretär Koch (DNVP) und Oberlehrerin Helene Weber (Zentrum).
Bemerkenswert ist, daß die sozialistischen Parteien zusammen knapp unter der 50%-Grenze blieben, die sie hier vor dem Kriege bisweilen überschritten hatten. Auffallend ist weiterhin das schwache Abschneiden der USPD. Diese Partei hatte im Januar 1919 in beiden Arbeiter- und Soldatenräten die Führung inne[48], und sie war auch, wie der 12. Januar gezeigt hatte, in der Lage, Massen zu mobilisieren. Im Hinblick darauf war das Wahlergebnis enttäuschend, die vielzitierten »Arbeitermassen« hatten in der Mehrzahl SPD gewählt. Enttäuschungbreitete sich auch bei der SPD aus, da man mit einer größeren, wenn nicht mit der absoluten Mehrheit gerechnet hatte. Als Grund für das relativ schwache Abschneiden nannte die »Freie Presse« den zu hart geführten »Bruderkampf«[49]. Für die Nationalversammlung rechnete man übrigens bei der Wuppertaler SPD mit einer Linkskoalition USPD-SPD-DDP unter Ausschluß des Zentrums. Zentrum und DDP konnten mit ihren Stimmenanteilen zufrieden sein. Da das Zentrum vor dem Krieg immer unter 10% geblieben war, bedeuteten die 12% durchaus einen Erfolg. Obwohl viele katholische Arbeiter sicherlich sozialistische Parteien wählten, hatte das Zentrum sich der 60%-Grenze angenähert, die man als den durchschnittlichen Anteil der Partei an der katholischen Bevölkerung errechnet hat[50]. Für die Demokraten ist der Vergleich mit 1912 schwierig, weil die Fortschrittler damals mit den Nationalliberalen zusammengegangen waren; sie erhielten bei jener Wahl 16,9% der Stimmen. Die der DDP nahestehende »Barmer Zeitung« analysierte jetzt, daß die »früheren nationalliberalen Wähler fast geschlossen« für die DDP gestimmt hät-

ten. Diese Beobachtung dürfte für Barmen[51] richtig sein; sie unterstützt unsere Annahme über die Mitgliederbewegung der Barmer liberalen Parteien. Dagegen erreichte die DDP in Elberfeld bei weitem nicht den liberalen Anteil von 1912. Hier erzielte vielmehr das Bündnis DNVP/DVP einen beachtlichen Erfolg. Es erhielt dort 26% gegenüber 20% der Konservativen im Jahre 1912[52]. In Barmen hatte diese Liste etwa 27% erhalten, lag damit jedoch um fast 3% unter dem Anteil der Konservativen im Jahre 1912. Veranschlagt man den Anteil der DVP im ganzen Wuppertal mit etwa 4%, so hielt die DNVP in etwa die Stärke ihrer Vorgängerin (1912: 24,5%, 1919: etwa 22,5%). Auffällig ist das Wuppertaler Ergebnis im Vergleich zu dem sehr viel niedrigeren Reichsdurchschnitt der DNVP von 10,3%, zumal man es im Wuppertal nicht mit einer Landbevölkerung zu tun hat. Hier zeichnet sich ganz deutlich die besondere Rolle der evangelischen Kirche ab. Außerdem hatte die »Westdeutsche Rundschau« auch nicht unrecht, wenn sie das Ergebnis der DNVP auf die Rolle der »braven Frauen« zurückführte[53].

Mit dem 19. Januar ließ die politische Anspannung, die die voraufgegangenen Wochen in allen Lagern geprägt hatte, merklich nach. Die Wahlveranstaltungen für die eine Woche später durchgeführten Wahlen zur Verfassungsgebenden Preußischen Landesversammlung fanden ein weit geringeres Interesse als diejenigen vor den Nationalversammlungswahlen. So lag auch die Wahlbeteiligung in Wuppertal um 10% unter der vom 19. Januar. Wesentliche Verschiebungen in den Anteilen der Parteien ergaben sich nicht. Diese sogenannten »Preußenwahlen« und auch die Kommunalwahlen vom 2. März 1919 wurden erstmalig ohne das System des Dreiklassenwahlrechts durchgeführt. Unter diesem Aspekt überraschte es, daß am 26. Januar nur 78% und am 2. März sogar nur 61% der Wahlberechtigten zur Urne gingen. Die Kommunalwahlen, die hier nicht mehr im einzelnen analysiert werden sollen, brachten in Elberfeld und in Barmen keine sozialdemokratischen Mehrheiten. Die SPD hatte sogar um 7% gegenüber den Nationalversammlungen abgenommen, während die USPD ihren Anteil leicht verbesserte. In beiden Stadtparlamenten erreichten SPD und USPD zusammen jeweils 29 von 66 Sitzen. Damit war zugleich die Möglichkeit ausgeschlossen, daß zwischen den Arbeiter- und Soldatenräten und den Stadtverordnetenversammlungen ein stärkeres Maß an politischer Kontinuität hergestellt würde.

Die Wahlergebnisse in Barmen-Elberfeld von 1919 bis 1924 (in %):

	19.1.1919	26.1.1919	2.3.1919	6.6.1920	20.2.1921	4.5.1924	7.12.1924
KPD				0,5	7,8	18,4	13,3
USP	10,8	10,2	12,3	31,9	11,6		
MSP/SPD	38,4	37,9	31,1	12,9	22,1	15,2	23,4
DDP	13,2	12,7	11,4	5,7	6,0	4,0	4,5
Zentrum	11,8	12,8	13,1	11,2	12,4	11,5	12,2
DVP	26,35	26,1	3,9	12,0	12,0	10,2	9,4
DNVP			22,3	25,9	27,6	26,5	28,2

Anmerkungen:
19. 1. 1919: Wahlen zur NV
26. 1. 1919: Wahlen zur Preußischen Landesversammlung
 2. 3. 1919: Kommunalwahlen
 6. 6. 1920: Reichstagswahlen
20. 2. 1921: Wahlen zum Preußischen Landtag
 4. 5. 1924: Reichstagswahlen
 7. 12. 1924: Reichstagswahlen

V. Die Wuppertaler Räte unter der Führung der USPD: Januar bis März 1919

Seit Ende November verfügte die USPD im Barmer Arbeiter- und Soldatenrat über eine solide Mehrheit, ohne daß allerdings dadurch die Mitarbeit der SPD-Mitglieder ernsthaft in Frage gestellt worden wäre. Anfang Januar kam es nun zum Bruch im Arbeiter- und Soldatenrat Elberfeld. Für den 4. Januar war eine öffentliche Versammlung einberufen worden, in der der Elberfelder Bevölkerung Rechenschaft über die Tätigkeit des Rates gegeben werden sollte. Die Versammlung, zu der sich in der Elberfelder Stadthalle etwa 1000 Besucher eingefunden hatten, begann unter dem Vorsitz von Stratmann (SPD); über die verschiedenen Tätigkeitsbereiche referierten drei Unabhängige (Ibanetz, Wichelhaus, Busch) und zwei Mehrheitssozialdemokraten (Ullenbaum und Landé)[1]. Gleich zu Beginn der Diskussion kam es zu einem folgenreichen Zwischenfall. Drescher, einer der führenden Unabhängigen, begann über die leidige »Freie Presse«-Frage zu sprechen. Nachdem er vom Vorsitzenden mehrfach aufgefordert worden war, »zur Sache« zu sprechen, ertönten »Schluß«-Rufe im Saal, und plötzlich sprang der Mehrheitssozialdemokrat Landé auf und riß Drescher ein Notizblatt vom Rednerpult, um – wie er später sagte – »den Aufforderungen des Vorsitzenden und den Schlußrufen mehr Nachdruck zu geben«. Sein Vorgehen löste begreiflicherweise neuen und stärkeren Tumult aus. Auch von seinen Parteifreunden wurde Landés Handlungsweise nicht gebilligt. Er war einsichtig genug, eine entschuldigende Erklärung zu verfassen, die am folgenden Montag (der Zwischenfall ereignete sich an einem Samstag) in der Presse veröffentlicht werden sollte. Es hieß dort unter anderem: »Ich bedauere . . . mein Vorgehen, das durch meinen Ärger über die ganz unmotivierte Störung der bis dahin tadellos verlaufenen Versammlung und durch meine auf die Überarbeitung der letzten Wochen zurückzuführende Nervosität erklärlich erscheinen wird«[2]. Schon am nächsten Tag kam es jedoch zu einem weiteren Zwischenfall. Im Anschluß an eine USPD-Wahlversammlung, auf der Braß gesprochen hatte, demonstrierten mehrere hundert Teilnehmer in den Straßen Elberfelds, die schließlich vor Landés Wohnung zogen, um von diesem seinen Rücktritt von jeder politischen Betätigung zu fordern. Man verlangte eine sofortige Zusage, andernfalls werde sein Haus »gestürmt«. Landé gab schließlich die geforderte Erklärung ab: »Der Gewalt weichend, lege ich mein Amt als Mitglied des Arbeiterrates nieder und stelle meine Tätigkeit in der Arbeiterbewegung ein«[3]. Die Aktion wurde angeführt von dem Spartakusmitglied Drewes[4], dem der Vorsitzende des Arbeiter- und Soldatenrates Ibanetz[5] und die Ratsmitglieder Koch, der auf dem äußersten linken Flügel der USPD stand, und Bongartz, der über die Soldatenliste als einziger Spartakus-Anhänger dem Elberfelder Rat angehörte, zur Seite standen.

Auf der nächsten Sitzung des Arbeiterrates Elberfeld am 7. Januar erreichten die Sozialdemokraten zunächst die Annahme eines Antrags, der die »Zufriedenstellung« des Rates durch die bereits erwähnte Entschuldigung Landés aussprach. Außerdem wurde die von Landé erzwungene Rücktrittserklärung von seinen politischen Funktionen als ungültig erklärt, Landé behielt sein Mandat im Rat. Mit knapper Mehrheit wurde auch die Demonstration vor Landés Wohnung mißbilligt. Ein weiterer Antrag jedoch, der von den Mitgliedern Ibanetz, Koch und Bongartz eine öffentliche Erklärung verlangte, in der sie ihre Handlungsweise zu bedauern hätten, verfiel mit 17 zu 10 Stimmen der Ablehnung. Dieses Ergebnis nun nahmen die unterlegenen Antragsteller zum Anlaß, die Konsequenzen zu ziehen: 7 Mehrheitssozialdemokraten – darunter Dröner, Landé und Ullenbaum – erklärten, in diesem Rat nicht mehr arbeiten zu können, und traten aus dem Arbeiterrat Elberfeld aus. Nachdem alle vorhergehenden Anträge durchgebracht waren, konnte dieser Schritt kaum noch als zwingend betrachtet werden. Tatsächlich schlossen sich auch die über die Soldatenliste in den Rat gewählten Mehrheitssozialdemokraten dem Auszug ihrer Parteifreunde nicht an[6]. Es war offensichtlich, daß der rechte SPD-Flügel, dem die Zurückgetretenen angehörten, zu diesem Zeitpunkt nicht mehr ernsthaft an einem Ausgleich interessiert war. Man hatte in den Räten nie mehr als eine Übergangslösung gesehen und ergriff nun die Gelegenheit, einer Institution, die zum Absterben verurteilt schien, die Unterstützung zu entziehen.

Auf den Barmer Arbeiter- und Soldatenrat hatten diese Vorgänge keine Auswirkungen; die SPD-Mitglieder wirkten weiterhin aktiv mit. Dennoch wird man zusammenfassend den 7. Januar 1919 als die zweite große Zäsur nach dem 22. November 1918 ansetzen können: In den Wuppertaler Räten wurde das Feld den Unabhängigen überlassen. Parallel zu diesen Entwicklungen gewann eine bürgerliche Organisation an Einfluß: der »Bürgerrat«. Ein erster Versuch zur Bildung einer solchen Organisation Mitte November war, wie erwähnt, gescheitert. Auch ein zweiter Anlauf von Anfang Dezember brachte zunächst keinen durchschlagenden Erfolg: der Elberfelder Oberbürgermeister lehnte es ab, die Stadtverwaltung in irgendeiner Form zu beteiligen[7], die Barmer Seite schien sich dem Projekt ganz zu versagen. Mitte Dezember fand eine Gründungsversammlung statt, die sich auf Elberfeld beschränkte. Die öffentliche Tätigkeit dieses »Bürgerrates« begann mit einem Aufruf vom 1. Januar 1919, der von 33 Elberfelder Organisationen und zahlreichen Persönlichkeiten unterzeichnet war. Darin hieß es unter anderem: »Die Revolution und die nachfolgende Gewaltherrschaft der Arbeiter- und Soldatenräte und besonders der winzigen Spartakusgruppe[8] haben die Rechte und den Einfluß des Bürgertums, zu dem wir selbstverständlich auch die auf nicht sozialdemokratischem Boden stehende Arbeiterschaft zählen, völlig zur Seite geschoben. Seine Mitarbeit ist zur Herstellung eines geordneten Staats- und Wirtschaftslebens Bedingung. Wir fordern Gleichberechtigung!«[9] Man wollte sich an der »Herstellung verfassungsmäßiger Zustände auf dem Boden der durch die Umwälzung geschaffenen Lage« beteiligen. Die Verdienste des Arbeiter- und Soldatenrates Elberfeld um Ordnung und Sicherheit wurden anerkannt, dennoch setzte man sich zur Aufgabe, »alle berechtigten Klagen gegen Übergriffe der Arbeiter- und Soldatenräte zu vertreten«. Die Führung des »Bürgerrates« lag in den Händen von Dr. Max Schmidt, einem DDP-Mitglied, und Otto Würz als Geschäftsführer, der ebenfalls der DDP angehörte und für sie im Januar 1919 zur Preußischen Landesversammlung kandidierte. Die stärkste Unterstützung fand die Organisation trotz dieser Spitze im rechtsgerichteten Bürgertum[10].

Erst im Januar begannen die Linksparteien und die Arbeiter- und Soldatenräte sich mit dem »Bürgerrat« auseinanderzusetzen. Dieser stellte sich inzwischen als wohlorganisierte Institution vor, dessen zahlreiche Ausschüsse in auffallender Form denjenigen des Arbeiter- und Soldatenrates nachgebildet waren. Am 3. Januar nahm der Arbeiterrat Elberfeld mit großer Mehrheit eine Resolution Stoeckers an, die dem Bürgerrat »jegliche Tätigkeit« untersagte; Landé und Dröner hatten sich für eine abwartende Haltung ausgesprochen. Der »Bürgerrat« wandte sich daraufhin sofort beschwerdeführend an den Rat der Volksbeauftragten[11]. Dem folgte am nächsten Tag eine Erklärung des Arbeiterrates an die gleiche Adresse, in dem auf die »unverblümte Wühlarbeit reaktionärer Elemente« im »Bürgerrat« hingewiesen wurde[12]. Die Reichsregierung betonte in ihrer Antwort die durch die Revolution errungene Versammlungsfreiheit und erklärte: »Die Sozialdemokratie kann es ertragen, daß auch andere Parteien sich frei aussprechen und betätigen«[13]. Wenig später gelang es dem »Bürgerrat«, sich auch beim Zentralrat der deutschen Arbeiter- und Soldatenräte in Berlin Rückendeckung gegen Angriffe des Elberfelder Arbeiterrates zu holen[14].

Festzuhalten ist in diesem Zusammenhang noch, daß sich die Wuppertaler Vertreter des »Bürgerrates« auch auf überregionalem Gebiete um ihre Organisation verdient machten. Sie betrieben im Mai 1919 – als die Arbeiterräte längst ihre kommunalen Rechte verloren hatten – in Elberfeld die Gründung eines Landesverbandes, welcher die Bürgerräte von zunächst 15 Städten des Rheinlands und Westfalens repräsentierte. Vorsitzender wurde der Elberfelder Dr. Max Schmidt, ein weiteres der drei Vorstandsmitglieder war Barmer Bürger, und auch die Geschäftsführung lag bei einem Wuppertaler, einem Leutnant der Reserve aus Elberfeld. Ziel des Verbandes war die gleichberechtigte Vertretung »der besonderen Wünsche und Sorgen des Bürgertums« und der »geistige Kampf gegen Spartakus und Bolschewismus«. Die Lebensdauer dieses Landesverbandes war jedoch offenbar kurz bemessen, denn im Herbst des gleichen Jahres 1919 blieben mehrere Anfragen des Düsseldorfer Regierungspräsidenten ohne Antwort[15].

Auch in den ersten Monaten des Jahres 1919 führten die Arbeiter- und Soldatenräte in Fortsetzung ihrer bisherigen Arbeit eine Reihe wichtiger Maßnahmen auf sozialem Gebiet und zur Aufrechterhaltung der öffentlichen Ordnung durch. So erwarben sie sich u. a. besondere Verdienste um die Gründung eines Gesundheitsamtes in Elberfeld[16], um die Linderung der Wohnungsnot durch Konfiskation leerstehender Wohnungen und auch durch die Schaffung von Arbeitsplätzen[17]. Insgesamt aber ist seit Anfang Januar eine deutliche Politisierung und Radikalisierung der Räte zu erkennen. Es erfolgte mehrheitlich eine immer stärkere Identifizierung mit der Politik der USPD. Man war auch im Interesse der Sicherung und des Ausbaus der revolutionären »Errungenschaften« nicht länger gewillt, den allmählichen Abbau der Räteorganisationen und die Minderung ihres politischen Einflusses einfach hinzunehmen. Die Wahlausgänge zu den verfassunggebenden Versammlungen mit ihren nichtsozialistischen Mehrheiten verstärkten diese Tendenz. Die Räteorgane erschienen als Ansatzpunkte für die für nötig gehaltene und erhoffte Weiterführung der Revolution.

Unter diesen Vorzeichen verschärften sich die politischen Auseinandersetzungen auch im Wuppertal. Die Zahl der offenen Konflikte wurde häufiger, und auch der Rekurs an die zentralen Stellen in Berlin blieb kein Ausnahmefall mehr. Noch während des Wahlkampfes hatte es Auseinandersetzungen um ein gegen die Räte gerichtetes Flugblatt und eine vom Arbeiter- und Soldatenrat den Wuppertaler Zeitungen zugeleitete Gegenerklärung gegeben[18]. Dem Arbeiter- und Soldatenrat wurden Zensurgelüste vorgeworfen, und die katholische »Bergische Tageszeitung« legte »öffentlich Verwahrung« gegen das Vorgehen des Rates ein: »Derartige Eingriffe in die Pressefreiheit sind uns selbst unter der Diktatur Ludendorffs nicht vorgekommen«[19]. Die rechtsgerichtete »Westdeutsche Rundschau« verweigerte den vollen Abdruck der Gegenerklärung des Rates. Daraufhin verboten die Vertreter des Arbeiter- und Soldatenrates das Erscheinen der Zeitung für einen Tag, und um ihrem Verbot Nachdruck zu verleihen, zerstörten sie die Platten der im Druck befindlichen Ausgabe[20]. Ein weiterer Konflikt ergab sich aus dem Beschluß des Arbeiterrates in Elberfeld vom 23. Januar, gegen Unternehmer, die das Reichsgesetz über die achtstündige Arbeitszeit nicht beachteten und ungerechtfertigte Entlassungen vornähmen, »die Exekutive zu ergreifen«, »und zwar je nach Sachlage mit hoher Geldstrafe mit direktem Vollzug, Verhaftung des Unternehmers und Beschlagnahme des Betriebes«[21]. Diese Initiative war sachlich offenbar nicht ungerechtfertigt[22], Exekutivrechte standen den Räten jedoch nicht zu. Auf die Beschwerde des »Bürgerrats« hin erklärte der Zentralrat in Berlin an die Adresse des Elberfelder Arbeiterrats: »Verstöße gegen die Gesetze ... sind auf dem Wege der ordentlichen Rechtspflege, die unabhängig sein und bleiben muß, zu erledigen«[23].
Sehr entschieden wandten sich die Wuppertaler Räte – in Übereinstimmung mit dem Generalsoldatenrat in Münster – am 10. und 11. Januar gegen die Werbung von Freiwilligenverbänden für den Grenzschutz im Osten des Reiches. Flugblätter, Bekanntmachungen in Zeitungen und Veranstaltungen, die zum Eintritt in die Freikorps aufriefen, wurden verboten. In einer gemeinsamen Sitzung erhoben die Wuppertaler Räte Anklage gegen die Reichsregierung wegen der Neubelebung des »alten Militärgeistes«. Sie faßten einstimmig – also unter Einschluß der SPD-Mitglieder, die im ge-

meinsamen Rat noch immer mehr als ein Drittel der Sitze einnahmen – folgenden Beschluß: »Sämtliche Elberfelder und Barmer Zeitungen, die den Aufruf eines westfälischen Freiwilligenbataillons als ›Stütze gegen Terror, Schutz der Nationalversammlung, Sicherung der Reichsgrenzen‹ gebracht haben, werden verwarnt mit dem Bemerken, daß im Wiederholungsfalle die Blätter verboten werden«[24]. Trotzdem lief auch im Wuppertal die Freikorpswerbung an. Oberbürgermeister, Bürgerrat und auch die Zeitungen opponierten gegen den Beschluß und erwirkten, daß der Berliner Zentralrat den Wuppertaler Räten die Anwendung der allein der Regierung zustehenden Exekutivgewalt auch in diesem Falle untersagte. Dennoch setzten die Wuppertaler Räte für einen Tag das Verbot der nationalliberalen »Bergisch-Märkischen Zeitung« in dieser Frage durch[25].

Die zunehmend radikale Tendenz dokumentierten die beiden Räte nicht nur in lokalen Maßnahmen, sondern auch in ihren Äußerungen zur Regierung und zum Regierungssystem. Der Arbeiterrat Elberfeld machte sich Mitte Januar einstimmig eine Resolution des Arbeiter- und Soldatenrates Frankfurt am Main zu eigen, die der Reichsregierung schwere Versäumnisse vorwarf und den Räten gegenüber einer reaktionären Nationalversammlung das Recht der Auflösung vorbehalten wollte. »Wir halten«, so hieß es hier, »die jetzige Reichsregierung nicht mehr für fähig, ihre durch die Revolution gestellte Aufgabe zu erfüllen, wir fordern ihren Rücktritt«[26]. Anfang Februar verfaßte dann Walter Stoecker eine Resolution, die sich gegen jede Ausschaltung der Räte, auch durch die Nationalversammlung, wandte: ». . . Vor allem droht den Arbeiter- und Soldatenräten aus der Nationalversammlung eine ernste Gefahr. Diese gesetzgebende Körperschaft hat eine starke rätefeindliche Mehrheit. Es ist zu erwarten, daß diese Mehrheit ihre Macht dazu mißbrauchen wird, die Arbeiter- und Soldatenräte völlig zu beseitigen. Des weiteren werden in dem der Nationalversammlung vorgelegten Entwurf des neuen Staatsverfassungsgesetzes die Arbeiter- und Soldatenräte überhaupt nicht erwähnt. Würde dieser Entwurf Gesetz, so hätten die Arbeiter- und Soldatenräte jedes Lebensrecht verloren. Die Verfassung des neuen Deutschlands wäre auf einer bürgerlich-demokratischen Grundlage, ohne jeden proletarischen Einschlag aufgebaut. Die Arbeiter- und Soldatenräte würden ihre Pflichten gegenüber dem werktätigen Volke gröblich verletzen, wenn sie sich willenlos und schweigend ausschalten ließen. . .«[27]. Diese Resolution, die in einer gemeinsamen Sitzung der Elberfelder und Barmer Räte bei nur drei Gegenstimmen – d. h. mit der Zustimmung zahlreicher Sozialdemokraten – angenommen wurde, war an alle Arbeiter- und Soldatenräte Deutschlands gerichtet. Um die drohende Gefahr abzuwenden, wurden alle deutschen Räte aufgefordert, »die schleunige Einberufung eines Rätekongresses, mindestens im Laufe des Monats Februar«, vom Zentralrat zu verlangen[28]. Im Februar vollzog sich schließlich in der Zusammensetzung der Elberfelder und Barmer Räte eine weitere wichtige Veränderung: Die Mitglieder der Spartakusgruppe wurden aufgenommen. Zunächst hatten die Wuppertaler Spartakusanhänger im Januar beschlossen, »sich unter den derzeitigen Umständen nicht durch Sitze an dem Arbeiterrat zu beteiligen«[29]. Das Spartakusmitglied Bongartz, das über die Soldatenliste in den Elberfelder Rat gerückt war, mußte wegen dieses Beschlusses aus dem Rat ausscheiden. Ende Januar aber hatten nun die Spartakus-Mitglieder aus nicht näher ersichtlichen Motiven ihre Auffassung revidiert; sie ersuchten nunmehr offiziell um Aufnahme in die Räte. Dieser Antrag wurde in Elberfeld zunächst wegen der »Inkonsequenz dieser Parteirichtung« abgelehnt[30], aber Mitte Februar sprach man ihnen mit 23 zu 6 Stimmen drei freie Sitze im Arbeiterrat Elberfeld zu[31]. Auch in Barmen wurde die Spartakusgruppe im Laufe des Monats Februar zum Arbeiter- und Soldatenrat zugelassen[32]. Nicht genauer zu erkennen sind die Ursachen für die Meinungsänderung innerhalb des Elberfelder Rates in dieser Frage, zumal der dominierende linke Flügel der USPD ohnehin mit den spartakistischen Auffassungen sympathisierte[33]. Es mag sein, daß sich die Koalition der drei Linksparteien im Rahmen der Essener Sozialisierungsbewegung im Januar 1919 auch in dieser Richtung auswirkte. Besondere Vorkommnisse auf lokaler Ebene, die den Spartakusbund zur Mitarbeit in den Räten empfohlen hätten, scheint es nicht gegeben zu haben.

Im Februar 1919 kam es in Elberfeld zu schweren Zusammenstößen, die Tote und Verwundete forderten. Diese blutigen Unruhen waren jedoch nur zum geringeren Teil Resultat der Wuppertaler politischen Entwicklung. Sie gehören in den Zusammenhang der Essener Sozialisierungsbewegung, der Verhaftung des Generalsoldatenrates in Münster durch General von Watter am 11. Februar und der Generalstreikbewegung wenige Tage später. Am 16. Februar hatte eine Konferenz der »Revolutionären Arbeiter Westfalens und Rheinlandes« in Mülheim als Kampfmaßnahme gegen die Politik und die konkreten Maßnahmen der Reichsregierung den Generalstreik für den folgenden Tag ausgerufen[34]. Dieser Streikaufruf, der auf einer zu schmalen Basis beruhte, wurde am 18. Februar auf einer Konferenz in Essen nach Auszug der Sozialdemokraten bestätigt. Die Beteiligung von Wuppertaler Vertretern an der Mülheimer Konferenz ist nicht genau auszumachen, die Räte hatten jedenfalls keine offiziellen Vertreter geschickt. Nach Essen hatten beide Wuppertaler Räte insgesamt 6 Vertreter entsandt, von denen einer zur SPD gehörte. Die 5 USPD-Mitglieder haben offensichtlich dem Generalstreikbeschluß zugestimmt[35].

In den Morgenstunden des 18. Februar, bevor die Essener Konferenz zusammentrat, forderten Kommunisten die Wuppertaler Arbeiter auf, die Arbeit niederzulegen; sie klebten rote Plakate und erzwangen die Arbeitseinstellung »unter Drohungen, teilweise mit Waffen«[36]. Im Laufe des Vormittags versammelte sich in Elberfeld eine große Menge Arbeitsloser[37] und Streikender vor dem Rathaus. Auf die Nachricht, daß die Bahnhofsverwaltung in Elberfeld das Ankleben roter Plakate am Bahnhofsgebäude verhindert habe, zog eine Gruppe zum Bahnhof, um vom Bahnhofsvorsteher Rechenschaft zu fordern. Bei dem dort entstehenden Tumult fiel ein Schuß, dessen Ursprung ungeklärt blieb. Die Demonstranten begannen, die Bahnhofsräume gewaltsam nach Waffen zu durchsuchen, wobei sie auf die massive Gegenwehr der Eisenbahnbeamten stießen, die seit einigen Wochen eine eigene Sicherheitswehr gebildet hatten. Es kam zu einem einstündigen Feuergefecht, bei dem vier Menschen getötet und viele verwundet wurden. Unter den Opfern befanden sich zwei Mitglieder der Spartakusgruppe. Die Demonstranten wurden aus dem Bahnhof verdrängt, führten aber Verstärkungen herbei. Zur gleichen Zeit schickte das Generalkommando auf Anforderung der Bahnhofsverwaltung das in Gummersbach stationierte »Freikorps Niederrhein« zum Bahnhof Elberfeld[38]. Gegen Abend beschloß eine Versammlung der Spartakusgruppe, den Bahnhof erneut anzugreifen und auch andere öffentliche Gebäude zu besetzen[39]. In der Nacht zum 19. Februar kam es im Bahnhofsgelände zu einer schweren Schießerei mit dem inzwischen eingetroffenen »Freikorps Niederrhein«, bei der weitere 8 Menschen ums Leben kamen. Die Regierungstruppen behielten die Oberhand. Nachdem die Aufständischen zur Auslieferung ihrer Waffen gezwungen worden waren, wurden die Truppen am Abend des 19. Februar wieder abgezogen. Die Überwachung des Bahnhofs übernahm eine Sicherheitswache, die der Arbeiterrat Elberfeld stellte[40]. Allein diese Regelung macht deutlich, daß der Arbeiterrat Elberfeld, wie er schon am 18. Februar erklärt hatte, mit dem Putschversuch »nichts zu tun« hatte[41].

Nach diesen Vorfällen war die Parole zum Generalstreik in Elberfeld diskreditiert. Die Unabhängigen versuchten nicht mehr, statt des mißglückten »Mülheimer« einen »Essener« Generalstreik auszurufen. Die SPD distanzierte sich sofort vom Streik[42], und der Elberfelder Arbeiterrat hielt sich zurück[43] und überließ die Entscheidung der Gewerkschaftskommision[44].

Auch in Barmen hatte es am Vormittag des 18. Februar einen Versuch gegeben, den Streik mit Gewalt durchzusetzen. Bewaffnete Gruppen durchzogen die Stadt und entwaffneten Polizisten[45]; dennoch gelang es nicht, den Generalstreik durchzusetzen. Am 20. Februar wurde aufgrund des Essener Beschlusses ein neuer Anlauf unternommen. Mit drakonischen Mitteln, die von einer nicht ganz regulären Sitzung des Arbeiter- und Soldatenrates beschlossen worden sein sollen[46], sollte jetzt das Gelingen des Streiks gesichert werden[47]. Der Arbeiter- und Soldatenrat bildete ein Streikkomitee, das sich aus drei linken USPD-Mitgliedern zusammensetzte: Jürges, Meyer und Backhaus. Der Streik konnte jedoch auch dieses Mal nicht durchgesetzt werden. Der »Barmer Anzeiger« resümierte, daß »die überwältigende Mehrzahl der hiesigen Arbeiterschaft Herrn Jürges als Leiter des Arbeitsamtes folgte, ihm aber in seiner Eigenschaft als Mitglied der Streikleitung die Gefolgschaft versagte«[48]. Am 22. Februar hob der Arbeiter- und Soldatenrat Barmen seine Beschlüsse wieder auf. Die Gründe für das Scheitern des Generalstreiks in Barmen wird man darin zu suchen haben, daß 1. die große Mehrzahl der Barmer Arbeiter hinter der SPD und den Gewerkschaften stand, wie es die letzten Wahlen gezeigt hatten, daß 2. die Streikforderung, nämlich die Sozialisierung des Ruhrbergbaus, die Wuppertaler Industrie und ihre Arbeiterschaft nur indirekt zu betreffen schien, daß 3. die Voraussetzungen für einen Solidaritätsstreik aufgrund der angespannten Wirtschaftslage schlecht waren und daß 4. linksradikale Aktionen, vor allem die blutigen Vorfälle in Elberfeld, die Parole des Generalstreiks weithin diskreditierten. Nach dem Bericht des preußischen Innenministeriums[49] hatten die Beschlüsse des Arbeiter- und Soldatenrates in Barmen »großen Unwillen« in der Bevölkerung ausgelöst; diese habe »heftigen Widerstand« geleistet. Ende Februar konstatierte sogar der Vorsitzende des Barmer Rates, Sauerbrey, »daß sich in weiten Kreisen der Bevölkerung eine Mißstimmung gegen den Arbeiter- und Soldatenrat geltend mache«; »zum Teil« sei »der Streik daran schuld«[50].

Es muß ganz allgemein festgestellt werden, daß seit Beginn der Nationalversammlung der Rückhalt der Arbeiter- und Soldatenräte in der Bevölkerung, und auch in der Arbeiterschaft, abnahm. Im gleichen Maße, wie die Regierung ihre Ablehnung gegenüber dem Rätesystem verstärkte, wuchs die Radikalität der politischen Aktionen der Arbeiter- und Soldatenräte. Die Radikalisierung bewirkte unter den gegebenen Verhältnissen eine ganz deutliche Einengung der politischen und sozialen Basis der Räte im Wuppertal. Allerdings vermochten die politischen und sozialen Kämpfe während des Frühjahrs im Reich immer noch breite Massen zu mobilisieren, die auch die Räteforderungen immer wieder aktualisierten. Ungeachtet der Streikbewegung und der sogenannten »Frühjahrskämpfe« wurde jedoch die politische Position der Räte insgesamt immer schwächer. Dennoch ging die Reichsregierung davon aus, daß sie die Räte angesichts der verbreiteten Unruhe in der Bevölkerung nicht völlig – und vor allem nicht sofort – beseitigen konnte. Sie erklärte sich deshalb damit einverstanden, daß die Arbeiterräte künftig Funktionen auf wirtschaftlich-sozialem Gebiet übernehmen

sollten. Das bedeutete aber zugleich das Ende der »politischen« Arbeiter- und Soldatenräte, die lokale Gewalt innegehabt hatten und zumindest dem Anspruch nach noch immer die Kontrolle der Verwaltung ausübten. In Wuppertal stellte sich das Problem deutlich, als nach den Kommunalwahlen vom 2. März 1919 demokratisch gewählte Stadtparlamente neben den Revolutionsorganen der Räte bestanden[51]. Die Diskrepanz zwischen beiden Institutionen zeigte sich sinnfällig darin, daß die USPD in der einen über eine unangetastete Mehrheit verfügte, in der anderen aber nur wenig mehr als 10% der Sitze einnahm. Eine Dienstversammlung der Oberbürgermeister beim Regierungspräsidenten in Düsseldorf brachte am 5. März – 3 Tage nach den Kommunalwahlen – das Ergebnis, daß die durch die Arbeiter- und Soldatenräte »bestehende Fühlung mit den Arbeiterkreisen auch in Zukunft nicht zu entbehren sei und man sich daher mit einer gewissen Kontrolltätigkeit der Arbeiterräte auch in Zukunft einverstanden erklären könne«[52]. Diese überraschend großzügige Interpretation wurde freilich 4 Wochen später – nach der Neuwahl der Arbeiterräte – dahin abgeändert, daß zwar »die Fühlung mit den Arbeitern« »in jedem Fall . . . aufrechterhalten« werden müsse, aber eine »Kontrolltätigkeit . . . grundsätzlich nicht mehr zugestanden werden« könne[53].
Nachdem der Zentralrat in einem Schreiben an den Arbeiterrat Elberfeld schon Anfang Februar moniert hatte, daß in Wuppertal noch keine Neuwahlen stattgefunden hätten[54], wurde in beiden Räten im Februar und im März wiederholt die Frage der Neuwahlen diskutiert. Die SPD-Mitglieder stellten Ende Februar offiziell den Antrag, die Räte neu wählen zu lassen. Maßgebend für die Durchführung der Wahlen sollten die Richtlinien des Zentralrates sein, nach denen alle Kassenmitglieder mit einem Jahreseinkommen unter 10 000 Mark wahlberechtigt sein sollten; die Kommunisten sollten vom Wahlrecht ausgeschlossen bleiben (!). Die Antwort der USPD auf diesen Antrag lautete: »Wir sind grundsätzlich für eine Neuwahl der Arbeiterräte Elberfeld und Barmen. Da der Zentralrat seine ihm von der Revolution gegebenen Rechte an die Nationalversammlung abgetreten hat, wird ihm das Recht abgesprochen, eine Neuwahl der Räte auszuschreiben. [Die USPD geht] in dieser Hinsicht mit dem Vollzugsrat der Großberliner Arbeiter- und Soldatenräte einig«[55]. Das war ein letztes Aufbäumen der USPD gegen die neuen Machtverhältnisse im Reich. Ihre Versuche, den Bezirk Niederrhein zu einem eigenen Wahlmodus zu veranlassen, nach welchem nur Mitglieder der sozialistischen Parteien oder Arbeitnehmer mit einem Höchsteinkommen von 7000 Mark wählen sollten, scheiterten. Eine Bezirkskonferenz der Arbeiter- und Soldatenräte gab Mitte März dem Druck des Zentralrats nach und nahm dessen Wahlmodus an; der Zentralrat hatte gedroht, daß er andernfalls die Wahlen durch die SPD allein durch-

führen lassen werde. Für das Wuppertal legten die in den Räten vertretenen sozialdemokratischen Parteien die Wahl auf den 30. März 1919 fest.
Die Zahl der Wahlberechtigten betrug in Elberfeld und Barmen knapp 45 % der nach dem allgemeinen Wahlrecht wahlberechtigten Bürger. Obwohl über die künftigen Aufgaben der Arbeiterräte nur vage Vorstellungen vorhanden waren, und diese Wahl bereits den 4. Wahlgang bedeutete, dem sich Wuppertaler Bürger im ersten Viertel des Jahres 1919 zu unterziehen hatten, entspann sich ein kurzer und lebhafter Wahlkampf. Die Sozialdemokraten zeigten nur ein relativ schwaches Interesse; sie nominierten keine Spitzenkräfte mehr wie Dröner und Haberland, sondern beschränkten sich auf Mitglieder, die gleichzeitig in den Gewerkschaften führend tätig waren. In der USPD gab es um die Aufstellung der Kandidaten einen heftigen Kampf der Flügel. Zum ersten Mal setzte sich jetzt der rechte Flügel um Oskar Hoffmann durch; der führende Kopf der Linken, Walter Stoecker, war bei der Nominierung allerdings nicht zugegen[56]. Die größte Initiative entwickelten die nicht-sozialistischen Gruppen, die in Barmen zwei Listen, in Elberfeld eine gemeinsame Liste aufstellten. Die bürgerlichen Zeitungen engagierten sich für diese Listen ebenso wie die vier bürgerlichen Parteien, die ihre Stellungnahmen in gemeinsamen Annoncen abgaben. Führende Mitglieder der bürgerlichen Parteien kandidierten auf den Listen zur Arbeiterratswahl allerdings nicht. Eine starke Wahlpropaganda entwickelte auch der »Bürgerrat«, der die Möglichkeit sah, die Zusammensetzung der Arbeiterräte mit dem Ziel einer nichtsozialistischen Mehrheit zu beeinflussen. Einer solchen Hoffnung gab auch die Parole der Kommunisten Nahrung, die zum Boykott der Wahlen aufriefen.
Das erste Merkmal des Wahlergebnisses ist die geringe Beteiligung von weniger als 40 % der Wahlberechtigten; die Hauptursache dafür dürfte neben der Wahlmüdigkeit in der Ungeklärtheit der künftigen Position der Arbeiterräte zu finden sein. Die USPD, die drei Monate lang beide Räte beherrscht hatte, errang weniger als 25 % der Stimmen und jeweils 8 der 36 Ratssitze. Die SPD erreichte in beiden Städten ein Drittel der Stimmen und der Sitze. Sehr beachtlich war das Abschneiden der nicht sozialistischen Gruppen: sie vereinigten einen Anteil von über 40 % auf sich. Die Gruppen, die den Arbeiterräten nur noch wirtschaftlich-soziale Aufgaben belassen wollten, SPD und Bürgerliche, waren damit weitaus in der Mehrheit. Die USPD, die als einzige Gruppe bereit war, sich für weiterreichende Rechte der Arbeiterräte einzusetzen, wurde durch das Wahlergebnis deutlich abgeschlagen. Mit dieser Wahl war somit nicht nur formal, sondern auch in der politischen Substanz die Wirksamkeit der beiden Wuppertaler Revolutionsorgane, der »politischen« Arbeiter- und Soldatenräte, abgeschlossen.

Anmerkungen

Vorbemerkung zur Quellen-Situation: Die Quellenlage bezüglich der Wuppertaler Arbeiter- und Soldatenräte ist nicht ungünstig, sieht man davon ab, daß Wortprotokolle über die Sitzungen der Räte nicht vorliegen. Hinsichtlich des Bestandes an Tageszeitungen aus den Jahren 1917 bis 1919 bietet sich ein erfreulich breites Spektrum. Für die Jahre 1917 und 1918 fehlt in Elberfeld-Barmen lediglich ein Organ der äußersten Linken (USPD); dieser Mangel konnte durch die Benutzung der Solinger »Bergischen Arbeiterstimme«, die auch im Wuppertaler Gebiet verbreitet war, teilweise behoben werden. Als nützlich erwies sich auch die Heranziehung evangelisch-kirchlicher Zeitungen und Zeitschriften. Das vorhandene Aktenmaterial befriedigt hinsichtlich der Stadt Elberfeld. Die Lücken des Barmer Aktenbestandes konnten, soweit sie den Schriftverkehr der Stadtverwaltung mit der Düsseldorfer Regierung betrafen, durch die Bestände des Hauptstaatsarchivs Düsseldorf ausgeglichen werden. Das Staatsarchiv bot darüber hinaus vor allem Material über die »Bürgerräte«. Dank der freundlichen Hilfe von Prof. Helmuth Stöcker (Humboldt-Universität Berlin), dem Sohn des in der Arbeit wiederholt genannten Walter Stoecker, war es dem Verfasser möglich, den Schriftwechsel zwischen den Wuppertaler Räten und dem Rat der Volksbeauftragten zu benutzen, der sich im Deutschen Zentralarchiv in Potsdam befindet.
Von den mündlichen und schriftlichen Kontakten, die der Verfasser mit Personen aufnahm, die die Ereignisse von 1918/19 miterlebten oder mitgestalteten, waren folgende besonders nützlich: mit Wilhelm Enz (Mitglied im Soldatenrat Barmen, SPD), Landtagsvizepräsident Alfred Dobbert und Oberbürgermeister i. R. Hermann Herberts (ab 1919 bzw. 1920 Redakteur an der USPD-Zeitung »Volkstribüne«) und mit Prof. Fritz Baade (Vorsitzender des Arbeiter- und Soldatenrats in Essen).

Anmerkungen

1 1929 wurden diese beiden Städte (1919 je 170 000 Einwohner) sowie weitere vier Ortschaften mit insgesamt 60 000 Einwohnern (Ronsdorf, Cronenberg, Vohwinkel, Beyenburg) zur heutigen Stadt »Wuppertal« vereinigt.
2 Gerhart Werner, Wolfgang Köllmann, Werner Schürmann: Chronik der Stadt Wuppertal, Köln 1959, S. 8.
3 In diesem Beitrag wird der Begriff »das Wuppertal« stets synonym für Elberfeld und Barmen, nicht auch für die übrigen Ortschaften gebraucht.
4 Wolfgang Köllmann: Wirtschaft, Weltanschauung und Gesellschaft in der Geschichte des Wuppertals, Wuppertal 1955, S. 23.
5 W. Köllmann, Wirtschaft, S. 28.
6 Hermann Herberts: Zur Geschichte der SPD in Wuppertal, Wuppertal 1963, S. 38.
7 H. Herberts, S. 81 ff.
8 Elberfeld-Barmen galt als »Prominenten«-Wahlkreis. Bei der Wahl zum Konsti-

tuierenden Norddt. Reichstag im Frühjahr 1867 z. B. standen sich Bismarck, Forckenbeck und von Schweitzer gegenüber.

9 Wolfgang Köllmann: Sozialgeschichte der Stadt Barmen im 19. Jahrhundert, Tübingen 1959, S. 266.

10 Ursula Rosenbaum: Sozialgeschichte der Stadt Barmen zur Zeit des Kaiserreichs 1870-1914, Diss. phil. Münster 1955, S. 396 ff. (Ms.).

11 1914 betrug die Mitgliederzahl der SPD in Elberfeld u. Barmen 7522 (W. Köllmann, Sozialgeschichte, S. 269). Die »dominierende Rolle« aus der Zeit des Frühsozialismus spielte die Wuppertaler SPD allerdings nicht mehr (H. Herberts, S. 176). – Von den 1914 11 454 gewerkschaftlich organisierten Arbeitern Barmens (= 20% der Arbeiterschaft) gehörten immerhin 906 Arbeiter zur Christlichen Textilarbeiterschaft, also zu einer nicht-sozialistischen Organisation; 3562 waren Mitglieder des Deutschen Textilarbeiterverbandes, 1525 des Deutschen Metallarbeiterverbandes (W. Köllmann, Sozialgeschichte, S. 67).

12 Jürgen Reulecke: Wirtschaftsgeschichte Barmens von 1910 bis 1925, Diss. phil. Bochum 1972 (Ms).

13 J. Reulecke, S. 41.

14 J. Reulecke, S. 69 f.

15 J. Reulecke, S. 97. Als Beispiele wurden nur wegen der beschränkten Materiallage zwei Aktiengesellschaften angeführt. Die vorherrschende Unternehmensform war hingegen die Personalgesellschaft, die z. T. als oHG geführt wurde; 1913 waren laut Handelsregister von 1848 Firmen nur 22 Firmen Aktiengesellschaften. Die Wuppertaler Textilindustrie zeigte deutlich ihre im Handwerk liegenden Ursprünge (vgl. W. Köllmann, Sozialgeschichte, S. 116 ff.).

16 J. Reulecke, S. 103 ff.

17 J. Reulecke, S. 118 f.

18 Volkstribüne v. 28. 7. 1919.

19 Darunter waren zwei Spartakusanhänger: Werner Möller, der später in Berlin blieb und dort beim sog. »Spartakusaufstand« Januar 1919 ums Leben kam, und der Drogist Dattan, der nach Verbüßung seiner Strafe eingezogen wurde; er wurde nach Kriegsende Vorsitzender der Wuppertaler Spartakusgruppe und dann der KPD (die 1920 854 von ca. 170 000 Wählerstimmen erhielt). Zu Dattan s. den biograph. Kurzartikel bei Hermann Weber (Hg.): Der Gründungsparteitag der KPD, Frankfurt 1969, S. 313.

20 Niebuhr wurde bald darauf eingezogen und starb schon im Mai 1917. Die USPD verdächtigte die SPD, bei der Einberufung ihre Hand im Spiel gehabt zu haben. Der zweite Redakteur, Hoffmann, befand sich wegen der Flugblattaffäre im Gefängnis. Er wurde anschließend – März 1917 – eingezogen und fehlte der USPD im November 1918 sehr.

21 Die Stimmen wurden nicht ausgezählt.

22 Auch das Eingreifen Eberts im März 1917 konnte nichts mehr ändern: Freie Presse (F. P.) v. 19. 3. 1917. – Die USPD hatte im Sommer 1917 2575 Mitglieder, die SPD im Frühjahr 1918 739 (Freie Presse v. 24. 9. 1917 u. 16. 8. 1918); die im Felde stehenden früheren Mitglieder sind nicht mitgezählt.

23 Was schließlich die Wählerschaft anbetrifft, so hatte die SPD bei den Wahlen zur Nationalversammlung im Januar 1919 37%, die USPD 11% der Stimmen im Wuppertal. Dieses Verhältnis entsprach also nicht der Verteilung der Mitglieder auf die beiden Parteien, sondern derjenigen der führenden Funktionäre.

24 So die Auskunft von Alfred Dobbert, 1919 Redakteur an der USPD-Zeitung »Volkstribüne«, gegenüber dem Verfasser.

25 Johannes Motz: Geschichte der Sozialdemokratie in Solingen 1914–1924, Ms. o. J., S. 60 ff.
26 Hinsichtlich der Mitgliederzahlen im Bezirk berichtet die Volkstribüne am 28. 4. 1919, 11 026 seien zur USPD, 2333 zur SPD gestoßen.
27 23. 6. 1917; Stadtarchiv Solingen: F 3 59 I gen. Akten Solingen
28 F. P. v. 8. u. 12. 11. 1917.
29 F. P. v. 6. 10. u. 7. 11. 1917.
30 Freikonservative und Christlich-Soziale hatten bei den starken evangelischen Gemeinden einen sicheren Rückhalt. Sie vereinigten etwa 25 % der Wähler auf sich. Zur besonderen Affinität der Christlich-Sozialen zur »Vaterlandspartei« vgl. Gottfried Mehnert: Evangelische Kirche und Politik 1917–1919. Die politischen Strömungen im deutschen Protestantismus von der Juli-Krise 1917 bis zum Herbst 1919, Düsseldorf 1959, insbes. S. 60.
31 F. P. v. 8. 10. 1917.
32 Heinrich Haake: Barmen im Weltkrieg, Barmen 1922, S. 274 ff.
33 Der Regierungspräsident in Düsseldorf an den Staatskommisar für Volksernährung, Düss., 28. 2. 1917, in: Die Auswirkungen der Großen Sozialistischen Oktoberrevolution auf Deutschland, Bd. 4/II, hg. v. Leo Stern, Berlin, S. 377 f.
34 Geheime Akten der Hagener Politischen Polizei, vom Arbeiter- und Soldatenrat Hagen im November 1918 veröffentlicht, abgedr. Volkstribüne v. 20. 12. 1918.
35 Stv. Gen.-Kommando VII. AK., Münster, an den Obermilitärbefehlshaber, 10. 7. 1917, abgedr. in: Auswirkungen der Großen Sozialistischen Oktoberrevolution, Bd. 4/II, S. 597.
36 Eduard Kirchner: Die Barmer Textilindustrie, Aufbau, Konjunktur und Kriegsumstellung, Diss. rer. pol. Münster 1921, S. 65.
37 S. Anm. 35.
38 General-Anzeiger (G.A.) v. 29. 1. 1918.
39 F. P. v. 30. 1. 1918.
40 F. P. v. 14. 10. 1918.
41 G. A. v. 18. 10. 1918.
42 Eine Aktivität der katholischen Kirche, der weniger als 20 % der Bevölkerung angehörten, ist fast gar nicht zu erkennen; das Wuppertaler »Zentrum«, repräsentiert durch die »Bergische Tageszeitung«, stand ganz auf dem Kurs Erzbergers.
43 F. P. v. 21. 10. 1918.
44 G. Mehnert, S. 32 f.
45 Westdeutsche Rundschau v. 16. 10. 1918.
46 F. P. v. 28. 10. 1918.
47 Dittmann war Abgeordneter für den Wahlkreis Lennep-Remscheid-Mettmann und vereinigte auf sich die Sympathien aller bergischen Unabhängigen, nachdem die Abgeordneten der beiden anderen bergischen Wahlkreise, Ebert und Scheidemann, an die Spitze der »Regierungssozialisten« getreten waren. Dittmann wurde im Februar 1918 im Zusammenhang mit dem Berliner Munitionsarbeiterstreik zu einer Gefängnisstrafe verurteilt; am 10. 11. 1918 wurde er als USPD-Vertreter Mitglied des »Rats der Volksbeauftragten«, die polit. Biographie Dittmans s. Die Regierung der Volksbeauftragten 1918/19, bearb. v. S. Miller u. H. Potthoff, Bd. 1, Düsseldorf 1969, S. XXXIX.
48 Bericht der Politischen Abteilung der Provinzialverwaltung in Düsseldorf vom 15. 10. 1918, in: Auswirkungen der Großen Sozialist. Oktoberrevolution, Bd. 4/IV. S. 1611 f.
49 Carl Severing: Mein Lebensweg, 2 Bde., Köln 1950, S. 221; Hanno Lambers:

Die Revolutionszeit in Hagen. Die politische Entwicklung von 1917 bis 1924 in Hagen und Haspe, Hagen 1963, S. 38 f.
50 Bericht der Polit. Abteilung der Polizeiverwaltung in Düsseldorf vom 15. 10. 1918, s. Anm. 48.
51 F. P. v. 8. 11. 1918.
52 G. A. v. 21. 10. 1918.
53 Denkschrift des Reichsgesundheitsamtes vom 16. 12. 1918, in: Ursachen und Folgen, hg. v. H. Michaelis u. E. Schraepler, Bd. 1, Berlin 1958, S. 283 ff.
54 Reg.-Präsident in Düsseldorf an das Stv. Gen.-Kommando VII. A. K. in Münster vom 23. Juni 1918, in: Auswirkungen der Großen Sozialist. Oktoberrevolution, Bd. 4/IV, S. 1401 f.
55 F. P. v. 25. 10. 1918.
56 S. Anm. 53.
57 Prinz Max von Baden: Erinnerungen und Dokumente, Stuttgart 1927, S. 410. – Dem Verf. dieses Beitrages scheint, daß dieser Umstand in der Literatur nicht genügend beachtet wurde.
58 Sie nahm im Mai 1918 von Madrid her ihren Ausgang.
59 Bergisch-Märkische Zeitung v. 23. 10. 1918.
60 G. A. v. 11. 11. 1918.
61 F. P. v. 5. 8. 1918.
62 F. P. v. 29. 10. 1918.
63 F. P. v. 30. 10. 1918.

Kapitel II

1 G. A. v. 9. 1. 1918.
2 Die Arbeiterausschüsse sind seit dem Hilfsdienstgesetz vom Dezember 1916 die Vertretung der Arbeitnehmer (§ 12).
3 F. P. v. 19. 10. 1918.
4 Das Elberfelder Arbeitsamt begann im Januar 1919 seine Tätigkeit. Diese Institution vereinigte in sich folgende schon bestehenden Ämter: Demobilmachungsausschuß, Arbeitsnachweis, Erwerbslosenfürsorge und Versicherungsamt. Neugegründete Abteilungen betrafen Arbeiterschutz, Koalitions- und Betriebsangelegenheiten und Rechtsauskunft (nach: Verwaltungsbericht Elb. 1919, S. 5).
5 Sten. Ber. der Stadtverordnetenversammlung Elberfeld, IX. Sitzung vom 8. Nov. 1918.
6 F. P. v. 22. 10. 1918 – Über den »Schülerrat«, der sich zum Zwecke der »nationalen Verteidigung« gebildet und den die F. P. scharf abgelehnt hatte, heißt es bezeichnenderweise: »etwa so nach dem Muster der russischen und österreichischen Arbeiter- und Soldatenräte, oder wie sie sich neuerdings in Kiel und Hamburg gebildet haben« (F. P. v. 7. 11. 1918).
7 F. P. v. 5. 11. 1918.
8 Der Zeitungsbericht gibt das genaue Datum nicht an; die F. P. pflegte aber alle Parteiberichte am nächstfolgenden Tage zu veröffentlichen (sie erschien mittags), so daß der 7. November wahrscheinlicher ist.
9 Heinrich Schäfer: Tagebuchblätter eines rheinischen Sozialisten, Bonn 1919, S. 8 ff.; s. hierzu den Beitrag von Ulrich Kluge in diesem Band.
10 G. A. v. 9. 11. 1918.

11 Daß viele der Soldaten, die an der Revolution beteiligt waren, keine Sozialdemokraten waren, in diesem Augenblick jedoch die Führung der Linksparteien anerkannten, beschreibt und motiviert Arthur Rosenberg, Geschichte der Deutschen Republik, Karlsbad 1935, S. 9.
12 Auskunft von W. Enz, der an der Soldatenversammlung teilnahm, gegenüber dem Verfasser.
13 Stadtarchiv Wuppertal (StA Wu), Akten Elberfeld, S XI 892.
14 G. A. v. 9. 11. 1918.
15 Sie werden am folgenden Tag in den neu gebildeten Sicherheitsdienst übernommen (StA Wu., Akten Elb., S XI 892).
16 Von der Barmer Versammlung heißt es in der F. P.: »mehrere hundert Soldaten und zahlreiche Arbeiter«; wahrscheinlich handelt es sich bei den Arbeitern um Arbeiterfunktionäre. – Die Wupperstädte beherbergten keine Garnisonen, so daß die anwesenden Soldaten sich nur aus Urlaubern zusammensetzten. Nach Auskunft von Enz (s. Anm. 12) kehrten Ende Oktober und Anfang November viele Soldaten, deren Urlaub abgelaufen war, nicht mehr an die Front zurück; dies scheint die relativ hohe Zahl der im Wuppertal anwesenden Soldaten zu erklären. – Am 13. 11. 1918 fand in Elb. eine Soldatenversammlung mit über 2000 Teilnehmern statt (F. P. v. 14. 11. 1918).
17 So auch Rosenberg, Geschichte, S. 7; s. dazu auch Ulrich Kluge in diesem Band.
18 Vgl. Willy Brandt, Richard Löwenthal: Ernst Reuter. Ein Leben für die Freiheit. Eine politische Biographie, München 1956, S. 116: »(Die Arbeiter- und Soldatenräte) waren in erster Linie Organe der Revolte gegen den längst verhaßten und nun blutig gescheiterten wilhelminischen Militärstaat«.
19 Die 16 Soldaten sind die Mitglieder der beiden nachmittags gebildeten Soldatenräte von Elberfeld und Barmen.
20 OB Funck an Reg.-Präs. in Düss., 26. 11. 1918, StA Wu., Akten Elb., S XI 892. – Dieser Vizefeldwebel spielte keine herausragende Rolle; es ist nicht bekannt, wie lange er dem Soldatenrat angehörte. Er ist das einzige Mitglied einer bürgerlichen Partei, das bis zum März 1919 im Arbeiter- und Soldatenrat auftauchte.
21 Flugblatt vom 9. November 1918. StA WU, Akten Elb., S XI 892.
22 F. P. v. 11. 11. 1918.
23 F. P. v. 11. 11. 1918.
24 Der Bericht des General-Anzeigers stellt zwei weitere psychologisch aufschlußreiche Momente der Demonstration heraus: »In geschlossenem Zuge begaben sich die Massen . . . zum Friedhof zur Teilnahme an der Beerdigung eines alten Parteiveteranen und einem Demonstrationszug durch das Villenviertel am Brill« (G. A. v. 10. 11. 1918).
25 Barmer Anzeiger (B. A.) v. 11. 11. 1918.
26 F. P. v. 10. 11. 1918.
27 Seine Erfahrungen mit der Überwachung der Höchstpreise stellte der Elberfelder Arbeiter- und Soldatenrat dem Rat der Volksbeauftragten zur Nachahmung zur Verfügung. In einem Telegramm vom 12. 11. 1918 an »Reichskanzler Ebert, Berlin« heißt es: »Beruhigend auf die gesamte Bevölkerung wirkt strengste Durchführung der Höchstpreise für das ganze Reich und Überwachung durch die Arbeiter- und Soldatenräte – Schlagen vor, schnellstens zu verordnen – Dröner, Ibanetz, Ullenbaum« (DZA Potsdam, RK. Nr. 2486, Akten betr. AuSRe, Bd. 6, Bl. 2).
28 StA Wu., Akten Elb., S XI 892: »Übereinkunft des Arbeiter- und Soldatenrates mit dem Polizeiinspektor Adolph vom 9. 11. 1918«.

29 F. P. v. 14. 11. 1918.
30 F. P. v. 14. 11. 1918. – Der starke Genuß von Branntwein wird als eines der Merkmale der Wuppertaler Bevölkerung in Abhandlungen zur Sozialgeschichte der beiden Städte genannt; vgl. die Arbeiten von Wolfgang Köllmann und Ursula Rosenbaum.
31 F. P. v. 9. 11. 1918.
32 Dazu gehörte auch die Besetzung von Bahnhof, Post und Telegraphenamt; sie wurde am Vormittag des 9. Nov. vollzogen (B. A. v. 11. 11. 1918).
33 StA Wu., Akten Elb., D V 1176.
34 Verwaltungsbericht Elb. 1919 (StA Wu., Akten Elb., E V 402).
35 StA Wu., Akten Ba., S XI 892.
36 StA Wu., Akten Elb., S XI 892.
37 F. P. v. 13. 11. 1918.
38 S. Anm. 36
39 Funck war 1915 Mitglied der »Freien Vaterländischen Vereinigung«, 1917 Mitglied der »Vaterlandspartei« (Akten Elb., T II 916). – Auskunft W. Enz: »konservativ«.
40 Stadtverordnetenversammlung Elb. vom 8. Nov. 1918
41 StA Wu., Akten Elb. S XI 892.
42 Beide waren Mitglieder der SPD. Daß hier der Proporz nicht eingehalten wurde, dürfte darauf zurückzuführen sein, daß die USPD über sehr wenige Mitglieder mit kommunaler Erfahrung verfügte.
43 F. P. v. 12. 11. 1918. – Dieser Funktion entsprach auf der anderen Seite in etwa der Beigeordnete, der von der Stadtverwaltung als Verbindungsmann zum Arbeiter- und Soldatenrat eingesetzt wurde.
44 Eine solche Funktion erhielt Landé auch im Elberfelder »Vertrauensausschuß«.
45 Vgl. Telegramm der Preuß. Reg. an die Reg.-Präsidenten vom 13. Nov. 1918 (StA Wu., Akten Elb., S XI 892).
46 Die Zahl ist verschiedentlich geändert worden; sie schwankt zwischen 26 und 40. Mitte November wurden auch vier Frauen aufgenommen.
47 StA Wu., Akten Elb., S XI 892.
48 F. P. v. 13. 11. 1918.
49 Vgl. das »Reglement« des Elberfelder Arbeiter- und Soldatenrates vom 2. 12. 1918.
50 Sie blieb es bis zum 24. 1. 1919. Die am 12. 12. 1918 gegründete »Volkstribüne« (USPD) wurde ebenfalls »Offizielles Organ der Arbeiter- und Soldatenräte« und blieb es bis zum Ende der Räte 1920.
51 Auch dann wurden meist die offiziösen Berichte gedruckt.
52 Bekanntmachung der Preuß. Reg., betr. Entschädigung der Mitglieder der Arbeiter-, Soldaten- u. Bauernräte, vom 16. Nov. 1918, Nr. 11712, Preuß. Gesetzessammlung 1918, S. 191.
53 Stadtverordneter Vesper (Fortschritt), Ba., am 29. 11. 1918.
54 Vgl. die 12. Sitzung (29. 11. 1918) und die 25. Sitzung (28. 10. 1919) der Stadtverordn.-Vers. Ba. und die 11. Sitzung (28. 1. 1919) der Stadtverordn.-Vers. Elb.
55 Der Barmer Arbeiter- und Soldatenrat verbrauchte bis März 1920 195 456,01 Mark, davon 150 036 Mark für Sicherheitsdienst, 33 726 Mark für Personal- und 11 694 Mark für Sachausgaben (StA Wu., Akten Ba., S XI 892 und Hauptstaatsarchiv Düsseldorf [HStAD], Reg. Düss. Nr. 15 279, Bl. 536). – Der Elberfelder Arbeiter- und Soldatenrat benötigte bis Okt. 1919 ohne die Ausgaben für Si-

cherheitsdienst 76 403,50 Mark (Personalkosten 54 738 Mark und Sachkosten 21 865 Mark), also fast das Doppelte des Barmer Arbeiter- und Soldatenrates (StA Wu., Akten Elb., S XI 892).
56 F. P. v. 15. 11. 1918.
57 Drescher (USPD) legte bei der Bezirkskonferenz der Arbeiter- und Soldatenräte vom 20. 11. 1918 die Motive zu diesem Vorgehen dar (nach F. P. v. 21. 11. 1918): »Gen. Drescher-Elb. gab zu, daß die Soldaten wohl die Revolution gemacht haben; es sei aber eine militärische Revolution gewesen, ein Zersprengen der Fessel des Militarismus . . . Aber diese Revolution sei in ihrem Gedankeninhalt unpolitisch. Denn die Soldaten seien politisch nicht einheitlich orientiert, sie müßten erst politisch aufgeklärt werden«.
58 F. P. v. 17. 11. 1918.
59 G. A. v. 10. 11. 1918.
60 Empört wies der Arbeiter- und Soldatenrat Gerüchte zurück, er habe bei der Freilassung arretierter Soldaten auch gemeingefährliche Verbrecher, darunter Messerstecher, die im Sept. 1918 einen Polizisten ermordet hatten, auf freien Fuß gesetzt.
61 Es ist interessant, daß die SPD des Wuppertals schon 1893, als sie sich erstmals an den Kommunalwahlen beteiligte, ein umfassendes Kommunalprogramm aufstellte mit vornehmlich sozialpolitischen Forderungen; die Verantwortlichen für dieses Programm waren Eberle und Landé, die auch noch 1918 bei den Mehrheitssozialisten führende Positionen innehatten (W. Köllmann, Sozialgeschichte, S. 262 f.).
62 Einige der führenden Leute waren noch nicht aus dem Militärdienst entlassen.
63 F. P. v. 18. 11. 1918.
64 Dort werden »vom Staate« die Erfüllung folgender Forderungen verlangt: »Entwicklung zum freien Volksstaat«; »Einführung des allg., gleichen, geheimen und direkten Wahlrechts für alle volljährigen Staatsbürger beiderlei Geschlechts . . . für alle deutschen Bundesstaaten und für die Gemeinden; Demokratisierung der Preuß. Verwaltung durch Beseitigung der heutigen Reg.-Präsidenten und Landräte; Ersetzung derselben durch geeignete Kräfte aus Arbeiter- und Bürgerkreisen.«
65 Vgl. Bergische Tageszeitung (B. T.) v. 9. 11. 1918, B. A. v. 20. 11. 1918, 12. Sitzung der Stadtverordn.-Vers. Ba. vom 29. 11. 1918, Prot. S. 150.
66 HStAD, Reg. Düss. Nr. 15279.
67 B. A. v. 17. 11. 1918.
68 Arbeiter- und Soldatenrat Elberfeld am 14. 11. 1918.
69 StA Wu., Akten Elb., S XI 894.
70 B. T. v. 14. 11. 1918: »Wir sind überzeugt, daß den neuen Machthabern hier in den Wupperstädten . . . eine solche Mitarbeit der bürgerlichen Schichten nicht unwillkommen sein wird.«
71 StA Wu., Akten Elb., S XI 894 (15. 11. 1918).
72 Westdt. Rundschau v. 15. 11. 1918.
73 12. Sitzung Stadtverordn.-Vers. Ba. vom 29. 11. 1918, Prot. S. 151.
74 StA Wu., Akten Ba., S XI 892 (20. 11. 1918) u. Akten Elb., S XI 892 (26. 11. 1918)

Kapitel III

1 Dieser Bezirk stimmt nicht genau mit dem Reg.-Bezirk Düss. überein, sondern mit dem alten »Agitationsbezirk« der SPD (»Niederrhein und westl. Westfalen«); ihm gehörten über den Reg.-Bezirk Düss. hinaus die Wahlkreise Köln, Hagen und Altena-Iserlohn an.
2 Sten. Ber. über die Besprechung vom 15. 11. 1918 im Kaisersaal der Tonhalle, StA Wu., Akten Ba., S XI 892.
3 MdR Spiegel (Düsseldorf). Es war eine weitere zweifelhafte Maßnahme von Kruse, unter den im Bezirk herrschenden Verhältnissen keinen USPD-Referenten aufgeboten zu haben.
4 Darunter Braß (s. u.) Parteisekretär Bühler, Schliestedt (Geschäftsführer des Dt. Metallarbeiterverbandes) u. Grütz sowie Redakteur Merkel und Schulten aus Solingen.
5 S. Anm. 2.
6 Otto Braß wurde 1875 in Wermelskirchen (bei Remscheid) geboren, war Feilenhauer und Vors. des Feilenhauerverbandes, 1903–1915 Beamter bei der Ortskrankenkasse, seit 1917 Vors. des USPD-Bezirks Niederrhein und westl. Westfalen. – Vgl. die kritische Beurteilung seiner Rolle, die zum Boykott der USPD gegenüber dem »Zentralrat« beitrug, durch Eugen Prager: Geschichte der USPD. Entstehung und Entwicklung der Unabhängigen Sozialdemokratischen Partei Deutschlands, Berlin 1921, S. 186.
7 Aus Elberfeld, Sekretär der SPD-Bezirksleitung, Vors. des Arbeiter- und Soldatenrates Elberfeld
8 Veranstaltungsbericht der F. P. v. 18. 11. 1918.
9 F. P. v. 22. 11. 1918; daselbst ein ausführlicher Konferenzbericht.
10 Abgedr. in: Dokumente und Materialien zur Geschichte der dt. Arbeiterbewegung, Berlin 1958, II, 2, S. 509 f.
11 Die größeren Wahlkreise (darunter Elb.-Ba.) entsandten je vier Vertreter, die kleineren einen oder zwei.
12 Eberhard Kolb: Die Arbeiterräte in der deutschen Innenpolitik 1918–1919, Düss. 1962, S. 110. – In einem Schreiben des Bezirksarbeiter- und Soldatenrates vom 13. 2. 1919 heißt es allerdings, der Vollzugsausschuß sei aus fünf Personen zusammengesetzt worden (Braß und Bühler aus Remscheid, Schmitt aus Düss., Sauerbrey aus Ba., die alle dem radikalen Flügel der USPD angehörten, sowie Ibanetz-Elb., dessen Haltung damals nicht eindeutig war; (HStAD, Reg. Düss. Nr. 15279, Bl. 307).
13 Bis dahin vom Arbeiter- und Soldatenrat Düss. kontrolliert.
14 Abgedruckt in: Dokumente und Materialien . . ., II, S. 510 ff.
15 Telegramm vom 13. 11. 1918 an die Reg.-Präs., StA Wu., Akten Elb., S XI 892.
16 Bekanntmachung der Preuß. Reg. vom 16.11. 1918: »Es ist unzulässig, wenn seitens eines Arbeiter- und Soldatenrates . . . angeordnet wird, daß die Urteile der Gerichte dem Arbeiter- und Soldatenrat zur Genehmigung vorzulegen sind« (Preuß. Gesetzessammlung 1918, Nr. 11711, S. 191).
17 Die Wuppertaler Arbeiter- und Soldatenräte haben allerdings keine Versuche unternommen, in das Gerichtswesen (Landgericht Elb.) einzugreifen.
18 Zur Bildung eines »Provinzialrates« als Zwischenstufe zwischen Bezirksrat und Berliner Zentrale (Vollzugsrat, später Zentralrat) ist es nicht gekommen (vgl. F. P. v. 18. 11. 1918; E. Kolb, S. 110).

19 F. P. v. 22. 11. 1918.
20 Gemeinsame Sitzung der Arbeiter- und Soldatenräte Elb.-Ba. vom 24. 11. 1918.
21 Es wurde der politisch farblose Robert Hoffmann (Elb.) delegiert.
22 F. P. v. 22. 11. 1918 (Zusammenfassung des Referats von D.).
23 »Vorwärts« v. 22. 11. 1918. Einzige Ausgabe.
24 F. P. v. 23. 11. 1918.
25 So widersetzte er sich auch 1922 der Wiedervereinigung der USPD mit der SPD (Auskunft A. Dobbert an den Verf.).
26 Stoecker, 1891 in Köln geboren, war Redakteur in Kiel und Köln, nahm 1915-18 am Krieg teil. Im Sommer 1919 wurde er Sekretär des ZK der USPD. Ende 1920 ging er bei der Parteispaltung zur KPD. Er war 1919/20 Mitglied der Preuß. Landesversammlung, seit 1920 MdR und seit 1925 Vors. der KPD-Reichstagsfraktion. Er starb 1939 im KZ Buchenwald.
27 Er wohnte in Elb. bei dem Drogisten Dattan, der – ohne USPD-Mitglied geworden zu sein – die Wuppertaler Spartakusgruppe leitete (Auskunft Helmuth Stoecker gegenüber dem Verf.).
28 Auskunft H. Stoecker. – Vgl. dazu Rhein-Zeitung (Köln, SPD) v. 25. 11. 1918.
29 Mitgliederzahlen im Januar 1919: SPD ca. 4000, USPD ca. 6000 (Volkstr. v. 21. 1. 1919). – Wahlergebnis 19. 1. 1919: SPD 38%, USPD 11%.
30 Vgl. Unterredung vom 26. Nov. 1918 (F. P. v. 27. 11. 1918).
31 Sauerbrey war Vors. der Militärischen Kommission des Arbeiter- und Soldatenrates Ba. – F. P. v. 21. 11. 1918.
32 F. P. v. 23. 11. 1918.
33 F. P. v. 24. 11. 1918.
34 Sie ließ z. B. befürwortende Resolutionen von Betriebsbelegschaften fassen (F. P. v. 25. 11. vu. 3. 12. 1918).
35 F. P. v. 26. 11. 1918.
36 F. P. v. 26. 11. 1918.
37 F. P. v. 5. 12. 1918.
38 F. P. v. 6. 12. 1918, Leitartikel »Demokratisierung der Arbeiterräte«.
39 = die über 20 Jahre alten Lohnarbeiter beiderlei Geschlechts inklusive Freiberufliche, Angestellte und Beamte mit einem Tageseinkommen unter 20 Mark.
40 Der Verfasser des Antrags war Dröner (Arbeiter- und Soldatenrat Elb. 5. 12. 1918).
41 Arbeiter- und Soldatenrat Ba. 3. 12. u. 8. 12. 1918.
42 SPD-Mitgliederversammlung vom 6. 12. 1918.
43 StA Wu., Akten Elb., S XI 894: Antwort von OB Funck an die Rhein.-Westf. Städtevereinigung vom 14. 12. 1918. – In Elb. kam hinzu, daß die Stadt schon im Dezember 1918 in die Neutrale Zone einbezogen wurde und deshalb die Entlassung der Soldaten beschleunigt durchführen mußte.
44 Ba. wurde erst zum Jahreswechsel in die Neutrale Zone einbezogen. Trotzdem blieb der Soldatenrat bis zu den Wahlen Ende März 1919 bestehen.
45 Arbeiter- und Soldatenrat Elb. 7. 12. 1918; Arbeiter- und Soldatenrat Ba. 8. 12. 1918.
46 B. T. v. 10. 12. 1918.
47 F. P. v. 11. 12. 1918.
48 Nur die Essener Mehrheitssozialdemokraten blieben zurück und erhielten sogar einen Platz auf der Bezirksliste (Limbertz).
49 Arbeiter- und Soldatenrat Elb. 11. 12. 1918. Die zuletzt Genannten galten bei der F. P. schon damals als Spartakusanhänger.

50 Bergische Arbeiter-Stimme (B. A. St) v. 10. 12. 1918. Dröners Mandat wurde vom Rätekongreß für gültig erklärt, weil die SPD im Bezirk durch den Ausfall der linksrheinischen Kreise benachteiligt war (Sten. Ber. 1. Rätekongreß, Sp. 286).
51 Die Beschlüsse wurden am 12. 12. 1918 dem Rat der Volksbeauftragten mit der Unterschrift von Ibanetz (USPD) zugestellt (DZA Potsdam, RK. Nr. 2486, Bd. 6, Bl. 12-938).
52 F. P. v. 12. 12. 1918; B. A. St. v. 13. 12. 1918.
53 F. P. v. 22. 11. 1918.
54 G. A. v. 16. 11. 1918.
55 G. A. v. 28. 11. 1918.
56 G. A. v. 20. 11. 1918; Arbeiter- und Soldatenrat Elb. 2. 12. 1918.
57 Arbeiter- und Soldatenrat Ba. 28. 12. 1918.
58 F. P. v. 14. 11. u. 29. 11. 1918.
59 B. A. v. 20. 12. 1918.
60 StA Wu., Akten Elb., S XI 892.
61 Diese mußten stets von einem Polizeibeamten begleitet sein; beide hatten sich durch Ausweise zu legitimieren. Der zur Durchsuchung ermächtigende Text wurde in den Zeitungen abgedruckt, damit die Bürger sich vor falschen Kontrolleuren schützen konnten (StA Wu., Akten Elb., S XI 892).
62 Vertrauensausschuß Elb. 10. 12. 1919.
63 Arbeiter- und Soldatenrat Elb. 7. 12. 1918; Vertrauensausschuß Elb. 23. 1. 1919.
64 F. P. v. 12. 11. 1918.
65 In Elb. stieg die Zahl der Kleingärtner 1914–1918 von 1600 auf 5000 (Verw.-Ber. Elb. 1919, S. 8); H. Haacke; S. 254; Reg.-Präs. Düss. am 23. 10. 1918, in: Auswirkungen der Großen Sozialistischen Oktoberrevolution, Bd. 4/IV, S. 739.
66 H. Haacke, S. 245 f.; Verw.-Ber. Elb. 1919, S. 9.
67 H. Haacke, S. 246; Verw.-Ber. Elb. 1919, S. 7.
68 Vertrauensausschuß Elb. 10. 12. 1918. Ende 1919 wurden 100 g pro Woche ausgegeben, u. dieses als Büchsenfleisch.
69 H. Haacke, S. 259; Stadtverordn.-Vers. Elb. 27. 11. 1918.
70 Stadtverordn.-Vers. Elb. 27. 11. 1918.
71 Arbeiter- und Soldatenrat Ba. 10. 1. 1919. Beim Koks ergab sich das gleiche Bild.
72 B. A. v. 27. 11. 1918. Als die Barmer Bergbahn Ende Nov. 1918 ihre Fahrpreise um 50% erhöhen mußte, teilte sie mit: »Der Papierknappheit wegen werden die alten Fahrscheine weiterverwendet. Es sind aber für jeden Fahrschein 5 Pfg. mehr zu entrichten, als der Aufdruck angibt«.
73 Arbeiter- und Soldatenrat Elb. 14. 11. 1918 und wiederholt danach.
74 Arbeiter- und Soldatenrat Elb. 18. 12. 1918: Färbereien müssen wegen Kohlemangel schließen.
75 Verw.-Ber. Elb. 1919, S. 1.
76 Arbeiter- und Soldatenrat Elb. 7. 12. 1918.
77 In Elb. wurden dafür etwa 18 Mill. Mark ausgeworfen (Verw.-Ber. Elb. 1919, S. 7) – Ba. beschäftigte 1000 Notstandsarbeiter (Arbeiter- und Soldatenrat Ba. 23. 12. 1918). Bevorzugte Beschäftigung: Wegebau. In einem Telefonat mit der Reichsreg. nannte OB Hartmann am 6. 2. 1919 allein für Ba. die Zahl von 15 000 Arbeitslosen und fügte hinzu, daß gleichwohl »Ruhe und Ordnung« herrschten. (DZA Potsdam, Informationsstelle d. Reichsreg., Bd. 29, Bl. 1).

78 Arbeiterrat Elb. 22. 2. 1919. – Erschwerend wirkte sich aus, daß die Arbeitslosen des Wuppertals die Angebote des Arbeitsamtes, vorübergehend auswärts beschäftigt zu werden, durchweg nicht annahmen. Einige Unternehmer zeigten wegen der Auflagen »eine gewisse Unlust«, ihre Betriebe aufrechtzuerhalten (Arbeiter- und Soldatenrat Ba. 23. 12. 1918).
79 G. A. v. 17. 12. 1918.
80 StA Wu., Akten Elb., S XI 894.
81 Ebd.
82 StA Wu., Akten Elb., S XI 892; Antwort des OB Funck an den Reg.-Präs. in Düss. vom 27. 12. 1918.
83 HStAD, Reg. Düss. Nr. 15279, Bl. 175; Antwort des OB Hartmann an den Reg.-Präs. in Düss. vom 4. 1. 1919.
84 B. A. v. 5. 12. 1918.
85 DZA Potsdam, Waffenstillstandskommission, Telegramm: »Zentralreg. Ebert-Haase Berlin – 2. 12. 1918 Elb. Ersuchen sofort mitzuteilen, ob Elb. zur neutralen Zone gehört. Arbeiter- und Soldatenrat Elb.-Ba. Ibanetz, Dröner«.
86 StA Wu., Akten Elb., S XI 892; Bekanntmachungen des Arbeiter- und Soldatenrates Elb. u. der Polizeiverwaltung vom 28. u. 30. 11.1918; Arbeiter- und Soldatenrat 27. 11. 1918.
87 Im Gegensatz zum Berliner Parteiblatt »Vorwärts« (E. Kolb, S. 190) beteiligte sich die »Freie Presse« nicht an solchen Meldungen, die sichtlich tendenziösen Charakter hatten. Daraus ist zu schließen, daß die Wuppertaler SPD trotz ihres Versuches, die Arbeiter- und Soldatenräte durch neue Stadtversammlungen abzulösen oder durch Neuwahlen anders zu besetzen, im Dez. 1918 kein Interesse hatte, die Räte aufzugeben, solange keine demokratisch gewählte lokale Institution bestand.
88 StA Wu., Akten Elb., S XI 892.
89 StA Wu., Akten Elb., S XI 892; Brief an den Bezirksarbeiter- und Soldatenrat in Remscheid.
90 Volkstr. v. 30. 12. 1918; HStAD, Reg. Düss. Nr. 15279, Bl. 303.
91 DZA Potsdam, RK. Nr. 2486, Bd. 6, Bl. 8; Schreiben des O. Ibanetz, Vors. des Arbeiter- und Soldatenrates Elberfeld an Fr. Ebert vom 30. 12. 1918.
92 StA Wu., Akten Elb., S XI 892, Besprechung vom 30. 12. 1918.
93 DZA Potsdam, RK. Nr. 2486, Bd. 6, Bl. 11.

Kapitel IV

1 Gustav Stresemann: Von der Revolution bis zum Frieden von Versailles. Reden und Aufsätze, Berlin 1919, S. 46.
2 B. A. v. 30. 11. u. 2. 12. 1918.
3 B. A. v. 3. 12. u. 12. 12. 1918.
4 F. P. v. 14. 12. 1918.
5 B. A. v. 11. 2. 1918.
6 Westdt. Rundschau v. 6. 12. 1918.
7 Tägl. Anzeiger v. 14. 12. 1918.
8 Koch war Mitglied des Ausschusses des Gesamtverbandes evangelischer Arbeitervereine Deutschlands und des Ausschusses des Gesamtverbandes der Christl. Gewerkschaften (G. Mehnert, S. 181).

9 B. A. v. 3. 12. 1918.
10 G. Mehnert, S. 148; Werner Liebe: Die Deutschnationale Volkspartei 1918–1924, Düsseldorf 1956, S. 17.
11 Cuno Horkenbach (Hg.): Das Deutsche Reich von 1918 bis heute (1930), Berlin 1930, Bd. 1, S. 760; W. Liebe, S. 36: »Seine erste Unterstützung gewann der Reichsfrauenausschuß durch die evang. Frauenvereine, in den Diakonissenhäusern und durch die Mitarbeit der Pfarrfrauen«.
12 B. A. v. 25. 12. 1918.
13 B. A. v. 17. 11. 1918.
14 B. A. v. 3. 12. 1918: »Man hatte das Gefühl, daß es von der Bürgerschaft wie eine Erlösung empfunden wurde, daß sie endlich Gelegenheit fand, zu den gewaltigen Ereignissen der letzten Wochen Stellung zu nehmen – darzutun, daß sie sich auf den Boden der neuen Verhältnisse stellt und mitzuarbeiten fordert an dem Neuaufbau des Vaterlandes«.
15 B. A. v. 27. 11. 1918.
16 Bei den Stadtverordnetenwahlen am 2. März 1919 brachte es die DVP in Ba. nur auf knapp 2% der Wählerstimmen.
17 Bericht der nat.lib. Berg.-Märk. Zeitung v. 11. 12. 1918.
18 Diese löste sich am 20. 12. 1918 auf und überließ es noch zu diesem Zeitpunkt ihren Ortsgruppen, ob sie sich der DVP oder der DDP anschließen wollten (B. A. v. 21. 12. 1918).
19 Die DVP warf ihnen vor, sie vernichteten durch ihre Parteinahme die »Entflammung deutschen Geistes« (B. A. v. 22. 12. 1918).
20 B. A. v. 31. 12. 1918.
21 G. Stresemann, S. 95.
22 Karl Bachem: Vorgeschichte, Geschichte und Politik der deutschen Zentrumspartei, Bd. 7, Köln 1931, S. 257.
23 Berg. Tageszeitung v. 23. 11. 1918.
24 G. Mehnert, S. 164 f.; K. Bachem, Bd. 7, S. 265 f.
25 G. A. v. 30. 12. 1918.
26 F. P. v. 16. 8. 1918; davon 513 Männer und 267 Frauen.
27 Volkstr. v. 21. 1. 1919.
28 Die »Volkstribüne« stellte sich folgendermaßen vor: »Von nun an gibt es für uns nur noch den energischsten Kampf gegen die uns geraubte ›Freie Presse‹. Die gesamte klassenbewußte Arbeiterschaft muß jetzt gegen dieses Blatt den schärfsten Boykott durchführen«.
29 Es fällt allerdings eine gewisse Ungleichmäßigkeit in der Linie der Leitartikel der »Volkstribüne« auf; den Rätekongreß kommentierte sie im Sinne der Haase-Richtung. Von Stoeckers Sohn Helmuth erfuhr der Verfasser, daß Stoecker vom serbischen Kriegsschauplatz malariakrank zurückkehrte und sich etwa alle vier Wochen für einige Tage völlig von jeder Betätigung zurückziehen mußte.
30 Mitgliederversammlung vom 8. 12. 1918.
31 Als die USPD dieser Forderung nicht entsprach, beschloß der Spartakusbund Mitte Dezember die Trennung von der USPD (E. Kolb, S. 49).
32 Mitgliederversammlung vom 27. 12. 1918.
33 Volkstr. v. 21. 1. 1919: 6000; Volkstr. v. 28. 4. 1919: 5200 (!), davon 4500 männlich und 700 weiblich. Die USPD könnte an Mitgliederstärke nur von der DNVP übertroffen worden sein.
34 F. P. v. 24. 11. u. 13. 12. 1918.
35 Vgl. das folgende Kapitel.

36 Dokumente und Materialien . . . II, 2, S. 685; H. Weber (Hg.): Der Gründungsparteitag, S. 310 f. (für Ba.: Oskar Triebel; für Elb.: Otto Dattan).
37 Mit gemischten Gefühlen betrachtete freilich die konservative Westdt. Rundschau die neue »Errungenschaft«: »Die Hauptgefahr bleibt die, daß Politik nunmehr am häuslichen Herde mitten in das Familienleben hineingetragen wird mit all ihrer Mißhelligkeit und Zwietracht . . . Das Deutsche, das in unseren Frauen schlummert, das Sittliche, das in ihnen lebt, muß geweckt und in den politischen Dienst des Vaterlandes gestellt werden«.
38 F. P. v. 2. 12. 1918.
39 Vgl. die Tabellen bei Gisela Bremme: Die politische Rolle der Frau in Deutschland. Eine Untersuchung über den Einfluß der Frauen bei Wahlen und ihre Teilnahme in Partei und Parlament, Göttingen 1956. – Im Wahlkreis Düsseldorf-Ost gingen 83,4% der Männer und 85,5% der Frauen zur Wahl (Vierteljahreshefte zur Statistik des Deutschen Reiches, 28. Jahrg., 1919, 1. Ergänzungsheft, Übersicht 8).
40 Däumig mußte im letzten Moment absagen; für ihn sprang Braß ein.
41 Hartmann schrieb Leitartikel in der USPD-Zeitung »Berg. Arbeiterstimme«. Vgl. auch G. Mehnert, S. 116 und 194.
42 StA Wu., Akten Elb., T II 916.
43 Ebd.
44 Außerdem hieß es, die Sozialdemokratie untergrabe das Familienglück durch die »Propagierung der freien Liebe«.
45 Arbeiter- und Soldatenrat Ba. 15. 1. 1919.
46 DZA Potsdam, RK. Nr. 2486, Bd. 6, Bl. 23; Telegramm der Reichsreg. vom 20. 1. 1919 an den Arbeiter- und Soldatenrat Ba.
47 Im Reich: 82,7%; im Wahlkreis Düss.-Ost (22): 84,7%.
48 Vgl. das folgende Kapitel.
49 F. P. v. 20. 1. 1919.
50 Sigmund Neumann: Die Parteien der Weimarer Republik. Mit einer Einführung von K. D. Bracher, Stuttgart 1965, S. 44.
51 1912 FVP u. NL 14,2%, 1919 DDP 14,8%.
52 Bei den Stadtverordnetenwahlen im März 1919 erreichte die DVP in Elb. 7%, in Ba. weniger als 2%.
53 Westdt. Rundschau v. 21. 1. 1919. Die »Volkstribüne« stellte ihrerseits fest, daß die Sozialisten wegen des Frauenwahlrechts gar keine Mehrheit in der Nationalversammlung erringen konnten (22. 1. 1919). Wahlsoziologische Untersuchungen über das Wahlverhalten bestätigen inzwischen die Interpretation dieser beiden politisch entgegengesetzten Zeitungen.

Kapitel V

1 F. P. v. 6. 1. 1919. Aus den Darlegungen verdient eine Bemerkung über Arbeitsangelegenheiten Beachtung: »Allein bei 132 Firmen wurde eingegriffen, um diese zur Erfüllung ihrer Pflichten den Arbeitern gegenuber zu zwingen.«
2 F. P. v. 6. 1. 1919.
3 F. P. v. 6. 1. 1919.
4 Drewes wurde deshalb wegen Nötigung im März 1919 zu einem Monat Gefängnis verurteilt (F. P. v. 22. 3. 1919).

5 In einem Brief, den Walter Stoecker am 25. 3. 1919 von seiner Frau Elfriede St. (Mitglied der USPD Elb.) erhielt, heißt es über Ibanetz: »I. ist ein solch unfähiger Mensch. Er ist Wachs in jeder Hand . . . I. stand rat- und kopflos da.« (Der Brief befindet sich im Besitz von Helmuth Stoeker.)
6 Eine Mitgliederversammlung der SPD vom 9. 1. 1919 billigte den Austritt ihrer 7 Mitglieder, allerdings bei einigen Gegenstimmen. Gegen das Weiterwirken der übrigen 13 SPD-Mitglieder wurde jedoch kein Einspruch erhoben.
7 StA Wu., Akten Elb., S. XI 894; Bürgerrat für die beiden Wupperstädte an OB Funck, vom 7. Dez. 1918; Aktennotiz des OB.
8 Der Hinweis auf die Spartakusgruppe hatte im ersten Aufruf vom 6. Dez. 1918 gefehlt.
9 B. T. v. 11. 1. 1919.
10 In der Verfassung des »Reichsbürgerrates«, der am 5. Jan. 1919 in Berlin gegründet wurde, klingen nationalere Töne an als im Elberfelder Programm, z. B. »Erziehung der Volksgenossen . . . zum Deutschtum« (HStAD, Reg. Düss. Nr. 15138, Bd. I, Bl. 1 ff.).
11 DZA Potsdam, RK. Nr. 2486, Bd. 6, Bl. 16; Schreiben des Arbeiterrates Elb. an den Rat der Volksbeauftragten vom 13. 1. 1919.
12 Ebd. Bl. 19; Schreiben des Arbeiterrates an den Rat der Volksbeauftragten vom 14. 1. 1919.
13 Ebd. Bl. 17; Schreiben des Rates der Volksbeauftragten an den Arbeiterrat Elb. vom 18. 1. 1919.
14 Berg.-Märk. Ztg. v. 4. 2. 1919.
15 Zum Landesverband der Bürgerräte: HStAD, Reg. Düss. Nr. 15138.
16 Arbeiterrat Elb. 7. 1. 1919.
17 StA Wu., Akten Elb., S XI 894; Schreiben des Arbeiterrates Elb. an die Stadtverwaltung vom 18. 1. 1919.
18 StA Wu., Akten Elb., T II 916.
19 B. T. v. 18. 1. 1919.
20 Westdt. Rundschau v. 18. 1. 1919.
21 Arbeiterrat Elb. 23. 1. 1919.
22 DZA Potsdam, RK. Nr. 2486, Bd. 6, Bl. 28 u. 32/33.
23 Tägl. Anzeiger v. 11. 2. 1919.
24 Gemeinsame Sitzung vom 24. 1. 1919.
25 Berg.-Märk. Ztg. v. 4. 2. 1919; Volktr. v. 7. 2. 1919. Zu diesen Vorgängen s. auch: Der Zentralrat der deutschen Sozialistischen Republik, bearb. v. E. Kolb u. R. Rürup, Leiden 1968, S. 595 f.
26 Arbeiterrat Elb. 17. 1. 1919; vgl. dazu E. Kolb, S. 241 f.
27 Sitzung des gemeinsamen Rates vom 4. 2. 1919.
28 StA Wu., Akten Elb., S XI 892.
29 Arbeiterrat Elb. 17. 1. 1919.
30 Arbeiterrat Elb. 30. 1. 1919; das Stimmenverhältnis betrug 14 : 10.
31 Arbeiterrat Elb. 13. 2. 1919.
32 Arbeiter- und Soldatenrat Ba. 28. 2. 1919.
33 Z. B. Walter Stoecker in der USPD-Mitgliederversammlung vom 29. 1. 1919: »Wenn wir von der Revolutionsromantik und dem Beschluß zur Wahlenthaltung absehen, trennt uns grundsätzlich nicht viel von den Kommunisten.«
34 Carl Severing: 1919/20 im Wetter- und Watterwinkel, Bielefeld 1927, S. 13 f.; s. hierzu die anderen Beiträge in diesem Band: U. Kluge, I. Marßolek und I. Steinisch.

35 Sauerbrey im Arbeiter- und Soldatenrat Ba. am 27. 2. 1919.
36 F. P. v. 18. 2. 1919; Berg.-Märk. Ztg. v. 19. 2. 1919; Verf.-geb. Preuß. Landesversammlung, Drucksache Nr. 3228, Sp. 5657: XX. Die Unruhen in Elberfeld. Bericht der Stadtverwaltung.
37 Die Versammlung scheint, gemäß den späteren gerichtlichen Untersuchungen (G. A. v. 14. 5. 1919), als reine Arbeitslosen-Veranstaltung geplant gewesen zu sein. Die Streikenden versuchten, die Arbeitslosen für ihre Ziele zu gewinnen.
38 Ebd.
39 Ebd.
40 Arbeiterrat Elb. 20. 2. 1919.
41 F. P. v. 19. 2. 1919.
42 Ebd.
43 Ebd.
44 Arbeiterrat Elb. 20. 2. 1919.
45 Verf.gb. Preuß. Landesversammlung, Drucksache Nr. 3228, Sp. 5658: XXI: Die Unruhen in Barmen. Bericht des Ministeriums des Innern.
46 F. P. v. 21. 2. 1919: Die Sitzung sei von »ca. 15 Mann (vorwiegend SR-Mitgliedern), also nicht einmal von der Hälfte der Mitglieder des AuSRes besucht« gewesen.
47 Die Verordnungen sahen unter anderem vor:
»1. Alle gewerblichen Betriebe müssen geschlossen werden . . .
2. Kinotheater werden geschlossen.
3. Die Polizeistunde wird auf 9 Uhr verlegt.
4. Elektrisches Licht darf in Privathäusern u. in Wohnungen nicht benutzt werden.
5. Flugblätter und Zeitungen, die sich gegen den Generalstreik wenden, werden beschlagnahmt.
6. Der städt. Arbeitsnachweis hat die Stellenvermittlung einzustellen.«
48 B. A. v. 23. 2. 1919.
49 S. Anm. 45.
50 Arbeiter- und Soldatenrat Ba. 27. 2. 1919.
51 Vgl. zu diesem Problem auch Friedrich Meinecke, Nach der Revolution, Berlin 1919, S. 116.
52 StA Wu., Akten Elb., S XI 892; OB Funck an den Arbeiterrat Elb.
53 StA Wu., Akten Elb., S XI 892; Dienstversammlung vom 31. 3. 1919.
54 Berg.-Märk. Ztg. v. 4. 2. 1919.
55 Arbeiterrat Elb. 7. 3. 1919.
56 Brief von Frau Elfriede St. an ihren Gatten Walter Stoecker vom 25. 3. 1919 (im Besitz von Helmuth Stoecker).

Irmgard Steinisch: Linksradikalismus und Rätebewegung im westlichen Ruhrgebiet. Die revolutionären Auseinandersetzungen in Mülheim an der Ruhr

Vorbemerkung

Die Stadt Mülheim ist ein besonders interessanter Fall für eine Lokalstudie über die revolutionären Ereignisse 1918/19, da sich hier – anders als in den allermeisten deutschen Städten – ein linksradikaler Arbeiter- und Soldatenrat bildete[1], der durch eine tatkräftige und zielbewußte Politik bis Anfang März 1919 erfolgreich seine Macht behaupten konnte und auch danach noch von einem Großteil der Arbeiterschaft aktiv unterstützt wurde. Während die linksradikalen Arbeiter- und Soldatenräte in der Literatur der DDR eine Überbewertung erfahren[2], werden sie in den westdeutschen Darstellungen meist zu negativ beurteilt[3]. Dies trifft insbesondere für Mülheim zu, das meist aus der Sicht Berlins, d. h. der dortigen Quellenlage, beurteilt wird, die in erster Linie durch die Beschwerden und Aussagen bürgerlicher Kreise und deren Resonanz in der Reichsregierung geprägt ist. Hinzu kommen zahlreiche Fehlmeldungen des Wolffschen Telegraphen-Büros über Mülheim[4]. Auch der »Bericht des Untersuchungsausschusses über die Ursachen und den Verlauf der Unruhen im Rheinland und Westfalen in der Zeit vom 1. Januar bis März 1919« trägt nicht dazu bei, ein objektives Bild von den Verhältnissen in Mülheim während der Revolutionsmonate zu vermitteln. Erstens gibt er nur Auskunft über die unruhigste Zeit im Ruhrgebiet, zweitens ist der Report über Mülheim vom Mülheimer Oberbürgermeister verfaßt, dessen Einstellung zum Arbeiter- und Soldatenrat am besten durch seine folgenden Aussagen gekennzeichnet wird: »Mülheim ist eine der Städte, in denen von Beginn der Revolution an längere Zeit hindurch eine spartakistisch geleitete Minderheit durch skrupellose Anwendung von Gewaltmitteln die Herrschaft über die große Mehrzahl der Bevölkerung ausgeübt hat . . . Gleich einer gesetzlichen Körperschaft erließ der Arbeiter- und Soldatenrat Bekanntmachungen und Verordnungen[5].«
Stützt man sich aber auf die Berichte der Lokalpresse und auf vorhandenes Aktenmaterial in den Beständen des Stadtarchivs Mülheim und des Hauptstaatsarchivs Düsseldorf, so erfahrt das Bild der Revolutionsgeschehnisse in Mülheim eine wesentliche Veränderung. Positiv im Hinblick auf die Quellenlage wirkte sich vor allem die Art der Geschäftsführung des Arbeiter- und Soldatenrates aus, der in öffentlichen Sitzungen beriet und Volks-

versammlungen einberief, deren Verlauf weitgehend von den zwei dominierenden Lokalzeitungen, der »Mülheimer Zeitung« und dem »Mümer General-Anzeiger«, in Form von protokollähnlichen Berichten festgehalten wurde. Daneben konnte als Gegengewicht zu den bürgerlichen Blättern die »Freiheit« herangezogen werden, die als Publikationsorgan des Mülheimer Arbeiter- und Soldatenrates ebenfalls ausführlich auf das Lokalgeschehen einging. Durch die detaillierten Presseschilderungen von bürgerlicher wie linksradikaler Seite ergibt sich – unter Berücksichtigung des nicht zu reichlichen Aktenmaterials – ein differenziertes und relativ vollständiges Bild von den Revolutionsereignissen in Mülheim.

I. Die wirtschaftlichen, sozialen und politischen Verhältnisse in Mülheim vor und während des Krieges

Die Stadt Mülheim, die am Rande des Ruhrgebietes liegt, wird heute durch die umliegenden Städte wie Essen, Oberhausen und Duisburg an wirtschaftlicher Bedeutung weit übertroffen. Anfang des 19. Jahrhunderts war Mülheim jedoch eine der größten und volkreichsten Bürgermeistereien im Bereich des späteren Regierungsbezirks Düsseldorf[1]. Durch seine günstige Lage an der Ruhr, die eine direkte Verbindung zu Europas Verkehrsader, dem Rhein, darstellte, hatte es eine zentrale wirtschaftliche Stellung als Kohlenhandels- und Umschlagplatz und bedeutendes Bergbaugebiet inne. Mit wachsendem technischen Fortschritt aber begann sich seit der Mitte des 19. Jahrhunderts das Schwergewicht der industriellen Entwicklung vom unteren auf das mittlere und obere Ruhrgebiet zu verlagern, und mit dem gleichzeitigen Aufkommen der Eisenbahn büßte Mülheim immer mehr an Bedeutung ein und sank wirtschaftlich schnell ab.

Einen erneuten Aufschwung zu Ende des 19. Jahrhunderts verdankte die Stadt ausschließlich der Schwerindustrie, die bald alle übrigen Industriezweige verdrängte. Lediglich die traditionsreiche Lederindustrie und der Kohlenhandel konnten sich behaupten[2]. Neben einigen schwerindustriellen Werken mittlerer Größe waren es insbesondere zwei Großbetriebe, die Friedrich-Wilhelm-Hütte und die Thyssenwerke, die die wirtschaftliche Struktur der Stadt bestimmten.

Die Friedrich-Wilhelm-Hütte, die schon lange nicht mehr rentabel gearbeitet hatte, wurde 1905 von der zum Stinnes-Konzern gehörenden Deutsch-Luxemburgischen Bergwerks- und Hütten AG in Bochum aufgekauft und vollständig reorganisiert, so daß die Hütte 1908 drei Hochöfen betrieb, eine Eisengießerei mit Maschinenfabrik und eigene Erzgruben besaß und ca. 1800 Personen beschäftigte. Ebenfalls zum Stinnes-Konzern gehörte die 1898 gegründete Mülheimer Bergwerksverein-AG, die dem Rheinisch-Westfälischen Kohlensyndikat angeschlossen war. Der Verein umfaßte die drei noch in Mülheim vorhandenen Zechen »ver. Wiesche«, »ver. Rosenblumendelle« und »Humboldt« und die auf Essener Gebiet liegende Zeche »ver. Hagenbeck«. Allein die Mülheimer Zechen beschäftigten 1910 3350 Bergarbeiter[3].

Während die Familie Stinnes eine alteingesessene Mülheimer Familie war, die schon zu Anfang des 19. Jahrhunderts großen wirtschaftlichen Einfluß durch einen umfangreichen Zechenbesitz und die Reederei- und Kohlenhandelsgesellschaft Mathias Stinnes besaß[4], war August Thyssen erst mit Gründung seines Walzwerkes 1871 nach Mülheim übergesiedelt. Zwar hatte sich das Walzwerk nicht zu dem bedeutendsten Werk des Thyssenkonzerns entwickelt, doch war es zum größten Betrieb in Mülheim angewachsen und blieb das Stammwerk, in dem u. a. technische Neuerungen für die übrigen Werke ausprobiert wurden. 1906 beschäftigte es ca. 5500 Arbeiter. Schon 1885 hatte August Thyssen die »Gewerkschaft Deutscher Kaiser« in Hamborn aufgekauft, um die Kohlenbasis des Werkes sicherzustellen. Da die kommunale Wasserversorgung den Anforderungen des Werkes nicht mehr genügte, errichtete er 1893 ein eigenes Wasserwerk in Mülheim, das 1908 ca. 317 Personen beschäftigte[5].

Diese wirtschaftliche Dominanz von August Thyssen und Hugo Stinnes, die beide ihren Wohnsitz und ihr Hauptbüro in Mülheim hatten und von hier aus ihre Unternehmen leiteten und zu riesigen Konzernen ausbauten, sowie die Zentrierung von Kohlenhandelsbüros hatte konkrete Auswirkungen auf die politischen Verhältnisse in der Stadt.

Die Nationalliberale Partei (NLP), der die Schwerindustrie und große Handelsunternehmungen nahestanden, war äußerst stark in Mülheim. Der Wahlkreis Düsseldorf 5 (Essen, Mülheim, Duisburg, Dinslaken) entsandte stets nationalliberale Vertreter in den Reichstag. Nur einmal, 1907, konnten die Sozialdemokraten (SPD) die nationalliberale Front durchbrechen. In einem Kopf-an-Kopf-Rennen (7973 Stimmen : 7523 Stimmen) gelang es der NLP jedoch 1912 wieder, Mülheim für sich zurückzuerobern. Das Zentrum hatte nur 4895 Stimmen auf sich vereinigen können. Die Wahlbeteiligung war beachtlich, insgesamt 87% der Mülheimer Wahlberechtigten gingen zu den Urnen[6].

Eine ganz andere parteipolitische Konstellation bot sich bei den Landtagswahlen[7]. Während das Zentrum und die NLP sich im Wahlsieg abwechselten, war die SPD fast bedeutungslos. Denn im Gegensatz zum Reichstag, der allgemein, geheim und direkt gewählt wurde, galt für die preußischen Landtags- und Gemeindewahlen das öffentliche und indirekte Dreiklassenwahlrecht, das den Kreis der Wahlberechtigten, die sogenannten Urwähler, nach ihrem Steueraufkommen bestimmte und sie dementsprechend drei verschiedenen Abteilungen zuordnete. Das bedeutete eine starke Einschränkung der Zahl der Wahlberechtigten und eine politische Machtverteilung zugunsten der Reichen und Reichsten, und gerade in Mülheim stand eine relativ hohe Zahl äußerst begüterter Bürger – vor dem Krieg wurden 57 Vermögen über eine halbe Million Mark gezählt[8] – einem ungleich größeren ärmeren Teil der Bevölkerung gegenüber. Für den 1908 gewählten Landtag waren in Mülheim bei einer Einwohnerzahl von 93 599 nur 24 947 (1913: 24 728)[9] Urwähler zugelassen, die sich auf die drei Abteilungen wie folgt verteilten:

Klasse	Urwähler in % 1908 (1913)	Anzahl der zu wählenden Wahlmänner	Wähler per Wahlmann	Wahlbeteiligung in %
I	6,39 (6,56)	170	9,38	61,4
II	22,04 (21,11)	160	34,47	51,5
III	71,57 (72,32)	170	105,02	39,3

Die niedrige Wahlbeteiligung ist nicht weiter erstaunlich, wenn man die Diskrepanz zwischen Anzahl der Wähler und Stärke des politischen Einflusses bedenkt, denn eine Minderheit, die noch nicht einmal ein Drittel aller Stimmberechtigten ausmachte, bestimmte über ca. zwei Drittel der zu wählenden Wahlmänner. Obwohl die katholische Bevölkerung in Mülheim längst nicht so stark war wie die protestantische (1910: 60,94 % ev., 36,26 % kath.), konnte das Zentrum in den Landtagswahlen von 1908 mit 355 Wahlmännern die absolute Mehrheit der Stimmen an sich bringen, die NLP schafftes es nur, 153 Wahlmänner aufzustellen. Ganz weit abgeschlagen war die SPD mit nur 12 Wahlmännern. Selbst in der dritten Klasse hatte die SPD es gegenüber dem Zentrum mit 64 % und den Nationalliberalen mit 23 % nur auf 13 % (1046 Stimmen) der Stimmen bringen können. Auch in den Hauptwahlen konnte sich der Zentrumskandidat, der Mülheimer Bergmann Franz Sauermann, der auch durch die SPD unterstützt wurde, gegen den nationalliberalen Kandidaten, Kommerzienrat Küchen aus Mülheim, behaupten. In den Landtagswahlen von 1913, die sich in Bezug auf den Kreis der Wahlberechtigten und die Einteilung der Klassen nur unwesentlich von den Landtagswahlen von 1908 unterscheiden, wurde er nicht wiedergewählt und ein Nationalliberaler vertrat den Wahlkreis Düsseldorf 15 (Mülheim Stadt und Land, Dinslaken) im Preußischen Landtag. Gemäß der revidierten Städteordnung von 1831 konstituierte sich in Mülheim die städtische Selbstverwaltung aus dem Magistrat mit dem Bürgermeister und den Beigeordneten und der Stadtverordnetenversammlung, die nach dem Dreiklassenwahlrecht gewählt wurde. Daß hier die politische

Entmündigung des größten Teils der Mülheimer Bevölkerung durch das Dreiklassenwahlrecht noch stärker als in den Landtagswahlen zum Ausdruck kommt, liegt einmal daran, daß die drei Abteilungen bei den Landtagswahlen jeweils für die einzelnen Urwählerbezirke festgelegt wurden, während die Klasseneinteilung bei den Gemeindewahlen nach dem Gesamtsteueraufkommen der Gemeinde erfolgte. Zum anderen stand jeder Gemeinde das Recht zu, durch ein entsprechendes Ortsstatut den Zensus höher als üblich festzusetzen[10]. So waren in den Stadtverordnetenwahlen von 1905 nur 13 895 Personen wahlberechtigt, d. h. ca. 65% der damaligen männlichen Bevölkerung im wahlfähigen Alter (21 111 Personen). Sie verteilten sich auf die einzelnen Abteilungen wie folgt[11]:

I. Abt.: 239 Personen, ca. 1,7%

II. Abt.: 2 018 Personen, ca. 14,5%

III. Abt.: 11 637 Personen, ca. 83,8%

Jede Klasse hatte 7 Stadtverordnete zu wählen. Gegenüber den Landtagswahlen waren es nun bereits weniger als ein Fünftel der Wahlberechtigten, das zwei Drittel der Abgeordneten bestimmte. Noch stärker als in den Landtagswahlen war auch die beherrschende Stellung der I. Abteilung geworden, die auf eine winzige Minderheit geschrumpft war; ein typisches Merkmal für Städte mittlerer Größe, deren Wirtschaft nur von wenigen, dafür um so größeren Wirtschaftszweigen beherrscht wurde. Dem plutokratischen Charakter des Wahlrechts entsprach die Zusammensetzung der Stadtverordnetenversammlung. Ungefähr die Hälfte der insgesamt 66 Stadtverordnetensitze hatten 1914 Großindustrielle, Fabrikbesitzer und Großkaufleute inne, die nächstgrößere Gruppe bildeten die selbständigen Gewerbetreibenden und die Kaufleute. Die übrigen Sitze verteilten sich auf leitende Angestellte der führenden Unternehmen. Arbeiter waren im Stadtparlament 1904 nur zwei, 1914 drei. Diese Zusammensetzung dürfte auch für die vorangegangenen Jahre repräsentativ sein, da die Kontinuität der Versammlung allein schon durch das Wahlrecht und das Wahlverfahren gewährleistet wurde. Alle zwei Jahre wurden Stadtverordnetenwahlen abgehalten und jeweils ein Drittel der Stadtverordneten neu gewählt. Obwohl das Stadtparlament vor dem Ersten Weltkrieg starken Honoratiorencharakter hatte und die Wahl mehr eine Persönlichkeitswahl als eine parteipolitische war, läßt sich eine ähnliche parteipolitische Gruppierung wie in den Landtagswahlen erkennen. Die größte Zahl der Sitze konnten die Nationalliberalen und das Zentrum erringen[12]. Letztere hatten schon 1901 einen sogenannten »Christlich-sozialen Ausschuß« gegründet, der sich aus Vertretern der katholischen und evangelischen Arbeitervereine, dem Christlichen Gewerkschaftskartell und »einigen sozialdenkenden Bürgern« zusammensetzte. 1914 hatten sie 23 Stadtverordnetensitze inne[13]. Nicht selten wählte die III. Abteilung Stadtverordnete, die selbst in der I. Klasse wahlberechtigt waren, 1914 u. a. Fritz Thyssen.

Ein Vergleich der Reichstagswahlen mit den Landtags- und Stadtverordnetenwahlen zeigt deutlich, daß durch das Dreiklassenwahlrecht die kleine Gruppe der äußerst Begüterten ihre wirtschaftliche Dominanz auf den politischen Bereich ausdehnen konnte, während die Masse der Bevölkerung entweder vollkommen politisch entmachtet oder durch ihre wirtschaftliche Abhängigkeit gleichzeitig in politische Abhängigkeit geraten war. Oder sollte es reiner Zufall sein, daß in den öffentlichen und mündlichen Wahlen zur Stadtverordnetenversammlung und zum Preußischen Landtag die Wahlergebnisse deutlich das parteipolitische Engagement der beiden Großunternehmer August Thyssen (Zentrum) und Hugo Stinnes (NLP) widerspiegelten? Die Erfolge der SPD in den allgemeinen und geheimen Reichstagswahlen können kaum nur auf die Schicht der durch das Dreiklassenwahlrecht entmündigten Wähler zurückzuführen sein, und daß aus eigenem Antrieb ein Großteil der Wähler, vor allem in der III. Klasse, plötzlich die NLP als die Partei ihrer Überzeugung betrachtete, ist auch nicht anzunehmen. Die geringe Beteiligung bei den Landtags- und Stadtverordnetenwahlen dürfte ebenfalls die Schlußfolgerung unterstützen, daß in Mülheim vor dem Kriege wirtschaftliche Abhängigkeit massiv politisch ausgenutzt wurde, denn um 1910 verdiente wahrscheinlich ca. jeder zehnte Mülheimer seinen Lebensunterhalt in einem der vielen Unternehmen von Thyssen und Stinnes[14].

Mit dem Ausbruch des Krieges erfuhr die Wirtschafts- und Sozialstruktur der Stadt eine radikale Veränderung, während die politischen Verhältnisse unangetastet blieben. Erwähnenswert ist allenfalls, daß 1915 ein Vertreter der SPD in das Stadtparlament einziehen konnte[15]. Der Krieg verwandelte Mülheim in ein Zentrum der Rüstungsindustrie. Die gesamte Schwerindustrie wurde auf die Herstellung von Rüstungsgütern umgestellt, und die Produktionsziffern wie die Belegschaftszahlen schnellten enorm in die Höhe. Wie gewaltig die wirtschaftliche Expansion der Rüstungsbetriebe war, läßt sich am besten an dem bedeutendsten eisenindustriellen Werk in Mülheim, der Thyssenschen Maschinenfabrik, ablesen[16]:

Jahr	Belegschaft		Umsatz in Millionen Mark
	Arbeiter	Beamte	
1914	2 550	386	17
1915	5 496	341	70
1916	11 834	562	201
1917	20 339	816	300
1918	21 854	916	292

Bei Kriegsausbruch beschäftigte die Maschinenfabrik 2550 Arbeiter und 386 Beamte und hatte einen Umsatz von 17 Millionen Mark. Bis 1917 verdoppelte sich in jedem Jahr die Zahl der Arbeiter. Noch schwindelerregender war der Anstieg des Umsatzes. Bei Anlaufen der Rüstungsindustrie wuchs der Umsatz der Maschinenfabrik nahezu um ein Vierfaches; zwischen 1915 und 1916, als sich die unzureichende Versorgung der Industrie mit Rohstoffen und der Bevölkerung mit Nahrungsmitteln schon allmählich auszuwirken begann, ging er relativ geringfügig zurück, indem er sich nur noch um ein Dreifaches erhöhte. Mit 300 Millionen Mark erreichte der Umsatz 1917 sein Optimum, hatte sich aber gegenüber dem Vorjahre nur um die Hälfte gesteigert, obwohl sich die Zahl der Arbeiter weiterhin verdoppelt hatte. Die Rüstungsindustrie war an den Grenzen ihrer Leistungsfähigkeit angelangt, wie es auch durch die Umsatzziffern für 1918 bestätigt wird, die um 8 Millionen Mark hinter denen des Vorjahres zurückblieben – wobei natürlich zu berücksichtigen ist, daß die beiden letzten Monate des Jahres praktisch ausfielen.

Es ist anzunehmen, daß auch die übrigen eisenindustriellen Werke in Mülheim durch ihre Umstellung auf die Rüstungsproduktion eine ähnliche Expansion erfuhren, so daß ein ständiger Zustrom von Arbeitskräften einsetzte. Die Stadt, die im Gegensatz zu den meisten anderen Städten des Ruhrgebiets von dem Einwanderungsstrom, der sich mit zunehmender Industrialisierung in das Revier ergossen hatte, unbetroffen geblieben war und sich durch eine bodenständige Arbeiterschaft auszeichnete, erlebte unter den ungünstigen Bedingungen des Krieges einen nie zuvor gekannten Bevölkerungszuwachs. Die Zahl der beschäftigten Ausländer und später Kriegsgefangenen war erheblich[17].

Obwohl in Mülheim die sonst für Industriestädte typischen Wahrzeichen, die Mietskasernen, kaum zu finden waren – Ein-, Zwei- und Dreifamilienhäuser machten mehr als zwei Drittel der gesamten Wohnhäuser aus – erreichte die Wohnungsnot schärfste Ausmaße[18]. Hinzu kam, daß Mülheim als einzige Stadt aus dem ganzen Industriebezirk Militär beherbergte. Aufgrund der außergewöhnlichen Belastungen brach die sich in ganz Deutschland ständig verschlechternde Lebensmittelversorgung hier besonders früh zusammen. Schon 1916 konnten keine Einkellerkartoffeln mehr an die Mülheimer Bevölkerung ausgegeben werden, und Anfang 1917 mußte die Kartoffelzuteilung für fünf Wochen gänzlich eingestellt werden. Trotz der unmittelbaren Nähe der großen Bergbaugebiete fror ein Großteil der Bevölkerung, denn Kohle war Mangelware[19].

Die frühen Nöte der Mülheimer, die durch ständige Preissteigerungen, die nicht auf Lebensmittel beschränkt blieben, sondern fast alle Konsumgüter erfaßten, noch erhöht wurden, verursachten im Gegensatz zum übrigen

Ruhrgebiet erst relativ spät größere Streikbewegungen. Als im August 1916 die ersten Streiks im Industriebezirk ausbrachen und vor allem das Gelsenkirchener Bergbaugebiet erfaßten, streikten lediglich die Bergleute der Zeche »Rosenblumendelle«, weil sie mit der Lebensmittelverteilung nicht einverstanden waren. Der Ausstand dauerte nur einen Tag an, da »der A(rbeiter)A(usschuß) die einwandfreie Haltung der Werksverwaltung in der Belieferung mit Lebensmitteln voll anerkannte und versprach, sein Bestes bezüglich der Beruhigung der Arbeiter zu tun«[20]. Während es danach zu keinen weiteren Streiks im Mülheimer Bergbau kam, gärte es um so stärker in den Rüstungsbetrieben.

Als das Ruhrgebiet Anfang 1917 erneut von einer Streikwelle erfaßt wurde, kam es in der Thyssenschen Maschinenfabrik, die von nun an alle Ausstandsbewegungen anführte, zunächst nur zu Streikdrohungen der Belegschaft. Wie die übrigen Streiks im Industriebezirk waren sie eine Folge des sogenannten »Kohlrübenwinters«, der zum ersten Mal in aller Schärfe die unzureichende Versorgung der breiten Masse bloßgelegt hatte. Die Lebenshaltungskosten stiegen rapide, während die Lebensmittelrationen ständig herabgesetzt wurden. Daher standen die Forderungen nach Lohnerhöhung und besserer Versorgung mit Lebensmitteln im Mittelpunkt der Streiks, die im Juni/Juli 1917 in der Mülheimer Metallindustrie ausbrachen. Die gleichen Forderungen wurden in einem erneuten Streik im November erhoben, der auf die Thyssensche Maschinenfabrik beschränkt blieb und selbst dort nur geringe Beteiligung fand. Von insgesamt 20 339 Mann Belegschaft streikten nur 2000 Arbeiter[21].

Während die Streiks von 1917 eindeutig im Zusammenhang mit den Lebensmittelunruhen standen, die ganz Deutschland erfaßten, waren die Ausstandsbewegungen von 1918 schon mehr politischer Natur. Als die Januarunruhen von Berlin ausgehend das Ruhrgebiet erreichten, blieb es in Mülheim wiederum zunächst ruhig. Das scheint nicht zuletzt das Verdienst der erfolgreichen Schlichtungstätigkeit der Arbeiterausschüsse gewesen zu sein. In der Maschinenfabrik Thyssen zum Beispiel gelang es dem Ausschuß, dessen Mitglieder zum Teil Gewerkschaftsfunktionäre des Deutschen Metallarbeiter-Verbandes (DMV) waren, die Belegschaft vom Streik abzuhalten und stattdessen eine Arbeiterdelegation an den Regierungspräsidenten in Düsseldorf zu senden, die diesem die miserable Lage der Arbeiterschaft klarmachen sollte. Dieses Zugeständnis hatte der Arbeiterausschuß hart erkämpfen müssen. Es hatte ihn erhebliche Mühe gekostet, die Forderungen der erregten Arbeiterschaft nach Beendigung des Krieges und sofortigem Frieden in eine Diskussion um Lohnerhöhung, bessere Lebensmittelversorgung und Arbeitszeitverkürzung umzufunktionieren[22]. Der Wunsch nach verkürzter Arbeitszeit wurde neben der wachsenden

Kriegsmüdigkeit und den Forderungen nach Lohnerhöhung Ursache erneuter Streiks im Juli 1918. Alle Rüstungsbetriebe in Mülheim, die in der Nordwest-Gruppe des Vereins deutscher Eisen- und Stahlindustrieller organisiert waren (und das waren mit der Ausnahme von Thyssen und zwei kleineren Werken alle), lehnten die Forderung der Arbeiter nach Verkürzung der Arbeitszeit kategorisch mit dem Argument ab, daß diese nur zu einem weiteren Produktionsabfall führen würde, was sich negativ auf die deutsche Kriegsführung auswirken müßte. Thyssen teilte in diesem Punkt die Haltung des Arbeitgeberverbandes völlig[23]. Bedenkt man jedoch die physische Erschöpfung der Arbeiter, die seit 1917 mit weniger als der Hälfte der Nahrungsmittel auskommen mußten, die in normalen Zeiten für die Ernährung eines Menschen für notwendig erachtet werden, so war die Forderung der Arbeiter nur zu verständlich[24]. Aufgrund der kompromißlosen Haltung der Werksleitung griff die Belegschaft der Maschinenfabrik zur Selbsthilfe. Am Samstag, dem 13. Juli 1918, verließ sie ihren Arbeitsplatz vier Stunden früher als gewöhnlich und verkürzte so die Wochenarbeitszeit von 60 auf 56 Stunden. Die übrigen Rüstungsbetriebe folgten ihrem Beispiel, das bald in anderen Teilen des Reviers nachgeahmt wurde. Während dieser Aktion kam es zu keinen Unruhen oder Ausschreitungen, nur verkürzten die Arbeiter am darauffolgenden Samstag trotz aller Drohungen der Betriebsleitungen und Bemühungen der Arbeiterausschüsse wiederum eigenmächtig ihre Schicht um vier Stunden. In der Maschinenfabrik Thyssen einigte man sich schließlich darauf, einen Schlichtungsausschuß anzurufen, nachdem die Werksleitung zuvor versichert hatte, von jeglichen Strafmaßnahmen abzusehen. Diese Einigung zwischen Arbeiterausschuß und Unternehmensleitung war gegen den Widerstand eines großen Teils der Belegschaft zustande gekommen, der sich die Arbeitszeitverkürzung unter allen Umständen erkämpfen wollte und nicht mit Kritik an der Gewerkschaftspolitik und insbesondere an der Haltung der im Arbeiterausschuß tätigen Gewerkschaftsfunktionäre sparte. Vor allem waren die Arbeiter sehr erregt über die Behauptung der Direktion, daß sie nur von wenigen »aufgehetzt« seien, und ständig wurde die vom Arbeiterausschuß einberufene Belegschaftsversammlung durch Zurufe wie »Nieder mit dem Krieg!« unterbrochen. Einige Tage später kam es in der Thyssenschen Maschinenfabrik zu erneuter selbständiger Arbeitszeitverkürzung, der sich auch die Arbeiterschaft der Friedrich-Wilhelm-Hütte anschloß, wo die Werksleitung ebenfalls nicht zu Zugeständnissen bereit war. Beide Direktionen beantworteten jetzt das eigenmächtige Vorgehen der Belegschaften mit der Verhängung von Geldstrafen, und bis zum Ausbruch der Revolution kam es zu keinen weiteren Ausständen. Trotz ihrer Erbitterung hatten sich die Arbeiter nicht gegen die Form der Arbeiter-

ausschüsse und der Werksleitungen durchsetzen können. In der Thyssenschen Maschinenfabrik wurde eine Einigung erzielt, die einer Niederlage der Arbeiterschaft gleichkam. Die Direktion erklärte sich bereit, »nach Fortfall der Kriegsnotwendigkeiten die Frage der Arbeitszeitverkürzung erneut wohlwollend zu prüfen«. Daraufhin zog der Arbeiterausschuß seinen Antrag beim Schlichtungsausschuß zurück[25].
Wie sehr die zunehmende Erschöpfung und Verelendung der Arbeiterschaft die eigentliche Ursache ihrer Radikalisierung war, läßt sich neben den sich häufenden Streiks am besten an den Belegschaftsversammlungen der Thyssenschen Maschinenfabrik erkennen, die Anfang des Krieges wegen mangelnder Beteiligung ausfallen mußten und erst 1917 auf Interesse stießen. Die Versammlungen wurden sehr gut besucht, verliefen aber ruhig, da die Arbeiter aus Furcht vor Repressionen von seiten der Werksleitung zunächst kaum wagten, ihre Meinung zu äußern. Im letzten Kriegsjahr dagegen machten die Arbeiter aus ihrer Erbitterung und Unzufriedenheit keinen Hehl mehr, so daß stets eine erregte und gespannte Atmosphäre herrschte. Selbst Drohungen, daß unbotmäßige Arbeiter mit einem Einberufungsbefehl an die Front zu rechnen hätten, verhallten wirkungslos[26]. Vor allem vergrößerte sich die Kluft zwischen den Arbeitern und den Vertretern der Gewerkschaften zusehends. Der Deutsche Metallarbeiter-Verband, der die stärkste Gefolgschaft unter den Arbeitern der Thyssenschen Maschinenfabrik hatte und wohl überhaupt die bedeutendste gewerkschaftliche Organisation am Ort war[27], unterstützte die von dem Parteivorstand der SPD und der Generalkommission der Gewerkschaften gemeinsam 1914 eingegangene Politik des »Burgfriedens«. Diese hatte an die Stelle des Kampfes gegen die herrschenden Gewalten die friedliche Zusammenarbeit gesetzt. Vor allem die Gewerkschaften erhofften durch Kooperation und Demonstration ihrer Nützlichkeit, die offizielle Anerkennung als die Vertretung der Arbeiterschaft zu gewinnen und das Koalitionsrecht für alle Arbeiter zu erreichen. Sie nutzten die durch das 1916 erlassene Hilfsdienstgesetz geschaffenen Arbeiterausschüsse gleichermaßen zum Ausbau der gewerkschaftlichen Organisation wie zur Veranschaulichung ihres Einflusses auf die Arbeiter gegenüber den Arbeitgebern. Jedes spontane Vorgehen der Arbeiter mußte daher auf ihre entschiedene Ablehnung stoßen, denn wilde Streiks bedeuteten für sie nur Machtverlust. Wie problematisch aber diese Politik der gleichzeitigen Agitation und Beruhigung der Arbeiterschaft war, eine Taktik, die auf der einen Seite der Radikalisierung der Arbeiter entgegenwirken und der innergewerkschaftlichen Opposition den Boden entziehen sollte, auf der anderen Seite von der Furcht eines Zusammenbruchs der Kriegswirtschaft diktiert war, wird an dem Beispiel Mülheims ersichtlich[28].

Während die Gewerkschaftsfunktionäre trotz der offenkundigen Notlage der Arbeiter darauf verzichteten, deren Forderungen entschieden Geltung zu verschaffen und sich lieber auf Vermittlungstätigkeit beschränkten und stets bereit waren, beruhigend auf die Arbeiterschaft einzuwirken, waren die Unternehmer, vor allem Thyssen und Stinnes, nicht bereit, ihre unumschränkte Macht aufzugeben. Sie bekämpften die Gewerkschaften und setzten ihre Unterdrückungspolitik ununterbrochen fort. Es dauerte geraume Zeit, bis endlich die gesetzlich verfügten Arbeiterausschüsse von den Werksleitungen in Mülheim eingerichtet wurden, und die schon durch den sogenannten »Abkehrschein« beschnittene Freizügigkeit der Arbeiter versuchten sie durch Sperrabkommen noch weiter einzuschränken. Zum Beispiel legten die Direktionen der Thyssenwerke »schwarze Listen« an: ein Verzeichnis der von ihnen entlassenen Arbeiter, die von den anderen Werken erst nach Ablauf von vier Monaten wieder eingestellt werden durften. Damit beraubte man den entlassenen Arbeiter für diese Zeit fast jeder Möglichkeit, sich seinen Lebensunterhalt zu verdienen. Protokolle von den Belegschaftsversammlungen, die von der polizeilichen Überwachungsbehörde angefertigt und den Werksleitungen häufig zur Verfügung gestellt wurden, dienten nicht selten dazu, aufrührerische Arbeiter ausfindig zu machen und diese den genannten Repressionen auszusetzen oder sie aus der Reklamationsliste zu streichen, was einen sofortigen Einberufungsbefehl an die Front zur Folge hatte. Auf diese Weise versuchte man, jede Vereinigung der Arbeiterschaft zur Erkämpfung besserer Lebensbedingungen im Keim zu ersticken[29].

Wie in vielen anderen Zentren der Metallindustrie formierte sich auch in Mülheim schon früh die Opposition gegen den von den Gewerkschaften und der SPD eingegangenen »Burgfrieden«. Das Protestschreiben oppositioneller Sozialdemokraten an den Vorstand der SPD-Reichstagsfraktion vom 9. Juni 1915, das auf eine Abkehr von der Burgfriedenspolitik und auf eine entschiedene Ablehnung der von den Konservativen bis zu politisch rechtsstehenden Sozialdemokraten geäußerten expansionistischen Kriegsziele drang, hatten auch drei Mülheimer Funktionäre (Distriktführer und Mitglied der Preßkommission Lauterfeld, Kreisrevisor Müller, Mitglied des Kreisvorstandes Rokahr) unterzeichnet[30]. Diese oppositionelle Strömung innerhalb der Mülheimer Sozialdemokratie schien engen Kontakt zu den linksradikalen Zentren im Rheinland, so vor allem zu Düsseldorf (Resi Wolffstein) und dem Nachbarort Duisburg (Carl Minster, Julius Schoch) unterhalten zu haben. Wahrscheinlich gehörten auch einige Mülheimer Sozialdemokraten dem Spartakusbund an oder sympathisierten mit ihm. Als es im April 1917 zur endgültigen Spaltung der SPD kam, wurde in Mülheim sofort eine Ortsgruppe der USPD gegründet, die hauptsächlich von den

Arbeitern der Maschinenfabrik Thyssen getragen wurde. Da die strengen Zensurbestimmungen sogar die Öffentlichkeitsarbeit der SPD stark einschränkten, die der oppositionellen Sozialdemokraten aber völlig unterbanden, konzentrierten sich die Unabhängigen in Mülheim wie im ganzen Rheinland auf illegale Arbeit wie die Verteilung von Flugblättern und geheime mündliche Agitation. Die Folge dieser Taktik war eine enge Zusammenarbeit zwischen Unabhängigen und Spartakusleuten im Rheinland[31].

II. Der Ausbruch der Revolution und die Bildung der revolutionären Räteorgane in Mülheim

Ende September 1918 konnte die Oberste Heeresleitung (OHL) nicht länger leugnen, daß der Krieg für Deutschland verloren war. Das deutsche Waffenstillstandsangebot vom 3./4. Oktober war das offene Eingeständnis der Niederlage, und die ohnehin niedergedrückte Stimmung der Bevölkerung schlug durch die Antwortnoten des amerikanischen Präsidenten Wilson, die alle deutschen Hoffnungen auf einen leichten Frieden zerstörten, mehr und mehr in Verzweiflung um. In dieser ungünstigen Situation vollzog sich auf das entschiedene Drängen der OHL die Parlamentarisierung Deutschlands. Gestützt auf die drei Mehrheitsparteien im Reichstag (SPD, Zentrum, Fortschrittspartei) bildete sich eine neue Regierung, und am 28. Oktober 1918 verwandelte sich das autokratisch regierte Deutsche Reich durch Verfassungsänderung in eine parlamentarische Monarchie.

Obwohl die Lokalpresse ausführlich über die »Regierungsumwälzung« berichtete und die Vorzüge und Kompetenz der neuen »Volksregierung« pries, schien die Mehrheit der Mülheimer Bevölkerung der politischen Umwälzung nur wenig Beachtung zu schenken. All ihr Denken und Trachten war absorbiert von dem einen Problem, wie sie sich trotz des verlorenen Krieges wieder auskömmliche Lebensbedingungen schaffen konnte. »Kappes« (Weißkohl), Kürbis und Stilmus bildeten die Hauptnahrungsmittel in Mülheim, da die Kartoffelausteilung noch miserabler als im Vorjahre war. Die Grippe grassierte, und selbst die Versorgung der Kleinkinder mit Milch war gefährdet. Eine Folge dieser Verhältnisse war das ungeheure Anwachsen des Schleichhandels. Nur noch die Reichsten konnten die Wucherpreise des Schwarzmarktes bezahlen[1]. Durch Vorfälle wie die Bevorzugung von Gemeindebeamten und -angestellten auf der städtischen Warenverteilungsstelle oder das rigorose Vorgehen der Polizei, die meistens Kleinhamsterer, die sich mühsam in einer Tagestour einige Lebensmittel ergattert hatten, und nur selten Hamsterer großen Stils erwischte, verloren die Behörden ihr letztes Prestige[2]. Auch die zahlreichen Durchhalteparolen konnten nicht über die Krisenstimmung in der Bevölkerung hinwegtäuschen, und mit Warnungen, daß jeglicher Umsturzversuch ein »bolschewistisches Chaos« heraufbeschwören würde, versuchten die herrschenden Kreise die wachsende Revolutionsgefahr einzudämmen[3]. Schon Ende Oktober hatte sich in Mülheim ein sogenannter »Vertrauensausschuß« gebildet, um die bevorstehende Demobilisierung und Übergangswirtschaft zu organisieren und möglichst reibungslos zu gestalten. Dieser Ausschuß war durch Privatinitiative zustande gekommen und setzte sich zusammen aus Vertretern der politischen Parteien (u. a. der SPD und dem Zentrum), der Gewerkschaften aller Richtungen, Vertretern der größten industriellen Werke (Direktoren der Thyssen-Werke: Dr. Herle, Dr. Roser, Becker; Direktor der Friedrich-Wilhelm-Hütte: Dr. Wirtz), der Stadtverwaltung (Oberbürgermeister Lembke) und der Presse (Redakteur der Mülheimer Zeitung)[4].

Etwa zur gleichen Zeit formierte sich auch die Gegenseite, die die Revolution trotz der erfolgten parlamentarischen Neuordnung für unausweichlich hielt und gleichfalls ihre Vorkehrungen traf. Die Unabhängigen in Mülheim hatten mit Soldaten Kontakt aufgenommen, die ihrem Einberufungsbefehl an die Front nicht nachgekommen waren und in Mülheim Unterschlupf gesucht hatten. Man vereinbarte, gemeinsam zu handeln, »um das Volk, wenn es aufstehe, im rechten Geleise zu halten«[5]. Während die Mehrheitssozialdemokraten noch am 4. November versuchten, den drohenden Umsturz zu verhindern und das Flugblatt ihres Parteivorstandes verteilten, das zur »Besonnenheit« mahnte und die Arbeiterschaft aufforderte, nicht »die Betriebe zu verlassen und auf die Straße zu gehen«, um die von den Regierungsvertretern der SPD geführten Verhandlungen nicht zu stören[6], konnten sich auch die Unabhängigen noch am 6. und 7. November nicht zum sofortigen Handeln entschließen, obwohl sie von den Soldaten gedrängt wurden, endlich etwas zu unternehmen[7].

Inzwischen war der endgültige Anstoß zu der schnell ganz Deutschland erfassenden Umsturzbewegung am 3./4. November durch die Meuterei der Matrosen der deutschen Hochseeflotte in Kiel gegeben worden, und mit der Ankunft revolutionärer Matrosen und Soldaten in Köln in der Nacht vom 7. auf den 8. November hatte sie bereits das Rheinland erreicht[8].

Einige wenige Matrosen genügten, um auch in Mülheim den Aufstand auszulösen. Als sie in der Nacht zum 9. November eintraten, vereinigten sich sofort die den Kriegsdienst verweigernden Soldaten mit ihnen. Zunächst befreite man die ca. 1000 in Mülheimer Rüstungsbetrieben beschäftigten Festungsgefangenen. Gemeinsam zog man weiter zur Kaserne, wo die Soldaten sofort zu ihnen übergingen. Damit war der militärische Umsturz in Mülheim geglückt, und um fünf Uhr morgens teilte der Oberbürgermeister Lembke telefonisch nach Düsseldorf mit, »daß sich die Stadt und Garnison den Aufständischen ergeben hat. Das Rathaus sei besetzt. Zu Ausschreitungen sei es ... nicht gekommen«[9]. Nirgendwo hatte sich auch nur der geringste Widerstand geregt, obwohl angeblich eine Kompanie Soldaten bereitgelegen haben soll, um einen eventuell ausbrechenden Aufstand sofort niederzuschlagen, und man auch Vorbereitungen getroffen hatte, revolutionäre Matrosen vor Mülheim abzufangen. Eine der ersten Aktionen der Aufständischen war die Einkleidung der Festungsgefangenen aus Heeresbeständen, wobei zahlreiche Wachen dafür sorgten, daß es nicht zu Plünderungen und Schiebungen kam. Den herkömmlichen Vorstellungen über den Ablauf einer Revolution schien Mülheim in keiner Weise zu entsprechen, denn »es ging alles ruhig, man könnte sagen: gemütlich zu«[10]. Noch aber war dem militärischen Umsturz der Aufstand der Arbeitermassen nicht gefolgt.

Durch die Initiative der Unabhängigen, vor allem des späteren Arbeiterrats-Vorsitzenden Serforth, hatte die Belegschaft der Maschinenfabrik Thyssen am 8. November den Plan zu einem Demonstrationszug der gesamten Mülheimer Industriearbeiter gefaßt. Gleichzeitig war eine Mitgliederliste für einen zu bildenden Arbeiterrat aufgestellt und von der Belegschaft gebilligt worden. Über beide Beschlüsse hatte man die Mehrheitssozialdemokraten und die Freien Gewerkschaftler unterrichtet und ihnen war es gelungen, obwohl sie wie auch die Christlichen und Hirsch-Dunckerschen Gewerkschaften jegliche Beteiligung und Verantwortung ablehnten, die Demonstration, die noch am gleichen Tage nachmittags hatte stattfinden sollen, auf den 9. November zu verschieben[11]. Während die Arbeiter am nächsten Tag in allen Betrieben und Fabriken die Arbeit einstellten, gemeinsam zum Rathaus zogen und auf mitgeführten Schildern ihre Forderungen wie »Nieder mit dem Krieg! Her mit dem achtstündigen Arbeitstag!« verkündeten, führten im Rathaus bereits Vertreter der USPD und der Soldaten, die sich als Arbeiter- und Soldatenrat erklärt hatten, Verhandlungen mit dem Oberbürgermeister. Mittlerweile hatten sich auf dem Rathausplatz Tausende von Menschen angesammelt, und auch ein Zug revolutionärer Matrosen war mit einer Militärkapelle von der Kaserne her eingetroffen. Vom Balkon des Rathauses eröffnete ein Mitglied des Arbeiterrates (Reuss) die Kundgebung, indem er zunächst eindringlich zur Ruhe und Ordnung ermahnte. Die Polizei war von dem soeben gebildeten Arbeiter- und Soldatenrat ausgeschaltet worden, und an ihrer Stelle sorgten eigene Ordnungsmannschaften für den glatten Ablauf der Versammlung. Mehrere Mitglieder des am Vortag in der Maschinenfabrik Thyssen benannten Ar-

beiterrates hielten Reden, und man sprach »von der Bedeutung der historischen Stunde und davon, daß nun endlich auch den Arbeitern werden solle, was ihnen nach Naturrecht zustehe, daß allen Menschen ihr Menschenrecht nach der Lehre des Sozialismus werden solle. Das Morden, der sinnlose Krieg, der durch den Imperialismus in allen kapitalistisch regierten Ländern hervorgerufen worden sei, sei zu Ende, und in England und Frankreich werde es so sein, wie bei uns«[12].
Dann gab der Beauftragte der USPD in Mülheim und unbestrittene Führer der Umsturzbewegung Gerhard Serforth bekannt, daß von jetzt an der Arbeiter- und Soldatenrat die öffentliche Gewalt in Mülheim darstelle, doch »wolle (man) nicht den Oberbürgermeister absetzen, es gelte lediglich die Oberaufsicht über die städtische Verwaltung zu führen«. Zum Zeichen der Machtübernahme erschienen später zwei rote Fahnen auf dem Rathausturm. Ferner verlas Serforth die Mitgliederliste des Arbeiterrates, ausschließlich Angehörige der USPD, und forderte die Versammelten auf, durch Handheben ihre Zustimmung bzw. Ablehnung anzuzeigen. Die Liste, schon einen Tag vorher von den Arbeitern der Thyssenwerke gebilligt, wurde einstimmig angenommen. Gleichzeitig wurden die Wahlen zum Soldatenrat für nachmittags in der Kaserne angekündigt. Unter Musik setzte sich dann die Menschenmenge in Bewegung und zog durch die Stadt. Es wurden weitere Reden gehalten, in denen u. a. der einzige Redner und Teilnehmer von seiten der SPD und der Freien Gewerkschaften, Otto Volkmann, die »Demokratisierung aller Verwaltungsorgane, Maßnahmen bei Arbeitslosigkeit, Einführung des Achtstundentages« forderte. Mit einem Hoch auf Karl Liebknecht löst Serforth schließlich die Demonstration auf, und die Menge zerstreute sich langsam.
Erneute Gespräche zwischen dem Arbeiter- und Soldatenrat und Vertretern der Stadtverwaltung fanden statt, denen jetzt auch der »Vertrauensausschuß«, jedoch ohne seine SPD- und Freien Gewerkschaftsmitglieder, beiwohnte. Serforth eröffnete die Besprechungen, indem er noch einmal die Position des Arbeiter- und Soldatenrates als oberster Kontrollinstanz unterstrich: »Mit dem heutigen Tage gehe keine Verfügung, keine Abhandlung mehr aus dem Rathaus, die nicht durch den Vorstand des Arbeiterrates gebilligt worden sei.« Er forderte die Vertreter des Bürgertums zu einer Loyalitätserklärung auf, und alle Anwesenden, auch der Oberbürgermeister, gaben bereitwillig zu erkennen, daß sie gewillt seien, mit dem Arbeiter- und Soldatenrat zusammenzuarbeiten. Nach dieser Klärung der neuen Machtverhältnisse ging man dazu über, die dringendsten Tagesprobleme zu regeln. In Sachen öffentlicher Sicherheit beschloß man, daß die Polizei zusammen mit den Ordnungsmannschaften des Arbeiter- und Soldatenrates wieder Dienst tun sollte. Mit den anwesenden Werksleitern wurde über die

Einführung des Achtstundentages verhandelt, doch konnte, da diese nicht zu sofortigen Zugeständnissen bereit waren, keine Einigung erzielt werden, und eine erneute Unterredung für den 11. November wurde anberaumt. Dennoch versicherte der Arbeiter- und Soldatenrat, daß er die Arbeiterschaft veranlassen werde, vollzählig am Montag (11. November) die Arbeit wieder aufzunehmen; allerdings sollten dadurch die Profite der Unternehmer nicht weiterhin vermehrt werden, vielmehr müsse das, was durch die Produktion geschaffen werde, »Gemeingut« werden, auf das alle Menschen ein gleiches Anrecht hätten. Nachdem auf Anfrage des Pressevertreters noch einmal betont wurde, daß der Arbeiter- und Soldatenrat keine Gewaltherrschaft aufrichten wolle und die volle Pressefreiheit gewährleistet sei, so lange die Presse nicht gegenrevolutionär arbeite, beendete man mit einer Mitteilung über die Abdankung des Kaisers und einem »Hoch auf die Sozialdemokratie« die Verhandlungen[13].

Am nächsten Tage war die Lokalpresse voll des Lobes über die Art und Weise, wie sich die Umwälzung in Mülheim vollzogen hatte. So schrieb zum Beispiel der »Mülheimer Generalanzeiger«: »Wie fast im ganzen Reich, so hat sich auch in Mülheim der Umschwung mit einer Ruhe und Ordnung vollzogen, die den Leitern der neuen Bewegung alle Ehre macht.« »Es ist nirgends zu Ruhestörungen gekommen: Eisenbahn und Post, Straßenbahn usw. waren in geregeltem Betrieb. Wo es galt einzugreifen, war der Arbeiter- und Soldatenrat sofort zur Hand, wieder geordnete Verhältnisse herbeizuführen . . . Alles in allem kann gesagt werden, daß die Umwälzung in unserer Stadt sich vollkommen ruhig und in geordneten Bahnen vollzogen hat . . . Es kam kein Mißton vor[14].« Das Bürgertum erkannte die Tatkraft des Arbeiter- und Soldatenrates an und schien gleichzeitig auch überzeugt, daß er das Wohl aller Bevölkerungskreise erstrebe und nicht die Errichtung einer Diktatur vorhabe. In der Meinung, daß die schwierige Lage Deutschlands die Zusammenarbeit aller Schichten der Bevölkerung notwendig mache, warben die Zeitungen bei ihren Lesern um Vertrauen für den Arbeiter- und Soldatenrat und forderten entschieden zu seiner Unterstützung und zur Einhaltung seiner Anordnungen auf[15].

Einen ähnlichen Aufruf erließen auch die Mehrheitssozialdemokraten und die Freien Gewerkschaftler, die sich durch ihre strikte Enthaltsamkeit hinsichtlich aller Vorbereitungen zum Umsturz selbst von dessen Führung ausgeschlossen hatten[16]. Der öffentlich bestätigte Arbeiterrat bestand aus insgesamt 23 Mitgliedern, die sich auf einen engeren (7 Mitglieder) und einen erweiterten Rat (16 Mitglieder) verteilten und in der Mehrzahl Arbeiter in den Thyssenschen Betrieben waren. Sie alle gehörten der USPD an, und zwar vorwiegend ihrem äußersten linken Flügel, der durch den Spartakusbund repräsentiert wurde, obwohl sie es vermieden, sich öffentlich als

Spartakusanhänger zu bezeichnen, und es vorzogen, sich »Freie Sozialisten« zu nennen[17]. Durch die enge Zusammenarbeit von Unabhängigen und Spartakisten im Arbeiterrat ist die Stärke der im Spartakusbund organisierten Mitglieder ebenso wenig festzustellen wie etwaige Unterschiede in der politischen Konzeption. Das gleiche gilt für das Verhältnis des Arbeiterrates zur syndikalistischen Gewerkschaft, der »Freien Vereinigung deutscher Gewerkschaften«, die nach der Umwälzung gerade in dem Bezirk Hamborn-Mülheim-Oberhausen starken Zulauf hatte[18]. Ohne Zweifel identifizierte sich der Arbeiterrat weitgehend mit der Freien Vereinigung, obwohl ein Teil seiner Mitglieder weiterhin in den Freien Gewerkschaften verblieb.

Diese linksradikale Front von USPD, Spartakusbund und Freier Vereinigung in Mülheim erklärt sich zunächst aus ihrer engen Zusammenarbeit während des Krieges, beruhte aber auch auf gewissen Gemeinsamkeiten in der politischen Konzeption. Der Spartakusbund, der sich am 30. Dezember 1918 gemeinsam mit den Internationalen Kommunisten Deutschlands als Partei (KPD) konstituierte, war die einzige sozialistische Gruppe, die bei Ausbruch der Revolution ein konkretes politisches Programm vorweisen konnte[19]. Dieses sah die Aufrichtung einer Räterepublik vor, propagierte die Sozialisierung aller landwirtschaftlichen und industriellen Betriebe und forderte die völlige Entmachtung des überkommenen Beamten- und Militärapparates und die Einrichtung von Arbeitermilizen[20]. Obwohl die Mehrheit der Unabhängigen das Spartakusprogramm ablehnte, stand sie dem Konzept einer Kombination von Rätesystem und parlamentarischer Arbeit sympathisch gegenüber, bekannte sich entschiedener als die Mehrheitssozialdemokraten zu der Sozialisierung gewisser Industriezweige und hielt ebenso die Ausschaltung der alten Behörden für absolut notwendig[21]. Ermöglichten diese Berührungspunkte ein teilweises Zusammengehen von USPD und Spartakusbund (KPD), so bekam letzterer besonders im Ruhrgebiet weitere Unterstützung von der politisch extremen Linken, den Syndikalisten[22]. Das Programm der Freien Vereinigung vom 14. Dezmber 1918[23] sowie ihr Organisationsaufbau wiesen viele Übereinstimmungen mit dem Spartakusbund (KPD) auf, vor allem aber war man sich einig in dem Ziel, die wirtschaftlichen und sozialen Grundlagen der Gesellschaft vollkommen umzugestalten. Durch den ausschließlichen Kampf mit gewerkschaftlichen Mitteln unter Verherrlichung der direkten Aktion strebte die Freie Vereinigung die Schaffung einer anti-staatlichen Gesellschaftsordnung auf der Basis sozialistischer Produktion an und lehnte daher jede Beteiligung an parlamentarischer Arbeit strikt ab. Kompromißlos bekämpfte sie gleichermaßen die Kräfte des alten Systems wie die Mehrheitssozialdemokraten und Freien Gewerkschafter und unterstützte entschieden die Herrschaft der Räte als die spontan entstandenen Machtorgane der Arbeiter[24].

Dennoch gelang es den Mehrheitssozialdemokraten und Freien Gewerkschaftlern in Mülheim, ihre Aufnahme in den Arbeiterrat zu erreichen. Schon einen Tag nach dem geglückten Umsturz hatten sie sich mit den Linksradikalen in Verbindung gesetzt und die Neubildung des Arbeiterrates vorgeschlagen. Nach ihren Vorstellungen sollte der Arbeiter- und Soldatenrat ein möglichst breites Fundament im Volke haben, und sie schlugen folgende Zusammensetzung vor: 10 Vertreter der USPD, 10 Vertreter der SPD, 10 Vertreter des Soldatenrates, 10 Vertreter der Freien Gewerkschaften, 10 Vertreter der Christlichen Gewerkschaften, 5 Vertreter der Angestelltenverbände. Dieser Antrag wurde rundweg abgelehnt, da die Linksradikalen grundsätzlich gegen jede Aufnahme von Bürgerlichen waren[25]. Sie erklärten sich jedoch hinsichtlich des Arbeiterrates bereit, 15 Vertreter der SPD in den erweiterten Rat und 2 in den engeren Rat aufzunehmen, unter der Bedingung, daß sie nicht Angestellte der Partei oder Gewerkschaften seien. Außerdem behielten sie sich das Recht der Ablehnung einzelner Delegierter vor. Die SPD nahm das Angebot an. Einige Tage später kam es erneut zu einer Änderung der Zusammensetzung des Arbeiterrates, indem noch sechs Angestelltenvertreter aufgenommen wurden, die allerdings in einer der beiden sozialistischen Parteien organisiert sein mußten. Der Arbeiterrat setzte sich demnach wie folgt zusammen: Engerer Rat: 7 USPD-Vertreter (darunter 1. und 2. Vorsitzender), 2 SPD-Vertreter; Erweiterter Rat: 17 USPD-Vertreter (darunter 9 Mitglieder der Freien Vereinigung, 1 Angestelltenvertreter), 19 SPD-Vertreter (darunter 4 Angestelltenvertreter). Nach Möglichkeit war der Arbeiterrat bemüht, Mitglieder mit besonderer fachlicher Qualifikation aufzunehmen, und er beschäftigte noch 9 Arbeitskräfte, die größtenteils zur USPD/Spartakus-Fraktion gehörten[26]. Trotz der erreichten Einigung gab die Zusammensetzung des Arbeiterrates immer wieder Anlaß zu Auseinandersetzungen. Die Mehrheitssozialdemokraten waren keineswegs mit der eindeutigen Stimmenmehrheit und der sich daraus ergebenden Dominanz der Linksradikalen im Arbeiterrat einverstanden und hofften entweder auf eine »paritätische Zusammensetzung im sozialistischen Sinne« oder forderten, so vor allem die sozialdemokratischen Angestelltenvertreter, einen »demokratisch« zusammengesetzten Arbeiterrat und befürworteten die Anträge bürgerlicher Gruppen um Aufnahme in den Arbeiterrat[27]. Glaubten die Mehrheitssozialdemokraten, konterrevolutionären Strömungen am besten durch Zusammenarbeit mit allen Bevölkerungskreisen entgegenarbeiten zu können, so sahen die Linksradikalen in den Anträgen bürgerlicher Interessengruppen auf Sitz und Stimme im Arbeiterrat nur deren ersten Versuch, sich die verlorene

Macht zurückzuerobern. Sie befürchteten, daß Vertreter des Bürgertums im Arbeiterrat notwendigerweise aufgrund ihrer Weltanschauung alles tun würden, um eine Änderung des Wirtschaftssystems von einer »Profit- in eine Bedarfswirtschaft« zu verhindern, und jedem Versuch einer schrittweisen Einführung des Sozialismus entgegenstehen würden. Damit aber war der weitere Verlauf der Revolution in Frage gestellt, und die Linksradikalen hielten deshalb eine Art »Diktatur« für unbedingt notwendig, um überhaupt erst einmal »die Demokratie einführen zu können«[28]. Diese Differenzen zwischen den beiden Fraktionen im Arbeiterrat waren letztlich ein Ausfluß ihrer verschiedenartigen Konzeption hinsichtlich der politischen Neuordnung Deutschlands, insbesondere der künftigen Stellung und Funktion der Arbeiter- und Soldatenräte. Während die SPD-Fraktion den Arbeiter- und Soldatenrat als ein Provisorium bis zur Konstituierung einer rechtmäßig gewählten allgemeinen Volksvertretung sah, betrachteten die Linksradikalen die Arbeiter- und Soldatenräte als das direkte Herrschaftsorgan der Arbeiterklasse und das Rätesystem als den Grundpfeiler der politischen Neuordnung. Dabei wurde die USP/Spartakus-Fraktion in den Grundfragen von der Mülheimer Arbeiterschaft unterstützt, die sich in den vom Arbeiter- und Soldatenrat einberufenen öffentlichen Volksversammlungen durch Abstimmung gegen eine Aufnahme von Bürgerlichen und eine Kräfteverschiebung im Arbeiterrat aussprach[29].

Wahrscheinlich aufgrund der guten Zusammenarbeit und nicht zuletzt verstärkt durch den in einem Großteil der deutschen Arbeiterschaft herrschenden Wunsch nach Einigung der sozialistischen Parteien vollzog sich in den ersten Wochen nach dem Umsturz eine allmähliche Annäherung zwischen SPD und USPD/Spartakus-Fraktion im Arbeiterrat, so daß letztere Ende November der Umbildung des Arbeiterrates auf paritätischer Grundlage zustimmte. Allerdings blieb die Klausel bestehen, jetzt auf den engeren Rat eingeschränkt, daß keine Partei- oder Gewerkschaftsfunktionäre in den Arbeiterrat gewählt werden durften[30]. Durch den Austritt der Mehrheitssozialdemokraten am 13. Dezember – über die Frage der alleinigen Interessenvertretung der Arbeiterschaft durch die Gewerkschaften – kam diese Umbildung des Arbeiterrates jedoch kaum zur Ausführung und blieb praktisch bedeutungslos. Vom Tag seines Entstehens bis zu seiner Entmachtung im März 1919 beherrschten die Linksradikalen den Arbeiter- und Soldatenrat.

Die Geschäftsführung des Arbeiterrates blieb von diesen internen Auseinandersetzungen unbetroffen. Der engere Rat, der seinen ständigen Sitz im Rathaus nahm, erledigte die laufenden Geschäfte; an ihn waren alle Anträge usw. zu richten. Täglich stand er der Bevölkerung zur Verfügung, die ihm persönlich ihre Beschwerden und Probleme vorbringen konnte. Alle wich-

tigen Dinge wurden vom engeren und erweiterten Rat gemeinsam mit Vertretern des Soldatenrates in öffentlichen Vollversammlungen verhandelt und entschieden. Ferner gaben Vertreter des Arbeiter- und Soldatenrates in öffentlichen Volksversammlungen Rechenschaftsberichte über ihre Tätigkeit, in denen die Bevölkerung ihren Willen zu getroffenen Maßnahmen und Entscheidungen zum Ausdruck bringen konnte und die daher auf ein reges Interesse stießen. Während die Mitglieder des erweiterten Rates nur entstandene Unkosten ersetzt bekamen, bezogen die Mitglieder des engeren Rates eine tägliche Vergütung von 20 Mark. Die Gelder gingen zu Lasten der Stadtkasse[31].
Angesichts der Notwendigkeit von politischer Aufklärungsarbeit und Agitation unter den Massen gründeten einige linksradikale Mitglieder des Arbeiterrates eine Tageszeitung, die »Freiheit«. Die erste Ausgabe erschien am 1. Dezember in Mülheim als Publikationsorgan der Arbeiter- und Soldatenräte für den Bezirk Mülheim-Ruhr, Duisburg, Oberhausen, Hamborn, Moers-Rees und Essen-Ruhr. Der Artikel »Unsere Aufgabe« erläuterte die Gründe, die das Erscheinen des Blattes notwendig machten und sein politisches Programm. Erstes Ziel der »Freiheit« sollte es sein, die Revolution voranzutreiben und den Sozialismus aufzubauen. Dazu galt es, die »Verwirrung in den Köpfen der Arbeiter zu beseitigen«; die Massen sollten »nicht nur die völlige Unzulänglichkeit aller bisherigen ›Errungenschaften‹ empfinden, sondern aktiv tätig werden«. Diese Aufgabe könne nur gelöst werden, wenn die Vorherrschaft der bürgerlichen Zeitungen gebrochen werde, die diese sich durch die stark eingeschränkte Pressefreiheit vor der Revolution hätten sichern können und die sie zur Unterdrückung der arbeitenden Klasse benutzten. Die gleiche Kampfansage richtete sich auch an die SPD und ihre Presseorgane, denn die Regierungssozialisten seien »nur dem Namen nach Sozialisten, in Wirklichkeit aber Stützen der bürgerlichen Gesellschaft«. Offen erklärte sich die »Freiheit« für das Programm des Spartakusbundes, das allein die Revolution sichern könnte[32].
Der Verleger des neuen Publikationsorgans war der 2. Vorsitzende des Arbeiterrates, Serforth, und für den redaktionellen Teil zeichneten Carl Minster[33] und Julius Schoch[34] verantwortlich, die bis 1916 das Duisburger Parteiorgan der SPD, die »Niederrheinische Volksstimme«, damals noch »Niederrheinische Arbeiterzeitung«, herausgegeben hatten. Durch das gewaltsame Eingreifen des Berliner SPD-Parteivorstandes und gegen den Willen der Mehrheit der Duisburger Genossen waren sie entlassen worden, da sie nicht auf den offiziellen politischen Kurs der Partei, die Politik des »Burgfriedens«, einschwenkten, sondern das Blatt weiter im Sinne der linken Gruppe der Sozialdemokratischen Arbeitsgemeinschaft und des Spartakusbundes redigierten, dem sowohl Minster wie Schoch angehörten[35].

Obwohl die linksradikalen Mitglieder des Arbeiterrates betonten, daß die »Freiheit« nicht im Auftrag des Spartakusbundes gegründet worden sei, sondern im Sinne des Arbeiterrates redigiert werde, verweigerten die SPD-Mitglieder des Arbeiterrates der Zeitung die Anerkennung als »amtliches Organ des Arbeiter- und Soldatenrates[36]«. Auch ein Antrag an die Stadtverordnetenversammlung, die städtischen Anzeigen gegen Vergütung an die »Freiheit« zu überweisen, wurde abgelehnt[37]. Dieses wäre eine finanzielle Hilfe gewesen, da das Blatt als Eigentum der USPD-Mitglieder, später der KPD-Mitglieder der Wahlkreise seines Verbreitungsbezirks neben freiwilliger Unterstützung keine andere Einnahmequelle hatte als die Gelder aus dem Verkauf[38].

Mit der Bekanntgabe neuer Bestimmungen für die Militärangehörigen und einer Namensliste seiner Mitglieder mit Angabe des Ranges trat der am 9. November von den in Mülheim stationierten Truppen gewählte Soldatenrat vier Tage später zum ersten Mal an die Öffentlichkeit[39]. Er bestand zunächst aus 26 Mitgliedern, die sich Anfang Dezember auf 21 reduzierten. Selbst die Offiziere waren bei der Wahl nicht übergangen worden (5 Mitglieder). Der größte Teil des Soldatenrates rekrutierte sich aus dem mittleren Führungskorps (8 Mitglieder), während die Zahl der Mannschaftsangehörigen relativ gering war (6 Mitglieder). Hinzu kamen noch 7 Matrosen (1 Torpedo-Bootsmann, 2 Obermatrosen, 4 Matrosen)[40]. Die Auswahl der Mitglieder des Soldatenrates wird sich vornehmlich nach ihrer Kompetenz als zukünftige Interessenvertreter des einfachen Soldaten gerichtet haben, die folgendermaßen zu definieren sein dürfte: Entweder zeichneten sich die Bewerber durch fachliche Qualifikation aus und waren dabei meist unpolitisch, oder sie hatten sich durch ein Engagement in einer der beiden sozialistischen Parteien politisch profiliert[41]. Ersteres Kriterium wird in Mülheim vor allem für den 1. Vorsitzenden des Soldatenrates, Hauptmann von Heydebreck, zutreffen, während sich der 2. Vorsitzende, Sergeant Will, wohl durch seine Mitgliedschaft in der USPD qualifiziert hatte. Alle Mitglieder des Soldatenrates waren entweder dem Innen- oder Außendienst zugeteilt, und die vom Soldatenrat erlassenen Verfügungen und Aufrufe hatten nur Gültigkeit, wenn sie von zwei Mitgliedern des Innendienstes unterzeichnet waren. Eine detaillierte Bekanntmachung informierte über den jeweiligen Aufgabenbereich seiner Mitglieder. Neben der Kontrolle der Kommandoführung und des militärischen Geschäftsbetriebes unterstanden dem Soldatenrat auch einige Stellen des städtischen Verwaltungsapparates; die oberste Kontrollfunktion hatte der 2. Vorsitzende, Will, inne. Mit diesem Organisationsaufbau entsprach der Soldatenrat den Richtlinien, die der Generalsoldatenrat des VII. Armeekorps in Münster unter Zustimmung der Garnisons-Soldatenräte, jetzt Bezirks-Soldatenräte genannt, erlassen hatte[42]. Auch die neuen Richtlinien für die Militärangehörigen in Mülheim unterschieden sich nicht von den allenthalben in den Nachbarorganisationen artikulierten Forderungen, und ihre relativ späte Veröffentlichung (13. November) läßt auf eine Orientierung an bereits vorhandenen Vorbildern schließen. Sie verfügten die gleiche Verpflegung für Mannschaften und Offiziere und die Schließung des Offizierskasinos. Die Grußpflicht war abgeschafft und die »sachgemäße Behandlung der Mannschaften durch die Vorgesetzten« wurde verlangt. Jegliche Briefzensur war verboten, und allgemeine Rede- und Pressefreiheit wurde garantiert. Den Offizieren stellte man frei, den Dienst ohne Versorgungsanspruch zu quittieren, falls sie mit den Neuregelungen nicht einverstanden waren; diejenigen Offiziere dagegen, »die sich auf den Boden der Reform stellen«, durften ihre bisherigen Rangabzeichen und ihren Degen weiter tragen. Auch die Reichskokarde wurde nicht verboten. Ansonsten hatte alles »seiner gewohnten früheren Beschäftigung nachzugehen«, nur bedurfte jeglicher Erlaß und jede Maßnahme von nun an der Zustimmung des Soldatenrates[43].

Trotz des gemäßigten Charakters der neuen Verordnungen, die anzeigen, daß der Soldatenrat sich als Ordnungshüter betrachtete und auf Reform ausgerichtet war, stand zumindest ein Teil seiner Mitglieder der USPD/Spartakus-Fraktion im Arbeiterrat nahe, die sie stets unterstützten, so vor allem als exponiertester Vertreter des Soldatenrates der 2. Vorsitzende Will, außerdem die Leiter der Sicherheitskompanie, Offiziersstellvertreter Fickert und Sergeant Frick, und der Delegierte beim Generalsoldatenrat, Musketier Leidner.

Sowohl der Arbeiterrat als auch der Soldatenrat gehörten übergeordneten Räteorganisationen an, die einen Versuch darstellten, die einzelnen Räte über die Lokalebene hinaus zu organisieren und zu einer Zusammenarbeit zu bringen. Meist entsandten der Arbeiterrat und der Soldatenrat je einen Delegierten in die zuständigen Gremien. So begleitete der 2. Vorsitzende des Arbeiterrates und Leiter des Sicherheitswesens, Serforth, den Musketier Leidner zum General-Soldatenrat in Münster, der alle Soldatenräte im Bereich des VII. Armeekommandos erfaßte[44], während der 2. Vorsitzende des Soldatenrates, Will, in den Bezirks-Arbeiterrat Niederrhein gewählt wurde, der versuchte, alle Arbeiterräte im Parteibezirk Niederrhein zu koordinieren[45]. Diese enge Zusammenarbeit zwischen Arbeiterrat und Soldatenrat galt auch für ihre übrige öffentliche Tätigkeit, so daß eine Differenzierung zwischen Aktionen des Arbeiterrates und Soldatenrates nur schwer möglich ist, man in Mülheim vielmehr vom Arbeiter- und Soldatenrat sprechen muß, der seit dem 9. November die beherrschende Gewalt in der Stadt innehatte.

III. Die Tätigkeit des Mülheimer Arbeiter- und Soldatenrates im November/Dezember 1918

Wie aus den ersten Besprechungen zwischen den Vertretern des Arbeiter- und Soldatenrates und den städtischen Behörden am 9. November hervorgegangen war, wollte sich der Arbeiter- und Soldatenrat in der Ausübung seiner Gewalt in der Kommunalverwaltung auf eine Kontrolle beschränken, und er gab in seinen ersten Aufrufen bekannt, »daß sämtliche Verwaltungen der Stadt nach wie vor ihren Dienst in der altgewohnten Weise weiterführen«[1]. Die Kontrolltätigkeit des Arbeiter- und Soldatenrates bestand in erster Linie aus der Gegenzeichnung aller Erlasse und Verfügungen der städtischen Behörden. Im Mittelpunkt seiner Arbeit standen die öffentliche Sicherheit, die Versorgung der Bevölkerung und Probleme der Demobilmachung, also Aufgaben, die von der allgemeinen politischen Situation in Deutschland, vor allem von dem verlorenen Krieg diktiert waren[2].

Dem Polizeiwesen kam besonders große Bedeutung zu, weil es galt, neben der Sicherung der Revolution durch Aufrechterhaltung von Ruhe und Ordnung auch das Vertrauen der gesamten Bevölkerung zu gewinnen. Fragen der öffentlichen Sicherheit wurden vom Arbeiter- und Soldatenrat gemeinsam geregelt, doch lag die Organisation und Verantwortung in den Händen des Soldatenrates, und er hatte zwei seiner Mitglieder, Vizefeldwebel Rauschenbach und Musketier Leidner, in die Polizeiverwaltung entsandt. Schon am ersten Tag des Umsturzes war man übereingekommen, daß die Polizisten gemeinsam mit den Mannschaften des Soldatenrates Dienst tun sollten. Die Polizisten behielten ihre Waffen und Abzeichen, während die neuen Ordnungshüter durch Armbinden gekennzeichnet und mit Ausweisen vom Soldatenrat versehen waren. Ständig gingen Patrouillen durch die Innenstadt, und in öffentlichen Aufrufen hatte der Arbeiter- und Soldatenrat bekanntgegeben, daß alle Ausschreitungen, Diebstähle und Plünderungen auf strengste, in besonders schweren Fällen sogar mit der Todesstrafe geahndet würden. Alle Wachen waren angewiesen, wenn nötig von der Schußwaffe Gebrauch zu machen[3].

Konnte durch die enge Zusammenarbeit von Polizei und Ordnungsmannschaften des Soldatenrates, die auch nach Aussage des Oberbürgermeisters gut funktionierte[4], die Ordnung und Sicherheit in Mülheim aufrechterhalten werden, so hielt der Arbeiter- und Soldatenrat Ende November die Gründung einer Sicherheitskompanie, »Garnisonwehr« genannt, für notwendig, da einige Regimenter aus Mülheim abgezogen worden waren, aus denen der Soldatenrat bisher seine Ordnungsmannschaften gebildet hatte. Diese Truppen hatten völlig unter dem Einfluß des Soldatenrates gestanden, und bis auf wenige Ausnahmen waren die von ihnen gestellten Hilfs-

polizisten absolut zuverlässig und verantwortungsbewußt gewesen. Die in Mülheim verbliebenen Formationen dagegen waren schon stark von den allgemeinen Auflösungstendenzen im deutschen Heer erfaßt worden, und selbst strenge Maßnahmen des Garnisonältesten konnten häufige Unregelmäßigkeiten im Wach- und Patrouillendienst nicht verhindern. Hinzu kam, daß sich der Arbeiter- und Soldatenrat ständig neuen Aufgaben gegenüber sah. So hatte der Soldatenrat plötzlich die Bewachung der in den verschiedenen Mülheimer Werken vorhandenen Gefangenenlager übernehmen müssen, da das Generalkommando in Münster seine Wachposten von dort eigenmächtig abgezogen hatte. Ferner wurde Mülheim aufgrund seiner Lage in der Neutralen Zone nicht nur von der aus den besetzten Gebieten einsetzenden Bevölkerungsbewegung betroffen, sondern es lag auch im Rückmarschgebiet der Truppen von der Westfront. In Mülheim als Garnisonsstadt wurden ständig neue Truppenverbände einquartiert, die sich entweder hier auflösten oder nach kurzer Zeit weitermarschierten[5]. Die entstehenden Schwierigkeiten waren nicht so sehr organisatorischer Art, da die militärischen Stellen weiterhin reibungslos arbeiteten, sondern vielmehr höchst politischer Natur; denn im Westheer hatte es keine tiefergreifende revolutionäre Bewegung gegeben, und der Befehlsapparat der alten Militärbehörde, einschließlich der Obersten Heeresleitung, war auf allen Stufen unangetastet geblieben[6].
Die ersten Probleme ergaben sich gleich bei der Begrüßung der Fronttruppen. Hatte der Arbeiter- und Soldatenrat zunächst bekanntgegeben: »Die Polizei ist beauftragt, jede gegen die Revolution gerichtete Demonstration strengstens zu unterbinden. In Frage kommen« Schilder, Bilder, Wappen, Flaggen, welche den früheren Staat verkörpern«[7], so entschied der Soldatenrat nun, daß die deutschen Reichsfarben gezeigt werden könnten, da auch das Tragen der Reichskokarde nicht verboten sei. Gleichzeitig war auch von seiten der Bürgerlichen erklärt worden, daß man mit dem Aushängen der traditionellen Fahnen »keine Demonstration gegen die revolutionäre Bewegung bezwecke«. Beim Einzug der Truppen waren deshalb Reichs-, Landes- und Stadtfarben gleichberechtigt neben roten Fahnen zu sehen, lediglich das Aushängen von Flaggen mit dem Reichsadler und das Aufstellen von Kaiserbildern war streng untersagt[8].
Größere Sorgen als die Flaggenfrage bereitete dem Arbeiter- und Soldatenrat die häufig feindliche Einstellung der Truppen gegenüber den Räteorganen, die ihre Ursache in der Agitation und bewußt falschen Information über die neuen Verhältnisse in der Heimat durch die Vorgesetzten hatte. Deshalb wurde in einer öffentlichen Volksversammlung am 24. November und in einer Vollsitzung des Arbeiter- und Soldatenrates am 25. November die Gründung einer »Garnisonwehr« einstimmig beschlossen, nachdem

der Soldatenrat und ein kleiner Teil des Arbeiterrates (u. a. Serforth und Reuss) entsprechende Vorarbeiten schon eigenmächtig durchgeführt hatten. Die Wehr sollte nach Möglichkeit aus der Mülheimer Arbeiterschaft gebildet werden und aus ca. 150 gedienten Leuten, nicht unter 24 Jahren, bestehen. Von der Aufnahme ausgeschlossen waren einerseits Bergarbeiter und andererseits Personen, die wegen krimineller Delikte Strafen verbüßt hatten. Die anfallenden Kosten sollten teilweise von den Werken, deren Gefangenenlager bewacht wurden, in der Hauptsache aber von der Stadt getragen werden, obwohl die Gründung der Sicherheitskompanie »ohne Mitwirkung und vorherige Verständigung mit Garnisonskommando und Stadtverwaltung« erfolgt war[9].
Seit dem 25. November sorgte die neue Sicherheitskompanie gemeinsam mit der Polizei erfolgreich für Ruhe und Ordnung in Mülheim. Sie unterstand dem Arbeiter- und Soldatenrat; die direkte Leitung lag bei den Verantwortlichen für das Sicherheitswesen, dem 2. Vorsitzenden des Arbeiterrates, Serforth, und zugleich bei drei Mitgliedern des Soldatenrates, dem Führer der Wachkompanie, Offiziersstellvertreter Fickert, dem Geschäftsführer der Wachkompanie, Sergeant Frick, und dem Aufsichtsführenden über den Wach- und Patrouillendienst, Offiziersstellvertreter Weiss[10]. Der Arbeiter- und Soldatenrat betonte mit Nachdruck, daß die Bildung einer eigenen Wehr allein aus Gründen der öffentlichen Sicherheit vollzogen worden sei und nicht etwa, weil man sich »so etwas wie eine ›Rote Garde‹« habe zulegen wollen. »Die Einigkeit der gesamten Arbeiterschaft ist Rote Garde genug«, formulierte Serforth[11]. Im Verlauf der politischen Entwicklung in Deutschland, als sich für die Linksradikalen immer mehr »die Niederlage der Revolution« abzuzeichnen begann und insbesondere die linksradikalen Arbeiter- und Soldatenräte sich von der Regierung in Berlin bedroht fühlten, dürfte sich die Idee von der Sicherheitskompanie als »Ordnungshüter« immer mehr in die Konzeption einer »Schutzwehr zur Verteidigung der Revolution« verwandelt haben, wie es auch die ständige Erweiterung der Mülheimer Sicherheitskompanie beweist[12]. Wie weit ihre Gründung im Zusammenhang mit dem Beschluß der ersten Konferenz der niederrheinischen Arbeiterräte vom 20. November steht, der die Bildung von »Roten Garden« zur Sicherung der Revolution durch die örtlichen Arbeiter- und Soldatenräte vorsah, ist nicht festzustellen[13]. Allerdings hatten auch der 2. Vorsitzende des Soldatenrates Theodor Will und das mehrheitssozialdemokratische Mitglied des Arbeiterrates Volkmann an der Konferenz teilgenommen[14], und es ist mit Sicherheit anzunehmen, daß ein Teil der Mitglieder des Arbeiter- und Soldatenrates, darunter Serforth, die Gründung der Sicherheitskompanie in dem Bewußtsein vornahm, sich damit ein Machtinstrument gegen konterrevolutionäre Bewegungen zu verschaffen.

Während der Arbeiter- und Soldatenrat in der Polizeiverwaltung eine rege Aktivität zeigte, griff er in die Ernährungsorganisation der Stadt fast gar nicht ein. Drei Mitglieder des Arbeiterrates – der 1. Vorsitzende Lauterfeld, die Mitglieder des engeren Rates und Schriftführer Rokahr und Fischer – waren Delegierte bei der Lebensmittelkommission, die bei Ausbruch des Krieges nur aus Stadtverordneten und Behördenvertretern bestanden hatte. Erst 1917 waren einige Arbeitervertreter auf Drängen der SPD und der Freien Gewerkschaften aufgenommen worden. Nachdem die Mitglieder des Arbeiterrates sich über die Ernährungslage orientiert hatten, kamen sie zu der Überzeugung, daß die Stadtverwaltung gut gewirtschaftet hatte und in dieser Hinsicht volles Vertrauen verdiene[15]. Um so entschiedener ergriff der Arbeiter- und Soldatenrat die Initiative in der Bekämpfung des Schleichhandels und des Wuchers. Größere Lebensmittellagerungen in Werken wie in Privathaushaltungen wurden beschlagnahmt und der städtischen Lebensmittelkommission zur Verfügung gestellt. Allein in dem kurzen Zeitraum von drei Wochen konnte der Arbeiter- und Soldatenrat Hamsterwaren im Werte von 300 000 bis 400 000 Mark erfassen. Zur weiteren Verhütung und Bekämpfung des Schleichhandels setzte sich der Arbeiter- und Soldatenrat mit der Metzgerinnung in Verbindung und bestellte ein Mitglied des Soldatenrates zur Aufsicht in den Schlachthof. Um der Privilegierung der besitzenden Schichten ein Ende zu machen, erwog der Arbeiter- und Soldatenrat, Wucherpreise generell zu verbieten und Warenhöchstpreise festzulegen sowie eine Staffelung der Warenpreise nach dem Einkommen der Käufer einzuführen. Diese Vorhaben, die eine strenge Kontrolle des Handels in Mülheim notwendig gemacht und damit höchste organisatorische Leistungen vom Arbeiter- und Soldatenrat verlangt hätten, gelangten jedoch nicht über das Planungsstadium hinaus[16].
Intensiv befaßte sich der Arbeiter- und Soldatenrat ebenfalls mit dem Problem der allgemeinen Wohnungsnot, die durch die Flüchtlinge und die Rückkehr der Frontsoldaten noch drückender geworden war. Seine erste Maßnahme war die Einrichtung eines Wohnungsamtes. Bisher hatte nur ein »städtisches Mieteinigungsamt« bestanden, das während des Krieges eingerichtet worden war und dessen einzige Aufgabe darin bestand, in Streitfällen zwischen Mietern und Vermietern zu vermitteln. Dem neuen Wohnungsamt wurde eine paritätisch besetzte Wohnungsnachweisstelle angegliedert, der verfügbare Wohnräume sowie jeder Ein- und Auszug sofort zu melden waren. Jedem Wohnungsinhaber wurden nicht mehr als sechs Räume zum Eigenbedarf überlassen, und leerstehende Gebäude sowie große Villen wurden der Allgemeinheit verfügbar gemacht. Wohnungsinserate in Zeitungen und andere Wohnungsnachweise waren grundsätzlich verboten[17]. Auch die städtischen Behörden erkannten plötzlich die Dring-

lichkeit des Wohnungsproblems. Hatte die Stadt sich vorher kaum um die Errichtung öffentlicher Wohnungen gekümmert, so beschloß sie nun, sich an der Rheinisch-Westfälischen Wohnungsbaugesellschaft zu beteiligen, und die erste nach dem Umsturz in alter Besetzung zusammengetretene Stadtverordnetenversammlung zog eine Wohnungsbauvorlage zum Zwecke der Neubearbeitung zurück, »nachdem von verschiedenen Seiten in Übereinstimmung mit grundsätzlicher Verwaltungsansicht verlangt worden war, daß fortan in Mülheim für öffentliche Arbeiterwohnungen nur erstklassiges Siedlungswesen in Frage kommen könne«[18].

Vor eine fast unlösbare Aufgabe sah sich die Stadt durch die wirtschaftliche Demobilmachung gestellt. Gemäß der Regierungsverordnung vom 7. November 1918 hatte auch in Mülheim ein Demobilmachungsausschuß die Arbeit aufgenommen, um in enger Zusammenarbeit mit Arbeitgeber- und Arbeitnehmerorganisationen die Probleme zu lösen, die sich durch die Umstellung der Wirtschaft von Kriegs- auf Friedensproduktion ergaben[19]. Das war neben Fragen der Rohstoffbeschaffung vor allem die Vermittlung von Arbeitsplätzen an die in der Rüstungsindustrie freiwerdenden Arbeiter und an die Soldaten, die von der Front zurückkehrten. Allein im November hatten die Rüstungsbetriebe 10 000 Arbeiter und Arbeiterinnen entlassen. In der Thyssenschen Maschinenfabrik sank die Zahl der Arbeiter zwischen 1918 und 1919 von 21 854 auf 5183, d. h., die Belegschaft wurde innerhalb eines Jahres um mehr als dreiviertel reduziert (ca. 77%)[20]. Dieser Aufgabe war der während des Krieges entstandene städtische Arbeitsnachweis nicht gewachsen. Der Arbeiterrat richtete daher eine paritätisch von Arbeitgebern und Arbeitnehmern besetzte Arbeitsnachweisstelle ein, die seiner Kontrolle unterlag und auch von Anfang an reibungslos arbeitete, da Vertreter des Arbeiterrates sich vorher in Nachbarstädten über die Organisation und den Erfolg der dortigen paritätischen Arbeitsnachweise informiert hatten. Bis auf eine Verfügung, daß die Erwerbslosenunterstützung sich an den in den Nachbarorten gezahlten Sätzen zu orientieren hatte, enthielt sich der Arbeiterrat weiterer Eingriffe in die Geschäftsführung des Demobilmachungsausschusses und beließ es bei der ständigen Entsendung von Delegierten in die Sitzungen[21].

Zahlreiche Auseinandersetzungen zwischen den Werksleitungen und den Belegschaften beanspruchten die volle Aufmerksamkeit des Arbeiter- und Soldatenrates. Eine der Hauptforderungen der Mülheimer Arbeiterschaft bei Ausbruch der Revolution war die Forderung nach Einführung des Achtstundentages gewesen, über die der Arbeiter- und Soldatenrat gleich am 9. November verhandelt hatte. Erst zwei Tage später konnten in einer erneuten Besprechung zwischen Werksleitern, Gewerkschaftsführern, Vertrauensmännern der jeweiligen Betriebe und Mitgliedern des Arbeiterrates die technischen Einzelheiten seiner Einführung geregelt werden. Trotz der sofortigen Veröffentlichung aller Einzelheiten der Neuregelung konnten Zwistigkeiten zwischen Arbeitgebern und Arbeitnehmern nicht verhütet werden, so daß der Arbeiter- und Soldatenrat sich gezwungen sah, ständige Ermahnungen an die Arbeiterschaft zu richten, alles, vor allem aber Streiks zu vermeiden, die nur die Wirtschaft schädigen und damit die politische Neuordnung in Frage stellen würden. Die reklamierten Mannschaften in den einzelnen Betrieben wurden streng angewiesen, ihre Arbeitsplätze nicht zu verlassen und eine kommende Neuregelung ihres Arbeitsverhältnisses abzuwarten. Die Ermahnungen verhallten nicht ungehört. Die Kriegsgefangenen, die in den Mülheimer Bergwerken beschäftigt waren und sich anfangs geweigert hatten, weiterzuarbeiten, fuhren wieder ein, nachdem der Arbeiter- und Soldatenrat an die internationale Solidarität der Arbeiterklasse appelliert hatte und sie überzeugen konnte, daß auch ihre Mitarbeit notwendig sei, um die »Errungenschaften der Revolution« festzuhalten[22].

Zu Zwischenfällen kam es aufgrund der widerspenstigen und selbstherrlichen Haltung der Werksleitungen, die eigenmächtig die Arbeitszeit verkürzten und unbezahlte Feierschichten einlegen ließen. Die Friedrich-Wilhelm-Hütte zum Beispiel ließ ihre Arbeiter wegen ungenügender Versorgung mit Elektrizität feiern, obwohl das auch während des Krieges häufig vorgekommen war, ohne daß Feierschichten eingelegt wurden. Auch die Arbeiterschaft der gesamten Thyssenwerke war wegen Kohlenmangels gezwungen zu feiern[23]. Dieses Vorgehen der Unternehmer verbitterte die Arbeiter, und es kam zu Streiks und Protestaktionen. So stellte am 23. November die Arbeiterschaft der Thyssenwerke die Arbeit ein und zog demonstrierend zum Rathaus, wo Serforth die aufgebrachte Menge nur mit Mühe beruhigen und wieder zur Arbeitsaufnahme bewegen konnte. Entschieden wandte er sich gegen die Initiatoren des Streiks: »Nicht die einzelnen Genossen sind dazu berufen, derartige Sachen, wir wollen 'mal sagen: Spielereien mit den Interessen der Arbeiterschaft in den Betrieben vorzunehmen. Ich möchte betonen, daß diese Form ein vornehmes Kampfmittel ist, aber ob es gut ist, daß die Genossen in den Betrieben das ohne weiteres in Gang bringen, ist eine andere Frage«[24]. Nachdem der Arbeiter- und Soldatenrat zunächst versucht hatte, jeweils mit den einzelnen Werken Vereinbarungen über die Bezahlung von Feierschichten zu treffen, legte er schließlich generell fest, »daß sämtliche Firmen in Mülheim-Ruhr . . . Feierschichten und Betriebsstörungen mit 80% zu vergüten« hatten[25]. Diese Regelung war notwendig, da die schlechte wirtschaftliche Lage der Arbeiterschaft es unmöglich machte, ihr Einkommen zu verringern, die Heranziehung der Kriegsgewinne der Unternehmer dagegen höchst berechtigt er-

schien[26]. Außerdem war der Arbeiter- und Soldatenrat nicht immer in der Lage zu entscheiden, ob Feierschichten tatsächlich notwendig waren oder ob es sich vielmehr um eine Form von Sabotage handelte. Allerdings ließ der Arbeiter- und Soldatenrat keinen Zweifel darüber, daß er energisch gegen jede Art von Sabotage oder passive Resistenz einschreiten werde. Abgesehen von diesen Wirtschaftskämpfen standen dem Arbeiter- und Soldatenrat keine Widerstände entgegen, vielmehr erfreute er sich der Anerkennung vieler Mülheimer Bürger. Selbst der Oberbürgermeister Lembke brachte keine Klagen vor und konstatierte, daß sich die Zusammenarbeit zwischen den städtischen Behörden und dem Arbeiter- und Soldatenrat völlig reibungslos vollziehe[27]. Diese friedvolle Haltung des Bürgertums währte aber nicht lange. Je mehr es den durch den Umsturz erlittenen Schock überwand und sich an die neuen politischen Verhältnisse gewöhnte, desto stärker gewann es sein verlorenes Selbstvertrauen zurück. Empört über die konstante Weigerung des Arbeiterrates, bürgerliche Vertreter in seine Reihen aufzunehmen[28], erwog die erste nach dem Umsturz stattfindende Stadtverordnetenversammlung (22. November), dem Arbeiterrat so lange keine Geldmittel zur Verfügung zu stellen, bis er einer Neuzusammensetzung auf demokratischer Grundlage zugestimmt hätte. Schließlich besaß das Gremium dann doch genügend Einsicht in die bestehenden Verhältnisse, um sich »entschlossen mit beiden Füßen fest auf den Boden der realen Tatsachen (zu) stellen und auf diesem Boden das Beste für die Bevölkerung unserer Stadt und damit für des Volkes Wohl« erreichen zu wollen. Die Gelder für den Arbeiterrat wurden bewilligt[29]. Zur ersten offenen Konfrontation kam es Mitte Dezember, in die sich, nicht zuletzt wegen der zahlreichen Protesttelegramme des Bürgertums, selbst die Reichsregierung in Berlin einschaltete.
Inmitten der Diskussion um die Gründung einer Rheinisch-Westfälischen Republik und der zahlreichen Beschuldigungen und Verdächtigungen gegen Thyssen und Stinnes als die eigentlichen Drahtzieher hinter den separatistischen Strömungen im Rheinland erfolgte am 7. Dezember abends durch das eigenmächtige Vorgehen des 2. Vorsitzenden des Soldatenrates Will, des 2. Vorsitzenden des Arbeiterrates Serforth und einiger anderer linksradikaler Mitglieder des Arbeiter- und Soldatenrates die Verhaftung von August Thyssen, seines Sohnes Fritz und drei seiner Direktoren (Roser, Becker, Herle) sowie von Edmund Stinnes, Sohn von Hugo Stinnes, und drei weiterer Vertreter des Stinneskonzerns (Wirtz, Direktor der Friedrich-Wilhelm-Hütte; Stens, Direktor des Mülheimer Bergwerks-Vereins; Kommerzienrat Küchen, Geschäftsführer in der Firma Mathias Stinnes) wegen Landesverrats[30]. Den unmittelbaren Anstoß zu der Verhaftung der Großindustriellen hatte das Mitglied des Dortmunder Arbeiter-

und Soldatenrates, Hubert Börsch, gegeben, der sich mit den genannten Mitgliedern des Mülheimer Arbeiter- und Soldatenrates in Verbindung gesetzt und mitgeteilt hatte, daß er als Kellner verkleidet während einer Konferenz von ca. 34 Schwerindustriellen im Dortmunder Hotel Fürstenhof mitangehört habe, wie diese über den Einmarsch von Entente-Truppen beraten hatten, um auf diesem Wege die »rote Gefahr« zu beseitigen. Aus Dortmund hatte außerdem Max König[31] mitgeteilt, daß ihm von einem Bergrat erklärt worden sei, daß die Industriellen und Bergwerksbesitzer zielbewußt auf einen Rückgang der Kohlenförderung hinwirkten, um so den Einmarsch der Entente zu provozieren. Serforth selbst war am Abend der Verhaftung von dem Führer der Mülheimer Zentrumspartei Allekotte mitgeteilt worden, daß er die Gründung einer Rheinisch-Westfälischen Republik unterstütze[32], und angesichts der Verbindung Allekottes zu bedeutenden Vertretern der Thyssenwerke verdichtete sich der Verdacht auf eine Konspiration. Eine Reihe anderer Arbeiter- und Soldatenräte wußte ebenfalls um die angebliche Sitzung der Großindustriellen. Nach den Aussagen Serforths hatte der General-Soldatenrat in Münster darauf gedrängt, »Schritte zu unternehmen und diesem Spiel ein Ende zu bereiten«[33]. Der Dortmunder Arbeiter- und Soldatenrat hatte aufgrund einer Nachfrage aus Mülheim die Vertrauenswürdigkeit Börschs bescheinigt, der nach einer Gegenüberstellung mit den Verhafteten angegeben hatte, bis auf den Direktor Wirtz von der Friedrich-Wilhelm-Hütte alle als Teilnehmer der fraglichen Konferenz wiederzuerkennen[34]. Auch der Essener Arbeiter- und Soldatenrat war informiert, denn er hatte sich mit der Reichsregierung in Verbindung gesetzt und von dort Weisung erhalten, Vertreter nach Mülheim zu senden, um der Vernehmung beizuwohnen und eventuell auch gleich etwaige Essener Beteiligte festzunehmen[35]. Die Mülheimer Mitglieder des Arbeiter- und Soldatenrates bestanden aber auf dem sofortigen Abtransport der Verhafteten nach Berlin ohne vorherige Vernehmung, weil dort »die Fäden dieser Manipulation viel enger zusammenlaufen als hier und weil hier die Gefahr der Verschleierung bedeutend größer war«. Noch am gleichen Abend wurden die Verhafteten unter der Bewachung Wills und einiger anderer Mitglieder des Arbeiter- und Soldatenrates beziehungsweise der Sicherheitskompanie mit dem Zug nach Berlin gebracht, wo sie vom Polizeipräsidenten empfangen und ins Moabiter Gefängnis überführt wurden[36].
Sofort nach der Verhaftung der Großindustriellen schickte der Mülheimer Oberbürgermeister ein Telegramm an den Volksbeauftragten Ebert, in dem er »nachdrücklichst« gegen diese »ungesetzliche Freiheitsberaubung« protestierte[37]. Da er überzeugt war, daß der Verhaftung die Initiative der Berliner Spartakusgruppe zugrunde lag, »die sich Geiseln der Großindustriel-

len in die Hand spielen wollen«, reiste er, um eine sofortige Freilassung der Verhafteten zu bewirken, noch am nächsten Tag gleichfalls nach Berlin und hatte dort eine persönliche Unterredung mit Ebert[38].
Die beiden höchsten Regierungsorgane im Reich, der Vollzugsrat und der Rat der Volksbeauftragten, beschäftigten sich sofort mit der Verhaftungsaffäre, und beinahe wäre es darüber zu einer ernsthaften Regierungskrise gekommen. Ebert war der Ansicht, daß nach den erfolgten Alibibeweisen, »nicht der geringste Grund« mehr für eine weitere Festnahme vorlag; er sprach dem Vollzugsrat das Recht ab, die Untersuchung des Falles zu leiten und wollte ultimativ von ihm verlangen, daß er künftig von »jedem Eingriff in die Exekutive« Abstand nehmen werde, andernfalls der Rat der Volksbeauftragten zurücktreten werde. Der Volksbeauftragte Haase dagegen »warnte vor übereilten Beschlüssen« und hielt eine Konspiration zwischen Thyssen und Stinnes mit den Franzosen nicht für abwegig und die Schutzhaft für berechtigt, wenn Zeugen ihre Schuld beweisen könnten[39]. Anscheinend konnten jedoch alle Festgenommenen beweisen, zu dem fraglichen Zeitpunkt der Konferenz gar nicht in Dortmund gewesen zu sein[40], und schließlich gestand Börsch, seine gesamten Aussagen erfunden zu haben. Damit erledigten sich die Anschuldigungen, und nach insgesamt viertägiger Haft erfolgte die Freilassung der Großindustriellen[41].
In der Zwischenzeit war es in Mülheim zu den ersten Zusammenstößen zwischen dem Arbeiter- und Soldatenrat und dem Bürgertum gekommen. Nach der Verhaftung der Großindustriellen hatte am nächsten Morgen ein Extra-Blatt der »Freiheit« die Mülheimer Bevölkerung und die nichts ahnenden Mitglieder des Arbeiter- und Soldatenrates in scharfen Tönen über die Verhaftung informiert und die Schuld der Großindustriellen als bewiesen dargestellt. Ebenfalls am gleichen Tage fand eine vom Arbeiter- und Soldatenrat einberufene öffentliche Volksversammlung statt, in der Serforth ausführlich über die Gründe und den Verlauf der Verhaftung berichtete und die Schuld der Großindustriellen wiederum als bewiesen darstellte. Gleichzeitig versuchte er auf die recht erregte Zuhörerschaft beruhigend einzuwirken, indem er auf die Wachsamkeit des Arbeiter- und Soldatenrates gegenüber konterrevolutionären Bestrebungen hinwies und die Anwesenden aufforderte, Ruhe und Ordnung zu halten und sich zu keinen Streiks hinreißen zu lassen[42].
Einen Tag später nahm das Bürgertum zu der Verhaftungsaffäre Stellung. Gemeinsam mit dem Zentrum hatte die DVP eine Art Gegenflugblatt zur Extra-Ausgabe der »Freiheit« in Druck gegeben, das in ähnlich scharfen Worten die Darstellung der Freiheit als »Lügen« und »aus den Fingern gezogene Verleumdungen« bezeichnete und die völlige Unschuld der Verhafteten behauptete. Auch mit heftiger Polemik gegen den Arbeiter- und Sol-

datenrat wurde nicht gespart[43]. Daraufhin griffen einige Mitglieder des Soldatenrates, wiederum ohne Wissen des gesamten Arbeiter- und Soldatenrates, zur Selbsthilfe. Sie zerstörten die Druckplatte und beschlagnahmten die fertigen Flugblätter, von denen allerdings schon eine stattliche Anzahl verteilt worden war. Über diesen Eingriff in die »Pressefreiheit« erhob sich ein allgemeiner Protest in den Reihen des Bürgertums, und man sandte sofort ein Telegramm an den Rat der Volksbeauftragten mit einer stark übertriebenen Darstellung des Vorfalls. Die Reaktion der Volksbeauftragten war außerordentlich heftig. Neben einem speziell an die Adresse des Mülheimer Arbeiter- und Soldatenrates gerichteten Telegramms wurde eine allgemeine Bekanntmachung veröffentlicht, in der sich der Rat der Volksbeauftragten jegliche Eingriffe in die Pressefreiheit auf das Entschiedenste verbat[44].

Mit der Freilassung der Verhafteten, für die sich der Arbeiter- und Soldatenrat nach dem Geständnis von Börsch ebenfalls sofort eingesetzt hatte, und ihrer Rückkehr nach Mülheim begannen die Auseinandersetzungen jedoch noch krassere Formen anzunehmen. DVP und Zentrum hatten zu einer öffentlichen Sympathiekundgebung für die heimkehrenden Großindustriellen aufgefordert, die durch Straßensperren und Wachposten des Arbeiter- und Soldatenrates unterbunden wurde. Nur dem Oberbürgermeister und einigen anderen Vertretern der Stadtverwaltung, des Militärs und der Industrie war erlaubt worden, die Verhafteten auf dem Bahnhof zu empfangen. Ein erneutes Protesttelegramm über die in Mülheim herrschenden »ungesetzlichen Zustände« von seiten der DVP und des Zentrums an den Volksbeauftragten Ebert war die Folge, und es schien, als ob nicht nur die von dem Zwang der Umstände diktierte Toleranz des Bürgertums gegenüber dem Arbeiter- und Soldatenrat sich in Feindseligkeit verkehrte hatte, sondern er auch einen Großteil seiner Unterstützung in der Mülheimer Arbeiterschaft verloren hatte[45].

In dieser gespannten Atmosphäre kündigten trotz der bereits erfolgten Übereinkunft hinsichtlich einer paritätischen Besetzung des Rates auch die Mehrheitssozialdemokraten dem Arbeiterrat die Gefolgschaft auf. Die Eigenmächtigkeit, mit der einige Linksradikale gehandelt und so alle übrigen Mitglieder des Arbeiter- und Soldatenrates ausgeschaltet hatten, stand im Vordergrund der Kritik, doch verließen die Mehrheitssozialdemokraten den Arbeiterrat erst nach dessen Entscheidung in der Gewerkschaftsfrage[46]. Anfang Dezember hatten die Mitglieder der Verwaltungsstelle des Deutschen Metallarbeiter-Verbandes in Mülheim eine Generalversammlung abgehalten, in der einstimmig eine Entschließung mit der Forderung angenommen worden war, daß der Arbeiterrat »unverzüglich den Gewerkschaften die Regelung der Lohn- und Arbeitsverhältnisse überträgt«[47]. Bis dahin hatten Vertreter des Arbeiterrates, die zum Teil Mitglieder der Freien Gewerkschaften waren, unter Hinzuziehung der jeweiligen Arbeiterausschüsse bzw. Betriebsräte derartige Verhandlungen mit den Werksleitungen geführt. Um einer Überlastung vorzubeugen, hatte der Arbeiterrat außerdem entschieden, daß für Einzelfragen zunächst der jeweilige Betriebsrat zuständig sein sollte; der Arbeiterrat war seinerseits nicht befugt, ohne Hinzuziehung der Betriebsräte Veränderungen in den einzelnen Werken zu veranlassen, und keinesfalls durften einzelne Mitglieder des Arbeiterrates oder der Betriebsräte eigenmächtig mit den Werksleitern verhandeln. Durch diese Praxis waren die Gewerkschaften offiziell ausgeschaltet, wenn auch ihren Vertretern die Teilnahme an Beratungen nicht verwehrt wurde[48]. Ferner zog die Art der Vermittlungstätigkeit des Arbeiterrates den Zorn der Gewerkschaftsfunktionäre auf sich. Während diese sich an die durch die Zentralarbeitsgemeinschaft (ZAG) festgelegten Tarifvereinbarungen klammerten und so immer mehr an Einfluß auf die Arbeiterschaft verloren, betrachteten die Vertreter des Mülheimer Arbeiterrates die Tarifsätze nur als eine generelle Richtschnur; sie vertraten konsequent die Forderungen der Arbeiter und versuchten u. a. auch auf diese Weise, Streiks zu vermeiden oder die Arbeiterschaft zu beruhigen und von möglichen Sabotageakten abzuhalten[49].

Wahrscheinlich in der Voraussicht, daß es über die Gewerkschaftsfrage zu einer heftigen Auseinandersetzung kommen würde, hatte es die Fraktion der USPD/Spartakus verstanden, die Verhandlung über den Antrag des Deutschen Metallarbeiter-Verbandes im Arbeiter- und Soldatenrat hinauszuzögern, so daß inzwischen die vom Arbeiterrat angeordneten Neuwahlen für den Arbeiterausschuß der Maschinenfabrik Thyssen, dem Zentrum der Freien Vereinigung, stattgefunden hatten. Hier konnten sich die Sozialisten schon nicht auf eine einheitliche Liste einigen, da die Vertreter der Freien Vereinigung von insgesamt 13 Sitzen im Ausschuß 6 beanspruchten, was die Funktionäre des Deutschen Metallarbeiter-Verbandes natürlich ablehnten[50]. Daher stellte jede Gewerkschaft eine eigene Liste auf, und obwohl die Freie Vereinigung recht günstig bei den Wahlen abschnitt, verwirklichten sich ihre Erwartungen nicht völlig[51].

	Anzahl der Stimmen	Anzahl der Sitze im Arbeiterausschuß
Deutscher Metallarbeiter-Verband	2492	7
Freie Vereinigung	1638	4
Christl. Metallarbeiter-Verband	709	2
total	4839	13

Während die Syndikalisten das Wahlergebnis als eine Bestätigung ihrer im Arbeiter- und Soldatenrat getriebenen Politik ansahen, warf ihnen der Deutsche Metallarbeiter-Verband Manipulation vor und erklärte das Wahlergebnis für nicht repräsentativ. Nicht nur hätten die Syndikalisten Mitglieder aus den Freien Gewerkschaften auf ihre Liste gesetzt und dadurch Verwirrung unter den Arbeitern hervorgerufen, die kaum noch in der Lage gewesen wären, zwischen Freier Vereinigung und Freien Gewerkschaften zu unterscheiden, sondern sie hätten vor der Wahl auch die Fabrik mit Flugblättern bombardiert, in denen sie die Revolution und soziale Errungenschaften, wie die Einführung des Achtstundentages ausschließlich als ihr Verdienst hingestellt hätten. Im Zentrum der Angriffe stand der 2. Vorsitzende des Arbeiterrates Serforth, 1908 der erste Bevollmächtigte des Deutschen Metallarbeiter-Verbandes in Mülheim, der wahrscheinlich aufgrund der vom Verband betriebenen Burgfriedenspolitik zur Freien Vereinigung übergetreten war[52].

Auf der Vollversammlung des Arbeiter- und Soldatenrates am 13. Dezember wurde endlich über die Gewerkschaftsfrage verhandelt. Eine Anerkennung der Gewerkschaften als ausschließlicher wirtschaftlicher Interessenvertretung der Arbeiterschaft wäre einer völligen Verdrängung des Arbeiterrates aus dem wirtschaftspolitischen Sektor seiner Tätigkeit gleichgekommen und hätte ihn zu einem mehr oder minder wirksamen Kontrollorgan der öffentlichen Verwaltungsbehörden degradiert. Zu solch einer Selbstentmachtung waren die Linksradikalen nicht bereit, selbst diejenigen ihrer Fraktion nicht, die noch den Freien Gewerkschaften angehörten. Folgerichtig lehnten sie den Antrag des DMV ab, worauf die Mehrheitssozialdemokraten ihren Austritt aus dem Arbeiterrat erklärten[53].

An dem Tag des Auszuges der SPD aus dem Arbeiterrat zog das Regiment 159 in seinen Heimatstandort Mülheim ein, und bei der Begrüßung der Truppen kam es zwischen dem Regimentskommandeur Major Schulz und dem Vertreter des Arbeiter- und Soldatenrates, Serforth, schon zu einer ersten Konfrontation. Serforth wollte nach der Begrüßungsrede durch den Oberbürgermeister ebenfalls eine Ansprache an die heimgekehrten Truppen halten, wurde aber daran gehindert, da Major Schulz dem Regiment sofortigen Abmarschbefehl erteilte. Allgemein erhoffte man in bürgerlichen Kreisen, durch die nun ständige Anwesenheit der 159er ein Gegengewicht zum Arbeiter- und Soldatenrat zu bekommen. Die reaktionäre Einstellung des Truppenkommandeurs Major Schulz schien hinreichend bekannt zu sein, da sogar die »Mülheimer Zeitung« es für gegeben hielt, in einem Begrüßungsartikel die heimgekehrten Soldaten vor unbesonnenen Taten gegen neue Institutionen zu warnen und ihnen riet, sich erst einmal gründlich über die neuen politischen Verhältnisse in der Heimat zu orientieren[54].

Diese veränderte Situation kam der SPD und dem Gewerkschaftskartell in ihrem Bestreben, die Mülheimer Bevölkerung gegen den jetzt wieder nur aus USPD/Spartakus-Mitgliedern bestehenden Arbeiterrat zu mobilisieren, sehr gelegen. In einer öffentlichen Volksversammlung mit anschließender Demonstration brachten sie ihr Mißfallen über den Arbeiterrat laut zum Ausdruck und betonten ihre unablässigen Bemühungen, auch bürgerlichen Kreisen im Arbeiterrat Aufnahme zu verschaffen, um so »dieser provisorischen Einrichtung« allseitiges Vertrauen zu sichern, denn die Furcht vor konterrevolutionären Bestrebungen entbehre jeder Grundlage. »Kein Mensch ist mehr in der Lage, Gegenrevolution in Deutschland zu machen«. Vielmehr sei die Revolution durch die seit dem Umsturz in Mülheim eingezogene Unruhe gefährdet – die u. a. auf die »Streikhetze« einiger linksradikaler Mitglieder des Arbeiter- und Soldatenrates und vor allem der »Freiheit« zurückgehe –, da aufgrund der ständig sinkenden Kohlenförderung mit dem Einmarsch von Entente-Truppen zu rechnen sei. Nachdrücklich hoben Mehrheitssozialdemokraten wie Gewerkschaftler hervor, daß die Errungenschaften der Revolution, insbesondere der Achtstundentag der »Erfolg gewerkschaftlicher Erziehung und Politik« seien, und man sparte nicht mit persönlichen Anschuldigungen gegen einige linksradikale Mitglieder des Arbeiterrates, vor allem Serforth, die sich während des Krieges hätten reklamieren lassen und aus Furcht vor Repression nicht an die Öffentlichkeit zu treten gewagt hätten. In einer Entschließung verurteilte man die Haltung des Arbeiterrates zur Gewerkschaftsfrage, sprach ihm das Mißtrauen aus und forderte auf der Grundlage des allgemeinen, gleichen, direkten und geheimen Wahlrechts schnellste Neuwahlen. Wahlberechtigt sollten alle Arbeiter und Arbeiterinnen im Alter von mindestens 20 Jahren sein, die versicherungspflichtig waren. Dennoch sprach man sich generell gegen die Mißachtung des Vertreters des Arbeiter- und Soldatenrates während der Begrüßungszeremonie für das Heimatregiment aus, verlas gleichzeitig aber kritiklos ein Schreiben des Major Schulz und des Garnisonsältesten Oberstleutnant von Goerschen. Der Major erklärte unumwunden, daß er wegen der Schließung des Offizierskasinos durch den Arbeiter- und Soldatenrat eine Begrüßungsrede eines seiner Vertreter nicht hätte akzeptieren können, während von Goerschen den Vorfall mehr auf mangelnde Absprache zwischen den Behörden und dem Arbeiter- und Soldatenrat schob und in einem Aufruf erklärte, daß er die Arbeiter- und Soldatenräte im allgemeinen als Übergangsorgane anerkenne, diese sich aber jeglicher Übergriffe auf die persönliche Freiheit des einzelnen enthalten müßten. Damit stand der Arbeiter- und Soldatenrat – der Soldatenrat unterstützte die Haltung des Arbeiterrates völlig – einer Einheitsfront von SPD, Gewerkschaften und Bürgertum gegenüber, die mit Sicherheit auf die Unterstützung des Regimentskommandeurs Major Schulz zählen konnte, und die große Teilnahme der Bevölkerung an der öffentlichen Versammlung (ca. 2000 Personen) schien anzudeuten, daß dem Arbeiter- und Soldatenrat sein Rückhalt in den Massen verlorengegangen war[55].

Nach dem unerwarteten Ausgang der Verhaftungsaffäre und noch vor dem Austritt der Mehrheitssozialdemokraten hatten einige linksradikale Mitglieder keinen Hehl aus ihrer Überzeugung gemacht, daß den Arbeiterräten ein baldiges Ende bevorstünde und all ihre Arbeit umsonst gewesen sei. Dieser pessimistische Ausblick in die Zukunft wurzelte in der Erkenntnis, daß die Reichsregierung in Berlin durch die schnelle Einberufung der Nationalversammlung und das angekündigte Reichsarbeitskammergesetz zielbewußt auf die Entmachtung der Arbeiterräte hinarbeitete. Hinzu kamen zahlreiche Gerüchte über den Einmarsch deutscher Truppen in die Neutrale Zone, was eine Auflösung der den Arbeiter- und Soldatenräten unterstehenden Sicherheitskompanien bedeutete. Dieser frühe Pessimismus hinderte die Linksradikalen jedoch nicht, die Agitation der SPD und Gewerkschaften ebenso massiv zu beantworten[56].

Die »Freiheit« publizierte eine Stellungnahme des Arbeiterrates, in der gleichfalls zu einer öffentlichen Versammlung mit anschließender Demonstration aufgerufen wurde. Dabei zeigte es sich, daß der Arbeiter- und Soldatenrat keineswegs isoliert war, sondern immer noch eine starke Stütze in der Arbeiterschaft hatte (2500 Teilnehmer). Vor allem aber war es ihm gelungen, die heimgekehrten Soldaten auf seine Seite zu ziehen. Sofort nach der Ankunft des Regiments 159 hatten Vertreter des Arbeiter- und Soldatenrates eine rege Aufklärungsarbeit unter den Truppen entfaltet, und nach einer knappen Woche der Anwesenheit des Regiments sprachen sich in einer geheimen Abstimmung von 378 Soldaten 289 für die Absetzung ihres Kommandeurs Major Schulz aus. Damit waren alle Hoffnungen, in den Truppen ein Gegengewicht zum Arbeiter- und Soldatenrat zu haben, zerschellt. Sowohl den Mehrheitssozialdemokraten wie dem Bürgertum war eine grobe Fehleinschätzung der Situation unterlaufen[57].

Durch die öffentliche Auseinandersetzung zwischen SPD und Arbeiterrat waren beide Seiten genötigt, ihren politischen Standpunkt und ihre Ziele entschiedener zu definieren. So griff der Arbeiterrat heftig die Politik der SPD und der Gewerkschaftsführung während des Krieges an und sah in der zwischen Arbeitgeberverbänden und Gewerkschaften geschlossenen Zentralarbeitsgemeinschaft nur die konsequente Weiterführung der Burgfriedenspolitik[58]. Während die Mehrheitssozialdemokraten keinen Hehl daraus machten, daß sie die Revolution als eigentlich unnötig betrachteten, da ihr Ziel, die Errichtung eines parlamentarisch-demokratischen Systems schon vor dem Umsturz verwirklicht worden sei[59], betrachtete der Arbei-

terrat die Revolution als das Ergebnis der »direkten Aktion«, worunter er »Massenstreiks, Militäraufstände, Meuterei« verstand und zu der er sich auch weiterhin ausdrücklich bekannte, um »die Revolution zu fördern bis zum Endziel, zur sozialistischen Republik mit sozialistischer Wirtschaftsordnung«. Dennoch wies der Arbeiterrat alle Vorwürfe der »Streikhetze« entschieden zurück. In seiner Stellungnahme zu der Entschließung von SPD und Gewerkschaftskartell lehnte er noch einmal ausdrücklich die Anerkennung der Gewerkschaften als alleinige wirtschaftliche Interessenvertretung der Arbeiterschaft und eine Änderung seiner Zusammensetzung ab und erklärte: » . . . die Regelung der Lohn- und Arbeitsverhältnisse (sind) nicht mehr rein wirtschaftliche Fragen . . . Arbeit heißt Brot und Brot Politik. Ein Durchseuchen des Arbeiterrates mit Gegnern der sozialen Revolution hieß das Grab der Revolution schaufeln«[60]. In einer Vollversammlung des Arbeiter- und Soldatenrates wurden alle getroffenen Entscheidungen noch einmal bestätigt, und man reservierte für die Mehrheitssozialdemokraten weiterhin 17 Sitze, falls sie bereit sein sollten, wieder im Arbeiter- und Soldatenrat mitzuarbeiten.
Obwohl die USPD/Spartakus-Fraktion jetzt wieder alleiniger Herr des Arbeiterrates war und drei neue Mitglieder aus ihren Reihen aufnahm, u. a. den Redakteur der »Freiheit«, Minster, zeigten sich keine einschneidenden Veränderungen in seiner bisher getriebenen Politik, und wie zuvor gab er der Mülheimer Bevölkerung in öffentlichen Versammlungen Rechenschaftsberichte über seine Tätigkeit. Allerdings erschien es ihm notwendig, eine stärkere Kontrolle über die städtischen Behörden auszuüben, und ein Mitglied des Soldatenrates, im Zivilberuf Verwaltungsbeamter, wurde in das Rathaus delegiert. Seine Aufgabe war es, die Personalangelegenheiten zu überwachen, und »eine demokratische Bearbeitung sämtlicher Stadtangelegenheiten zu sichern, insbesondere die Interessen der gesamten Beamtenschaft und nicht zuletzt auch der untersten Klassen entsprechend den heutigen politischen Verhältnissen zu vertreten«. Er war nicht befugt, direkt in den Dienstbetrieb einzugreifen, sondern alle Streitfälle sollten durch Aussprache mit den zuständigen Behördenvertretern erledigt werden; in besonderen Fällen eventuell unter der Hinzuziehung eines weiteren Mitgliedes des Arbeiter- und Soldatenrates und des Oberbürgermeisters. Ferner wurde noch einmal verfügt, daß alle für die Zeitungen bestimmten Bekanntmachungen vor ihrer Veröffentlichung dem Arbeiter- und Soldatenrat vorzulegen seien.
Es ist möglich, daß verschiedene Beschwerden über herausforderndes Benehmen einiger Behördenvertreter gegenüber dem Publikum diese intensivierte Kontrolle veranlaßt hatten, mit Sicherheit aber hatte sich das Arbeitsklima zwischen den städtischen Behörden und dem Arbeiter- und Sol-

datenrat verschlechtert[61]. Schuld daran war nicht zuletzt die Sicherheitswehr des Arbeiter- und Soldatenrates, die unter dem Vorwand, daß Truppen für den Grenzschutz benötigt wurden, ständig vergrößert wurde, so daß sie Ende Dezember insgesamt 600 Mann umfaßte und sich in Sicherheitskompanie und Garnisonskompanie gliederte. Die nötige Ausrüstung für die Mannschaften holte man sich wie bisher aus den Beständen der Garnison. Die Stadtverwaltung, die von Beginn an der Sicherheitswehr des Arbeiter- und Soldatenrates mißtrauisch gegenüber gestanden hatte, versuchte ihren Protest durch hinhaltende Lohnauszahlung zu artikulieren, so daß sich der Arbeiter- und Soldatenrat gezwungen sah, den General-Soldatenrat in Münster anzurufen. Dieser bewirkte beim Generalkommando, daß die beiden Kompanien dem Bezirkskommando und dem Regiment 159 angegliedert wurden, die ab 1. Januar 1919 auch die Bezahlung übernahmen[62]. Durch die rasche Verstärkung der Wehren schienen einige unzuverlässige Elemente eingedrungen zu sein, denn Klagen über Übergriffe und Ausschreitungen wurden laut. Auch vom Arbeiter- und Soldatenrat wurde diese Tatsache nicht geleugnet, doch betonte er, daß ihm derartige Vorkommnisse sofort zu melden seien, damit er die Schuldigen strengstens bestrafen könnte. Er war seiner Sicherheitskompanie aber schon nicht mehr ganz Herr, denn diese hatte ohne Wissen des Arbeiter- und Soldatenrates der Stadtkasse wegen der hinhaltenden Lohnauszahlung eine Demonstration angedroht[63].

Bis Ende Dezember herrschte im Vergleich zu vielen anderen Städten des Ruhrgebietes jedoch eine geradezu vorbildliche Ruhe und Ordnung in Mülheim, die nicht zuletzt auf die Tatkraft des Arbeiter- und Soldatenrates zurückzuführen war, dessen »Diktatur« tatsächlich »leicht ertragen«[64] werden konnte. Es kam zu keinen weiteren Zusammenstößen zwischen dem Arbeiter- und Soldatenrat und dem Bürgertum, und Störungen der Wirtschaft durch Streik konnten verhindert werden, so daß die gegen den Arbeiter- und Soldatenrat vorgebrachten Beschuldigungen der »Streikhetze« und das Gesuch der Stadtverwaltung an das Generalkommando in Münster um Entsendung von militärischem Schutz im wesentlichen unberechtigt waren[65]. Die Isolierung des Arbeiter- und Soldatenrates durch die gemeinsame Front der SPD und Gewerkschaften und des Bürgertums hatte nur seine Aktivität gesteigert und den systematischen Ausbau seiner Machtposition bewirkt, was ihm während der Ereignisse im neuen Jahr von großem Nutzen sein sollte.

IV. Arbeitskämpfe, politische Konflikte und Wahlen in Mülheim

In der zweiten Dezemberhälfte und Anfang Januar waren in Berlin wichtige Entscheidungen gefallen, die den weiteren Verlauf der Revolution weitgehend bestimmten und eine Art Wendepunkt darstellten. Die Unzufriedenheit der Massen mit dem bisher Erreichten wurde offensichtlich, und es setzte ein Radikalisierungsprozeß der politischen Rechten wie Linken ein. Die Revolution trat damit in eine neue Phase ein, die nicht mehr in erster Linie auf die Sicherung einer demokratischen Grundordnung abzielte, sondern der »unorganisierte und scheiternde Versuch« war, »einer proletarisch-antiparlamentarischen Revolution« zum Durchbruch zu verhelfen[1].

Vom 16. bis 20. Dezember hatte in Berlin der Rätekongreß getagt, an dem auch ein Delegierter des Mülheimer Arbeiter- und Soldatenrates teilgenommen hatte. Er war auf einer öffentlichen Vollversammlung des Arbeiter- und Soldatenrates gewählt worden, und da zu dem Zeitpunkt noch die Mehrheitssozialdemokraten Mitglieder des Rates waren, hatte man sich nur mühsam auf den 2. Vorsitzenden des Soldatenrates, Will, als Delegierten einigen können. Über den Ausgang des Kongresses herrschte tiefe Enttäuschung unter den Mülheimer Linksradikalen. In den Kongreßbeschlüssen, wie Festsetzung der Wahlen zur Nationalversammlung auf den 19. Januar und Übertragung der Exekutivgewalt auf den Rat der Volksbeauftragten, sah man einen »Sieg der Konterrevolution«. Die Schuld daran gab man der SPD, die es durch »Wahlschwindel« geschafft habe, sich von vornherein die Mehrheit unter den Rätedelegierten zu sichern[2].

Während der Austritt der USPD aus der Reichsregierung Ende Dezember keine Auswirkungen auf die parteipolitische Zusammensetzung des Arbeiter- und Soldatenrates hatte, da die Mehrheitssozialdemokraten in Mülheim den Arbeiter- und Soldatenrat bereits verlassen hatten, war die Loslösung des Spartakusbundes von der USPD und seine Konstituierung zu einer selbständigen Partei, der KPD, von großer Bedeutung auch für die Mülheimer Entwicklung. Auf einer Kreis-Konferenz am 12. Januar beschlossen die Unabhängigen des Wahlkreises Duisburg-Mülheim-Oberhausen-Hamborn mit Mehrheit den Übertritt in die KPD, und die Unabhängigen in Mülheim, die dem Spartakusbund angehörten oder nahestanden, folgten dieser Entscheidung. Lediglich ein kleiner Rest verblieb in der USPD, so Will und der 2. Redakteur der »Freiheit«, Schoch. Diese Trennung führte jedoch nicht zu einer weiteren Spaltung des Arbeiter- und Soldatenrates; die ehemalige USPD/Spartakus-Fraktion blieb ein einheitlicher Block, doch dürften die KPD-Mitglieder eindeutig in der Überzahl gewesen sein. Der 2. Vorsitzende des Arbeiterrates, Serforth, mehrere Mitglieder des engeren Rats sowie der Redakteur der »Freiheit« und Mitglied des erweiterten Rats Minster – der als Vertreter Mülheims am Gründungsparteitag teilgenommen hatte – waren in die KPD übergetreten, die sofort eine rege Aktivität in Mülheim entfaltete, so daß von ihr und nicht von der Institution des Arbeiter- und Soldatenrates die Initiative zu künftigen Aktionen ausging[3].

Seit Ausbruch der Revolution war es im Ruhrgebiet immer wieder zu Ausständen, vor allem der Bergarbeiter, gekommen, die zum Jahresende beständig an Umfang zunahmen. Diese Streiks entsprangen zunächst eindeutig dem Wunsch der Bergarbeiter, ihre soziale und wirtschaftliche Lage zu verbessern, und dementsprechend wurden Forderungen nach Lohnerhöhung, Verkürzung der Arbeitszeit usw. erhoben. Parallel dazu zielten schon eine Reihe von Forderungen auf eine Änderung des Arbeitsverhältnisses, auf eine Aufhebung der unumschränkten Gewalt der Arbeitgeber und Vorgesetzten, die sich zum Teil in dem Verlangen nach Absetzung unliebsamer Beamter und in der heftigen Bekämpfung der »Wirtschaftsfriedlichen« äußerte; denn trotz des Umsturzes hatten sich für die Arbeiter im Bergbau, wo die Betriebshierarchie am stärksten ausgeprägt war, die Verhältnisse am Arbeitsplatz nicht wesentlich geändert. Hinzu kam das Mißtrauen gegenüber der Bergarbeitergewerkschaft, dem »Alten Verband«, der schon während des Krieges aufgrund seines Einschwenkens auf die Politik des Burgfriedens immer mehr von seinem ursprünglichen Charakter als Kampforganisation verloren hatte und sich wie die übrigen Gewerkschaften durch den Abschluß des ZAG-Abkommens zwischen Arbeitgeber- und Arbeitnehmerorganisationen endgültig zum »Sozialpartner« gewandelt hatte[4]. Dies erschien den Bergarbeitern wie ein Paktieren ihrer Verbände mit den stets bekämpften Kapitalisten, vor allem da man auch mit den ausgehandelten Bedingungen wie Lohnerhöhung und Regelung der Arbeitszeit nicht zufrieden war[5].

In Mülheim selbst war es den ganzen Dezember hindurch zu keinen Arbeitseinstellungen gekommen und im Arbeiter- und Soldatenrat wurde öffentlich verkündet, »daß Bergarbeiterstreiks jetzt mehr schadeten als nützten, die durchweg vernünftigen Forderungen der Bergarbeiter müßten bewilligt werden und Streiks müßten unterbleiben«[6]. Durch die starke bergmännische Bevölkerung Mülheims, die zum Teil in den Bergwerken der Nachbarorte beschäftigt war, beschränkte sich die Tätigkeit des Arbeiter- und Soldatenrates nicht nur auf Mülheim. In voller Erkenntnis der Abhängigkeit der übrigen Industrien vom Bergbau entsandte er seine Vertreter zu Bergarbeiterversammlungen in angrenzenden Städten, um dort klarzulegen, »daß in diesen Versammlungen nicht nur über Bergarbeiterinteressen entschieden wird«, und häufig konnten sie Arbeitskämpfe, wenn nicht

verhüten, so doch abmildern und das Ärgste vermeiden[7]. Auf der Zeche »Concordia« in Oberhausen gelang es dem Mitglied des engeren Rates, Reuss, einen blutigen Zusammenstoß zu verhindern, indem er sich weigerte, das von der Zechendirektion aus Mülheim angeforderte Militär einzusetzen. Zur gleichen Zeit konnte er durchsetzen, daß die notwendigen Arbeiten durchgeführt wurden, um ein Absaufen der Schächte zu verhindern[8].
Ähnlich war das Eingreifen Wills Ende Dezember auf der Zeche »Königsberg«, ebenfalls in Oberhausen. Dort war es schon zu blutigen Zusammenstößen zwischen den Soldaten der Zechenwehr und einigen Bergleuten gekommen und u. a. durch seine Vermittlung entschärfte sich die gespannte Situation. In einer späteren Versammlung konnte er die Belegschaft sogar wieder zur Arbeitsaufnahme bewegen[9]. Speziell zu der Lage in Oberhausen muß angemerkt werden, daß der Oberhausener Arbeiter- und Soldatenrat, der zunächst fast ausschließlich aus Mehrheitssozialdemokraten bestand, die Regelung der Lohn- und Arbeitsverhältnisse nicht als seine Aufgabe betrachtete und diese ausschließlich den Gewerkschaften überlassen hatte. Durch die Einflußnahme von Mitgliedern des Mülheimer Arbeiter- und Soldatenrates wurde er später umgebildet, und USPD- bzw. KPD-Mitglieder zogen in den Rat ein[10].
Im angrenzenden Hamborn, wo die Belegschaft der Zeche »Gewerkschaft Deutscher Kaiser« (Thyssen) beständiger Ausgangspunkt neuer Streiks war, die häufig die umliegenden Gebiete erfaßten, griffen Mitglieder des Mülheimer Arbeiter- und Soldatenrates immer wieder in die Auseinandersetzungen ein. Nicht nur war Hamborn wie Mülheim eine Hochburg der Syndikalisten, sondern als Sitz des Thyssenkonzerns und insbesondere durch die Abhängigkeit der Thyssenwerke von den Kohlenlieferungen der Zeche wurde Mülheim beständig in die Streitigkeiten hineingezogen. Zum Beispiel wurden drei Direktoren der »Gewerkschaft Deutscher Kaiser« von der aufgebrachten Belegschaft nach Mülheim geschleppt, um hier Verhandlungen mit Thyssen selbst zu erzwingen. Die Aktion verlief ergebnislos, da Thyssen nicht in Mülheim weilte und es überhaupt ablehnte, mit den Bergleuten zu verhandeln[11].
Schon im November hatte der Mülheimer Arbeiter- und Soldatenrat die Bewilligung des Feiertagszuschlages von 50% erkämpft, der erst ab 1. Dezember in Kraft treten sollte, von der Belegschaft der »Gewerkschaft Deutscher Kaiser« aber schon für Buß- und Bettag gefordert worden war. Damit hatte der Arbeiter- und Soldatenrat den drohenden Streik abwenden können, der für die Mülheimer Thyssenwerke unweigerlich ein vermehrtes Einlegen von Feierschichten bedeutet hätte[12]. Hauptursache der erneuten Auseinandersetzungen im Dezember waren die Forderungen der Beleg-

schaft von »Gewerkschaft Deutscher Kaiser« auf erhebliche Lohnerhöhungen und auf die Anerkennung der eigenmächtig um eine halbe Stunde verkürzten Schichtzeit. Da diese Forderungen über die zentralen Abmachungen zwischen Zechenverband und Bergarbeiterverbänden hinausgingen, war die Zechenleitung zu keinen Zugeständnissen bereit. Mit dem syndikalistischen Kampfmittel der direkten Aktion versuchte die Belegschaft ihrem Standpunkt Geltung zu verschaffen. Durch Protestdemonstrationen zu benachbarten Zechen zwang sie diese zur Solidarisierung, und die Ausstände erreichten ein solches Ausmaß, daß die Berliner Regierung eingriff und Ende Dezember der preußische Minister Ströbel zu Verhandlungen ins Ruhrgebiet kam. Am 29. Dezember fand im Mülheimer Rathaus eine Konferenz über die Forderungen der Hamborner Bergleute statt, und durch die Vermittlung des Ministers erklärte sich die Zechendirektion der »Gewerkschaft Deutscher Kaiser« schließlich zu einem Kompromiß bereit. Inzwischen hatten auch die Bergleute ihre Forderungen zurückgeschraubt. Auf einer öffentlichen Versammlung teilte der 2. Vorsitzende des Mülheimer Soldatenrates, Will, den Hamborner Bergleuten das Ergebnis der Konferenz mit und konnte sie zusammen mit der Streikleitung zur Annahme der getroffenen Vereinbarungen und sofortigen Arbeitsaufnahme bewegen. Den Bergleuten war die geforderte einmalige Teuerungszulage in geringerer Höhe zugestanden worden; die eigenmächtig verkürzte Schichtzeit sollte bis zum 1. Februar bestehen bleiben, war danach aber den zentralen Abmachungen entsprechend zu regeln[13]. Damit schienen die Auseinandesetzungen endgültig beigelegt zu sein, doch war die eintretende Ruhe von äußerst kurzer Dauer.

Am 2. Januar stellten die Zechen des Mülheimer Bergwerksvereins die Arbeit ein und bald folgten ihnen zahlreiche andere Mülheimer Betriebe, u. a. die Friedrich-Wilhelm-Hütte und die Thyssenwerke. Der Arbeiter- und Soldatenrat hatte die Streikbewegung nicht verhindern können, obwohl der 2. Vorsitzende des Arbeiterrates, Serforth, »die hiesigen Bergleute (ermahnt hatte), ihre berechtigten Forderungen zurückzustellen, um unsere Revolution nicht in Gefahr zu bringen. Nicht Lohnerhöhung, sondern ein Herunterdrücken der Lebensmittelpreise könne uns nützen«[14]. Ihrem Charakter nach waren die Streiks reine Lohnbewegungen, die ausgelöst worden waren durch die den Hamborner Bergleuten gewährten Vergünstigungen. Im Mittelpunkt der Forderungen stand neben dem allgemeinen Wunsch auf Lohnerhöhung vor allem die Gewährung der einmaligen Teuerungszulage. Durch intensive Verhandlungen und unter der Mithilfe des Arbeiter- und Soldatenrates konnte auf den Mülheimer Zechen am 7. Januar eine Einigung erzielt werden, die jedoch durch die Auswirkungen der Berliner Januarunruhen wieder zunichte gemacht wurde[15]. Im ganzen

Ruhrgebiet wie auch in anderen Teilen Deutschlands kam es zu zahlreichen Demonstrationen und Sympathiekundgebungen für die in Berlin gegen die Regierung und das von ihr eingesetzte Militär kämpfenden Arbeiter, die sich in der Nahahmung Berlins häufig in Besetzungen von mehrheitssozialdemokratischen und bürgerlichen Zeitungen äußerten[16].
In Mülheim traten die Bergleute erneut in den Streik; gemeinsam mit der Belegschaft der Oberhausener Zeche »Roland« demonstrierten sie am 8. Januar und gaben auf mitgeführten Schildern ihre Forderungen bekannt: »Nieder mit dem Kapitalismus!« – »Alle Macht den Arbeiter- und Soldatenräten!« – »Nieder mit der Regierung Ebert-Scheidemann!«[17]. Die Demonstranten zogen zur Friedrich-Wilhelm-Hütte und den Thyssenwerken, deren Arbeiter sich dem Zuge anschlossen. Inzwischen hatten sich auch Soldaten des Regiments 159 versammelt und beteiligten sich an den Demonstrationen. Die ungefähr 200köpfige Menge zog zum Rathaus, wo Serforth eine Ansprache hielt, in der er den Sturz der Regierung Ebert-Scheidemann und die Durchführung der Sozialisierung forderte. Im weiteren Verlauf der Demonstration, nachdem u. a. noch Minster gesprochen hatte, kam es dann zu der Besetzung des »Mülheimer-General-Anzeigers«, der am nächsten Morgen als das Organ der »revolutionären Arbeiter Mülheims«, die »Rote Fahne«, erschien und eine ausführliche Begründung der Aktionen gegen die bürgerliche Presse veröffentlichte. Sämtlichen anderen bürgerlichen Zeitungen, auch den auswärtigen, war das Erscheinen für einen Tag untersagt. Damit wollte man gegen die zahlenmäßige Übermacht der bürgerlichen Zeitungen und ihre unwahrhafte Berichterstattung im allgemeinen wie insbesondere über die Kämpfe der Berliner Arbeiter protestieren. Am 10. Januar durften alle Zeitungen, von den »revolutionären Arbeitern Mülheims« mit einer abermaligen Erklärung der Protestaktionen versehen, wieder erscheinen[18].
Noch am gleichen Tag wurde die eingetretene Ruhe durch einen Zwischenfall in der Kaserne erneut gestört. Ein Teil der Soldaten hatte eine Loyalitätskundgebung für die Regierung Ebert-Scheidemann geplant und sich unter schwarz-weiß-roten Fahnen ebenfalls zu einer Demonstration formiert. Angeblich hatten sie sich vorher mit einigen bürgerlichen Kreisen in Verbindung gesetzt und auch Maschinengewehre gegen das Offizierskasino aufgestellt, in dem der Soldatenrat tagte. Dieser konnte noch rechtzeitig verständigt werden und im letzten Moment den Auszug der Demonstranten verhindern. Als Folge dieses Unternehmens wurde das gesamte Regiment 159 von den Sicherheitskompanien des Arbeiter- und Soldatenrates entwaffnet und der Truppenkommandant und Garnisonsälteste Major Schulz durch den 1. Vorsitzenden des Soldatenrates, Hauptmann von Heydebreck, ersetzt[19].

Nach dem 10. Januar trat wieder eine allgemeine Beruhigung und Entspannung ein, alle Ausstände wurden beendet. Erst die Ermordung von Rosa Luxemburg und Karl Liebknecht rief erneute Demonstrationen und Proteststreiks hervor. Für den 21. Januar hatte die KPD Mülheims zu einer Protestdemonstration »gegen die mit Blut beschmutzte Regierung Ebert-Scheidemann« aufgerufen, an der ca. 1000 Personen teilnahmen; aufgrund der Vorkehrungen des Arbeiter- und Soldatenrates kam es zu keinen Zwischenfällen. Vier Tage später fand eine Trauerkundgebung zu Ehren Rosa Luxemburgs und Karl Liebknechts statt – verbunden mit einer eintägigen Arbeitsruhe –, die von den Vertrauensleuten der größeren Industriewerke mit Ausnahme der Christlichen Gewerkschaften einberufen worden war. Die Kundgebung verlief ruhig und würdig, Fahnen wurden nicht mitgeführt und Serforth wie Nickel, KPD-Mitglied des engeren Rats, hielten lediglich eine Gedenkrede für die Ermordeten[20].
Im Verlauf der Protestaktionen zur Unterstützung der Berliner Arbeiter am 8. Januar war es zum ersten Mal zu ernsthaften Ausschreitungen gekommen, indem von Demonstranten versucht worden war, in das Geschäfts- und Wohnhaus von Stinnes einzudringen, und der Keller des Direktors der Friedrich-Wilhelm-Hütte, Wirtz, geplündert wurde. Diesem Treiben war von den Wachen der Sicherheitskompanien des Arbeiter- und Soldatenrates energisch Einhalt geboten worden, und ständige öffentliche Aufrufe des Arbeiter- und Soldatenrates erinnerten die Bevölkerung daran, daß jegliche Ausschreitungen nach wie vor aufs strengste bestraft würden[21]. Allerdings hatte die KPD den Arbeiter- und Soldatenrat in den Hintergrund der Geschehnisse gedrängt, und auf einer Vollversammlung des Arbeiter- und Soldatenrates am 30. Januar lehnte Will alle Verantwortung für die gemachten Plünderungsversuche ab und betonte, daß trotz der Teilnahme führender Mitglieder des Arbeiter- und Soldatenrates die Protestaktionen nicht vom Arbeiter- und Soldatenrat ausgegangen seien. Daß ein nicht geringer Teil des Arbeiter- und Soldatenrates aber hinter den Aktionen gegen die bürgerlichen Zeitungen stand, sie vielleicht sogar initiiert hatte, geht aus der Besetzung des SPD-Organs in Duisburg, der »Niederrheinischen Volksstimme«, hervor, die dem dortigen radikalen Arbeiter- und Soldatenrat nur durch die aktive Unterstützung der Mülheimer Sicherheitskompanien gelang, die man zur Hilfe gerufen hatte[22].
Wahrscheinlich aufgrund der Meldungen des Oberbürgermeisters über die Zustände in Mülheim erreichte den Arbeiter- und Soldatenrat am 14. Januar ein Telegramm des Berliner Zentralrates, das wegen der in »Mülheim eingetretenen Unordnung und Unsicherheit, die wie in Duisburg leicht zum Einmarsch der Entente führen könnte«, eine sofortige Neuwahl des Arbeiter- und Soldatenrates anordnete, die – »um den neuen Arbeiter- und

Soldatenräten von vornherein die nötige moralische Autorität bei der Bevölkerung zu sichern« – nach der Verhältniswahl stattfinden und so jeder Partei eine gebührende Vertretung sichern sollte[23]. Da in Mülheim schon wieder völlige Ruhe herrschte, für die nicht zuletzt der Arbeiter- und Soldatenrat durch Beilegung der Streiks gesorgt hatte, fühlte sich dieser zu Unrecht angegriffen, und auf einer Vollversammlung des Arbeiter- und Soldatenrates wurde beschlossen, ein recht scharf formuliertes Antworttelegramm an den Zentralrat zu senden. Neben der entschiedenen Weigerung, Neuwahlen einzuleiten, kritisierte man heftig, daß der Zentralrat »nur aufgrund einseitiger Information« gehandelt habe und so einem Irrtum aufgesessen sei, da in Mülheim eine so vorbildliche Ruhe und Ordnung herrsche, »daß Berlin sich ein Beispiel daran nehmen könnte«[24]. Damit war die Angelegenheit jedoch keineswegs erledigt.

Alle Gruppen, die beständig eine »demokratische« Zusammensetzung des Arbeiter- und Soldatenrates gefordert hatten, drangen auf Neuwahlen, und ein Teil des Regiments 159 setzte unter Hinzuziehung von Vertretern der SPD und der bürgerlichen Parteien (DVP, DNVP, Zentrum, DDP) eigenmächtig eine Wahlkommission und einen Termin für die Neuwahl des Soldatenrates fest. Die Wahlen wurden jedoch durch die radikalen Angehörigen des Regiments und der Sicherheitskompanien verhindert. Die zum Arbeiter- und Soldatenrat oppositionell eingestellten Soldaten veröffentlichten daraufhin gemeinsam mit den Parteien eine Stellungnahme, in der scharf gegen die Entwaffnung des Regiments und die Unterdrückung der Wahlen zum Soldatenrat protestiert wurde. Am 27. Januar wurde das Regiment 159 vom Generalkommando in Münster aufgelöst, um sich in Burgsteinfurt als »Freikorps Schulz« erneut zu sammeln[25].

Inzwischen hatten die Wahlen zur Nationalversammlung stattgefunden, denn trotz der sich im Januar sowohl in Berlin wie in vielen anderen Teilen Deutschlands überschlagenden Ereignisse hatten die Wahlvorbereitungen zur Nationalversammlung und zur preußischen verfassungsgebenden Versammlung ungehindert ihren Gang genommen. Die bürgerlichen Parteien hatten unter einem anderen Namensschild Wiederauferstehung gefeiert und stürzten sich in den Wahlkampf[26]. Auch in Mülheim waren Anfang Dezember Ortsgruppen der »neuen« bürgerlichen Parteien gegründet worden, die wegen der kurzen Zeit bis zu den Wahlen sofort eine rege Propaganda betrieben. Im Mittelpunkt der Agitation stand das Verhältnis der Parteien zum Umsturz und ihre Vorstellungen von der politischen Neuordnung. Hier war man sich nur einig in der Anerkennung des parlamentarischen Systems, der Forderung der baldigen Beseitigung der Arbeiter- und Soldatenräte und hinsichtlich der Notwendigkeit, der Arbeiterschaft soziale Verbesserungen zu gewähren. Bis auf die DDP machten alle bürgerlichen Parteien die »Sozialisten« zur Zielscheibe ihrer Angriffe, und DVP und Zentrum versuchten, aus der Verhaftung der Großindustriellen politisches Kapital zu schlagen, indem sie solche Vorfälle als charakteristisch für die angeblich seit dem Umsturz herrschenden rechtlosen Zustände hinstellten. Die Mehrheitssozialdemokraten agitierten hauptsächlich gegen die Linksradikalen und malten in grellen Farben den Terror und die Anarchie aus, die Deutschland beherrschen würden, falls die Spartakisten zur Macht gelangten[27].

Die USPD/Spartakus-Mitglieder des Arbeiter- und Soldatenrates hatten dem Plan einer verfassungsgebenden Nationalversammlung von Anfang an ablehnend gegenübergestanden, doch wollten sie diese nicht unter allen Umständen verhindern. Eindringlich wiesen sie auf die Gefahren hin, die eine frühe Einberufung der Nationalversammlung in sich barg, denn die nur ungenügend gefestigte Stellung der Sozialisten würde mit Sicherheit zu einem Parlament mit bürgerlicher Mehrheit führen[28]. Als durch die Entscheidung des Rätekongresses die Wahlen zur Nationalversammlung auf den 19. Januar festgelegt wurden, fand man sich mit den Gegebenheiten ab. Auf einer USPD-Versammlung am 22. Dezember billigte die »übergroße Mehrheit« der Teilnehmer den Antrag Serforths, sich an den Wahlen zu beteiligen. Es wurde eine 15köpfige Wahlkommission gewählt, und profilierte Mitglieder des Arbeiter- und Soldatenrates wurden als Kandidaten vorgeschlagen, so der 1. und 2. Vorsitzende des Arbeiterrates, Lauterfeld und Serforth, das Mitglied des engeren Rats und Schriftführer Rokahr und der 2. Vorsitzende des Soldatenrates Will. In der folgenden Vollversammlung des Arbeiter- und Soldatenrates wurden diese Beschlüsse und die Kandidaten öffentlich bekanntgegeben, und neben eigener intensiver Agitation benutzten Mitglieder des Arbeiter- und Soldatenrates häufig die Wahlveranstaltungen der anderen Parteien, um eigene Propaganda zu betreiben[29]. Diese Aktivitäten fanden ihr jähes Ende durch den Beschluß des Gründungsparteitages der KPD, sich nicht an den Wahlen zu beteiligen. Die zur KPD übergetretenen Mitglieder fühlten sich durch diese Entscheidung gebunden, so daß eine arg dezimierte USPD den Wahlkampf allein weiterführte. Viele KPD-Mitglieder handelten dabei gegen ihre eigene bessere Überzeugung. Der Mülheimer Delegierte auf dem Gründungsparteitag der KPD, Minster, hatte sich dort entschieden für die Wahlbeteiligung eingesetzt[30].

Sicherlich nicht ohne das Zutun eines Mitgliedes des Soldatenrates, der auf einer DDP-Wahlveranstaltung öffentlich verkündet hatte, daß die Kommunisten, wo sie könnten, die Wahlen verhindern würden, kam es kurz vor den Wahlen zur Nationalversammlung zu einem Zusammenschluß der Beamtenschaft, die von dem Soldatenrat eine eindeutige Zusage verlangte, den ungestörten Ablauf der Wahlen zu garantieren. Dieser veröffentlichte daraufhin folgende Bekanntmachung: »Der Soldatenrat als solcher ist neutral und steht über allen Parteien. Von diesem Grundsatz lassen wir uns leiten und sollen die Wahlen zur Nationalversammlung unter unserem Schutze in Ruhe und Ordnung vor sich gehen«[31]. Die Bekanntmachung wurde eine Wocher später für die Wahl zur Preußischen Landesversammlung wiederholt, an der sich die KPD ebenfalls nicht beteiligte. An den Wahltagen selbst hatte der Soldatenrat Wachen vor den Wahllokalen postiert, und die KPD verteilte Flugblätter, in denen sie ihre Nichtbeteiligung begründete und gleichzeitig ihre Anhänger aufforderte, die Wahlen nicht zu stören. Diese verliefen ohne Zwischenfälle[32].

Die Ergebnisse der Wahlen bestätigten die düsteren Prophezeiungen der linksradikalen Mitglieder des Mülheimer Arbeiter- und Soldatenrates. Sowohl auf Reichsebene wie in Mülheim selbst hatten die Sozialisten (SPD und USPD) nicht die absolute Mehrheit der Stimmen auf sich vereinigen können, während das Bürgertum eine neue »Machtposition« errungen hatte und wesentlich gefestigter als zuvor aus den Wahlen hervorging. Denn die Mehrheit der Bevölkerung Deutschlands hatte sich zwar für eine »parlamentarisch-demokratische Republik«, nicht aber für eine »sozialistische Republik« ausgesprochen[33]. Ein Vergleich der Reichstagswahlen von 1912 mit den Wahlen zur Nationalversammlung läßt trotz bedingter Gültigkeit (Wahlrecht der Frauen, Umgruppierung der bürgerlichen Parteien) erkennen, daß die Revolution keine tiefgehende Zäsur in der parteipolitischen Orientierung der Mülheimer Bevölkerung verursacht hatte[34].

	Nationalversammlung				Reichstag von 1912	
Parteien	Stimmen Mülheim	in % Mülheim	Reich	Parteien	Stimmen Mülheim	in % Mülheim
SPD	21 755	40	37,9	SPD	7523	34,6
USPD	4	–	7,6			
Zentrum	11 353	20,9	19,7		4895	22,5
DVP	11 375	20,9	4,4	NLP	7973	36,7
DDP	4 964	9,1	18,6	FV	423	1,9
DNVP	4 882	8,9	10,3	K	444	2,0

Da die USPD in Mülheim bei den Wahlen vollkommen ausfiel, konnten die Sozialisten hier nur einen Stimmenzuwachs von 5,4 % verzeichnen, während sie im Reich immerhin ihren Stimmanteil um 10,7 % erhöhten. Der Grund muß in der Wahlenthaltung der KPD gesehen werden, die in Mülheim den größten Teil der USPD aufgesogen hatte und damit eine Wahlbeteiligung für die verbliebenen USPD-Anhänger uninteressant erscheinen ließ[35]. Ein Vergleich der Wahlbeteiligung, die 1912 bei 87% lag, während sich an den Wahlen zur Nationalversammlung nur 69,7% der männlichen Bevölkerung beteiligten, stützt diese Annahme; insgesamt belief sich die Wahlbeteiligung auf 73%[36]. Das stärkere Interesse der Frauen dürfte in erster Linie auf ihre erstmalige Zulassung zu den Wahlen zurückzuführen sein, und die Enthaltsamkeit der KPD wird nur geringe Auswirkungen auf die weibliche Wählergruppe gehabt haben, da die Frauen im allgemeinen konservativer als die Männer wählten[37]. Ihrer Teilnahme verdankte das Zentrum, daß es seine Position in Mülheim fast unbeschadet behaupten (−1,6%) und auf Reichsebene sogar ausbauen konnte (+3,3%), dagegen mußten die ehemaligen Nationalliberalen den größten Stimmenverlust hinnehmen und ihre beherrschende Stellung in Mülheim abtreten, doch bildeten DDP und DVP zusammen nach der SPD immer noch die stärkste politische Gruppe[38]. Bis auf eine Verschiebung zugunsten der SPD blieb im großen und ganzen die politische Kontinuität gewahrt, doch ist es aufgrund der Wahlenthaltung der KPD und der USPD nur bedingt richtig, die Ergebnisse der Nationalversammlungswahlen als eine Art Gradmesser für das Kräfteverhältnis zwischen Sozialisten und Bürgertum in Mülheim anzusehen.

Entscheidende Veränderungen mußten dagegen die Wahlen zur Preußischen Landesversammlung am 26. Januar bringen, da im Gegensatz zu den früheren Landtagswahlen zum ersten Mal nach allgemeinem, gleichem, geheimen und direktem Wahlrecht gewählt wurde. Waren bisher in Mülheim aufgrund des Dreiklassenwahlrechts die Nationalliberalen und das Zentrum die führenden Parteien in den Landtagswahlen gewesen, so setzte sich jetzt die SPD eindeutig an die Spitze. Sie verdrängte DVP und DDP zusammen auf den zweiten, das Zentrum auf den dritten Platz. Ein Vergleich zwischen Nationalversammlung und Preußischer Landesversammlung läßt in Mülheim den gleichen Trend wie im Reich erkennen[39]:

Parteien	National-versammlung		Preuß- Landes-versammlung		Zunahme bzw. Abnahme in %	
	Stimmen	in %	Stimmen	in %	Mülheim	Reich
SPD	21 755	40	18 631	39,2	− 0,8	− 1,5
USPD	4	–	–	–		
Zentrum	11 353	20,9	11 122	25,3	+4,4	+2,6
DVP	11 375	20,9	9 568	20,3	− 0,6	+1,3
DDP	4 964	9,1	3 664	7,6	− 1,5	− 2,4
DNVP	4 882	8,9	4 773	9,9	+1,0	+2,6

Zunächst einmal war die Wahlbeteiligung wie im Reich rückläufig (Mülheim: - 9%, Reich: - 8%). Die SPD hatte einen geringen Stimmenverlust hinzunehmen; die USPD hatte sich ebenso wie die KPD in Mülheim nicht beteiligt. Die Position der Sozialisten zeigte also trotz des kurzen zeitlichen Abstandes zwischen Preußischer Landesversammlung und Nationalversammlung bereits eine leicht abfallende, die des Bürgertums im ganzen dagegen eine steigende Tendenz.

In Mülheim hatte der Arbeiter- und Soldatenrat das Heft aber noch fest in der Hand, wie die Mülheimer Beamtenschaft Anfang Februar feststellen mußte. Aus Anlaß der Wahlen hatten sich die gesamte Mülheimer Beamtenschaft und die ihr angeschlossenen Verbände vereinigt und dem Arbeiter- und Soldatenrat einen Beschluß übermittelt, daß man zur allgemeinen Arbeitsniederlegung greifen würde, falls es wie in anderen Städten zu Eingriffen in die Diensttätigkeit der Beamten kommen sollte[40]. Nachdem die Beamtenschaft gegen die erzwungene Stillegung des Straßenbahnbetriebes während der Demonstration für Rosa Luxemburg und Karl Liebknecht am 25. Januar nur protestiert hatte, hielt sie die Besetzung des Bahnhofes Mülheim-Eppinghofen und die Kontrolle des Güterverkehrs durch eine Abteilung der Sicherheitskompanie, die dort Schiebungsaktionen großen Stils vermutete, für den gegebenen Anlaß, ihrer Empörung über derartige Eingriffe durch einen Streik Ausdruck und Nachdruck zu verleihen. Am 5. Februar morgens lag der Eisenbahn- wie Straßenbahnverkehr brach, sämtliche Postämter, Banken und Schulen, selbst das Rathaus blieben geschlossen. Noch während die ersten Verhandlungen zwischen Vertretern des Arbeiter- und Soldatenrates und der Beamtenschaft stattfanden, zeigte es sich, daß die Beamten es versäumt hatten, die betroffenen Arbeiter und Angestellten sowie die Mülheimer Bevölkerung hinreichend über ihr Vorgehen zu informieren. Obwohl die Beamten die Lebensmittel-, Gas- und Wasserversorgung der Bevölkerung sichergestellt hatten, konnte der Arbeiter- und Soldatenrat die Unwissenheit der Massen geschickt für sich ausnutzen, indem er der Menschenmenge, die sich inzwischen vor dem Rathaus eingefunden hatte, genau das Gegenteil erklärte. Eine große Empörung über das scheinbar verantwortungslose Verhalten der Beamtenschaft war die Folge. Da der Arbeiter- und Soldatenrat in dem Oberbürgermeister die treibende Kraft vermutete, wurde dieser für abgesetzt erklärt und die Übernahme der streikenden Betriebe angekündigt. Schon nach kurzer Zeit gelang es dem Arbeiter- und Soldatenrat, den Straßenbahn- und Eisenbahnverkehr wieder in Gang zu bringen, da die dort beschäftigten Arbeiter sich nicht mit den Streikenden, sondern mit dem Arbeiter- und Soldatenrat solidarisierten und ohne Leitung der höheren Beamten den Betrieb selbst in die Hand nahmen. Besonders verbittert waren die Angestellten, die auf der Basis eines Privatvertrages bei der Stadt arbeiteten, denn für sie bedeutete der Streik nur einen Verdienstausfall. Auf einer weiteren Versammlung nachmittags mit anschließender Demonstration verkündete Serforth, daß »die Revolution . . . nunmehr in ihre zweite Phase eingetreten« sei und die Entwaffnung der Polizei und Bewaffnung des Proletariats erfolgen müsse. Es wurden Waffen an die Mülheimer Arbeiter verteilt, und da Gerüchte über den bevorstehenden Einmarsch von Regierungstruppen nicht mehr verstummen wollten, wurde gleichzeitig ein Signal verabredet, daß das Zeichen zum Generalstreik sein sollte[41].

Inzwischen hatten rege Einigungsverhandlungen zwischen den drei sozialistischen Parteien und den Vertrauensleuten aller sozialistischen Gewerkschaften stattgefunden. Selbst die Mehrheitssozialdemokraten waren sich einig, daß der Beamtenstreik, vor allem aber der Zusammenschluß des Bürgertums bei den kommenden Kommunalwahlen die Einigung aller Sozialisten notwendig mache. Der Arbeiter- und Soldatenrat stellte seine Mandate zur Verfügung, und man vereinbarte Neuwahlen für den 9. Februar.

Auch die Verhandlungen zwischen Vertretern des Arbeiter- und Soldatenrates und der Beamtenschaft waren nicht erfolglos geblieben, so daß abends eine Einigung erzielt werden konnte. Die Beamten erklärten sich bereit, ihre Arbeit am nächsten Tag im vollen Umfang wieder aufzunehmen, falls der Arbeiter- und Soldatenrat seine angekündigten Maßnahmen wie Absetzung von Beamten und Entwaffnung der Polizei wieder rückgängig mache, worin dieser einwilligte[42]. Praktisch war das Ergebnis des Streiks für die Beamtenschaft gleich null, während die allgemeine Solidarisierung der Sozialisten wie der verschiedenen Berufsgruppen der Arbeiterschaft die Machtposition des Arbeiter- und Soldatenrates nur verstärkt hatte. Die »Mülheimer Zeitung« bemerkte treffend: »Unseres Erachtens ist der Arbeiter- und Soldatenrat seit dem 9. November der einzige Machtfaktor in Mülheim gewesen; wer mit einer anderen Macht als der seinen gerechnet hatte, der war verlassen«[43].

Wie vereinbart fanden am 9. Februar Neuwahlen zum Arbeiterrat statt. Nur die sozialistisch organisierte Arbeiterschaft war zugelassen, und sofort erhob sich der zu erwartende Protest aus den Reihen der Christlichen und Hirsch-Dunckerschen Gewerkschaften[44]. Zwei Wahllisten wurden aufgestellt, und die starke Wahlbeteiligung überraschte alle teilnehmenden Parteien. Ebenso unerwartet war das Wahlergebnis. Die Liste der USPD, KPD und Freien Vereinigung erhielt fast doppelt soviel Stimmen wie die der SPD und Freien Gewerkschaften (4291 : 2249 Stimmen), so daß das Übergewicht der Vertreter des aufgelösten Arbeiterrates weiterhin gesichert war (39 Sitze). Von den 60 Sitzen im Arbeiterrat entfielen nur 21 auf die SPD und Freien Gewerkschaften[45]. Wie schon bei den Arbeiterausschußwahlen auf der Thyssenschen Maschinenfabrik Anfang Dezember bezichtigten die Mehrheitssozialdemokraten den alten Arbeiterrat unlauterer Wahlmanöver und betonten, daß das Wahlergebnis nicht die tatsächlichen Machtverhältnisse in Mülheim widerspiegele. Gleichzeitig führten sie für ihre Niederlage aber auch das Desinteresse vieler ihre Anhänger an der Institution des Arbeiterrates an, der seine Funktion verlieren werde und aufgelöst werden müsse, sobald die Stadtverordnetenwahlen stattgefunden hätten, was die Vertreter der USPD, KPD und Freien Vereinigung entschieden verneinten[46].

Bei den Wahlen zum Soldatenrat, die gleichzeitig mit den Neuwahlen zum Arbeiterrat stattfinden sollten, brachen die politischen Differenzen zwischen den in Mülheim verbliebenen Ersatztruppen des Regiments 159 und den Sicherheitskompanien des Arbeiter- und Soldatenrates offen aus. Gemäß den Richtlinien der Regierungsverordnung über die Neuwahlen für Soldatenräte vom 19. Januar hatte sich ein Wahlkomitee gebildet, um die Neuwahlen durchzuführen. Die Sicherheitskompanien, die nach den neuen Verordnungen nicht wahlberechtigt waren, verlangten neben der Wahlbeteiligung noch das Recht auf die alleinige Aufstellung der gemeinsamen Wahllisten. Da der größte Teil der verbliebenen Truppen aus Anhängern der SPD bestand und diese keinem kommunistischen Soldatenrat zur Entstehung verhelfen wollten, trat das Wahlkomitee zurück und der alte Soldatenrat blieb weiterhin bestehen[47].

Die Neuwahlen zum Arbeiter- und Soldatenrat brachten also weder eine Veränderung in der politischen Machtverteilung noch in dem vom Arbeiter- und Soldatenrat gesteuerten Kurs, so daß bis auf den abermaligen Beweis, daß der alte Arbeiter- und Soldatenrat immer noch eine starke Anhängerschaft hinter sich vereinigen konnte, ihnen eigentlich keine Bedeutung zukam, denn nach zweiwöchiger Mitarbeit verließen die Mehrheitssozialdemokraten den Arbeiter- und Soldatenrat wieder, da das Ruhrgebiet sich inzwischen in einen Kriegsschauplatz verwandelt hatte[48].

V. Sozialisierungsbewegung, Generalstreik und die Entmachtung des Mülheimer Arbeiter- und Soldatenrates

Im Januar hatte die SPD-Reichsregierung nach dem Austritt der USPD aus dem Rat der Volksbeauftragten und der preußischen Regierung und durch die Niederlage der aufständischen Berliner Arbeiter ihre Machtposition erheblich festigen können, die sie jetzt nutzte, um entschieden gegen die Linksradikalen im Reich und vor allem gegen die radikalisierten, politisch

selbstbewußten und aktiven Arbeiter- und Soldatenräte vorzugehen. Im Ruhrgebiet hatte der Essener Arbeiter- und Soldatenrat, der sich paritätisch aus den drei sozialistischen Parteien zusammensetzte, am 9. Januar eigenmächtig die Sozialisierung des Bergbaus verkündet, um so die Flut der Bergarbeiterstreiks einzudämmen; denn die Bergleute ließen sich nicht länger mit rein materiellen Zugeständnissen abspeisen, sondern verlangten konkrete Veränderungen auf betrieblich-sozialem Gebiet. Diese Tendenzen waren durch den Rätekongreß verstärkt worden, der beschlossen hatte, »mit der Sozialisierung aller hierzu reifen Industrien, insbesondere des Bergbaus, unverzüglich zu beginnen«[1]. Doch die Regierung in Berlin blieb passiv. Am 13. Januar fand eine Konferenz aller Arbeiter- und Soldatenräte des Industriebezirks statt, an der auch Vertreter der Reichsregierung und der Gewerkschaften teilnahmen. Einstimmig wurde beschlossen, sofort mit der Sozialisierung zu beginnen. Die Leitung zur Durchführung der Sozialisierung des Bergbaus lag in den Händen eines Volkskommissars und seiner Beigeordneten, der sogenannten Neunerkommission, die sich aus je drei Vertretern der drei sozialistischen Parteien zusammensetzte. Durch die Zusammenarbeit der drei sozialistischen Parteien schien die Sozialisierungsbewegung Aussicht auf Erfolg zu haben, vor allem, da sie zunächst auch von den Gewerkschaften, selbst den Christlichen und Hirsch-Dunckerschen, getragen wurde. Die Bergarbeiter sahen ihre Wünsche in die Praxis umgesetzt, und es trat eine allgemeine Beruhigung im Industriebezirk ein. Dennoch begann die gemeinsame Front langsam zu zerbröckeln, denn trotz aller Bemühungen konnte die Neunerkommission nicht die Anerkennung ihrer Institution und ihres Sozialisierungsvorhabens durch die Regierung erreichen. Um die Regierung zur Anerkennung ihrer Forderungen und zur Einsicht zu bewegen, hatte schon eine Konferenz der Arbeiter- und Soldatenräte am 6. Februar mit dem Generalstreik gedroht, falls die Regierung sich weiterhin ablehnend verhalte. Als Antwort darauf bereitete sich diese auf ein militärisches Eingreifen im Ruhrgebiet vor. Damit hing der Erfolg der Sozialisierungsbewegung nicht mehr von einem Leistungsbeweis auf wirtschaftlichem Gebiet, sondern von dem Ergebnis einer militärischen Kraftprobe ab[2].
Seit Ausbruch der Revolution hatten die USPD/Spartakus-Mitglieder des Mülheimer Arbeiter- und Soldatenrates immer wieder die Notwendigkeit der Beseitigung des kapitalistischen Wirtschaftssystems betont; sie waren überzeugt, daß eine Entwicklung der Revolution auf die sozialistische Republik hin nur über den Weg der Vergesellschaftung der Produktionsmittel möglich sei[3]. Nur um eine Schädigung des Eigentums der Gesamtheit zu vermeiden, hatten sie versucht, die Arbeiterschaft von Streiks und hinhaltenden Arbeitsleistungen abzuhalten. Die Sozialisierungsmaßnahmen des

Essener Arbeiter- und Soldatenrates mußten daher die volle Unterstützung des Mülheimer Arbeiter- und Soldatenrates finden, bedeuteten sie doch den ersten Schritt in der von ihm angestrebten Richtung. Und der Unterstützung durch die Mülheimer Arbeiterschaft konnte der Arbeiter- und Soldatenrat sich in dieser Frage sicher sein. Auf Wunsch der Neunerkommission hatte der Mülheimer Arbeiter- und Soldatenrat am 27. Januar eine Konferenz der Arbeiter- und Soldatenräte und Zechenräte des Kohlenbergbaubezirks Niederrhein einberufen, zu der auch Vertreter der Arbeiter- und Angestelltenorganisationen geladen waren. Den Vorsitz führten Serforth und Will, der Mitglied der Neunerkommission war[4]. Hauptreferent zum Thema »Sozialisierung des Bergbaus« war Otto Hue, Gewerkschaftsführer und von der Reichsregierung eingesetzter Sozialisierungskommissar. Ihm übergaben die demonstrierenden Arbeiter, hauptsächlich Bergleute aus Mülheim und Umgebung eine Resolution, in der sie »die sofortige Sozialisierung der Betriebe« forderten und »sich gegen die Militärdiktatur in Berlin wandte(n)«. Hue versprach, die Resolution der Regierung in Berlin zu übermitteln, obwohl sie in direktem Gegensatz zu seinem Vortrag stand, in dem er vor übereilten Sozialisierungsmaßnahmen gewarnt und ausdrücklich betont hatte, daß es unbedingt der Nationalversammlung überlassen bleiben müsse, Entscheidungen in der Sozialisierungsfrage zu treffen. Seine Ausführungen hatten nicht seine Mißbilligung über die eigenmächtig begonnene Sozialisierung des Bergbaus verhehlt, doch hatte er durch vage Formulierungen eine offene Konfrontation mit den Konferenzteilnehmern vermieden. An Hues Referat schloß sich eine Aussprache an, in der sich alle Anwesenden einig waren, daß die Sozialisierung fortgeführt und durch die Regierung anerkannt werden müsse. In seiner Schlußrede betonte Serforth, daß es ein »zeitgeschichtliches Unglück« sei, falls die Sozialisierung des Bergbaus nicht erfolge[5].

Nach Artikeln in der »Freiheit« zu urteilen[6], schien man sich jedoch keine Illusionen über die negative Haltung der Reichsregierung zu dem Sozialisierungsvorhaben im Ruhrgebiet zu machen, denn schon Mitte Januar prophezeite die »Freiheit«, daß die Regierung ihr Möglichstes tun und auch vor der Anwendung militärischer Gewalt nicht zurückschrecken werde, um die getroffenen Sozialisierungsmaßnahmen wieder rückgängig zu machen; die Sozialisierungsbewegung werde sich letztlich auf einen Kampf der revolutionären Arbeiterschaft gegen die Regierung Ebert-Scheidemann zuspitzen. Im entscheidenden Moment würden sich auch die Mehrheitssozialdemokraten und die Gewerkschaftler, die sowieso nur halbherzig an der Durchführung der Sozialisierung mitarbeiteten, wieder auf die Seite der Regierung schlagen. Die hinhaltenden Verhandlungen der Regierung über die Anerkennung der Neunerkommission und des geschaffenen Rätesystems im Bergbau wertete die »Freiheit« als bloße Verzögerungstaktik, die der Regierung nur die nötige Vorbereitungszeit zu einem energischen Vorgehen geben sollte: im Januar war sie noch zu sehr mit den Unruhen in Berlin beschäftigt, um gleichzeitig im Ruhrgebiet ihren Anordnungen mit Gewalt Geltung zu verschaffen. Wie richtig die »Freiheit« die Lage einschätzte, beweisen der weitere Verlauf und der Ausgang der Sozialisierungsbewegung.

Die Verhaftung des General-Soldatenrates in Münster bildete den Auftakt zu der »militärischen Befriedungsaktion des Ruhrgebiets« durch die Regierung. Schon seit Mitte Januar befand sich der General-Soldatenrat des VII. Armeekorps, der zunächst einem recht gemäßigten Kurs gefolgt war, seit Ende Dezember aber einen Radikalisierungsprozeß durchlaufen hatte, im offenen Konflikt mit der Regierung und den Militärbehörden, da er sich geweigert hatte, den »Erlaß über die vorläufige Regelung der Kommandogewalt und Stellung der Soldatenräte im Friedensheer« vom 19. Januar anzuerkennen[7]. Dieser Erlaß bedeutete die volle Wiederherstellung der Befehlsgewalt der Offiziere, bei gleichzeitiger Entmachtung der Soldatenräte. Statt einen derartig konterrevolutionären Erlaß durchzuführen und damit dem alten militärischen System wieder zum Leben zu verhelfen, proklamierte der General-Soldatenrat die Durchführung der »Hamburger Punkte«, die die militärische Kommandogewalt letztlich in die Hände der Soldatenräte legten und auf dem Rätekongreß zur endgültigen Zerschlagung des preußisch-deutschen Militarismus beschlossen worden waren[8]. Allerdings hatte die Regierung, die mit der sofortigen Durchführung dieses Beschlusses beauftragt worden war, es verstanden, diesen zu umgehen und zu hintertreiben[9]. Daneben hatte der General-Soldatenrat entgegen den Regierungsverordnungen die Bildung von Freikorps und Aufstellung von Truppen für den Grenzschutz in seinem Bezirk verboten, dafür aber den Ausbau der den örtlichen Arbeiter- und Soldatenräten unterstehenden Sicherheitswehren verfügt. Vielleicht schon in einer Vorahnung des Kommenden hatte er auf seiner Sitzung am 7. Februar zu seinem Schutze die ihm unterstehenden Bezirks-Soldatenräte um die Entsendung von Hilfstruppen aus ihren Wehren nach Münster gebeten[10]. Dies veranlaßte den neu ernannten, äußerst reaktionären General des VII. Armeekorps von Watter zu schnellem Handeln, und mit Hilfe des Freikorps Lichtschlag ließ er am 11. Februar den General-Soldatenrat verhaften, erklärte ihn für aufgelöst und ordnete Neuwahlen für die Soldatenräte gemäß der Verordnung vom 19. Januar an[11].

Dieser Gewaltakt rief eine Welle der Empörung hervor, und selbst die Mehrheitssozialdemokraten glaubten, daß es sich hier um einen Alleingang des Generals handelte und die Regierung energisch gegen derartige Übergriffe einschreiten werde. Genau das Gegenteil geschah. Die Regierung machte lediglich die Verhaftung des General-Soldatenrates rückgängig, gleichzeitig versicherte Noske den General seiner Unterstützung und betrachtete den Vorfall als günstige Gelegenheit, der Regierung Gehorsam zu verschaffen[12].

Am 14. Februar fand in Essen abermals eine Konferenz der Arbeiter- und Soldatenräte des Industriebezirks statt, die den Generalstreik beschloß, falls nicht die sofortige Wiedereinsetzung des General-Soldatenrates erfolge und die Schuldigen bestraft würden. Beschlossen wurde außerdem, daß ein Einmarsch von Freikorps in das Ruhrgebiet den sofortigen Generalstreik und bewaffneten Kampf zur Folge haben würde, denn die Vermutung eines bevorstehenden Einmarsches von Regierungstruppen hatte sich fast bis zur Gewißheit verstärkt. Alle Beschlüsse wurden der Reichsregierung übermittelt, und für den 18. Februar wurde eine erneute Konferenz anberaumt, die je nach Antwort der Regierung die endgültigen Entscheidungen treffen sollte[13]. Durch den Einmarsch des Freikorps Lichtschlag in Hervest-Dorsten am 15. Februar im Norden des Industriebezirks, überschlugen sich dann die Ereignisse.

Entsprechend seiner Ankündigung während des Beamtenstreiks nahm der Mülheimer Arbeiter- und Soldatenrat sofort den bewaffneten Kampf auf, und verstärkt durch Mannschaften anderer Städte stellten sich die Mülheimer Sicherheitskompanien den Regierungstruppen entgegen, konnten aber trotz blutiger Kämpfe deren Einmarsch nicht verhindern. Gefechtsleiter war der Mülheimer Delegierte beim General-Soldatenrat, Leidner[14].

Als sich der erste Widerstand der Regierung gegenüber den Sozialisierungsbemühungen im Ruhrgebiet abzuzeichnen begann, hatten einige linksradikale Mitglieder des Mülheimer Arbeiter- und Soldatenrates den Erfolg bzw. Mißerfolg der Sozialisierungsbewegung schon mit dem Sieg oder der Niederlage der Revolution gleichgesetzt[15], und wahrscheinlich glaubten sie jetzt, sofort handeln zu müssen und nicht mehr bis zur vereinbarten Konferenz der Arbeiter- und Soldatenräte des Industriebezirks warten zu können, falls nicht das bisher Errungene kampflos verloren gehen sollte. Daher wurde auf einer am Sonntag, dem 16. Februar nachmittags in Mülheim stattfindenden »Vertrauensmännersitzung der KPD« der Beschluß zum sofortigen Eintritt in den Generalstreik gefaßt, der am nächsten Morgen durch Flugblättter, unterzeichnet von den beteiligten KP-Ortsgruppen, öffentlich verkündet wurde[16]. Aufgrund der willkürlichen Zusammensetzung dieser Konferenz, die hauptsächlich von lokalen Organisationen der USPD, KPD und der Syndikalisten beschickt war und in keiner Weise die Gesamtheit der Arbeiter- und Soldatenräte des Industriebezirks repräsentierte, war die eigenmächtige Proklamierung des Generalstreiks äußerst verhängnisvoll, denn das übereilte Vorgehen der Radikalen schwächte die Streikaktion entscheidend; es lieferte den Mehrheitssozialdemokraten einen günstigen Vorwand zum Rückzug und befreite sie aus der Misere, eventuell gegen die von ihnen gestellte Regierung kämpfen zu müssen. Bisher hatten wenigstens dem Anschein nach die drei sozialistischen Parteien und die Gewerkschaften die Sozialisierungsbewegung immer noch gemeinsam getragen. So wurde am 18. Februar der Generalstreik ohne die Beteiligung der Mehrheitssozialdemokraten und der Gewerkschaften, die die vereinbarungsgemäß zusammengetretene Konferenz der Arbeiter- und Soldatenräte des Industriebezirks unter Protest verließen, beschlossen bzw. legalisiert. Aufgrund der Zersplitterung hatte er jedoch von vornherein nur wenig Aussicht auf Erfolg[17].

In Mülheim legte der Generalstreik sämtliche Betriebe lahm. Wo die Arbeit nicht freiwillig eingestellt wurde, erzwangen bewaffnete Streikposten die Arbeitsniederlegung. Die Herausgabe von Zeitungen wurde für drei Tage verboten, danach durften sie unter Zensur wieder erscheinen. Die Polizei wurde entwaffnet, die Arbeiterschaft bewaffnet. Letztere war in ihren Wohnbezirken zu Gruppen zusammengefaßt, stellte die Streikposten und versah den Sicherheitsdienst, da die Sicherheitskompanien des Arbeiter- und Soldatenrates von den Kämpfen gegen die Regierungstruppen in Anspruch genommen waren[18]. Öffentliche Aufrufe verkündeten, daß »sämtliche Leute, die sich nicht an der Verteidigung der revolutionären Arbeiterschaft beteiligen, in ihrem eigenen Interesse ihre Waffen unverzüglich beim Leiter des Sicherheitswesens abzugeben (haben), Ansammlungen auf der Straße werden nicht geduldet, Zuwiderhandelnde werden streng bestraft, Plündern wird mit dem Tode bestraft«[19].

Während des Streiks bildete Mülheim als Sitz der »Streikleitung« bzw. »Verteidigungskommission« für den Raum Mülheim, Oberhausen, Essen und Gelsenkirchen das Zentrum des bewaffneten Widerstandes gegen die Regierungstruppen. Von hier aus wurden die Kampfaktionen geplant und geleitet, so daß Mülheim Sammelpunkt und Durchgangslager bewaffneter Trupps von auswärts war, die vor allem aus Düsseldorf, Duisburg und Hamborn kamen. Selbst eine Matrosenkompanie zum »Kampf für die Revolution« bildete sich. Die Streikleitung hatte jetzt die beherrschende Stellung in Mülheim inne, und neben einer Anzahl von Mitgliedern aus dem Arbeiter- und Soldatenrat, so vor allem Serforth, Reuss und Leidner, bestand sie aus KPD-Vertretern der genannten Städte. Vertreter der Streikleitung erließen Anordnungen in Mülheim und beriefen Versammlungen der Arbeiterschaft ein, in denen über weiter zu treffende Maßnahmen, den Verlauf des Streiks und der Kampfhandlungen Auskunft erteilt wurde. So erwartete man zur Unterstützung des Kampfes im Ruhrgebiet den baldigen

Ausbruch des Generalstreiks in Mitteldeutschland, kündigte die Beschlagnahmung des Geldbestandes der Reichsbank und der vorhandenen Lebensmittel an, um auf diese Weise die notwendige Basis für weitere Kampfhandlungen sicherzustellen, denn man rechnete damit, daß Mülheim von der Lebensmittelzufuhr abgeschnitten würde[20].
Trotz der oppositionellen Haltung der Vertrauensmänner des Deutschen Metallarbeiter-Verbandes und eines großen Teils seiner Mitglieder, die sich am Tag des Streikausbruchs auf einer Versammlung mit 700 : 60 Stimmen gegen den Generalstreik aussprachen, kam es bis auf einen Zwischenfall, in dem ein Streikposten einen arbeitswilligen Arbeiter anschoß, zu keinen blutigen Auseinandersetzungen in Mülheim selbst, da von einer gewaltsamen Wiederaufnahme der Arbeit abgesehen wurde[21]. Der Soldatenrat suchte nach Kräften Ruhe und Ordnung in der Stadt aufrechtzuerhalten, und erst als die Niederlage des Streiks offensichtlich wurde, und Uneinigkeit in die Reihen der Kämpfenden drang, kam es zu Vorfällen wie der willkürlichen Erschießung eines Eisenbahners (22. Februar), der Auflösung einer SPD-Versammlung mit Waffengewalt (22. Februar) und der Beraubung der Reichsbank (22./23. Februar). Entgegen zahlreicher Beschuldigungen waren die Sicherheitskompanien des Arbeiter- und Soldatenrates nicht an den Ausschreitungen beteiligt, vielmehr waren die Überfälle von Mitgliedern bewaffneter Arbeitergruppen und auswärtigen Bewaffneten verübt worden[22].
Die Auseinandersetzungen innerhalb der Streikleitung waren ausgebrochen durch den Beschluß der Konferenz der Arbeiter- und Soldatenräte des Industriebezirks vom 21. Februar, den Generalstreik wegen der nur mangelhaften Beteiligung der Arbeiterschaft abzubrechen. Das Eindringen der Freikorps in das Revier hatte nicht verhindert werden können, und man wollte weiteres Blutvergießen vermeiden. Über diese Entschließung, die die USPD gegen den Willen der KPD durchgefochten hatte, scheinen zum ersten Mal auch in Mülheim ernsthafte Auseinandersetzungen zwischen USPD und KPD ausgebrochen zu sein. Noch am 22. Februar erklärte die Streikleitung die mit dem Generalkommando in Münster ausgehandelten Bedingungen für einen Waffenstillstand und den Abbruch des Generalstreiks für unannehmbar und verkündete die Fortsetzung der Kämpfe und des Streiks[23]. Der Vorsitzende des Soldatenrates, Will, der zusammen mit dem Mitglied des Essener Arbeiter- und Soldatenrates, Baade, maßgeblich an den Verhandlungen in Münster beteiligt war, setzte sich jedoch entschieden für die Beendigung der Kämpfe und des Streiks ein. Auf seinen Einfluß dürfte das Einschwenken der Sicherheitskompanien zurückzuführen sein, die sich plötzlich weigerten, an den Kämpfen gegen die Regierungstruppen in Bottrop teilzunehmen, den alten Soldatenrat absetzten

und sich hinter die Regierung Ebert-Scheidemann stellten. Ein anderer Grund kann aber auch der Putschversuch einer kleinen Gruppe Radikaler gewesen sein, die mit Hilfe der in Mülheim anwesenden Matrosen versuchten, die gesamte Macht an sich zu reißen. Der Versuch scheiterte an dem Widerstand der Sicherheitskompanien, die die Putschisten entwaffneten und gemeinsam mit der Polizei, der sie sich inzwischen unterstellt hatten, für die Wiederherstellung von Ruhe und Ordnung und die Durchführung der von Münster gestellten Bedingungen sorgten. Sie lösten den neugewählten Soldatenrat auf, dem auch Leidner wiederum angehört hatte, und wollten keinen Soldatenrat mehr anerkennen[21]. Inzwischen hatte sich auch die Streikleitung zerstreut (24. Februar), und der Mülheimer Arbeiterrat trat wieder an die Öffentlichkeit. Seine profiliertesten Mitglieder Serforth, Reuss und der ehemalige Vorsitzende des Soldatenrates Will setzten sich angesichts des drohenden Einmarsches von Regierungstruppen entschieden für die Ablieferung der Waffen und die sofortige Arbeitsaufnahme ein und rieten selbst davon ab, eine Entschädigung für die Streiktage zu verlangen[25]. Das war das volle Eingeständnis der Niederlage. Die Reichsregierung hatte die militärische Auseinandersetzung im Ruhrgebiet und auch in Mülheim gewonnen.

Die veränderten Machtverhältnisse bekam der Mülheimer Arbeiterrat sofort zu spüren. Wie nach dem unerwarteten Ausgang der Verhaftung der Großindustriellen verbündeten sich die Mehrheitssozialdemokraten mit dem Bürgertum gegen den Arbeiterrat, dem sie durch seine aktive Teilnahme an dem Generalstreik die Schuld an der schlechten Versorgungslage und der Krisensituation der industriellen Werke gaben. Angesichts dieser Frontstellung vergaßen die unabhängigen und kommunistischen Mitglieder des Arbeiterrates sofort ihre Differenzen – letztere hatten die Unabhängigen für die Niederlage des Generalstreiks verantwortlich gemacht – und schlossen sich wieder eng zusammen, doch konnten sie gegen die Einheitsfront von SPD und Bürgertum nichts ausrichten[26]. Während der Arbeiterrat jetzt die Unterstützung durch den Soldatenrat und seine Sicherheitskompanien entbehrte, die sofort aufgelöst worden waren, hatte das Bürgertum durch eine neue Bürgerwehr, die fest in den Händen der Polizei lag, und durch den Einmarsch des Freikorps Schulz am 9. März endlich die lang erhoffte militärische Rückendeckung bekommen[27]. Durch Verhaftungen führender Mitglieder des Arbeiterrates, u. a. Serforth und Reuss, wurde die ohnehin schwache Stellung des Arbeiterrates weiter unterminiert[28]. Die Mülheimer Arbeiterschaft protestierte heftig gegen derartige Maßnahmen, doch mußte sie sich auf die Abfassung von Resolutionen beschränken. Sie war machtlos geworden und wehrlos den Repressionen des Freikorps wie der Großunternehmer ausgesetzt. Durch Provokationen der Freikorpsmitglieder, die deutlich machen wollten, wer jetzt in der Stadt die Macht in den Händen hielt, kam es zu ständigen Zusammenstößen zwischen ihnen und der Mülheimer Arbeiterschaft. Das gleiche Machtgefühl hatte sich auch wieder unter den Direktionsleitungen der großen Industriebetriebe ausgebreitet. Sowohl die Thyssenwerke wie die Friedrich-Wilhelm-Hütte kündigten als Folge der Streiks und früherer Unruhen an, ihren Arbeitsbetrieb stark einschränken zu müssen, was für einen Großteil der Arbeiter Entlassung und Arbeitslosigkeit bedeutete[29].

Ihrem Protest konnte die Mülheimer Arbeiterschaft nur noch in den vorgeschriebenen Neuwahlen zur Stadtverordnetenversammlung und zum Arbeiterrat politischen Ausdruck verleihen. Mit beiden Wahlen wurde die Entmachtung des alten Arbeiterrates offiziell besiegelt. Seit der Anordnung der preußischen Regierung vom 24. Januar 1919, daß die Gemeindevertretungen aufzulösen seien und Neuwahlen bis zum 2. März stattzufinden hätten[30], hatten sich von allen Seiten, auch der Mehrheitssozialdemokraten, Stimmen erhoben, die die weitere Existenz des Arbeiterrates für sinnlos, überflüssig und bloße Geldverschwendung hielten, da die neue Stadtverordnetenversammlung keine einseitige Standesvertretung mehr sei, sondern aufgrund des demokratischen Wahlrechts die Interessenvertretung der gesamten Einwohnerschaft darstelle[31]. Dennoch beteiligten sich auch die den Arbeiterrat tragenden Parteien, USPD und KPD, an den Kommunalwahlen. Sie stellten gemeinsam eine Wahlliste auf, deren führende Kandidaten bekannte Mitglieder des engeren Rates waren (Serforth, Lauterfeld, Reuss, Rokahr, Nickel, Fischer; dazu Will) und bekämpften sowohl die bürgerlichen Parteien wie die SPD[32]. Zur Begründung ihrer Wahlbeteiligung stellten sie den grundsätzlichen Unterschied zwischen den Wahlen zur Nationalversammlung und den Gemeindewahlen heraus. Erstere hätte nur die Funktion gehabt, gegen die Revolution zu arbeiten, während die Gemeindevertretung eine wirksame Möglichkeit biete, die Interessen der Arbeiterschaft auf kommunaler Ebene durchzusetzen, so vor allem im Steuerwesen und den sozialen Einrichtungen. Festhalten wollte man aber auch an der Institution der Arbeiterräte, denen die Exekutive zukomme, während die neue Stadtverordnetenversammlung nur »beschließende Gewalt auf gewissen Gebieten« habe. Man zog jedoch die Möglichkeit einer Beseitigung der Räte mit in die Überlegungen ein und wollte sich durch eine Nichtbeteiligung an den Wahlen nicht der vielleicht letzten Chance einer wirksamen Interessenvertretung der Arbeiterschaft berauben[33].

Obwohl alle bürgerlichen Parteien gemeinsam gegen die Sozialisten und ihre Herrschaft seit der Revolution agitierten, scheiterte der Versuch eines Zusammengehens. Allerdings hatten sich die bürgerlichen Parteien soweit den neuen politischen Verhältnissen angepaßt, daß sie es nicht wagten, den bisher im Stadtparlament vertretenen Großindustriellen Thyssen und Stinnes einen Platz auf ihrer Wahlliste einzuräumen[34], und in ihrer Wahlpropaganda standen Forderungen nach gerechterer Verteilung der Steuern und Ausbau der sozialen Einrichtungen im Vordergrund[35].

Am 2. März fanden die Wahlen trotz des Protestes der alten Gemeindevertretung und des Oberbürgermeisters statt. Auf der letzten Stadtverordnetenversammlung alter Ordnung war eine Entschließung angenommen und an die Preußische Regierung geschickt worden, in der Neuwahlen zwar nicht verweigert wurden, der Preußischen Regierung jedoch das Recht der Auflösung und der Ansetzung einer Neuwahl der Stadtverordnetenversammlung abgesprochen wurde, da die legal gewählte Preußische Landesversammlung allein dafür zuständig sei[36]. Hatte man sich zuvor nicht Genüge tun können in Forderungen nach demokratischer Vertretung im Arbeiter- und Soldatenrat, so fürchtete man jetzt offensichtlich das demokratische Wahlrecht, das die Reste der Standesprivilegien hinwegfegen würde. Das Wahlergebnis brachte dann auch eine vollständige Veränderung in der Zusammensetzung des Stadtparlamentes[37]:

	Sitze	Stimmen	in %
SPD	19	9414	25,4
Zentrum	18	8897	24,0
DVP	12	6262	16,6
USPD/KPD	9	4884	13,2
DNVP	8	3992	10,8
DDP	5	2902	7,8
Wirtschaftliche Vereinigung	1	700	1,9

Die Sozialisten konnten mehr als ein Drittel der Sitze an sich bringen, während sie vor Ausbruch der Revolution gar nicht bzw. seit 1915 mit nur einem einzigen Abgeordneten vertreten waren. Demgegenüber hatten die Nationalliberalen entscheidend an Stärke verloren, nur das Zentrum konnte seine schon immer gefestigte Stellung behaupten. Trotz des heftigen Wahlkampfes hatten nur knapp 50% der Wahlberechtigen ihr Stimmrecht ausgeübt (von 74 675 nur 37 075). Nach den Stimmergebnissen zu urteilen, die die SPD bei den Wahlen zur Nationalversammlung (21 755 Stimmen = 40%) und zum Preußischen Landtag (18 631 Stimmen = 39,2%) auf sich vereinigen konnte, hatte sich hauptsächlich ihr Wählerkreis von der Wahl ferngehalten oder war zur USPD/KPD übergegangen, denn sie hatte den größten Stimmverlust von allen Parteien hinzunehmen. Der USPD/KPD

dagegen war es bei erstmaliger Wahlbeteiligung gelungen, mehr als 50% der Stimmen der SPD zu erhalten.
Mit der Konstituierung des neuen Stadtparlamentes wurde das Bestehen des Arbeiterrates mit jedem Tag umstrittener. Die SPD-Reichsregierung hatte von Anfang an keinen Zweifel daran gelassen, daß nach Zusammentritt der Nationalversammlung keinerlei Gründe für ein Fortbestehen der Räte vorhanden seien. Aufgrund des vielfachen Widerstandes, selbst aus den Reihen der rein mehrheitssozialdemokratischen Räte, konnte sie diese jedoch nicht einfach abschaffen, sondern versuchte, sie durch Verurteilung zur Machtlosigkeit langsam absterben zu lassen[38]. Dabei kam ihnen die finanzielle Abhängigkeit der Räte von den Kommunen gelegen[39], die die städtischen Behörden häufig als Druckmittel benutzten, um sich die Räte willfährig zu machen, was in Mülheim schon am 22. November versucht worden, aber an der Machtposition des Arbeiter- und Soldatenrates gescheitert war. Der erneute Versuch sollte glücken.
Die neugewählte Stadtverordnetenversammlung beschäftigte sich gleich in der ersten Sitzung mit der Stellung und den zukünftigen Aufgaben des Arbeiterrates. Alle bürgerlichen Vertreter waren sich einig, daß dem Arbeiterrat nur noch soziale und wirtschaftliche Funktionen zugebilligt werden könnten und er als politische Körperschaft abtreten müsse. Gegen die Stimmen der SPD-, USPD- und KPD-Stadtverordneten beschloß man, dem Arbeiterrat die finanzielle Basis zu entziehen und ihm ab 1. April keine Geldmittel mehr zu bewilligen. Ferner zwang die Stadtverordnetenversammlung den Arbeiterrat, die bereits von ihm gewählte Kommission zur Einleitung von Neuwahlen aufzulösen und einer paritätisch aus den teilnehmenden Gruppen besetzten Wahlkommission unter der Oberaufsicht eines städtischen Beamten zuzustimmen[40]. Die demokratische Wahl des Arbeiterrates war dadurch garantiert, da sie gemäß der Verordnung des Zentralrats nach dem Verhältniswahlrecht stattfand. Alle Gehalts- bzw. Lohnempfänger mit einem Jahreseinkommen nicht über 10 000 Mark waren zugelassen, und lediglich die im Haushalt beschäftigten Personen und Sozialrentenempfänger mußten nachweisen, daß sie versicherungspflichtig waren[41]. Für die Wahlen zum Arbeiterrat hatten sich die bürgerlichen Berufsorganisationen, Christliche und Hirsch-Dunckersche Gewerkschaften, die Beamten-Vereinigung und die Arbeitsgemeinschaft der Angestelltenausschüsse und Berufsorganisationen auf eine gemeinsame Wahlliste geeinigt, während die SPD mit den Freien Gewerkschaften und die USPD/KPD je eine eigene Kandidatenliste aufstellten. Die Wahlpropaganda erstreckte sich auf ca. eine Woche und wurde besonders intensiv von den Bürgerlichen und dem alten Arbeiterrat betrieben. Dementsprechend fiel das Wahlergebnis aus. Die Bürgerlichen konnten von 60 Sitzen im Ar-

beiterrat 23 an sich bringen, die SPD nur 10, der alte Arbeiterrat aber brachte es auf 27 Sitze[42].

Zwar war der neue Arbeiterrat, der uns hier nicht mehr näher zu beschäftigen braucht, aufgrund seiner Zusammensetzung und seiner beschnittenen Machtbefugnisse kein »revolutionäres Organ«, noch nicht einmal mehr eine politische Institution, doch bringen die Wahlergebnisse der Stadtverordnetenversammlung wie der Wahlen zum Arbeiterrat die Loyalität zum Ausdruck, die ein Großteil der Mülheimer Arbeiterschaft dem alten Arbeiterrat immer noch entgegenbrachte. Trotz seiner Niederlage im Generalstreik war der alte Arbeiterrat und nicht die SPD und die Freien Gewerkschaften ihre Interessenvertretung geblieben[43].

Zusammenfassung

Während der Zeit vom 9. November 1918 bis Ende Februar 1919 stellte der Arbeiter- und Soldatenrat die beherrschende Gewalt in Mülheim dar und beeinflußte auch nicht unwesentlich die Ereignisse im Industriegebiet; denn nicht nur wirkten seine Vertreter in übergeordneten Räteorganisationen mit und fühlten sich berufen, in die Arbeitskämpfe umliegender Orte einzugreifen, sondern sie hatten es durch die Schaffung einer eigenen Zeitung auch verstanden, sich über ihren unmittelbaren Tätigkeitsbereich hinaus Gehör zu verschaffen. Die Entwicklung des im Vergleich zu anderen Ruhrgebietsstädten – wie zum Beispiel Düsseldorf oder Essen – kleinen und verhältnismäßig unbekannten Mülheims zu einem »radikalen Zentrum«, das selbst so profilierte Sozialisten wie Carl Minster anzog, muß auf das Zusammentreffen zweier Faktoren zurückgeführt werden: das Vorhandensein einer breiten radikalisierten Arbeiterschicht und deren Führung durch eine Gruppe linksradikaler Sozialisten, die über genügend Autorität und organisationstechnische Erfahrung verfügten, um die revolutionäre Bewegung hinter sich vereinigen und in feste Bahnen lenken zu können.

Der Krieg hatte Mülheim in ein übervölkertes Ballungszentrum der Rüstungsindustrie verwandelt, wodurch das soziale und wirtschaftliche Gefüge der Stadt zerstört wurde. Traditioneller Bindungen verlustig und höchsten physischen Belastungen ausgesetzt, mußte die Mülheimer Arbeiterschaft ihre politische Machtlosigkeit durch ihre wirtschaftliche Abhängigkeit von einigen wenigen Unternehmern doppelt schwer empfinden und sie für radikale Bewegungen anfällig machen. Mit zunehmender Verelendung der Arbeiterschaft setzte ein ständig fortschreitender Radikalisierungsprozeß ein, angeführt von dem größten Rüstungsbetrieb am Ort, den Thyssenwerken, die den höchsten Prozentsatz zugewanderter Arbeiter wie den am besten organisierten Teil der Mülheimer Arbeiterschaft beschäftigten. Den radikalen Kern bildete eine kleine Gruppe altgedienter Sozialisten, die aus Opposition gegen die Burgfriedenspolitik die SPD und den Deutschen Metallarbeiter-Verband verlassen hatten und sich der USPD bzw. dem Spartakusbund anschlossen, zum Teil auch in die Freie Vereinigung eintraten.

Sie setzten sich an die Spitze der Revolutionsbewegung und wurden als Arbeiterrat die neuen Führer der radikalisierten Arbeitermassen, die sich frustriert von ihrer alten Kampforganisation abwandten. Trotz der Vorbereitung auf den Umsturz trugen die ersten Handlungen und Maßnahmen des Arbeiter- und Soldatenrates eindeutig die Zeichen der Improvisation. Weder legte er ein Programm vor, noch ließ er sich konkret darüber aus, wie die zukünftige Kontrolle der alten Gewalten aussehen sollte, vielmehr beschränkte er sich auf die Erledigung der Probleme, die sich durch den Umsturz von selbst aufgedrängt hatten: Sicherung der geglückten Machtübernahme und Aufrechterhaltung von Ruhe und Ordnung. In seiner Bereitschaft, die überkommene Bürokratie nicht zu zerschlagen, sondern nur einer intensiven Kontrolle zu unterwerfen, bewegte sich der Mülheimer Arbeiter- und Soldatenrat völlig in dem von Ebert in seinem Aufruf vom 9. November abgesteckten Rahmen, der die alten Behörden zur Weiterarbeit und Loyalität gegenüber der Revolutionsregierung aufforderte[1]. Auch in der Folgezeit seiner Herrschaft unterzog sich der Mülheimer Arbeiter- und Soldatenrat nicht der Mühe, explizit ein politisches Programm zu entwickeln, so daß seine Vorstellungen von der politischen Neuordnung Deutschlands nur seiner Tätigkeit und seiner Reaktion auf bestimmte Ereignisse entnommen werden können und im Zusammenhang mit dem Programm und den Zielen der USPD, KPD (Spartakus) und Freien Vereinigung gesehen werden müssen.

Gerade die Mülheimer Arbeiterschaft spürte vor und während des Krieges, wie sehr wirtschaftliche Macht gleichbedeutend mit politischer Macht war, für sie mußte eine Veränderung der politischen Verhältnisse parallel gehen mit einer Veränderung der kapitalistischen Wirtschaftsordnung. Dieses Ziel verfolgte der Mülheimer Arbeiter- und Soldatenrat von dem ersten Tag seines Bestehens. In der klaren Erkenntnis, daß die kapitalistische Wirtschaftsordnung nicht von heute auf morgen in eine sozialistische verwandelt werden konnte, versuchte er einen Zusammenbruch der Wirtschaft durch Streiks zu verhüten und strebte eine schrittweise Einführung der sozialistischen Wirtschaftsweise an. Ähnlich war seine Haltung gegenüber den alten Behörden. Die Notwendigkeit ihres vorläufigen Weiterbestehens, um die Versorgung der Bevölkerung und die Aufrechterhaltung von geordneten Zuständen zu gewährleisten, erkannte er ebenso, wie er der Überzeugung war, daß sie einer intensiven Kontrolle bedurften, damit sie nicht gegenrevolutionär arbeiten konnten. Vor allem die spätere Entsendung eines qualifizierten Mitarbeiters in das Rathaus, der insbesondere die Personalangelegenheiten zu überwachen hatte, beweist, wie richtig er die Macht derjenigen einschätzte, die den Verwaltungsapparat bedienten. Auf der anderen Seite machte der Arbeiter- und Soldatenrat selbst Versuche, konstruktiv zu wirken und so der mangelnden Funktionsfähigkeit der Verwaltung auf gewissen Gebieten abzuhelfen. Seine fruchtbarste Arbeit leistete er bis Mitte Dezember, bevor die beständigen Auseinandersetzungen mit dem Bürgertum und den Mehrheitssozialdemokraten begannen. Um die Unternehmer wie die alten Behörden wirksam kontrollieren zu können, war eine starke politische Machtstellung der Arbeiter- und Soldatenräte nötig, und der Mülheimer Arbeiter- und Soldatenrat hatte es ohne Zweifel verstanden, seine Stellung ausreichend zu festigen. Die Zusammenarbeit zwischen USPD- und KPD (Spartakus)-Mitgliedern des Arbeiterrates und dem Soldatenrat funktionierte reibungslos, die Sicherheitskompanie gab dem Arbeiter- und Soldatenrat die Stärke und den Rückhalt, seine Anordnungen in die Praxis umzusetzen und Widerstände zu überwinden, und sein enger Kontakt zur Mülheimer Arbeiterschaft sicherte ihm die notwendige Massenbasis. Da dem Arbeiter- und Soldatenrat im Gegensatz zu den Mehrheitssozialdemokraten bewußt war, daß das Bürgertum nicht gewillt war, gegen seine eigenen Interessen zu handeln und am Aufbau des Sozialismus mitzuwirken, und er sich seine Machtstellung nicht verschlechtern und schließlich aus der Hand nehmen lassen wollte, lehnte er die Aufnahme bürgerlicher Vertreter in den Arbeiterrat kategorisch ab. Aufgrund seiner gefestigten Stellung konnte er sich gegen das wiedererstarkte Bürgertum behaupten und sich der reformistischen Politik der Mehrheitssozialdemokraten widersetzen. Erst als der Mülheimer Arbeiter- und Soldatenrat seine Existenz und damit den weiteren Verlauf der Revolution durch die Politik der SPD-Reichsregierung gefährdet sah, die weder gewillt war, den alten Militärapparat zu zerschlagen noch die kapitalistische Wirtschaftsordnung anzutasten, vielmehr auf die Abschaffung der Räte hinarbeitete, setzte seine Radikalisierung ein, die schließlich in einer völligen Fehleinschätzung der Situation in die voreilige Proklamation des Generalstreiks mündete. Dieser Radikalisierungsprozeß gab den ultralinken Kräften innerhalb wie außerhalb des Arbeiter- und Soldatenrates einen starken Auftrieb und riß selbst langerprobte Sozialisten wie Serforth mit, die sich zuvor durch eine richtige Beurteilung der Gegebenheiten ausgezeichnet hatten und auch als Angehörige der KPD (Spartakus) und der

Freien Vereinigung deren Programm nur soweit versucht hatten zu verwirklichen, wie es den Umständen entsprechend möglich war. Trotz ihres Bekenntnisses zur direkten Aktion wollten sie nicht auf parlamentarische Arbeit verzichten und waren bemüht, mit den Mehrheitssozialdemokraten zusammenzuarbeiten.
Vielleicht wäre der Generalstreik ohne das Vorprellen der Linksradikalen erfolgreicher verlaufen oder hätte zumindest der Arbeiterschaft ein klares Bewußtsein über die antirevolutionäre Politik der SPD und der Gewerkschaften verschafft. Doch die Entmachtung des Mülheimer Arbeiter- und Soldatenrates war selbst dadurch kaum aufzuhalten. Wie Kolb richtig darstellt, hing die Existenz der linksradikalen Arbeiter- und Soldatenräte von zwei Bedingungen ab: der politischen Entwicklung im Reich und der erfolgreichen Machtkonsolidierung auf lokaler Ebene[2]. Letzteres war dem Mülheimer Arbeiter- und Soldatenrat bis zum Ausbruch des Generalstreiks gelungen, und auch nach seiner Niederlage wurde er noch von einem Großteil der Mülheimer Arbeiterschaft getragen und als ihr Herrschaftsorgan bzw. ihre Interessenvertretung angesehen. Die politische Entwicklung im Reich war aber eindeutig zugunsten der SPD-Reichsregierung verlaufen, die den geringsten Vorwand zum Anlaß nahm, die linksradikalen Räte zu beseitigen und sie durch machtlose »Arbeiterräte« zu ersetzen, die mit den Revolutionsorganen nur noch den Namen gemeinsam hatten. Das gelang in Mülheim Anfang März, und die Unterdrückung der revolutionären Mülheimer Arbeiterschaft durch Freikorps und Bürgerwehr war so erfolgreich, daß sie während des im April 1919 erneut ausbrechenden Generalstreiks keine Rolle mehr spielte.

Anhang

Die Mitglieder des Arbeiter- und Soldatenrates Mülheim

1. Arbeiterrat – biographische Daten

Engerer Rat:

Brinkmann, Wilhelm: Metallarbeiter, beschäftigt in den Thyssenwerken; Dezember 1918 wird er Gewerkschaftsangestellter des Deutschen Metallarbeiterverbandes und muß deswegen den engeren Rat verlassen; bleibt aber Mitglied des erweiterten Rates; SPD; März 1919 Stadtverordneter.

Eggert, Gustav: ehemaliger Bürovorsteher bei einem Justizrat, Angestellter; wird nach seiner Rückkehr von der Front Anfang Dezember wegen seiner juristischen Kenntnisse auf Vorschlag der SPD einstimmig in den engeren Rat gewählt; USPD/KPD; Kandidat der USPD/KPD für die Stadtverordnetenwahlen im März 1919.

Fischer, Hubert: Fliesenleger, beschäftigt in den Thyssenwerken; USPD/KPD; Schriftführer im engeren Rat; März 1919 Stadtverordneter der USPD/KPD.

Lauterfeld, Hermann: Metallarbeiter, beschäftigt in den Thyssenwerken; USPD/KPD; vor der Spaltung der SPD Distriktführer und Mitglied der Preßkommission; unterzeichnete Protestschreiben oppositioneller Sozialdemokraten an den Vorstand der SPD-Reichstagsfraktion vom 9. Juni 1915; Kandidat der USPD/KPD für die Stadtverordnetenwahlen im März 1919.

Müller, Hermann: Vorarbeiter in den Thyssenwerken; USPD/KPD; scheidet im Laufe des November 1918 als Mitglied des engeren Rates aus; Kandidat der USPD/KPD für die Stadtverordnetenwahlen im März 1919; vor Spaltung der SPD Kreisrevisor; unterzeichnete Protestschreiben oppositioneller Sozialdemokraten an den Vorstand der SPD-Reichstagsfraktion vom 9. Juni 1915.

Reuss (Heinrich o. Julius?): Bauhandwerker, beschäftigt in den Thyssenwerken; USPD/KPD; Schriftführer; nach dem Generalstreik am 7. März 1919 verhaftet; Kandidat der USPD/KPD für die Stadtverordnetenversammlung im März 1919.

Rokahr, Wilhelm: Maurer, beschäftigt bei der Stadtverwaltung; USPD/KPD; Mitglied des Vorstandes des Deutschen Bauarbeiterverbandes, Zahlstelle Mülheim; vor Spaltung der SPD Mitglied des Kreisvorstandes; unterzeichnete Protestschreiben oppositioneller Sozialdemokraten an den Vorstand der SPD-Reichstagsfraktion vom 9. Juni 1915; Schriftführer im engeren Rat; März 1919 USPD/KPD-Stadtverordneter.

Schmitter, Hermann: Arbeiter in den Thyssenwerken; USPD/KPD; Schriftführer; Kandidat der USPD/KPD für die Stadtverordnetenwahlen im März 1919.

Serforth, Gerhard: Former, ehemaliger Beschäftigter der Thyssenwerke; 1908 der erste Bevollmächtigte des Deutschen Metallarbeiter-Verbandes in Mülheim; linker Flügel der USPD, später KPD-Mitglied; Mitglied der Freien Vereinigung deutscher Gewerkschaften; 2. Vorsitzender des Arbeiterrates; Leiter des Sicherheitswesens; nach dem Generalstreik am 7. März 1919 verhaftet; März 1919 USPD/KPD-Stadtverordneter und Mitglied des nach dem Verhältniswahlrecht gewählten neuen Arbeiterrates.

Volkmann, Otto: Metallarbeiter; Arbeiterausschußmitglied der Maschinenfabrik Thyssen; SPD; nimmt Anfang Dezember 1918 einen Angestelltenposten im Deutschen Metallarbeiter-Verband an und muß den engeren Rat verlassen, verbleibt aber im erweiterten Rat; versuchte zwischen den Linksradikalen und Mehrheitssozialdemokraten im Arbeiterrat zu vermitteln; hatte sich vor allem in der Organisation des Paritätischen Arbeitsnachweises hervorgetan; März 1919 SPD-Stadtverordneter.

Erweiterter Rat:
(Im Gegensatz zum engeren Rat ist die Liste der Mitglieder im erweiterten Rat unvollständig, da einige seiner Mitglieder namentlich ungenannt blieben und daher nicht erfaßt werden konnten.)

Behrendonk, August: Klempner; USPD/KPD; ersetzt das Arbeiterrats-Mitglied Greuel Anfang Dezember 1918; Kandidat der USPD/KPD für die Stadtverordnetenwahlen im März 1919.

Bollessen, August: Metallarbeiter; Kandidat der USPD/KPD für die Stadtverordnetenwahlen.

Bungert, Friedrich: Metallarbeiter; Kandidat der USPD/KPD für die Stadtverordnetenwahlen.

Clarin, Wilhelm: Maurer; Kandidat der USPD/KPD für die Stadtverordnetenwahlen.

Ehrlich, Albert: Arbeiter; Kandidat der USPD/KPD für die Stadtverordnetenwahlen.

Fliedner, Oswald: Maurer; Kandidat der USPD/KPD für die Stadtverordnetenwahlen.

Gaudes, Walter: Dreher, beschäftigt in den Thyssenwerken; Bezirksführer der KPD, Mülheim; Kandidat der USPD/KPD für die Stadtverordnetenwahlen.

Gerhard, ?: Mitglied des am 9. November gebildeten Arbeiterrates; USPD/Spartakus.

Greifenstein, Bruno: Metallarbeiter; Kandidat der USPD/KPD für die Stadtverordnetenwahlen.

Greuel, ?: USPD/Spartakus; verläßt Anfang Dezember 1918 Mülheim.

Heilmann, Ferdinand: Buchdrucker; SPD, März 1919 Stadtverordneter.

Hobirk, Hermann: Dreher; Kandidat der USPD/KPD für die Stadtverordnetenwahlen.

Jager, Heinrich: Former; Kandidat der USPD/KPD für die Stadtverordnetenwahlen.

Kubach, Jakob: Werkmeister; SPD; März 1919 Stadtverordneter.

Lauterfeld, Karl: Schlosser; Kandidat der USPD/KPD für die Stadtverordnetenwahlen.

Lauterfeld, Hermann: Händler; Kandidat der USPD/KPD für die Stadtverordnetenversammlung.

Minster, Carl: 1899–1901 Sekretär der deutschen Gewerkschaften in Philadelphia, USA; dann Korrespondent sozialistischer Zeitungen; 1912 Rückkehr nach Deutschland; SPD-Mitglied; ab 1914 Redakteur des Duisburger SPD-Organs »Niederrheinische Arbeiterzeitung«; Gegner der Burgfriedenspolitik, daher 1916 aus der Redaktion entlassen; Begründer des radikalen Duisburger Organs »Der Kampf«; Mitglied der Spartakusgruppe, Teilnehmer der Reichskonferenz am 1. 1. 1916; 1917 Flucht nach Holland; dort Herausgeber einer revolutionären Zeitung »Kampf«; im Dezember 1917 an der Grenze festgenommen und verhaftet; durch die Revolution 1918 befreit und in der Spartakusgruppe Mülheim aktiv; 1. Redakteur der »Freiheit«; Dezember 1918 Mitglied des Arbeiterrates; 1919 Übersiedlung nach Frankfurt. Vgl. H. Weber (Hg.), Gründungsparteitag, S. 326 f., zur Person außerdem: Kurt Koszyk: Das abenteuerliche Leben des sozialrevolutionären Agitators Carl Minster (1873–1942), in: Archiv für Sozialgeschichte 5, 1965, S. 193 ff.

Nickel, Oskar: Werkmeister; März USPD/KPD-Stadtverordneter und wiederum Mitglied des nach dem Verhältniswahlrecht gewählten Arbeiterrates.

Olmesdahl, Heinrich: Schleifer; Kandidat der USPD/KPD für die Stadtverordnetenwahlen.
Scheuken, Ernst: Metallarbeiter; Kandidat der USPD/KPD für die Stadtverordnetenwahlen.
Schneppendahl, Hermann: Kandidat der USPD/KPD für die Stadtverordnetenwahlen.
Schuhmacher, Gottfried: Mitglied des am 9. November gebildeten Arbeiterrates USPD/Spartakus.
Seite, ?: Chemiker, Angestellter, SPD.
Sluma, August: Schmied; Kandidat der USPD/KPD für die Stadtverordnetenwahlen.
Thönnes, Clemens: Fräser; März 1919 USPD/KPD-Stadtverordneter.
Tommes, Ernst: Konsumverwalter; März 1919 SPD-Stadtverordneter.
Tüner, ?: nur kurzfristig als Angestelltenvertreter im Arbeiterrat; SPD.

2. Verzeichnis der Arbeitsstellen der Mitglieder des erweiterten Rates (Stand 1. 12. 1918)

22 Mitglieder beschäftigt bei Thyssen
6 Mitglieder beschäftigt bei der Friedrich-Wilhelm-Hütte
3 Mitglieder beschäftigt bei Krupp
3 Mitglieder beschäftigt als Drucker
2 Mitglieder beschäftigt in kleineren Rüstungsbetrieben
2 Mitglieder beschäftigt im Bergbau (Mülheimer Bergwerksverein AG)
1 Mitglied beschäftigt als Lederarbeiter

3. Mitglieder des Soldatenrates

Innendienst:

Burgardt, Obermatrose
Fickert, Offiziersstellvertreter: Führer der Sicherheitskompanie
Genner, Zahlmeister
Hülsenbusch, Unteroffizier
Müller, Sergeant
Rübstoeck, Gefreiter
Sander, Unteroffizier
Schneider, Leutnant
Schröder, Musketier
Seidemann, Sergeant

Will, Theodor: Sergeant, Privatberuf: Agent; 2. Vorsitzender; Mitglied der Essener Neunerkommission; verbleibt nach der Gründung der KPD in der USPD; März 1919 Stadtverordneter; tritt Ende März in die SPD über.

Außendienst:

Acht, Gefreiter
Becker, Gefreiter
Budde, Feldwebel-Leutnant
Frick, Sergeant; Geschäftsführer der Sicherheitskompanie
Görgen, Oberheizer
Habelitz, Obermatrose
Hardenberg, Obermatrose
Heydebreck, von, Hauptmann; 1. Vorsitzender
Höltken, Torpedo-Bootsmann
Leidner, Musketier; Stellvertretender Vorsitzender und Bevollmächtigter; ständiger Delegierter beim General-Soldatenrat in Münster
Majewski, Oberheizer
Pröbstl, Reservist
Rauschenbach, Vizefeldwebel; Delegierter in der Polizeiverwaltung
Sauer, Matrose
Schäffer, Oberleutnant
Schallanach, Sergeant
Weiss, Offiziersstellvertreter; Aufsichtsführender über den Wach- und Patrouillendienst.

Anmerkungen

Vorbemerkung

1 Im Ruhrgebiet hatte sich im November nur in Düsseldorf, Hamborn und Mülheim ein linksradikaler Rat konstituieren können, s. Eberhard Kolb: Die Arbeiterräte in der deutschen Innenpolitik 1918–1919, Düsseldorf 1962, S. 97; für einen Überblick über den Charakter der Räte in den verschiedensten Teilen Deutschlands s. ebd., S. 83 ff., über linksradikale Räte S. 91 ff.
2 Vgl. bes. Henri Walther und Dieter Engelmann: Zur Linksentwicklung der Arbeiterbewegung im Rhein-Ruhrgebiet, unter besonderer Berücksichtigung der Herausbildung der USPD und der Entwicklung ihres linken Flügels vom Ausbruch des Ersten Weltkrieges bis zum Heidelberger Parteitag der KPD und dem

Leipziger Parteitag der USPD, Juli/August 1914 bis Dezember 1919, Bd. 2, T. 2, Diss. phil. Leipzig 1965 (Ms.), S. 85 ff.
3 E. Kolb, S. 287–324.
4 S. Mülheimer Zeitung (M.Z.) v. 12. 3. 1919.
5 Bericht des Untersuchungsausschusses der Verfassunggebenden Preußischen Landesversammlung über die Ursachen und den Verlauf der Unruhen im Rheinland und Westfalen in der Zeit vom 1. 1. 1919 bis 19. 3. 1919. Nr. 3228, Drucksachen, Bd. 10, Berlin 1921, Sp. 5626.
6 Neben den Akten der Stadtverwaltung im Stadtarchiv Mülheim, die auch Unterlagen zur Tätigkeit der Arbeiter- und Soldatenräte enthalten, wurden die gedruckten Protokolle der Sitzungen der Stadtverordnetenversammlung, Unterlagen der städtischen Kommissionen usw. herangezogen. Ergänzend konnten die einschlägigen Bestände des Hauptstaatsarchivs Düsseldorf (Zweigstelle Kalkum) ausgewertet werden; außerdem stand mir der Nachlaß Roser im Werksarchiv Thyssen, Hamborn-Bruchhausen zur Verfügung. Die einschlägigen Jahrgänge der »Mülheimer Zeitung«, des »Mülheimer General-Anzeigers«, der »Mülheimer Volkszeitung« (Zentrum) und der »Freiheit« befinden sich im Stadtarchiv bzw. der Heimatbücherei der Stadt Mülheim.

I. Kapitel

1 Josef Schäfer: Mülheim a. d. Ruhr – Stadtgebiet und Bevölkerung seit 1808, in: 150 Jahre Stadt Mülheim a. d. Ruhr, hg. v. Verkehrsverein Mülheim, 1958, S. 44.
2 Vor dem 1. Weltkrieg gab es in Mülheim 35 Lederfabriken, die ca. 1500 Personen beschäftigten. Denkschrift zur Hundertjahrfeier der Stadt Mülheim a. d. Ruhr 1908, hg. v. Mülheimer Geschichtsverein, 1908, S. 255.
3 Ebd., S. 238 f., 246, 275; Hauptstaatsarchiv Düsseldorf (HStAD), Reg. Düss., 15 970: Schreiben des Oberbürgermeisters von Mülheim an den Regierungspräsidenten v. 28. 1. 1911.
4 Denkschrift, S. 271–275.
5 Franz Rommel: August Thyssens Mülheimer Stammwerk, in: 150 Jahre Stadt, S. 102; Denkschrift, S. 247, 261.
6 M.Z. v. 20. 1. 1919; Walter Quix: Die parlamentarischen Volksvertreter Mülheims, in: 150 Jahre Stadt, S. 53 f.
7 Ebd., S. 49 f.
8 Otto Weiss: Die eigenwirtschaftliche Tätigkeit der Stadt Mülheim a. d. Ruhr in der Vorkriegszeit und heute, Diss. Münster 1929, S. 34.
9 Alle Zahlenangaben für 1913 nach Helmuth Croon: Die gesellschaftlichen Auswirkungen des Gemeindewahlrechts in den Gemeinden und Kreisen des Rheinlands und Westfalens im 19. Jahrhundert, Köln 1960, Anlage 4.
10 Ebd., S. 44.
11 O. Weiss, S. 34–39. Daß sich die Unterschiede zwischen den einzelnen Klassen nicht noch krasser ausdrückten, lag daran, daß die 1904 und 1910 eingemeindeten Ortschaften ihre Steuervorrechte behalten konnten und eigene Wahlkreise bildeten; s. Denkschrift, S. 116.
12 H. Croon, Anlage 5.
13 Festschrift zum 25jährigen Bestehen der Christlichen Gewerkschaften in Mülheim (Ruhr) 1897–1922, Mülheim 1922, o. S.

14 Der Schätzwert berücksichtigt, soweit möglich, alle Thyssen- und Stinnes-Unternehmen; er stellt nur einen groben Annäherungswert dar, scheint mir aber auf keinen Fall zu hoch gegriffen zu sein, selbst wenn man den Faktor auswärtiger Arbeiter berücksichtigt; alle Zahlenangaben aus: Denkschrift, S. 238–276.
15 SPD vorn. 1863–1963. Festschrift zum 100jährigen Bestehen, hg. v. SPD-Unterbezirk Mülheim a. d. Ruhr, Mülheim 1963, o. S.
16 Entwicklung der Maschinenfabrik Thyssen in den Jahren 1908–1923, in: Nachlaß Roser, Werksarchiv Thyssen, Hamborn-Bruckhausen.
17 Der Bevölkerungszuwachs von 1914 ist auf Geburtenüberschuß und vor allem auf Eingemeindungen zurückzuführen, s. Otto Berger: Mülheim als Industriestadt, Mülheim 1932, S. 58; Helmut Wohlfarth: Stadtgebiet und Bevölkerung, in: Zeitschrift für Kommunalwirtschaft, 14. Jg., Nr. 14 v. 25. Juli 1924, Sonderheft Mülheim-Ruhr, Sp. 650; ders.: Mülheim an der Ruhr im Spiegel der Statistik, in: Mülheimer Zeitung, 1931 (nach Kopien in der Heimatbücherei der Stadt Mülheim). Angeblich befanden sich allein 7000 Polen in Mülheim, s. M.Z. v. 23. 11. 1918; außerdem waren ca. 1000 Kriegsgefangene in den Mülheimer Bergwerken und ein anderes Tausend in den Rüstungsbetrieben beschäftigt, M.Z. v. 19. 11. 1918 und Mülheimer General-Anzeiger (M.G.A.) v. 18. 11. 1918.
18 H. Wohlfahrt, Statistik; in Mülheim gab es noch sogenannte Kötter, die neben ihrem Beruf noch einen kleinen Streifen Land besaßen und bewirtschafteten, s. O. Weiss, S. 27; M.G.A. v. 30. 1. 1918 u. 2. 10. 1918.
19 H. Walther/D. Engelmann, Bd. 1 S. 166 f.
20 Hans Spethmann: Zwölf Jahre Ruhrbergbau, Bd. 1: Aufstand und Ausstand bis zum zweiten Generalstreik April 1919, Berlin 1928, S. 23.
21 H. Walther/D. Engelmann, Bd. 1, S. 168, 232.
22 Stadtarchiv Mülheim (StA Mh) 10-59, 10-9: Telegramm an das Generalkommando in Münster, den Regierungspräsidenten, die Kriegsstelle Düsseldorf und die Militärpolizeistelle Essen v. 31. 1. 1918.
23 HStAD, Reg. Düss., 9081, Bl. 339 ff. Vgl. für Thyssens Sonderstellung Ernst Bloch: Die sozialpolitischen Kämpfe in der Schwerindustrie in den Jahren 1918–1922, Diss. phil. Berlin 1924, S. 19 (Ms).
24 Ursachen und Folgen, hg. und bearb. von H. Michaelis und E. Schraepler, Bd. 1, Berlin 1958, S. 283 ff.: Denkschrift des Reichsgesundheitsamtes vom 16. 12. 1918.
25 HStAD, Reg. Düss., 9081, Bl. 339 ff., 359–373, 410; StA Mh 32-26, 00-2, Bl. 99; Dokumente und Materialien zur Geschichte der deutschen Arbeiterbewegung (Reihe 2), hg. v. Institut für Marxismus-Leninismus beim Zentralkomitee der SED, Berlin 1958, Bd. 2, S. 179, 717. – Die beeindruckend gute Organisation der Streiks im gesamten Ruhrgebiet läßt auf eine indirekte Beteiligung der Gewerkschaften schließen. Seit langem hatten die Gewerkschaften die Verkürzung der Arbeitszeit als ein langfristig zu erreichendes Ziel betrachtet, und sie sahen im Sommer 1918 wohl eine günstige Gelegenheit, durch die inoffizielle Unterstützung der Forderungen der Arbeiterschaft die Opposition in den eigenen Reihen niederzuhalten wie zugleich gewisse Zugeständnisse von den Arbeitgebern zu erreichen, die erlaubten, die Diskussion über die Frage der Verkürzung der Arbeitszeit nach Beendigung des Krieges wieder aufzunehmen. Vgl. Gerald D. Feldman: Army, Industry, and Labor in Germany 1914–1918, Princeton, N. J. 1966, S. 508 f.

26 HStAD, Reg. Düss., 9081 Bl. 28, 233 ff., 359–373; StA Mh 10-59, 10-9, Schreiben vom 31. 1. 1918.
27 M.Z. v. 10. u. 14. 12. 1918.
28 Fritz Opel: Der Deutsche Metallarbeiter-Verband während des Ersten Weltkrieges und der Revolution, Hannover-Frankfurt 1958, S. 37 ff.; G. D. Feldman, S. 5, 19 f., 373 ff.
29 HStAD, Reg. Düss., 9081, Bl. 233 ff., 317, 359–373, 498; Erhard Lucas: Ursachen und Verlauf der Bergarbeiterbewegung in Hamborn und im westlichen Ruhrgebiet 1918/19. Zum Syndikalismus in der Novemberrevolution, in: Duisburger Forschungen 15, 1971, S. 1–119; Werner Richter: Gewerkschaften, Monopolkapital und Staat im Ersten Weltkrieg und in der Novemberrevolution 1914–1919, Berlin 1959, S. 74 ff., 86.
30 Dokumente und Materialien, Bd. 2, S. 180: die falschgedruckten Namen (»Lautenfeld, Rossahr«) wurden berichtigt.
31 StA Mh 32-26, 00-2, Bl. 121-3; H. Walther/D. Engelmann, Bd. 1, S. 185 f., 207, Bd. 2, S. 37; Helmut Metzmacher: Der Novemberumsturz in der Rheinprovinz, in: Annalen des Historischen Vereins für den Niederrhein 168/169, 1967, S. 142–144. Nach der Aussage des späteren Arbeiterrats-Vorsitzenden Serforth schlossen sich im Juni 1917 etwa 30–40 Sozialisten gegen den Widerstand der SPD zusammen, s. M.Z. v. 3. 12. 1918.

II. Kapitel

1 M.G.A. v. 5., 7., 9., 14., 17., 30. 10., 1., 7. 11. 1918; M.Z. v. 7. 10., 1., 5. 11. 1918; Mülheimer Volkszeitung (M.V.) v. 4. 11. 1918.
2 M.G.A. v. 18. 10., 6. 11. 1918; M.V. v. 17. 10. 1918.
3 M.G.A. v. 26. 10. 1918, Beilage; M.Z. v. 5. 11. 1918; M.V. v. 10., 22. 10., 4., 9. 11. 1918; ausführlich über die Situation im Rheinland bei H. Metzmacher, S. 147 ff.
4 M.Z. v. 11. 11. 1918.
5 M.Z. v. 19. 11. 1918.
6 Dokumente und Materialien, Bd. 2, S. 289; M.G.A. v. 5. 11. 1918.
7 M.Z. v. 11., 19. 11. 1918; Archivalische Forschungen zur Geschichte der deutschen Arbeiterbewegung, Bd. 1/IV, Berlin 1959, S. 1607.
8 H. Metzmacher, S. 157 ff., 259 ff.; vgl. in diesem Band Ulrich Kluge.
9 HStAD, Reg. Düss., 15 974, Bl. 7; M.Z. v. 11., 12., 19. 11. 1918; M.G.A. v. 11., 12. 11. 1918.
10 M.G.A. v. 18. 11. 1918; M.Z. v. 11. 11. 1918.
11 M.Z. v. 23. 11., 17., 19., 21. 12. 1918; Freiheit (F.) v. 18. 12. 1918.
12 M.Z. v. 11. 11. 1918.
13 Für den ganzen Abschnitt s. ebd.
14 M.G.A. v. 11., 12. 11. 1918.
15 M.Z. und M.G.A. v. 11., 12., 13. 11. 1918.
16 M.Z. v. 11. 11. 1918.
17 M.Z. v. 1. 12. 1918; für die parteipolitische Zusammensetzung des Arbeiterrates, Beruf und besondere Qualifikationen der Mitglieder siehe Anhang.
18 E. Bloch, S. 86 f.; Hans Manfred Bock: Syndikalismus und Linkskommunismus von 1918–1923, Meisenheim am Glan 1969, S. 102–121.

19 Wegen seiner zahlenmäßigen und organisatorischen Schwäche darf der Vorsprung, den der Spartakusbund durch die Formulierung eines konkreten politischen Programmes hatte, nicht überschätzt werden. Erst am 11. November hatte sich die ehemalige »Gruppe Internationale« bzw. »Spartakusgruppe« zum »Spartakusbund« mit einer Zentrale in Berlin konstituiert, um die nur lose miteinander verbundenen Ortsgruppen organisatorisch zusammenzufassen und zu festigen. Bis zur Vereinigung mit den Internationalen Kommunisten Deutschlands (IKD, vorher »Bremer Linksradikale«) und gleichzeitigen Gründung der KPD gehörte der Spartakusbund jedoch weiterhin der USPD an. Vgl. Der Gründungsparteitag der KPD. Protokoll und Materialien, hg. v. Hermann Weber, Frankfurt 1969, Einleitung, S. 17 ff.; H. M. Bock, S. 66 ff.; Illustrierte Geschichte der Novemberrevolution in Deutschland, hg. v. Institut für Marxismus-Leninismus beim ZK der SED, Berlin 1968, S. 179.

Von größter Bedeutung waren die auf dem Gründungsparteitag der KPD gefaßten Beschlüsse. Der Verzicht auf eine zentrale Führung zugunsten eines föderalistischen Parteiaufbaus verlängerte die organisatorische Schwäche des ehemaligen Spartakusbundes und förderte eine weitgehende Autonomie der Ortsgruppen, die später die Autorität der gesamten Partei in Frage stellen sollte. Obwohl über die Stellung der KPD zu den Gewerkschaften keine bindende Entscheidung gefällt wurde, befürwortete die Mehrheit der auf dem Gründungskongreß Anwesenden ein Verlassen der Freien Gewerkschaften und die Schaffung neuer Arbeiterorganisationen. Noch schwerwiegender jedoch war der Beschluß, sich nicht an den Wahlen zur Nationalversammlung zu beteiligen, der einer selbstgewählten Isolation gleichkam und von den zum Anarchismus und Syndikalismus neigenden Mitgliedern gegen den Widerstand der ehemaligen Spartakusführung durchgesetzt worden war. Vgl. H. Weber (Hg.), S. 49 ff.; H. M. Bock, S. 87 ff.; eine ausführliche, aber ziemlich negative Darstellung der Politik des Spartakusbundes bei E. Kolb, S. 46 ff., 138 ff., dagegen wieder zu positiv: J. S. Drabkin: Die Novemberrevolution 1918 in Deutschland, Berlin 1968, passim, vor allem S. 443; einen kurzen Abriß über die Politik des Spartakusbundes bietet Ossip K. Flechtheim: Die KPD in der Weimarer Republik, Frankfurt 1969, S. 121 ff.
20 Vgl. Programm vom 7. 10. 1918, abgedruckt in: Dokumente und Materialien, Bd. 2, S. 230 f.; Aufruf vom 8. 11. 1918, ebd., S. 324; Programm vom 10. 11. 1918, ebd., S. 341 f.; Programm vom 14. 11. 1918: »Was will der Spartakusbund«, in: H. Weber (Hg.), S. 293 ff.
21 Im Verlauf der Revolution trat die Zerrissenheit der USPD klar zutage, deren Mitglieder sich bei der Parteigründung im April 1917 nur in ihrer Opposition gegen die Kriegspolitik der SPD-Führung, d. h. in der Ablehnung der Kriegskredite, einig gewesen waren, in der Radikalität ihrer politischen Überzeugung jedoch stark differierten. Während der gemäßigte Teil der Partei, darunter der Parteivorstand, in seinen Grundauffassungen mit den Linken in der SPD übereinstimmte, tendierte der linke Flügel der USPD zum Spartakusbund und näherte sich immer mehr dessen politischen Zielsetzungen. Vgl. dazu ausführlich Eugen Prager: Geschichte der USPD. Entstehung und Entwicklung der USPD, Berlin 1921; Arthur Rosenberg: Geschichte der Weimarer Republik, hg. v. Kurt Kersten, Frankfurt 1961, S. 19 ff.; E. Kolb, S. 24 ff., 157 ff.; H. Walther/D. Engelmann, Bd. 2, T. 2, S. 135 ff., 144, 231 ff.

22 Einen sehr guten Überblick über die Entstehung und die Theorien des Syndikalismus gibt: E. Gerlach, »Syndikalismus«, in: Handwörterbuch der Sozialwissenschaften, Bd. 10, Göttingen, Stuttgart, Tübingen 1959, S. 271 ff.
23 Abgedruckt bei H. M. Bock, S. 351 ff.
24 Die »Freie Vereinigung deutscher Gewerkschaften« bildete sich 1901 als Sammelbecken der gewerkschaftlichen Opposition gegen den zentralistischen Aufbau der Freien Gewerkschaftsverbände. Bekannten sich die sogenannten »Lokalisten« zunächst weiterhin zum Programm der SPD, so geriet ihre Organisation nach 1908, als sich die SPD endgültig von ihnen lossagte, immer mehr unter syndikalistischen Einfluß (s. H. M. Bock, S. 23–34). Im Verlauf der Revolution erhielt die bis dahin fast bedeutunglose Freie Vereinigung – 1911 zählte sie in ganz Deutschland nur 7833 Mitglieder – einen starken Zulauf, u. a. von den Mitgliedern der Freien Gewerkschaften, die die Politik der Generalkommission erbittert ablehnten. Da diese Gewerkschafter das Einschwenken ihrer Verbände zunächst auf die Burgfriedenspolitik, dann auf den Kurs der friedlichen Zusammenarbeit mit den Unternehmern auf den Zentralismus in den Gewerkschaften zurückführten, der der Bürokratisierung und der Autokratie der Funktionäre Vorschub leiste, bot sich ihnen die Freie Vereinigung als eine klare Alternative an. Ihr föderalistischer Organisationsaufbau machte im Gegensatz zu den auf dem Vertretungsprinzip beruhenden Freien Gewerkschaften jedes eigenmächtige Handeln der Führung unmöglich und ließ der Eigeninitiative ihrer Mitglieder weiten Raum. Vgl. dazu H. M. Bock, S. 80 ff., E. Lucas, Bergarbeiterbewegung, S. 41–44.
25 Zu den »Bürgerlichen« zählte der linksradikale Arbeiterrat auch die Christlichen Gewerkschaften und schloß damit die von diesen repräsentierte Arbeiterschaft von einer Vertretung im Arbeiterrat aus. Diese Haltung wird verständlich, wenn man sich die einflußreiche Stellung des Zentrums und der Christlichen Gewerkschaften vor und während des Krieges vor Augen hält, die ungleich proportional zu der konfessionellen Zugehörigkeit der Mülheimer Bevölkerung war und wohl auf die Unterstützung durch Thyssen zurückgeführt werden muß.
26 M.G.A. v. 14., 15. 11., 4. 12. 1918; M.Z. v. 15., 21. 11. 1918.
27 M.Z. v. 23. 11. 1918.
28 M.Z. v. 19., 23. 11. 1918.
29 M.Z. v. 25. 11. 1918.
30 M.Z. v. 27. 11. 1918.
31 M.Z. v. 11., 23. 11. 1918.
32 F. v. 1. 12. 1918. Die Zeitungen waren damals praktisch die einzige Informationsquelle und besaßen insofern ein Monopol in der öffentlichen Meinungsbildung. Vor dem Erscheinen der »Freiheit« gab es im engeren Ruhrgebiet nicht ein einziges linksradikales Blatt. Vgl. Erhard Lucas: Märzrevolution im Ruhrgebiet, März/April 1920. Vom Generalstreik gegen den Militärputsch zum bewaffneten Arbeiteraufstand, Bd. 1, Frankfurt 1970, S. 32.
33 S. Anhang.
34 Mitarbeiter von Carl Minster an der »Niederrheinischen Arbeiterzeitung«, kommt nach der Revolution nach Mülheim, bleibt auch nach der Gründung der KPD weiterhin in der USPD.
35 Über die »Gleichschaltung« des Duisburger Parteiorgans durch den SPD-Parteivorstand s. Illustrierte Geschichte der deutschen Revolution, Berlin 1929 (Neudruck Frankfurt 1968), S. 143; Kurt Koszyk: Das abenteuerliche Leben des so-

zialrevolutionären Agitators Carl Minster (1873–1942), in: Archiv für Sozialgeschichte 5, 1965, S. 195–197; E. Lucas, Märzrevolution, S. 32 f.
36 M.Z. v. 25. 11., 1. 12. 1918; M.G.A. v. 25., 30. 11. 1918.
37 StA Mh Drucksachen Nr. 901–1202.
38 F. v. 1. 12. 1918.
39 M.G.A. v. 14. 11. 1918; StA Mh 32-26, 00-3, Bl. 6. Über den Wahlvorgang selbst ist nichts Genaues bekannt.
40 Vgl. Anhang.
41 Ulrich Kluge: Soldatenräte und Revolution. Vortrag, gehalten vor den Mitarbeitern des militärgeschichtlichen Forschungsamtes in Freiburg/Br. am 5. 5. 1969 (Ms.); vgl. auch U. Kluge in diesem Band.
42 M.G.A. v. 14., 19. 11. 1918; StA Mh 10-59, 10-4, Bl. 5; Eduard Schulte: Münstersche Chronik zu Novemberrevolte und Separatismus. Münster 1936, S. 134 ff. (zit. als E. Schulte I).
43 M.Z. v. 13. 11. 1918.
44 E. Schulte I, S. 95 ff.; M.Z. v. 21. 11., 1. 12. 1918; M.G.A. v. 21. 11. 1918.
45 HStAD, Reg. Düss., 15 279, Bl. 307.

III. Kapitel

1 M.Z. v. 12. 11. 1918.
2 Vgl. hierzu allgemein E. Kolb. S. 85.
3 M.G.A. v. 14., 25., 19. 11. 1918; M.Z. v. 11., 13., 15., 19. 11. 1918; StA Mh 32-26, 00-3, Bl. 6.
4 M.Z. v. 23. 11. 1918.
5 StA Mh 32-26, 00-3, Bl. 30; M.Z. v. 16., 17., 30. 11. 1918.
6 U. Kluge, Vortrag.
7 M.Z. v. 21. 11. 1918.
8 M.G.A. v. 22., 25. 11. 1918.
9 Vollsitzung v. 25. 11., siehe M.Z. v. 27. 11. 1918; öffentliche Volksversammlung v. 24. 11., siehe M.Z. und M.G.A. v. 25. 11. 1918; StA Mh 10-59, 10-4, Bl. 22: gewährt wurde neben voller Verpflegung, Kleidung und täglicher Löhnung von 1 Mark noch eine Entschädigung von 5 Mark bei Wachdienst, 3 Mark bei Arbeitsdienst und bei Bedarf Familienunterstützung. HStAD, Reg. Düss., 15 096, Bl. 4.
10 M.Z. v. 1., 15., 12. 1918.
11 M.Z. v. 27. 11. 1918.
12 Heinz Oeckel: Die revolutionäre Volkswehr 1918/19, Berlin 1968, S. 46 ff., 55 ff., 105. Im Januar 1919 hatte die Sicherheitskompanie bereits 700 Mitglieder: StA Mh 10-59, 10-4, Bl. 22.
13 Dokumente und Materialien, Bd. 2, S. 510.
14 M.Z. v. 21. 11. 1918.
15 M.Z. v. 19., 21. 11., 4. 12. 1918; M.G.A. 21. 11. 1918.
16 M.Z. v. 21., 30. 11. 1918; M.G.A. v. 21., 30. 11. 1918; StA Mh 32-26, 00-3, Bl. 6.
17 M.G.A. v. 21., 30. 11., 4. 12. 1918; M.Z. v. 30. 11., 4. 12. 1918.
18 Sitzung vom 22. 11. 1918, siehe StA Mh Drucksachen Nr. 901-1202; M.Z. v. 23., 25. 11. 1918.

19 StA Mh 32-26, 10-3, Bl. 1, 9; M.Z. v. 2. 12. 1918. Ausführlich über die Probleme der Demobilmachung und ihre politische Bedeutung: W. Richter, S. 279–300.
20 M.Z. v. 30. 11. 1918; Nachlaß Roser.
21 Der städtische Arbeitsnachweis wird wahrscheinlich aus Vertretern der städtischen Behörden und der großen Industriebetriebe bestanden haben. M.Z. v. 30. 11., 1., 4., 24. 12. 1918; M.G.A. v. 30. 11., 4. 12. 1918.
22 M.Z. v. 11., 12., 13., 15., 19. 11. 1918; M.G.A. v. 15. 11. 1918.
23 M.Z. v. 21. 11. 1918.
24 M.Z. v. 27. 11. 1918.
25 M.Z. und M.G.A. v. 21. 11. 1918.
26 Folgende Gewinne hatten erzielt werden können:
Mülheimer Bergwerksverein:
1914: 1 857 825 Mark
1915: 2 361 165 Mark
1916: 2 603 640 Mark
1917: 2 996 037 Mark
1918: 2 640 672 Mark
Deutsch-Luxemburgischen Bergwerks- und Hütten AG, der die Friedrich-Wilhelm-Hütte angehörte:
1914: 29 080 276 Mark
1915: 22 548 434 Mark
1916: 38 393 407 Mark
1917: 45 799 413 Mark
S. Geschäftsbericht für die Jahre 1917 und 1918. Verband der Bergarbeiter Deutschlands, Bochum 1919, S. 22, 24 f. (die Gewinnergebnisse sind der Werkspresse entnommen).
27 HStAD, Reg. Düss., 15 279: Schreiben des Oberbürgermeisters an den Regierungspräsidenten v. 27. 11. 1918.
28 Anträge hatten gestellt: Christliche Gewerkschaften, Hirsch-Dunckersche Gewerkschaft (ca. 1200 Mitglieder in Mülheim, s. M.Z. v. 23. 11. 1918), die Beamtenvereinigung und der Bürgerausschuß. Die Beamtenvereinigung verlangte für ihre 2500 Mitglieder 6 Sitze im Arbeiterrat.
29 StA Mh Drucksachen Nr. 901-1202; M.Z. v. 23. 11. 1918.
30 Seit Ausbruch der Revolution gab es im Rheinland separatistische Strömungen, die hauptsächlich von der Zentrumspartei ausgingen und ihren Höhepunkt in einer öffentlichen Kundgebung für eine Rheinisch-Westfälische Republik am 4. Dezember 1918 in Köln fanden. (Die Rheinisch-Westfälische Republik sollte die Gebiete Rheinland, Westfalen und Niedersachsen umfassen; eine Karte über die angestrebte Aufteilung Deutschlands in: E. Schulte I, S. 265, s. auch S. 67 f., 208.) Genügte allein schon die Tatsache der engen Verbindung Thyssens zur Zentrumspartei, um ihn separatistischer Absichten zu verdächtigen, so verdichtete sich der Verdacht durch die Beschuldigungen von Prof. Albert Webert. Dieser hatte auf der Gründungsversammlung der DDP am 1. Dez. 1918 August Thyssen und Hugo Stinnes öffentlich des Landesverrats bezichtigt, worauf sich eine Kontroverse zwischen ihm und den Großindustriellen entspann, die von den Zeitungen, auch den Mülheimer Blättern, ausführlich wiedergegeben wurde. Angesichts dieser gespannten Lage ist das Vorgehen des Mülheimer Arbeiter- und Soldatenrates nicht ganz unverständlich. Ein ausführlicher Bericht über den Hintergrund und den Verlauf der Verhaftungsaffäre bei H. Spethmann, Bd. 1, S. 107–121; 371 ff., Anlage 12; auch E. Schulte I, S. 209–223, 265.

31 SPD, später Regierungspräsident in Arnsberg.
32 M.Z. v. 9. 12. 1918.
33 M.Z. v. 19. 12. 1918.
34 M.Z. v. 15. 11. 1918; später distanzierte sich der Dortmunder Arbeiter- und Soldatenrat ausdrücklich von Börsch.
35 Essener Arbeiterzeitung v. 9. 12. 1918.
36 M.Z. v. 11. 12. 1918; angeblich sollen die Verhafteten auf Veranlassung des Vollzugsrates nach Berlin geschafft worden sein, s. Vossische Zeitung v. 11. 12. 1918, in: Nachlaß Roser.
37 StA Mh 10-59, 10-6, Bl. 18.
38 HStAD, Reg. Düss., 15 279, Bl. 4, 62, 64.
39 Kabinettsitzung vom 9. 12. 1918 abends und 11. 12. 1918 vormittags, in: Die Regierung der Volksbeauftragten 1918/19, bearb. von Susanne Miller unter Mitwirkung von Heinrich Potthoff, Düsseldorf 1969, Teil I, S. 305, 314.
40 M.Z. v. 15. 12. 1918; sofort hatten sämtliche Werke, denen die Betreffenden vorstanden, Protesttelegramme nach Berlin gesandt, die Alibis für die Verhafteten nachwiesen. Auch Prof. Alfred Weber widerrief seine Beschuldigungen und erklärte, einem Gerücht zum Opfer gefallen zu sein, s. H. Spethmann, Bd. 1, S. 110 f.
41 Die Konferenz in Dortmund scheint tatsächlich nur ein Phantasiegebilde des Herrn Börsch gewesen zu sein. Selbst die DDR-Darstellungen erwähnen die Konferenz mit keinem Wort, obwohl sie Thyssen und Stinnes des versuchten Landesverrats bezichtigen. Allerdings werden dafür keine konkreten Beweise erbracht, vielmehr beschränken sich die Darstellungen auf die Konstruktion von Motiven (z. B. Aufhebung der Trennung zwischen den links- und rechtsrheinischen Unternehmen der Großindustriellen, Furcht vor Reparationszahlungen und Sozialisierung), die Thyssen und Stinnes zu einer Kollaboration mit den Franzosen bewegt hätten. Vgl. Peter Klein: Separatisten an Rhein und Ruhr. Die konterrevolutionäre Bewegung der deutschen Bourgeoisie in der Rheinprovinz und in Westfalen, November 1918 bis Juli 1919, Berlin 1961, S. 54 ff.; Geschichte der deutschen Arbeiterbewegung in 15 Kapiteln, hg. v. Institut für Marxismus-Leninismus beim Zk der SED, Berlin 1967, Kap. VI, S. 153; Illustrierte Geschichte der Novemberrevolution in Deutschland, S. 240 ff.; J. S. Drabkin, S. 434.
42 Extra-Blatt der »Freiheit« v. 8. 12. 1918, in: Nachlaß Roser; abgedruckt bei H. Spethmann, Bd. 1, S. 113 f.; M.Z. v. 9. 12. 1918.
43 Flugblatt (9. Dezember), in: Nachlaß Roser.
44 M.Z. v. 13., 15. 12. 1918. Vgl. Kabinettsitzung v. 9. 12. abends, in: Regierung der Volksbeauftragten, Teil I, S. 310; Dokumente und Materialien, Bd. 2, S. 599. Es wurde nicht von der Zerstörung einer Druckplatte gesprochen, sondern davon, »daß dortiger Arbeiter- und Soldatenrat Verteilung von Flugblättern DVP und Zentrumspartei mit Waffengewalt unterdrückt und Druckereien stilllegt«.
45 M.Z. v. 13., 14., 15. 12. 1918.
46 M.Z. v. 15. 12. 1918; M.G.A. v. 14. 12. 1918.
47 M.G.A. v. 4. 12. 1918.
48 M.Z. v. 30. 11., 1. 12. 1918; M.G.A. v. 30. 11. 1918.
49 M.Z. v. 29. 11. 1918: Bekanntmachung des Arbeiter- und Soldatenrates v. 28. 11. 1918: »Die Lohnfestsetzung erfolgt nach den Tarifsätzen, welche von den einzelnen Gewerkschaften, die für das Gewerke zuständig, vereinbart sind.«

S. auch M.Z. und M.G.A. v. 21. 11. 1918; Manfred Doernemann: Die Politik des Verbandes der Bergarbeiter Deutschlands von der Novemberrevolution 1918 bis zum Osterputsch 1921 unter besonderer Berücksichtigung der Verhältnisse im rheinisch-westfälischen Industriegebiet, Bochum 1966, S. 26 ff.
50 M.Z. v. 14. 12. 1918.
51 M.Z. v. 8., 10. 12. 1918. Der Deutsche Metallarbeiterverband und Christliche Metallarbeiter-Verband hatten zusammen ca. 5000 Mitglieder in Mülheim.
52 M.Z. v. 14., 17. 12. 1918; wahrscheinlich waren neben Serforth noch andere bekannte Mitglieder der Freien Gewerkschaften zur Freien Vereinigung übergegangen, so daß die Klage der Funktionäre des Deutschen Metallarbeiterverbandes über die Verwirrung unter den Arbeitern vielleicht nicht ganz unberechtigt war.
53 M.G.A. v. 14. 12. 1918; M.Z. v. 15. 12. 1918. 16 Mitglieder der USPD-Fraktion gehörten den Freien Gewerkschaften an, s. M.Z. v. 24. 12. 1918.
54 M.Z. v. 13., 14. 12. 1918; M.G.A. v. 14. 12. 1918. Major Schulz wurde später Führer des in Mülheim stationierten »Freikorps Schulz« und stellte sich im Kapp-Putsch sofort auf die Seite der Aufständischen. Zur Person s. seine Erinnerungen: Schulz (Major a. D.): Ein Freikorps im Industriegebiet, 2. Aufl. Mülheim 1922; dazu E. Lucas, Märzrevolution, S. 14: »Hier spricht sich eine derartige Skrupellosigkeit aus, daß allein dieses Bändchen, wären alle anderen Quellen vernichtet, eine Vorstellung gäbe von dem Druck, dem die Arbeiterschaft damals ausgesetzt war.« – StA Mh 10-22, 30-3: Einige bedeutsame Begebenheiten aus der Geschichte der Stadt Mülheim a. d. Ruhr in der Zeit des Umsturzes 1918: Freikorps Schulz. Angefertigt von Herrn Husemann aus Aufzeichnungen des Oberbürgermeisters a. D. Lembke, Mülheim 13. 3. 1934 (Ms.).
55 M.Z. v. 15., 17. 12. 1918; M.G.A. v. 17. 12. 1918.
56 Sitzung v. 13. 12. 1918, s. M.Z. v. 15. 12. 1918, M.G.A. v. 14. 12. 1918.
57 F. v. 18., 21. 12. 1918; M.G.A. v. 19. 12. 1918; Schulz, Freikorps, S. 5. Major Schulz hatte beim Einzug in Mülheim dem Oberbürgermeister versichert, für Ruhe und Ordnung in der Stadt zu sorgen, s. M.V. v. 14. 12. 1918.
58 M.Z. und M.G.A. v. 19. 12. 1918; F. v. 18. 12. 1918.
59 M.Z. v. 20. 12. 1918.
60 F. v. 18. 12. 1918.
61 Hierzu und zum Vorstehenden: M.Z. und M.G.A. v. 24. 12. 1918; StA Mh 10-59, 10-1, Bl. 22; StA Mh 10-59, 10-3, Bl. 5; StA Mh 32-26, 00-3, Bl. 57.
62 HStAD, Reg. Düss., 15 096, Bl. 4; StA Mh 32-26, 00-3, Bl. 50.
63 M.Z. und M.G.A. v. 24. 12. 1918.
64 So Serforth, s. M.Z. v. 3. 12. 1918.
65 StA Mh 32-26, 00-2, Bl. 128.

IV. Kapitel

1 Reinhard Rürup: Probleme der Revolution in Deutschland 1918/19, Wiesbaden 1968, S. 19.
2 M.Z. v. 15. 12. 1918; F. v. 24. 12. 1918. Für die Wahlen zum Rätekongreß war kein allgemein gültiges Wahlsystem erlassen worden, sondern man hatte lediglich den Arbeiter- und Soldatenräten empfohlen, aus ihrer Mitte Delegierte zu wählen, vgl. Richard Müller: Die Novemberrevolution, Bd. 2, Wien 1925, S. 203 f.

3 M.Z. v. 14., 20. 1. 1919; F. v. 15. 1. 1919. USPD und KPD stellten stets gemeinsame Wahllisten auf.
4 Vgl. E. Lucas, Märzrevolution, S. 25 f.
5 Vgl. hierzu allgemein Peter von Oertzen: Betriebsräte in der Novemberrevolution, Düsseldorf 1963, S. 110–133; ders.: Die großen Streiks der Ruhrbergarbeiterschaft im Frühjahr 1919, in: Vierteljahrshefte für Zeitgeschichte 6, 1958, S. 231–262; Heinz Habedank: Um Mitbestimmung und Nationalisierung während der Novemberrevolution und im Frühjahr 1919, Berlin 1967, S. 158 ff., 194 ff.; ders.: Über Verlauf und Wesen der Sozialisierungsbewegung im Ruhrgebiet während der Novemberrevolution, in: Beiträge zur Geschichte der Novemberrevolution, Berlin 1960, S. 42–61.
6 So Serforth, M.Z. v. 24. 12. 1918; HStAD, Reg. Düss., 15 033: Telegramm v. 15. 12. 1918; StA Mh 32-26, 00-2, Bl. 129; auch die Mülheimer Zeitungen melden keine Streiks, dagegen J. S. Drabkin, S. 392: Streik auf der Maschinenfabrik Thyssen Mitte Dezember.
7 M.Z. v. 21. 12. 1918. Mülheimer Bergleute waren vor allem auf der Zeche Roland in Oberhausen beschäftigt, s. StA Mh 15 970: Schreiben des Oberbürgermeisters an den Regierungspräsidenten v. 28. 1. 1911.
8 M.Z. v. 19. 12. 1918; F. v. 17. 12. 1918; J. S. Drabkin, S. 392.
9 M.G.A. v. 30. 12. 1918; M.Z. v. 31. 12. 1918.
10 F. v. 17. 12. 1918.
11 M.Z. v. 28. 12. 1918. Eine ausführliche Darstellung der Hamborner Zustände bei E. Lucas, S. 1–119; H. Spethmann, Bd. 1, S. 121–142.
12 M.Z. und M.G.A. v. 21. 11. 1918.
13 Das Tarifabkommen zwischen Zechenverband und Bergarbeiterverbänden vom 14. 11. 1918 legte fest: Achtstundentag einschließlich Ein- und Ausfahrt; das bedeutete eine Verkürzung der Schichtzeit um nur eine halbe Stunde. Durch die nicht eindeutige Formulierung konnte man das Abkommen allerdings auch so auslegen, daß sich eine Verkürzung um eine weitere halbe Stunde ergab, und daher war die Frage der Länge der Schichtzeit dauernder Anlaß zu Streiks. Am 23. 11. 1918 wurde ein neues Tarifabkommen geschlossen, in dem der Zechenverband den Gewerkschaften unwesentliche Lohnerhöhungen zugestand. Da diese völlig unzureichend waren, kam es am 13. 12. 1918 abermals zu einem neuen Tarifabkommen. Mit der Einwilligung der Gewerkschaften zu einer Kohlenpreiserhöhung bewilligte der Zechenverband eine 15%ige Lohnerhöhung. Die Kohlenpreise aber wurden am 1. 1. 1919 um 50% erhöht! Vgl. M. Doernemann, S. 21 ff.; E. Lucas, Märzrevolution, S. 25–28; H. Spethmann, Bd. 1, S. 360 f.
14 F. v. 31. 12. 1918.
15 M.V. v. 4., 6., 8. 1. 1919; M.Z. v. 6. 1. 1919.
16 Illustrierte Geschichte der Novemberrevolution, S. 322 ff.; J. S. Drabkin, S. 520–538.
17 F. v. 9. 1. 1919.
18 M.G.A. bzw. Rote Fahne v. 9. 1. 1919; M.G.A. und M.Z. v. 10. 1. 1919; HStAD, Reg. Düss., 15 096, Bl. 3. Auch das Bürgertum war sich des Einflusses der Presse bewußt, denn man versuchte, die Aktivität der »Freiheit« durch Beschränkung des Papierkontingents zu behindern, s. F. v. 9. 1. 1919.
19 F. v. 12. 1. 1919; M.Z. v. 13. 1. 1919; M.G.A. v. 13., 14. 1. 1919; Schulz, S. 6.
20 M.Z. und M.V. v. 12., 25. 1. 1919; M.G.A. v. 13., 22., 26. 1. 1919.
21 Bericht des Untersuchungsausschusses, Bd. 10, Sp. 5626; M.G.A. v. 12. 1., 1. 2. 1919; M.V. v. 10. 1. 1919; M.Z. v. 11., 17. 2. 1919.

22 M.G.A. v. 13. 1. 1919; M.Z. v. 13. 1. 1919; F. v. 15. 1. 1919; Bericht des Untersuchungsausschusses, Bd. 10, Sp. 5641.
23 StA Mh 32-26, 00-3, Bl. 58; M.Z. v. 16. 1. 1919; F. v. 17. 1. 1919. Gleichlautende Telegramme waren auch an die Arbeiter- und Soldatenräte von Duisburg, Oberhausen, Hamborn und Walsum abgegangen.
24 M.G.A. v. 17. 1. 1919.
25 M.G.A. v. 20., 24. 1., 9., 29. 2. 1919; M.Z. v. 24. 1. 1919; Schulz, S. 6 f.
26 Für die Haltung des Bürgertums zu den Wahlen s. R. Müller, Bd. 2, S. 96; Arthur Rosenberg, S. 72. Für die Programme der einzelnen Parteien s. Wilhelm Mommsen (Hg.): Deutsche Parteiprogramme, 2. Aufl., München 1964, Teil 2.
27 Beispiele: M.Z. v. 23., 29., 31. 12. 1918, 6., 7., 21. 1. 1919; M.G.A. v. 2., 3., 17., 23. 12. 1918, 5. 1. 1919; M.V. v. 31. 12. 1918, 4., 11. 1. 1919.
28 So Serforth, s. M.G.A. v. 3. 12. 1918; M.Z. v. 6. 1. 1919.
29 F. v. 24. 12. 1918; M.Z. v. 5., 23., 24. 12. 1918; M.G.A. v. 23., 24. 12. 1918.
30 M.Z. v. 20. 2. 1919; H. Weber (Hg.), Gründungsparteitag, S. 131 f.
31 Die Erklärung war unterzeichnet vom Vorsitzenden des Bezirks-Soldatenrates in Mülheim (Will), vom Delegierten beim General-Soldatenrat (Leidner) und vom Geschäftsführer sämtlicher Sicherheitwehren (Frick). M.Z. v. 14. 1. 1919; M.G.A. v. 15. 1. 1919.
32 M.G.A. v. 24., 27. 1. 1919; M.Z. v. 20. 1. 1919.
33 A. Rosenberg, S. 72; zu den Wahlergebnissen und ihrer Bedeutung s. Gerhard A. Ritter: Kontinuität und Umformung des deutschen Parteiensystems 1919–1920, in: Entstehung und Wandel der modernen Gesellschaft. Festschrift für Hans Rosenberg, Berlin 1970, S. 342–384; J. S. Drabkin, S. 538 ff.
34 Die Wahlergebnisse zur Nationalversammlung für Mülheim aus: M.Z. v. 20. 1. 1919, für das Reich aus: Walter Tormin: Geschichte der deutschen Parteien seit 1848, Berlin 1966, Anhang; Reichstagswahlergebnisse nach: M.Z. v. 20. 1. 1919.
35 Wie die Freiheit v. 20. 1. 1919 angab, hatten sich auch die Unabhängigen von den Wahlen ferngehalten.
36 M.Z. v. 3. 3. 1919.
37 Untersuchungen über Wahlbezirke, in denen nach Geschlecht aufgeschlüsselte Wahlergebnisse vorlagen, haben ergeben, daß die Frauen im Gegensatz zu den Männern stark zu den konfessionellen und konservativen Parteien tendierten und nur wenige zu den Linksparteien. Vgl. Gabriele Bremme: Die politische Rolle der Frau in Deutschland, Göttingen 1956; Hanno Lambers: Die Revolutionszeit in Hagen, Hagen 1963.
38 Die M.Z. stellte fest, daß ungefähr doppelt so viele Frauen Zentrum wählten wie Männer, s. M.Z. v. 20. 2. 1919. – Die Stimmen der FV und NLP wurden zusammengezählt und mit den Stimmen von DDP und DVP verglichen.
39 Wahlergebnisse zur Preußischen Landesversammlung für Mülheim aus: M.Z. v. 27. 1. 1919, für ganz Preußen aus: Ursachen und Folgen, Bd. 3, S. 92.
40 M.Z. v. 17. 1. 1919.
41 M.Z. v. 6. 2. 1919; StA Mh 10-59, 10-6, Bl. 6 f.
42 M.Z. v. 6., 7., 8., 9. 2. 1919.
43 M.Z. v. 9. 2. 1919.
44 M.Z. v. 8. 2. 1919.
45 M.Z. v. 12., 13. 2. 1919; F. v. 11. 2. 1919.
46 M.Z. v. 12., 13. 2. 1919; M.G.A. v. 12. 2. 1919.
47 M.G.A. v. 7., 9. 2. 1919.
48 M.G.A. v. 26. 2. 1919.

V. Kapitel

1 Allgemeiner Kongreß der Arbeiter- und Soldatenräte . . . Stenographischer Bericht, Berlin 1919, S. 182.
2 Für den Verlauf der Sozialisierungsbewegung im Ruhrgebiet s. P. v. Oertzen, Streik der Ruhrbergarbeiter, S. 231–263; ders.: Betriebsräte, S. 110–133; H. Habedank, Verlauf der Sozialisierungsbewegung, S. 42–61; vgl. in diesem Band U. Kluge, H.-U. Knies, I. Marßolek.
3 Beispiele: M.Z. v. 11., 21., 25. 11., 9., 10. 12. 1918, 14. 1. 1919.
4 Illustrierte Geschichte der deutschen Revolution, S. 317; H. Spethmann, Bd. 1, S. 155, Anlage 14, S. 377.
5 M.Z. v. 28., 29. 1. 1919; M.G.A. v. 28. 1. 1919.
6 Vgl. F. v. 16., 17., 18., 20., 28.1., 8. 2. 1919.
7 Eduard Schulte: Münstersche Chronik zu Spartakismus und Separatismus Anfang 1919, Münster 1939 (zit. E. Schulte II), S. 312–314.
8 Sitzung des erweiterten General-Soldatenrates v. 7. 2. 1919; der Antrag wurde mit 35 gegen 8 Stimmen angenommen. Auf der Konferenz der Zentral-Soldatenräte des VII., VIII., IX. und X. Armeekorps in Osnabrück hatte man entschiedenen Protest gegen den sogenannten »Reinhardt-Erlaß« erhoben, ebd., S. 197, 320 f.
9 E. Kolb, S. 209–16.
10 Sitzung des General-Soldatenrates v. 6., 17. 1. und 7. 2. 1919; E. Schulte II, S. 58, 148, 321.
11 Ebd., S. 224 ff.
12 Ebd., S. 315, 338–347; E. Kolb, S. 287 ff. Noske war nach dem Austritt der Unabhängigen in den Rat der Volksbeauftragten eingetreten, zuständig für Militärwesen, später Reichswehrminister. – Zu den Vorgängen um den General-Soldatenrat s. die detaillierte Analyse von U. Kluge, in diesem Band.
13 Dokumente und Materialien, Bd. 3, S. 149.
14 M.Z. v. 3. 3. 1919. Über den Verlauf der Kämpfe in Hervest-Dorsten ausführlich: Illustrierte Geschichte der deutschen Revolution, S. 321; Darstellungen aus den Nachkriegskämpfen deutscher Truppen und Freikorps, bearb. u. hg. v. d. Kriegsgeschichtlichen Forschungsanstalt des Heeres, Bd. 9, Berlin 1943, S. 27 f.; H. Spethmann, Bd. 1, S. 201 ff.
15 Vgl. M.Z. v. 14. 1. 1919.
16 M.Z. v. 20. 2. 1919; StA Mh 32-26, 00-6, Bl. 8; Dokumente und Materialien, Bd. 3, S. 158, 184; H. Spethmann, Bd. 1, S. 204–61.
17 H. M. Bock, S. 120: Der Generalstreikbeschluß ist auf den Sieg der Syndikalisten über die Kommunisten zurückzuführen. Er fand auch in der KPD-Zentrale in Berlin nur vernichtende Kritik. Vgl. auch: P. v. Oertzen, Betriebsräte, S. 116; M. Doernemann, S. 27, bes. Anm. 136; J. Karski (= Julius Marchlewski): Die Sozialisierung des Bergbaus. Vortrag gehalten auf der Konferenz der Bergarbeiter-Delegierten des rheinisch-westfälischen Industriegebietes am 5. 2. 1919 in Essen, S. 22 f.
18 M.Z. v. 20., 22. 2. 1919; StA Mh 32-26, 00-6, Bl. 5–12, 19–21. Über die Entwaffnung der Polizei scheint man sich nicht ganz einig gewesen zu sein, denn einem Wachhabenden auf einer Polizeistation, der entwaffnet worden war, wurde kurz danach von einem Mitglied des Arbeiter- und Soldatenrates mitgeteilt, daß es sich um einen Irrtum handele, s. StA Mh 32-26, 00-6, Bl. 13–16. Die Arbeiterwehren besaßen teilweise eine beträchtliche Stärke, so hatte die Arbeiterwehr

in Mülheim-Broich allein 200–250 Mitglieder, ebd., Bl. 32–29; vgl. Bericht des Untersuchungsausschusses, Sp. 5627.
19 M.G.A. v. 22. 2. 1919; F. v. 22. 2. 1919.
20 M.Z. v. 20., 22. 2., 3. 3. 1919; M.G.A. v. 26. 2., 8. 3. 1919; F. v. 21. 2. 1919; H. Oeckel, S. 174; Bericht des Untersuchungsausschusses, Sp. 5627, 5673.
21 Ebd., Sp. 5626; M.Z. v. 20., 21., 22. 2. 1919.
22 M.Z. v. 26. 2. 1919; M.G.A. v. 24. 2. 1919; Bericht des Untersuchungsausschusses, Sp. 5626.
23 M.Z. v. 24. 2. 1919; M.G.A. v. 23. 2. 1919; Illustrierte Geschichte der deutschen Revolution, S. 326.
24 Ebd.; StA Mh 32-26, 00-6, Bl. 75–79; M.Z. v. 24., 26. 2. 1919; M.G.A. v. 23., 24., 25., 26. 2. 1919.
25 M.Z. v. 26. 2. 1919.
26 Ebd.; M.G.A. v. 26., 27. 2. 1919.
27 StA Mh 32-27, 00-1, Bl. 8–14; M.Z. v. 10. 3. 1919; F. v. 3., 8., 10. 3. 1919; Bericht des Untersuchungsausschusses, Sp. 5627; Darstellungen aus den Nachkriegskämpfen deutscher Truppen und Freikorps, Bd. 9, S. 41; Schulz, S. 7.
28 StA Mh 32-26, 00-6, Bl. 96 ff.; M.G.A. v. 3., 8., 11., 12., 13. 3. 1919; M.Z. v. 5., 10. 3. 1919; F. v. 8., 13., 15. 3. 1919.
29 StA Mh 32-26, 00-6, Bl. 134; M.G.A. v. 6., 12., 18. 3. 1919; M.Z. v. 9., 11., 12., 14., 30. 3. 1919; F. v. 13., 15., 18., 20. 3. 1919; Schulz, S. 8.
30 Preußische Gesetzessammlung 1919, Nr. 10, S. 13.
31 M.Z. v. 1., 12. 2. 1919; M.G.A. v. 12. 2. 1919.
32 M.Z. v. 25. 2. 1919.
33 M.G.A. v. 21., 23. 2., 1. 3. 1919; F. v. 7., 8., 10., 13., 19. 2. 1919.
34 M.G.A. v. 2. 3. 1919.
35 Beispiele: M.G.A. v. 27. 2. u. 1. 3. 1919.
36 Stadtverordnetensitzung v. 8. 2. 1919, s. StA Mh, Drucksachen Nr. 901–1202; M.Z. v. 9. 2. 1919.
37 M.Z. v. 3. 3. 1919; unter den neuen Stadtverordneten befanden sich 23 Mitglieder, die bereits früher der Stadtverordnetenversammlung angehört hatten, s. M.Z. v. 22. 3. 1919.
38 E. Kolb, S. 256–261.
39 Preußische Gesetzessammlung 1918, Nr. 38, S. 191 f.
40 Stadtverordnetensitzung vom 22. 3. 1919, s. StA Mh, Drucksachen Nr. 901–1202; M.Z. v. 22., 23. 3. 1919.
41 M.Z. v. 23. 3. 1919; F. v. 20. 3. 1919.
42 Für Wahlpropaganda und Wahllisten s. M.Z. v. 28. 3. 1919; M.G.A. v. 29. 3. 1919; F. v. 28. 3. 1919; Wahlergebnis in: M.Z. und M.G.A. v. 31. 3. 1919.
43 Vgl. auch Protestschreiben der Arbeiter der Maschinenfabrik Thyssen gegen die Entmachtung des Arbeiterrates, d. i. die Nichtbewilligung der Gelder für den engeren Rat, s. StA Mh 10-59, 10-2, Bl. 27.

Zusammenfassung:

1 Dokumente und Materialien, Bd. 2, S. 334.
2 E. Kolb, S. 87, 288–292.

Inge Marßolek: Sozialdemokratie und Revolution im östlichen Ruhrgebiet.
Dortmund unter der Herrschaft des Arbeiter- und Soldatenrates

Vorbemerkung

Die Darstellung der revolutionären Ereignisse in Dortmund 1918/19 soll einen Beitrag liefern zur Aufhellung und Klärung der Fragen nach der »Rätewirklichkeit« 1918/19 und den Anfängen der Weimarer Republik. Dortmund galt als traditionelle Hochburg der SPD, vor allem wegen ihres gemäßigten Flügels, und auch im November 1918 war der Einfluß der Mehrheitssozialdemokraten innerhalb der Dortmunder Arbeiterschaft nahezu ungebrochen. Der Dortmunder Arbeiter- und Soldatenrat wurde von den Sozialdemokraten beherrscht. Die Untersuchung der politischen Ziele, Vorstellungen und der praktischen Politik des Dortmunder Rates dürfte daher wichtig sein auch für eine allgemeine Bewertung der Politik der Mehrheitssozialdemokraten 1918/19, wobei insbesondere das Verhältnis der SPD zu dem Radikalisierungsprozeß der Arbeiter zu beachten ist. Hieraus ergibt sich für die vorliegende Arbeit eine wesentliche Eingrenzung. Die Untersuchung konzentriert sich auf die Analyse der Politik des Arbeiter- und Soldatenrates und seines Verhältnisses zur organisierten Arbeiterbewegung. Die Entwicklung der bürgerlichen Parteien und die Politik der Kommunalbehörden werden nur in ihrem Verhältnis zu den sozialistischen Kräften berücksichtigt. Da die Bergarbeiterschaft der entscheidende Träger der Sozialisierungsbewegung war, steht vor allem dieser Teil der Dortmunder Arbeiterschaft im Vordergrund der Untersuchung.

I. Die sozialökonomische und politische Lage in Dortmund vor der Revolution

Die Entwicklung der alten Hansestadt Dortmund zur modernen industriellen Großstadt begann in der Mitte des 19. Jahrhunderts[1]. Um 1840 ging der Bergbau auch im Ruhrgebiet zur Förderung der Kohle im Tiefbau über[2], nachdem bis dahin die Kohle durch Schürfen an der Oberfläche gewonnen wurde. Dadurch konnten in Dortmund auch die im Norden und Nordwesten der Stadt liegenden wertvolleren Flöze genutzt werden[3]. Seit den dreißiger Jahren ermöglichte außerdem der Fund von Kohleneisenstein – die Verhüttungsmethoden waren wesentlich verbessert worden – den Aufbau einer Eisen- und Hüttenindustrie. Von großer Bedeutung für das Wachsen von Industrie und Handel in Dortmund war der Bau der Köln-Mindener Eisenbahn 1847 und der wenig später erfolgte Anschluß an die Strecke Elberfeld-Barmen. Seit den fünfziger Jahren zeigte die Dortmunder Wirtschaft eine steile Aufwärtsentwicklung, die auch durch die Krisenjahre 1858–60 und nach 1873 nicht mehr aufgehalten wurde[4]. Typisch für Dortmund ist, daß das »verbundwirtschaftliche Prinzip« – die Koordination von vor- und nachgeordneten Betrieben einer Produktionsfolge[5] – relativ früh die wirtschaftliche Struktur bestimmte. Das bedeutete eine früh einsetzende Tendenz zur Monopolisierung in den wichtigsten Industriezweigen.

Die Industrialisierung brach in Dortmund sehr viel unmittelbarer als in anderen Ruhrstädten herein, zu einem Zeitpunkt, als noch wenig Kapital von Einzelpersonen in der Stadt akkumuliert worden war. Die Folge war, daß Aktiengesellschaften und Gewerkschaften als Unternehmensformen bevorzugt wurden, daß das Kapital unter mehreren Unternehmern verteilt blieb und daß sich keine Industriellendynastie wie in Mülheim oder Essen herausbildete[6]. Neben der horizontalen und vertikalen Koordination von Bergbau- und Eisenhüttenindustrie machten sich um die Jahrhundertwende die Expansionsbestrebungen bemerkbar: Die Dortmunder Unternehmen breiteten sich über den Dortmunder Raum hinaus aus oder aber fusionierten mit anderen großen Unternehmen im Ruhrgebiet: 1906 entstand die »Phönix AG« aus dem Hörder Bergwerks- und Hüttenverein. Zu ihrem Besitz zählten mehrere Zechen, Hochöfen und Walzwerke in Dortmund und im weiteren Ruhrgebiet[7]. 1872 wurde das Eisen- und Stahlwerk »Dortmunder Union« gegründet; zur »Union« gehörten Dortmunder Kohlen- und Eisensteinzeichen wie »Kurl«, »Glückauf« und »Hansemann«. 1910 fusionierte die »Dortmunder Union« mit der zum Stinnes-Unternehmen gehörenden »Deutsch-Luxemburgischen Bergwerksgesellschaft«. 1871 wurde das »Eisen- und Stahlwerk Hoesch Dortmund« ge-

gründet. 1899 vergrößerte sich Hoesch durch den Kauf der Dortmunder Zeche »Kaiserstuhl«, 1918 durch den Kauf der Zeche »Fürst Leopold« in Hervest-Dorsten[8].
Steigende Produktionsziffern und Belegschaftszahlen drücken das wirtschaftliche Wachstum aus. Die Zahl der Belegschaft wuchs auf acht Dortmunder Zechen von 5542 im Jahre 1890 auf 16 697 im Jahre 1913[9]. Im Zeitraum von 1850 bis 1913 versiebenfachte sich die Kohlenförderung im Dortmunder Raum[10]. Von 1890 bis 1918 verzehnfachte sich die Koksproduktion und stieg die Eisen- und Stahlproduktion allein von Hoesch um das 46fache[11].
Der wirtschaftlichen Entwicklung entspricht ein starkes Anwachsen der Bevölkerungszahl. Zählte Dortmund 1890 noch weniger als 100 000 Einwohner, so vermehrte sich die Einwohnerzahl bis 1913 auf 243 956, 1918 auf 275 528 und 1919 auf 297 481[12]. Dieses Anwachsen der Bevölkerung erklärte sich zum einen aus dem erhöhten Bedarf an industriellen Arbeitern. Von 1880–1905 sank in Dortmund der Anteil der in Westfalen Geborenen von 77% auf 66%, der Anteil der Ostdeutschen und Polen stieg von 3,9% auf 15,39%[13]. Die Neuzugezogenen siedelten sich vor allem im Norden der Stadt an. In Dortmund entstand der erste polnische Verein, 1911 existierten bereits zwei polnische Wahlvereine[14]. Der andere Grund für die wachsende Bevölkerungszahl lag in der Eingemeindungspolitik der Stadtverwaltung. 1904 wurde Körne mit 2706 Einwohnern und einer Fläche von 309 ha in das Stadtgebiet einbezogen, kurz vor Ausbruch des Ersten Weltkrieges folgten weitere acht Landgemeinden mit 38 956 Einwohnern; die Eingemeindung von 1918 brachte 1155 Neubürger, so daß trotz des Krieges die Einwohnerzahl wuchs[15].
Für die Aufschlüsselung der Bevölkerung nach Berufen, Geschlecht und Konfession liegen mir für die Jahre 1913–1918 keine Angaben vor, jedoch scheinen mir Rückschlüsse von Daten aus früheren oder späteren Jahren durchaus zulässig. Etwa 2/3 aller Erwerbstätigen waren Arbeiter[16]. Der weitaus größte Teil der Arbeiterschaft war in der Schwerindustrie, d. h. im Bergbau und in den Hüttenwerken, beschäftigt[17]. Der verhältnismäßig hohe Anteil der Beamten und Angestellten weist auf die Bedeutung Dortmunds auch als Handels- und Verkehrszentrum hin. Die konfessionelle Gliederung der Stadt war 1910 ziemlich ausgeglichen[18]. Typisch für eine Industriegroßstadt ist der hohe Anteil der erwerbstätigen Männer – etwa die Hälfte der Bevölkerung –, ebenso die niedrige Zahl von alten Menschen: 1925 waren nur 4,9% der Männer und 5,9% der Frauen über 60 Jahre[19]. Der Krieg veränderte die wirtschaftliche Struktur besonders der schwerindustriellen Zentren einschneidend[20]. Die äußersten Anstrengungen auf militärischem Gebiet, die ungeheure Ankurbelung der Rüstungsindustrie be-

lasteten die deutsche Gesamtwirtschaft erheblich. Im April 1917 befand sich Deutschland bereits in einem Zustand der Erschöpfung. Trotz des riesigen Anwachsens der Rüstungsindustrie ging die industrielle Gesamtproduktion gegenüber 1913 auf 57,4% zurück. Besonders die Versorgung der Bevölkerung verschlechterte sich zunehmend. Die landwirtschaftliche Produktion lag 1916/18 um 40-60% unter dem Vorkriegsstand[21]. Die Nahrungsmittelrationen betrugen im Verhältnis zum Friedensverbrauch durchschnittlich: Fleisch 20%, Eier 13%, Schmalz 11%. Im Juni 1918 wurde die wöchentliche Brotration auf 3½ Pfund im Regierungsbezirk Arnsberg herabgesetzt[22], im Dezember 1917 hatte sie noch 7 Pfund betragen[23]. Der Anteil der Todesfälle infolge Unterernährung stieg 1918 auf 37% aller Todesfälle[24].

Der bekannte Bergarbeiterführer Otto Hue[25] erklärte am 23. 12. 1917 in einer Versammlung der Bergarbeiter in Dortmund, daß die Löhne der höchstbezahlten Arbeiter, der Hauer, zwar um 76% gestiegen seien, die Lebensmittelpreise jedoch um 300-400%; weniger qualifizierte Arbeiter hätten nur Lohnerhöhungen von 40-50%. Die Verbitterung der Arbeiter sei mehr als verständlich, der Schleichhandel werde von der Regierung nicht genügend bekämpft[26]. Der Durchschnittsverdienst der Arbeiter im Ruhrgebiet lag bereits im Jahre 1914, vor Ausbruch des Krieges, unter dem Existenzminimum, das in der Rheinprovinz für eine vierköpfige Familie mit 200 Mark angegeben wurde; dieser Durchschnittsverdienst wurde im Oberbergamt Dortmund von der Mehrzahl der Arbeiter nicht erreicht. Während des Krieges sank der Reallohn trotz der relativ hohen Lohnerhöhungen der qualifiziertesten Arbeiter ständig[27]. Hinzu kamen die sich immer mehr verschlechternden Arbeitsbedingungen, die Ausbeutung der Arbeiter durch Scheingedinge[28], durch Verlängerung der Arbeitszeit, durch die erhöhte Anzahl von Überschichten und – vor allem nach dem Hilfsdienstgesetz[29] – durch die Militarisierung des Arbeitsverhältnisses[30].

Dieser materiellen Not der Arbeiterklasse standen die Gewinne der Großindustrie gegenüber[31]. Sogar das Generalkommando trug diesem Mißverhältnis Rechnung. Bei einem Streik auf der Hoesch-Zeche »Kaiserstuhl« sorgte das Generalkommando dafür, daß die Forderungen der Arbeiter nach Lohnerhöhungen erfüllt wurden; die Gewinne bei Hoesch waren im Zeitraum 1913/14 bis 1917 um das Dreifache gestiegen[32]. Selbst im Jahre 1918 erzielte Hoesch bei einem Aktienkapital von 28 Millionen einen Gewinn von 18 Millionen und schüttete 39% Dividende aus[33].

Die wachsende Verschlechterung der materiellen Lage der Arbeiter, der »Herr-im-Haus-Standpunkt« der Unternehmer, die ungenügende Bekämpfung des Schleichhandels durch die Regierung, die Verschärfung der Ausbeutung und Repression nach dem Hilfsdienstgesetz führten zu einer

wachsenden Streikbewegung im gesamten Reich und auch in Dortmund[34]. Die Forderungen der Arbeiter waren zunächst: bessere Versorgung mit Lebensmitteln, Kontrolle des Schleichhandels, der die ohnehin besser gestellten Schichten weiter begünstigte, und Lohnerhöhungen. Ab Januar 1918 traten politische Forderungen in den Vordergrund[35], vor allem die Forderung der SPD nach Einführung des allgemeinen, gleichen, direkten und geheimen Wahlrechts in Preußen und außerdem das Verlangen nach einem sofortigen Friedensschluß ohne Annexionen. Die Streikbewegung im Dortmunder Raum stand in engem Zusammenhang mit der Bewegung im Ruhrgebiet und im Reich und weist keinerlei Besonderheiten auf[36].
Während des Krieges existierten vier Bergarbeiterverbände nebeneinander: die Polnische Berufsvereinigung, Abteilung Bergbau; der liberale Gewerkverein der Fabrik- und Handarbeiter (»Hirsch-Dunckersche Gewerkschaft«), Abteilung Bergbau; der katholische Gewerkverein christlicher Bergarbeiter Deutschlands und der sozialdemokratische Verband der Bergarbeiter, meist »Alter Verband« genannt[37]. Der »Alte Verband« war die stärkste der Gewerkschaften, sein größter Konkurrent war der christliche Gewerkverein. Kriegsausbruch und das erste Kriegsjahr hatten eine rückläufige Mitgliederzahl im »Alten Verband« zur Folge. Im Jahre 1918 verzeichnete der Verband in Dortmund jedoch bereits wieder eine Zuwachsquote gegenüber 1917 von 29,5%. Auffällig ist die hohe Fluktuation zwischen dem »Alten Verband« und anderen Verbänden, jedoch ließen sich die Austrittsgründe nicht feststellen. Auch war nicht zu ermitteln, wie viele Neuzugänge nach dem 9. November 1918 erfolgten[38]. Die Politik des Verbandes während der Kriegsjahre zielte auf striktes Beachten des »Burgfriedens« ab. In diesem Sinne traten die Gewerkschaftsvertreter auch auf Belegschaftsversammlungen im Dortmunder Raum auf. Die Arbeiterausschußmitglieder[39] (meist Gewerkschaftler) empfahlen durchweg die Annahme von Kompromissen zur Aufrechterhaltung der Arbeitsruhe[40]. Die Ziele des Verbandes waren die Durchsetzung wirtschaftlicher und sozialer Verbesserungen der Arbeiter *innerhalb* des bestehenden Systems. Durchgesetzt werden sollten die Forderungen der Gewerkschaften in erster Linie durch einen hohen Organisationsgrad der Arbeiter. Die reformistische Zielsetzung fand ihren deutlichsten Ausdruck in der wenige Wochen vor dem Umsturz zwischen Unternehmern und Gewerkschaften vereinbarten »Zentralen Arbeitsgemeinschaft«, durch die die Gewerkschaften als gesetzliche Vertreter der Arbeiter, d. h. als Verhandlungspartner, von den Unternehmern anerkannt wurden[41].
Auf politischer Ebene wies die Dortmunder Arbeiterschaft einen besonders hohen Organisationsgrad auf. 1912 war die sozialdemokratische Partei Dortmunds der mitgliederstärkste Wahlverein der SPD im rheinisch-west-

fälischen Industriegebiet[42]. Das Reichstagsmandat war im sicheren Besitz der Partei. Doch gerade in Dortmund wurden Bürokratisierungs- und Hierarchisierungstendenzen innerhalb der Partei früh spürbar. Die Mehrzahl der Mitglieder stand, vor allem nach dem Ausscheiden von Konrad Haenisch, der den linken Flügel in Dortmund anführte, dem politischen Leben in der Partei fremd und passiv gegenüber. Die Mitgliedschaft erschöpfte sich in der Teilnahme an den »unpolitischen« Aktivitäten wie Turnverein, Gesangverein usw., sowie im Zahlen des Beitrages, im Abonnieren der Parteizeitung und im Wählen. Aus dem Bericht über eine Generalversammlung der SPD im Wahlkreis Dortmund-Hörde vom 16. 6. 1918 geht klar hervor, daß die Hauptziele der Ortsgruppen die Mitgliederwerbung, das Gewinnen von Wahlen und die Erhöhung der Zahl der SPD-Stadtverordneten war[43]. Jeder Wahlerfolg bedeutete eine Stärkung der etablierten Funktionärsschicht[44]. Während des Krieges jedoch hatte die SPD in Dortmund, wie überall im Reich, einen großen Mitgliederschwund zu verzeichnen. Die Auflage des Parteiorgans, der »Arbeiterzeitung«[45], sank von 25 000 im Jahre 1914 auf 12 800 im Jahre 1917 und stieg dann bis Ende Oktober 1918 wieder auf 16 900, hatte aber den Vorkriegsstand noch nicht wieder erreicht[46]. Im Geschäftsjahr 1917/18 wurden nur 667 neue Mitglieder geworben[47]. Demgegenüber stieg die Auflagenzahl der »Bergarbeiterzeitung« bereits seit 1915 beständig[48]; auch wurden im Dortmunder Raum 1918 10 787 Mitglieder des »Alten Verbandes« neu geworben[49].

Ebenso wie die Gewerkschaften war die SPD in Dortmund auf strikte Wahrung des »Burgfriedens« bedacht. Die Versammlungen der SPD verliefen meistens zur Zufriedenheit der überwachenden Polizei[50], die die maßvollen Äußerungen der sozialdemokratischen Redner lobte. Auch die Zensur der »Westfälischen Allgemeinen Volkszeitung« (WAVZ) scheint für beide Seiten zufriedenstellend verlaufen zu sein[51]. Die Zusammenarbeit der bürgerlichen und der sozialdemokratischen Stadtverordneten sowie der SPD-Fraktion mit dem Magistrat war während des Krieges recht gut. Von behördlicher wie auch von militärischer Seite wurde der Dortmunder SPD Wohlverhalten bescheinigt[52]. Die SPD und die Gewerkschaften gingen sogar so weit, die »Zentralstelle für Aufklärung« beim Generalkommando durch Verteilen einer Broschüre, in der zum Durchhalten aufgerufen wurde, zu unterstützen[53]. Auf der bereits erwähnten Generalversammlung im Juni 1918 wurde dies von den Mitgliedern scharf kritisiert. Ebenso wie die Gewerkschaften versuchte die SPD, einzelne Reformen für die Arbeiterschaft im Kaiserreich zu erreichen. Gleichzeitig verzichteten beide Organisationen auf ihre ursprünglich revolutionäre Zielsetzung einer radikalen, auf sozialistischen Prinzipien beruhenden Änderung der Gesellschaft. Daher beschränkte sich die SPD in ihren politischen Zielen auf die Forderung nach der Einführung des allgemeinen, gleichen, direkten und geheimen Wahlrechts in Preußen und nach einem Frieden ohne Annektionen. Sie glaubte, trotz teilweise radikaler Diktion, nach Einführung des Wahlrechts auf gesetzlichem Wege innerhalb des Kaiserreichs bedeutende Verbesserungen durchsetzen zu können.

Die USPD, die einzige organisatorische Alternative, die sich den Arbeitern seit 1917 bot, war in Dortmund äußerst schwach. Obwohl der sozialdemokratische Abgeordnete im Reichstag für den Wahlkreis Dortmund-Hörde, Dr. Erdmann, sich der USPD-Fraktion im Reichstag anschloß, hatte das nur wenig Rückwirkungen auf seinen Wahlkreis[54], zumal er dort Redeverbot hatte. Immerhin wuchs auch in Dortmund die Unzufriedenheit über die Kriegskreditbewilligung der SPD. Lehnten auf einer Kreisgeneralversammlung im Juli 1915 nur 10 Mitglieder das Vertrauensvotum für die Kreditbewilligung ab[55], so erhielt die Minderheit auf der Kreiskonferenz im Frühjahr 1916 bereits 73, die Fraktionsmehrheit nur noch 103 Stimmen[56].

Die Gründung einer Ortsgruppe der USPD erfolgte in Dortmund im Vergleich zum Niederrhein relativ spät, am 9. 9. 1917, also 5 Monate nach dem Gründungsparteitag der USPD[57]. Die politischen Ziele und Vorstellungen der Dortmunder Unabhängigen dürften ähnlich uneinheitlich gewesen sein wie im Reich. Einigkeit bestand über die Ablehnung der Kriegspolitik der SPD und über ein unbedingtes Eintreten für einen sofortigen Verständigungsfrieden. Vage sprachen sich darüber hinaus die Führer der Unabhängigen im Reich – sowohl Hugo Haase als auch Ledebour, der dem linken Flügel zuzurechnen ist – für eine sozialistische Republik aus. Im gleichen Sinne definierte Erdmann am 27. 10. 1918 auf einer Versammlung in Dortmund die Ziele der Unabhängigen: sofortiger Frieden, demokratisches Regierungssystem, sozialistische Gesellschaft[58].

Gegründet wurde die Ortsgruppe der USPD in Dortmund von Hermann Linke und Adolf Meinberg. Linke war Mitglied des Hauptvorstandes des Bochumer Knappschaftsvereins und wurde Schriftführer der Unabhängigen, Meinberg hatte noch keine Funktion in der SPD innegehabt[59]. Beide repräsentierten die Uneinheitlichkeit der Dortmunder USPD: Linke trat im Januar 1919 zur SPD über, Meinberg im Februar zur KPD. Die meisten Mitglieder der Unabhängigen stammten aus der SPD[60]. Leider ist das Material über die Tätigkeit der USPD in Dortmund mehr als dürftig[61]. Die erste Aktion der Unabhängigen, die in den Polizeiberichten vermerkt ist, war eine Flugblattverteilung beim Januarstreik 1918. Drei Mitglieder der USPD wurden verhaftet[62]. Noch am 4. 11. 1918 meldete jedoch der Dortmunder Oberbürgermeister Eichhoff[63], daß ihm von einer Aufwiegelungstätigkeit der Unabhängigen nichts bekannt sei[64]. Eine Spartakusgruppe gab es im

November 1918 in Dortmund nicht, doch dürfte ein großer Teil der Unabhängigen dem linken Flügel zuzurechnen sein[65].
Im Gegensatz zu ihren Erfolgen bei den Reichstagswahlen konnte die SPD aufgrund des preußischen Dreiklassenwahlrechts trotz ihrer zahlreichen Wählerschaft kaum Einfluß in der Kommunalverwaltung erringen. Die preußische Städteordnung von 1831, seit 1834 in Dortmund in Kraft, ging von dem Dualismus von Selbstverwaltung und Oberaufsicht des Staates in der Verwaltung der Stadt aus, verkörpert in der Stadtverordnetenversammlung und dem Magistrat[66]. Der Magistrat wurde von der Stadtverordnetenversammlung gewählt, jedoch mußte die Wahl von der staatlichen Behörde (hier Regierungspräsident Arnsberg) bestätigt werden. Der Magistrat übte im Auftrag des Staates das Aufsichtsrecht aus, er war an ein direktes Weisungsrecht gebunden. Die Kontrolle des Magistrats durch die Stadtverordnetenversammlung war gering, der Magistrat hatte ein klares Übergewicht in seinen Funktionen und Wirkungsmöglichkeiten. Er konnte gegen jeden Beschluß der Stadtverordnetenversammlung sein Veto einlegen, war also nicht an die Entscheidungen der Versammlung gebunden. Bei Differenzen zwischen Magistrat und Stadtverordnetenversammlung entschied die übergeordnete staatliche Stelle, die dann natürlich meist für den Magistrat Partei ergriff[67]. Ferner wurden von der Stadtverodnetenversammlung auch nur Männer in den Magistrat gewählt, bei denen man der staatlichen Bestätigung sicher sein durfte. 1918 gab es in Dortmund 26 Stadträte, davon 16 unbesoldete. Ihrer sozialen Herkunft nach stammten sie alle aus der bürgerlichen Oberschicht. Der Oberbürgermeister Eichhoff war zudem Vertreter Dortmunds im preußischen Herrenhaus auf Lebenszeit[68].
Die Stadtverordnetenversammlung wurde in Dortmund wie in ganz Preußen nach dem Dreiklassenwahlrecht gewählt. Nach dem Ortsstatut vom 30. 6. 1900 wurden in Dortmund die Wählerklassen nach dem Prinzip der Zwölftelung eingeteilt: die 1. Wählerabteilung brachte insgesamt $5/12$ des Gesamtsteuerbetrages auf, die 2. Abteilung $4/12$ und die 3. Abteilung $3/12$. Als Grundsatz galt dabei, daß die jeweils niedere Abteilung mehr Wähler zählen mußte als die nächsthöhere[69]. Die Öffentlichkeit der Wahl verschlechterte die durch das System bedingte und beabsichtigte Unterrepräsentation der Arbeiterschaft noch mehr, was sich vor allem in kleineren Städten, wie z. B. Hörde, in denen ein einziges Industrieunternehmen vorherrschend war, auswirkte[70]. Für das Jahr 1900 liegt für Dortmund eine amtliche Aufschlüsselung der Einteilung der drei Abteilungen vor[71]. Danach zählten zur I. Klasse 129 Einwohner (davon sieben Aktiengesellschaften, die als juristische Personen zählten), die ein Steueraufkommen von 1 683 731,39 Mark hatten, zur II. Klasse 1825 Einwohner mit einem Gesamtsteueraufkommen von 1 346 396,49 Mark und zur III. Klasse 24 334

Wahlberechtigte mit einem Steueraufkommen von 1 009 757,20 Mark[72]. Etwa 0,49% aller Wähler hatten also die gleiche Anzahl von Vertretern wie die III. Klasse (mit etwa 190 mal soviel Wahlberechtigten). Die Stadtverordnetenversammlung von 1918 gliederte sich auf in 50 Mitglieder der Deutschnationalen Partei, 14 des Zentrums, 8 Sozialdemokraten und 4 Freisinnige[73]. Ihrer sozialen Herkunft nach waren in der letzten Stadtverordnetenversammlung vor der Eingemeindung 1918 von 69 Stadtverordneten 27 Vertreter der Industrie und des Handels, 9 höhere Beamte und Angestellte, 9 übten freie Berufe aus, 4 waren Landwirte, 7 Handwerker, 2 ohne Beruf, 4 Arbeiter und 7 Arbeiterfunktionäre[74]. Bereits 1877 war ein Sozialdemokrat kurze Zeit Stadtverordneter, 1909 wurden 3 Sozialdemokraten in das Kollegium gewählt, 1911 ein weiterer, durch Eingemeindungen rückten 4 andere nach. Während der Kriegszeit fanden die Ergänzungswahlen – sonst im zweijährigen Rhythmus – nicht mehr statt, durch Kooptation der Parteien wurde ein weiterer Sozialdemokrat bestimmt. Der Sozialdemokrat König[75] schied im Oktober 1918 aus, da er zum unbesoldeten Stadtrat gewählt wurde; von der Dortmunder SPD wurde diese Wahl als großer Erfolg gefeiert.

II. Entstehung und Politik des Dortmunder Arbeiter- und Soldatenrates bis Ende Dezember 1918

Durch den Krieg waren die Klassengegensätze nicht eingeebnet, wie viele 1914 euphorisch prophezeit hatten, sondern verschärft und offensichtlicher geworden. Der Umsturz der Novembertage beruhte nicht, wie viele Zeitgenossen gemeint hatten, auf einem Mißverständnis der Massen, deren Führer es versäumt hatten, ihnen die Bedeutung der Demokratisierung »von oben« klar zu machen[1]. Genauso wie sich der Matrosenaufstand gegen die alte Führung richtete, die eigene politisch-militärische Ambitionen zu verwirklichen versuchte, was von der parlamentarischen Regierung nicht verhindert werden konnte[2], genau so hatte die Umsturzbewegung der Soldaten und Arbeiter in den Städten des Reiches eine tatsächliche (und nicht papierene) Demokratisierung von Verwaltung und Betrieb zum Ziel[3]. Denn genau dort, in der Stadtverwaltung und im Betrieb, hatte sich für die Arbeiter (und Soldaten) auch nach der Bildung der neuen Regierung nichts geändert. Trotz der stärkeren Einbeziehung von Sozialdemokraten und Gewerkschaftlern in politische Entscheidungen und Funktionen war bis Anfang November 1918 von einer tiefgreifenden Strukturänderung des Kaiserreiches nichts zu spüren.

Der Umsturz in Dortmund und das Programm des Arbeiter- und Soldatenrates

Wie in den meisten Städten, so ging auch in Dortmund die Initiative von den revolutionären Matrosen aus, die nach den Ereignissen in Norddeutschland die Nachrichten von der Revolution in alle Regionen des Reiches trugen[4]. Am Vormittag des 8. November 1918 – so berichten die Zeitungen – tauchten im Dortmunder Stadtbild auswärtige Matrosen mit revolutionären Abzeichen auf. Die Stimmung in der Stadt war gespannt und erregt, überall bildeten sich Menschenansammlungen. Am Nachmittag fand im Gewerkschaftshaus eine Soldatenversammlung – in Dortmund war Militär stationiert – statt, in der ein Soldatenrat gebildet wurde[5].

Am Vormittag bereits war die SPD-Führung mit dem Magistrat in Verhandlungen eingetreten, »um die zu erwartende Bewegung in aller Ordnung sich vollziehen zu lassen«[6]. Als im Laufe des Tages klar wurde, daß die revolutionäre Bewegung nicht mehr aufzuhalten war, trat die SPD-Spitze in Verbindung mit den Unabhängigen[7]. Am Abend berieten beide Parteiführungen mit dem bereits konstituierten Soldatenrat: der Arbeiter- und Soldatenrat Dortmund wurde gegründet.

Die Soldaten hatten bereits – offensichtlich mit Unterstützung der Arbeiter – die Bahnhofswache besetzt und Offiziere entwaffnet. In der Nacht erfolgten weitere Besetzungen von Militärstellen und Polizeiwachen. Aus dem Gefängnis wurden Gefangene befreit, neben den politischen auch kriminelle, die später jedoch bei Plünderungen in der Stadt wieder festgenommen wurden. Patrouillen der revolutionären Soldaten kontrollierten die Stadt. Die Polizei und alle anderen städtischen Behörden sowie die Militärstellen scheinen sich ohne Widerstand dem Arbeiter- und Soldatenrat unterstellt zu haben, zu ernsthaften Zusammenstößen kam es nirgends in Dortmund[8].

Am 9. November konnte der Dortmunder Arbeiter- und Soldatenrat mit einiger Berechtigung behaupten, daß er die politische und militärische Gewalt in der Stadt übernommen habe[9]. In einer gemeinsamen Erklärung des Vorsitzenden des Arbeiter- und Soldatenrates, Ernst Mehlich[10], und des Garnisonsältesten und Vorsitzenden des Soldatenrates, Oberstleutnant von Besser, wurde festgelegt, daß alle Befehle der Kommandobehörde durch den Rat gegengezeichnet werden mußten und dieser die oberste Kontrolle ausübte. Die Offiziere wurden verpflichtet, rote Armbinden zu tragen, Kokarden, Degen und Achselstücke blieben. Des weiteren sollte eine Sicherheitswehr aufgestellt werden[11].

In seinem am 10. November veröffentlichtem Programm[12] konstituierte sich der Arbeiter- und Soldatenrat Dortmund zugleich als Arbeiter- und

Soldatenrat für den Reichstagswahlkreis Dortmund-Hörde. Er setzte sich zusammen aus den Zentralvorständen von SPD und USPD für den Wahlkreis, aus den örtlichen Vorständen der beiden Parteien, aus der sozialdemokratischen Stadtverordnetenfraktion, aus dem Ausschuß des Dortmunder Gewerkschaftskartells[13], aus den Vorsitzenden der freien Gewerkschaften, aus den Abgesandten der lokalen Arbeiter- und Soldatenräte im Kreise (die Arbeiterschaft in allen Ortschaften des Wahlkreises wurde gebeten, ein Mitglied in den Arbeiter- und Soldatenrat für den Wahlkreis zu senden), aus den Vertrauensleuten der Werksausschüsse und aus den Vertretern der Soldaten. Die SPD hatte im Rat von Anfang an eine klare Mehrheit, da die Gewerkschaftsvertreter und die Vertrauensleute wohl fast alle Mehrheitssozialdemokraten waren. Die Ausweise des Arbeiter- und Soldatenrates wurden von zwei Vorstandsmitgliedern unterschrieben und zunächst mit dem Stempel der SPD versehen. Die Vollzugsgewalt des Arbeiter- und Soldatenrates hatte der aus 15 Personen bestehende Vorstand. Vorsitzender war Mehlich, zweiter Vorsitzender der Unabhängige Heinrich Schröder[14], Schriftführer waren zwei Sozialdemokraten, Franz Klupsch und Heinrich Bartels[15].

In der Präambel des Programms begrüßte der Dortmunder Rat die Revolution: »Ein revolutionärer Sturm durchbraust die Welt. In Trümmer bricht, was morsch und alt.... Eine neue Weltordnung beginnt sich zu gestalten. Den Arbeitern ist die Aufgabe zugefallen, Träger dieser neuen Bewegung zu sein...«[16]. Als langfristiges politisches Ziel bezeichnete der Rat die »politische und soziale Umwälzung im Sinne der Demokratie und des Sozialismus«. Die Erhaltung geordneter Zustände war seine erklärte unmittelbare Aufgabe, die er in Zusammenarbeit mit der alten Stadtverwaltung zu lösen beabsichtigte. Seine Forderungen betrafen: 1. seine Stellung in der Stadt: Anerkennung seiner im kraft Vertrauen des Volkes verliehenen Machtbefugnis, volle Selbstverwaltung des Arbeiter- und Soldatenrates »nach innen und außen«; 2. Festigung und Sicherung seiner Macht: Übergabe der Militärgewalt, Schaffung volkstümlicher Sicherheitsorgane; 3. sozialpolitische Aufgaben: Regelung, Kontrolle und Sicherung der Lebensmittelversorgung, Kontrolle aller industriellen Betriebe, Banken und Verkehrsanstalten zur Sicherung der Arbeits- und Lebensverhältnisse sowie der Betriebsmittel durch Arbeiter- und Angestellten-Ausschüsse, Einführung der Achtstundenschicht[17]. Diese Forderungen wurden vom Magistrat anerkannt. Der Arbeiter- und Soldatenrat richtete im Rathaus ein Büro und eine militärische Auskunftstelle ein, bei der sich alle Soldaten melden sollten. Der Aufruf schloß mit einer dringenden Aufforderung zur Disziplin, zur Bewahrung von Ruhe und Ordnung. Am 11. November 1918 ließ sich der Arbeiter- und Soldatenrat auf einer Versammlung, bei der nach Presse-

berichten etwa 50 000 bis 60 000 Menschen anwesend waren, als Beauftragter und Vollzugsorgan des Volkes bestätigen[18].
Der Verlauf des Umsturzes in Dortmund zeigte – verglichen mit der allgemeinen Bewegung im Reich – keine Besonderheiten. Der revolutionäre Impuls ging von den auswärtigen Marinesoldaten aus, zunächst wurde ein Soldatenrat gebildet, die SPD setzte sich dann, nachdem sie zuvor noch gehofft hatte, gemeinsam mit dem Magistrat die revolutionäre Bewegung aufhalten zu können, in Verbindung mit den Unabhängigen und behielt so die Führung der Bewegung. Der Arbeiter- und Soldatenrat konstituierte sich als Ergebnis der Verhandlungen der beiden Parteien mit den Soldaten; er wurde dann auf einer Volksversammlung bestätigt. Festzuhalten ist, daß die Dortmunder Arbeiterschaft keinen direkten Einfluß auf die Bildung des Arbeiter- und Soldatenrates ausgeübt hatte und auch keine Kontrollmöglichkeit über dessen zukünftige Tätigkeit (etwa durch Berichtspflicht oder Öffentlichkeit der Sitzungen, Abwählbarkeit der Mitglieder des Rates) hatte[19].
Das Programm des Rates ließ zunächst offen, welchen Weg der Arbeiter- und Soldatenrat zur Durchsetzung seiner Forderungen gehen würde; es ließ ferner offen, ob oder wieweit die SPD bereit war, mit ihrer reformistischen Politik zu brechen und künftig die revolutionäre Bewegung zu tragen.

Der Ausbau der Dortmunder Räteorganisation

Wie schon ausgeführt, konstituierte sich der Dortmunder Arbeiter- und Soldatenrat zugleich als Arbeiter- und Soldatenrat für den Wahlkreis Dortmund-Hörde, d. h. alle lokalen Räte in diesem Gebiet waren ihm unterstellt[20]. Einzelne dörfliche Räte schlossen sich jedoch bereits auf Landkreisebene zusammen; so existierte im Landkreis Hörde ein Rat von 2 Mitgliedern, der den lokalen Räten übergeordnet war. Die Ziele der einzelnen Arbeiter- und Soldatenräte waren weitgehend identisch: Lebensmittelversorgung, Durchführung der Demobilmachung, Aufrechterhaltung von Ruhe und Ordnung[21]. Bemerkenswert ist die organisatorische Trennung von Arbeiterrat und Soldatenrat auf höherer Ebene. In der Stadt Dortmund waren Arbeiterrat und Soldatenrat zusammengefaßt. Der Arbeiter- und Soldatenrat insgesamt unterstand dem Arbeiter- und Soldatenrats-Büro des Regierungsbezirkes Arnsberg[22], der Soldatenrat (der in Dortmund als Gruppierung innerhalb des Arbeiter- und Soldatenrates bestand) war Teil des Bezirks-Soldatenrats, und dieser unterstand dem General-Soldatenrat

Münster. Der enge organisatorische Zusammenschluß im Wahlkreis schien sich dennoch zu bewähren, da er ein einheitliches Vorgehen und einheitliche Regelungen ermöglichte[23].
Über den Wahlkreis hinaus gingen vom Dortmunder Arbeiter- und Soldatenrat verschiedene Initiativen zur Ausdehnung der Räteorganisation aus. Bereits am 13. November 1918 fand eine Sitzung der Vertreter der Arbeiter- und Soldatenräte des Bezirks Westliches Westfalen statt. König forderte hier die Einheitlichkeit der Richtlinien. Die Räte sollten bei allen Geldfragen nur kontrollieren, aber nicht selbsttätig eingreifen. Kommunale Einrichtungen sollten nicht angetastet werden, für die Aufrechterhaltung des Verkehrs sei unbedingt Sorge zu tragen. Mehlich stellte in seiner Rede die Dortmunder Organisation als vorbildlich dar. Beschlossen wurde, daß das »Bochumer Volksblatt« und die »Westfälische Allgemeine Volkszeitung« zu Amtsblättern sämtlicher Arbeiter- und Soldatenräte im Bezirk werden sollten[24]. Am 13. Dezember 1918 berichtete die »WAVZ«, daß auf einer Konferenz der Arbeiter- und Soldatenräte für den Regierungsbezirk Arnsberg den Dortmundern König, Mehlich und Schröder die Leitung der Räte für den Bezirk übertragen worden sei. Das bedeutete, daß der Dortmunder Arbeiter- und Soldatenrat ausschließlich seinen eigenen Mitgliedern unterstand und selbst die Leitung für den Regierungsbezirk übernahm. Schriftstücke, die den Regierungsbezirk betrafen, trugen den Stempel »Zentralrat Reg. Arnsberg, Sitz Dortmund«[25]. Auf der gleichen Konferenz wurde eine Entschließung angenommen, in der die Arbeiter- und Soldatenräte sich gegen die Errichtung einer Rheinisch-Westfälischen Republik aussprachen. Ferner wurden König, Mehlich, Klupsch (alle SPD) und Meinberg (USPD) neben anderen als Vertreter der Arbeiter- und Soldatenräte zum Rätekongreß gewählt[26].
Anfang Dezember 1918[27] fand auf Initiative des Dortmunder Rates eine Konferenz der Räte für das Industriegebiet statt. Vertreten waren alle Reichstagswahlkreise von Ahlen bis Duisburg durch insgesamt 135 Delegierte. Das Grundsatzreferat hielt Mehlich: Jeder Eingriff der Räte in die Verwaltungstätigkeit sei zu vermeiden, die Behörden seien im Amt zu belassen, die Tätigkeit der Arbeiter- und Soldatenräte solle sich auf die Kontrolle der kommunalen und staatlichen Verwaltung beschränken. Völlige Übereinstimmung mit der Reichsregierung müsse Grundsatz der lokalen Räte sein. Das Hauptaugenmerk sei auf die Sicherung eines ordnungsgemäßen Wirtschaftsablaufes zu richten[28]. Im weiteren stellte Mehlich noch einmal den Aufbau und die Tätigkeit des Dortmunder Rates als vorbildlich dar. Bürgerliche Kräfte sollten zwar nicht direkt in den Rat aufgenommen, aber in den Fachausschüssen zur Mitarbeit herangezogen werden. Abschließend forderte er den Aufbau und Ausbau der Räteorganisation: »Der

Zusammenschluß der Arbeiter- und Soldatenräte soll sich ferner über die bisherigen Reichstagswahlkreise und darüber hinaus zu einer Provinzialorganisation vollziehen.« Die allgemeine Tendenz der anschließenden Aussprache lief auf eine Ablehnung des Linksradikalismus und des Bolschewismus hinaus. Mit nur acht Gegenstimmen wurde eine Entscheidung angenommen, in der die Versammlung sich hinter die Politik der Regierung Ebert-Haase stellte. Sie lehnte die Errichtung einer Diktatur des Proletariats ab, die Arbeiterräte müßten beseitigt werden, sobald wieder verfassungsmäßige Zustände eingetreten seien. Die versammelten Vertreter der Räte im Industriegebiet bekannten sich zur Nationalversammlung und zum Sozialismus: Zwar könne nur die Nationalversammlung endgültig über die Sozialisierungsfrage entscheiden, die Regierung müsse jedoch bereits jetzt einschneidende Bestimmungen erlassen[29].

Der Dortmunder SPD gelang es, die Räteorganisation über den Wahlkreis hinaus zusammenzufassen und unter die Führung des Dortmunder Arbeiter- und Soldatenrates zu bringen. Auf allen von ihnen initiierten Versammlungen von Delegierten der Arbeiter- und Soldatenräte der umliegenden Gebiete spielten die Dortmunder Vertreter eine überragende Rolle und machten ihren Einfluß im Sinne einer gemäßigten, auf der Linie von Ebert und Scheidemann liegenden Politik geltend. Wie sich diese politische Grundeinstellung – Räte nur als vorübergehende Kontrollorgane bis verfassungsmäßige Zustände eingetreten sind, wobei letztere rein formal als Neuwahlen verstanden wurden – auf die Politik der Dortmunder Arbeiter- und Soldatenräte auswirkte, soll im folgenden aufgezeigt werden.

Der Dortmunder Arbeiter- und Soldatenrat in der Kommunalpolitik

Die unmittelbaren Aufgaben, vor denen der Arbeiter- und Soldatenrat in Dortmund stand und wie er sie selber in seinem Programm bezeichnet hatte, waren die Aufrechterhaltung von »Ruhe und Ordnung«, die Sicherung der Lebensmittelversorgung, die Beschaffung von Wohnungen und Arbeitsplätzen u. ä. Diese Aufgaben wollte er in enger Zusammenarbeit mit der Stadtverwaltung, aber auch durch deren Kontrolle lösen.

Um diese Aufgaben effektiv in Angriff nehmen zu können, war eine arbeitsteilige Organisation des Rates notwendig. Aus den Mitgliedern des Rates – wahrscheinlich nur des Rates für die Stadt Dortmund – wurden Delegierte in fünf Ausschüsse gewählt. Diese Ausschüsse waren in Abteilungen untergliedert[30]:

I. Leitung und Auswärtiges
  1. Vorstand   7 Mitglieder
  2. Verkehrsausschuß   12 Mitglieder
II. Angelegenheiten der Stadt Dortmund
  1. Selbstverwaltung und Ernährung   5 Mitglieder
  2. Sicherheitsausschuß   4 Mitglieder + 4 Beiräte
  3. Lazarett- u. Ärztekommission   2 Mitglieder
III. Finanzausschuß   6 Mitglieder
IV. Kommission für Rechtspflege   3 Mitglieder + 1 Beirat
V. Kommission für Arbeiterfragen   5 Mitglieder

Die Frage ist nun, wie diese Ausschüsse ihre Kontrollfunktion ausübten und arbeiteten. Die Richtlinien für die Kontrolltätigkeit des Sicherheitsausschusses über die Polizeiverwaltung geben hier Aufschluß; sie können wohl als exemplarisch für alle Abteilungen gelten. Das Geschäftszimmer des Sicherheitsausschusses befand sich im gleichen Gebäude wie die Polizeiverwaltung. Die Polizeibeamten wurden vom Magistrat angewiesen, den Mitgliedern des Ausschusses jede gewünschte Unterstützung zuteil werden zu lassen. Von Versammlungen, auf denen mündlich Anweisungen erteilt wurden, war dem Sicherheitsausschuß Kenntnis zu geben, dieser hatte das Recht, ein Mitglied in derartige Versammlungen zu entsenden. Alle Schriftstücke der Polizeiverwaltung mußten dem Kontrollorgan des Arbeiter- und Soldatenrates auf Wunsch zur Einsichtnahme und Gegenzeichnung vorgelegt werden. Das Personal der Polizeiverwaltung wählte eine sechsköpfige Kommission (gleiche Stärke wie der Sicherheitsausschuß!), die seine Interessen beim Arbeiter- und Soldatenrat vertreten sollte[31]. – Die Kontrolle der Stadtverordnetenversammlung übernahm die sozialdemokratische Stadtverordnetenfraktion, die ja vollzählig im Arbeiter- und Soldatenrat vertreten war[32].

Alle bisher genannten Arbeitsfelder standen im unmittelbaren Zusammenhang mit der Demobilmachung. Eine der wichtigsten Funktionen des Demobilmachungsamtes, die Leitung der Reichsverwertungsstelle, wurde dem Stadtrat Tschackert[33] übertragen; Tschackert scheint dieses Amt in völliger Eigenverantwortung, ohne die mindeste Kontrolle durch den Arbeiter- und Soldatenrat, ausgeübt zu haben. Die ersten Beschlüsse des Demobilmachungsausschusses für den Landkreis Dortmund, in dem auch Vertreter des Arbeiter- und Soldatenrates waren, lauteten: Schaffung von Arbeitsnachweisen bei allen Ortsbehörden, Zahlung einer Arbeitslosenunterstützung[34]. Nur in den ersten Tagen nach der Revolution bemühte sich der Dortmunder Arbeiter- und Soldatenrat auch um die Bekämpfung des Schleichhandels. Es gelang den Sicherheitspatrouillen, einige Schiebungen aufzudecken[35], später wurde jedoch hierüber nichts mehr gemeldet. Die wichtigsten sozialpolitischen Maßnahmen wurden vom Stadtverordnetenkollegium beschlossen: Einrichtung einer städtischen Kriegsfürsorge[36], Forcierung des Wohnungsbaus[37], Ausbau des Mieteinigungsamtes[38]. Diese Beschlüsse kamen wohl weitgehend ohne die besondere Mitwirkung des Arbeiter- und Soldatenrates zustande, sie waren teilweise bereits vor der Revolution von den relativ weitsichtigen Dortmunder Stadtbehörden vorbereitet worden. Überhaupt ist festzuhalten, daß der Dortmunder Arbeiter- und Soldatenrat weitgehend darauf verzichtete, eigenständig Maßnahmen einzuleiten, die die Verwirklichung seiner Programmpunkte vorangetrieben, ihn aber zugleich in Konflikte mit dem Magistrat gebracht hätten. So weigerte sich der Rat im Dezember, auf Verlangen der Angestellten und Beamten der Polizeiverwaltung den Polizeidirigenten abzusetzen[39]. Die Dortmunder Sozialdemokraten beschränkten die Funktion des Rates wesentlich darauf, ein besonderes, durch die Zeitumstände notwendig gewordenes Hilfsorgan der Stadtverwaltung zu sein und nutzten in keiner Weise das Machtvakuum in den Novembertagen aus.

Für alle militärischen Angelegenheiten und Aufgaben war der Soldatenrat zuständig, jedoch in enger Verbindung mit dem gesamten Rat. Mehlich wies auf der Konferenz der Arbeiter- und Soldatenräte für das Westliche Westfalen eindringlich auf die Gefahr eines getrennten Bestehens von Arbeiterrat und Soldatenrat hin[40]. Die sehr weitgehende Eingliederung des Soldatenrates in Dortmund in den Arbeiter- und Soldatenrat wurde auch dadurch unterstrichen, daß alle Anordnungen des Soldatenrates der Gegenzeichnung des Arbeiter- und Soldatenrates bedurften. Eine der vordringlichsten Aufgaben des Soldatenrates war die Entlassung der Soldaten aus dem Heeresdienst und ihre Rückführung in ihre Heimatstädte. Alle Dortmunder Urlauber sollten sich daher beim Verkehrsausschuß des Rates, Abteilung Bezirkskommando, melden. Sie erhielten dort die Entlassungspapiere mit der Auflage, sich sofort Arbeit zu suchen. Eine Arbeitsvermittlungsstelle wurde auf dem Bezirkskommando eingerichtet. Alle ortsfremden Urlauber erhielten nach ihrer Meldung ihre Entlassungspapiere und einen Fahrschein in ihre Heimat. Ferner wurden alle Soldaten, die nicht im Dienst des Arbeiter- und Soldatenrates standen, dazu aufgerufen, ihre Waffen abzuliefern[41].

Am 14. November 1918 erging vom General-Soldatenrat des VII. Armeekorps in Münster, zu dessen Bezirk Dortmund gehörte, die Bekanntmachung über die Organisation der Soldatenräte im Korpsbezirk. Danach sollte in jedem Landwehrbezirk nur ein Bezirks-Soldatenrat gebildet werden. Der Bezirks-Soldatenrat sollte gewählt werden, die Anzahl seiner Mitglieder richtete sich nach der Größe des Bezirks und der Garnison.

»Diese am Sitz des Bezirkskommandos befindlichen Soldatenräte haben die Aufsicht und volle Verantwortung für ihren ganzen Bezirk, besonders auch für den Sicherheitsdienst«[42]. Der Bezirks-Soldatenrat gliederte sich in einen erweiterten und einen engeren Rat. Der engere Rat war mit der Geschäftsführung beauftragt, Beschlüsse grundsätzlicher Art bedurften der Zustimmung des erweiterten Rates. Zu den Aufgaben des Bezirks-Soldatenrates gehörte die Überwachung des Bezirkskommandos. Er mußte einen täglichen Bericht an den General-Soldatenrat geben[43]. Der nach diesen Richtlinien in Dortmund gebildete Bezirks-Soldatenrat – wobei nicht klar ist, wie er gewählt wurde[44] – war identisch mit dem Soldatenrat im Arbeiter- und Soldatenrat. Trotzdem ergaben sich Kompetenzschwierigkeiten. Ein Mitglied des engeren Bezirks-Soldatenrates vertrat die Auffassung, daß nicht der Arbeiter- und Soldatenrat, sondern der Bezirks-Soldatenrat oberste Aufsichtsinstanz für die Stadt Dortmund war[45]. Diese Auffassung konnte sich zwar nicht durchsetzen, doch kam es im Januar/Februar 1919 noch zu ernsten Konflikten zwischen Arbeiter- und Soldatenrat und Bezirks-Soldatenrat.
Beim Aufbau der Sicherheitswehr bewies die Dortmunder SPD einmal mehr großes organisatorisches Geschick, aber auch hier verzichtete sie darauf, aus der Wehr ein Instrument zur Sicherung der Revolution zu machen, sondern stellte die Wehr in den Dienst der Kommunalbehörden. Die Errichtung volkstümlicher Sicherheitsorgane wurde bereits im Programm des Dortmunder Arbeiter- und Soldatenrates gefordert. Im Aufruf vom 11. November, in dem die Übernahme der militärischen Gewalt durch den Soldatenrat erklärt wurde, forderte der Vorsitzende des Soldatenrates[46] im Auftrag des Arbeiter- und Soldatenrates zur Bildung eines Sicherheitsdienstes auf. Alle Soldaten, die sich dem Arbeiter- und Soldatenrat zur Verfügung stellen wollten, sollten sich beim Sicherheitsausschuß im »Kölnischen Hof« melden. Außerdem wurden *alle* »besonnenen und tatkräftigen Bürger Dortmunds«, die bereit waren, sich am Sicherheitsdienst zu beteiligen, aufgerufen, sich beim zuständigen Polizeirevier zu melden[47].
Am 14. November regte Oberbürgermeister Köttgen nach einer Unterredung mit dem Stadtrat Tschackert die Erweiterung der städtischen Sicherheitsorgane unter Mitwirkung des Arbeiter- und Soldatenrates an. Ein dementsprechender Vorschlag wurde an Mehlich weitergeleitet. Dessen anfängliche Bedenken, dies könnte zu einer Stärkung der gegenrevolutionären Bewegung führen, wurden durch den Vorschlag des Magistrats, nur gewerkschaftlich Organisierte in die Wehr aufzunehmen, zerstreut[48]. Am 15. November stimmte der erweiterte Vorstand des Arbeiter- und Soldatenrates dem Antrag des Magistrats zu. Mehlichs anfängliches Zögern, dem städtischen Verwaltungsdirektor a. D. Major von Walther, der Vorsitzen-

der des Kreis-Kriegerverbandes war, die Leitung der Wehr zu übertragen, scheint rein taktischer Natur gewesen zu sein; denn trotz der Bereitwilligkeit des Magistrats, auch in dieser Frage nachzugeben, willigte Mehlich ein und Major von Walther wurde zum Leiter der Wehr bestimmt[49]. Am 18. November riefen Magistrat und Arbeiter- und Soldatenrat gemeinsam zur Bildung der städtischen Sicherheitswehr auf. Die Wehr sollte bis zu einer Stärke von 2000 Mann ausgebaut werden, die Kosten wurden von der Stadt getragen[50]. Zunächst betrug die Stärke der Wehr 1072 Mann, bewaffnet mit Gewehren, Maschinengewehren, einem Flakgeschütz und Handgranaten[51]. Geplant war die sofortige Verstärkung der Wehr auf 1500 Mann, die restlichen 500 Plätze sollten für aus dem Heeresdienst entlassene, zuverlässige Soldaten freigehalten werden[52]. Am 13. Dezember 1918 wurden die Richtlinien für die Wehr erlassen: Die Wehr wurde, im Einvernehmen mit dem Arbeiter- und Soldatenrat, dem Magistrat unterstellt. Vom Magistrat wurde eine Kommission eingesetzt, diese bestand aus drei Vorstandsmitgliedern des Arbeiter- und Soldatenrates, einem Vorstandsmitglied des Bürgerausschusses[53], dem Leiter der Wehr und dem zuständigen Magistratsdezernenten, Bürgermeister Köttgen. Diese Kommission war also paritätisch aus Mitgliedern des Rates und Vertretern des Bürgertums besetzt. Sie fungierte gleichzeitig als Kontroll- und Verwaltungsorgan für die Wehr. Der Leiter der Wehr war in seinem Handeln an die Beschlüsse der Kommission sowie der gewählten Obmänner gebunden – sicherlich ein Ansatz zur Demokratisierung der Struktur der Wehr. Leider ist nicht bekannt, wie die Obmänner gewählt wurden, noch welche sonstigen Aufgaben und Rechte sie hatten.
Die Aufgabe der Wehr bestand in einer Ergänzung und Unterstützung der Polizei. Sie sollte stets dann eingreifen, wenn die Polizei Hilfe von der Wehr anforderte. Ihr selbständiger Handlungsbereich erstreckte sich auf die Verhinderung von Plünderungen und Diebstählen, Sicherung gefährdeter Gebäude, Schutz von Veranstaltungen. Die Wehr sollte bei Streiks und Unruhen eingreifen, wenn Menschen oder Eigentum bedroht waren[54]. Offensichtlich entstand eine gewisse Rivalität zwischen Wehr und Polizei. Der Sicherheitsausschuß beim Arbeiter- und Soldatenrat betonte, daß die Wehr nicht der Polizei unterstellt sei, was formal auch zutraf[55]. Die Kommission erklärte jedoch, daß die Polizei der Wehr übergeordnet sei, aber über keine Weisungsberechtigung für die Wehr verfüge[56]. Der Dienst in der Wehr wurde ausgesprochen gut entlohnt, mit 13 Mark täglich. Der Zugführer erhielt eine Zulage von 4 Mark wöchentlich. Außerdem sollte versucht werden, für die Soldaten der Wehr eine Versicherung abzuschließen[57]. Nach dieser Umwandlung der Sicherheitskompanie, die ein Organ des Arbeiter- und Soldatenrates war[58], in die Sicherheitswehr der Stadt

Dortmund, die in erster Linie dem Magistrat unterstellt war, war es nur konsequent und der Entwicklung angemessen, daß die roten Armbinden der Wehr durch schwarz-rot-goldene ersetzt wurden. Auch die Mützen wurden mit Kokarden in den republikanischen Farben versehen[59].

Der Arbeiter- und Soldatenrat und das Dortmunder Bürgertum

Wenn Mehlich auf verschiedenen Konferenzen der Arbeiter- und Soldatenräte in Westfalen die Dortmunder Räteorganisation als vorbildlich hinstellte[60], so nicht nur wegen ihrer organisatorischen Leistungen. Immerhin war es gelungen, die Räteorganisation über den Raum der Stadt Dortmund auszudehnen und zu vereinheitlichen, eine »zuverlässige« Sicherheitswehr aufzubauen und die Anerkennung des Rates in der Stadt zu erlangen. Am wichtigsten aber erschien Mehlich wohl die gute Zusammenarbeit mit dem Dortmunder Magistrat. Der telegraphische Erlaß der preußischen Regierung, der die Behörden aufforderte, in der Zusammenarbeit mit den Räten »den Standpunkt gegenseitiger loyaler Unterstützung zu suchen und dabei das Ziel unbedingter Fernhaltung jeder Störung der öffentlichen Ordnung und Sicherheit im Auge zu behalten«, entsprach der Haltung des Magistrats und auch des Arbeiter- und Soldatenrates[61]. Der Magistrat wirkte in diesem Sinne auf Beamte ein, die versuchten, passiven Widerstand zu leisten und so die Arbeit des Arbeiter- und Soldatenrates zu erschweren[62]. Die Dortmunder SPD ihrerseits bemühte sich, Konflikte mit den Behörden zu vermeiden. Als am 10. November ein Beamter sich weigerte, auf Befehl eines Mitgliedes des Arbeiter- und Soldatenrates die rote Fahne auf dem Rathaus zu hissen, versicherte ihm der Vorsitzende des Arbeiter- und Soldatenrates, Mehlich, daß die Fahne dort nur ein paar Tage aushängen sollte[63]. Als am 10. Dezember das Zentrum eine Anfrage in der Stadtverordnetenversammlung – dieser Anfrage war eine regelrechte Kampagne in der Parteizeitung des Zentrums, der »Tremonia« vorausgegangen – über die Kosten des Arbeiter- und Soldatenrates und der Sicherheitswehr machte, verteidigten Eichhoff und Köttgen im Namen des Magistrats die SPD-Fraktion bzw. den Arbeiter- und Soldatenrat aufs entschiedenste. Sie erklärten, daß die hohen Kosten der Wehr nicht zu Lasten des Arbeiter- und Soldatenrates gingen; dessen Ausgaben seien vielmehr sehr niedrig[64]. Die Sicherheitswehr sei von der Stadtverwaltung als städtische Einrichtung übernommen worden, und sie habe sich zur Aufrechterhaltung von Ruhe und Ordnung in der Stadt angesichts der allgemeinen Unsicherheit, der Truppenrückführung usw. als unbedingt notwendig erwiesen. Die wöchentlichen Kosten

für die Wehr beliefen sich bei einer Stärke von 1800 Mann auf 21 000 Mark[65]. Um die Kosten zu verringern, wolle man die Stärke der Wehr herabsetzen, zumal die Verhältnisse sich stabilisiert hätten. Im übrigen habe sich die Sicherheitswehr vorzüglich bewährt[66].
Mit Ausnahme des Zentrums hielten sich die Parteien des Bürgertums, die linken Liberalen, später Deutsche Demokratische Partei, wie die Nationalliberalen und Konservativen, später Deutsche Volkspartei, und Deutschnationale Volkspartei, zunächst in ihrer Kritik an der Politik des Dortmunder Arbeiter- und Soldatenrates sehr zurück. Die rechtsgerichteten Kräfte des Bürgertums verbargen ihre Ablehnung hinter allgemeineren Warnungen (»Dortmunder Zeitung«), so z. B. daß die Entente wegen der Räte mit dem Einmarsch drohe. Bereits Mitte Dezember hielten sie ein eindeutiges Abrücken von den Alldeutschen und der Vaterlandspartei nicht mehr für nötig. Die DNVP nahm den in Dortmund als Kriegshetzer verrufenen Pfarrer Traub von den Alldeutschen als Mitglied auf[67]. Die DDP verstand sich als »demokratisches Korrektiv« zur Sozialdemokratie. Verbunden mit einer heftigen Polemik gegen Linksradikale warnte das »Dortmunder Tageblatt« vor der Errichtung einer Klassenherrschaft und sprach sich für eine baldige Einberufung der Nationalversammlung aus[68]. Einstimmig lobend wurde von bürgerlicher Seite gewürdigt, daß bei dem Truppenempfang Ende November in Dortmund der Arbeiter- und Soldatenrat das Aushängen von schwarz-weiß-roten Fahnen, den Farben des Kaiserreichs, gestattete[69]. Der Truppenempfang wurde so zu einer demonstrativen Aktion des Bürgertums, der Arbeiter- und Soldatenrat versäumte es völlig, den Soldaten die Bedeutung der Ereignisse in der Heimat, die antimilitaristische Tendenz und die revolutionär-sozialistische Zielsetzung der Bewegung deutlich zu machen. Die »WAVZ« stimmte in den allgemeinen patriotischen Tenor mit ein[70].
Eine erste beginnende Reorganisierung des Bürgertums stellte der auf Initiative von Linksliberalen gegründete Bürgerausschuß dar, dem sich alle bürgerlichen Kräfte anschlossen[71]. Der Bürgerausschuß verstand sich als notwendige Ergänzung zum Arbeiter- und Soldatenrat, d. h. als Vertretung des im Rat ausgeschlossenen Bürgertums. Er gliederte sich dementsprechend in ähnliche Abteilungen wie der Arbeiter- und Soldatenrat und arbeitete in der Folgezeit eng mit den Behörden und dem Arbeiter- und Soldatenrat zusammen. Leider ließ sich nicht feststellen, wie groß sein tatsächlicher Einfluß war, in welchen Kommissionen seine Vertreter saßen, ob sie an den Sitzungen des Arbeiter- und Soldatenrates teilnahmen, usw.[72]. In der Entschließung auf der Gründungsversammlung forderte der Bürgerausschuß die baldige Einberufung der Nationalversammlung. Er definierte als seine Aufgabe, den Räten bei der Aufrechterhaltung von Ruhe,

Ordnung und Sicherheit, bei der Rückführung des Heeres in Heimat und Arbeit, bei der Sicherstellung der Ernährung des Volkes, bei dem politischen, wirtschaftlichen und kulturellen Wiederaufbau Deutschlands – was alles von den Räten nicht allein bewältigt werden könne – zu helfen. Mehlich, der als Gast auf der Gründungsversammlung anwesend war, dankte für dieses Angebot der Unterstützung, wies aber darauf hin, daß bis zur Nationalversammlung die Herrschaft der Räte notwendig sei[73].

Die Auseinandersetzungen der beiden Parteien im Arbeiter- und Soldatenrat

Während die Zusammenarbeit mit dem Magistrat ziemlich reibungslos verlief und der Dortmunder Arbeiter- und Soldatenrat auch gegenüber dem Bürgertum sehr kompromißbereit und kooperativ war, kam es bald zu scharfen Auseinandersetzungen zwischen den beiden Parteien innerhalb des Rates. Allerdings sind der historischen Analyse in dieser Hinsicht insofern enge Grenzen gezogen, als die USPD nicht über ein eigenes Organ verfügte und auch keine Protokolle der Sitzungen des Arbeiter- und Soldatenrates vorliegen. Die Auseinandersetzungen zwischen den beiden Parteien kann nur anhand der Artikel in der »WAVZ« dargestellt werden. Es läßt sich daher nur wenig über die Politik der Unabhängigen im Arbeiter- und Soldatenrat sagen; festzustehen scheint allerdings, daß ihr Einfluß auf die Tätigkeit des Rates sehr gering war.

Zu Anfang beschränkte sich die SPD auf eine politische Abgrenzung zur USPD, im wesentlichen in der Frage der Einberufung der Nationalversammlung. Sie bezeichnete die Position der Unabhängigen, die die Wahlen zur Nationalversammlung solange hinauszögern wollten, bis die demokratischen und sozialistischen »Errungenschaften« des Umsturzes gesichert schienen, als »undemokratisch«[74]. Für die »WAVZ« – und damit vertrat sie völlig die SPD-Politik im Rat der Volksbeauftragten – gab es nur die Alternative Demokratie (= frühest mögliche Wahl der Nationalversammlung) oder Bolschewismus (= Anarchie, Terror, Chaos)[75]. Zwischen Spartakisten und linken Unabhängigen wurde kaum differenziert. Ab Dezember wurde die Auseinandersetzung immer polemischer. Offensichtlich zielte die Berichterstattung in der SPD-Zeitung nun darauf ab, durch die Diffamierung von Spartakisten und linken USPD-Mitgliedern die rechten Unabhängigen in Dortmund zu einem Übertritt in die SPD zu bewegen. Typisch hierfür ist ein Bericht über eine Versammlung der linken Unabhängigen in Dortmund, auf der diese, nach der »WAVZ«, auf Weisung Lieb-

knechts beschlossen haben sollen, durch einen Überraschungstrick die
Mehrzahl der Unabhängigen in Dortmund zum Übertritt in den Spartakusbund zu zwingen. Unter der Überschrift »Bolschewistenverschwörung« schrieb die »WAVZ«: »Von nun an müssen wir mit diesen bolschewistischen Elementen jede Gemeinschaft ablehnen ... Unsere Partei- und
Gewerkschaftsgenossen aller Orts bitten wir, auf der Hut zu sein und un-
ermüdlich an der Stärkung unseres Kampfes zu arbeiten«[76].
Eine schwere Belastungsprobe für die Zusammenarbeit der beiden Parteien
im Arbeiter- und Soldatenrat bedeutete die Verhaftung der Mülheimer
Großindustriellen August und Fritz Thyssen, Eduard Stinnes und von fünf
Direktoren von Thyssen und Krupp[77]. Diese waren aufgrund der Anschuldigungen von Hubert Börsch, Unabhängiger und Vorstandsmitglied des
Dortmunder Arbeiter- und Soldatenrates, vom Mülheimer Arbeiter- und
Soldatenrat am 9. Dezember 1918 verhaftet und nach Berlin überführt
worden. Börsch hatte behauptet, daß er auf eine recht abenteuerliche Weise
eine Versammlung von Großindustriellen in einem Dortmunder Hotel be-
lauscht hätte. Auf dieser Konferenz hätten Stinnes, Thyssen u. a. sich für
eine Eingabe der Großindustrie an Frankreich ausgesprochen, in der die
Franzosen gebeten werden sollten, das Rheinland zu besetzen; dadurch er-
hoffe man sich, die Errichtung einer rheinisch-westfälischen Republik zu
beschleunigen. Bereits am 11. Dezember wurden jedoch die Verhafteten
wieder freigelassen, da Börsch gestand, alles erfunden zu haben; er wurde
einen Tag später verhaftet.
Den politischen Inhalt seiner Anklage mußte Börsch jedoch nicht erst er-
finden. Ähnliche Vorwürfe hatte Professor Alfred Weber in verschiedenen
Zeitungsartikeln und auf einer Versammlung der DDP in Berlin am 1. 12.
1918 erhoben. Es kann als sicher gelten, daß zahlreiche Industrielle der separatistischen Bewegung sympathisierend gegenüberstanden, zum einen
wegen ihrer Ablehnung der sozialpolitischen Errungenschaften der Revolution, zum anderen, da sie enge wirtschaftliche Verbindungen zu Frankreich hatten. Die Rolle von Hugo Stinnes bei den Verhandlungen in Spaa ist
wohl bis heute noch nicht geklärt, von Thyssen sind seine Beziehungen
zum Zentrum, das sich zum Sprecher der Loslösungsbestrebungen machte,
bekannt; sowohl Stinnes als auch Thyssen besaßen Werke in Elsaß-Lo-
thringen und jenseits des Rheins[78]. Unter diesen Umständen war die erste
Reaktion auch der »WAVZ« die Forderung nach schwerster Bestrafung der
Hochverräter[79]. Nachdem sie schon vorher erklärt hatte, daß Börsch zwar
dem Arbeiter- und Soldatenrat, nicht aber der SPD angehört, nahm sie
dann nach der Verhaftung von Börsch die Gelegenheit wahr, mit der radikalen Linken abzurechnen. Die »WAVZ« schrieb nun: » . . . soll das (die
Affäre Börsch) vielleicht ein Teil des blauen Wunders sein, daß Karl Lieb-

knecht auch für den Industriebezirk angekündigt hat?« und warf der USPD vor, »einen Mann mit solch verbrecherischen Anlagen in den Hauptausschuß« delegiert zu haben. Sie kündigte an, daß die SPD in Dortmund Konsequenzen ziehen werde, bis sich die Unabhängigen endlich klar von den Spartakisten getrennt hätten[80]. Zugleich versicherte die »WAVZ«, daß die Separationsbestrebungen zwar eine große Gefahr bedeuteten, doch könne man in Dortmund beruhigt sein, da sich die Dortmunder Industriellen gegen die Errichtung einer Rheinisch-Westfälischen Republik ausgesprochen hätten[81]. Deutlich wird auch hier wieder, daß für die SPD der Feind immer mehr links stand, und eine Bedrohung von seiten des Bürgertums nicht weiter ernst genommen wurde. Selbst in diesem konkreten Punkt scheint das Vertrauen in die Großindustrie in Dortmund leichtfertig gewesen zu sein. Wie aus den Niederschriften der Vollversammlungen der Handelskammer hervorgeht, wurden die Berichte über die Separationsbestrebungen immer streng vertraulich behandelt; es kam aber stets zu längeren Aussprachen, was zumindest auf geteilte Meinungen zu diesen Bestrebungen schließen läßt[82]. Die Gesamttendenz des Dortmunder Arbeiter- und Soldatenrates – Kooperationsbereitschaft mit dem Bürgertum und Bekämpfen und Hinausdrängen der Unabhängigen aus dem Rat – verstärkte sich noch weiter seit Ende Dezember 1918/Anfang Januar 1919.

III. Die Phase der verstärkten Abgrenzung nach links und die Selbstauflösung des Arbeiter- und Soldatenrates: Januar bis März 1919

Um die Jahreswende fielen in Berlin mehrere wichtige Entscheidungen, die für die weitere Entwicklung im Reich und auch in Dortmund von großer Bedeutung waren. Der in Berlin vom 16. – 20. Dezember 1918 tagende Reichsrätekongreß – die Delegierten der lokalen Räte gehörten in ihrer überwiegenden Mehrheit der SPD an – setzte den Wahltermin für die Nationalversammlung auf den 19. Januar 1919 fest. In der Frage der Kompetenzbestimmung des zu wählenden Zentralrats wurde der von der USPD-Fraktion gegen den eigenen Vorstand durchgesetzte Antrag abgelehnt, daß dem Zentralrat das volle Recht der Zustimmung oder Ablehnung von Gesetzen vor ihrer Verkündigung zugesprochen werden sollte. In der darauffolgenden Fraktionssitzung setzte sich der linke Flügel der Unabhängigen durch, die Partei verzichtete darauf, Vertreter in den Zentralrat zu entsenden. Die innere Zerrissenheit und Uneinigkeit der USPD wurden hier offensichtlich, der Differenzierungsprozeß innerhalb der Partei schritt fort. Beide Beschlüsse des Rätekongresses stärkten die Politik der SPD-Füh-

rung, die auf einen verstärkten und beschleunigten Abbau der Räte abzielte.
In zwei anderen wichtigen Beschlüssen zeigte sich jedoch, daß die SPD-Spitze sich von ihrer eigenen Basis mit dieser Politik immer mehr entfernte: in der Frage der Militärgewalt wurden, trotz Intervention von Ebert, die »Sieben Hamburger Punkte« angenommen. In der Sozialisierungsfrage, die ohnehin nur aufgrund des Protestes der Delegierten zur Beratung gelangte, beschloß der Kongreß, die Sozialisierung der dafür »reifen« Industrien sei sofort in Angriff zu nehmen. In der Mißachtung dieser beiden Beschlüsse durch den Rat der Volksbeauftragten ist eine der wichtigsten Ursachen für die 1919 einsetzende Radikalisierung der Massenbewegung zu sehen[1].
Ende Dezember kam es zur Gründung der Kommunistischen Partei. Auf ihrem Gründungsparteitag am 31. Dezember 1918 beschloß die Mehrheit der anwesenden Delegierten der KPD gegen den Vorschlag des Vorstandes, sich nicht an den Wahlen zur Nationalversammlung zu beteiligen. Mit diesem Beschluß verzichtete die neue Partei auf die Möglichkeit, den Wahlkampf als Agitationsebene auszunutzen. In gewisser Weise wiederholen die Delegierten den Fehler vom November 1918, als Karl Liebknecht sich weigerte, in den Rat der Volksbeauftragten einzutreten. In Überschätzung der revolutionären Massenbewegung – man glaubte, daß es noch vor den Wahlen zum Sturz der Regierung Ebert kommen würde – nutzte die KPD die Chance nicht aus, gerade in einer konkreten politischen Auseinandersetzung sich als Alternative zur SPD und zur USPD darzustellen. So blieb den Kommunisten in ihrer selbstgewählten Isolation nur noch die abstrakte Kritik an der SPD und am bürgerlichen Parlamentarismus[2].
Aus Protest über das Verhalten der SPD-Volksbeauftragten gegenüber der Volksmarinedivision, das zu heftigen Kämpfen der Matrosen mit den Truppen des General Lequis führte, traten die Unabhängigen am 29. Dezember 1918 aus dem Rat der Volksbeauftragten aus. Ihrem Beispiel folgten am 3. Januar 1919 die USPD-Mitglieder der preußischen Regierung. Daraufhin wurde am 4. Januar der Unabhängige Eichhorn seines Amtes als Polizeipräsident von Berlin enthoben. Aus einer Protestdemonstration gegen die Entlassung Eichhorns entwickelte sich das, was als »Spartakistenaufstand« bezeichnet wurde. Zur Niederschlagung der Aufständischen beschloß am 6. Januar 1919 der Rat der Volksbeauftragten in einer gemeinsamen Sitzung mit dem Zentralrat die Schaffung einer Truppe in Zusammenarbeit mit der Obersten Heeresleitung. Die Truppe, deren Oberbefehl dem Sozialdemokraten Noske übertragen wurde, bestand zu einem großen Teil aus Freiwilligenverbänden. Diese Freikorps waren bereits vor Weihnachten organisiert worden, teils zum Schutz der Ostgrenzen, vor allem aber zur Aufrechterhaltung der Ruhe im Innern. Sie wurden von meist of-

fen reaktionären Offizieren gegründet und stellten eindeutig konterrevolutionäre Formationen dar. Diese Freikorps wurden jetzt gemeinsam mit Regierungstruppen gegen die Berliner Arbeiter eingesetzt. Am 14. Januar war der Aufstand endgültig niedergeschlagen, waren viele Unabhängige und Kommunisten getötet und verhaftet worden. Am 15./16. Januar 1919 fielen Rosa Luxemburg und Karl Liebknecht in die Hände des Militärs und wurden von ihnen ermordet[3]. Die Niederlage der Aufständischen bedeutete eine große Schwächung der linken Kräfte. Die Regierung der SPD hatte demonstriert, daß sie im Bündnis mit den Repräsentanten des alten Systems in der Lage war, sich militärisch gegen eine linke Opposition durchzusetzen, und daß sie gewillt war, von ihrer Macht künftig entschieden Gebrauch zu machen.

Die Ereignisse in Berlin blieben nicht ohne Rückwirkungen auf Dortmund. Die Differenzierungstendenzen innerhalb der USPD sowie die Gründung der KPD in Berlin führten zur Abspaltung des linken Flügels der Unabhängigen und zur Gründung einer Ortsgruppe der KPD. Die Nichtverwirklichung des Sozialisierungsbeschlusses und der »Sieben Hamburger Punkte« waren die Ursache zahlreicher Auseinandersetzungen in den kommenden Monaten in der Stadt. Die Politik der SPD-Spitze in Berlin, den Abbau der Räte beschleunigt nach den Wahlen in Angriff zu nehmen, wurde von der Dortmunder SPD auf lokaler Ebene fortgesetzt. Im Januar griffen die Unruhen in Berlin auf das gesamte Reichsgebiet über, und auch in Dortmund kam es am 7./8. Januar 1919 zu Kämpfen. Diese Ereignisse bedeuteten einen Höhepunkt und zugleich den endgültigen Sieg der SPD in den Auseinandersetzungen der beiden Parteien im Arbeiter- und Soldatenrat. Der Arbeiter- und Soldatenrat verfolgte danach immer offener eine Politik, die sich gegen die linken Strömungen richtete. Wie noch genauer zu untersuchen sein wird, verlor die SPD dadurch ihre Führungsrolle in der Dortmunder Arbeiterschaft. Aber auch hier zeigte sich, daß diese Rolle der SPD nicht von den Unabhängigen und den Kommunisten eingenommen werden konnte, da beiden Parteien die hierzu nötige organisatorische und politische Stärke fehlte.

Die Januar-Unruhen in Dortmund

Für den 7. Januar 1919 war eine Versammlung von Soldaten, Kriegsbeschädigten und Deserteuren im Dortmunder Gewerbeverein von der USPD einberufen worden[4]. Zu dieser Versammlung wurde, wie die Zeitungen berichteten, mit so auffallenden Plakaten geworben, daß sowohl die

Polizei als auch die SPD Unruhen erwarteten. In der Versammlung wurde die Absetzung Mehlichs und einer Reihe von städtischen Beamten gefordert. Nach der Versammlung formierte sich ein Demonstrationszug von Bewaffneten. Er ging um 20.30 Uhr in Richtung Körnerplatz, an dem sich das Gebäude des Bezirks-Soldatenrates und die Unterkünfte der Sicherheitswehr befanden. Die Demonstranten hielten das Gebäude des Bezirks-Soldatenrates zeitweilig besetzt, es gelang ihnen jedoch nicht, zum Hauptgebäude der Wehr, zur Klosterschule, durchzubrechen, da die Wehr alle dorthinführenden Straßen besetzt hielt. Gegen 23 Uhr versuchte eine Gruppe, zum großen Teil Angehörige des Essener Arbeiter- und Soldatenrates, das Gebäude der Reichsbank zu stürmen. Diese wurde jedoch erfolgreich von der Wehr verteidigt, die Angreifer wurden zurückgeschlagen. Gegen 23.45 Uhr versuchten die Demonstranten, ein Polizeigebäude im Norden der Stadt zu stürmen und die an den Silvesterunruhen Beteiligten zu befreien[5]. Eine halbe Stunde später kam es zu schweren Zusammenstößen zwischen Wehr und Demonstranten am Stadthaus; die Menschenmenge war nach Polizeischätzung auf 1500 Demonstranten angewachsen. Besonders der Eingang zum Gefängnis wurde umkämpft. Erst auf Vermittlung und Aufforderung Jacobys, des Führers der Dortmunder USPD[6], zerstreute sich die Menge. Jacoby trat mit der Wehr in Verhandlungen, um Blutvergießen zu vermeiden.

Gleich nach Beginn der Demonstration war ein Teil der Demonstranten in die Druckerei der »WAVZ« eingedrungen, wo sie jedoch zunächst vertrieben wurden. Gegen 23 Uhr erschien dort erneut eine große Menschenmenge, die den Abzug der Wehr verlangte. Die Wehr fügte sich. Danach wurde die Auslieferung von Wahlflugblättern der SPD gefordert; diese wurden dann verbrannt. Der Parteivorstand der USPD – Jacoby, Kuhr, Meinberg und Malessa[7] – erklärte die »WAVZ« für die nächsten 48 Stunden für besetzt. Das Personal der Druckerei weigerte sich, für die Unabhängigen während dieser Zeit zu arbeiten. Gegen 3 Uhr wurde auch das Zeitungsgebäude durch die Sicherheitswehr geräumt. Die Bilanz der Unruhen: viele Verhaftungen, einige Schwerverletzte und Tote.

Am 8. und 9. Januar wurden die Führer der Unabhängigen Kuhr, Jacoby und Meinberg auf Beschluß einer Versammlung, auf der Vertreter des Magistrats, der Polizei, der Staatsanwaltschaft, des Arbeiter- und Soldatenrates, des Sicherheitsausschusses und der Wehr anwesend waren, verhaftet. Die Angehörigen der Sicherheitswehr, die die Verhafteten ins Gefängnis transportieren sollten, weigerten sich zunächst. Erst als Schröder (rechter Unabhängiger) und Eichhoff ihnen versicherten, es handele sich nicht um eine Verhaftung aus politischen Gründen, sondern die drei stünden unter der Anklage des Landfriedensbruchs, waren sie zur Ausführung des Befehls bereit. Bald darauf erschienen zwei Unabhängige bei Eichhoff und drohten mit weiteren Unruhen, wenn nicht wenigstens Jacoby unverzüglich freigelassen werde. Die Masse der Unabhängigen sei der Überzeugung, daß die Verhaftung auf Veranlassung der SPD erfolgt sei, um den Wahlkampf der USPD zu erschweren und zu behindern. Daraufhin wurden Jacoby, Meinberg und Kuhr, die inzwischen nach Münster gebracht worden waren, zurück nach Dortmund geholt, zumal der Staatsanwalt von Münster sie ohne Haftbefehl von Dortmund nicht festhalten wollte. In Dortmund wurden die Verhafteten nach einem Verhör durch den Staatsanwalt aufgrund mangelnden Beweismaterials wieder freigelassen.

Analog zu den Unruhen in Berlin wurde auch der »Januar-Putsch« in Dortmund als das Werk der Spartakisten bezeichnet. Der durchaus richtig gesehene Zusammenhang mit den Ereignissen in Berlin wurde sowohl von den bürgerlichen Zeitungen als auch von der »WAVZ« so interpretiert, als habe eine zentrale Leitung der KPD die Unruhen auch in Dortmund geplant. Für diese Behauptung gibt es jedoch keine positiven Belege. Am 7. Januar war der Höhepunkt des Aufstandes in Berlin bereits überschritten, die Niederlage der Arbeiter bahnte sich an; erst jetzt kam es in Dortmund zu den Unruhen, die wohl als eine spontane Solidarisierung verstanden werden müssen.

Zum anderen unterstellten die Zeitungen in Dortmund, daß die Dortmunder Unabhängigen einen »Putsch« geplant hätten. Richtig ist dabei, daß die Dortmunder USPD die Absetzung von Mehlich erzwingen wollte. Dies war die Forderung der von ihr durchgeführten Versammlung; sie wurde auch in dem Gespräch von USPD-Vertretern mit Eichhoff am 8. Januar 1919 erhoben[8]. Die Ausschaltung der gesamten Mehrheitssozialdemokraten im Rat wäre jedoch angesichts der Schwäche der Linken unrealisierbar gewesen und wurde auch nicht gefordert. Von einer zentralen Leitung konnte auch hier nicht die Rede sein, die Teilnahme von Mitgliedern des Essener Arbeiter- und Soldatenrates war nichts weiter als eine Unterstützung der Unabhängigen in Dortmund, wohl auf deren Bitten hin. Die Besetzung der SPD-Zeitung richtete sich in Dortmund wie in anderen Städten – in Berlin, Mülheim, Düsseldorf, Wuppertal, usw. – zunächst gegen eine unfaire Berichterstattung in den SPD-Zeitungen gegenüber den Unabhängigen und Kommunisten. Eine wichtige Rolle spielte dabei aber auch, daß die Zeitungen in der damaligen Zeit ein bedeutenderes Propagandainstrument als heute darstellten und daß nach der Abspaltung der USPD die sozialdemokratischen Zeitungen zum größten Teil in den Händen der SPD geblieben waren[9]. Auch in Dortmund war es den Unabhängigen nicht gelungen, ein eigenes Parteiorgan aufzubauen, so daß eine, wenn auch nur zeitweilige, Besetzung hohe demonstrative und agitatorische Bedeutung haben konnte, vor allem wenn es gelungen wäre, in der Druckerei zu arbeiten[10]. Die Bewaffnung der Demonstranten ist ebenfalls kein Zeichen für eine zentrale Leitung, da sich um die Jahreswende noch viele Waffen im Besitz der Bevölkerung befanden[11]. Zu den heftigen Kämpfen, die sich vor allem vor dem Stadthaus abspielten, muß noch angeführt werden, daß die USPD behauptete, die Polizei und die Wehr habe die Menge provoziert, die ersten Schüsse seien von der Polizei abgegeben worden. Dies konnte ich nicht näher nachprüfen[12].

Der Dortmunder USPD kann der Vorwurf, diese Demonstration allzu leichtfertig geplant zu haben, nicht erspart bleiben. Die Kämpfe in der Nacht hätten von ihr vorausgesehen werden müssen; denn daß die Dortmunder SPD und die Stadtverwaltung eine Besetzung der Räume der Wehr, des Bezirks-Soldatenrates und der »WAVZ« ohne Gegenwehr nicht zulassen würden, war vorauszusehen. Die Kämpfe in der Stadt konnten erst dann gewonnen werden, wenn der Radikalisierungsprozeß der Arbeiter weiter fortgeschritten sein würde. Die Zahl der Teilnehmer an den Kämpfen war relativ hoch. Denn zu den 1500 vor dem Stadthaus kamen noch die Demonstranten vor der »WAVZ«. Zu berücksichtigen ist, daß die Arbeiterwohnviertel nicht im eigentlichen Stadtgebiet lagen. Die Teilnehmerzahl der Versammlung betrug angeblich nur etwa 300, im Laufe der Demonstration und der Auseinandersetzungen wuchs die Menge also beträchtlich. Trotzdem muß betont werden, daß die weit überwiegende Mehrheit der Arbeiter passiv geblieben war. Die Aktionen der Dortmunder Unabhängigen waren wohl aus der Verbitterung über die Politik der SPD in Dortmund und aus einem Gefühl der Solidarität mit den Berliner Arbeitern heraus entstanden. Wegen ihrer unüberlegten Aktionen und ihrer Fehleinschätzung der Situation in Dortmund trägt die Dortmunder USPD jedoch einen Teil der Schuld an der folgenden Entwicklung, in der sie dann schließlich völlig aus dem Arbeiter- und Soldatenrat gedrängt wurde.

Wie sehr die Ereignisse des 7./8. Januar 1919 die USPD schwächten, läßt sich schon am Übertritt von vier Unabhängigen zur SPD ablesen. Hermann Linke, Heinrich Schröder, Teska und Ahlenkamp, alle Mitglieder des Arbeiter- und Soldatenrates, begründeten ihren Austritt mit der Ablehnung spartakistischer Tendenzen in der Dortmunder USPD. Sie boten der SPD an, ihre Funktionen niederzulegen und aus dem Rat auszutreten. Diese lehnte natürlich ab[13]. Durch diesen Übertritt wurde die USPD-Fraktion im Arbeiter- und Soldatenrat entscheidend geschwächt, da alle vier Parteiwechsler im engeren Rat saßen. Schröder war 2. Vorsitzender, Linke gehörte dem Verkehrsausschuß, Ahlenkamp und Teska dem Sicherheitsausschuß an[14]. Angesichts der neu gewonnenen Stärke der SPD und der Festigung seiner Position ließ Mehl sich durch den Arbeiter- und Soldatenrat und die Stadtverwaltung zum »Volkskommissar« ernennen. Damit hatte er »die unumschränkte Gewalt über alle Behörden des Gebiets«[15]. Außerdem fand Ende Januar eine Umorganisierung des Rates statt. Dadurch war im obersten Gremium, dem Arbeitsausschuß, nun kein Unabhängiger mehr. Lediglich im Hauptausschuß saßen noch vier USPD-Mitglieder[16].

Die Gründung der KPD in Dortmund

Zur Schwächung der Unabhängigen trug ferner das Entstehen einer Ortsgruppe der KPD bei, d. h. die Abspaltung des linken Flügels[17]. Am 16. 1. 1919 fand eine Versammlung der KPD in Dortmund statt. Die Redner waren Adolf Meinberg und Arthur Hammer aus Essen, die Teilnehmerzahl betrug 80–90 Personen. Die Versammlung sprach zunächst ihre Trauer und ihren Protest über die Ermordung Rosa Luxemburgs und Karl Liebknechts aus. Die niedrige Teilnehmerzahl bei dieser einzigen Versammlung, die zum Tode der beiden Ermordeten stattfand, zeigt, wie schwach die Kommunisten zu diesem Zeitpunkt in Dortmund waren. Auf der Versammlung forderten die beiden Redner die Ersetzung aller höheren Verwaltungs-, Polizei- und Kommunalbeamten durch Arbeiter. Die Stadtverordnetenversammlung müsse aufgelöst und durch die Arbeiterschaft neu gewählt werden. Alle geheimen Sitzungen seien abzuschaffen. Weitere Forderungen waren: Bildung einer roten Garde, Sozialisierung der Betriebe und Beschlagnahme der Banken, damit das Geld den Arbeitern zugute komme[18].
Die endgültige Trennung der KPD von der USPD fand Anfang Februar statt. Auf einer Kreisgeneralversammlung der Dortmunder Unabhängigen am 10. 2. 1919 waren die Kommunisten bereits in der Mehrheit, die Mülheimer »Freiheit« schätzte ihre Zahl im Dortmunder Raum auf 4000 Mitglieder. Die Abstimmung der Filialversammlung der USPD der Stadt Dortmund am 13. 2. 1919 ergab 71 Stimmen gegen den Übertritt zur KPD und 78 für die Kommunisten. Jacoby stimmte gegen einen Übertritt, Meinberg dafür[19].
Anfang März fand die Kreiskonferenz der KPD, Bezirk Westfalen, statt. Erster Vorsitzender der KPD Westfalen wurde Kuhr, zweiter Vorsitzender ein Mitglied des Hörder Arbeiter- und Soldatenrates, Tombrock. Meinberg wurde zum Vorsitzenden der Ortsgruppe Dortmund gewählt, die in Dortmund ein Sekretariat einrichtete. Auf der Konferenz waren 12 Ortsgruppen vertreten[20]. Über den Einfluß und die Tätigkeit der KPD in Dortmund ist nicht viel zu berichten. Auf die Politik des Arbeiter- und Sol-

datenrates scheint sie ebenso wenig Einfluß gehabt zu haben, wie die Unabhängigen. Auch über ihre Agitation und Propaganda konnte ich nicht viel feststellen[21].

Die Wahlen zur Nationalversammlung und zur preußischen Landesversammlung in Dortmund

Die Auseinandersetzungen zwischen USPD und SPD – die Gründung der KPD erfolgte in Dortmund ja erst Anfang Februar – spielten sich im Januar vor allem auf der Ebene des Wahlkampfes ab, der in dieser Zeit ohnehin das politische Leben in der Stadt bestimmte. Am 12. Januar fand eine Demonstrationsversammlung der USPD statt. Auf ihr setzte sich Jacoby mit den Mehrheitssozialdemokraten, mit ihrer Politik während des Krieges und ihrer Haltung zum Rätesystem auseinander. Ferner erläuterte er die Position der Unabhängigen zur Nationalversammlung. Die Identifizierung mit dem Spartakusbund wies er aufs schärfste zurück. Er forderte den Ausbau des Rätesystems, die Sicherung der revolutionären Errungenschaften und deren Ausweitung. Folgende konkrete Forderungen stellte er auf: Einführung des Achtstundentages, Sozialisierung und die Einheitsschule. Er beschuldigte die SPD, die Sozialisierung zu hintertreiben und die Revolution zu gefährden. Mehlich bezeichnete er als »Diktator von Dortmund«, zu diesem habe er sich durch seine Ernennung zum Volkskommissar gemacht[22]. Die SPD warf den Unabhängigen und den Spartakisten vor, Deutschland in die Anarchie zu führen, den Bruderkrieg heraufzubeschwören und in Deutschland russische Zustände einzuführen. Neben dieser Argumentation nahmen Verleumdungen und persönliche Angriffe besonders gegen Jacoby einen großen Raum ein[23].
Am 10. Januar 1919 veröffentlichte die »WAVZ« die Meldung, daß die USPD beabsichtige, Frauen und Kinder an der Spitze ihres für den 12. Januar angekündigten Demonstrationszuges marschieren zu lassen. Die Unabhängigen warfen daraufhin der SPD schlimmste Wahlkampfpolemik vor: es sei selbstverständlich nie die Rede davon gewesen, Frauen und Kinder als Kugelfang zu benutzen[24]. Dieses Gerücht kann als Beispiel für die Vorgehensweise der SPD im Wahlkampf dienen. Die Diffamierung der Unabhängigen und Kommunisten bildete den Schwerpunkt ihrer Wahlpropaganda. Die Bedrohung durch eine »Bolschewistenverschwörung« wurde von der »WAVZ« in düsteren Farben ausgemalt. In dieser Abwehrhaltung bestand zwischen der SPD und den bürgerlichen Parteien Einigkeit. Die SPD führte in Dortmund ihren Wahlkampf in erster Linie mit dem Ziel,

sich gegenüber den Linken, hier besonders den Unabhängigen, abzugrenzen, und scheute dabei auch vor Diffamierungen nicht zurück. Die Gefahr der Formierung der bürgerlichen Kräfte, die Gefahr einer Konterrevolution, sah auch die Dortmunder SPD nicht mehr.
bestimmte auf der einen Seite die harte Auseinandersetzung nach links den Wahlkampf der SPD, so richtete sich die andere Stoßrichtung gegen das Zentrum. Während die anderen bürgerlichen Parteien relativ verschont von der Polemik der SPD blieben, sah sie in dem Zentrum eine Konkurrenzpartei. Das Zentrum verstand sich als »Volkspartei« und wandte sich in Dortmund besonders an die katholische Arbeiterschaft[25].
Die bürgerlichen Parteien, einschließlich der konservativen DNVP, wandten sich entschieden gegen jegliche »Klassenherrschaft«. Mit diesem Argument gingen sie sowohl gegen die Räte als auch gegen die SPD vor. Alle Parteien traten für das allgemeine, gleiche, direkte und geheime Wahlrecht ein sowie für sozialpolitische Reformen, etwa für ein gerechteres Steuersystem[26]. Es kam zu einer merkwürdigen Konstellation im Wahlkampf. Einig waren sich alle Parteien, einschließlich der SPD, in der Polemik gegen die Unabhängigen. Sieht man einmal von den Unabhängigen ab, so lassen sich im Wahlkampf zwei Gruppen unterscheiden, die um die Stimmen der gleichen Wählerschichten kämpften: DVP/DNVP gegen die DDP um die bürgerlichen Stimmen und das Zentrum gegen die SPD um die Stimmen der Arbeiter. Innerhalb dieser beiden Gruppen ging die Auseinandersetzung dann auch häufig um Personen[27]. Die Wahlveranstaltungen waren gut besucht, überhaupt nahm die Bevölkerung regen Anteil am Wahlkampf. Alle Parteien wandten sich besonders an die Frauen, die ja zum ersten Mal zur Wahl gingen. Die SPD betonte hierbei, daß es die Soziademokratie gewesen sei, die den Frauen das Wahlrecht gebracht habe.
Wegen der kurzen Zeit, die zwischen den beiden Wahlen zur deutschen Nationalversammlung und zur preußischen Landesversammlung lag – eine Woche –, konnte man keinen gesonderten Wahlkampf für die Wahlen vom 26. Januar führen. Der 19. Januar 1919, der Tag der Wahlen zur Nationalversammlung, verlief in Dortmund ruhig und ohne Zwischenfälle. Im folgenden sollen zunächst die Ergebnisse der Wahl zur Nationalversammlung sowohl mit denen der Reichstagswahl von 1912 als auch mit dem Gesamtergebnis im Reich verglichen werden.
Wahlergebnisse vom 19. 1. 1919 und von den Reichstagswahlen 1912 für die Stadt Dortmund (in Klammern befinden sich die Angaben für das Reich[28]):

	1912		1919	
SPD	43,3 %	(34,8 %)	46,5 %	(37,9 %)
USPD	–		3,3 %	(7,6 %)
Zentrum	26,4 %	(16,4 %)	25,4 %	(19,7 %)
DNVP/DVP (Nationalliberale)	25,2 %	(26,3 %)	15,8 %	(14,7 %)
DDP (Freisinnige u. Fortschritt)	–	(12,3 %)	9,0 %	(18,6 %)

Betrachtet man diese Tabelle, so fällt auf, daß sowohl 1912 als auch 1919 der Anteil der SPD wie auch der Zentrumsstimmen in Dortmund höher lag als im Reichsdurchschnitt: 1919 konnte die SPD in Dortmund 8,6 % mehr Stimmen erreichen als im Reichsdurchschnitt. Dafür lag der Anteil der USPD-Stimmen in Dortmund um 4,3 % niedriger. Dem höheren Stimmenanteil von 5,7 % beim Zentrum stand ein Stimmenverlust von 8,5 % gegenüber, den die liberalen Parteien im Vergleich zum Reich hinnehmen mußten. In Dortmund gewannen also Zentrum und SPD auf Kosten der liberalen Parteien, wobei der SPD noch der niedrige Stimmenanteil der Unabhängigen zugute kam.

Diese vom Reich abweichende Stimmenverteilung liegt wesentlich in der Bevölkerungsstruktur Dortmunds begründet. In einer Industriestadt wie Dortmund gewannen die Parteien an Stimmen, die sich an die Arbeiterschaft wandten. Dies traf in Dortmund bekanntlich auch für das Zentrum zu. Das schlechte Abschneiden der USPD weist wiederum auf die Schwäche und die innere Krise der Partei hin. Außerdem dürfte eine gewisse Zahl radikaler Arbeiter aufgrund des Wahlboykotts der KPD – selbst wenn diese noch nicht über eine eigene Ortsgruppe verfügte – sich der Stimme enthalten haben. Insgesamt zeigt das Wahlergebnis deutlich, daß die Dortmunder Arbeiterschaft noch in der SPD ihre Partei sah. Bei den Reichstagswahlen des Jahres 1920 jedoch war die USPD bereits die stärkste Partei in Dortmund[29]. Die einzige Partei, die im Vergleich zu 1912 an Stimmen gewinnen konnte, war die SPD. Doch dürfte der Zuwachs unter dem liegen, was nach den revolutionären Ereignissen zu erwarten war und von der SPD auch erwartet wurde[30].

Im Vergleich zur Wahlbeteiligung bei den Wahlen zur Nationalversammlung sank die Beteiligung an den Wahlen zur Preußischen Landesversammlung am 26. Januar von 87,2 auf 81,6 %. Die SPD konnte in Dortmund im Vergleich zur Nationalversammlungswahl ihren Stimmenanteil noch erhöhen, auch das Zentrum verbesserte sich leicht. Geringe Verluste erlitten die liberalen Parteien, während der Stimmenanteil der USPD relativ konstant blieb. Ein Vergleich des Ergebnisses vom 26. 1. 1919 zwischen Stadt Dortmund und dem alten Reichstagswahlkreis zeigt, daß außerhalb der Stadt der Stimmenanteil der sozialistischen Parteien auf Kosten der bürgerlichen einschließlich des Zentrums wuchs. Dies ist wohl darauf zurückzuführen, daß Zechen und Hütten außerhalb des Stadtgebietes lagen. Ein Vergleich zur früheren Landtagswahl ist wenig sinnvoll, da dieser noch nach dem Dreiklassenwahlrecht gewählt wurde[31].

	Stadt Dortmund	Wahlkreis Dortm.-Hörde
SPD	47,04%	53,1%
USPD	3 %	3,5%
Zentrum	27 %	24,3%
DVP + DNVP	14,7 %	12,2%
DDP	8,3 %	7,4%

Die Tätigkeit des Arbeiter- und Soldatenrates auf sozialpolitischem Gebiet

Obwohl durch die Politik der SPD-Führung in der Regierung – die den Abbau der Räte beschleunigen und die Sozialisierungsfrage nicht in Angriff nehmen wollte – und durch das relativ schlechte Abschneiden der sozialistischen Parteien bei den Wahlen sich auch bei einigen sozialdemokratischen Arbeiter- und Soldatenräten wie bei der Arbeiterschaft allgemein ein gewisser Radikalisierungsprozeß vollzog[32], blieb der Dortmunder Arbeiter- und Soldatenrat völlig auf der Linie der Politik der SPD-Regierung. Die schon früh manifest werdende Tendenz, den Rat mehr als ein Hilfsinstrument des Magistrats denn als ein politisches Organ der Arbeiterklasse zur Sicherung und Fortführung der Revolution zu betrachten, verstärkte sich in den ersten Monaten des Jahres 1919 immer mehr.

Die sich schon im November im kommunalen Bereich zeigende Haltung der SPD, vor Lösungen bei sozialpolitischen Fragen, die nicht vom Magistrat unterstützt wurden, zurückzuscheuen, verstärkte sich nach den Januarunruhen. Die Versorgung der Bevölkerung mit Lebensmitteln verschlechterte sich zunehmend im Jahre 1919[33]. Daneben blühte der Schleichhandel, und für Geld konnte man sich bei den Landwirten noch reichlich mit Lebensmitteln eindecken. Dieser Mißstand begünstigte die Besitzenden, schädigte jedoch die Arbeiter und die Allgemeinheit und führte zu wachsender Verbitterung der Arbeiter[34]. Der Arbeiter- und Soldatenrat in Dortmund ergriff jedoch trotz der sich zuspitzenden Lage keine einschneidenden Maßnahmen zur Bekämpfung der wirtschaftlichen und sozialen Mißstände. So schlug am 23. Januar 1919 die Sicherheitswehr dem Arbeiter- und Soldatenrat vor, zur Requirierung von Lebensmitteln und zur Unterbindung des Schleichhandels Bürgerhäuser und Gasthäuser zu durchsuchen. Der Arbeiter- und Soldatenrat lehnte das ab, offensichtlich aus Angst vor der Reaktion des Bürgertums[35]. Der Arbeiter- und Soldatenrat beschränkte sich in diesem Bereich im wesentlichen auf Aussprachen mit dem Magistrat. In einer solchen Versammlung schilderte Stadtrat Tschackert die Ernährungslage in den düstersten Farben: Es mangele an allen Nahrungsmitteln; der restlosen Erfassung von Lebensmitteln stünden technische Schwierigkeiten entgegen, außerdem bliebe selbst dann noch ein Fehlbetrag. Die Entente liefere Lebensmittel nur gegen Bezahlung in Gold und Effekten. Bei bolschewistischen Umtrieben werde die Entente die Lieferungen ganz einstellen[36]. Gemeinsam mit dem Magistrat beraumte der Arbeiter- und Soldatenrat daraufhin eine Protestversammlung gegen die Hungerblockade an. Auf dieser Versammlung rief die Dortmunder SPD aber zugleich die ohnehin erschöpften Arbeiter auf, zu arbeiten und nicht zu streiken. Die Forderungen der USPD und KPD, Durchsuchungen und Requirierungen durchzuführen, die vielleicht die von Tschackert angeführten technischen Schwierigkeiten behoben hätten, wurden von den Sozialdemokraten als »bolschewistische Methode« abgelehnt[37]. Mit dieser Argumentation stellte sich der Arbeiter- und Soldatenrat völlig auf die Seite des Bürgertums.

Im Dezember 1918 hatten die Führer der Dortmunder SPD noch den Standpunkt vertreten, daß der Rückgang der Produktion nicht auf Faulheit oder Böswilligkeit der Arbeiter, sondern auf deren physische Erschöpfung zurückzuführen sei. Sie hatten dies gegenüber Regierungs- und Unternehmervertreter geltend gemacht, die ihrerseits die Revolution und die Einführung des Achtstundentages für den Rückgang der Kohlenförderung verantwortlich machten[38]. Diese Position, mit der die Arbeiterinteressen verteidigt wurden, wurde nun gegenüber den Behörden weitgehend aufgegeben. Erst Ende März, nachdem der Rat auf seine Macht in der Stadt bereits verzichtet hatte, berichtete die »WAVZ« lobend über eine Aktion des Arbeiterrates von Kirchhörde, der 300 Zentner Getreide bei den Landwirten beschlagnahmte, und stellte dies als nachahmenswert hin[39]. Eine ähnliche Politik des Arbeiter- und Soldatenrates läßt sich auch auf anderen Gebieten beobachten. Obwohl Anfang März mehr als 3000 Wohnungen fehlten und 200 Wohnungen des Bauvereins doppelt bewohnt wurden, tat der Arbeiter- und Soldatenrat nichts, um diese Not zu beheben[40]. Erst als der Arbeiter- und Soldatenrat sich faktisch selbst aufgelöst hatte, forderte die sozialdemokratische Stadtverordnetenfraktion die Rationierung von Wohnungen[41].

Die Sicherheitswehr

Eine ähnliche Entwicklung wie der Arbeiter- und Soldatenrat nahm auch die Sicherheitswehr. In den Monaten bis März 1919 schritt die Integration der Wehr in die Stadtverwaltung weiter fort, so daß man kaum noch von der Wehr als revolutionärem Organ der Räteorganisation in Dortmund sprechen kann. Bei mehreren Gelegenheiten zeigte sich die politische Wandlung der Sicherheitswehr. An der Jahreswende bewies sie durch ihr sicheres Auftreten und die Verhinderung der Erstürmung des Hauptwaffendepots durch eine Gruppe von Bewaffneten, daß sie in der Stadt für Ruhe und Ordnung sorgte[42]. Auch die eindeutige Parteinahme der Wehr in der Nacht des 7./8. Januar 1919 gegen die Demonstranten trug ihr das Vertrauen des Bürgertums ein, was selbst durch die zwiespältige Rolle eines ihrer Obmänner nicht geschmälert wurde[43]. In einem Flugblatt, das die Wehr zur Aufklärung der Bevölkerung Anfang Januar verteilte, definierte sie als ihre Hauptaufgabe: »Wir schützen des Eigentum des Volkes und jedes einzelnen Volksgenossen«[44]. Der ursprünglich nach den Januarunruhen geplante Ausbau der Wehr wurde dann wohl doch nicht durchgeführt. Der Arbeiter- und Soldatenrat veranlaßte jedoch, daß auf sämtlichen größeren Werken durch zuverlässige Arbeiter Werkswehren gebildet wurden. Die Wehren wurden bewaffnet, doch bewahrte der Arbeiter- und Soldatenrat die Waffen auf und verteilte sie erst beim Einsatz[45]. Obwohl auch im Landkreis neben der kommunalen Polizei auch noch Sicherheits- und Werkswehren bestanden, wurde diese Organisation – offensichtlich wegen der Streikbewegung – noch als ungenügend empfunden. Daher erfolgte im Februar ein organisatorischer Zusammenschluß mit den Wehren von Bochum, Bottrop, Recklinghausen und Hamm. Die Wehren verpflichteten sich auch bei Streikbewegungen zur gegenseitigen Hilfeleistung. Entscheidungsgewalt und Leitung wurde der Dortmunder Wehr übertragen. Spartakistische Elemente sollten aus den Wehren entfernt werden[46]. In Dortmund beschloß die Kommission, der Wehr nach deren Angliederung an das Bezirkskommando[47] Mitte Januar, also während der Sozialisierungsbewegung, für die Ergreifung von bolschewistischen Agitatoren eine Kopfprämie von 100 Mark auszusetzen[48]. Mit der Schutzzentrale des Leutnant Kuhmichels in Herne wurde eine lockere Verbindung und gegenseitige Hilfeleistung vereinbart[49].

Nach der Auflösung des General-Soldatenrates durch den General von Watter am 11. Februar 1919 verfügte das Generalkommando die Auflösung der Wehren bzw. ihre vollständige Eingliederung in die bestehenden Militär- oder Polizeiorganisationen[50]. Der Magistrat erhob hiergegen Einspruch, da damit gleichzeitig auch die Zahlung des Zuschusses der Militärverwaltung aufgehoben würde. Er betonte die Notwendigkeit der Wehr zur Abwehr bolschewistischer Umtriebe in Dortmund[51]. Auch der Bürgermeister von Hörde erhob gegen die Auflösung der Dortmunder Wehr Einspruch, da sonst die Sicherheit Hördes gefährdet sei[52]. Durch die erneuten Unruhen im April erwies sich die Wehr als unentbehrlich; die Gefahr ihrer Auflösung bestand dann nicht mehr.

Der Bezirks-Soldatenrat und die militärische Frage

In der Auseinandersetzung um den Bezirks-Soldatenrat zeigt sich die Brisanz des Problems der Militärgewalt, wie es sich auf und nach dem Rätekongreß stellte. Der Bezirks-Soldatenrat in Dortmund nahm eine ähnliche Entwicklung wie der General-Soldatenrat in Münster. Genau wie der General-Soldatenrat stand der Dortmunder Bezirks-Soldatenrat bis zum Jahresbeginn voll hinter der Politik der SPD im Rat der Volksbeauftragten. Doch ebenso wie der General-Soldatenrat stellte er sich hinter die auf dem Rätekongreß beschlossenen »Hamburger Punkte«. Am 18. Januar 1919 mußte die Sicherheitswehr in Dortmund auf Anordnung des Bezirks-Soldatenrates kontrollieren, ob der Befehl des General-Soldatenrates vom 9. Januar über die Entfernung aller militärischen Rangabzeichen befolgt wurde[53].

Als am 6. Februar der General-Soldatenrat Münster seinen Entschluß erneut bekräftigte, die »Hamburger Punkte« im VII. Armeekorpsbezirk durchzuführen, und außerdem kraft seiner Kommandogewalt verbot, im Bereich des Armeekorpsbezirks für das Aufstellen von Freiwilligenkorps zu werben und dies mit Zwangsmitteln zu verhindern drohte, war der Konflikt zwischen dem neu ernannten kommandierenden General von Watter und dem General-Soldatenrat da. Die »WAVZ« kommentierte diesen Beschluß des General-Soldatenrates: »Mit diesem Beschluß stellt sich der General-Soldatenrat gegen die Regierung.« Sie warf dem General-Soldatenrat vor, die Ernährungslage noch weiter zu verschlechtern, da durch eine Nicht-Verteidigung der Ostgrenzen eine große Menge Kartoffeln verloren ginge[54].

Der Vorsitzende des Bezirks-Soldatenrates befahl in voller Übereinstimmung mit dem General-Soldatenrat und in Ausführung seines Beschlusses dem Bezirkskommando in Dortmund, die Werbung für die Freiwilligenkorps zum Ostschutz im Wahlkreis sofort einzustellen[55]. Über diesen Befehl kam es auf einer Soldatenversammlung, auf der Mehlich anwesend war, zu lebhaften Diskussionen. Man beschloß aus Empörung über das »un-

rechtmäßige« Handeln des Vorsitzenden und mit der Begründung, daß der Bezirks-Soldatenrat nicht ordentlich gewählt worden sei und auch Deserteure umfasse, eine Neuwahl vorzunehmen. Wahlberechtigt seien alle Soldaten, einschließlich der Sicherheitswehr[56].
Wenige Stunden später erklärte der Bezirks-Soldatenrat, daß er sich nicht als aufgelöst betrachte. Offenbar um vor einer gewaltsamen Auflösung zu warnen, ließ er die Geschäftsräume des Bezirkskommandos besetzen, wobei nicht klar ist, ob dies auf Veranlassung des gesamten Vorstandes oder nur auf eine Initiative einzelner Mitglieder hin geschah. Allerdings wurde vor der Aktion der Vertreter des Bezirkskommandos im engeren Rat verhaftet. Die Besetzung wurde bald wieder aufgehoben[57].
Am 11. Februar löste Watter den General-Soldatenrat auf. Trotz der anfänglichen Kritik am General-Soldatenrat wagte nun selbst Mehlich nicht, die Verhaftung des General-Soldatenrates durch Watter zu billigen[58]. Diese Bedenken wurden dann aber wohl durch die nachträgliche Billigung der Aktion Watters durch Noske und die Reichsregierung zerstreut.
Von einer Stellungnahme des Bezirks-Soldatenrates zu der Aktion Watters ist mir nichts bekannt. Am 24. Februar meldete die »WAVZ« erneut die Auflösung des Bezirks-Soldatenrates. Sie sei erfolgt durch die Sicherheitswehr in Absprache mit dem Volkskommissar Mehlich und dem Vorsitzenden des Bezirks-Soldatenrates[59]. Auch diese Auflösung wurde vom Bezirks-Soldatenrat dementiert[60]. Bis zu seiner endgültigen Auflösung durch das Generalkommando am 12. März 1919 scheint der Bezirkssoldatenrat völlig bedeutungslos gewesen zu sein, da er sich nicht mehr auf die Autorität des General-Soldatenrates stützen konnte[61].

Die Wahlen zur Stadtverordnetenversammlung

Die Dortmunder SPD vertrat in allen ihren politischen Entscheidungen grundsätzlich die Position, daß der Dortmunder Arbeiter- und Soldatenrat nur ein vorübergehendes Organ sein konnte, bis verfassungsmäßige Zustände wiederhergestellt sein würden. Nach der Konstituierung der Nationalversammlung und der preußischen Landesversammlung wurde diese »legalistische« Tendenz noch stärker, wie sich beispielsweise in den Auseinandersetzungen um den Bezirks-Soldatenrat zeigte. Bei der Beseitigung des »Provisoriums« und der Wiederherstellung der Legalität kam den Wahlen zur Stadtverordnetenversammlung deshalb besondere Bedeutung zu, da mit den Neuwahlen der Stadtverordneten das letzte noch nach dem alten Dreiklassenwahlrecht in direkter Wahl gewählte Organ aufgelöst und durch ein neues, demokratisch gewähltes ersetzt wurde[62]. Die bürgerlichen

Parteien befürchteten offenbar, daß mit der Auflösung der Stadtverordnetenversammlung sie ihrer letzten Privilegien und einer entscheidenden Einflußmöglichkeit beraubt würden. Sie wagten es auch jetzt bereits, offen gegen die Auflösung zu protestieren. Eine Ausnahme bildete lediglich die DDP. Sie zweifelte zwar die Rechtmäßigkeit des Erlasses über die Auflösung der Stadtverordnetenversammlung durch die preußische Regierung an, billigte jedoch im Grunde die Neuwahlen. Sie forderte, die Parteien sollten tüchtige Männer aufstellen, die nicht an ihren Verdiensten in der Partei, sondern an ihrem Sachverstand zu messen seien[63].

Das Zentrum und die Nationalliberalen – hier sind die alten Fraktionen im Kaiserreich gemeint – brachten in der Sitzung des Stadtverordnetenkollegiums am 4. Februar 1919 eine Entschließung der bürgerlichen Gruppen gegen die Stimmen der Sozialdemokraten durch, in der gegen die Auflösung und die Neuwahl am 2. März 1919 aufs schärfste protestiert wurde. Einen solchen Beschluß könne allein die preußische Landesversammlung, nicht aber die Regierung fassen. Der SPD wurde vorgeworfen, auf diese Weise lediglich ihren Einfluß und ihre Macht stärken zu wollen[64]. Die SPD betonte dagegen die Wichtigkeit der Kommunalwahlen. Sie argumentierte, um Wählerstimmen zu gewinnen, daß, wenn alle Gemeinden sozialistisch regiert würden, der Sozialismus eingeführt werden könne[65].

Das Zentrum lehnte noch Ende Januar jede Reform des Kommunalwesens durch die kommunalen Organe selbst ab. Die Ausdehnung des politischen Wahlrechts auch auf Zwanzigjährige, die Benachteiligung der Ansässigen, vor allem der Haus- und Grundbesitzer, wurden kritisiert[66]. Während sich die Partei bei den Wahlen auf Reichs- und Landesebene noch relativ demokratisch gab, wurde dieses »Image« für die Kommunalwahlen im März nicht mehr für nötig erachtet. Als endgültig feststand, daß die Stadtparlamente aufgelöst würden, meinte auch das Zentrum, daß Gemeindepolitik nicht frei von Parteipolitik sei und begründete seine Beteiligung an den Wahlen mit dem Hinweis, als christliche Partei in den Gemeinden wirken zu wollen[67].

Die DDP formulierte als einzige Partei in Dortmund ein kommunalpolitisches Programm. Sie forderte als Zeichen einer demokratischen Gemeindepolitik Hebung und Förderung des Lebensstandards der besitzlosen Klasse, weitestgehende Selbstverwaltung der Gemeinde auch in der Steuerpolitik, Beschränkung des Besitzes an Boden, Wohnungspolitik der Gemeinden, Jugendfürsorge, Aufstiegsmöglichkeiten für städtische Arbeiter sowie Kontrolle der privatwirtschaftlichen Kommunalwirtschaften durch Übernahme dafür reifer Zweige durch die Gemeinden[68].

Immer häufiger wurde auch die Auffassung vertreten, daß nach der Neuwahl der Stadtverordnetenversammlung die Arbeiter- und Soldatenräte die

Grundlage für ihr Bestehen verlieren würden. Diese Auffassung wurde von dem Dortmunder Arbeiter- und Soldatenrat wohl geteilt[69].
Festzustellen ist bei den Wahlen am 2. März eine sehr viel geringere, etwa um 50% niedrigere Wahlbeteiligung als bei den Wahlen im Januar[70]. Dies wurde allgemein in den Zeitungen auf die Häufigkeit der Wahlen und die daraus resultierende Wahlmüdigkeit der Bevölkerung zurückgeführt. Die Stimmen verteilten sich wie folgt (in Klammern der prozentuale Verlust oder Gewinn im Vergleich zur Nationalversammlungswahl in Dortmund[71]):

SPD	41,6%	(− 4,9%)	33 Sitze
Zentrum	30,3%	(+4,9%)	24 Sitze
DDP	6,1%	(− 2,9%)	4 Sitze
DVP	14,3%	(+1%)	11 Sitze
DNVP	2,5%	(+1%)	2 Sitze
Angestellte	5,0%		6 Sitze

Das »Dortmunder Tageblatt« beurteilte das Wahlergebnis zutreffend: Die einzige Partei, die mit dem Wahlergebnis zufrieden sein könne, sei das Zentrum. Diesen Wahlsieg verdanke es seiner ausgezeichneten Propaganda. Den Rückgang der SPD-Stimmen führte die Zeitung auf die spartakistischen Unruhen zurück sowie auf den Wahlboykott der Unabhängigen. Die Rechtsliberalen hätten aufgrund ihrer Hetze gegenüber der DDP Stimmen gewinnen können[72].
Von den alten Stadtverordneten wurden nur 23 wiedergewählt. 55 neue zogen in das Kollegium ein, davon gehörten 30 der Arbeiterklasse an[73]. In der ersten Sitzung der Stadtverordneten wurde Mehlich zum Vorsteher der Stadtverordnetenversammlung gewählt, Lensing vom Zentrum und Pork von der DVP zu seinen Stellvertretern. Die SPD verfügte zwar über die meisten Sitze, konnte aber keine absolute Mehrheit erringen.
Selbst bei einem günstigeren Wahlergebnis hätte sich an den Machtverhältnissen in der Stadt wohl nicht viel geändert, da der Magistrat noch unverändert weiter bestand. Daher forderten sowohl die DDP wie die SPD, daß das Verhältnis Magistrat-Stadtverordnetenversammlung neu bestimmt, die Befugnisse beider Organe neu abgegrenzt und eine Neuwahl des Magistrats durchgeführt werden solle. Diese Forderung konnte aber nicht durchgesetzt werden[74].

Die Neuwahl des Arbeiter- und Soldatenrates und seine faktische Selbstauflösung

Noch vor den Neuwahlen zur Stadtverordnetenversammlung fand am 17. Februar 1919 eine Vollversammlung des Arbeiter- und Soldatenrates für den Wahlkreis Dortmund-Hörde statt[75]. Die Versammlung billigte die Ernennung Mehlichs zum Volkskommissar mit unbeschränkten Vollmachten. Gegen die Stimmen der Unabhängigen, die eine paritätische Zusammensetzung der lokalen Arbeiterräte forderten, wurde ein Organisationsentwurf angenommen, in der auch die Neuwahl der Arbeiter- und Soldatenräte geregelt wurde[76]. In dieser Wahlordnung wurde ausgeführt, daß die Vertreter der beiden sozialistischen Parteien in den Arbeiter- und Soldatenräten nach Maßgabe des Stimmenverhältnisses bei der Nationalwahl gewählt werden sollten. Wahlberechtigt waren die Mitglieder der USPD und SPD[77]. Nach einer Rede von Mehlich, in der dieser die Zusammenarbeit mit den Unabhängigen und Kommunisten, besonders mit Meinberg, als unerträglich hinstellte, und auf die Gefahr einer Konterrevolution von links hinwies, faßte die Versammlung folgende wichtige Entscheidung: »Zum Arbeiter- und Soldatenrat Dortmund-Hörde werden nur Organisationen und Personen zugelassen, welche auf dem Boden der Nationalversammlung stehen und die gesetzmäßig eingesetzte Regierung der deutschen Republik anerkennen«[78]. Von allen Mitgliedern des Arbeiter- und Soldatenrates wurde eine derartige Erklärung verlangt. Die Unabhängigen und Kommunisten verließen daraufhin die Versammlung.
In den für Mitte März ausgeschriebenen Neuwahlen durften sich nur Personen aufstellen lassen, die eine solche Erklärung abgegeben hatten. Damit war sichergestellt, daß nur Sozialdemokraten in den Rat gelangten. Die USPD protestierte in einer Erklärung am 15. März 1919 aufs schärfste und erklärte, daß sie sich nicht an den Wahlen beteiligen werde, wenn diese Bestimmung nicht zurückgenommen werde[79]. Ferner warf sie Mehlich die Unrechtmäßigkeit der Wahl vor. Denn der Zentralrat in Berlin habe den Dortmunder Arbeiter- und Soldatenrat ersucht, die Neuwahlen auf Anordnung des Zentralrates vorzunehmen. Noch am 15. März habe Mehlich das Vorliegen eines derartigen Telegramms geleugnet. Die USPD warf daraufhin Mehlich vor, daß er es als reine Machtfrage betrachte, wer in den Arbeiter- und Soldatenrat gewählt werde[80]. Auch die Kommunisten protestierten in der »Freiheit« aufs schärfste; sie drohten mit Unruhen der Arbeiter nach der Wahl[81]. Die Wahlen zum Arbeiter- und Soldatenrat fanden nicht statt, da nur die Liste der SPD vorlag und diese als angenommen galt[82].
Mit dieser Ausschaltung der radikalen Kräfte im Dortmunder Arbeiter-

und Soldatenrat war die faktische Selbstauflösung des Rates als Organ der obersten Gewalt in der Stadt verbunden. Am 15. 3. 1919 beschloß der Hauptausschuß des Arbeiter- und Soldatenrates einstimmig, auf die Kontrolltätigkeit über die vom Volk gewählten Organe zu verzichten. Über die endgültige Auflösung der Räte solle die Nationalversammlung entscheiden. Bis dahin solle der Arbeiter- und Soldatenrat seine Haupttätigkeit auf die Lösung der wirtschaftlichen Fragen beschränken und sich aus den anderen Bereichen zurückziehen[83]. Damit verzichtete der Dortmunder Arbeiter- und Soldatenrat nun auch offiziell auf die ihm durch die Revolution zugekommene Gewalt in der Stadt, was eine logische Konsequenz seiner bisherigen Politik war.

IV. Arbeitskämpfe und Sozialisierungsbewegung in Dortmund bis März 1919

In den ersten beiden Monaten nach dem Umsturz verhielt sich die Dortmunder Arbeiterschaft relativ ruhig. Wie aus der Beantwortung eines Rundschreibens der Handelskammer an Dortmunder Unternehmen Mitte Januar hervorgeht, kam es in den ersten Monaten nach der Revolution in keinem der befragten Werke zu einer Gefährdung der Betriebseinrichtungen oder zu Androhungen von Gewalt seitens streikender Arbeiter[1]. In den meisten Betrieben begnügten sich die Arbeiter mit Lohnforderungen[2]. Deren Durchsetzung wurde jedoch nicht mehr den Gewerkschaften anvertraut, sondern die Arbeiter schritten zur Selbsthilfe und erzwangen durch Arbeitsniederlegungen Zugeständnisse von den Unternehmern. Eine weitere vorrangige Forderung war die Arbeitszeitverkürzung, zunächst die Einführung der achtstündigen Arbeitszeit[3]. Auch hierbei verließen sich die Arbeiter nicht mehr auf die Gewerkschaften.
Besonders die »Harpener Bergwerkgesellschaft« klagte über Streikandrohungen und Arbeitsniederlegungen bei »geringfügigstem Anlaß«. Vergleicht man den Bericht der »Harpener« mit denen der anderen Unternehmen, so fällt allerdings auf, daß die Direktion der »Harpener« sich am wenigsten der veränderten Situation anpaßte. Als Gründe für die sinkende Arbeitsleistung gab sie an, daß die Arbeiter durch die Sozialdemokratie verhetzt seien und daß die hohen Löhne die Arbeitsmoral verdorben hätten[4].
Selbst um die Jahreswende blieb der Dortmunder Raum ruhig. Die Streiks im Essener Revier, vor allem im traditionell unruhigen Hamborn und Mülheim, breiteten sich in der Vorweihnachtswoche nicht auf den Dortmunder

Raum aus. Mit Ausnahme einer einzigen Zeche wurde die Sozialisierungsforderung, die seit dem Rätekongreß von den Arbeitern im Ruhrgebiet zu einer Kampfforderung gemacht worden war, nicht von den Dortmunder Arbeitern erhoben[5]. Trotz dieser relativen Ruhe in den Betrieben, gab es jedoch Anzeichen für die wachsende Verbitterung und Enttäuschung der Arbeiter. Aus einigen Leserbriefen in der »WAVZ«[6] geht hervor, daß sich die Bergarbeiter über das Unverständnis der Unternehmer ebenso wie über die Haltung der Gewerkschaften und der Sozialdemokratie gegenüber der Lage der Arbeiter empörten. Den Aufrufen von SPD und Gewerkschaften zur Arbeit und den Vorwürfen der Unternehmer stellten sie die wirklichen Gründe für die sinkende Kohleförderung gegenüber: mangelhafte Ernährung, die allgemeine Erschöpfung der Arbeiter, das Fehlen gelernter Arbeiter, vor allem nach dem Abtransport der Gefangenen, die schlechten Maschinen und der Mangel an gutem Arbeitsmaterial, der im Krieg von den Unternehmern betriebene Raubbau[7]. Außerdem hielten sich hartnäckig Gerüchte über sabotageähnliche Akte der Unternehmer, die die Kohleförderung absichtlich niedrig zu halten versuchten, da sie sich aus dem wirtschaftlichen Zusammenbruch der Republik eine Wiederherstellung ihrer alten Macht erhofften[8].

Die Sozialisierungsbewegung im Ruhrgebiet im Frühjahr 1919

Um die Jahreswende – 30 000 Arbeiter standen im Ausstand – wandelte sich der Charakter der Streikbewegung im Ruhrgebiet, die Lohnforderungen traten hinter der Sozialisierungsfrage zurück[9]. Die Arbeiterklasse berief sich auf die Entscheidung des Rätekongresses, die Sozialisierung sofort in Angriff zu nehmen. Wenn auch die Vorstellungen über Sozialisierung noch sehr verschwommen waren, so war jedoch klar, daß Sozialisierung nicht bloß Verstaatlichung bedeutete, sondern eng verbunden war mit dem Aufbau eines wirtschaftlichen Rätesystems. Dieser Bewußtwerdungsprozeß der Massenbewegung, die erkannt hatte, daß reine Lohnforderungen nicht zu einer effektiven Verbesserung der ökonomischen und sozialen Verbesserung der Lage der arbeitenden Masse führten, hatte verschiedene Ursachen: zum einen die unnachgiebige Haltung der Unternehmer[10], zum anderen die durch das Kohlensyndikat mit Hilfe der Gewerkschaften am 1. Januar 1919 durchgesetzte Kohlenpreiserhöhung, die die Lohnerhöhungen auffangen sollte[11]. Diese Preispolitik zog eine allgemeine Verteuerung und damit eine weitere Minderung des Reallohns der Arbeiter nach sich und machte überdies die »Sozialpartnerpoltik« der Gewerkschaften im Rahmen der »Zentralen Arbeitsgemeinschaft« unglaubwürdig. Die von den Gewerkschaften im Januar durchgesetzte Gewährung einer Teuerungszulage an die Arbeiter erhöhte deren Empörung nur noch, da die Regierung sich bereit erklärte, den Unternehmern hierfür einen Reichsvorschuß von 30 Milliarden Mark zu zahlen und zugestand, daß gegen die am Jahresbeginn vereinbarte Kohlenpreiserhöhung von staatlicher Seite nichts unternommen würde[12].

Am 11. Januar befanden sich 80 000 Bergarbeiter im Ausstand. Besonders das Essener Revier war schwer betroffen; die Gasversorgung war gefährdet. Da von seiten der Reichsregierung keine Hilfe zur Überwindung der Krise zu erwarten war, ergriff der Arbeiter- und Soldatenrat von Essen, in dem alle drei sozialistischen Parteien vertreten waren, die Initiative. Um einer weiteren Stillegung von Zechen und einem gewalttätigen Ausgang der von den streikenden Bergarbeitern für den 12. Januar 1919 angesetzten Demonstration zuvorzukommen, beschloß der Essener Arbeiter- und Soldatenrat am 9. Januar 1919, die Sozialisierung des Bergbaus eigenmächtig zu proklamieren. Am 11. Januar besetzte er die Büroräume des Kohlensyndikats und des Bergbaulichen Vereins. In einem Flugblatt bezeichnete er die Besetzung als Sieg des Sozialismus und als ersten Schritt zur Sozialisierung[13]. Unter diesen Umständen, so forderte er, müsse die Arbeit im eigenen Interesse der Arbeiter wiederaufgenommen werden. Der Landrichter Ruben, ein Sozialdemokrat, wurde zum Volkskommissar zur Durchführung der Sozialisierung ernannt, ihm wurden ein Unabhängiger und ein Spartakist beigeordnet. Die Demonstration am folgenden Tag verlief ohne Zwischenfälle. Am 14. Januar beschloß die vom Arbeiter- und Soldatenrat einberufene Konferenz aller Arbeiter- und Soldatenräte des rheinisch-westfälischen Industriegebietes die sofortige Durchführung der Sozialisierung des Bergbaus. Die Konferenz setzte die sogenannte Neunerkommission ein, die aus je drei Vertretern der SPD, USPD und KPD zusammengesetzt war, und bestätigte Ruben als Volkskommissar. Die Sozialisierung sollte auf einer von den Revieren ausgehenden Räteorganisation aufgebaut werden. Die Wahlen zu den Steiger-, Zechen- und Bergrevierräten – die Räteorganisation war von unten nach oben gegliedert – sollten so bald wie möglich stattfinden[14].

Gleichzeitig tagte eine Versammlung der Bergarbeiter. Aus ihrer Erklärung an die Konferenz der Arbeiter- und Soldatenräte spricht ebenso die Entschlossenheit der Bergarbeiter, ihre Forderungen durchzusetzen, wie auch das Mißtrauen gegen die Gewerkschaftsvertreter: »Sie (die Versammlung, d. Verf.) fordert die hier anwesenden Vorstandsmitglieder des deutschen Bergarbeiterverbandes auf, wenn diese nicht den letzten Rest von Vertrauen bei ihren Mitgliedern verlieren wollen, bei der Durchführung der

Sozialisierung kräftig mitzuwirken«[15]. Die Bergarbeiter erklärten, daß sie unter den veränderten Bedingungen die Arbeit wieder aufnehmen wollten, jedoch drohten sie gleichzeitig, falls die Sozialisierung nicht durchgeführt werden sollte, sofort wieder in den Ausstand zu treten.
Die Streikbewegung hörte nach dem 14. Januar schlagartig auf. Lediglich in einigen Zechen, in denen die Unternehmer die Wahlen zu den Räten verhindern wollten, gärte es weiter. Die Reichsregierung versuchte, die Essener Beschlüsse zu unterlaufen; eine offene Ablehnung wagte sie aber nicht. Anstelle des Volkskommissars wurden Reichsbevollmächtigte eingesetzt: Hue als Gewerkschaftsvertreter, Bergrat Rörig als Vertreter des Reiches und A. Vögler, Generaldirektor der Deutsch-Luxemburgischen Bergwerksgesellschaft in Dortmund, als Unternehmervertreter[16].
Am 18. Januar ordnete die Regierung zwar nach den Essener Bestimmungen die Wahl von Betriebsräten an, doch wurden die Räte in die vorher von den Arbeitern abgelehnten Ausschüsse umgewandelt. Am 8. Februar beschloß die Regierung die Einrichtung von Arbeitskammern für den Bergbau – der Begriff »Sozialisierung« tauchte in der Verordnung nur einmal in Klammern auf –, veröffentlicht wurde dieser Beschluß jedoch erst nach dem Generalstreik, nämlich am 18. Februar 1919[17].
Eine neue Konferenz der Arbeiter- und Soldatenräte am 20. Januar lehnte es – auf Betreiben der USPD und der KPD – ab, mit dem Staatskommissar Vögler zusammenzuarbeiten[18]. Trotzdem strebte sie noch die Anerkennung der Neunerkommission durch die Regierung an. In der Konferenz vom 6. Februar verlangten die Delegierten bereits ultimativ die Anerkennung ihrer Forderungen durch die Regierung und drohten für den 15. Februar mit einem Generalstreik. Anstelle des bereits am 22. Januar ausgeschiedenen Ruben setzte die Konferenz den polnischen Kommunisten Karski (Julian Marchlewski), der zum Kreis um Rosa Luxemburg gehörte und als hervorragender Sachkenner in Sozialisierungsfragen galt, als volkswirtschaftlichen und juristischen Berater der Kommission ein.
Die Regierung traf inzwischen alle Vorbereitungen für ein militärisches Eingreifen im Industriegebiet. Am 11. Februar löste General von Watter den General-Soldatenrat in Münster auf[19]. Die Empörung über das Vorgehen der Regierung wuchs. Die Radikalen drängten auf Streik. Am 14. Februar beschloß eine Konferenz der Arbeiter- und Soldatenräte in Essen, den Generalstreik auszurufen und den bewaffneten Kampf gegen die Freikorps zu führen, falls die Regierung die Maßnahmen nicht wieder rückgängig machen würde. Das Ultimatum lief am 18. Februar ab. Eine erneute Konferenz der Arbeiter- und Soldatenräte sollte im Fall der Unnachgiebigkeit der Regierung geeignete Gegenmaßnahmen der Arbeiter beschließen. Als jedoch Freikorps zu einer Strafexpedition nach Hervest-Dorsten ge-

schickt wurden und es dort zu schweren und blutigen Kämpfen kam, riefen radikale Gruppen eine Teilkonferenz am 16. Februar in Mülheim ein und proklamierten den sofortigen Generalstreik, ohne die geplante Konferenz der Arbeiter- und Soldatenräte vom 18. Februar abzuwarten.
Unter diesen Umständen verlief die Gesamtkonferenz vom 18. Februar tumultartig. Die SPD-Vertreter verließen die Konferenz unter Protest und erklärten ihren Austritt aus der Neunerkommission. Sie konnten nur durch das Eingreifen eines Spartakisten vor tätlichen Angriffen der vor dem Saale wartenden Arbeiter geschützt werden. Nach dem Auszug der SPD beschloß die Konferenz den Generalstreik. Die Gewerkschaften sprachen sich gegen diesen Beschluß aus[20].
Die Truppen der Reichsregierung rückten jetzt in das Ruhrgebiet ein. Überall kam es zu blutigen Auseinandersetzungen. Der Streik wurde unter diesen Umständen nicht vollständig befolgt, am 20. Februar befanden sich nur etwa die Hälfte der Arbeiter im Ausstand (180 000). Am 21. Februar wurde der Streik offiziell abgebrochen. Das Ergebnis war eine maßlose Verbitterung und Feindseligkeit auf beiden Seiten, auch innerhalb der Arbeiterschaft, da es oft zu Kämpfen zwischen Radikalen und Gemäßigten gekommen war. Die Ruhe im März war nur vorübergehend. Es war die Zeit der Erschöpfung und der Sammlung der Kräfte vor den neu aufbrechenden Kämpfen, auf die man gefaßt war. Denn keines der anstehenden Probleme war für die Arbeiter gelöst, keine ihrer Forderungen erfüllt.

Zusammenstellung der Streiks in Dortmund

Diese Aufstellung der Unruhen, Streiks und Arbeitsniederlegungen erhebt keinen Anspruch auf Vollständigkeit. In den Akten finden sich leider keine Berichte über die Sozialisierungsbewegungen, so daß der Aufstellung lediglich Zeitungsberichte zugrunde liegen[21]. Wie aus dem Verzeichnis hervorgeht, fallen die Streiks und Arbeitsniederlegungen in anderen Industriezweigen als dem Bergbau für die hier interessierende Sozialisierungsproblematik aus. Daher beschränke ich mich im folgenden auf die Schilderung der Arbeiterbewegung im Bergbau. Vieles muß bei der Auswertung Hypothese bleiben, da sowohl die »WAVZ« als auch die bürgerlichen Zeitungen fast ausschließlich von ungesetzlichen Zechenräten sprechen und von »wilden Sozialisierungsversuchen« berichten. Wahrscheinlich handelt es sich jedoch um die nach den Essener Bestimmungen gewählten Räte[22].
15. Januar: Dortmunder Sicherheitswehr wurde gegen »Spartakisten« in Ickern (jetzt Stadtteil v. Castrop-Rauxel u. gleichnamige Zeche) eingesetzt[23].

20. Januar: »Minister Achenbach«: Arbeiter beschlossen Sozialisierung der Zeche. Wahl eines Zechenrates: »1 Arbeiter, 1 Steiger, 1 Beamter«, der die Leitung der Zeche übernahm. Der Direktion blieb nur ein verbaler Protest[24].
23. Januar: »Scharnhorst/Gneisenau«: Arbeiter beschlossen Sozialisierung, verlangten Absetzung von Direktor Fickler und Betriebsführer Rudolpf auf »Scharnhorst«. Neue Leitung fuhr nach Essen, um sich Informationen zu besorgen. »Massen« und »Adolf v. Hansemann«: Sozialisierung der Zechen, einige Vertrauensleute der Arbeiter kontrollierten die Verwaltung[25].
1. Februar: »Tremonia«: Streik, wahrscheinlich aufgrund der Agitation von Jacoby[26].
1. Februar: Streik auf »Scharnhorst«, »Gneisenau«, »Preußen I u. II«, »Viktoria«.
4. Februar: Streik des städtischen Straßenbahnpersonals.
6. Februar: Die städtischen Straßenbahnarbeiter forderten Lohnerhöhung, die Stadt Dortmund hatte noch keinen Tarifvertrag abgeschlossen. Die Streikleitung wies auf die rein wirtschaftlichen Motive des Streiks ausdrücklich hin. Am 6. Februar sprach sich die Gewerkschaft für den Abbruch des Streiks aus, da wesentliche Forderungen erfüllt seien[28].
7. Februar: »Adolf v. Hansemann«: Unruhen, der Bergwerksdirektor wurde von Arbeitern bedroht.
»Ickern I/II« und »Viktoria III/IV«: bewaffnete Arbeiter besetzten die Zechen, wählten einen Betriebsrat.
Die Beamten werden mit Gewalt vom Zechenplatz vertrieben. Durch die Besetzung der elektrischen Zentrale wurde das Leben von Untertagearbeitern bedroht. Die Zechenleitung sandte ein Telegramm an Ebert, forderte die Absetzung des Arbeiter- und Soldatenrates von Ickern, der die Besetzung unterstützte.
»Mont Cenis«: Nachdem die Verwaltung ihre Mithilfe für die Wahlen zum Zechenrat verweigert hatte, wurde der Generaldirektor auf Anordnung des Arbeiter- und Soldatenrates verhaftet – hier ist der örtliche Rat gemeint – und erst nach längerem Telefonieren (mit Essen?) freigelassen. Die Aktion war überraschend, da das Verhältnis zu den Arbeitern auf der Zeche sonst sehr gut war[29].
10. Februar: Arbeiter der Harpener Bergwerk AG bestanden auf Absetzung der Direktoren. Verhandlungen auf »Scharnhorst«, »Gneisenau« ergaben Kompromiß: Direktoren erklärten sich zu Verhandlungen mit den gewählten Zechenräten bereit; Fickler blieb, Rudolph mußte auf Beschluß der Belegschaftsversammlung gehen[27].

12. Februar: Holzarbeiterstreik bei einer Dortmunder Firma[30].
15. Februar: »Union, Abtlg. Waggonbau«: Arbeitsniederlegungen, nur vormittags.
»Hoesch«: Nur ein kleiner Teil der Arbeiter streikte. »Freier Vogel in Hoerde«: Spartakisten versuchten Streik zu erzwingen, scheiterten aber am Widerstand der Arbeiter. »Teutoburgia«: Streik. »Mont Cenis«: Auf Schacht 1 streikten Zweidrittel der Belegschaft[31].
18. Februar: In Hoerde: Spartakisten versuchten ein Waffenlager zu stürmen, wurden aber von der Sicherheitswehr abgewehrt[32].
21. Februar: »Lünen«: Eingreifen der Dortmunder Wehr.
»Ickern«: Streik[33].
22. Februar: In Ickern: Lebensmittellager geplündert.
In Mengede: Versammlung der Belegschaft von »Adolf von Hansemann«. Streikabstimmung. Spartakisten aus Ickern gingen in Mengede gegen Beamte vor. Das Amtshaus wurde durch die Wehr gesichert. Die Dortmunder Wehr griff ein, verhaftete die Rädelsführer, die nach Dortmund und von dort aus nach Münster abtransportiert wurden. Wehr blieb zum Schutz der Zechenanlagen zurück[34].
22. Februar: »Hansemann« 325 unter Tage, davon streikten alle
229 über Tage, davon streikten 69
62 Frauen, davon streikten 19
»Kaiserstuhl I« 550 Morgenschicht, davon streikten
200 Arbeiter, mittags erhöhte sich die Zahl.
»Kaiserstuhl II« 593 Mittagsschicht, davon streikten
227 Arbeiter, über Tage wurde der Streik vollständig befolgt.
»Hansa«, »Glückauf Tiefbau«, »Preußen I«, »Radbod«, »Achenbach« nur wenig Streikende.
Auf »Viktoria« wurde vollständig gestreikt; auf »Preußen II« war ein Schacht lahmgelegt durch einen Rohrbruch, evtl. Sabotage.
Vollständig arbeiteten »Tremonia«, »Dorstfeld 1-3«, »Kaiser Friedrich«, »Zellern I«, »Freie Vogel«, »Schürbank«, »Oespel«, »Waltrop«, »Massen«, »Gneisenau«, »Hermann«, »Neu Iserloh«, »Ewald«, »Walfisch«[35].
26. Februar: Generalstreik im Dortmunder Revier gescheitert[36].
3. März: Lohnbewegung im Baugewerbe durch Vermittlung des Arbeiter- und Soldatenrates beendet[37].
8. März: Elektrizitätswerk: Streik durch Vermittlung des Dortmunder Arbeiter- und Soldatenrates und des Bürgermeisters Köttgens beendet[38].
25. März: Unruhen in Witten[39].
26. März: »Kaiserstuhl I«: Streik[40].

Der Streikverlauf Januar–Februar 1919 in Dortmund

Obwohl die Dortmunder Arbeiterschaft die Streikbewegung im Ruhrgebiet um die Jahreswende nocht nicht aktiv unterstützte und die Sozialisierungsforderung noch nicht in die Auseinandersetzung hineintrug, zeigt die Aufstellung der Streiks im Frühjahr 1919 in Dortmund deutlich den engen Zusammenhang mit der Streikbewegung im Ruhrgebiet. Nach der Konstituierung der Neunerkommission setzten sich die Bergarbeiter aktiv für die Durchführung der Sozialisierung im Dortmunder Raum ein. Die Mehrzahl der Unruhen auf den Zechen Ende Januar/Anfang Februar entstand aus dem Versuch der Belegschaften, auf ihrer Zeche Räte nach den Essener Beschlüssen zu wählen[41]. Gemeinsames Charakteristikum aller dieser Arbeitsniederlegungen war es, daß die Arbeiter sich stets auf die Neunerkommission beriefen. So fuhr beispielsweise die neugewählte Leitung von »Scharnhorst« und »Gneisenau« nach Essen, um sich dort Instruktionen zu holen[42].

Die Besetzung der Zechen »Ickern« und »Viktor« stellt insofern einen Sonderfall dar, als der Arbeiter- und Soldatenrat von Ickern, dessen Mitglieder wohl ausschließlich Unabhängige und Spartakisten waren, hinter dieser Aktion stand. Ziel der Besetzung war es, die Absetzung mißliebiger Beamte zu erzwingen. Der Arbeiter- und Soldatenrat stellte jedoch seine Forderungen zurück, nachdem er auf die Verantwortung für die Aufrechterhaltung der Produktion hingewiesen worden war, »bis die Sozialisierung da sei und dann der Zechenrat die Absetzung bei der Direktion erzwingen würde«[43]. Die Meldung der »Dortmunder Zeitung«, daß es bei der Besetzung zu Sabotageakten durch den Arbeiter- und Soldatenrat gekommen sei, konnte ich nicht näher überprüfen. Alle Arbeitsniederlegungen im Dortmunder Raum erfolgten spontan. Zu einer einheitlichen Organisierung der Streiks und der Aktionen waren die Spartakisten und Unabhängigen viel zu schwach. Selbst die »WAVZ« berichtete nur einmal über einen Agitationsversuch von radikaler Seite, nämlich von Jacoby[44]. Anscheinend konnten die USPD und KPD nur durch ihre Mitglieder auf Streikversammlungen eingreifen, nicht aber Arbeitsniederlegungen organisieren.

Von spartakistischer Seite wurde der Vorwurf erhoben, daß die Dortmunder SPD, besonders Mehlich, versuche, die Beschlüsse der Neunerkommission zu sabotieren und auf Belegschaftsversammlungen gegen die Essener Bestimmungen Stimmung zu machen[45]. Ein direktes Eingreifen der Sicherheitswehr gegen streikende Arbeiter ist zu dieser Zeit bis vor dem Generalstreik noch nicht festzustellen, mit Ausnahme des Einsatzes in Ickern. Bei keinem Bergarbeiter-Streik im Dortmunder Raum seit Bestehen der Neunerkommission waren Lohnforderungen die Ursache. Die Arbeiter

forderten vielmehr die Absetzung von einigen Vorgesetzten und die Wahlen von Räten. Die Dortmunder Arbeiter verbanden ebenso wie die Arbeiter im übrigen Ruhrgebiet die Forderung nach Sozialisierung mit der Forderung nach einem Rätesystem, das zur Demokratisierung und zur Kontrolle des Betriebes durch die Arbeiter selbst beitragen sollte.
Der Generalstreik wurde im Dortmunder Bezirk noch nicht einmal zur Hälfte befolgt, was unter dem Durchschnitt der allgemein niedrigen Beteiligung im Ruhrgebiet lag. Die Gründe für diese geringe Unterstützung des Generalstreiks waren:
1. Die Autorität von Gewerkschaften und Sozialdemokratie war bei den Arbeitern in Dortmund im Februar 1919 noch größer als etwa in Mülheim oder Hamborn. Die Mehrzahl der gewählten Ausschußmitglieder gehörten dem »Alten Verband« an[46].
2. Da die Gewerkschaften den Generalstreik ablehnten, wurde keinerlei Streikunterstützung bezahlt[47].
3. Die Sicherheitswehr griff in Dortmund schnell und wirksam bei den Unruhen ein. Deshalb brauchte im Umkreis kein Militär eingesetzt zu werden. Die Wehr verhinderte Stillegungen durch rechtzeitiges Abriegeln der Zechenanlagen und ging während des Generalstreiks rücksichtslos gegen Streikende vor[48].

Der letzte Punkt verweist auf die besondere Rolle der Dortmunder Sicherheitswehr, die auch im Februar zum größten Teil noch aus Organisierten, d. h. aus Angehörigen der SPD oder der sozialdemokratischen Gewerkschaften bestand. Der Verlauf der Kämpfe in Ickern zeigt die Bedeutung der Wehr für die SPD und das Bürgertum. Da hier der lokale Rat und die Wehr hinter den Streikenden standen und die Ausständigen sowohl in Mengede als auch in Ickern unterstützten, griffen die Sicherheitswehren von Herne, Bochum und Dortmund ein[49]. Es gab Tote und Verwundete auf beiden Seiten. Die Mülheimer »Freiheit« berichtete über einen Vorfall, der leider nicht durch andere Berichte überprüft werden konnte[50]. Das Blatt schrieb, daß der Vorsitzende des Arbeiter- und Soldatenrates Ickern, der Unabhängige Scharff, von der Sicherheitswehr verhaftet wurde und an den Folgen der brutalen Behandlung im Gefängnis starb. Danach gab die Zeitung eine interessante und vielleicht auch nicht nur aus kommunistischer Sicht berechtigte Interpretation der Ereignisse in Ickern. Sie verteidigte die Besetzung der Zeche als Kampfmittel der Arbeiter und wies daraufhin, daß der linke Rat in Ickern den Mehrheitssozialdemokraten im Arbeiter- und Soldatenrat Dortmund ein Dorn im Auge gewesen sei. Die »Freiheit« sah eine enge Verbindung zwischen dem Ausschalten der USPD und KPD in Dortmund am 17. Februar und der wenige Tager später erfolgten »Säuberungsaktion« in Ickern. Aber auch ohne dieser Interpretation di-

rekt zu folgen, bleibt festzuhalten, daß die Politik der Mehrheitssozialdemokraten in Dortmund wie in Berlin und anderswo, die im wesentlichen darin bestand, den Forderungen der Arbeiter durch den Einsatz von Sicherheitswehren und von Militär zu begegnen und Unruhen und Streiks so zu ersticken versuchte, nicht die einzig mögliche Politik 1919 sein konnte und auch nicht zur Befriedung des Industriegebiets führte, geschweige denn zur Sicherung der revolutionären Errungenschaften.
Im März fand in Dortmund eine Versammlung der revolutionären Bergarbeiter statt, auf der Karski, Jacoby und Schürken sprachen[51]. Die Bergarbeiter bereiteten sich auf erneute Kämpfe vor. Am 25. März 1919 kam es zu schweren Zusammenstößen zwischen Arbeitern und Polizei in Witten, einen Tag später legten die Arbeiter auf »Kaiserstuhl« die Arbeit nieder, andere Zechen schlossen sich an. Der Streik weitete sich von Dortmund auf das gesamte Ruhrgebiet aus; diesmal gaben die Dortmunder Arbeiter das Signal.

Die Entwicklung auf der im Dortmunder Raum gelegenen Zeche »Viktoria« in Lünen

Die Entwicklung auf »Viktoria« – Lünen, einer Zeche der Harpener Bergbau AG, stellt in mehrer Hinsicht einen Sonderfall dar. Erstens wurde von der Belegschaft von »Viktoria« die Sozialisierungsforderung früher als sonst im Dortmunder Raum aufgestellt und – soweit dies im Rahmen einer einzelnen Zeche möglich – auch durchgesetzt, nämlich bereits um die Jahreswende 1918/19. Zweitens gelang es den Arbeitern auf »Viktoria«, die Produktion aufrechtzuerhalten, ja sogar zu steigern. Drittens weist das Beispiel der Zeche die Perspektiven einer möglichen Entwicklung auf, wenn die SPD und die Gewerkschaften die Sozialisierungsforderung vorrangig zum Inhalt ihrer Politik gemacht und die Arbeiter unterstützt hätten.
Nach dem Umsturz forderten ein Arbeiterausschuß und eine Kommission der Belegschaften am 18. November 1918 den Direktor von »Viktoria«, Bergassessor Walkhof, auf, von der Leitung der Zeche zurückzutreten, was dieser jedoch ablehnte[52]. Die Arbeiter begründeten ihre Forderung damit, daß Walkhof politisch »unbequeme« Arbeiter zum Heeresdienst hatte einziehen lassen. Mit der Rückkehr dieser Arbeiter verstärkten sich trotz der Vermittlungsversuche der Gewerkschaften diese Forderungen. Ein Streik schien unvermeidlich. Um diesen zu verhindern, d. h. um die Produktion in Gang zu halten, übernahm der Arbeiter- und Soldatenrat am 6. Januar 1919 den Schutz der Zeche. Gleichzeitig wurde ein Betriebsrat gewählt, der

aus dem Steiger Schürken und zwei Arbeitern bestand und die Leitung der Zeche übernahm. Der Betriebsrat forderte den Betriebsführer und die fünf Fahrsteiger auf, sich der Neuordnung zu fügen. Diese traten jedoch von ihren Funktionen zurück. Seither steigerte sich die Produktionsleistung der Zeche. Schürken verzeichnete eine tägliche Überförderung von 200–300 Wagen über dem alten Satz, ebenso eine Steigerung der Hauer- wie der Gesamtleistung[53].

Am 18. Januar verkündete die Harpener Bergbau AG in einem Anschlag, daß sie keine Garantie mehr für die Sicherheit der Arbeiter in den Gruben übernehme und die Lieferung von Material und Geld einstelle. Der Anschlag wurde vom Betriebsrat entfernt, um Unruhe unter der Belegschaft zu vermeiden. Der Bürovorsteher erklärte sich nun mit der »Harpener« solidarisch und forderte alle kaufmännischen Angestellten auf, zu streiken. Diese legten daraufhin am 20. Januar ihre Arbeit nieder. Der Betriebsrat versuchte in dieser Zwangslage anscheinend, die Angestellten durch Drohungen einzuschüchtern und zur Wiederaufnahme der Arbeit zu bewegen. Gegenüber den Vorwürfen der Harpener Bergbau AG, in unverantwortlicher Weise in den Betrieb und die Verwaltung der Zeche eingegriffen zu haben[54], verteidigte Schürken sich im Namen des Betriebsrates: »Früher wurde demjenigen die schwerste Strafe angedroht, der Arbeitswillige von der Arbeit fernhielt, und heute sollen diese Arbeitswilligen von einer einzigen Person arbeitslos gemacht werden, wodurch wieder viele tausend andere in Mitleidenschaft gezogen werden«[55].

Die anderen Zechen der Harpener Bergbau AG, »Scharnhorst« und »Gneisenau«, nahmen die Auseinandersetzungen zum Anlaß, erneut die Absetzung ihres Betriebsführers und Direktors zu fordern. Auch die Zechen »Preußen I und II« solidarisierten sich mit »Viktoria«, und am 3. Februar demonstrierten die Arbeiter gemeinsam in Dortmund. Eine siebenköpfige Delegation von »Viktoria« erklärte Mehlich als Vorsitzenden des Arbeiter- und Soldatenrates die Forderungen der Arbeiter: 1. Absetzung Walkhofs; 2. Entlassung des Betriebsführers und der Fahrsteiger, denn das System der Fahrsteiger sei nach Ansicht des Betriebsrates unrationell und ebenso überflüssig wie der Bürovorsteher; 3. Anerkennung des jetzigen stellvertretenden Betriebsführers und Fahrsteigers; 4. Anerkennung des am Sonntag nach den Essener Beschlüssen gewählten Zechenrates durch die Direktion der Harpener Bergbau AG. Außerdem wurde Mehlich eine Entschließung der Belegschaft mit folgendem Inhalt vorgelegt: Die Belegschaft nimmt sich das Recht, alle Beamten und Kapitalisten, die gegen die Sozialisierung arbeiten, abzusetzen. Sie betont die Wichtigkeit der ungestörten Kohlenproduktion zur Aufrechterhaltung des Wirtschaftslebens, und fordert daher die Regierung auf, gegen die von der »Harpener« geplante Stillegung der

Zeche vorzugehen. Das Betriebsrätesystem sei auszubauen als Grundlage weitestgehender innerbetrieblicher Demokratie und als erster Schritt zur Sozialisierung. Die Aufgaben des Betriebsrates seien: Regelung aller Fragen des gesamten Arbeitsbetriebes und Einblick in die gesamte Geschäftsführung. Überschüsse sollten im Interesse der Arbeiter und Angestellten verwendet werden.
Mehlich setzte sich daraufhin mit der Neunerkommission in Verbindung. Nachdem er in Essen erfahren hatte, daß ein Teil der Forderungen der Arbeiter den gerade zwischen Regierung und Neunerkommission vereinbarten Bestimmungen über die Aufgaben der Zechenräte entspräche, teilte er den Arbeitern mit, daß der Inhalt ihrer Entschließung bereits Wirklichkeit geworden sei[56]. Diese Entwicklung bestand natürlich nur auf dem Papier und entsprach noch nicht einmal voll den Forderungen der Arbeiter. Die Harpener Bergbau AG weigerte sich, den Zechenrat anzuerkennen. Die Auseinandersetzungen auf »Viktoria« zogen sich bis zum 25. Mai hin, erst am 26. Mai konnten alle Oberbeamten ihren Dienst wieder aufnehmen[57].

Am Beispiel der Zeche »Viktoria« wird deutlich, daß trotz ungenügender theoretischer Ausbildung einer Räte- und Sozialisierungskonzeption die Arbeiter sehr konkrete Vorstellungen mit dem Begriff Sozialisierung verbanden:
1. Demokratisierung am Arbeitsplatz (wobei letztlich die kollektive Leitung durch Arbeiter angestrebt wurde).
2. Kontrolle und Einblick in die gesamte Geschäftsführung.
3. Minderung, letztlich Aufhebung der Privatprofite.
Die Arbeiter gingen also bereits im Januar 1919 weit über ein »paritätisches Mitbestimmungskonzept«[58] hinaus. Wenn auch eine Enteignung aller Besitzer an Produktionsmitteln noch nicht im Vordergrund der Forderungen stand, verstanden die Arbeiter die Sozialisierung doch als ersten Schritt zu einer sozialistischen Gesellschaftsordnung.

Gewerkschaften und Sozialdemokratie zur Sozialisierung

Klar erkannt wurde von den streikenden Bergarbeitern die Notwendigkeit der politischen Durchsetzung ihrer Forderungen. Zwar waren die Illusionen über die SPD und die Gewerkschaftsführung noch immer stark, doch wurden diese mehr und mehr zerstört. So mußte der Gewerkschaftsvertreter auf einer Versammlung am 11. Februar in Dortmund alle rhetorischen Mittel aufwenden, um das Vertrauen der Bergarbeiter zu den alten Führern

zu beschwören. Dagegen wurde der Vorwurf erhoben, daß die Gewerkschaftsführer die Sozialisierung nicht ernsthaft betrieben und dadurch auch für die wilden Streiks verantwortlich seien[59].
Die SPD in Dortmund wandte weit weniger Zeit auf, um Sozialisierungswillen vorzutäuschen[60]. Zwar nahmen Dortmunder Delegierte des Arbeiter- und Soldatenrates an den Konferenzen in Essen teil, in den Belegschaftsversammlungen erklärten Vertreter des Arbeiter- und Soldatenrates, daß sie die Essener Beschlüsse nicht als bindend anerkannten[61]. Der Dortmunder Arbeiter- und Soldatenrat hatte gleich von Anfang an Skepsis hinsichtlich der Möglichkeit der Zusammenarbeit der drei Parteien gehegt[62]. Aus dem Artikel der SPD-Zeitung zur Konferenz der Arbeiter- und Soldatenräte am 18. Februar 1919 in Essen ging hervor, daß die Dortmunder SPD bereits nach der Konferenz vom 14. Februar 1919, die das Ultimatum an die Regierung gestellt hatte, ein Ausscheiden der »Gemäßigten« aus der Neunerkonferenz und aus den gemeinsamen Konferenzen angeregt hatte. Die wilden Streiks und der Generalstreik wurden von der SPD als das Werk einiger Spartakisten und Aufrührer abgetan. Die »WAVZ« schrieb nach der Proklamierung des Generalstreiks: »Hier wird der Arbeitswille durch den Terror bewaffneter Banden gebeugt und gebrochen«[63]. Die Konsequenz aus dieser Einschätzung ist dann allerdings, zur Aufrechterhaltung von Ruhe und Ordnung die Sicherheitswehr gegen Streikende einzusetzen. Dieser Ordnungsbegriff, auf den SPD wie Bürgerliche rekurrierten, wurde exemplarisch von der Belegschaft »Viktoria« umgedreht: Sie stellte klar heraus, daß die Arbeiter die Produktion aufrechterhalten konnten, die Betriebsleitung diese Ordnung aber zu sabotieren versuchte.
Die Erkenntnis, daß der Dortmunder Arbeiter- und Soldatenrat zusammen mit den Gewerkschaften letztlich den bürgerlichen Ordnungsbegriff stützte und nicht die Interessen der Arbeiter, sondern in letzter Konsequenz die der Unternehmer vertrat, war die wichtigste Ursache für den Radikalisierungsprozeß der Arbeiter auch in Dortmund.

Ausblick auf die weiteren Kämpfe der Dortmunder Arbeiter April 1919 bis März 1920

Die Dortmunder Arbeiterschaft war später als in anderen Städten in die Streikbewegung eingetreten. Die Niederschlagung der Sozialisierungsbewegung im Februar beschleunigte dann den Radikalisierungsprozeß, und im März ging die Initiative bereits vom Dortmunder Raum aus[64].
Die Erbitterung über Schleichhandel und schlechte Lebensmittelversor-

gung war der Anlaß für die am 25. März 1919 in Witten ausbrechenden Unruhen. Die Demonstrationen griffen rasch nach Dortmund über. Magistrat und Arbeiter- und Soldatenrat erließen daraufhin ein Demonstrationsverbot, trotzdem oder gerade aus Protest dagegen legten die Arbeiter in mehreren Zechen und Betrieben die Arbeit nieder. Am 30. März beschloß eine Delegiertenkonferenz, auf der fast alle Ruhrzechen vertreten waren – die Gewerkschaften drohten mit Ausschluß aller an ihr teilnehmenden Gewerkschaftsmitglieder –, den Generalstreik für den 1. April. Die Forderungen waren: Sechs-Stunden-Schicht, 25% mehr Lohn, Anerkennung des Essener Rätesystems, Auflösung der Freikorps, Bildung von revolutionären Arbeiterwehren. Im Dortmunder Raum wurde der Generalstreik fast vollständig befolgt[65].

Die Reichsregierung verhängte gemeinsam mit der preußischen Regierung den Belagerungszustand über das Industriegebiet. Nachdem der Einsatz von Truppen nur wenig Erfolg zeigte, wurde der Sozialdemokrat Severing als Staatskommissar ins Ruhrgebiet gesandt. Er wählte Dortmund zu seinem Sitz, konnte er doch hier mit der bedingungslosen Hilfe und Unterstützung von Mehlich rechnen. Severing versuchte, den Generalstreik vor allem mit politischen Mitteln niederzuwerfen. So lockerte er das Versammlungsverbot dahingehend, daß nur noch die Versammlungen der USPD, der KPD und der syndikalistischen »Freien Vereinigung« verboten waren. Durch die Verhaftung des Zentralzechenrates nach der Konferenz zwischen Regierung, Gewerkschaften und Arbeitgebern am 9. April 1919 beraubte er die Streikenden ihrer Führung. Der Zechenverband bewilligte schließlich die Siebenstunden-Schicht. Nach vier Wochen ging der Streik ohne weitere Erfolge zu Ende, nicht zuletzt dank der geschickten Politik Severings.

Im Sommer kam es häufig zu Lebensmittelunruhen, die Verbitterung und zugleich die Demoralisierung der Arbeiter wurden offensichtlich. Erst als im März 1920 die Republik durch den Putsch von Kapp und seinen Anhängern bedroht wurde, erwachten die Arbeiter aus ihrer Lähmung und griffen zu den Waffen. Aus dem Generalstreik zur Verteidigung der aus Berlin geflohenen Regierung Ebert vor den »Kappisten« entwickelte sich der bewaffnete Kampf der Arbeiter gegen Teile der Reichswehr und des Bürgertums. Die Verwaltung war völlig zusammengebrochen, in den Städten des Ruhrgebiets bildeten sich Arbeiterräte. Der Kampf ging um mehr als um die Abwehr des Putsches einiger Generäle, das Ziel der Arbeiter war die Sicherung und Weiterführung der demokratischen und sozialistischen Inhalte der revolutionären Bewegung 1918/19. Die Bildung einer Arbeiterregierung wurde jetzt von der Gewerkschaftsführung, vor allem von Carl Legien, gefordert. Doch die gerade durch die Arbeiter gerettete Regierung verbündete sich trotz der mehr als zweifelhaften Rolle der Reichswehr mit dem Militär und setzte zur »Befriedung« des Ruhrgebiets Truppen ein.

In Dortmund zeichnete sich diese Entwicklung bereits am 16./17. März ab, also in den ersten Tagen des Generalstreiks. Die SPD-Führung vertraute weiterhin der Führung der Sicherheitswehr, obwohl deren Leiter, Hauptmann von Heeringen, ein Monarchist war. Bereits bei der Befreiung Meinbergs aus dem Gefängnis durch die Arbeiter am 12. 3. 1919 kam es zu Zusammenstößen zwischen Wehr und Demonstranten[66]. Meinberg forderte sofort zur Bildung eines provisorischen Arbeiterrates auf, an dem die SPD sich nur zögernd beteiligte. Am 15. März rückte das Freikorps Lichtschlag in Dortmund ein. Die Sozialdemokraten König und Severing verhandelten mit Lichtschlag, um ihn zum Abzug zu bewegen. Die SPD wollte dem Freikorps freien Durchzug gewähren und versuchte deshalb, die Arbeiterräte auch der umliegenden Orte mit einem Flugblatt zu überzeugen, daß das Freikorps auf dem Boden der alten Regierung stünde und daher ungehindert weiterziehen solle. Dies mußte den streikenden Arbeitern als Provokation und Verrat erscheinen, der Kampf um Dortmund begann. Lucas bezeichnet dies zutreffend als einen Wendepunkt im Ruhrkampf: »Beim Kampf um Dortmund stand den bewaffneten Arbeitern erstmalig nicht Militär gegenüber, das erklärtermaßen und faktisch für die Sache der Berliner Putschisten focht, erstmalig kämpften auf der Seite des Militärs Sozialdemokraten und Zentrumsleute, darunter Arbeiter; erstmalig stellte sich ein Teil der SPD-Führer, für jedermann sichtbar, vor das Militär und damit gegen bewaffnete Arbeiter«[67].

Schlußbetrachtung

Die Frage nach dem Scheitern der Massenbewegung 1918/19 ist auch in Dortmund zugleich die Frage nach dem Scheitern der politischen Führung in der Revolutionszeit. Sie ist die Frage nach dem Versagen aller drei sozialistischen Parteien, die diese Führung nicht hatten übernehmen können oder wollen.
Die USPD war hierzu im gesamten Reich, und auch in Dortmund zeigte es sich deutlich, aufgrund ihrer Uneinheitlichkeit und inneren Zerrissenheit nicht in der Lage. In Dortmund kam noch ihre zahlenmäßige Schwäche hinzu. Ferner verfügte sie weder über einen organisatorischen Apparat, noch stand ihr im Dortmunder Raum ein Publikationsorgan zur Verfügung. Ähnliches galt für die KPD. Zeigte bereits der Gründungsparteitag in

Berlin die ideologische und praktische Unerfahrenheit und Uneinheitlichkeit der Partei, so wurde sie kurz darauf ihrer beiden Führer Rosa Luxemburg und Karl Liebknecht beraubt, die durch ihr Ansehen und ihre politische Erfahrung die Partei möglicherweise zu einer größeren Geschlossenheit hätten hinführen können. Zu ihrer zahlenmäßigen Schwäche, nicht nur in Dortmund, kam die organisatorische: Die einzelnen Ortsgruppen waren nahezu unabhängig von der Zentrale in Berlin, so daß die Basis für eine zentralisierte Politik von vornherein fehlte. Es gelang der Ortsgruppe in Dortmund nicht, wesentlichen Einfluß innerhalb der Dortmunder Arbeiterschaft zu erlangen, geschweige denn die Streikbewegungen im Frühjahr zu führen.

Die SPD war als einzige Partei organisatorisch wie zahlenmäßig in der Lage, die revolutionären Errungenschaften der Novembertage zu sichern und die Ziele der Massenbewegung durchzusetzen[1]. Gerade in Dortmund als einer traditionellen Hochburg der SPD mit einem hohen Organisationsgrad der Arbeiterschaft stellte sich die Frage nach den politischen Zielen der SPD.

In Dortmund war es dem rechten Flügel schon früh, spätestens seit 1912, gelungen, die Linken auszuschalten[2]. Die Ortsgruppe wurde zu einer funktionierenden Wahlmaschine ausgebaut, die bürokratischen Strukturen verhärteten sich, die Kluft zwischen Wortradikalismus und revisionistischer Praxis der Führer der SPD in Dortmund wurde immer größer. Die Passivität der Mitglieder – gleichermaßen Folge wie Basis der reformistischen Politik der Funktionäre – wurde durch die Zustimmung der Sozialdemokratie zu den Kriegskrediten sowie durch die Bedingungen des Krieges noch verstärkt. Es wurde immer deutlicher, daß die SPD sich politische Praxis nur in den vom Kaiserreich vorgeschriebenen legalen Bahnen vorstellte. Die politischen Ziele der Partei sollten durch das Gewinnen von Reichstagswahlen, durch die Einführung des allgemeinen, gleichen, direkten und geheimen Wahlrechts und damit im kommunalen Bereich durch die Erhöhung der Zahl der sozialdemokratischen Stadtverordneten und durch verstärkte Mitarbeit in den Kommissionen des Magistrats durchgesetzt werden. Dabei wurde schließlich die Methode, das Gewinnen von Wahlen, mehr und mehr zum eigentlichen Ziel der Partei, und die ökonomischen, sozialen und politischen Forderungen traten in den Hintergrund[3].

Mit der Beteiligung an der Regierung Prinz Max von Baden glaubte die SPD auch in Dortmund, ein wesentliches Ziel erreicht zu haben. Die spontane Erhebung der Arbeiter und Soldaten zeigte der Partei, daß sie sich ihrer Basis nicht mehr so sicher fühlen konnte. Nachdem es ihr wie in anderen Städten so auch in Dortmund nicht gelungen war, die revolutionäre Bewegung aufzuhalten – die SPD verhandelte noch am Morgen des 8. November 1918 mit dem Magistrat –, setzte sie sich an die Spitze der Bewegung. In gemeinsamen Verhandlungen mit den Unabhängigen bildete sie am Abend des 8. November in Dortmund den Arbeiter- und Soldatenrat. Die Arbeiter selbst hatten keinen direkten Einfluß auf dessen Bildung und Zusammensetzung. Der Rat wurde von der Dortmunder Arbeiterschaft lediglich zwei Tage nach seiner Konstituierung bestätigt.

Das Programm des Arbeiter- und Soldatenrates war, den Umständen entsprechend, ein Kompromiß zwischen der revolutionären Stimmung der Massen und den politischen Vorstellungen der SPD. Gleichermaßen wurde betont, daß der Arbeiter- und Soldatenrat die Macht in der Stadt an sich gerissen hätte und daß er in enger Zusammenarbeit mit der Stadtverwaltung an die Lösung der anstehenden Aufgaben herangehen würde. Der Einfluß der Unabhängigen im Rat war sehr gering, so daß man tatsächlich von einem mehrheitssozialdemokratischen Rat sprechen muß.

Die Politik der Dortmunder SPD stand von Anfang an in vollem Einklang mit der Politik der SPD-Spitze in Berlin. Der Dortmunder Arbeiter- und Soldatenrat machte seinen Einfluß auf allen Versammlungen der Arbeiter- und Soldatenräte geltend, um Entschließungen durchzubringen, die der Regierung Ebert-Haase das volle Vertrauen aussprachen. Der Arbeiter- und Soldatenrat wurde als ein Übergangsorgan betrachtet, bis »verfassungsmäßige« Zustände wiederhergestellt waren[4]. Zwar gelang es der Dortmunder SPD, und hier wohl zum großen Teil aufgrund des organisatorischen Geschicks von Mehlich, den Dortmunder Rat in kurzer Zeit zu einem funktionsfähigen Organ aufzubauen und die Räteorganisation auszudehnen, wodurch die Dortmunder SPD über den Wahlkreis hinaus Einfluß erhielt. Gleichzeitig mit dem Auf- und Ausbau des Arbeiter- und Soldatenrates vollzog sich aber der Prozeß, die Massenbewegung einzudämmen und zu kanalisieren, deren Initiativen unmöglich zu machen und den kommunalen Behörden die in den Novembertagen verlorengegangene Macht zurückzugeben. Die politische Herrschaft der Arbeiterklasse wurde von den Dortmunder Sozialdemokraten abgelehnt, da die Arbeiterschaft hierzu weder in der Lage noch dazu berufen sei. Die Diktatur des Proletariats bedeutete nach Ansicht Mehlichs einen Rückschritt hinter die bürgerliche Demokratie, wobei letztere mehr oder minder idealistisch, nämlich frei von wirtschaftlichen Interessen und wirtschaftlicher Macht, gesehen wurde[5].

Diese taktischen und strategischen Einschätzungen führten dazu, daß der Dortmunder Arbeiter- und Soldatenrat sich immer mehr in ein Hilfsorgan der Politik des Magistrats verwandelte und weitgehend auf alle selbständigen Schritte verzichtete. Alle wichtigen Fragen der Demobilmachung und der Sozialpolitik wurden nur insoweit in Angriff genommen, wie der

Dortmunder Arbeiter- und Soldatenrat sich der Zustimmung des Magistrats gewiß sein konnte. Die Demokratisierung von Verwaltung und Betrieben, im Programm noch als eine der wichtigsten Aufgaben bezeichnet, wurde völlig vernachlässigt. Denn dieses Vorgehen hätte wahrscheinlich zu Konflikten mit den bürgerlichen Kräften und den kommunalen Behörden geführt. Die Dortmunder Sicherheitswehr wurde von der SPD daher nicht als ein Instrument zur Sicherung der Revolutionsbewegung betrachtet, sondern nur als ein Organ zur Aufrechterhaltung der Ruhe und Ordnung. Ihre Umwandlung in ein Organ der Stadtverwaltung war nur die praktische Konsequenz der politischen Vorstellungen der SPD.
Es gelang dem Dortmunder Arbeiter- und Soldatenrat, in dieser ersten Phase bis zur Jahreswende den Dortmunder Raum einigermaßen »ruhig« zu halten. Die Arbeiterschaft in Dortmund blieb im Vergleich zum sonstigen Ruhrgebiet verhältnismäßig passiv.
Dadurch daß die Politik des Dortmunder Arbeiter- und Soldatenrates die Ziele der Umsturzbewegung wie Demokratisierung von Verwaltung und Betrieb mißachtete und z. B. darauf verzichtete, einschneidende Maßnahmen zur Bekämpfung des Schleichhandels, zur Requirierung von Lebensmitteln und Wohnungen zu ergreifen, etwas für eine Verbesserung der sozialen und ökonomischen Lage der Arbeiterklasse zu tun, die Arbeiter vielmehr nur ermahnte, zu arbeiten und die Produktion aufrechtzuerhalten, verstärkte sie den Entfremdungsprozeß zwischen Partei und Basis[6].
Die Verbitterung auch der Dortmunder Arbeiterschaft wuchs immer mehr. Als im Ruhrgebiet die Arbeiter, enttäuscht über die Nichterfüllung des Sozialisierungsbeschlusses des Rätekongresses durch den Rat der Volksbeauftragten, daran gingen, die Sozialisierung eigenständig durchzuführen, lösten sich die Dortmunder Arbeiter praktisch, wenn auch noch unbewußt und im Glauben, daß die Sozialdemokratie die Sozialisierung nun doch unterstützte[7], von der Parteiführung: immerhin solidarisierte sich ein großer Teil der Dortmunder Bergarbeiter – wenn auch weniger als durchschnittlich im Ruhrgebiet – mit dem von den Radikalen ausgerufenen Generalstreik. Der Einsatz von Militär – und im Dortmunder Raum auch der Sicherheitswehr – beschleunigte den Desillusionierungsprozeß der Dortmunder Arbeiter; die Initiative zum Aprilstreik ging vom Dortmunder Raum aus.
Mit der Sozialisierungsforderung verbanden sich für die Arbeiterklasse sowohl die Hoffnung auf eine Verbesserung ihrer ökonomischen Lage als auch besonders die Forderung nach mehr Demokratie und mehr Kontrolle des Betriebes durch die Arbeiter. Sozialisierung mit Verstaatlichung gleichzusetzen, wie es Sozialdemokraten auch in Dortmund machten, entsprach in keiner Weise den Vorstellungen der nunmehr radikalisierten Arbeiter.

Wenn die Dortmunder SPD den Einsatz der Sicherheitswehr und die Ablehnung der Sozialisierungsbewegung überhaupt mit der Notwendigkeit der »Aufrechterhaltung von Ruhe und Ordnung« zu rechtfertigen versuchte, so kehrten diese Arbeiter den Ordnungsbegriff um und stellten die Parteilichkeit dieses Begriffes heraus. Der Ordnungsbegriff der SPD war zutiefst revolutionsfeindlich und entsprang dem Mißtrauen gegenüber jeglicher Massenbewegung. Objektiv stärkte die SPD mit ihrem Verzicht, sich auf die Massenbewegung zu stützen, das Erstarken der bürgerlichen Kräfte. Wie anderswo, so fiel ihr auch in Dortmund dementsprechend die Zusammenarbeit mit den bürgerlichen Kräften sehr viel leichter als mit Unabhängigen und Kommunisten. Die SPD ging in Dortmund mit ihrer Abgrenzung nach links soweit, daß sie die Linken im März völlig aus dem Rat hinausdrängte. Insgesamt kann man feststellen, daß der Dortmunder Arbeiter- und Soldatenrat in dieser zweiten Phase von dem Radikalisierungsprozeß völlig unberührt blieb, vielmehr alles tat, um die Streikbewegung niederzuwerfen, und trotz des Erstarkens des Bürgertums seine legalistische Politik – besonders nach den Wahlen zur Nationalversammlung – verstärkt fortsetzte. Recht plastisch schilderte Meinberg diese Politik: »Die Hauptarbeit des Dortmunder Arbeiter- und Soldatenrates – dem ich angehörte, – bestand in juristischen Auseinandersetzungen darüber, ob die zu erlassenden Anordnungen auch aufgrund des bürgerlichen Rechts gestattet seien oder nicht. Waren diese Diskussionen glücklich beendet, dann unterhielten sich die Sozialdemokraten über den schnellsten Termin der *Auflösung der Arbeiter- und Soldatenräte*, damit nur kein Mensch auf den Gedanken kam, daß da Rrrrevolutionäre (!) zusammensäßen«[8].

Anmerkungen

Kapitel I

1 Henny Hellgrewe: Dortmund als Industrie- und Arbeiterstadt, Dortmund 1951, S. 11–12.
2 Hans Graf: Die Entwicklung der Wahlen und politischen Parteien in Groß-Dortmund, Hannover 1958, S. 9.
3 H. Hellgrewe, S. 15; vgl. Karte bei Hans Frank: Synchronoptische Heimatgeschichte von Dortmund, o. J., S. 22. Die Bedeutung des Bergbaus für Dortmund wird aus der Tatsache ersichtlich, daß Dortmund bereits seit 1815 Sitz des Oberbergamts war.
4 H. Graf, S. 9.
5 Heribert Gehle: Zum geschichtssoziologischen Standort des Ruhrgebiets, in: Festgabe für J. Breuer, Düsseldorf 1955, S. 63. Das verbundwirtschaftliche Prinzip gilt als charakteristisch für die wirtschaftliche Struktur des Ruhrgebiets.
6 P. H. Mertes: 100 Jahre Industrie- und Handelskammer Dortmund, Dortmund 1963, S. 34.
7 H. Frank, S. 12.
8 Ebd., S. 8.
9 Hans-Willy Hinkers: Die geschichtliche Entwicklung der Dortmunder Schwerindustrie seit der Mitte des 19. Jahrhunderts, Dortmund 1925, S. 29.
10 H. Hellgrewe, S. 15–16.
11 H. W. Hinkers, S. 30, 38.
12 Stadtarchiv Dortmund (StA Do), Fa 8[2]: Statistische Vierteljahresberichte April–Juni 1919.
13 H. Hellgrewe, S. 61.
14 Hans-Ulrich Wehler: Die Polen im Ruhrgebiet bis 1918, in: ders. (Hg.): Moderne deutsche Sozialgeschichte, Köln 1966, S. 440; Staatsarchiv Münster (StA Mü) Reg. Arnsberg I Pa 98, Schreiben vom 25. 3. 1911.
15 H. Graf, S. 16. Für die Eingemeindungspolitik des Dortmunder Magistrats s. vor allem Karl Hahn: Die kommunale Neuordnung des Ruhrgebiets, dargestellt am Beispiel Dortmunds, Köln 1958.
16 H. Hellgrewe, S. 82–83; für 1925 gibt H. an: 56,2% Arbeiter, 11,2% Selbständige, 21,8% Angestellte und Beamte. Vgl. H. Graf, S. 13: 1938 gehörten 68% der Arbeiterschaft an.
17 Gottlieb Gassert: Die berufliche Struktur der deutschen Großstädte nach der Berufszählung von 1907, Diss. phil. Heidelberg 1917, S. 12.
18 Dortmunder Adreßbuch für das Jahr 1919/20, S. 7.
19 H. Frank, S. 1.
20 Für den gesamten Abschnitt: Geschichte der deutschen Arbeiterbewegung, Bd. 3: Von 1917 bis 1923, Berlin 1966, S. 18–19.
21 Vgl. Tabelle in: Illustrierte Geschichte der Novemberrevolution in Deutschland, Berlin 1968, S. 21.

22 Leo Stern (Hg.): Die Auswirkungen der Großen Sozialistischen Oktoberrevolution auf Deutschland, Bd. 3, Berlin 1959, Nr. 600: Bericht des Reg.-Präs. Arnsberg an das Stellv. Generalkommando VIII. A.K. in Frankfurt vom 24. 6. 1918.
23 StA Do, V, 176, Bl. 56: Polizeibericht über die Bergarbeiterversammlung Dez. 1917.
24 Ursachen und Folgen, hg. u. bearb. v. H. Michaelis u. E. Schraepler, Bd. I: Die Wende des Ersten Weltkrieges und der Beginn der innerpolitischen Wandlung 1916/17, Berlin 1958, S. 283 ff.: Denkschrift des Reichsgesundheitsamtes vom 16. 12. 1918. Vgl. Dortmunder Zeitung (D.Z.) Nr. 36 v. 22. 1. 1919: Vom März 1916 bis Ende 1918 starben in Deutschland 500 000 Menschen an Unterernährung.
25 Otto Hue, 1868–1922, Gewerkschaftsführer und sozialdemokratischer Politiker. Seit 1894 Leiter der »Bergarbeiterzeitung«, 1890–1918 und 1920–1922 Mitglied des Reichstags. Mitglied der Sozialisierungskommission.
26 StA Do, V, 176, Bl. 56 ff.
27 Henri Walther und Dieter Engelmann: Zur Linksentwicklung der Arbeiterbewegung im Rhein-Ruhrgebiet unter besonderer Berücksichtigung der Herausbildung der USPD und der Entwicklung ihres linken Flügels vom Ausbruch des Ersten Weltkrieges bis zum Heidelberger Parteitag der RPD und dem Leipziger Parteitag der USPD. Juli/August 1914 bis Dezember 1919, Diss. phil. Leipzig 1965 (Ms.), Bd. 1, S. 61, Bd. 2, S. 142. Leider geben die Autoren eine Zahl für die Lebenskosten in Westfalen nicht an; doch dürften die Verhältnisse in der Rheinprovinz auf Dortmund übertragbar sein.
28 StA Mü, Oberbergamt (OBA), B, 119, 226: Bergarbeiterzeitung vom 26. 1. 1918; Geschäftsberichte für die Jahre 1917 und 1918. Verband der Bergarbeiter Deutschlands, Bochum 1919, S. 32; s. auch Berichte in Westfälische Allgemeinen Volkszeitung (W.A.V.Z.), z. B. vom 9. 10. 1918.
29 Hilfsdienstgesetz, angenommen am 2. 12. 1916 im Reichstag; abgedruckt in: Ursachen und Folgen, Bd. II, S. 17–22. S. dazu die Rede Haases in der Sitzung des Reichstags vom 2. 12. 1916: »Das Gesetz beschlagnahmt das einzige Gut des Arbeiters, die Arbeitskraft, ohne aber andererseits die kapitalistischen Betriebe zu verstaatlichen«, ebd., S. 17. Allgemein dazu: Werner Richter: Gewerkschaften, Monopolkapital und Staat im ersten Weltkrieg und in der Novemberrevolution, Berlin 1959, S. 74 ff.; und Gerald D. Feldman: Army, Industry and Labour in Germany 1914–1918, Princeton 1966, S. 197–236.
30 Insgesamt scheint die ökonomische und soziale Lage der Arbeiterschaft in Dortmund während des Krieges sich nicht besonders von der in anderen Industriestädten unterschieden haben; leider ist das Dortmunder Material zu diesem Problem relativ dürftig.
31 Geschäftsbericht, S. 22; die Bergarbeiterzeitung errechnete einen Durchschnittsgewinn bei 38 Unternehmen im Ruhrgebiet gegenüber 1916 von 69,9 % Vgl. auch W.A.V.Z., Nr. 239 v. 10. 10. 1918 und Illustr. Geschichte, S. 20.
32 StA Do, V, 177, Bl. 127 ff.: Polizeibericht über Belegschaftsversammlung auf »Kaiserstuhl I u. II«.
33 W.A.V.Z Nr. 239 v. 10. 10. 1918.
34 Auf eine genauere Skizzierung der Stimmung der Bevölkerung wurde verzichtet, da es an aussagekräftigem Material hierzu fehlt. Die vorhandenen Unterlagen, vor allem die Zeitungen, lassen im allgemeinen erkennen, daß Friedenssehnsucht auch in Dortmund wie überall die Haltung breiter Bevölkerungsschichten zunehmend bestimmte. Diese Stimmung ist genauer dargestellt in E. Kolb: Die Ar-

beiterräte in der deutschen Innenpolitik 1918–1919, Düsseldorf 1962, S. 15–24; J. S. Drabkin: Die Novemberrevolution in Deutschland, Berlin 1968, S. 40–49 u. S. 67–75. Vgl. die Ausführungen von H. U. Knies in diesem Band; die Ergebnisse von Knies lassen sich in allen wesentlichen Punkten auch auf Dortmund übertragen.

35 StA Mü, OBA, B, 119, 226: Eingabe des Vereins für bergbauliche Interessen v. 14. 2. 1918.

36 Verzeichnis der Streiks im Dortmunder Raum während des Krieges:
März 1916: Straßenunruhen, vor allem Frauen, Forderung nach Lebensmitteln (StA Do, V, 143)
Ende Februar 1917: Streiks auf mehreren Zechen (»Viktor 3/4«, »Oespel«, »Glückauf Tiefbau« u. a.) und in der »Union«. Forderung nach Lebensmitteln und Lohnerhöhungen (StA Do, V, 144, u. D. Engelmann/H. Walther, Bd. 3, S. 167).
April 1917: Streiks auf »Ickern«, »Achenbach«, »Scharnhorst« u. »Gneisenau«.
Juni/Juli 1917: Streik auf »Westhausen«.
Ende September 1917: Streik in der Kettenfabrik Hansa (alles bei H.Walther/D. Engelmann, ebd.).
Januar 1918: 6. 1.: Streik im Martin-Stahlwerk Hoesch (StA Do, V, 13). 20. 1.: Streik auf »Viktoria Lünen«; nach H. Walther breitet sich der Streik vom Dortmunder Raum auf das Industriegebiet aus, politische Forderungen, vor allem Friedensschluß, Agitation der USPD in Dortmund feststellbar (H. Walther/D. Engelmann, Bd. 2, S. 31; StA Do, V, 145 u. V, 177).
September 1918: Aufflackern der Streiks, Forderungen nach Frieden und Demokratisierung (StA Do, V, 177).

37 Zur Geschichte der Bergarbeiterbewegung und des »Alten Verbandes« s. Max Jürgen Koch: Die Bergarbeiterbewegung im Ruhrgebiet zur Zeit Wilhelms II. 1889–1914, Düsseldorf 1954; Manfred Doernemann: Die Politik des Verbandes der Bergarbeiter Deutschlands von der Novemberrevolution 1918 bis zum Osterputsch 1921 unter besonderer Berücksichtigung der Verhältnisse im rheinisch-westfälischen Industriegebiet, Bochum 1966.

38 Geschäftsbericht, S. 124–125.

39 Die Einrichtung von Arbeiterausschüssen wurde seit dem Hilfsdienstgesetz Pflicht.

40 StA Do, V, 177, Bl. 173 ff.: Polizeibericht: »Ein Gewerkschafter auf Hansa: ›Die Organisation ist nicht zum Streiken da. Die Ziele der Organisation sind in erster Linie Verbesserung der sozialen Gesetzgebung, Gleichberechtigung bei der Festsetzung von Löhnen und Arbeitsverträgen.‹«

41 Zentralarbeitsgemeinschaftsabkommen, offiziell unterzeichnet von Unternehmern und Gewerkschaften am 15. 11. 1918, Einigung und Ausarbeitung jedoch bereits im Oktober. Abgedruckt und kommentiert bei W. Richter, S. 241–243; zur Entstehung des Abkommens jetzt Gerald D. Feldman: German Business between War and Revolution. The Origins of the Stinnes-Legien Agreement, in: Entstehung und Wandel der modernen Gesellschaft. Festschrift für Hans Rosenberg, Berlin 1970, S. 312–341.

42 Zur Entwicklung des sozialdemokratischen Wahlvereins bis 1912 s. Ralf Lützenkirchen: Der sozialdemokratische Verein für den Reichstagswahlkreis Dortmund-Hörde, Dortmund 1970. Zur Wahlrechtsfrage s. Reinhard Patemann: Der Kampf um die preußische Wahlreform im Ersten Weltkrieg, Düsseldorf 1964, bes. S. 245–249, S. 261.

43 W.A.V.Z. Nr. 141 v. 18. 6. 1918.
44 R. Lützenkirchen, S. 158.
45 Das Parteiorgan der SPD wurde 1875 als »Westfälische Freie Presse« gegründet, 1878 verboten; seit 1893 als »Rheinisch-Westfälische Arbeiterzeitung«, 1902 in »Arbeiterzeitung« umbenannt, bestand seit 1916 als »Westfälische Allgemeine Volkszeitung«, vgl. H. Frank, S. 4.
46 40 Jahre Westfälische Allgemeine Volkszeitung 1890–1930, Sondernummer der W.A.V.Z. v. 15. 11. 1930, darin Artikel von Robert Umbreit: Die sozialdemokratische Presse in Dortmund 1875–1930.
47 W.A.V.Z. Nr. 141 v. 18. 6. 1918.
48 Geschäftsbericht, S. 53.
49 Ebd., S. 124–125.
50 StA Do, V, 177, Bl. 76 ff.: Bericht der Dortmunder Polizei über eine Versammlung der SPD gegen die Vaterlandspartei vom 27. 1. 1918, und V, 175, Bl. 150 ff.: Bericht über eine Rede Königs auf einer Belegschaftsversammlung von Hansa.
51 40 Jahre W.A.V.Z., darin Artikel von Fritz Henßler: Im Kampf mit der Zensur; StA Do, V, 180: Berichte der Zensurbehörde.
52 Schreiben des Reg.-Präs. Arnsberg vom 30. 10. 1917, abgedruckt in: L. Stern (Hg.), Auswirkungen, Bd. 2, Nr. 224.
53 StA Mü, Reg. Arnsberg, I, 15, 11.
54 Vgl. Kommentar in der W.A.V.Z. vom 10. 9. 1917, sowie StA Do, V, 13, Bl. 383: Akte über sozialistische Arbeiterbewegung im Krieg.
55 H. Walther/D. Engelmann, Bd. 1, S. 94, nach der Leipziger Volkszeitung v. 16. 7. 1915.
56 Ebd., S. 125.
57 StA Do, V, 13, Bl. 371–380 u. V, 177, Bl. 320.
58 StA Do, V, 177, Bl. 229: Polizeibericht über Versammlung vom 27. 10. 1918.
59 Adolf Meinberg, geb. 1893, bereits vor dem Krieg Mitglied der SPD, in den Tagen des Umsturzes kurze Zeit Mitglied des Arbeiter- und Soldatenrates in Minden, kehrte danach nach Dortmund zurück. Delegierter Dortmunds beim Rätekongreß Dez. 1918 in Berlin.
60 Z. B. Theodor Langenscheid und Jakob Erdle, ehemaliger Bezirkssekretär der SPD; F. A. Kuhr, ebenfalls Gründungsmitglied, gehörte der Freien Vereinigung der Bergarbeiter an; wie groß diese syndikalistische Gruppe in Dortmund war, ließ sich leider nicht feststellen.
61 Ein Kassenbericht vom 3. Quartal 1917/18 zeigt, wie unbedeutend die USPD in Dortmund gewesen sein muß. Dortmund verzeichnet 34,– Mark Ausgaben und 54,50 Mark Einnahmen, dem steht Düsseldorf mit 442,56 Mark Ausgaben und 708 Mark Einnahmen oder Hagen-Schwelm mit 198,– Mark Ausgaben und 316,87 Mark Einnahmen gegenüber; StA Mü Reg. Münster VII, 39.
62 StA Do, V, 6, Bl. 37; Karl Rat, Lenz und Kirch wurden verhaftet; Rat wurde im Nov. Mitglied des Vollzugsausschusses der Arbeiter- und Soldatenrates. Die Polizei schrieb der Wirkung der USPD-Agitation große Bedeutung zu, überschätzte diese aber wohl, ebd., Bl. 380.
63 Ernst Eichhoff, Dr. jur., aus einer Essener Industriellenfamilie stammend, seit 1906 Bürgermeister in Dortmund, 1910 zum Oberbürgermeister gewählt; s. Personalakte E. im StA Do.
64 StA Do, V, 13 und V, 143.

65 Meinbergs Aussage im Jan. 1919, StA Do, V, 236, Bl. 92, wird bestätigt durch die Aussage von J. Smektala vom Nov. 1970.
66 Handbuch der Kommunalwissenschaften, hg. v. H. Peters, Bd. 1, Heidelberg 1956, S. 7 ff.
67 Gustav Luntowski: Kleine Geschichte des Rates der Stadt Dortmund, Dortmund 1970, S. 34 ff.
68 StA Do, Fa 10[1]: Städtische Behörden und Kommissionen 1918.
69 StA Do, Fa 5[5]: Stadtverordnetenwahllisten.
70 40 Jahre W.A.V.Z., darin Artikel von Fritz Henßler: Die Sozialdemokratie im Dortmunder Stadthaus.
71 StA Do, Fa 5[5]: Stadtverordnetenwahllisten.
72 Zur Erläuterung: Die sog. Dreimärker in der III. Abteilung zahlten einen symbolischen Steuerbetrag von 3 Mark. Nach den sozialpolitischen Reformen der Steuer hätte sich sonst die Anzahl der Wahlberechtigten in der 3. Abteilung ungemein verringert, s. Helmuth Croon: Die gesellschaftlichen Auswirkungen des Gemeindewahlrechts in den Gemeinden und Kreisen des Rheinlandes und Westfalens im 19. Jahrhundert, Köln 1960, S. 27–33.
73 Tremonia (Trem.) Nr. 62 v. 4. 3. 1919. Die Zahlenangaben beziehen sich auf die Stadtverordnetenversammlung Anfang 1919, durch die letzten Eingemeindungen war die Zahl der Stadtverordneten von 69 auf 77 angestiegen, bei der Wahl Königs zum unbesoldeten Stadtrat verminderte sie sich auf 76.
74 StA Do, Fa 10[3]: Die Zahlen beziehen sich auf die Versammlung vor der Eingemeindung.
75 Max König war einer der führenden westfälischen Sozialdemokraten. Gehörte 1891 zu den Mitbegründern des Deutschen Metallarbeiterverbandes, von 1901–1906 Leiter des von ihm gegründeten ersten Arbeitersekretariats für Westfalen in Dortmund, von 1906–1919 Bezirksparteisekretär des westl. Westfalens, Reichstagsmitglied von 1912–1918, am 28. 10. 1918 zum ersten unbesoldeten sozialdemokratischen Stadtrat in Dortmund gewählt, am 8. 11. 1918 vom Reg.-Präs. Arnsberg bestätigt. 1919/20 Mitglied der Nationalversammlung, bis 1928 im Reichstag, am 16. 10. 1919 kommissarisch in das Amt des Reg.-Präs. von Arnsberg eingeführt, das er 1920 übernahm, bis 1933 im Amt.

Kapitel II

1 Diese Auffassung, daß der Novemberumsturz eigentlich keine Revolution gewesen sei, da die Bewegung der Massen sich letztlich gegen ihre eigene Regierung gerichtet habe, wurde in der älteren Literatur besonders von A. Rosenberg vertreten. Vgl. Arthur Rosenberg: Entstehung der Weimarer Republik, neu hg. v. K. Kersten, Frankfurt 1961, S. 224. Diese These Rosenbergs ist von der neueren Revolutionsforschung widerlegt worden. Vgl. die Ergebnisse der Arbeiten von E. Kolb, Arbeiterräte; Peter von Oertzen: Betriebsräte in der Novemberrevolution, Düsseldorf 1963; Reinhard Rürup: Probleme der Revolution in Deutschland 1918/19, Wiesbaden 1968, hier bes. S. 14 f.
2 R. Rürup, S. 14.
3 So schrieb der Generalanzeiger (G.A.) in Dortmund am 16. 10. 1918 nach der Bildung der Regierung Prinz Max von Baden: »Sie (die Volksmassen, d. Verf.) haben ja schließlich nichts dagegen, daß Scheidemann 44 000 Mark Gehalt bezieht und Exzellenz heißt, aber sie möchten nun auch seine Gegenleistung für das

Volk sehen.« Vgl. Gerald D. Feldman, Eberhard Kolb, Reinhard Rürup: Die Massenbewegungen der Arbeiterschaft in Deutschland am Ende des Ersten Weltkrieges (1917–1920), in: Politische Vierteljahresschrift 13, 1972, S. 84–105.
4 Auf die Entwicklung der Revolution im Reich und vor allem in Berlin wird hier nicht näher eingegangen, vgl. hierzu E. Kolb, S. 71–137; J. S. Drabkin, S. 100–171; Richard Müller: Die Novemberrevolution, Bd. II: Vom Kaiserreich zur Republik, Wien 1925, S. 9–56. Für die Schilderung der Umsturzbewegung in Dortmund: Stein (Polizeihauptmann): Geschichte der Dortmunder Polizei, Dortmund 1932 (Ms), S. 114 ff.; Zeitungsberichte: W.A.V.Z. Nr. 265 v. 9. 11. 1918; Nr. 266 v. 11. 11. 1918; Dortmunder Zeitung (D.Z.) Nr. 574 v. 9. 11. 1918; Generalanzeiger (G.A.) Nr. 311 v. 9. 11. 1918; Trem. Nr. 310 v. 9. 11. 1918; Dortmunder Tageblatt (D.T.) Nr. 261 v. 9. 11. 1918.
5 Leider werden nicht die Dienstränge des Vorsitzenden und der Beiräte des Soldatenrates angegeben, s. W.A.V.Z. Nr. 265 v. 9. 11. 1918; der G.A. berichtet offensichtlich irrtümlich von der gleichzeitigen Bildung eines Arbeiterrates: G.A. Nr. 311 v. 9. 11. 1918.
6 W.A.V.Z. Nr. 265 v. 9. 11. 1918.
7 Vgl. Typisierung bei E. Kolb, S. 87.
8 Der Polizeiinspektor Richard beruft sich bei der Übergabe seiner Geschäfte an den Arbeiter- und Soldatenrat auf einen angeblich am 8. 11. 1918 gefaßten Beschluß des Magistrats in einer mit Gewerkschaftsführern geführten Besprechung. Das wird vom Magistrat dementiert. Ein derartiger Beschluß sei erst am 9. 11. 1918, also nach der Bildung des Arbeiter- und Soldatenrates gefaßt worden, D. Z. Nr. 575 v. 10. 11. 1918.
9 W.A.V.Z. Nr. 265 v. 9. 11. 1918.
10 Ernst Mehlich, SPD, war Chefredakteur der W.A.V.Z. vom 1. 2. 1910 bis 30. 11. 1918, Vorsitzender des Arbeiter- und Soldatenrates in Dortmund, Delegierter Dortmunds beim Rätekongreß in Berlin im Dezember 1918, ab Januar Volkskommissar in Dortmund, Vertreter und Nachfolger Severings im Amt des Reichs- und Stadtkommissars für das rheinisch-westfälische Industriegebiet bis zu seinem Tod im August 1926.
11 W.A.V.Z. Nr. 265 v. 9. 11. 1918.
12 W.A.V.Z. Nr. 266 v. 11. 11. 1918, abgedruckt bei Hans Spethmann: Zwölf Jahre Ruhrbergbau, Bd. 1, Berlin 1923, S. 367 f.
13 Gewerkschaftskartell: Zusammenschluß der sozialdemokratischen Gewerkschaften.
14 Heinrich Schröder zählte zum rechten Flügel der USPD, trat im Januar wieder zur SPD über.
15 Klupsch war Redakteur der W.A.V.Z.; Bartels wurde Ende 1919 zum Stadtrat gewählt, beide waren 1918 Stadtverordnete der SPD.
16 W.A.V.Z. Nr. 266 v. 11. 11. 1918.
17 Der Achtstundentag war bereits in dem Zentralen Arbeitsgemeinschaftsabkommen von den Unternehmern bewilligt worden.
18 W.A.V.Z. Nr. 266 v. 11. 11. 1918.
19 S. Charakterisierung der Räte bei P. v. Oertzen, S. 7–14.
20 S. Programm des Arbeiter- und Soldatenrates, W.A.V.Z. Nr. 266 v. 11. 11. 1918.
21 StA Mü, Reg. Arnsberg I, Pa 342. Schreiben des Reg.-Präs. von Arnsberg vom 24. 1. 1919, angefordert vom Generalkommando am 10. 12. 1918.
22 Ebd.

23 So wurden die lokalen Arbeitsnachweisstellen in einer Zentrale in Dortmund zusammengefaßt. StA Mü, Krs. Do. LRA B. 969.
24 Konferenzbericht der W.A.V.Z. Nr. 269 v. 14. 11. 1918; D.T. Nr. 268 v. 14. 11. 1918.
25 StA Do, V, 234, Bl. 31: Polizeibericht.
26 Konferenzbericht der W.A.V.Z. Nr. 293 v. 13. 12. 1918.
27 An den am 20. und 25. 11. 1918 durchgeführten Konferenzen der Arbeiter- und Soldatenräte für den Bezirk Niederrhein und Westl. Westfalen, auf denen ziemlich radikale Beschlüsse gefaßt wurden, nahmen die Dortmunder Vertreter nicht teil; vgl. Dokumente und Materialien zur Geschichte der deutschen Arbeiterbewegung, Reihe 2, Bd. II: Nov. 1917 bis Dez. 1918, Berlin 1958, S. 509, Nr. 217.
28 Vgl. Aufruf des Vollzugsrats an die Arbeiter- und Soldatenräte vom 23. 11. 1918, abgedruckt bei R. Müller, S. 255–257.
29 Konferenzberichte der W.A.V.Z. Nr. 283 v. 2. 12. 1918; D.T. Nr. 280 v. 2. 12. 1918.
30 StA Do, V, 234, Bl. 42: Polizeiakte betr. Arbeiter- und Soldatenrat, Notiz v. 11. 11. 1918.
31 StA Do. V, 234, Bl. 59: Polizeiakte betr. Arbeiter- und Soldatenrat, Verordnung v. 25. 11. 1918.
32 W.A.V.Z. Nr. 266 v. 11. 11. 1918.
33 Leider konnte ich nichts näheres über die Person Tschackerts feststellen.
34 StA Mü Krs. Do. LRA B. 969: Bericht über die erste Sitzung des Demobilmachungsausschusses für den Landkreis.
35 W.A.V.Z. Nr. 268 v. 13. 11. 1918.
36 D.Z. Nr. 629 v. 10. 12. 1918.
37 Trem. Nr. 335 v. 4. 12. 1918.
38 D.T. Nr. 287 v. 10. 12. 1918.
39 D.Z. Nr. 674 v. 19. 12. 1918.
40 Konferenz der Arbeiter- und Soldatenräte für das Westliche Westfalen vom 13. 11. 1918.
41 W.A.V.Z. Nr. 266 v. 11. 11. 1918; StA Do, III, Do n 127, Bl. 2: Akte der Stadtverwaltung.
42 H. Spethmann, Bd. 1, S. 369.
43 Ebd., S. 369–370.
44 Im Februar wurde der Vorwurf erhoben, der Bezirks-Soldatenrat sei unrechtmäßig gewählt worden; ob das zutrifft, konnte ich nicht feststellen.
45 StA Do, V, 234, Bl. 46: Schreiben des OB, aus dem hervorgeht, daß Böving, Mitglied des engeren Bezirks-Soldatenrates, der diese Auffassung vertritt, wohl ziemlich allein dastand, sowohl Mehlich als auch Eichhoff lehnten sie ab.
46 Es ist nicht bekannt, wann und warum von Besser Vorsitzender des Soldatenrates wurde, allerdings geschah dies wohl in den ersten Revolutionstagen; bereits am 11. 11. 1918 unterzeichnete von Besser als Garnisonsältester den gemeinsamen Aufruf von Arbeiterrat und Arbeiter- und Soldatenrat, W.A.V.Z. Nr. 266 v. 11. 11. 1918.
47 W.A.V.Z. Nr. 266 v. 11. 11. 1918; StA Do, III, Do n 127, Bl. 2.
48 Trem. Nr. 317 v. 16. 11. 1918. Mehlich selber hatte diese Bedingung im Aufruf vom 11. 11. 1918 noch nicht gestellt. Es wurden dann sogar Beamte in die Wehr aufgenommen, W.A.V.Z. Nr. 290 v. 10. 12. 1918.
49 StA Do, III, Do n 288.
50 W.A.V.Z. Nr. 272 v. 18. 11. 1918.

51 Stein, S. 34.
52 StA Do, III, Do n 301, 17. 11. 1918.
53 Der Bürgerausschuß konstituierte sich am 21. 11. 1918.
54 StA Do, V, 236, Bl. 36–37.
55 StA Do, III, Do n 127, Bl. 17.
56 StA Do, III, Do n 301 u. V, 236, Bl. 71 ff.
57 StA Do, III, Do n 301, 16. 11. 1918, und StA Do V, 234, Bl. 11: Schreiben des OB an den Rhein.-Westfälischen Städtetag über die Kosten des Dortmunder Arbeiter- und Soldatenrates.
58 Aus den spontan von revolutionären Soldaten gebildeten Patrouillen war ein Sicherheitsdienst bzw. eine Sicherheitskompanie gebildet worden, die in den ersten Tagen nach dem Umsturz für Ordnung in der Stadt sorgte.
59 StA Do, III, Do n 301: Verfügung vom 13. 12. 1918; Do n 127, Bl. 32.
60 So z. B. auf der Versammlung der Arbeiter- und Soldatenräte für das Industriegebiet in Dortmund Anfang Dezember 1918, s. oben S. 17.
61 StA Mü Reg. Arnsberg, 1 Pa 371: Erlaß vom 13. 11. 1918; s. E. Kolb, S. 263.
62 W.A.V.Z. Nr. 285 v. 4. 12. 1918; offensichtlich schickten einige Beamte, obgleich sie selbst zuständig waren, Besucher immer zum Büro des Arbeiter- und Soldatenrates.
63 StA Do, V, 235, Bl. 11.
64 Die Kosten des Arbeiter- und Soldatenrates beliefen sich auf wöchentlich 2000 Mark; die Vorsitzenden erhielten 20 Mark täglich, die übrigen Mitglieder 15–18 Mark täglich. StA Do, V, 234, Bl. 11.
65 Ebd.
66 W.A.V.Z. Nr. 290 v. 10. 12. 1918.
67 D.Z. Nr. 594 v. 21. 11. 1918. Zur Aufnahme Traubs in die DNVP s. D.Z. Nr. 649 v. 21. 12. 1918. Da die D.Z. – Organ sowohl der DVP als auch der DNVP – dies positiv kommentierte, ist anzunehmen, daß auch die DVP diesen Schritt begrüßte.
68 D.T. Nr. 269 v. 15. 11. 1918 und Nr. 289 v. 12. 12. 1918.
69 Trem. Nr. 324 v. 23. 11. 1918, auch D.Z. Nr. 593 v. 20. 11. 1918; die Stimmung weiter Kreise des Bürgertums wird durch folgendes Zitat aus einem Artikel der Trem. zum Truppenempfang charakterisiert: »Es ist die letzte und schönste Erinnerung an den Weltkrieg, sie soll uns heilig sein und wir wollen alles tun, um ihrer oft und gern gedenken zu können.« Trem. Nr. 331 v. 30. 11. 1918.
70 W.A.V.Z. Nr. 276 v. 23. 11. 1918.
71 D.T. Nr. 273 v. 21. 11. 1918.
72 Wie schon vorher ausgeführt, saß in der Kommission der Wehr ein Mitglied des Bürgerausschusses; wieweit Mitglieder des Bürgerausschusses als Beiräte beim Arbeiter- und Soldatenrat vertreten waren, ist mir nicht bekannt. Der Rechtsanwalt Franke, wohl Mitglied der DDP, war bereits vor Gründung des Bürgerausschusses, dem er angehörte, Beirat der Kommission für Rechtspflege. Ende März wurde Franke wegen seiner Mitarbeit im Arbeiter- und Soldatenrat von den Bürgerlichen boykottiert, sie verhinderten seine Mitgliedschaft in der Theaterdeputation. S. Freiheit Nr. 69 v. 25. 3. 1919.
73 Vgl. zu dieser Aussage Mehlichs sein Eintreten für die Einberufung des Reichstages auf einer Versammlung der SPD am 18. 12. 1918, W.A.V.Z. Nr. 293 v. 13. 12. 1918 und Trem. Nr. 341 v. 10. 12. 1918. Zum Versuch des Reichstagspräsidenten Fehrenbach, den Reichstag einzuberufen, vgl. E. Kolb, S. 189 ff.
74 W.A.V.Z. Nr. 281 v. 29. 11. 1918.

75 W.A.V.Z. Nr. 280 v. 28. 11. 1918. Bericht über eine Vollversammlung des Arbeiter- und Soldatenrates. In der Entschließung der Versammlung wurde die Einberufung der Nationalversammlung gefordert: die Nationalversammlung bedeute Frieden, Brot und Freiheit, die Alternative sei bolschewistisches Durcheinander. Meinberg widersprach dieser Argumentation und vertrat zu diesem Zeitpunkt noch völlig die Linie der Unabhängigen.
76 W.A.V.Z. Nr. 294 v. 14. 12. 1918: Abdruck eines Briefes von Hermann Linke, dem rechten Flügel der Dortmunder USPD zugehörig. Vgl. auch W.A.V.Z. Nr. 297 v. 18. 12. 1918.
77 Vgl. hierzu auch den Beitrag von I. Steinisch in diesem Band. Hier nach den Zeitungsberichten der W.A.V.Z. Nr. 289 v. 9. 12. 1918, Nr. 290 v. 10. 12. 1918, Nr. 292 v. 12. 12. 1918; G.A. Nr. 340 v. 9. 12. 1918, Nr. 341 v. 10. 12. 1918; Trem. Nr. 340 v. 9. 12. 1918, Nr. 342 v. 11. 12. 1918, Nr. 344 v. 13. 12. 1918.
78 Peter Klein: Separatisten an Rhein und Ruhr, Berlin 1961, S. 52, 54, 69. Zur Ausdehnung des Stinnes-Konzerns s. Paul Ufermann und Carl Hüglin: Stinnes und seine Konzerne, Berlin 1924, bes. S. 34.
79 W.A.V.Z. Nr. 289 v. 9. 12. 1918.
80 W.A.V.Z. Nr. 290 v. 10. 12. 1918.
81 W.A.V.Z. Nr. 292 v. 12. 12. 1918.
82 Westfälisches Wirtschaftsarchiv (WWA) 15 c, IV, 6 b und 15 c I, 3, Bl. 10.

Kapitel III

1 Vgl. E. Kolb, S. 197–243; J. S. Drabkin, S. 358–382, 440–442, 479–514; R. Müller, S. 203–223.
2 Vgl. Hermann Weber (Hg.): Der Gründungsparteitag der KPD. Protokoll und Materialien, Frankfurt/M. 1969; Eric Waldman: Spartakus. Der Aufstand von 1919 und die Krise der deutschen sozialistischen Bewegung, Boppard 1967; Gilbert Badia: Le Spartakisme. Les dernières années de Rosa Luxemburg et de Karl Liebknecht, 1914–1919, Paris 1967.
3 J. S. Drabkin, S. 424.
4 Schilderung der Januar-Unruhen in Dortmund nach: Darstellungen aus den Nachkriegskämpfen deutscher Truppen und Freikorps, Bd. 9: Errettung des Ruhrgebiets 1918–1920, Berlin 1943, S. 18; Kleinow (Polizeioberst a. D.): Der Polizeiführer in den Nachkriegsjahren. Dortmund 1937, S. 29 ff; StA Do, V, 236, Bl. 56 ff. u. Bl. 89–98; V, 235, Bl. 84 ff; W.A.V.Z. Nr. 6 v. 8. 1. 1919; Trem. Nr. 17 v. 8. 1. 1919; Trem. Nr. 18 v. 9. 1. 1919; D.Z. Nr. 14 v. 8. 1. 1919; G.A. Nr. 8 v. 9. 1. 1919; D.T. Nr. 7 v. 9. 1. 1919.
5 In der Silvesternacht war versucht worden, das Hauptwaffendepot zu stürmen. Dabei waren zwei ehemalige Mitglieder der Sicherheitswehr beteiligt.
6 Edwin Jacoby wurde am 19. 12. 1918 zum Vorsitzenden der Unabhängigen gewählt. Er war Bankbeamter, sein Bruder war Mitinhaber des Dortmunder Bankhauses Gebr. Stern. Die W.A.V.Z. betonte, daß Jacoby den älteren Mitgliedern der USPD völlig unbekannt sei. W.A.V.Z. Nr. 298 v. 19. 12. 1918.
7 Malessa war Obmann der Sicherheitspolizei; er spielte eine nicht eindeutige Rolle, da er später behauptete, nicht mit den Besatzern sympathisiert zu haben. Etwas später war er in eine Schiebungsaffäre verwickelt. StA Do, III, Do n 292 v. 9. 3. 1919.
8 StA Do, V, 236, Bl. 67. Der Oberbürgermeister berichtete, daß er am 8. 1. 1919

von drei Unabhängigen um eine Unterredung gebeten worden sei über folgende Punkte: 1) Entfernung Mehlichs aus allen Ämtern; 2) Suspendierung des Polizeikommissars Naumann bis zur Aufklärung der Schießerei am Stadthaus; 3) Schließung des Versammlungslokals der Unabhängigen und Verhaftung Jacobys; 4) Umgestaltung des Bezirks-Soldatenrates. Wegen der Verhaftung von Meinberg und Kuhr fand die Unterredung nicht mehr statt.

9 Vgl. H. Walther/D. Engelmann, S. 130 ff.
10 Die Empörung der Radikalen über die Berichterstattung der W.A.V.Z. wird verständlich, wenn man sich z. B. die Darstellung der Januar-Kämpfe in Berlin in der W.A.V.Z. vor Augen hält. So schrieb die W.A.V.Z. (in Übereinstimmung mit dem Vorwärts) am 8. 1. 1919, Nr. 6: »Es hat wieder Tote gegeben, aber von Liebknecht, Ledebour, Rosa Luxemburg, Eichhorn und Radek ist wieder keiner dabei, natürlich nicht.«
11 Vgl. D.Z. Nr. 108 v. 28. 2. 1919: Das Generalkommando schickte eigens einen Feldwebel, um Waffen in der Bevölkerung zu requirieren.
12 Vgl. Anm. 8 und Aussage Leutnant Wolters von der Sicherheitswehr, Meinberg habe versucht, Gewalttätigkeiten zu verhindern, StA Do, V, 236, Bl. 93.
13 W.A.V.Z. Nr. 9 v. 11. 1. 1919.
14 StA Do, V, 234, Bl. 42: Polizeibericht.
15 W.A.V.Z. Nr. 9 v. 11. 1. 1919. Leider konnte ich nicht feststellen, ob Mehlich sich zum Volkskommissar auf Drängen von Regierungsstellen ernennen ließ. Nach den Zeitungsberichten zu urteilen, geschah dies ohne Legitimierung von irgendeiner Stelle.
16 StA Do, V, 234, Bl. 33. Der Arbeiter- und Soldatenrat gliederte sich nunmehr in einen Arbeitsausschuß als oberstes Organ, der aus den beiden Vorsitzenden und den Schriftführern bestand, und den Hauptausschuß, der den Arbeitsausschuß umfaßte sowie weitere Mitglieder, den juristischen Beirat und den Protokollführer. Die Namen der vier mir als Unabhängige bekannten sind: Meinberg, Rat, Weiler, Gerdorff. Leider konnte ich nicht feststellen, wieviel Unabhängige im gesamten Arbeiter- und Soldatenrat saßen.
17 Während der Januarunruhen erklärte Meinberg noch bei seiner Vernehmung, daß er zwar mit den Zielen, nicht aber mit den Methoden der Unabhängigen übereinstimme: StA Do, V, 236, Bl. 92. Weber gibt zwar an, daß aus Dortmund ein Delegierter zum Gründungsparteitag der KPD am 31. 12. 1918 in Berlin erschienen war, der Name ist jedoch unbekannt, s. H. Weber (Hg.), S. 310. Ich habe nichts näheres erfahren können. Allerdings scheint die Mehrzahl der Unabhängigen in Dortmund dem linken Flügel zuzurechnen zu sein. Vgl. W.A.V.Z. Nr. 298 v. 19. 12. 1918. Ab 24. 1. 1919 erschien die Mülheimer »Freiheit«, das Organ des Mülheimer Arbeiter- und Soldatenrates und der KPD, mit einem Lokalteil für Dortmund.
18 StA Do, V, 236, Bl. 73: Polizeibericht.
19 Freiheit Nr. 34 v. 11. 2. 1919; Nr. 38 v. 15. 2. 1919.
20 Freiheit Nr. 52 v. 5. 3. 1919. Über die Entwicklung der Unabhängigen nach der Abspaltung fehlt jegliches Material. Lediglich bei der Neuwahl des Arbeiter- und Soldatenrates trat die USPD nochmals in Erscheinung. Bei der Stadtverordnetenwahl stellte sie keine eigenen Kandidaten auf. Außerdem kam es zwischen Meinberg und Jacoby zu persönlichen Differenzen. Vgl. W.A.V.Z. Nr. 51 v. 1. 3. 1919.
21 Allerdings scheint Meinberg bei einigen Betriebsversammlungen recht erfolgreich aufgetreten zu sein, so z. B. intervenierte er bei einem Streik der Straßen-

bahner, Freiheit Nr. 35 v. 12. 2. 1919. Vgl. auch den Bericht der Freiheit Nr. 39 v. 17. 2. 1919 über eine Versammlung von Bergarbeitern in Brambauer, die nach einer Rede Meinbergs beschließen zu streiken.
22 G.A. Nr. 12 v. 13. 1. 1919. Die Zerrissenheit der USPD wurde durch das Auftreten des Spartakisten Arthur Hammers auf dieser Versammlung dokumentiert, Meinberg identifizierte sich hier erstmalig völlig mit der KPD-Linie.
23 Die Angriffe richteten sich vor allem darauf, daß er Bankangestellter und sein Bruder Mitbesitzer des Bankhauses Stern war, z. B. W.A.V.Z. Nr. 11 v. 14. 1. 1919.
24 StA Do, V, 236, Bl. 71: Flugblatt der USPD.
25 Das Zentrum betonte in Dortmund seine sozialpolitischen Refomvorstellungen sowie seinen Arbeiterflügel.
26 Für die Programme der Parteien s. Wilhelm Mommsen (Hg.): Deutsche Parteiprogramme, 1964, S. 423 ff. oder z. B. D.Z. Nr. 667 v. 30. 12. 1918; D.T. Nr. 285 v. 7. 12. 1918.
27 So gab es zwischen Zentrum und SPD eine Kontroverse um den Zentrumsführer Gronowski, dem von der SPD vorgeworfen wurde, eine Friedenskundgebung der SPD vor Ausbruch des Krieges durch seinen Einspruch beim OB verhindert zu haben. Trem. Nr. 25 v. 26. 1. 1919. Die DDP griff häufig Traub (vormals Vaterlandspartei, nun Mitglied der DNVP) an.
28 Vgl. für die Ergebnisse von 1912 in der Stadt W.A.V.Z. Nr. 19 v. 23. 1. 1919. Die Zahlen sind ungenau, da bei der Prozentrechnung die Splitterparteien nicht berücksichtigt wurden. Für die anderen Ergebnisse s. H. Graf, S. 28–30, sowie S. 187. Für die Ergebnisse im Reich s. Walter Tormin: Zwischen Rätediktatur und sozialer Demokratie, Düsseldorf 1954, Anhang. Verschiebungen würden sich noch ergeben, wenn man die zwischen 1912 und 1919 stattgefundenen Eingemeindungen berücksichtigen könnte. Dies läßt das statistische Material jedoch nicht zu. Zur Diskussion des Wahlergebnisses s. H. Graf.
29 H. Graf, S. 30. Die USPD verachtfachte 1920 in Dortmund ihre Stimmen – d. h. von 4491 Stimmen 1919 oder 3,3 % stieg ihr Stimmanteil 1920 auf 37630 oder 28,6 % –, verdoppelte sie im Reichsdurchschnitt.
30 Leider läßt das Material keinen Rückschluß zu über das Wahlverhalten der Frauen. Die These von Gabriele Bremme: Die politische Rolle der Frau in Deutschland, Göttingen 1956, vor allem S. 72, dürfte auch für Dortmund zutreffen, daß die Frauen im allgemeinen konservativ wählten und es der SPD nicht lohnten, daß diese Partei ihnen das Stimmrecht verschaffte.
31 Prozente ausgerechnet nach Angaben der W.A.V.Z. Nr. 23 v. 28. 1. 1919. Auch hier wurden Splittergruppen nicht berücksichtigt. Wichtig wäre noch auch bei der Wahl zur Nationalversammlung ein Vergleich der Ergebnisse mit dem Landkreis Hörde und Schwerte. Die Tremonia klagte z. B. über das schlechte Abschneiden des Zentrums im Landkreis Dortmund am 19. 1. 1919, Trem. Nr. 20 v. 21. 1. 1919. Bemerkenswert ist außerdem der Zuwachs der SPD-Stimmen, denn allgemein war in Preußen ein Sinken zu verzeichnen.
32 S. E. Kolb, S. 363 ff.
33 Vgl. z. B. Bericht in der D.Z. Nr. 121 v. 7. 3. 1919.
34 W.A.V.Z. Nr. 44 v. 21. 2. 1919.
35 StA Do, III, Do n 312.
36 Vgl. hierzu E. Kolb, S. 184–191, bes. S. 186–189, auf denen Kolb den Beweis erbringt, daß derartige Noten von Ebert bei der Entente bestellt wurden. Einen ausführlichen Bericht über die Besprechung mit Tschackert s. D.T. Nr. 39 v. 17. 2. 1919.

37 G.A. Nr. 48 v. 22. 2. 1919.
38 G.A. Nr. 334 v. 3. 12. 1919, Versammlung beim Reg.-Präs. Arnsberg. Versammelt waren Vertreter der Arbeiter- und Soldatenräte, der Unternehmer, der Gewerkschaften, der Behörden. Thema war die Behebung der Kohlennot.
39 StA Mü Reg. Arnsberg I, Pa 342 und W.A.V.Z. Nr. 67 v. 20. 3. 1919.
40 D.Z. Nr. 121 v. 7. 3. 1919.
41 W.A.V.Z. Nr. 71 v. 25. 3. 1919, vgl. Trem. Nr. 83 v. 25. 3. 1919. Das Zentrum lehnte den Antrag mit der Begründung ab, man solle doch erst die Prostituiertenstraße beseitigen, dann habe man genügend Wohnungen.
42 Die Organisierung und Straffung der Sicherheitswehr muß auf dem Hintergrund der wachsenden Streikbewegung gesehen werden.
43 W.A.V.Z. Nr. 6 v. 8. 1. 1919 und Nr. 24 v. 29. 1. 1919.
44 StA Do, III, Do n 291.
45 StA Do, III, Do n 301, 17. 1. 1919. Mehlich schlug außerdem vor, zuverlässige Vertrauensleute mit Waffen zu versehen.
46 StA Do, III, 301: Protokoll der Leitung der Sicherheitswehr v. 1. 2. 1919.
47 StA Do, V, 247, Bl. 1 v. 16. 1. 1919 und StA Do, III, Do n 301: Das Generalkommando erklärte sich bereit, 9 Mark je Mann und Tag zu zahlen. Am 16. 1. 1919 erteilte es nachträglich die Genehmigung zur Einrichtung einer Wehr in Dortmund mit der Auflage, deren Stärke nach und nach zu verringern und durch Mannschaften der Truppenteile zu ersetzen. StA Do, V, 247a. Ob diese Auflage erfüllt wurde, war nicht festzustellen.
48 StA Do, III, Do n 291.
49 StA Do, III, Do n 289: Schreiben Walthers vom 14. 3. 1919.
50 StA Do, V, 247a, 28. 2. 1919.
51 Ebd., Schreiben v. 1. 3. 1919.
52 Ebd., Protokoll v. 13. 3. 1919.
53 G.A. Nr. 16 v. 17. 1. 1919.
54 W.A.V.Z. Nr. 36 v. 12. 2. 1919. Vgl. hierzu die Aussage von König im Zentralrat. König befürwortete die Aufstellung von Freiwilligenkorps für den Ostgrenzschutz mit dem Hinweis auf die Gefährlichkeit der Polen, die staatsgefährdende Propaganda betrieben. Er berichtete, daß die Polen in Dortmund versucht hätten, ein Munitionslager zu stürmen. Falls K. damit das Hauptwaffendepot meinte, so konnte ich hier eine Beteiligung polnischer Arbeiter nicht feststellen. Der Zentralrat der deutschen sozialistischen Republik. Bearb. von E. Kolb und R. Rürup. Leiden 1968, S. 193, Nr. 28, Sitzung v. 3. 1. 1919.
55 D.Z. Nr. 67 v. 6. 2. 1919.
56 Ebd., auch W.A.V.Z. Nr. 32 v. 7. 2. 1919.
57 D.Z. Nr. 68 v. 6. 2. 1919, Nr. 69 v. 7. 2. 1919.
58 W.A.V.Z. Nr. 36 v. 12. 2. 1919.
59 W.A.V.Z. Nr. 46 v. 24. 2. 1919.
60 D.Z. Nr. 101 v. 25. 2. 1919.
61 StA Mü Krs. Do LRA B 949.
62 Die Mitglieder des Magistrats blieben weiterhin im Amt, da sie z. T. auf 7 Jahre gewählt waren und ihre Amtszeit 1919 noch nicht abgelaufen war. Eichhoff bleibt bis 1933 Oberbürgermeister, erst 1925 stellt die SPD mit Paul Hirsch den ersten Bürgermeister.
63 D.T. Nr. 23 v. 19. 1. 1919.
64 Bericht über die Versammlung in: D.T. Nr. 29 v. 5. 2. 1919.
65 W.A.V.Z. Nr. 24 v. 29. 1. 1919.

66 Trem. Nr. 27 v. 28. 1. 1919, Nr. 28 v. 29. 1. 1919.
67 Ebd. Nr. 27 v. 28. 1. 1919 und Nr. 37 v. 7. 2. 1919.
68 D.T. Nr. 27 v. 3. 2. 1919 und auch G.A. Nr. 46 v. 20. 2. 1919.
69 D.T. Nr. 50 v. 2. 3. 1919.
70 G.A. Nr. 57 v. 3. 3. 1919.
71 Wahlergebnis prozentual ausgerechnet nach Angabe der W.A.V.Z. Nr. 53 v. 4. 3. 1919. Interessant wäre ein Vergleich etwa mit Hörde, dort beteiligte sich die USPD an der Wahl und das Bürgertum stellte sich geschlossen auf einer Liste zur Wahl.
72 D.T. Nr. 52 v. 4. 3. 1919.
73 W.A.V.Z. Nr. 60 v. 13. 3. 1919.
74 W.A.V.Z. Nr. 71 v. 25. 3. 1919.
75 W.A.V.Z. Nr. 44 v. 21. 2. 1919. Es war die erste Vollversammlung des Arbeiter- und Soldatenrates im Jahre 1919!
76 StA Do, V, 234, Bl. 48. Entwurf zur Organisation des Arbeiter- und Soldatenrates zur Vorlage auf der Vollversammlung am 17. 2. 1919.
77 Vgl. Zentralrat, S. 748–751, Nr. 95, Sitzung vom 1. 3. 1919, Richtlinien für die Neuwahlen der Arbeiter- und Soldatenräte.
78 W.A.V.Z. Nr. 44 v. 21. 2. 1919.
79 G.A. Nr. 70 v. 15. 3. 1919.
80 G.A. Nr. 71 v. 17. 3. 1919.
81 Freiheit Nr. 64 v. 19. 3. 1919.
82 W.A.V.Z. Nr. 63 v. 15. 3. 1919.
83 StA Do, V, 234, Bl. 49.

Kapitel IV

1 WWA 150, IX, 9; 15. 1. 1919.
2 So im Eisen- und Stahlwerk Hoesch, bei Phönix in Hoerde, bei Klönne.
3 In einem Abkommen vom 14. 11. 1918 zwischen den Bergarbeitergewerkschaften und dem Bergbaulichen Verein war die Einführung der Achtstundenschicht einschließlich der Ein- und Ausfahrt vereinbart worden. Zwei Tage zuvor hatte der Rat der Volksbeauftragten den achtstündigen Arbeitstag dekretiert. Für die Bergarbeiter hieß das, daß sie ihr traditionelles Recht auf kürzere Arbeitszeit als andere Industriezweige verloren. Die Forderung nach kürzerer Arbeitszeit stand neben den Lohnforderungen im Vordergrund. Vgl. Erhard Lucas: Märzrevolution, S. 25; Illustrierte Geschichte der deutschen Revolution, Berlin 1929, Neuausgabe Frankfurt/M. 1968. S. 313.
4 WWA 150, IX, 9; 15. 1. 1919. Auf der anderen Seite war die Arbeiterschaft auf den Zechen der Harpener Bergbau AG in höherem Maße politisiert als andere, wie es sich im Frühjahr zeigen wird.
5 P. v. Oertzen; S. 231–262.
6 W.A.V.Z. Nr. 284 v. 3. 12. 1918 und Nr. 290 v. 10. 12. 1918.
7 P. v. Oertzen, Ruhrbergarbeiterschaft, S. 259.
8 W.A.V.Z. Nr. 297 v. 18. 12. 1918; vgl. auch Bericht der Mülheimer Zeitung über die Aussage Königs vom 9. 12. 1918. Diesem habe ein Bergrat erklärt, daß die Industriellen und Bergwerksbesitzer auf einen Rückgang der Kohlenförderung hinwirkten, um den Einmarsch der Entente zu provozieren; s. auch Geschäftsbericht, S. 23, in dem die übergroßen Dividendenausschüttungen nach der Revolution als »wirtschaftliche Desperadopolitik« bezeichnet werden.

9 Es kann hier kein Überblick über die Diskussion der Sozialisierungsproblematik gegeben werden, doch soll wenigstens auf einige Literatur verwiesen werden. Bezeichnenderweise entwickelt sich eine breitere theoretische Diskussion über Räte und Sozialisierung erst nach der Sozialisierungsbewegung im Frühjahr 1919. Vor allem die Zeitung »Der Arbeiterrat« wird zur Plattform der Auseinandersetzung. Zwei Hauptströmungen lassen sich in der Diskussion feststellen: zum einen die marxistische, die den Zusammenhang von Räten und Sozialisierung sieht und beides in den Kampf um eine sozialistische Gesellschaftsordnung einbezieht, und die gewerkschaftliche, die unter Sozialisierung instrumentale Eingriffe in ein bestehendes Wirtschaftssystem versteht (nach P. v. Oertzen, Ruhrbergarbeiterschaft, S. 233–235). Für die erstere, marxistische Strömung sei auf die beiden Vorträge von J. Karski hingewiesen: Das Rätesystem, Essen (März) 1919, und: Die Sozialisierung des Bergbaus, Essen (März) 1919, ferner auf die Schriften von Alfons Goldschmidt: Arbeiterräte: Wie führt ihr die Sozialisierung durch? Schriften des Rätebundes 1, Berlin 1919, und Karl Korsch: Was heißt Sozialisierung? Ein Programm des praktischen Sozialismus, Berlin 1919. In der neueren Literatur behandelt v. a. P. v. Oertzen die Sozialisierungsproblematik, s. P. v. Oertzen: Betriebsräte in der Novemberrevolution, Düsseldorf 1963, und ders.: Ruhrbergarbeiterschaft. O. geht von dem engen Zusammenhang Räteorganisation-Sozialisierung aus, beschränkt sich jedoch völlig auf die wirtschaftlichen Räte. In seinem Buch: Die Probleme der wirtschaftlichen Neuordnung und der Mitbestimmung in der Revolution von 1918, o. J., stellt O. sehr stark den Bezug zu aktuellen gewerkschaftlichen Fragen heraus, auf das Problem der »betrieblichen Mitbestimmung« zugespitzt (z. B. S. 128). Außerdem sei noch auf Hans Schieck: Der Kampf um die deutsche Wirtschaftspolitik nach dem Novemberumsturz 1918, Diss. phil. Heidelberg 1958, hingewiesen. Ähnlich wie Kolb für die »politischen« Räte, sieht H. Schieck in der falschen Politik des Rates der Volksbeauftragten auf wirtschaftlichem Gebiet, in seiner Ablehnung der Sozialisierungsbewegung eine verpaßte Chance zur Demokratisierung des deutschen Reiches: »Die Chance, mit Hilfe einer wirtschaftlichen Räteorganisation, der politische Kontrollfunktion hätte zustehen müssen, breite Volksschichten aus der passiven Haltung gegenüber dem Obrigkeitsstaate zu demokratischer Mitarbeit an der Staatsgestaltung heranzuziehen, blieb aus doktrinärer Befangenheit ungenutzt« (S. 263). Die These von Erhard Lucas: Ursachen und Verlauf der Bergarbeiterbewegung in Hamborn und im westlichen Ruhrgebiet 1918/19. Zum Syndikalismus in der Novemberrevolution in Duisburger Forschungen, 15, 1971, S. 1–119, daß die Sozialisierungsbewegung ein Rückschritt hinter die vom Hamborner Revier initiierte Streikbewegung Ende 1918 gewesen sei, teile ich nicht. Allein die Tatsache, daß es der Hamborner Bewegung nicht gelang, gemäßigtere Teile der Bergarbeiterschaft in die Streikbewegung einzubeziehen, spricht gegen diese These. Meiner Meinung nach bewertet E. Lucas die syndikalistische Bewegung zu hoch, die antigewerkschaftliche Stoßrichtung der Hamborner Streikbewegung ist allein kein Argument für deren Fortschrittlichkeit. Hinzu kommt, daß die Forderungen der Hamborner Bergarbeiter vornehmlich ökonomisch sind, während die Sozialisierungsbewegung in letzter Konsequenz eine politische war, da zur Durchsetzung der Forderungen politische Maßnahmen nötig waren. Für die DDR-Literatur vgl. Henri Walther und Dieter Engelmann: Zur Linksentwicklung der Arbeiterbewegung im Rhein-Ruhrgebiet. Diese verstehen zwar unter Sozialisierung den ersten Schritt zum Sozialismus, werden aber der Bedeutung dieser Forderung wie auch der von den Arbeitern hergestell-

ten Verknüpfung mit dem Rätesystem nicht gerecht, wenn sie die Bewegung 1919 in erster Linie als »antimonopolistischen« Kampf verstehen (z. B. Bd. 2, S. 104).
10 Vgl. hierzu Ernst Ruben: Geschichte der Essener Sozialisierungsbewegung. Denkschrift, abgeschl. 23. 1. 1919, S. 2. R. gibt hier an, daß oft die mit den Gewerkschaften getroffenen Vereinbarungen nicht eingehalten wurden.
11 Das Kohlensyndikat wurde von dem Ruhrindustriellen Kirdorf 1903 gegründet. Es regelte den Absatz der Zechen zur Vermeidung »ungesunder« Konkurrenz. Am 1. Januar 1919 erhöhte das Kohlensyndikat den Tonnenpreis für Kohle von 28,35 auf 42,90 Mark, für Koks von 40,20 auf 61,90 Mark, s. Illustrierte Geschichte der deutschen Revolution, S. 317 f. Zur Preispolitik der Unternehmer vgl. Emil Lederer: Die Gewerkschaftsbewegung 1918/19 und die Entfaltung der wirtschaftlichen Ideologien in der Arbeiterklasse, in: Archiv für Sozialwissenschaften und Sozialpolitik 47, 1920, S. 219–270; S. 220: »Die Dividenden zeigen, daß, wie immer die Löhne ›diktiert‹ worden sein mögen, es für die Produzenten nach der Marktlage ein leichtes war, die Löhne in der Preisbildung zu überholen.«
12 E. Ruben, S. 3.
13 H. Spethmann, Bd. 1, S. 51.
14 W.A.V.Z. Nr. 12 v. 15. 1. 1919.
15 E. Ruben, S. 9–10.
16 Zur Person Vöglers s. Gert von Klass: Albert Vögler. Einer der Großen des Ruhrreviers, Tübingen 1957. Vögler war Abgeordneter der DNVP in der Nationalversammlung und entschiedener Gegner der Sozialisierung; s. z. B. seinen Artikel über Sozialisierung in: G.A. Nr. 17 v. 18. 1. 1919.
17 Zur Kritik an den Regierungsvorlagen vgl. J. Karski, Sozialisierung, S. 19 ff.
18 E. Ruben, S. 15; Freiheit Nr. 19 v. 24. 1. 1919.
19 S. oben S. 274 über den Bezirks-Soldatenrat und vor allem den Beitrag von Ulrich Kluge in diesem Band S. 315.
20 W.A.V.Z. Nr. 42 v. 19. 2. 1919; E. Lucas, Märzrevolution, S. 43.
21 Daraus folgt auch eine ungenaue Datierung. Die Daten beziehen sich auf den Tag des Berichtes in der Zeitung.
22 Vgl. W.A.V.Z. Nr. 29 v. 4. 2. 1919. Die Zeitung erhob den Vorwurf, daß der G.A. von der Sozialisierung einer Zeche spreche, wenn die Arbeiter Betriebsräte gewählt hätten.
23 D.Z. Nr. 28 v. 15. 1. 1919.
24 D.Z. Nr. 36 v. 20. 1. 1919.
25 G.A. Nr. 21 v. 23. 1. 1919. »Scharnhorst« und »Gneisenau« gehören zur Harpener Bergwerk AG.
26 W.A.V.Z. Nr. 27 v. 1. 2. 1919.
27 W.A.V.Z. Nr. 29 v. 4. 2. 1919; Nr. 30 v. 5. 2. 1919; Nr. 31 v. 6. 2. 1919; Nr. 35 v. 11. 2. 1919. D.Z. Nr. 50 v. 1. 2. 1919; Nr. 61 v. 3. 2. 1919; Nr. 67 v. 6. 2. 1919. G.A. Nr. 29 v. 2. 2. 1919; Nr. 30 v. 3. 2. 1919; Nr. 36 v. 10. 2. 1919. Die Ereignisse auf »Viktoria« werden unten S. 288 genauer dargestellt.
28 D.Z. Nr. 64 v. 4. 2. 1919; W.A.V.Z. Nr. 30 v. 5. 2. 1919, Nr. 31 v. 6. 2. 1919.
29 D.Z. Nr. 69 v. 7. 2. 1919.
30 W.A.V.Z. Nr. 36 v. 12. 2. 1919.
31 W.A.V.Z. Nr. 39 v. 15. 2. 1919.
32 W.A.V.Z. Nr. 41 v. 18. 2. 1919.
33 W.A.V.Z. Nr. 44 v. 21. 2. 1919.
34 G.A. Nr. 47 v. 21. 2. 1919; nach einer Versammlung versuchten die Arbeiter,

die Zeche stillzulegen, was von der Sicherheitswehr verhindert wurde, die gleichzeitig auch die Zeche »Tremonia« schützte.
35 Trem. Nr. 52 v. 22. 2. 1919.
36 D.Z. Nr. 103 v. 26. 2. 1919.
37 D.Z. Nr. 115 v. 3. 3. 1919.
38 D.T. Nr. 56 und G.A. Nr. 62, beide vom 8. 3. 1919.
39 W.A.V.Z. Nr. 71 v. 25. 3. 1919.
40 W.A.V.Z. Nr. 72 v. 26. 3. 1919.
41 S. z. B. »Mont Cenis«, 7. 2. 1919, oder »Minister Achenbach«, 20. 1. 1919; »Scharnhorst« und »Gneisenau«, 23. 1. 1919, wobei nicht klar ist, ob die Arbeiter im einzelnen über die Essener Bestimmungen hinausgegangen sind, was mir aber unwahrscheinlich erscheint. Vgl. auch StA Mü Reg. Arnsberg I, Pa 371, Bericht über Versammlung und Vertreter des Generalkommandos am 24. 1. 1919. Der Vertreter der Regierung Arnsberg stellte fest, daß die Streiks politischen Charakter haben, erst in zweiter Linie seien sie Lohnbewegungen.
42 G.A. Nr. 21 v. 23. 1. 1919.
43 H. Spethmann, Bd. 1, S. 185.
44 W.A.V.Z. Nr. 27 v. 1. 2. 1919.
45 Freiheit Nr. 23 v. 19. 1. 1919 und Nr. 25 v. 31. 1. 1919.
46 StA Mü, OBA, B, 119, 293: In Dortmund I gehörten von 140 Ausschußmitgliedern 125 dem »Alten Verband« an, 10 der »Christlichen Gewerkschaft«, 1 der »Polnischen Berufsvereinigung«, 3 der USPD; in Dortmund II gehörten von 130 dem »Alten Verband« 105, der »Christlichen« 10, der »Polnischen« 7, der »Hirsch-Dunckerschen« 4 und keiner der USPD an. Für Dortmund III sind die Angaben leider unvollständig. Auch konnte ich nicht feststellen, welche Regionen Do. I, Do. II und Do. III umfassen.
47 W.A.V.Z. Nr. 59 v. 11. 3. 1919. Die W.A.V.Z. spricht von 2 Mill. Mark Lohnausfall!
48 S. »Kaiserstuhl« und »Tremonia« am 21. 2. 1919; »Ickern« am 22. 2. 1919. Vgl. auch Ill. Geschichte d. dt. Revolution, S. 325.
49 H. Spethmann, Bd. 1, S. 235–238.
50 Freiheit Nr. 48 v. 27. 2. 1919.
51 W.A.V.Z. Nr. 59 v. 11. 3. 1919. Schürken war Mitglied der KPD, gehörte später, April 1919, dem Zentralzechenrat an und wurde nach der Niederwerfung des Bergarbeiterstreiks zu 8 Jahren Festungshaft verurteilt.
52 Bericht des Betriebsrates von »Viktoria« vom 31. 1. 1919 in mehreren Dortmunder Zeitungen, hier W.A.V.Z. Nr. 26 v. 31. 1. 1919 über die Entwicklung des Streiks auf der Zeche.
53 P. v. Oertzen, Ruhrbergarbeiterschaft, S. 257, Anm. 112.
54 Brief der Harpener Bergbau AG, veröffentlicht: G.A. Nr. 32 v. 5. 2. 1919.
55 W.A.V.Z. Nr. 26 v. 31. 1. 1919; H. Spethmann, Bd. 1, S. 169.
56 W.A.V.Z. Nr. 29 v. 4. 2. 1919.
57 H. Spethmann, Bd. 1, S. 169.
58 Vgl. hierzu P. v. Oertzen, Betriebsräte, S. 302, auch ders.: Wirtschaftliche Neuordnung, S. 125–126, Anm. 12. O. identifiziert weitgehend die Sozialisierungsforderungen mit den heute von den Gewerkschaften vertretenen Mitbestimmungsforderungen; mit dieser These wird er meiner Auffassung nach der Sozialisierungsbewegung von 1919 nicht ganz gerecht.
59 W.A.V.Z. Nr. 35 v. 11. 2. 1919.
60 Die ablehnende Haltung der SPD zur Sozialisierung verhalf den Unternehmern

dazu, ihre Machtpositionen nahezu uneingeschränkt zu wahren. Vgl. H. Schieck, S. 134: »Der Wirtschaftsliberalismus hatte, abgesehen von der sozialpolitischen ›Novembergesetzgebung‹, ungeschmälert seine Positionen gewahrt.«
61 Freiheit Nr. 19 v. 24. 1. 1919.
62 W.A.V.Z. Nr. 9 v. 11. 1. 1919.
63 W.A.V.Z. Nr. 43 v. 20. 2. 1919.
64 Für Aprilstreik und Kapp-Putsch verweise ich auf: Ill. Geschichte d. dt. Revolution, S. 328–334, S. 493–508; P. v. Oertzen, Ruhrbergarbeiterschaft, S. 244–245; Carl Severing: 1919/20 im Wetter- und Watterwinkel, Bielefeld 1927; E. Lucas, Märzrevolution, S. 44–50, S. 180–200; Stein, S. 132–141; Adolf Meinberg: Aus dem Wetter- und Watterwinkel. Ein Beitrag zur Geschichte der revolutionären Bewegung im Ruhrgebiet, in: Westfälischer Kämpfer, Dortmund, 3. Jg., Nr. 120 v. 24. 5. 1927, Nr. 123 v. 28./29. 5. 1927, Nr. 127 v. 2. 6. 1927.
65 W.A.V.Z. Nr. 79 v. 2. 4. 1919; G.A. Nr. 85 v. 31. 3. 1919, Nr. 86 v. 1. 4. 1919.
66 Zur Beurteilung Meinbergs s. E. Lucas, Märzrevolution, S. 183: »Meinberg war vielleicht der bekannteste Kommunistenführer im Ruhrgebiet überhaupt. Von den SPD- und den Gewerkschaftsführern wurde er als politischer Gegner sehr gefürchtet, z. T. regelrecht dämonisiert.« Seit September 1919 befand er sich in Dortmund in »Schutzhaft«. M. wurde der Führer der Dortmunder Arbeiter in den Kämpfen 1920, auch hierin zeigt sich die Abwendung der Dortmunder Arbeiter von der Sozialdemokratie.
67 E. Lucas, Märzrevolution, S. 180.

Kapitel V

1 Vgl. R. Rürup, S. 15; R. bezeichnet das Verhalten der Sozialdemokratie als den »für einen evolutionären wie für einen revolutionären Demokratisierungsprozeß ausschlaggebenden Faktor«.
2 R. Lützenkirchen, S. 87; L. gibt an, daß die Dortmunder SPD bereits 1912 auf jede antimilitaristische Propaganda verzichtete. Vor allem nach dem Weggang von Konrad Haenisch, dem damaligen Chefredakteur der Parteizeitung, der als einziger Exponent des linken Flügels ein höheres Parteiamt innehatte, verlor die Linke in Dortmund jeden Einfluß im Apparat. K. Haenisch ging während des Krieges zum rechten Flügel der Sozialdemokratie und wurde nach dem Novemberumsturz gemeinsam mit dem Unabhängigen Kurt Hoffmann Kultusminister in Preußen.
3 R. Lützenkirchen, S. 72 ff.
4 So z. B. Mehlichs Rede vor dem Bürgerausschuß, s. Bericht über die Konstituierung des Bürgerausschusses: D.T. Nr. 273 v. 21. 11. 1918.
5 Z. B. Artikel Mehlichs in der W.A.V.Z. Nr. 288 v. 7. 12. 1918.
6 Dieser Entfremdungsprozeß setzte, wie die Arbeit von R. Lützenkirchen aufzeigt, bereits vor dem Krieg ein. Aber gerade in einem Bezirk, in dem die SPD sehr großen Einfluß hatte, dauerte es relativ lange, bis die Passivität der Arbeiter überwunden war und es zu Aktionen kam, die sich gegen die Politik der sozialdemokratischen Führung richteten.
7 Vgl. hierzu auch das Bemühen der Neunerkommission, von der Regierung in Berlin anerkannt zu werden.
8 Adolf Meinberg: Aus dem Wetter- und Watterwinkel, in: Westfälischer Kämpfer, Dortmund, 3. Jg., Nr. 120 v. 24. 5. 1927.

Ulrich Kluge: Der Generalsoldatenrat in Münster und das Problem der bewaffneten Macht im rheinisch-westfälischen Industriegebiet

Jeder Revolution stellt sich das Problem der bewaffneten Macht als Grundvoraussetzung für die Machterhaltung, aber es stellt sich in unterschiedlicher Weise. Im Vordergrund steht das Problem da, wo die politische Opposition konsequent auf den Sturz der bestehenden Machtverhältnisse hinarbeitet, wo die bewaffnete Macht zum Motor der Revolutionsbewegung wird. Das gilt beispielsweise für die russische Oktoberrevolution 1917, das gilt aber nicht für die deutsche Revolution von 1918/19. Hier stellte sich die Frage nach der Notwendigkeit der bewaffneten Macht nicht sofort, da den oppositionellen Kräftegruppen die Machtpositionen der Monarchie unerwartet und widerstandslos in den Schoß gefallen waren. In Deutschland hatten die Sozialisten in ihrer Mehrheit nicht auf den Staatsumsturz hingearbeitet, und auch denen, die Vorbereitungen für die gewaltsame Ablösung der bestehenden Herrschaftsverhältnisse getroffen hatten, den linken Unabhängigen, hier besonders den revolutionären Obleuten und den Spartakisten, kam der Zusammenbruch der Monarchie unerwartet, noch bevor sie überhaupt Ansätze einer illegalen Bewaffnung in breitem Umfang zu realisieren imstande gewesen waren.

Alle politischen Gruppen stimmten am 9. November 1918 darin überein, daß das Desaster des Wilhelminischen Reiches vollständig war. Die von der Volksbewegung in die Regierungsverantwortung gedrängten Sozialdemokraten rechter wie linker Provenienz sahen sich einem kapitulierenden Herrschaftssystem gegenüber, von dem ein letztes Aufbäumen und Sammeln der Kräfte nicht mehr zu erwarten war. Hieraus motivierten Männer wie Ebert und Haase in Berlin, wie Eisner und Auer in München, wie auch die unzähligen Soldatenräte und Arbeiterräte auf lokaler Ebene ihre dilatorische Haltung zum Sicherheitsproblem. Wo Maßnahmen für den Aufbau eines Sicherheitssystems getroffen wurden, vor allem im städtischen Bereich, galten sie primär der Bekämpfung der Kriminalität, nicht aber der Abwehr gegenrevolutionärer Bestrebungen.

Das Versagen der regierenden sozialdemokratischen Politiker begann da, wo sie der Faszination des allumfassenden äußeren Zusammenbruchs der Monarchie erlagen. In ihrem Glauben an den vollständigen Sieg der republikanischen Volksbewegung über den monarchischen Staat wurden sie bestärkt, als ihnen die Hauptstützen des alten Staates, das Militär und die Bürokratie, fast einhellig Loyalität bekundeten: von der Obersten Heereslei-

tung bis zum Kompanieführer, von der Ministerialität bis zum städtischen Beamten. Die Grundlage für den unerschütterlichen Glauben der Sozialdemokraten an die Loyalität insbesondere des Militärs war in den Jahren 1914 bis 1918 gelegt worden, als die Spannungen zwischen den SPD-Führungsgruppen und den Kommandobehörden nachließen, zumal seit der Entstehung der USPD 1917, deren Mitglieder fortan als »Staatsfeinde« galten, während die SPD in der Bewertungsskala der Monarchie seitdem immer stärker zu den staatserhaltenden Kräften gerechnet wurde. In der so teilweise entspannten Atmosphäre ergaben sich zwischen den SPD-Führungsgremien und den örtlichen Kommandobehörden vielfältige Beziehungen, die den Umsturz der Monarchie überdauerten und Warnungen vor antirepublikanischen und antidemokratischen Aktionen des Militärs, wie sie vom ersten Tag der Republik an vor allem von linkssozialistischer Seite, hier besonders vom Spartakusbund, immer wieder erhoben wurden, als bloßen Propagandatrick erscheinen ließen.
Die Loyalitätskundgebungen der alten Führungskräfte begleiteten einen umfassenden Anpassungsprozeß des Militärs und der Bürokratie an die neuen Machtverhältnisse, der von der Sozialdemokratie als aufrichtiges Bemühen angesehen wurde, bei der Bewältigung der von Hunger und Massenelend bestimmten unmittelbaren Nachkriegszeit mitzuhelfen. Die Bemühungen um die »Überwindung des Chaos« schufen eine Art Zwangsgemeinschaft von alten und neuen Kräften, die sich ohne jede Verzögerung formieren konnte, weil vor allem die personelle Spitze des monarchischen Systems, der Kaiser und die Bundesfürsten, als Haupthindernis auf dem Wege zur Beendigung des Krieges und zur Errichtung einer demokratischen Gesellschaftsordnung angesehen wurde. Der kaiserliche Staatsapparat aber war relativ stabil und teilweise sogar unkompromittiert aus dem Zusammenbruch der Monarchie hervorgegangen, und infolge seiner scheinbaren Bereitschaft, an der Bewältigung der zur Lösung anstehenden Probleme mitzuarbeiten, stellte sich den republikanischen Kräften nicht sogleich die Frage nach der Notwendigkeit der bewaffneten Macht. Sie honorierten diese Kooperationsbereitschaft des Militärs, indem sie nur vereinzelt personelle Umbesetzungen vornahmen, den Offizieren in weiten Teilen des Landes die kaiserlich-königlichen Uniformattribute ausdrücklich zuerkannten, die Expansion, sowie die organisatorische Konsolidierung und die politische Agitation der Rätebewegung im Feldheer, vor allem im Westheer, stoppten und die »Revolution« mit dem Staatsumsturz für beendet erklärten.
Kennzeichnend für die Beurteilung der Frage nach der Notwendigkeit einer bewaffneten Macht in Deutschland war die dilatorische Behandlung des »Volkswehr«-Projektes im Dezember 1918 durch den zu dieser Zeit noch

von SPD und USPD gemeinsam gebildeten Rat der Volksbeauftragen[1]. Der Ursprung des Modells einer »Volkswehr« lag weder in alten sozialdemokratischen Vorstellungen, noch läßt er sich zu diesem Zeitpunkt aus den Forderungen der Räteorganisationen oder sozialdemokratischer Parteigremien ableiten, vielmehr folgte der Rat der Volksbeauftragten entsprechenden Vorstellungen des preußischen Kriegsministeriums. Bei dem Versuch der Realisierung des Projekts bediente sich die Regierung nicht der breiten militärischen Rätebewegung oder der gewerkschaftlich organisierten Sozialdemokraten, sondern überließ es der Generalität, die Formationen zusammenzustellen und schuf damit die Voraussetzungen, unter denen die »Volkswehr« quasi legal sabotiert werden konnte.

Während die Chancen für die Errichtung einer republikanischen Truppenmacht »ganz zur Verfügung der Reichsleitung«[2] immer geringer wurden, stellte sich die Frage nach der Notwendigkeit einer bewaffneten Macht in Deutschland zwar verspätet, doch mit aller Klarheit. Sie stellte sich in dem Augenblick, als es der Heeresleitung bereits im Dezember 1918 gelungen war, mit Hilfe von Teilen des Westheeres (vornehmlich Garde-Truppen) sich mehr und mehr als innenpolitische Ordnungsmacht zu konsolidieren und die revolutionäre Machtkonstellation entscheidend in Frage zu stellen.

Angesichts der allenthalben einsetzenden Polemik gegen die Rätebewegung und ihrer direkten Bekämpfung in weiten Teilen des Reiches erhoben die Delegierten auf dem I. Rätekongreß in Berlin die Forderungen nach Demokratisierung des überkommenen Wehrsystems und nach Schaffung einer »Volkswehr«[3]. Zweifellos: Der Volkswehrgedanke war in der Stunde der politischen Bedrängnis von der Rätebewegung in seiner Bedeutung für die weitere innenpolitische Entwicklung erkannt worden. Er verband sich mit einer massiven Kritik der Soldatenräte an der bisherigen Militärpolitik der Volksbeauftragten, insbesondere des SPD-Koalitionspartners, was diese natürlich nicht gerade dazu bewog, sich mit den Räten zu arrangieren. In der Berliner Regierung zog man – bewußt – die falschen Schlüsse aus der Kritik und las aus ihr deutliche Anzeichen einer umfassenden linksradikalen »Unterwanderung« der Rätebewegung heraus. Für die SPD-Volksbeauftragten, hauptsächlich für Ebert, schien ein Arrangement mit der militärischen Rätebewegung ausgeschlossen; statt dessen begann Ebert, ungeachtet des unverhohlenen Machtanspruches der Obersten Heeresleitung, sich deren Standpunkt zu eigen zu machen, als er in Übereinstimmung mit General Groener die – von einer SPD-Mehrheit – auf dem Kongreß verabschiedeten militarpolitischen Beschlüsse (»Hamburger Punkte«) desavouierte[4].

Noch besaßen die Soldatenräte im lokalen Bereich die Macht, aber es fehlte ihnen die politische Konzeption, die einheitliche Organisation und Führung und die soziale Geschlossenheit. Politische Differenzen traten offen zutage, nicht nur unter den drei sozialistischen Richtungen, sondern auch zwischen nichtsozialistischem linkem Bürgertum und proletarischen Schichten. Als das Gesamtheer auf Friedensstärke reduziert wurde[5] und die Formationen des Friedensheeres durch die umfassende Freikorpswerbung[6] permanent personell geschwächt wurden, verloren die Soldatenräte auch ihre bisherige Machtbasis, und der Gedanke an eine bewaffnete Macht der revolutionären Volksbewegung büßte seinen realen Gehalt ein. Der Weg zur Errichtung eines den alten Sozial- und Machtstrukturen weitgehend entsprechenden Wehrsystems, der Reichswehr, war nun frei; die Verlierer des Weltkrieges hatten fast auf der ganzen Linie über den inneren politischen Gegner gesiegt.

Alles scheint zunächst darauf hinzudeuten, als sei dieser Weg der einzig mögliche und allein richtige gewesen, und bis in die Gegenwart hinein halten sich Zweifel an der realen Chance, in Deutschland ein demokratisches, ganz der Politik der parlamentarisch kontrollierten Zivilgewalt verpflichtetes Heer jenseits aller links- und rechtsorientierten Lösungsmöglichkeiten zu etablieren[7]. Wo sich die Historiographie an der Meinung der Sieger über die revolutionäre Bewegung von 1918/19 orientierte, konnte es keine prinzipiell anderen Thesen geben als die der offiziellen Militärgeschichtsschreibung der Jahre 1919 bis 1945. Doch die Darstellung der militärpolitischen Entwicklung aus der Sicht der revolutionär-demokratischen Bewegung der Soldatenräte und Arbeiterräte, also aus der Sicht der Verlierer, weist auf eine Reihe konstruktiver Ansätze und realer Chancen im preußischen und außerpreußischen Militärbereich für den Aufbau eines demokratischen Wehrsystems jenseits der Freikorps und der auf ihnen basierenden vorläufigen Reichswehr hin, und zwar sowohl für den Schutz der Demokratie im Innern als auch für die Unverletzlichkeit der Grenzen der Republik.

Die Zusammenhänge zwischen Militär bzw. Militärpolitik und Sozialdemokratie am Ende des Kaiserreiches und zu Beginn der republikanischen Ära sind in der westdeutschen Geschichtsschreibung der vergangenen 15 bis 20 Jahre nur gelegentlich beachtet worden, u. a. von G.-A. Caspar und M. Geßner[8]. Allerdings hat die jüngere deutsche Revolutionsforschung mit der »Wiederentdeckung« der Räte die Frage nach den Zusammenhängen aktualisiert, ohne jedoch mehr darüber auszusagen als für die Darstellung des Verhältnisses der Arbeiterräte (bei E. Kolb) und der Betriebsräte (bei P. v. Oertzen) zur Reichsregierung und dem überkommenen Militär, hauptsächlich in der Niedergangsphase der Rätebewegung, unbedingt notwendig war. So engt Kolb beispielsweise einerseits diese Zusammenhänge hauptsächlich auf die linkssozialistischen, die »radikalen« Arbeiterräte ein und

versteht andererseits unter Militärpolitik vornehmlich die »Sicherung der Ordnung« im lokalen Herrschaftsbereich der Arbeiterräte[9]. Diese Einengung mag wohl für die Darstellung der zivilen Rätebewegung selbstverständlich sein, sie ist jedoch nicht zutreffend für die Darstellung der militärischen Rätebewegung, deren Analyse deutlich zeigt, daß der Problemkreis wesentlich breiter angelegt ist, und zwar in folgenden Punkten: 1. Die Militärpolitik ist nicht nur durch »radikale« Arbeiterräte beeinflußt worden, sondern durch die gesamte zivile Rätebewegung, in ganz besonderem Maße jedoch durch die militärische Rätebewegung; 2. die Räte konzentrierten sich nicht nur auf die Sicherung ihres lokalen Herrschaftsbereiches, sondern betrieben – zumindest in den außerpreußischen Militärbereichen (Bayern, Württemberg, Sachsen) – mittel- bzw. langfristige Militärpolitik im Hinblick auf ein neues deutsches Heer und eine künftige deutsche Wehrverfassung; 3. die Räte erschöpften sich nicht nur in Protesten und Aktionen gegen die militärpolitischen Intentionen der Reichsregierung und der militärischen Führung, sondern arbeiteten in weiten Teilen konstruktiv und gemeinsam mit den jeweiligen Militärministern in den außerpreußischen Ländern zusammen, was seinen sichtbaren Ausdruck vor allem in der »Volkswehr«-Bewegung fand; 4. das militärpolitische Handeln der Räte war frei von der alten sozialdemokratischen »Volksheer«- und »Miliz«-Konzeption, es trug vielmehr pragmatische Züge.
Bei der Klärung der Zusammenhänge zwischen Militär bzw. Militärpolitik und Sozialdemokratie in der Revolution von 1918/19 ist also der Einfluß der militärischen Rätebewegung in ganz besonderem Maße zu berücksichtigen. Das bedeutet zum einen die Konzentration der Untersuchung auf die Zeit von November 1918 bis Anfang Mai 1919, zum anderen bedeutet es eine klare Differenzierung der am militärpolitischen Willensbildungsprozeß beteiligten Gruppen. Es hat vor allem keine Kontinuität in der militärpolitischen Programmatik der Sozialdemokraten nach dem 9. November 1918 gegeben, denn der Staatsumsturz stellte das bisherige Verhältnis der Sozialdemokratie zur militärpolitischen Praxis auf eine völlig veränderte Basis: die ehemalige Opposition, die weitgehend von der Militärpolitik des monarchischen Staates und vom Einfluß auf sein Militär ausgeschlossen gewesen war, wurde Regierungspartei und damit beherrschendes Element in einer veränderten, neuartigen Kräftekonstellation. Künftige Beiträge der Historiographie sowohl zur Geschichte der deutschen Sozialdemokratie als auch zur Geschichte der Revolutions- und Rätebewegung von 1918/19 haben in ihrem Forschungsansatz auch dem Rechnung zu tragen.
Die marxistisch-leninistische Historiographie der DDR hat in den Arbeiten von L. Berthold/H. Neef, G. Paulus und H. Oeckel[10] die Zusammenhänge zwischen Militär bzw. Militärpolitik und Sozialdemokratie während der

politisch entscheidenden Monate der Jahre 1918 und 1919 gesehen und zu analysieren versucht: Im Unterschied zur westdeutschen Revolutionsforschung, die in erster Linie Räteforschung ist, konzentrieren sich die ersten beiden genannten Arbeiten auf die Rolle der Parteien, genauer der Parteiführungen, insbesondere der SPD und deren Verhältnis zum überkommenen Militär. Allein Oeckel weicht von dieser Betrachtungsweise ab, indem er den Einfluß der Arbeiter- und Soldatenräte auf die militärpolitische Entwicklung untersucht, ohne allerdings Entstehung, Organisationsformen und Funktionen der Rätebewegung herauszuarbeiten. Er nimmt die Existenz der Rätebewegung als politische Kraft unreflektiert hin und erkennt wie Kolb das »Grundproblem« lokaler und zentraler Rätepolitik in der Verteidigung der revolutionären »Errungenschaften«[11], trägt aber im Gegensatz zu ihm der gesamten Breite des Problemkreises Rechnung, indem er beispielsweise seine Betrachtung nicht allein auf die zivile Rätebewegung konzentriert, sondern auch auf die militärische Rätebewegung ausdehnt. Darüber hinaus sieht Oeckel in den spontanen lokalen Sicherheitsorganen, die überall während des revolutionären Umsturzprozesses entstanden waren, eine »proletarische Volkswehrbewegung«, die »Klassenorgane« politisch organisierter Arbeiter, Soldaten, Matrosen »und anderer proletarisch gesinnter Werktätiger« hervorbrachte und in der »starke Ansätze für eine deutsche demokratische Volkswehr oder Armee« lagen[12]. Damit ist auf eine Seite im Revolutionsgeschehen 1918/19 hingewiesen worden, die bisher nicht beachtet worden ist. Es wird Aufgabe künftiger Beiträge zur Revolutions- und Rätebewegung sein[13], die Volkswehrbewegung als einen Hauptbestandteil der Rätebewegung noch mehr herauszuarbeiten und ihr im lokalen und regionalen Rahmen wissenschaftlich Profil zu geben[14].

Für die innenpolitische Entwicklung Deutschlands in den Revolutionsmonaten stellten sich hauptsächlich drei Probleme, die das Verhältnis zwischen der Reichsregierung und großen Teilen der revolutionären Massenbewegung belasten konnten. Das Problem der Durchsetzung einer parlamentarisch-demokratischen Grundordnung schien nach relativ kurzer Zeit, in der zweiten Dezemberhälfte 1918, durch das klare Votum des I. Reichsrätekongresses für die Einberufung der Nationalversammlung gelöst zu sein. Ungelöst dagegen blieben das Problem eines demokratischen Wehrsystems und das Problem der Sozialisierung. Im Gegensatz zur Frage des Parlamentarismus ergaben sich diese Probleme nicht unmittelbar aus dem Staatsumsturz. Die Forderungen nach einem »Volksheer« und nach Sozialisierung der Schlüsselindustrien, insbesondere des Bergbaus, gewannen ihre Dringlichkeit in erster Linie aus der Enttäuschung über die Mißerfolge der Revolutions- und Rätebewegung und der Wirtschafts-, Sozial-

und Militärpolitik der Reichsregierung. Der daraus resultierende Konflikt zwischen den Arbeiter- und Soldatenräten und der Regierung wurde durch den massiven Einsatz staatlicher Zwangsmittel in Gestalt der Freikorps »gelöst«, wobei die Auseinandersetzungen teilweise bürgerkriegsähnlichen Charakter annahmen. Mit besonderer Heftigkeit wurden sie in drei Regionen Deutschlands ausgetragen: im mitteldeutschen Industriegebiet um Halle und Merseburg[15] (in der militärischen Gliederung des Reiches entsprach dieses Gebiet dem Südzipfel des IV. Armeekorpsbereichs/Magdeburg), im oberschlesischen Industriegebiet[16] (südöstlicher Teil des VI. Armeekorpsbereichs/Breslau) und im rheinisch-westfälischen Industriegebiet, das im Zentrum des VII. Armeekorpsbereichs/Münster lag[17].
Vom gegenwärtigen Forschungsstand her und mit den zu Gebote stehenden wissenschaftlichen Mitteln lassen sich die Zusammenhänge zwischen Militärpolitik bzw. Volkswehrbewegung und Sozialisierungsbewegung nur im rheinisch-westfälischen Industriegebiet untersuchen; für eine vergleichende Untersuchung fehlen genaue Informationen über die militärische Situation in den beiden anderen Armeekorpsbereichen[18]. Eine vergleichende Untersuchung könnte auch nur zwischen dem IV. und VII. Armeekorps angestellt werden, weil die politische Bewegung im VI. Armeekorps seit der ersten Januarhälfte 1919 mehr und mehr von der ungelösten nationalen Frage beeinflußt wurde[19].

I. Die Machtverhältnisse nach dem Umsturz: Der Rat der Volksbeauftragten und die Oberste Heeresleitung

In den ersten Tagen und Wochen republikanischer Herrschaft entstanden, formierten und konsolidierten sich die drei großen Kräftegruppen, die im wesentlichen den Verlauf der innenpolitischen Entwicklung in Deutschland beeinflußten: die provisorische Reichsregierung (Rat der Volksbeauftragten) und die Länderregierungen, die Oberste Heeresleitung und die Organisationen der Soldatenräte und der Arbeiterräte.
Der Rat der Volksbeauftragten entstand am Ende des revolutionären Umsturzes in Berlin am 9./10. November. Die »Regierungsbildung« zog sich über mehrere Etappen hin, von denen die beiden letzten für die anschließende Entwicklung die wichtigsten waren:
a) Koalitionsverhandlungen und der Abschluß einer Koalitionsvereinbarung zwischen SPD und USPD über ein sozialdemokratisches Kabinett auf paritätischer Grundlage[1],

b) die **Bestätigung** des sozialdemokratischen Kabinetts in der vereinbarten Besetzung durch die Versammlung der Groß-Berliner Arbeiter- und Soldatenräte im Zirkus Busch am 10. November[2].
Diese Bestätigung kam einer Einsetzung der republikanischen Reichsregierung, der Volksbeauftragten Ebert, Scheidemann, Landsberg (alle SPD), Haase, Dittmann, Barth (alle USPD), gleich[3]. Die weitere politische Bedeutung der Zirkus-Busch-Versammlung lag in der Wahl einer Exekutivkörperschaft der Berliner Arbeiter- und Soldatenräte, des Vollzugsrates. Damit war sowohl die Existenz des Vollzugsrates wie auch die des Rates der Volksbeauftragten in dem Votum dieser Räteversammlung begründet. Diese Mandatsübertragung implizierte die Anerkennung dieser Versammlung durch Regierung und Vollzugsrat als »souveräne« Körperschaft, die ihr Recht aus der revolutionären Erhebung ableitete[4].
Die Regierungskoalition überdauerte nur wenige Wochen: Am 29. Dezember 1918 traten die USPD-Volksbeauftragten aus[5], so daß fortan die SPD allein in der Regierungsverantwortung stand[6]. Der Bruch der Koalition war nicht die Voraussetzung für die Krise der Revolutions- und Rätebewegung, sondern deren Folge. Wie immer man die Motivation für den Austritt der USPD-Politiker aus dem Kabinett beurteilen mag[7], eines ist deutlich: Die innenpolitische Fehlentwicklung, insbesondere die militärpolitischen Versäumnisse Eberts gegenüber der Obersten Heeresleitung, haben entscheidend dazu beigetragen[8].
Von bedeutsamem Einfluß auf die Gestaltung republikanischer Verhältnisse in Deutschland war der Eintritt der **Heeresleitung** in den Dienst der neuen Regierung und ihre dadurch ermöglichte Kontinuität in organisatorischer und personeller Hinsicht. Ein Überblick über die in rascher Folge über den Generalstab in Spa hereinbrechenden Ereignisse, die in der Flucht des Kaisers gipfelten, zeigt deutlich, daß das Große Hauptquartier innerhalb kurzer Zeit seine gesamte militärische Macht eingebüßt hatte. Objektiv war es am 9. November 1918 nicht in der Lage, seine eigene Existenz gegen aufständische Soldaten im näheren und weiteren Umkreis zu schützen. Von deren Haltung hing es in entscheidendem Maße ab, ob die Kommandozentrale weiterhin bestehen bleiben würde oder nicht[9].
Die Oberste Heeresleitung resignierte nicht, sondern versuchte konsequent von der ersten Stunde der Republik an, aus dem Zustand der inneren Ratlosigkeit herauszukommen und die plötzliche Machtentblößung zu überwinden. Der militärische Aufstand bewies der Heeresleitung eindrucksvoll, daß sie ihre bis dahin unantastbare Autorität als höchste Kommandozentrale des Feldheeres eingebüßt hatte. Der Generalstab mußte unter diesen Umständen versuchen, sich den republikanischen Kräften als militär-technische und -bürokratische Institution zu präsentieren, um nicht

völlig aus dem politischen Spiel manövriert zu werden. Errang die Oberste Heeresleitung Anerkennung in dieser Funktion, dann mußte sie den aussichtsreichsten Zeitpunkt in der künftigen innenpolitischen Entwicklung abpassen, um das starke Übergewicht der revolutionär-republikanischen Kräfte in Gestalt der Rätebewegung auf militärischem und zivilem Gebiet abzubauen. Hierzu bedurfte es aber einiger prinzipieller Voraussetzungen: Zunächst mußte sie die neuen Gewalten augenfällig anerkennen, sich »auf den Boden der Tatsachen« stellen; ferner mußte sie der neuen Regierung gegenüber ihre Loyalität bekunden und sich ihr, ohne gravierende politische Forderungen zu erheben, unterstellen. Sie mußte außerdem daran gehen, ihre Position während der technischen Bewältigung des Rückzugs und der Demobilisierung militärisch wieder soweit zu konsolidieren, daß sie zum gegebenen Zeitpunkt wieder als Machtfaktor auftreten konnte; diese Konsolidierung mußte in der Situation des 9./10. November notwendigerweise im Westheer vorbereitet werden, zunächst auf dem Wege der Neutralisierung aller politischen Einflüsse, die von der »Heimat« auf die heimkehrenden Armeen ausstrahlten.

Die Waffenstillstandsforderungen der Westmächte, vor allem diejenigen nach unverzüglichem Rückzug der mobilen Truppen, nach Demobilisierung und Ablieferung von Kriegsmaterial[10], stellten einerseits die republikanische Regierung in Berlin vor fast unlösbare Aufgaben und beraubten andererseits Deutschland praktisch jeder Möglichkeit zu erneuten militärischen Handlungen nach außen; sie machten vor allem aber die Oberste Heeresleitung für die Republik, zumindest für eine gewisse Zeitspanne, unentbehrlich. Ob diese Konsequenz bei den Siegermächten in ihrer ganzen Tragweite erkannt worden ist, mag dahingestellt bleiben. Der enge Spielraum, den die Westmächte Deutschland ließen, war verständlich aus ihrer Furcht vor erneuten militärischen Aggressionen, aber er schuf die idealen Voraussetzungen für die Weiterexistenz des Generalstabs des Feldheeres; denn jetzt benötigten die republikanischen Machthaber einen hochqualifizierten militär-technischen und -bürokratischen Apparat, der zum Zeitpunkt des 9. November 1918 nur in der Organisation der Obersten Heeresleitung vorhanden war.

So vollzog sich der Übertritt der Heeresleitung in der Republik reibungslos, nicht in der Form eines politisch akzentuierten »Bündnisses Ebert–Groener«, sondern in der Form einer »anscheinend ›unbedingt‹ ausgesprochenen Unterstellung« unter die revolutionären Machtverhältnisse[11]. Die Zusammenarbeit zwischen dem sozialistischen Koalitionskabinett und dem Generalstab ergab sich in erster Linie aus dem Zwang, das Feldheer unverzüglich zurückzuführen und zu demobilisieren[12].

So übte seit dem 10./11. November die Heeresleitung im Auftrage der Regierung die Funktionen einer übergeordneten *militär-technischen Liquidationsinstitution* für das Feldheer aus. Das Ende dieser Aufgabe war absehbar. Bis dahin mußte es dem Generalstab gelungen sein, sofern er sich nicht mit der revolutionären Machtkonstellation zufriedengab, hinter sich erneut militärische Kraft zu vereinigen, die es ihm ermöglichen würde, als Gegengewicht zu den republikanischen Kräften in der Armee, den Soldatenräten, und auch zu den politischen Führungskräften aufzutreten. Konkret setzten diese politischen Ambitionen voraus, daß der Generalstab von der Regierung in Berlin die Legitimation der uneingeschränkten Befehlsgewalt des Offizierkorps in den Frontformationen erreichte, ferner, daß es ihm gelang, Garantien für die Beibehaltung von Waffen, Munition und Rangabzeichen zu erhalten und vor allem die Opposition in der Armee in Gestalt der Soldatenräte unter Kontrolle zu bringen, sie zu entpolitisieren oder gar völlig auszuschalten. Das waren zunächst, im Augenblick totaler Machtentblößung, hochgespannte Pläne, die nur Schritt für Schritt unter den gegebenen Umständen, d. h. im Zuge der Rückführung und Demobilisierung, realisiert werden konnten.

Die Oberste Heeresleitung konnte gegenüber der revolutionären Regierung den ersten entscheidenden Erfolg verbuchen, als die Volksbeauftragten prompt und ohne grundsätzliche Debatte über das Verhältnis zwischen der Republik und dem überkommenen Militär auf Vorschlag Hindenburgs am 11. November folgende Richtlinien proklamierten: Die militärische Disziplin, Ruhe und straffe Ordnung im Heer sind unter allen Umständen aufrechtzuerhalten. Daher ist den Befehlen der militärischen Vorgesetzten bis zur erfolgten Entlassung unbedingt zu gehorchen, und eine Entlassung von Heeresangehörigen aus dem Heere hat nur auf Befehl der militärischen Vorgesetzten zu erfolgen. Die Vorgesetzten behalten ihre Waffen und Rangabzeichen, und wo sich »Soldatenräte oder Vertrauensräte« gebildet haben, haben diese die Offiziere in ihrer Tätigkeit »zur Aufrechterhaltung von Zucht und Ordnung« »rückhaltlos« (!) zu unterstützen[13].

Die bald darauf einsetzende politische Offensive der Heeresleitung gegen die revolutionär-republikanische Bewegung zeigte deutlich, daß dem Generalstab mit den Proklamationen der Volksbeauftragten vom 11. und 12. November 1918 gewissermaßen Blankovollmachten in die Hand gegeben wurden, mit deren Hilfe er das Frontheer gegen die heimische Rätebewegung auszuspielen und eigene politische Ambitionen allmählich zu verwirklichen imstande war. Die Reaktion der Volksbeauftragten auf die Forderungen der Heeresleitung, die politische Bewegung im Feldheer einzudämmen und die Rechte des Offizierkorps in nahezu altem Umfang zu garantieren, aber wird nur vor dem Hintergrund der rigorosen Waffenstillstandsbedingungen und ihrer knappen Erfüllungsfristen richtig deutlich. In

Berlin war die Regierung offensichtlich von dem Gedanken weitgehend beherrscht, »in das plötzlich entstandene Chaos übersichtliche Koordination zu bringen«[14]. Man gab sich im Kreise der Volksbeauftragten keinen Illusionen darüber hin, was es bedeutete, den forcierten Rückzug eines Millionenheeres zu organisieren. Hierbei mußten Rücksichten auf die hungernde Zivilbevölkerung genommen werden, die durch regellos zurückflutende, unversorgte Armeen in ihrer ohnehin stark geschwächten Existenzmöglichkeit in gefährlichem Maße betroffen worden wäre. Hierbei mußten aber auch Rücksichten auf die Soldaten genommen werden, von denen die meisten 4 1/2 Jahre unter schwersten Bedingungen gelebt hatten und die man kurz vor dem Betreten heimatlichen Bodens nicht erneut Gefahren aussetzen durfte.

Für die Durchführung dieser umfassenden militär-technischen Aufgabe benötigte die Regierung eine mit erneuerter Autorität ausgestattete technische und bürokratische Organisation, darüber wird man nicht streiten können. Aber war es opportun, eine Institution wie die Oberste Heeresleitung, die in ihrer prononcierten antirepublikanischen Haltung niemals einen Hehl aus ihren politischen Ambitionen machte, mit dieser Aufgabe zu betrauen? Wäre es nicht im Sinne der Behauptung revolutionär-republikanischer Machtpositionen notwendig gewesen, eine andere militärische Instanz mit den Liquidierungsfunktionen zu betrauen? So z. B. das preußische Kriegsministerium mit seiner von Berlin aus leicht zu kontrollierenden bürokratischen Organisation. Alles deutet darauf hin, daß diese Möglichkeit im Kreise der Volksbeauftragten nicht ventiliert worden ist. Die reibungslose Auftragserteilung an die Heeresleitung lag in der Auffassung begründet, daß die alten Gewalten durch den allumfassenden und widerstandslosen Zusammenbruch der Monarchie für immer entmachtet worden seien und die objektiven Möglichkeiten zur Gegenrevolution nicht existierten[15].

Die Gefahrenquelle für die revolutionär-republikanische Bewegung lag nicht so sehr darin, daß die Volksbeauftragten der Obersten Heeresleitung die Funktionen einer übergeordneten militärischen Liquidationsinstitution übertrugen, sondern darin, daß die Regierung auf fast jegliche Kontrolle der Generalität verzichtete. Das Kabinett interpretierte seine Beziehungen zur Heeresleitung, die es unter dem starken Druck der Sachzwänge eingegangen war, und die sich aus dieser Beziehung ergebenden Rechte des Offizierkorps statisch, obwohl hierin permanente Überprüfung, Neuformulierung und Anpassung an die sich rasch wandelnden innenpolitischen Bedingungen notwendig gewesen wären.

II. Die organisatorische Konsolidierung der militärischen Räteorganisationen und die Gründung des Generalsoldatenrates in Münster

Sowohl die Repräsentanten der spontan entstandenen einzelnen Räteorganisationen als auch die Regierungen auf Reichs- und Länderebene und die überkommenen Militärbehörden waren sich bald nach Errichtung der republikanischen Herrschaft darin einig, daß das ungeordnete und unübersichtliche Bild der Soldatenräte im lokalen Bereich verschwinden müßte. Diese Kräftegruppen strebten die Neuordnung der Gesamtorganisation durch Wahlen auf demokratischer Basis an und ihre Zentralisierung durch Errichtung eines Systems organisatorischer Über- und Unterordnung. Hierdurch sollten 1. die Organisationsformen vereinheitlicht werden, 2. ein Kontrollsystem mit Hilfe einer ähnlich den Militärbehörden strukturierten Räteorganisation ausgebaut werden, 3. die politische Effizenz der Rätebewegung gegenüber der Militärbürokratie vergrößert werden, 4. unbequeme politische Einflüsse durch außerhalb der Militärorganisation stehende Gruppen (Urlauber, Deserteure, Zivilisten) ausgeschaltet werden, 5. neue Herrschaftsverhältnisse im Heer erreicht werden. Dabei machte sich fast überall im Reichsgebiet die Abneigung gegen eine zentrale Instanz der Soldatenräte bemerkbar: Der Zug zur partikularistischen Lösung des Organisationsproblems triumphierte über die Notwendigkeit einer politisch effektiveren Lösung.

Die Umstrukturierungen verliefen im Reichsgebiet nicht immer einheitlich, teilweise gab es hierbei erhebliche Reibungen und Spannungen. Im preußischen Militärbereich verlief die Gründung zentraler Rätekörperschaften und die Konsolidierung der Organisationen auf lokaler Ebene im November und Dezember 1918 ausgesprochen schleppend. So schufen die Repräsentanten der militärischen Rätebewegung nicht in allen Armeekorps-Bereichen Gesamtorganisationen auf der Basis von Wahlen, nachweisbar sind diese nur in einigen Armeekorps. Für die Entwicklung der Rätebewegung im Berliner Raum beispielsweise war von besonderer Bedeutung, daß es im III. Armeekorps eine Gesamtorganisation und ein Exekutivorgan erst sehr spät und auch nur in Ansätzen gab. Hier konsolidierte sich nach zähem Ringen der Vollzugsrat der Berliner Arbeiter- und Soldatenräte am 13. November. Vom ersten Tage seiner Existenz an beanspruchte er das Recht für sich, nicht nur oberstes Räteorgan innerhalb des Armeekorpsbereichs zu sein, sondern auch Zentralinstanz der revolutionären Rätebewegung im Reich. Während sich in den süd- und südwestdeutschen Militärbereichen Landesorganisationen konstituierten, unterblieb im preußischen Bereich eine derartige organisatorische Konsolidierung. Versuche, die vom Vollzugsrat hätten ausgehen müssen, sind nicht unternommen worden.

Seine durch weitgehend eigene Politik entstandene isolierte Position, die im krassen Widerspruch zu seinem revolutionär-demokratischen Anspruch stand, beeinträchtigte zwangsläufig die Wirksamkeit seiner Verfügungen und Appelle[1]. Zu harten Kontroversen kam es hinsichtlich der Selbsternennung des Vollzugsrats zur »Zentralbehörde« der Soldatenräte, »solange kein Zentralrat besteht«[2]. Begründet wurde dieser Anspruch mit dem Hinweis auf die Notwendigkeit, die »heillose Verwirrung« in der Militärverwaltung nach dem Umsturz zu beseitigen und möglichen gegenrevolutionären Aktionen der überkommenen Militärbehörden wirkungsvoll zu begegnen. Diese Rolle war aber nur unter Einbeziehung der Vertreter aus allen preußischen und außerpreußischen Armeekorpsbereichen zu spielen, nicht durch autoritäre Selbsteinsetzung als Zentralgewalt, denn dadurch geriet der Vollzugsrat – in einer Zeit allgemein sichtbaren Strebens nach Demokratisierung – notwendigerweise in Konflikt mit Soldatenräten und Regierung. Besonders dem Rat der Volksbeauftragten bot der Vollzugsrat hiermit eine breite Angriffsfläche. So gesehen war es nicht verwunderlich, wenn im preußischen Militärgebiet die gesamte Rätebewegung unter den Soldaten nicht nach den Richtlinien des Vollzugsrates organisatorisch ausgebaut wurde, sondern aufgrund von Reglements der einzelnen großen Rätorganisationen im jeweiligen Zentrum der Armeekorpsbereiche. Es kann als sicher gelten, daß der Vollzugsrat nur im Bereich des III. Armeekorps sich durchzusetzen vermochte.

Mit Ausnahme des VII. Armeekorps, dessen Gesamtorganisation sich bereits im November weitgehend konsolidiert hatte, setzten in den anderen preußischen Armeekorps die Bemühungen, Korps-Soldatenräte zu etablieren, erst im Dezember ein. Das preußische Kriegsministerium (!) intensivierte diese Bemühungen mit einem Aufruf vom 5. Dezember, wonach zur Verhütung einer vollkommenen Desorganisation »am Sitz eines jeden Generalkommandos ein Soldatenrat für den gesamten Korpsbereich im Einvernehmen mit den zuständigen Stellen« gebildet werden sollte. Als zweckmäßig wurde erachtet, daß jede Garnison mit je einem Mitglied personell Anteil am Korps-Soldatenrat habe[3].

Das stellvertretende Generalkommando des VII. Armeekorps in Münster erließ bereits am 10. November, also einen Tag nach dem Umsturz, einen »Allgemeinen Befehl«, wonach jeder Truppenteil und jede militärische Behörde in diesem Befehlsbereich zwei Delegierte zu einem »Erweiterten Soldatenrat« zu wählen habe[4], der fortan als Zentralinstanz aller Soldatenräte im Armeekorpsbereich arbeiten sollte. Am 13. November wurde von einer Versammlung der Soldatenräte des Korpsbezirks die Gründung eines »General-Soldatenrates« beschlossen: In Münster, dem Sitz des Generalkommandos, wurde ein »Generalsoldatenrat« für das VII. Armeekorps eingerichtet, der anfangs aus 10 Mitgliedern bestand (»Engerer Generalsoldatenrat«). Zu ihm sollten (nach dem Befehl vom 10. November) eine bestimmte Anzahl weiterer Delegierter aus den einzelnen Garnisonen des Korpsbezirks treten und den »Erweiterten Soldatenrat«, das Plenum, bilden. Auf der nächsttieferen Organisationsebene waren für jeden Landwehr-Bezirk »Bezirks-Soldatenräte« vorgesehen, und zwar in Münster, Coesfeld, Minden, Detmold, Dortmund, Bochum, Bielefeld, Soest, Paderborn, Geldern, Solingen, Krefeld, Wesel, Essen, Gelsenkirchen, Recklinghausen, Mülheim, Duisburg, Düsseldorf, Elberfeld, Barmen, Lennep und Hagen. Auf unterster Organisationsstufe standen Soldatenräte der Formationen, Stäbe und Militärbehörden, aus denen sich der »Erweiterte Bezirks-Soldatenrat« zusammensetzte[5].

Am 26. November 1918 kehrte das Kommando des aktiven VII. Armeekorps nach Münster zurück, und General von Woyna übernahm die Geschäfte im Befehlsbereich. Zwischen dem am 9. November an der Westfront entstandenen Soldatenrat des aktiven Armeekorps und dem Vollzugsausschuß des Soldatenrates der IV. Armee, deren Formationen in die westfälischen Stammgarnisonen wieder einzogen, kam es zu einer Vereinbarung hinsichtlich der Haltung gegenüber der heimischen Organisation der Soldatenräte: Danach wurde die Organisation in ihrer bestehenden Form anerkannt, auch General von Woyna erkannte nach seiner Rückkehr nach Münster den General-Soldatenrat und die unter ihm bestehenden Organisationen an[6]. Eine organisatorische Fusion des General-Soldatenrates mit dem Soldatenrat der aktiven Formationen fand am 6. Dezember statt: 5 Mitglieder des ursprünglichen General-Soldatenrates, 2 der aktiven Formationen und 1 Vertreter der Bezirks-Soldatenräte bildeten nun den Vollzugsausschuß des General-Soldatenrates im Armeekorpsbereich[7].

III. Ziele und Funktionen der Soldatenräte im November/Dezember 1918

Parallel zur allgemeinen organisatorischen Konsolidierung der militärischen Räteorganisation wurden von den Soldatenräten – in den meisten Fällen aus Einzel- oder Gebiets- bzw. Landesorganisationen heraus – Zielvorstellungen hinsichtlich der innenpolitischen Neuordnung Deutschlands formuliert. Sie konzentrierten sich zunächst auf die verfassungspolitische Neuordnung, wobei die künftige parlamentarisch-demokratische Grundordnung niemals ernsthaft in Gefahr geriet, keine allgemeine Zustimmung zu erhalten. Wenn auch die Frage »Nationalversammlung oder Rätesystem« in der innenpolitischen Debatte zwischen Umsturz und I. Rätekongreß (Mitte Dezember 1918) immer kontroverser, ja zum »zentralen Kampfobjekt« (Kolb) innerhalb des sozialistischen Lagers wurde, so besaß diese Alternative, nicht zuletzt durch das starke Votum der Soldatenräte für den Parlamentarismus in Deutschland, doch zu keiner Zeit realen Gehalt. Während sich die verbalen Kämpfe um die verfassungspolitische Neuordnung zwischen den sozialistischen Parteien bzw. Gruppen – SPD, USPD, revolutionäre Obleute und Spartakusbund – abspielten, blieben die Diskussionen auf den zahlreichen Delegiertenversammlungen der Soldatenräte hiervon frei. Die überwältigende Mehrheit der Soldatenräte teilte in dieser prinzipiellen Frage den Standpunkt der SPD.

Für die Mehrheitssozialdemokraten gab es – wie Friedrich Stampfer am 13. November im »Vorwärts« darlegte – kein anderes zu verwirklichendes politisches Konzept als das Erfurter Programm. Er regte an, die parlamentslose Übergangszeit durch baldige Wahlen zu verkürzen und stellte heraus, daß es nur zwei Wege der weiteren Entwicklung in Deutschland geben könne: entweder die Nationalversammlung o d e r die Diktatur des Proletariats[1]. Kolb weist in diesem Zusammenhang darauf hin, daß der SPD-Parteivorstand und die Gruppe um den »Vorwärts« die Arbeiterräte »ausschließlich in der Koppelung mit der Frage der Nationalversammlung« sahen und nicht in ihrer tatsächlichen Entstehung und in ihrer tatsächlichen Zusammensetzung. Sie übernahmen »die dogmatisch fixierte Alternative der Linksradikalen: Nationalversammlung o d e r Arbeiterräte«, wobei sie die Ausschließlichkeit der Nationalversammlung mit der gleichen Unbedingtheit verfochten wie die Linksradikalen die Alleinherrschaft der Arbeiter- und Soldatenräte[2]. Nach Ansicht der mehrheitssozialdemokratischen Führungsspitze waren die Räte, wie sie in den ersten Wochen nach dem Umsturz entstanden waren, lediglich »Übergangseinrichtungen«, ein »absolut notwendiges Provisorium«, eine »vorübergehende Notwendigkeit«, eine »Notbrücke«, an deren Stelle jedoch ein massives Bauwerk, die Nationalversammlung, zu setzen sei. Wiederholt verwies die Parteiführung darauf, daß auch die Soldatenräte als Träger politischer Funktionen mit dem Zusammentritt der Nationalversammlung verschwinden würden[3]. Die Mehrheit der Soldatenräte billigte sich selber nicht mehr zu als die Rolle eines absolut notwendigen Provisoriums bis zur unverzüglich zu etablierenden Nationalversammlung. Die Selbsteinschätzung der t e m p o r ä r e n politischen Rolle stand im engen Zusammenhang mit den Aufgabenbereichen, in denen die Soldatenräte wirksam waren: Hilfe bei der Rückführung und Demobilisierung der Frontformationen, Auflösung des Ersatzheeres, Aufrechterhaltung des lokalen Sicherheitssystems, Kontrolle des innerdienstlichen Bereichs usw. Das waren Funktionen, die in absehbarer Zeit überflüssig würden, wenn das Heer vollkommen zurückgeführt und die Armee auf die Friedensnorm reduziert sein würde (was im allgemeinen zunächst bis Weihnachten 1918 erwartet wurde), wenn das überkommene Sicherheitssystem von reaktionären Kräften gesäubert und ein neues, den innenpolitischen Kräfteverhältnissen entsprechendes aufgebaut sein würde, wenn schließlich das Heer soweit innerlich umgestaltet sein würde, daß besondere Kontrollorgane gegenüber dem Offizierkorps und die Mitwirkung in militärischen Angelegenheiten der Truppe (Kommandogewalt) als überflüssig erscheinen würden. Es bestand somit ein ganz enger Zusammenhang zwischen der Ansicht der Soldatenräte von der Dauer ihrer Funktionen und dem Vertrauen in die umgestaltende, demokratisierende Kraft der Regierungen auf Reichs- und Länderebene. Angesichts der mangelnden politisch-administrativen Aktivität der Sozialisten beider Richtungen auf militärpolitischem Gebiet in den ersten Wochen nach dem Umsturz war ein scharfer Interessenkonflikt zwischen den Regierungen und Soldatenräten allerdings immer deutlicher voraussehbar. Den allgemeinen Auftakt dazu bildete die Annahme eines radikalen Militärprogramms auf dem I. Rätekongreß (»Hamburger Punkte«).

Die meisten militärischen Räteorganisationen verlangten die rasche Einberufung der Parlamente im Reich und in den Ländern. Innerhalb des p r e u ß i s c h e n Militärbezirks gab es daneben zwar eine Reihe größerer und kleinerer Räteorganisationen, die sich an der linkssozialistischen Haltung orientierten: völlige Ablehnung des parlamentarischen Systems bzw. Einberufung der Nationalversammlung – wie in der Mehrzahl dieser Fälle – erst nach vollständiger Konsolidierung der revolutionären Machtverhältnisse. Diese Agitation fiel aber im Gesamtrahmen nicht ins Gewicht. Versammlungen der Soldatenräte in den einzelnen Korpsbezirken, die im November/Dezember 1918 stattfanden, bekundeten in Resolutionen fast einmütig die Forderung nach unverzüglichen Parlamentswahlen, so z. B. bedeutende und einflußreiche Organisationen, wie die der Bezirkssoldatenräte des VII. Armeekorps (am 26. November) oder des Hamburger Soldatenrates im IX. Armeekorps-Bereich (am 1. Dezember) und des X. Armeekorps (Hannover) (am 23. November)[4].

Seit spätestens Anfang Dezember 1918, vor allem unter dem Eindruck der massiven Demonstration der Soldatenräte für eine Nationalversammlung, konnte es in der deutschen politischen Öffentlichkeit keinen Zweifel mehr darüber geben, daß sich die Rätedelegierten in Berlin, die am 16. Dezember zusammentraten, mit großer Mehrheit f ü r die Einberufung der Nationalversammlung aussprechen würden[5] Die Entscheidung für Parlamentswahlen zum frühestmöglichen Termin war bereits v o r dem Zusammentritt des Kongresses gefallen, so daß den beiden Grundsatzreferaten (Cohen und Däumig) »mehr rhetorische als politische Bedeutung« zukam[6] Nach

anschließender Debatte »ohne Höhepunkte« im Plenum wurde Cohens Antrag, die Wahlen zur Nationalversammlung am 19. Januar 1919 durchzuführen, mit großer Mehrheit angenommen, während Däumigs Antrag, am Rätesystem als Grundlage der Verfassung der sozialistischen Republik festzuhalten und den Räten die höchste legislative und exekutive Gewalt zuzustehen, mit 98:344 in namentlicher Abstimmung abgelehnt wurde[7].
Bis zur eindeutigen und unangefochtenen Festlegung der parlamentarisch-demokratischen Neuordnung Deutschlands, so wie sie in jenem Rätebeschluß zum Ausdruck kam, hatte sich in den einzelnen deutschen Militärbezirken die Reglementierung der Kompetenzbereiche von Offizieren und Soldatenräten vollzogen. Die revolutionäre Bewegung des Militärs im November 1918 war in weiten Teilen der Armee kein Aufstand gegen die Führer; Bestrebungen zur Isolierung und Ersetzung der militärischen Führungskräfte auf Garnisons- und Formationsebene gab es – von wenigen, aber unbedeutenden Ausnahmen abgesehen – nicht. Die Träger der revolutionär-republikanischen Bewegung im Heer und die durch sie in den Besitz der Regierungsgewalt gelangten Sozialdemokraten waren sich spontan darin einig, daß das Offizierkorps, vor allem dort, wo es täglich mit Unteroffizieren und Mannschaften Dienst versah, also in der Truppe, bewahrt werden müsse und daß ihm ein neuer, den herrschenden politischen Bedingungen entsprechender Platz zuzuweisen sei. Das Nebeneinander zweier Gewalten, Offizierkorps und militärische Räteorganisation, aber bedurfte einer grundsätzlichen Definition der Kompetenzen, die einerseits so formuliert werden mußten, daß sie den veränderten politischen Machtverhältnissen Rechnung trugen, die andererseits aber davon auszugehen hatten, daß das obere Führungskorps als militärtechnische Elite den Demobilisierungsaufgaben weiterhin zur Verfügung stand und daß die Teile des politisch noch unentschlossenen Offizierkorps nicht ins antirepublikanische und antidemokratische Lager abgedrängt würden.
Noch bevor der Prozeß der einheitlichen administrativen Regelung der Kompetenzbereiche einsetzte, entwickelten sich im Reich auf allen politischen Ebenen spontane Bemühungen, die Tätigkeit des Offizierkorps in Armeeführung und Truppenverwaltung wieder zu aktivieren. In Berlin wandte sich Ebert am 10. November an das Heimatheer mit der Aufforderung, daß alle militärischen Dienststellen ihre Dienstgeschäfte unverändert weiterzuführen hätten[8]. Gesondert rief der preußische Kriegsminister das Offizierkorps in der Heimat auf und erteilte ihm als Oberbefehlshaber des Heimatheeres den Befehl, den Dienst »nach besten Kräften« weiter zu versehen[9]. Tags darauf erreichte die stellvertretenden Generalkommandos ein Erlaß des Kriegsministeriums, wonach »im Interesse des Allgemeinwohls« von jedem Offizier verlangt werden müsse, daß er »auch unter den jetzigen

Verhältnissen« seinen Dienst versehe. Sicherheit und Ordnung sowie die Volksernährung könnten nur gewährleistet werden, wenn alle Kräfte hierzu vereinigt würden[10]. Besonders charakteristisch für die Haltung der Soldatenräte auf unterer Ebene gegenüber dem Offizierkorps ist eine Passage aus einem Rundschreiben des »Soldatenrates für den Bezirk des VII. Armeekorps« vom 18. November, in der es heißt: »Warum sollen wir die Kameraden im Offiziersrang ausschalten, wo wir . . . ihre Mitwirkung nun einmal unter keinen Umständen entbehren können. Brauchen wir sie aber, damit sie führen und kommandieren, so würden wir uns gegen uns selbst versündigen, wenn wir nicht alles täten, ihre Autorität zu stützen und die Disziplin zu festigen. Mögen diejenigen Offiziere, die nicht gewillt sind, sich auf den Boden der neuen Bewegung zu stellen, von ihrem Posten zurücktreten, so schwer sich ihr Verlust auch fühlbar machen wird. Aber hüten wir uns, auch die Mitwirkung der zu uns stehenden Offiziere zu verscherzen. Die Folgen würden nicht wieder gutzumachen sein.«[11]
Die Reaktion des Truppenoffizierkorps war in der überwiegenden Zahl der Fälle positiv. Es stellte sich den neuen Gewalthabern unter mehr oder weniger deutlicher Anerkennung der durch die Revolution entstandenen Machtverhältnisse zur Verfügung. In einer Reihe von Formationen des Heimatheeres allerdings sind unbeliebte Offiziere von den Mannschaften aus ihrem bisherigen Tätigkeitsbereich gedrängt worden, in einigen anderen Formationen haben Offiziere ihren Dienst bereits mit Ausbruch der Unruhe selbständig verlassen. Zweifellos ist das Problem der monarchistischen Uniformattribute für die Zusammenarbeit von Soldatenräten und Offizierkorps von großer Bedeutung gewesen. Mit den Bemühungen, die Tätigkeit der Offiziere in Armeeführung und Truppenverwaltung im Bereich des Heimatheeres wieder zu aktivieren, setzten Bestrebungen in allen Militärbezirken ein, die Frage der Rangabzeichen zugunsten der Offiziere zu regeln und einschneidende Veränderungen späteren Regelungen auf parlamentarischer Ebene zu überlassen. In Preußen dekretierte der Berliner Vollzugsrat in den »Richtlinien für die deutsche sozialistische Armee«, Reichs- und Landeskokarde dürften nicht mehr getragen werden, statt dessen die rote Kokarde; Achselstücke und Degen galten als abgeschafft[12]. Die Kommandantur in Berlin gab in einem Tagesbefehl in diesem Zusammenhang bekannt, den Offizieren sei zu empfehlen, »im Interesse der Ruhe und Ordnung« Rangabzeichen im hauptstädtischen Bereich abzulegen[13]. Typisch für den gesamten preußischen Militärbezirk war die unterschiedliche Haltung der zentralen Räteorganisationen in den einzelnen Armeekorpsbereichen im Hinblick auf dieses Problem. Der Standpunkt Berlins vermochte sich nicht durchzusetzen. Im Bereich des VII. Armeekorps wurde nur die preußische Kokarde abgelegt[14].

Parallel zu den Bemühungen um die Lösung des Problems der monarchistischen Uniformattribute verliefen die Bemühungen, die von den Soldatenräten während des Umsturzes okkupierten Rechte abzulösen und sie durch eine Skala reglementierter Rechte zu ersetzen. Der Vollzugsrat der Berliner Arbeiter- und Soldatenräte begann hiermit bereits am 11. November. Seit diesem Tage hatten sich die Soldatenräte in der Ausübung der Gewalt lediglich auf diejenige Formation zu beschränken, in der sie entstanden waren[15]. Das bedeutete die Zurückdrängung der Soldatenräte aus der Öffentlichkeit in den engeren Militärbereich und dort wiederum auf eine ganz bestimmte Formation. Diese Verordnung richtete sich zugleich gegen die sog. »wilden Soldatenräte«, die sich auf örtlicher Ebene (z. B. in garnisonslosen Städten und Gemeinden) gebildet hatten. In insgesamt sechs Geschäftsbereichen wurden den Soldatenräten mehr oder weniger weitgehende Rechte eingeräumt: Da war zunächst der militärische Bereich im weiteren Sinne, der den allgemeinen *Dienst- und Verwaltungsbetrieb* umfaßte, dann der militärische Bereich im engeren Sinne, d. h. der Bereich der *militärischen Befehlsgewalt* auf Formations- und Garnisonsebene, der militär-personelle Bereich, d. h. die *Führerwahl*, der militär-juristische *(Disziplinarstrafordnung)*, schließlich der militär-soziale *(Fürsorge, Urlaub)* bzw. der militär-wirtschaftliche Bereich *(Unterkunft, Verpflegung, Bekleidung)*. Am 13. November verordnete der Berliner Vollzugsrat, »um die Ernährung, die Demobilisation und alle anderen Angelegenheiten des militärischen Lebens nicht in vollkommene Unordnung geraten zu lassen«, daß die Befehlsgewalt der militärischen Stellen (Ersatzbataillonskommandeure, Generalkommandos usw.), gleichgültig, ob sie von früheren Offizieren unter der Mitwirkung von Soldatenräten oder von Soldatenräten allein gehandhabt worden seien, »in der alten Weise – wenigstens vorläufig – aufrechterhalten bleibt«. Die Befehlsgewalt war nach Ansicht des Vollzugsrates nicht an die Militärperson (z. B. Kommandierender General oder Bataillons-Soldatenrat) gebunden, sondern an die Dienststelle (z. B. Generalkommando oder Ersatzbataillon). Grundsätzlich galt für jede Formation bzw. militärische Dienststelle, daß sich neben den alten Führungskräften ein Soldatenrat zu etablieren habe, es hieß aber in der Verordnung: »Dieser wird sich aber, da der Kommandant wegen seiner Erfahrungen sicher imstande ist, die Dienstgeschäfte ohne große Hilfe zu führen, vor allen Dingen damit begnügen, die Kontrolle darüber auszuüben, daß die sozialen Errungenschaften der Revolution trotz des Verbleibs eines früheren Offiziers voll gesichert bleiben.«[16].
Nachdrücklich wurde den militärischen Räteorganisationen auf örtlicher Ebene klargemacht, daß die alten Ämter grundsätzlich das Recht hätten, »in ihren alten Gleisen fortzuarbeiten und verbindliche Anordnungen zu

treffen«[17]. In dem Entwurf für »Richtlinien über Wesen und Aufgaben der Soldatenräte« des Berliner Vollzugsrates (Mitte November 1918) wurde den Soldatenräten im militär-personellen Bereich das Recht der Führerwahl bis zum Bataillonskommandeur einschließlich eingeräumt; und zwar mit der ergänzenden Erläuterung, Offiziere, die auf dem Boden der sozialistischen Republik stünden, könnten ohne weiteres als Mitglieder des Soldatenrates oder als Führer gewählt werden. Die Soldatenräte von den Generalkommandos bis zu den Formationen übten nach diesen Richtlinien lediglich »lokale Funktionen« aus[18]. In einem Richtlinienkatalog vom 23. November 1918 wurden noch einmal vom Vollzugsrat die Kompetenzen der Soldatenräte umrissen: Danach waren der Geschäfts- und Dienstbetrieb zu überwachen, damit dieser »nicht mehr nach den Anschauungen des alten Regimes in kapitalistisch-egoistischem Sinne, sondern in sozialistisch-menschenfreundlicher Weise« erfolge. Das vorher dekretierte Kontrollrecht einschränkend hieß es jetzt: »Sind die bisherigen Führer geeignet und willens, sich der neuen Ordnung zu fügen, so haben sich die Arbeiter- und Soldatenräte auf die *Aufsichtstätigkeit* zu beschränken.« Das bezog sich auf die Beziehungen zwischen Soldatenräten und dem Truppenoffizierkorps. Für das Führungskorps in den höchsten Dienststellen (Generalkommandos, Kriegsministerium und Oberste Heeresleitung) galten andere Bestimmungen. Die »für den Geist des Ganzen entscheidenden Stellen« seien im Einverständnis mit der revolutionären Regierung neu zu besetzen, wenn eine »scharfe Kontrolle« nicht ausreichend erscheine. Im übrigen sei eine »laufende wachsame Kontrolle«, verständig ausgeübt, einzurichten. Alle störenden Eingriffe in die Verwaltung selbst müßten unterbleiben. Verhaftungen sollten nur in dringenden Fällen vorgenommen werden, Beschlagnahmen nur im Einverständnis mit den maßgebenden Stellen erfolgen. Abschließend wurde auf vier spezielle Aufgabenbereiche der Räte für den Zeitraum der Demobilisierung hingewiesen: Sorge für die *Einquartierung*, für die *Ernährung*, für *gesundheitliche Maßnahmen* (wegen der Seuchengefahren) und für die *allgemeine Arbeitsbeschaffung*. Diese Aufgabenbereiche wurden auch auf die örtlichen Arbeiterräte ausgedehnt[19].

Die Kompetenzregelungen in allen deutschen Militärbezirken gingen von dem Nebeneinander zweier Kräftegruppen, den Soldatenräten und dem Offizierkorps, aus und zielten auf den Interessenausgleich und nicht auf die Auseinandersetzung. Insgesamt gesehen kann nicht von einer administrativen Revolutionierung des Militärwesens, d. h. des Heimatheeres und der Marine gesprochen werden, sondern von eher vorsichtigen als forcierten Reformbestrebungen der republikanischen Kräfte. Die Soldatenräte fügten sich größtenteils ein in die Grenzen, die durch die Kompetenzregelungen abgesteckt worden waren. Wo sie verletzt wurden, blieben das aufs Ganze bezogen vereinzelte Vorfälle, deren Ursachen und Ausmaß sich nicht völlig klären lassen, zumal vor allem die bürgerliche Presse in ihnen Versuche »bolschewistischer Machtergreifung« sah und sie dementsprechend darstellte. Bis in die erste Dezemberhälfte 1918 war noch nicht abzusehen, inwieweit die durch die Kompetenzregelungen geschaffene innenpolitische Basis tragfähig war. Die Nebenordnung des Kontrollsystems der Soldatenräte zum Militärsystem erschien in dieser Zeit sinnvoller als eine mehr oder weniger stark ausgeprägte Neuorientierung des überkommenen Befehls- und Verwaltungsapparates. Zweifellos war es das Verdienst der Soldatenräte, daß nach dem Zusammenbruch der Monarchie die junge Republik rasch einen Zustand des innenpolitischen Kräftegleichgewichts erreichte, auch wenn er hier und da noch nicht ganz gefestigt war. Den Regierungen im Reich und in den Ländern oblag vor allem die Pflicht, weiter im Sinne des erreichten Zustandes Militärpolitik zu betreiben.

IV. Der Ausbau des lokalen Sicherheitssystems im Bereich des VII. Armeekorps

Durch den Zusammenbruch der alten Ordnung im Reich war ein machtpolitisches Vakuum entstanden, durch das alle notwendigen Funktionen zur Erhaltung der Gesellschaft wie Versorgung, Verkehr und öffentliche Ordnung in hohem Maße gefährdet zu sein schienen. Aber überall in den Armeekorpsbereichen zeigten sich unmittelbar danach kraftvolle Initiativen, dem drohenden Chaos zu steuern und darüber hinaus die revolutionär-republikanische Bewegung vor gegenrevolutionären Angriffen zu schützen. Aus diesen Intentionen heraus entwickelte sich auf Formations- und Garnisonsebene spontan eine Bewegung zur militärischen Konsolidierung der errungenen Machtpositionen. Überall im Bereich des Heimatheeres entstanden kleinere Formationen, die in ihrer Struktur deutlich die Merkmale des Improvisierten aufwiesen. Insgesamt bot die Situation ein variationsreiches Bild, das hier in seinen äußeren Merkmalen für den Bereich des Generalkommandos in Münster zusammenfassend zu skizzieren ist.
In einer Reihe von Städten des Befehlsbereichs existierten bis in die zweite Dezemberhälfte 1918 hinein, also bis zu ihrer Auflösung, Formationen, die die Rolle örtlicher Schutzwehren übernommen hatten. In *Münster* die 13. Kavallerie-Brigade, die 13. Feldartillerie-Brigade, die 25. Infanterie-Brigade und das 13. Infanterie-Regiment, in *Coesfeld* das 16. Infanterie-Regiment, in *Minden* die 26. Infanterie-Brigade, in *Paderborn* das Infanterie-Regiment 158 und das Husaren-Regiment 8, in *Bielefeld* das 57. Infante-

rie-Regiment, in *Mülheim* das Infanterie-Regiment 159 und in *Hagen* das 3. Landsturm-Ersatz-Bataillon (VII/3). In einer Reihe weiterer Städte sind die stationierten Formationen – hauptsächlich Ersatzeinheiten – bis zu diesem Zeitpunkt bereits aufgelöst worden[1].

Daneben bestanden innerhalb des Korpsbezirks eine Reihe revolutionärer Neugründungen, die die verschiedensten Bezeichnungen führten und unterschiedlich in ihren Organisationsstrukturen waren.

So wurde im Einvernehmen mit der Stadtverwaltung von *Essen* durch den örtlichen Arbeiter- und Soldatenrat bereits am 9. bzw. 10. November eine »Sicherheitswehr« organisiert, die kurze Zeit später unter dem Einfluß des Generalsoldatenrats Münster umgebildet und zur »Volkswehr« des Arbeiter- und Soldatenrates ausgebaut wurde. Seit dem 19. November bestand sie aus einer Matrosenkompanie (200 Mann), einer Soldatenkompanie (1200 Mann) und einer Arbeiterkompanie (600 Mann). Die ersten beiden Gruppen nahmen nur ausgebildete, uniformierte Soldaten auf, während die Arbeiterkompanie lediglich Angehörige der freien und auch der christlichen Gewerkschaften anwarb[2].

Nach dem Umsturz in *Mülheim* übernahm eine Sicherheitsmannschaft des Arbeiter- und Soldatenrates gemeinsam mit städtischen Polizeiorganen den Ordnungsdienst, bis kurze Zeit später eine »Garnisons-Wachkompanie« gegründet wurde, offenbar gegen den Willen der Stadtverwaltung und des Garnisonskommandos; ihr Führer war ein Offizierstellvertreter. Im Mülheimer Soldatenrat gab es einen Geschäftsführer für diese Formation und eine Aufsicht über Wach- und Patrouillendienst; die Waffen stammten aus den Beständen der in Mülheim stationierten Ersatzformationen. Mit Sicherheit kann angenommen werden, daß die Mülheimer Wachkompanie aus diesen Einheiten (Ersatzbataillon/Infanterieregiment 159, Ersatzbataillon/Infanterieregiment 144 und Landsturm-Infanterie-Ersatzbataillon VI/92) nach deren Auflösung und der Entlassung der Mannschaften aus dem Heer personelle Verstärkung erhalten hat[3].

Der Soldatenrat von *Münster* veranlaßte das Garnisonskommando, am 12. November »starke Wachen« einzurichten. Kurz darauf wandte er sich zusammen mit dem lokalen Arbeiterrat an die Garnisonen des Korpsgebietes und suchte um personelle Verstärkung des örtlichen Ordnungs- und Sicherheitsdienstes in Münster nach. Nach Vereinbarung zwischen Oberbürgermeister Dieckmann, Vertretern des Generalsoldatenrates, des Arbeiterrates und des Garnisonskommandos entstand eine lokale »Sicherheitswache«, für die eine bestimmte Anzahl einheimischer, bereits entlassener Soldaten angeworben wurde; materiellen Anreiz boten 7,– Mark Tagegeld. Aufgrund von Plünderungen im Korpsbezirk empfahl der Generalsoldatenrat allen örtlichen Organisationen, »scharfe Wachen« an einem oder mehreren Punkten der Standorte aufzustellen. In Münster sind vier derartige Wachen eingerichtet worden, die jeweils aus zwei Offizieren, vier Unteroffizieren und 20 Mann bestanden; außerdem wurden die Soldatenräte des Bezirks angewiesen, dort, wo Gendarmerie- und Polizeidienst nicht mehr funktionierten, sofort mit der zuständigen Zivilbehörde Maßnahmen zu ergreifen, damit die alten Schutzmannschaften ihren Dienst wieder – bewaffnet – aufnehmen konnten.

In der Stadtverordnetensitzung am 27. November wurde für den Ausbau des städtischen Sicherheitsdienstes ein Kredit bewilligt. Zur personellen Verstärkung des bestehenden Sicherheitssystems bildeten die Polizeiverwaltung, der Arbeiter- und Soldatenrat und das Garnisonskommando eine »Sicherheitswehr« aus 200 ehemaligen, hauptsächlich aus Münster stammenden Soldaten. Gegen die in den Tagen der Umwälzung hier entstandenen Matrosenformationen, ihre Rolle als Wachkompanie und gegen ihre weitere Anwesenheit in der Stadt wurde Ende November 1918 von Vertretern der Stadtverwaltung Stellung genommen. Vor allem drängten die Eisenbahnbeamten darauf, daß die Marineangehörigen »im Interesse der Beruhigung der Bürgerschaft und Sicherung des Eisenbahnbetriebes« aus Münster abgezogen wurden; denn gerade durch die Anwesenheit der Matrosen sei ein »unendlich schwieriges Moment der Unsicherheit« hereingetragen worden. Stellungnahmen wie diese waren das Resultat einer stark verbreiteten bürgerlich-konservativen Polemik gegen die Matrosen überhaupt. Hierin steckte der Groll, ja der Haß gegen die Matrosen, die man als Unruhestifter und Parteigänger der Linksradikalen verurteilte. Der Soldatenrat sagte zu, die Matrosenabteilung innerhalb einer Woche aufzulösen, worauf sich die Lage in Münster offenbar entspannte. Als Zeichen hierfür mag man die Erklärung des Oberbürgermeisters gegenüber dem Regierungspräsidium vom 3. Dezember sehen, keine lokale »Bürgerwehr« aufzustellen. Dieckmann begründete seine Entscheidung damit, daß sich die Organisation des Sicherheitsdienstes »bis jetzt« bewährt habe; eine spätere Veränderung des städtischen Sicherheitssystems behielt er sich allerdings vor.

Mit dem Einzug des Infanterieregiments Nr. 13, Anfang Dezember, das von weiten Teilen des Münsterschen Bürgertums als sicherer Rückhalt gegenüber dem Machtanspruch des Arbeiter- und Soldatenrates angesehen wurde, kam es zu Ausschreitungen einzelner Gruppen von Frontsoldaten gegen Mitglieder des Sicherheitsdienstes. Der Regimentskommandeur verhandelte mit dem Oberbürgermeister, wobei vereinbart wurde, daß den Hauptteil des Wach- und Sicherheitsdienstes nunmehr die »Dreizehner« übernahmen; damit aber war der Anfang für den Abbau des während des Umsturzes entstandenen Sicherheitssystems gemacht worden. Der Abbau wurde beschleunigt, als auf Befehl des Generalkommandos des XXXX. Reservekorps Hauptmann Lichtschlag beauftragt wurde, in *Hagen* ein Freiwilligenkorps aufzubauen[4].

In den Wupperstädten *Elberfeld* und *Barmen* traf der »Provisorische Arbeiter- und Soldatenrat« wenige Stunden nach der Machtübernahme in der Nacht vom 8. zum 9. November, »Regelungen zur Aufrechterhaltung von Ordnung und Sicherheit«. Aus einem am 9. November vom Arbeiter- und Soldatenrat verbreiteten Flugblatt, das eine Art revolutionäres »Regierungsprogramm« beinhaltete, ging deutlich hervor, daß die »Gewährung von Sicherheit und Ordnung« als Hauptaufgabe angesehen wurde. Mit den Oberbürgermeistern beider Städte einigten sich die Räte auf ein Arbeitsprogramm, demzufolge die lokale Polizeiorganisation der Befehlsgewalt des Arbeiter- und Soldatenrates unterstellt wurde[5]. Polizei und Beauftragte des Arbeiter- und Soldatenrates bildeten gemeinsam einen Sicherheitsdienst. Die Angehörigen beider Gruppen trugen Uniformen, Waffen und rote Armbinden als Zeichen der neuen Zeit. Resultat des überraschend guten Einvernehmens zwischen ihnen war, daß die Polizisten bereits vier Tage nach dem Umsturz in beiden Städten ihre Schußwaffen, die ihnen anfangs abgenommen worden waren, wieder trugen[6].

Sowohl in der Stadt als auch im Kreise *Solingen* wurden zwischen dem 8. und 11. November die Träger der Kommunalverwaltungen z. T. abgesetzt und durch Arbeiter und Soldatenräte ersetzt; wo die alte Beamtenschaft weiterarbeitete, geschah das unter der Kontrolle der lokalen Räteorganisationen. Überall in den Gemeinden und Städten des Kreises, unter anderem in *Langenfeld-Reußrath, Monheim* und *Witzhelden* wurden sofort neue Verwaltungskommissionen geschaffen, unter ihnen stets Kommissionen für Sicherheit und Ordnung. Überall in den Städten und Gemeinden wurde ein Sicherheitsdienst aufgebaut, der offenbar allein von den Soldaten ausgeübt wurde[7]. Eine Ausnahme hiervon machte die Gemeinde *Höhscheid,* denn hier beschloß der Arbeiter- und Soldatenrat am 11. November, daß Beamte und Polizisten im Dienst zu belassen seien, worauf sich auch der örtliche Polizeikommissar verpflichtete, seinen Dienst unter Aufsicht des Arbeiter- und Soldatenrates weiter zu führen[8]. Die Mitglieder des Sicherheitsdienstes in Solingen z. B. besaßen Ausweise, aus denen hervorging, daß der Inhaber im Auftrage des Arbeiter- und Soldatenrates der Stadt Solingen »im Interesse der öffentlichen Sicherheit« tätig sei und das Recht besitze, Haussuchungen und Verhaftungen vorzunehmen; außerdem stellte der Arbeiter- und Soldatenrat Bescheinigungen für die Mitglieder über das Recht aus, Waffen zu tragen[9]. Eine Änderung im Sicherheitssystem von Solingen trat ein, als das Bezirkskommando am 1. Dezember aufgelöst wurde[10]. Fortan lag das Hauptgewicht des Sicherheitsdienstes wieder bei den alten Polizeikräften, die lediglich durch Soldaten ergänzt wurden[11]. Über die Zukunft des lokalen Sicherheitsdienstes bestand insofern seit dem 15. November bereits Unsicherheit, als bekannt wurde, daß die Gemeinden und Städte *Benrath, Hilden, Hahn, Ohligs, Wald, Solingen, Burg* und *Wermelskirchen* unter alliierte Besatzung kommen würden[12]. Die Befürchtungen, daß sich die Besatzungsmächte gegen bewaffnete deutsche Sicherheitsbehörden wenden würden, bewahrheitete sich wenig später, als das britische Generalgouvernement jegliche Bewaffnung deutscher Behörden einschließlich der Forstbeamten ablehnte[13]. Am 13. Dezember rückten die ersten englischen Besatzungstruppen ein, kurze Zeit später befanden sich in Solingen 3000 englische Soldaten; ein strenges Ausgehverbot wurde verhängt, und am 16. Dezember wurden die Arbeiter- und Soldatenräte in der Stadt und im Kreis Solingen aufgelöst[14].

Ob in *Paderborn* eine eigenständige Formation für den örtlichen Sicherheitsdienst vom Arbeiter- und Soldatenrat aufgebaut wurde, läßt sich nicht mit Bestimmtheit klären. Die vorliegenden Informationen deuten darauf hin, daß hier die Räteorganisation auf die bestehenden kommunalen Sicherheitsorgane zurückgegriffen hat. In einem Aufruf des Arbeiter- und Soldatenrates am 10. November wurden die Schutzleute nämlich ersucht, »zur Aufrechterhaltung der öffentlichen Ordnung und Sicherheit sowie zur geregelten Abwicklung des Verkehrs« wie bisher in Uniform ihren Dienst zu versehen. Ein Stadtkommandant wurde eingesetzt, dem der Arbeiter- und Soldatenrat die Militärpolizei und die kommunalen Sicherheitsorgane unterstellte[15].

Über das Sicherheitssystem, das nach dem Umsturz in *Minden* entstand, gibt es nur spärliche Informationen. Nur soviel ist bekannt, daß der Arbeiter- und Soldatenrat am 23. November von der Stadtverwaltung und vom Regierungspräsidenten mindestens 15 000,- Mark für die »im Interesse der wirtschaftlichen Demobilmachung getanen Dienste, sowie für Wach- und Sicherheitsdienste« verlangte. Darüber hinaus ist bekannt, daß sich der Vorstand des Garnisonsoldatenrates Ende Dezember 1918 unter anderem aus einem Beauftragten für die Sicherheitskompanie und einem Beauftragten für den Sicherheitsdienst zusammensetzte[16].

In *Krefeld* erschien am 11. November ein Aufruf zur Errichtung einer Wache, »die der öffentlichen Sicherheit und dem Schutze der errungenen Freiheiten dienen soll«. Die Unterzeichner dieses Aufrufes, der Arbeiter- und Soldatenrat von Krefeld und die örtliche Polizeiverwaltung, forderten alle beschäftigungslosen Arbeiter auf, in erster Linie »hiesige, zuverlässige, organisierte Parteigenossen und Gewerkschafter«, dieser Wache beizutreten[17]. Die Stadt stand vor dem Problem, den Durchzug großer Teile des Westheeres organisatorisch bewältigen zu müssen; aus diesem Grunde

konzentrierten sich die Bemühungen um die Aufrechterhaltung der öffentlichen Ordnung, Versorgung usw. auf den Tag, an dem die Stadt Schauplatz großer Truppenansammlungen werden würde. Die kommunale Administration paßte sich hier wie überall den neuen Machtverhältnissen an und ging mit dem lokalen Arbeiter- und Soldatenrat daran, die bevorstehenden Aufgaben zu bewältigen[18]. Ausdruck des gemeinschaftlichen Willens war die Gründung eines »Wohlfahrtsausschusses«, der sich neben Arbeiter- und Soldatenräten aus den oberen Repräsentanten der Kommunalverwaltung, z. B. dem Oberbürgermeister, und Mitgliedern der freien, christlichen und »gelben« Gewerkschaften sowie Vertretern bürgerlicher Parteien zusammensetzte. Dieser Ausschuß wandte sich an die gesamte städtische Bürgerschaft »ohne Unterschied der politischen Gesinnung, des Standes und der Konfession« mit der Aufforderung, einen »Führungstrupp« zu gründen, der allerdings unbewaffnet sein sollte. Sein Zweck sollten Empfang, Sammlung und Führung der ankommenden Soldaten sein, als Bewerber kamen lediglich gediente Krefelder Arbeiter und Handwerker in Frage, als Vorgesetzte waren nur ehemalige Unteroffiziere und Offiziere vorgesehen. Die Formation kam schließlich unter der Leitung des Berginspektors und Hauptmanns d. L. Giseke zustande und teilte sich auf in einer Hauptwache (90 Mann), in die I. Kompanie (119 Mann), die II. Kompanie (115 Mann) und die III. Kompanie (132 Mann)[19]. Daneben bestanden noch Sicherheitswachen des Arbeiter- und Soldatenrates, die durch die kommunalen Sicherheitsorgane verstärkt wurden[20]. Für die Sicherheit der Krefelder Banken bestand unter der Leitung des Finanzausschusses des örtlichen Arbeiter- und Soldatenrates eine Sonderorganisation, die ihre Aufgabe im Einvernehmen mit dem örtlichen Sicherheitsausschuß ausübte[21].
Eine Änderung des revolutionären Sicherheitssystems in Krefeld trat insofern ein, als Anfang Dezember der örtliche Soldatenrat infolge der Waffenstillstandsbedingungen aufgelöst wurde[22]. Am 1. Dezember wurde von den belgischen Besatzungstruppen über das rheinische Gebiet zwischen der deutsch-holländischen Grenze, dem Rhein und einer Linie über Stürzelbach, Hoeningen, Grevenbroich, Jülich und Stolberg der Belagerungszustand verhängt; mit dem Einmarsch belgischer Besatzungstruppen in einer Stärke von 500 Mann am 7. Dezember befahl ihr Kommandant, General Lemercier, eine Reihe einschneidender Maßnahmen: Der Arbeiterrat wurde aufgelöst und die öffentliche Gewalt fortan unter Lemerciers Aufsicht allein durch den Oberbürgermeister vollzogen; darüber hinaus wurde deutschen Militärangehörigen verboten, in Uniform in der Stadt aufzutreten, schließlich wurde das neugeschaffene Sicherheitssystem aufgelöst und es blieb allein der städtischen Polizei gestattet, unter Aufsicht der belgischen Besatzungstruppen ihren Dienst zu versehen[23].

In *Düsseldorf* fanden in der Nacht vom 8. zum 9. November zwischen dem während des Umsturzes spontan entstandenen Arbeiter- und Soldatenrat, Oberbürgermeister Oehler und dem Polizeidezernenten Lehr Verhandlungen statt mit dem Ziel, die Ruhe und Ordnung im städtischen Bereich wiederherzustellen und zu erhalten. Wichtigstes Ergebnis war der von beiden Seiten getragene Beschluß, eine städtische »Sicherheitswehr« aufzustellen, deren Kerntruppe eine geschlossen auf die Seite der Aufständischen übergegangene Infanterie-Reservekompanie bildete. Bei seiner Gründung betrug das »Sicherheitsregiment« (oder auch »Freiwilliges Regiment«) 700 Mann, kurze Zeit später 1200 bzw. 1500 Mann. Die Soldatenräte schieden aus der Räteorganisation Düsseldorfs aus, als die Stadt am 30. Dezember in den Bereich der Neutralen Zone einbezogen wurde. Nach den bekannten Direktiven der Alliierten war hier deutsches Militär verboten. Das hatte selbstverständlich Rückwirkungen auf das Sicherheitssystem der Düsseldorfer Räteorganisation. Es ist unbekannt, in welchem Ausmaß es reduziert wurde. Der Arbeiterrat verwaltete das Sicherheitswesen in eigener Regie weiter und richtete zwei Referate ein, eines für das städtische Polizeiwesen Düsseldorfs und eines für die Sicherheitswehr. Der Protest der belgischen Besatzungsmacht gegen das neuorganisierte Sicherheitssystem ließ nicht lange auf sich warten, aber der Arbeiterrat umging insofern die Auflösungsdrohung, als er die bestehenden Formationen nach außen hin in eine Hilfstruppe der lokalen Polizeibehörde, die als überkommene Behörde von den Alliierten geduldet wurde, umwandelte[24].

Das Sicherheitsproblem im lokalen Bereich war eines der Hauptanliegen, dem sich der Arbeiter- und Soldatenrat in *Gelsenkirchen* seit dem 9. November widmete; in Verhandlungen mit der Stadtverwaltung und der Polizeidirektion einigte er sich über die Maßnahmen zur Aufrechterhaltung der Ruhe und Ordnung. Danach wurde ein Sicherheitsdienst eingerichtet, der sowohl von den Soldaten des Standortbereichs als auch den überkommenen kommunalen Sicherheitsbehörden durchgeführt wurde. Die städtische Bevölkerung wurde informiert, daß sie sich in allen Dingen, die die Ruhe und Sicherheit betreffen, »wie früher« an die Polizeiorgane wenden könne, welche unter Kontrolle des Arbeiter- und Soldatenrates nach wie vor den Sicherheitsdienst versahen. Daneben gab es Bestrebungen, die auf die Errichtung einer proletarischen »Bürgerwehr« zielten: Am 15. November veröffentlichte der Arbeiter- und Soldatenrat einen entsprechenden Werbeaufruf, der sich an die organisierten Arbeiter wandte, »welche mindestens 25 Jahre alt und unbescholten sein müssen«. Die Initiatoren bevorzugten »nur überzeugte Leute, welche auf dem Boden der modernen Arbeiterbewegung stehen«[25]. Vermutlich hatte eine Versammlung der Arbeiterausschüsse der Zechen und Werke Gelsenkirchens entsprechende Forderungen gestellt[26].

Jedoch blieb es bei der Absichtserklärung; denn von der Realisierung wurde Abstand genommen, um aus den Industriebetrieben der Stadt nicht wertvolle Arbeitskräfte herausziehen zu müssen. Darüber hinaus zeigten die Soldaten dem Projekt gegenüber eine ablehnende Haltung, weil sie mit Zivilpersonen nicht gemeinsam Sicherheitsaufgaben versehen wollten; sie übernahmen deshalb allein die bestehenden Sicherheitswehren, in die jetzt nicht mehr wie anfangs Soldaten wahllos eingestellt wurden, sondern erst nach Überprüfung ihrer »Unbescholtenheit und Zuverlässigkeit«[27]. Bei ihrer Gründung betrug die Zahl der Sicherheitsmannschaften 90 Soldaten, diese Zahl erhöhte sich bereits am 10. November auf 148 Mann und betrug am 12. Dezember 1918 750 Mann[28]. Doch drängten Gruppen in der Stadtverordnetenversammlung (vermutlich bürgerliche) auf eine personelle Verminderung der Sicherheitsorgane unter Berufung auf die prekäre finanzielle Situation der Stadt und mit dem Argument, daß man vor der Revolution mit lediglich 180 Mann Polizei ausgekommen sei. Dem Arbeiter- und Soldatenrat gelang es, einen Kompromiß zu erreichen, so daß der Gesamtbestand von 600 Sicherheitssoldaten kurze Zeit darauf allgemein akzeptiert wurde[29].

Zu den ersten Maßnahmen des Arbeiter- und Soldatenrats *Dortmunds*, sofort nach seiner provisorischen Konstituierung, gehörte der Beschluß, eine örtliche Sicherheitswehr aufzustellen[30]. Am 10. November veröffentlichte er eine Liste seiner nächsten politischen Ziele, wozu u. a. die Schaffung »volkstümlicher Sicherheitsorgane« gehörte. Er trug diesem Vorhaben unverzüglich organisatorisch Rechnung und gründete einen Sicherheitsausschuß, dem 4 seiner Mitglieder und 4 Beiräte angehörten. Zuerst wurde das überkommene lokale Sicherheitswesen neugeordnet: Die Dortmunder Polizeiverwaltung blieb in der bestehenden Organisation erhalten, sie wurde aber der Kontrolle durch den Arbeiter- und Soldatenrat unterworfen, d. h. der Sicherheitsausschuß behielt sich vor, den Schriftverkehr einzusehen und gegenzuzeichnen. Zur Errichtung »volkstümlicher« Sicherheitsorgane wandte sich die Räteorganisation sowohl an Soldaten als auch an alle »besonnenen und tatkräftigen Bürger Dortmunds«. Auf eine Anregung des Dortmunder Bürgermeisters Köttgen vom 14. November hin wurden die lokalen Sicherheitsorgane erweitert. Mit der Leitung der neuorganisierten Wehren beauftragte man den städtischen Verwaltungsdirektor a. D., Major von Walther (Vorsitzender des Kreiskriegerverbandes), den auch der Arbeiter- und Soldatenrat unterstützte. Insgesamt sollten die Wehren bis zu einer Gesamtstärke von 2000 Mann ergänzt werden, für die die Stadt die Kosten übernahm. Die erste Ausbaustufe der Wehr betrug 1072 Mann, die mit Gewehren, Maschinengewehren, einem Flakgeschütz und Handgranaten bewaffnet wurden; in der zweiten Ausbauphase sollte die Wehr auf

1500 Mann erhöht werden, während die restlichen 500 Stellen Freiwilligen vorbehalten blieben, die aus dem Krieg in ihre Heimatstadt zurückkehren würden. Aus den Richtlinien für die Dortmunder Sicherheitswehr vom 13. Dezember geht hervor, daß die Sicherheitswehr im Einvernehmen mit dem Arbeiter- und Soldatenrat dem Magistrat unterstellt war. Ihre Hauptaufgabe bestand in der Ergänzung und Unterstützung der lokalen Sicherheitsorgane, ihr selbständiger Handlungsbereich erstreckte sich auf die Verhinderung von Plünderungen und Diebstählen und auf den Schutz öffentlicher Gebäude, Lagerhäuser und öffentlicher Veranstaltungen, schließlich auf die Sicherung der Ordnung bei Streiks und Unruhen. Besonders mit der letzten Aufgabe wurde die Polizei von unpopulären Sicherheitsaufgaben entlastet.

In *Bielefeld* rief der sozialdemokratische Reichstagsabgeordnete Severing am 9. November die aufständischen Arbeiter und Soldaten auf, Ordnung zu halten, um zu zeigen, daß man auch in der Freiheit »keine Horde losgelassener Wilder« sei; jetzt gelte es zu beweisen, daß sich gerade in der Freiheit die beste Soldatentugend, die Mannszucht, entwickeln könne. In der ersten Sitzung des Volks- und Soldatenrates, am 9. November, entwickelte Severing einen »Ordnungsplan«, auf dessen Grundlage in Verhandlungen mit Oberbürgermeister Stapenhorst, Landrat Beckhaus und dem Garnisonschef, Oberstleutnant Thümmel, Richtlinien ausgearbeitet wurden. Der Volks- und Soldatenrat verpflichtete sich, für Ruhe, Ordnung und Sicherheit zu sorgen und kündigte an, daß Plünderungen mit sofortiger Verhaftung und Gerichtsverfahren geahndet würden. Die Polizeibeamten wurden vom Oberbürgermeister angewiesen, mit dem Soldatenrat Hand in Hand zu arbeiten; die überkommene lokale Sicherheitsbehörde blieb in Organisation und personeller Zusammensetzung bestehen[31]. Unverzüglich übernahmen Offiziere und Soldaten der Garnison Wach- und Patrouillendienste. Wenig später wurde anhand der »Richtlinien für die Garnison«, auf die sich eine Versammlung aller Militärpersonen geeinigt hatte, der Wach- und Patrouillendienst endgültig geordnet[32].

Der Volks- und Soldatenrat beschränkte sich gegenüber der Polizei offenbar auf formale Kontrollfunktionen; zwischen den neuen und den überkommenen politischen Repräsentanten herrschte nach Severings Einschätzung in der Woche nach dem Umsturz »erfreuliches Einvernehmen«; beide Seiten waren sich einig in der vordringlichsten Aufgabe, Ausschreitungen und Plünderungen zu verhüten[33]. Hierzu beschloß die Räteorganisation zusammen mit dem Oberbürgermeister, dem Landrat und dem Garnisonskommandeur, noch bevor Teile des Westheeres Stadt- und Landkreis berührten, für dieses Gebiet die Sicherheitsmannschaften zu verstärken: Am 24. November übernahm der Magistrat die Kosten für eine Sicherheitskompanie[34], die für das Stadtgebiet aus 200, für den Landkreis aus 103 Mann (davon 13 Unteroffiziere) bestand. Am Status der Polizei von Bielefeld änderte sich indessen nichts: »Die Polizeibeamten walten auch unter der neuen Regierung ihres Amtes«, hieß es offiziell. Bei der Ausübung ihres Dienstes würden sie unterstützt durch die neu eingerichtete, der Polizeiverwaltung angegliederte Sicherheitskompanie, deren Mitglieder durch weiße Armbinden kenntlich seien und Militäruniformen trügen. Die Kompanie wurde von einem Offiziersstellvertreter geführt. Neben den Polizeibeamten schickten die Wachen der Sicherheitskompanie mit Gewehr und Seitengewehr bewaffnete, mit Patronentaschen versehene Patrouillen zu je zwei Mann durch die Straßen der Stadt[35]. Hier wie anderswo gingen Räteorganisation und Stadtverwaltung von der *temporären* Funktion der neuen Sicherheitsorgane aus; so erklärte Severing am 4. Dezember, man hoffe, den besonderen Sicherheitsdienst nach zwei bis drei Monaten wieder auflösen zu können. Unter diesen Umständen willigte die kommunale Administration ein, den Mannschaften 7,– Mark statt 6,– Mark pro Tag zu zahlen, was etwa der Entlohnung der Bielefelder Notstandsarbeiter entsprach. Nach der Soldzulage wurde die Stadtkasse mit einem monatlichen Gesamtbetrag von 27 000 Mark belastet[36].

Es kann davon ausgegangen werden, daß nach dem Umsturz in *Bochum* der Sicherheitsdienst vom lokalen Arbeiter- und Soldatenrat organisiert wurde. Die Bochumer Schutzmannschaft stellte sich ganz in den Dienst der republikanischen Kräfte[37]. In einer Verordnung des Regierungspräsidenten in Arnsberg vom 8. November hieß es, daß ein Sicherheitsdienst aus den Schutzmannschaften der Polizeidirektion und Sicherheitstruppen des Arbeiter- und Soldatenrates in Stärke von 400 Soldaten zu organisieren sei[38]. Daraufhin richtete der Magistrat von Bochum an die Stadtverordnetenversammlung am 11. November den Antrag, »unter den jetzigen Umständen« die erforderlichen Geldmittel für Sicherheitswachen zu bewilligen und ihn zu ermächtigen, entsprechende Geldzahlungen zu leisten; der Antrag wurde genehmigt[39]. In der ersten Dezemberwoche zeigten sich auch hier Bestrebungen aus der Stadtverwaltung, den Bestand der Sicherheitsmannschaften drastisch zu reduzieren. Trotz der Warnungen des Arbeiter- und Soldatenrates, die Schutzleute seien sehr oft machtlos, wenn sich kein Soldat in ihrer Begleitung befinde[40], entließ man in Bochum fast die Hälfte der Sicherheitssoldaten[41].

Der Soldatenrat in *Soest* bekannte sich nach seiner Gründung am 9. November zur »unbedingten Aufrechterhaltung der Ruhe und Ordnung«. Hier wie in einer Reihe von Nachbarstädten wurde der Sicherheitsdienst gemeinsam von Polizisten und Soldaten ausgeübt[42]. Am 18. November wurde der Bürgermeister vom Soldatenrat aufgefordert, alsbald eine Bürgerwehr zu bilden, um den Sicherheitsdienst zu verstärken und die Eisenbahnverwaltung beim Entladen der Waggons zu unterstützen. Nach Verhandlungen zwischen dem Magistrat, Mitgliedern der Stadtverordnetenversammlung, des Arbeiter- und Soldatenrates und des Bezirkskommandos wurde am gleichen Tag schließlich der Beschluß gefaßt, eine Bürgerwehr zu gründen, und zwar funktionell getrennt in einen Wach- und einen Entladedienst. Die Kosten für den Wachdienst sollte die Stadt tragen, während man die Kosten für den Entladedienst aus Staatsgeldern zu bestreiten hoffte[43].

In der Besprechung zur Realisierung der Bürgerwehr zwischen dem Bürgermeister, Mitgliedern der Kommunaladministration und dem Garnisonskommando wurde am 21. November u. a. beschlossen, daß die Stadt 100 Soldaten für den Sicherheitsdienst bezahlen werde[44]. In den Richtlinien für die »Bürgerwehr der Stadt Soest 1918« wurde festgelegt, daß die Bürgerwehr eine freiwillige Organisation von Bürgern der Stadt Soest »zum Zwecke der Aufrechterhaltung der öffentlichen Ordnung und Sicherheit in der Stadt Soest und zur Beseitigung etwaiger Schwierigkeiten bei Entladung und Weiterleitung von Militär- und Räumungsgut auf dem Bahnhof Soest« sei. Die Bürgerwehr hatte auf Aufruf des Garnisonskommandos zusammenzutreten; diese Behörde regelte auch ihre Verwendung. Die Zugehörigkeit zur Bürgerwehr wurde durch die Aufnahme in die Stammrolle erlangt, und von jedem Mitglied wurde verlangt, daß es sich schriftlich auf die Satzung verpflichtete. Jedes Mitglied konnte mit dreitägiger Frist seine Zugehörigkeit zur Bürgerwehr aufkündigen. Das Garnisonskommando war berechtigt, im Einverständnis mit dem Garnisonssoldatenrat einzelne Mitglieder zu entlassen. Der Führer der Bürgerwehr wurde vom Garnisonskommando ernannt, doch konnte er sein Amt nur solange versehen, als er das Vertrauen der Mehrheit der Mitglieder des Garnisonssoldatenrates genoß. Gebildet wurde eine Wachkompanie und eine Entladekompanie. Die Kompanieführer und Unterführer (Wachhabende, Patrouillenführer, Vorarbeiter) wurden erstmalig vom Garnisonskommando ernannt, doch drei Tage nach der Ernennung fand eine Neuwahl der Kompanie- und Unterführer statt. Die Wahl erfolgte unter Leitung des Soldatenrats der Bürgerwehr durch die gesamten Mitglieder. Zur Wahrung der Interessen der Mitglieder der Bürgerwehr den Vorgesetzten gegenüber und zur Überwachung des Dienstbetriebes wurde ein dreigliedriger Soldatenrat gewählt. Im Dienst waren Vorgesetzte der Wachen, Patrouillen und Posten: 1. der Wachhabende, 2. der Kompanieführer, 3. der Führer der Bürgerwehr, 4. der Offizier vom Ortsdienst, 5. der Garnisonsälteste. Ausdrücklich wurde bestimmt, daß den Anordnungen der Vorgesetzten unbedingt Folge geleistet werden müsse. Ebenso hatte jeder Vorgesetzte den Anordnungen des höheren Vorgesetzten Folge zu leisten. Im Dienst der Entladekompanie waren Vorgesetzte die Vorarbeiter, der Kompanieführer, der Führer der Bürgerwehr, der Garnisonsälteste[45]. Doch wegen finanzieller Schwierigkeiten der Stadt wurde die Wachkompanie bald wieder aufgelöst[46]. Als in der zweiten Novemberhälfte die Formationen des Infanteriebataillons 98 aus Soest abrückten, büßten sowohl der Soldatenrat als auch das von ihm verantwortlich geführte Sicherheitssystem einen Teil ihrer Mitglieder ein. Unter diesen Umständen wurde am 6. Januar 1919 die Forderung erhoben, die Polizeikräfte zu verstärken[47].

Daneben wurden noch in folgenden größeren Städten des Korpsbezirks Sicherheitssysteme durch die Räteorganisationen aufgebaut: In *Hagen*[48] richtete die Räteorganisation eine 275 Mann starke »Sicherheitswache« ein. Nachdem Ende November 1918 die Frontformationen eingerückt waren, ging der Sicherheitsdienst auf das Landsturmbataillon und auf Teile der 17. Infanterie-Division über[49]. Der Arbeiter- und Soldatenrat in *Recklinghausen* richtete beim Magistrat eine Kommission für den kommunalen Sicherheitsdienst ein, die die Oberaufsicht über freiwillige Ordnungsmannschaften besaß[50]. In *Duisburg* richtete der Magistrat unter Aufsicht des Arbeiter- und Soldatenrates eine »Polizeihilfswehr« ein. Der kommunale Bereich wurde in 13 Polizeibezirke unterteilt. In jedem dieser Bezirke stand eine Wache und ein Bereitschaftsdienst aus Mitgliedern der Wehr. Der Wachdienst wurde gemeinsam von Mitgliedern der Hilfswehr und Mitgliedern der alten Polizei Duisburgs ausgeübt. Arbeiter, Angestellte und Handwerker versahen abwechselnd Dienst in der Hilfswehr[51]. Ein ähnliches Sicherheitssystem wurde auch in *Remscheid* aufgebaut[52]. In *Detmold* ebenso wie im gesamten lippischen Gebiet trugen die Polizisten auch nach dem Umsturz ihre Waffen weiter. Die von ihnen ausgeübten Sicherheitsfunktionen übernahmen teilweise die in der Garnison befindlichen Ersatzformationen. Nach den schweren Zwischenfällen, die sich beim Einzug der Stammtruppenteile ereigneten, beschloß der Volks- und Soldatenrat, seine Organisation (und sein Sicherheitssystem) so auszubauen, daß sich derartiges nicht wiederholen würde. In der Sitzung des Rates am 7. Dezember wurden die Mitglieder vom Vorstand davon informiert, daß sich in Detmold eine Organisation »nach dem Muster der sog. Roten Garde« (in Braunschweig) bilde[53].

Der revolutionäre Umsturzprozeß in Deutschland 1918 war nicht von Chaos und Anarchie begleitet, das hat die knappe lokale Umschau gezeigt. Er stellte weder die individuelle Freiheit der Bürger in Frage, noch bedrohte er die öffentliche Ordnung in den Kommunen. Hauptkennzeichen dieses Prozesses war das Bestreben der neuen Machthaber, Sicherheit und Existenzmöglichkeiten für jedermann unverzüglich zu stabilisieren; in den ersten Aufrufen der spontan entstandenen Arbeiter- und Soldatenräte rangierte das Versprechen, die öffentliche Ordnung zu sichern, an oberster Stelle. In einer Vielzahl ähnlich lautender Aufrufe provisorischer Räteorganisationen im Korpsbezirk, wie in dem des »vorläufigen Vollzugsausschusses« des Arbeiter- und Soldatenrates Münster vom 9. November 1918, hieß es hierzu: »Der vorläufige *Vollzugs-Ausschuß* verpflichtet sich, für Ruhe, Ordnung und Sicherheit zu sorgen. (...) *Plünderer* werden standrechtlich erschossen. Andere *Ausschreitungen* jeder Art werden aufs Schärfste geahndet«[54]. Maßnahmen hierfür wurden nicht nur in den großen Städten des Korpsbezirks ergriffen, sondern auch in den kleineren Gemeinden, z. B. in *Lennep, Gräfrath*[55]*, Gerthe, Harpen*[56] und im Kreise *Solingen,* in den Gemeinden *Langenfeld-Reußrath, Monheim* und *Witzhelden*[57]. Im Aufruf des Arbeiter- und Soldatenrates der Gemeinde Wald hieß es unter anderem: »Der Sicherheitsdienst ist organisiert. Den bestellten Ordnungsleuten . . . ist unbedingt Folge zu leisten. Jeder Diebstahl und Beschädigung, insbesondere des Privateigentums, wird mit den schärfsten Maßnahmen gesühnt.«[58]

Dem revolutionären Umsturzprozeß ging weder ein Bürgerkrieg voraus, noch mündete der Aufstand der Soldaten und Arbeiter zum Zeitpunkt des 9. November in einen militanten Klassenkampf. Vielmehr führte die umfassende Streikbewegung des kriegsmüden Militärs und der von Entbehrungen gezeichneten Industriearbeiter den Zusammenbruch des staatlichen Lebens herbei, der durch die Direktionslosigkeit und Lethargie der staatstragenden Kräfte in Militär und Verwaltung noch beschleunigt wurde. Die Aufständischen stießen ins Leere; denn nirgends zeigte sich organisierter Widerstand, keine Machtposition mußte mit der Waffe erkämpft werden. Die eigentlichen Feinde der neuen Machthaber schienen Anarchie, Kriminalität und Massenelend zu heißen. Der Zwang zur Bekämpfung der Folgeerscheinungen des verlorenen Krieges einerseits und der Verzicht auf den Klassenkampf andererseits prägten die Ausgangslage der republikanischen Kräfte und beeinflußten die Konstruktion des Sicherheitssystems der Arbeiter- und Soldatenräte: 1. Es diente nicht als »Klassenorgan« dem Schutz einer einzigen sozialen Gruppe, nämlich der Arbeiterschaft, sondern besaß die Aufgabe, die *gesamte* Einwohnerschaft in den Städten und Gemeinden vor Beeinträchtigungen der individuellen Existenz zu bewahren; 2. Es wurde nicht anstelle, sondern weitgehend unter Einbeziehung der überkommenen lokalen Sicherheitsbehörden errichtet; 3. Sein Aufbau wurde nicht gegen die Intentionen der Kommunalverwaltungen vom Arbeiter- und Soldatenrat beschlossen, sondern in *enger Zusammenarbeit* mit den alten Trägern der städtischen Verwaltung.

In den Städten und Gemeinden Deutschlands besaßen die Arbeiter- und

Soldatenräte spätestens seit dem 9. November die Macht, die zu ihrem größten Teil auf der bewaffneten Gewalt der aufständischen Garnisonsbesatzungen beruhte. Die Anerkennung der revolutionären Machtverhältnisse durch die städtische Bevölkerung aber konnten sie nicht einfach erzwingen, das Vertrauen zu den neuen Machthabern mußte erst errungen werden. Hierfür war die Grundvoraussetzung die Abwendung des allenthalben möglichen Chaos. Wenn es den neuen Machthabern gelang, dem Bedürfnis in der Bürgerschaft nach Ruhe und Sicherheit in den Straßen und nach Gerechtigkeit in der Verteilung rationierter Lebensmittel entgegenzukommen, so waren wichtige Voraussetzungen für eine Konsolidierung seiner Machtpositionen geschaffen. Wo die Arbeiter- und Soldatenräte in Folge engstirniger Politik dieses Bedürfnis entweder nicht erkannten oder mißachteten, liefen sie Gefahr, den Gegnern der revolutionären Machtverhältnisse willkommene Argumente gegen die »neue Zeit« in die Hand zu geben, mit deren Hilfe die städtische Bevölkerung in Demonstrationen und Hungerrevolten rasch zu mobilisieren war. Aus zahlreichen Aufrufen spricht deutlich das Wissen der Arbeiter- und Soldatenräte um die große Verpflichtung, die ihnen die Inbesitznahme der Macht gegenüber der Bevölkerung auferlegte. In ihren Handlungen ließen sich die Räteorganisationen überall im Korpsbezirk davon leiten, den »Bürgern aller Stände« aus den Zeiten der Not herauszuhelfen. Nicht der Klassenstaat, sondern der »große Volks- und Rechtsstaat«, wie z. B. der Arbeiter- und Soldatenrat in Krefeld am 11. November proklamierte, war das allgemeine Ziel[59].
Aber das lokale Sicherheitssystem enthielt Faktoren, die sich zu Ansatzpunkten für seine Schwächung, wenn nicht sogar für seine Zerstörung entwickeln konnten. Einer dieser Faktoren war der ungleiche Waffenbesitz zwischen Soldatenräten und Arbeiterräten; denn während sich das revolutionäre Militär im Besitz von Waffen und Munition befand, blieben die Arbeiter im allgemeinen unbewaffnet. Wo diese versuchten, sich in den Besitz von Waffen zu bringen, um eigene Wehren aufzustellen, stießen sie auf den Widerstand der Soldaten – so in Gelsenkirchen, aber auch in Garnisonen anderer Korpsbezirke, z. B. in Berlin. Das ungleichgewichtige Verhältnis spielte allerdings in den ersten Wochen nach dem Umsturz noch keine Rolle, zumal in jener Zeit noch eine feste politische Verbindung auf der Grundlage weitgehender Fusion beider Organisationen bestand. Da aber beide Gruppen zusammen weder in politischer noch in sozialer Hinsicht homogen waren, ergab sich latent die Gefahr, daß diese Verbindung in der Verfolgung weiterer Ziele der Revolutions- und Rätebewegung sich lockern und extremen Belastungen nicht standhalten würde. In einer solchen Situation mußte das gemeinsam geführte lokale Sicherheitssystem zwischen die Fronten geraten und schließlich zerbrechen.

Ein anderer schwächender Faktor lag nicht in den Arbeiter- und Soldatenräten, sondern außerhalb von ihnen, und zwar in dem Auflösungsprozeß der Ersatztruppenteile, aus denen sich in der überwiegenden Zahl der Fälle die lokalen Sicherheitswehren rekrutierten. Dieser Prozeß setzte bereits kurze Zeit nach dem Umsturz ein, ohne daß es gleichzeitig überall in den Garnisonen gelang, die entstehende Lücke mit Militär aus den Stammtruppenteilen zu füllen. Am stärksten wurden die Städte im Bereich der militärisch neutralen Zone zwischen Anfang und Mitte Dezember von jeglichen bewaffneten Schutzwehren der neuen Machthaber entblößt, so daß man hier von einer weitgehenden Restaurierung vorrevolutionärer Machtverhältnisse unter der Protektion der Alliierten sprechen kann[60]. So befahl General Lemercier, der Kommandant der belgischen Besatzungstruppen, Anfang Dezember, die Krefelder »Bürgerwehr« aufzulösen, und unterstellte die städtische Polizei seinen Machtbefugnissen, darüber hinaus wurde uniformierten deutschen Militärangehörigen der Aufenthalt in der Stadt verboten und der Waffenbesitz unter strenge Strafe gestellt[61].
Aber in seiner revolutionären Entstehungsphase besaß das republikanische Deutschland ein starkes Sicherheitssystem, das im Stande war, allen extremen innenpolitischen Belastungen zu widerstehen und die weitere Entwicklung von ihnen freizuhalten. In seiner vielfältigen äußeren und inneren Organisation war es einmalig. Die Struktur der Sicherheitsformationen war von den Gegebenheiten der jeweiligen örtlichen Situation abhängig, in der sie entstanden waren. Die Arbeiter- und Soldatenräte unternahmen keinen Versuch, etwa regionaleinheitliche Strukturen zu entwerfen und sie für alle Sicherheitswehren verbindlich zu erklären. Alles deutet darauf hin, daß man an den spontan entstandenen, unabhängig voneinander existierenden, improvisierten und dezentralisierten Einzelorganisationen als Übergangslösung festhalten wollte[62]. Dem Aufbau der einzelnen Sicherheitswehren gingen in fast allen Fällen keine Debatten um die Gestaltung der inneren Herrschaftsstrukturen voraus, denn der Zwang zur unverzüglichen Formierung der Einheiten bot hierfür keine Gelegenheit. Mit Ausnahme der Soester »Bürgerwehr« wurde nirgends das Prinzip der Führerwahl praktiziert, auch sind auch bis auf diesen Fall keine Vertretungskörperschaften der Mannschaften in den Einheiten bekanntgeworden. Übergeordnetes Vertretungsorgan war die örtliche Räteorganisation, die in der Rolle der obersten Befehlszentrale sowohl die Auswahl der Führungspersonen vornahm als auch in der Funktion des örtlichen Kontrollorgans die Interessenvertretung der Sicherheitsmannschaften darstellte. Die militärischen Führer haben sich im allgemeinen nicht profiliert: Nur einige von ihnen sind mit Namen bekannt, von wenigen ist der militärische Rang überliefert[63]. Es hat mit einer Ausnahme (Soest) keine personellen Verflechtungen zwischen

der Sicherheitswehrführung und den überkommenen lokalen Militärbehörden gegeben; die Sicherheitswehren waren nicht neue Gebilde innerhalb der bestehenden Militärorganisationen, also auch nicht Grundbausteine eines revolutionär-republikanischen Wehrsystems, sondern improvisierte Formationen, die in Organisation und Funktion zwischen den Ersatztruppenteilen und den alten kommunalen Sicherheitsorganen standen. Die Mannschaften sind, von wenigen Ausnahmen abgesehen, weder nach parteipolitischen noch nach einseitig sozialen Gesichtspunkten ausgewählt worden. Die Arbeiter- und Soldatenräte schufen sich nicht primär proletarische Wehrorganisationen als Stützen ihrer Macht, sondern polizeiähnliche freiwillige Hilfsorgane zur Bewältigung allgemeiner Sicherheitsaufgaben, für deren Mitgliederauswahl mehr praktische als politische Gesichtspunkte galten: militärische Erfahrung, z. T. Ortsansässigkeit, Zuverlässigkeit und Unbescholtenheit. Aus diesem Grunde sind in den meisten Fällen Angehörige der Ersatztruppenteile in die Sicherheitswehren eingetreten. Die äußere Organisation der Sicherheitswehren entsprach dem Zweck, zu dem sie gegründet wurden: kleine, rasch zu mobilisierende Formationen (»Sicherheitskompanie«, »Sicherheitsregiment«, »Sicherheitswachen« usw.) mit einfacher Bewaffnung (Gewehr bzw. Pistole)[64]. Im allgemeinen entsprach das technische Niveau (Bekleidung, Fuhrpark usw.) dem des Heimatheeres zum Zeitpunkt des Zusammenbruchs: Es war z. T. nur durchschnittlich, was auf die prekäre materielle Situation in den letzten Kriegsmonaten zurückzuführen ist. Die Gesamtmannschaftsstärke läßt sich in absoluten Zahlen nicht vollständig angeben. Aus folgenden Orten liegen Zahlenangaben vor:

Ort	zum Zeitpunkt der Gründung	in der 1. Ausbauphase (Nov./Dez. 1918)	in der 2. Ausbauphase (Dez. 1918)
Krefeld	656		
Düsseldorf	700	1200–1500	
Gelsenkirchen	90	148	600–750
Dortmund		1072	1500 projektiert: 2000
Bielefeld		303	
Bochum		540	360

Soweit erkennbar wurde die Mannschaftsstärke bis in den Dezember 1918 hinein fast in allen Städten erhöht. Eine Grenze fand die Organisation, Ausweitung und Konsolidierung in der Finanzpolitik der preußischen Regierung, der Militärbehörden und der Stadtverwaltungen. Unter Hinweis auf den geschwächten Haushalt plädierten die meisten Stadtverwaltungen und Stadtverordnetenversammlungen für eine personelle Einschränkung der Sicherheitswehren. Tatsächlich war dieses Argument begründet, aber es war gleichzeitig Teil einer Strategie, die das Ziel hatte, die Machtpositionen der örtlichen Arbeiter- und Soldatenräte zu schwächen.

Am Beispiel der Stadt *Bochum* soll das Problem der Finanzierung der Sicherheitswehren dargestellt werden: Der Bochumer Magistrat beantragte am 11. November 1918 in der Stadtverordnetenversammlung, »unter den jetzigen Umständen« die erforderlichen Geldmittel für die improvisiert entstandene Sicherheitswehr zu bewilligen, was offensichtlich kurz danach auch geschah[65]. Am 21. November kam es zu einer Einigung zwischen dem Bochumer Arbeiter- und Soldatenrat, der Stadtverwaltung, dem Polizeipräsident und dem Landrat: Danach wurde die Erhöhung des Tagessatzes für die einzelnen Sicherheitssoldaten von 7,- auf 15,- Mark (bei achtstündigem Dienst) beschlossen, allerdings bei gleichzeitiger Reduzierung der Sicherheitswehr von 540 auf 360 Mann. Die Gesamtkosten wurden nun veranschlagt mit 6000,- Mark täglich, das waren 2 160 000,- Mark jährlich. »Unter den obwaltenden Umständen« erhob der Magistrat »vorläufig« keine Einwände[66]. Um der finanziellen Belastung zu entgehen, versuchte er von der staatlichen Polizeidirektion die Gesamtkosten, inklusive der Kosten für Bürokräfte des Sicherheitsdienstes usw., in Höhe von 7000,- Mark täglich zu erhalten[67]. Das preußische Kriegsministerium in Berlin war mit einer Verfügung vom 25. November bereit, die Kosten für die Sicherheitswehren zu Lasten der Staatskasse gehen zu lassen, als es die Garnisonskommandos anwies, Sorge dafür zu tragen, daß Arbeiter- und Soldatenräte einer militärischen Formation zugeteilt werden, die die Kosten für den Sicherheitsdienst sowie für Verwaltungszwecke der Arbeiter- und Soldatenräte trägt[68]. Doch nach einer Entscheidung des preußischen Innenministeriums hatten die Kosten für die Sicherheitswehren als »unmittelbare Polizeikosten« zu zwei Dritteln der Staat, zu einem Drittel die Kommunen zu tragen. In einem Schreiben des Geschäftsführers des Deutschen Städtetages, Sahm, vom 11. Dezember 1918 an den Bochumer Magistrat hieß es in diesem Zusammenhang ergänzend, das Ministerium behalte sich vor, »in jedem einzelnen Falle Zweckmäßigkeit und Angemessenheit der aufgewendeten Kosten zu prüfen«[69]. Bis zum 13. Dezember sind der Stadtverwaltung Bochum keinerlei Kosten aus staatlichen Stellen zurückerstattet worden[70]. Bis Ende Dezember hatte die Stadt große Summen für die lokale Sicherheitswehr und die örtliche Räteorganisation ausgegeben: Die Gesamtkosten für 14 Mitglieder des Arbeiterrates, 9 Mitglieder des Soldatenrates und 380 Mitglieder der Sicherheitswehr (Sach- und Personalkosten) betrugen bis dahin ca. 287 000 Mark. In der ersten Januarhälfte 1919 wurde der Generalsoldatenrat in Münster von einer Konferenz der Bezirkssoldatenräte des VII. Armeekorps beauftragt, nochmals bei der Reichsregierung und der preußischen Regierung darauf zu drängen, die *gesamten* Kosten auf Reichs- bzw. Staatskasse zu übernehmen[71]. Bis Ende Januar 1919 waren die Gesamtkosten für die Stadt Bochum auf ca. 467 000 Mark gestiegen[72]. Erst am 13. Februar zahlte die Intendantur des VII. Armeekorps 400 000 Mark an die Stadtverwaltung Bochum als Sach- und Personalkosten für die Sicherheitswehr und den Soldatenrat, jedoch nicht für den Arbeiterrat. Die Kritiker der örtlichen Sicherheitswehr konnten daher darauf hinweisen, daß die republikanische Herrschaft den Städten finanzielle Mehrbelastungen brachte, da im Bochumer Haushaltsplan von 1918 die gesamten Kosten der Polizeiverwaltung mit nur 550 235,75 Mark ausgewiesen waren[73].

V. Das Ringen um die Gestaltung des republikanischen Heeres in den ersten Wochen nach dem Umsturz

Die Frage nach der Neuorientierung des überkommenen Wehrsystems trat nach dem Umsturz der Machtverhältnisse durch das akute Problem der Rückführung des Feldtruppenteils zunächst in den Hintergrund. In den Organisationen der Soldatenräte konzentrierten sich bis Mitte Dezember die Bemühungen auf die Konsolidierung der lokalen Sicherheitswehren, während Konzeptionen für den Aufbau eines neuen Wehrsystems nicht einmal in Ansätzen entwickelt wurden. Die alte sozialdemokratische Forderung nach Errichtung einer Volkswehr schien in jenem Zeitraum nicht aktuell zu sein, zumindest wurde sie weder von den Soldatenräten noch von den Arbeiterräten erhoben. Auch die Führungsgremien der SPD und USPD ließen nach dem 9./10. November zunächst keine diesbezüglichen militärpolitischen Intentionen erkennen: So fehlten im Regierungsprogramm des Rats der Volksbeauftragten vom 12. November (»An das werktätige Volk!«) auf das Wehrsystem bezogene Absichtserklärungen[1]. Der Grund hierfür lag hauptsächlich darin, daß die Sozialdemokraten vollkommen unerwartet an die Macht gelangt waren und damit die höchst anspruchsvolle Aufgabe übernehmen mußten, zu allererst ein Millionenheer aus einem verlorenen Krieg nicht nur in Sicherheit zu bringen, sondern auch zu versorgen und ohne Schaden für jeden einzelnen Soldaten und für die Zivilbevölkerung aufzulösen. Trotz ideologischer Differenzen zwischen SPD und USPD bestand offensichtlich Konsens darüber, das Frie-

densheer in einer den politischen Machtverhältnissen angepaßten Struktur zu erhalten. Fehlen hierfür auch entsprechende deutliche Hinweise aus dem Regierungskreis, so sind sie auf anderer Seite um so klarer vorhanden; denn sowohl die kriegsministerielle Bürokratie in Berlin als auch die mit ihr in Übereinstimmung agierenden Generalkommandos im preußischen Militärbereich gingen in ihren Verordnungen von Folgendem aus: 1. Die Friedensgarnisonen bleiben als Heeresstandorte erhalten; 2. die Stammformationen bleiben bestehen; 3. Militärdienst müssen die Angehörigen des aktiven Friedensstandes ebenso wie die Jahrgänge 1898 und 1899, zeitweise auch die Jahrgänge 1896 und 1897, ableisten; 4. am Sitz eines jeden Generalkommandos wird ein »Zentralsoldatenrat« als oberste Räteinstanz für den betreffenden Armeekorpsbezirk eingerichtet; 5. Soldatenräte gibt es auf allen Ebenen der militärischen Gesamtorganisation, ausgestattet mit weitgehenden Mitwirkungs-, Kontroll- und Entscheidungsbefugnissen gegenüber dem Dienst- und Verwaltungsbetrieb[2].
Die positive Haltung der Soldatenräte zu dieser Ordnung führt zur Annahme, daß der überwiegende Teil von ihnen bis Mitte Dezember 1918 auf sie zu verpflichten gewesen wären. Es kam nur darauf an, sie von Berlin aus für alle Armeekorpsbereiche Preußens verbindlich zu gestalten. Der Rechtskatalog für das mittlere und obere Führungskorps bot Voraussetzungen einerseits dafür, extrem autoritäre Strukturen abzubauen, andererseits aber eine ausreichende Basis zu schaffen, auf der von Offizieren und Mannschaften ein disziplinierter militärischer Dienst durchgeführt werden konnte. Mit Recht war zu erwarten, daß der überwiegende Teil unter diesen Bedingungen seine bisherige Tätigkeit weiterführen würde. Weder außenpolitische Rücksichtnahme noch innenpolitische Sachzwänge standen der unverzüglichen Realisierung dieser Ordnung im Einklang mit den Erfordernissen der Demobilmachungsaktion seitens der Volksbeauftragten entgegen.
Aber in die sich hier anbahnende Neuordnung des Wehrsystems trat ein neues Element, als die kriegsministerielle Bürokratie am 3. Dezember 1918 über Ebert dem Kabinett vorschlug, eine »Volkswehr« aufzubauen[3]. Es sollten »neue militärische Organe auf demokratischer Grundlage« geschaffen werden, mit der Aufgabe, Sicherheit und Ordnung, vor allem auf dem Gebiet der Lebensmittelversorgung, zu garantieren; eine Art Regierungstruppe, gegliedert nach Großstädten und geordnet auf der Grundlage der Armeekorps-Einteilung, als Schutz gegen »jede (!) Konterrevolution« und ausgestattet mit Einwirkungsmöglichkeiten der Soldaten auf die personelle Zusammensetzung des Führungskorps[4].
Die Aussichten, zumindest im preußischen Militärbereich ein Wehrsystem auf demokratischer Basis zu errichten, wurden durch den unverhohlenen

Machtanspruch der Heeresleitung in Frage gestellt, als Hindenburg und Groener am 8. bzw. 14 Dezember von Ebert *ultimativ* forderten, die alten Befehlverhältnisse in der Armee wiederherzustellen, was auf eine Ausschaltung der militärischen Rätebewegung hinauslief[5]. Zu dieser Zeit schien die Heeresleitung durchaus in der Lage zu sein, ihren Forderungen mit Waffengewalt Nachdruck zu verleihen; denn seit dem 6. Dezember befand sich in ihrem Auftrage das Generalkommando Lequis in Berlin, dem folgende aktive Truppenteile zur Verfügung standen: 9 Divisionen, insgesamt 150 000 Mann, die auf ihre Einsatzfähigkeit in bürgerkriegsähnlichen Kämpfen hin ausgesucht worden waren[6]. Die Formationen waren so stark bewaffnet, daß an ihrem Einsatzzweck kein Zweifel bestehen konnte. So verfügte jedes Regiment neben vielen anderen schweren Waffen über 4 leichte Minenwerfer, außerdem waren in einigen Batterien Feldkanonen (7,7 cm) und leichte Feldhaubitzen (10,5 cm) vorhanden[7]. Die im Berliner Raum existierenden revolutionären Wehren, die »Republikanische Soldatenwehr«, die »Sicherheitswehr Groß-Berlin«, die »Volksmarine-Division« sowie die im Raum um die Hauptstadt vorhandenen lokalen Einheiten, u. a. in Brandenburg/Havel, Frankfurt/Oder, Fürstenwalde, Guben, Jüterbog, Spandau und Zossen boten in ihrer Ausrüstung nicht die geringsten Voraussetzungen dafür, den Garde-Truppenteilen im Ernstfalle ausreichend Widerstand entgegenzusetzen.

Parallel zur Akkumulation militärischen Potentials betrieb die Heeresleitung systematisch agitatorische Vorbereitungen zur Bekämpfung der Rätebewegung im Landesinnern und zur Restaurierung vorrevolutionärer Machtverhältnisse in den Städten und Gemeinden. Auf dieser Basis ereigneten sich eine Vielzahl von Ausschreitungen heimkehrender Fronttruppen gegen die Mitglieder und Organisationen der Arbeiter- und Soldatenräte, in die allenthalben die lokalen Sicherheitswehren, meist zu ihrem Nachteil, verwickelt wurden. Im Bereich des VII. Armeekorps kam es Ende November/Anfang Dezember 1918 in den folgenden Städten zu mehr oder weniger schweren Zusammenstößen: Elberfeld[8], Hagen[9], Duisburg[10], Essen[11], Detmold[12], Münster[13], Lennep[14], Düsseldorf[15], Solingen[16], Paderborn[17], Mülheim[18], Wanne[19] und Minden[20]. Hier wurden meist die roten Fahnen heruntergerissen, aber auch Arbeiter- und Soldatenräte abgesetzt oder für kurze Zeit arrettiert. In Wanne ereignete sich ein folgenschweres Feuergefecht zwischen durchziehenden Bonner Husaren und dem lokalen Sicherheitsdienst, wobei es einen Toten und mehrere Verletzte gab.

Einen Eindruck von den möglichen Provokationen und Konflikten gibt folgender Zeitungsbericht: »Beim Einzug der 55er in Detmold hat der Kommandeur, Major Platz, einen Garnisonsbefehl erlassen, wonach er unter Mitberatung der Soldatenräte seines Regiments die Kommandogewalt in seinem Befehlsbereich übernimmt, den Offizieren das Tragen von Abzeichen, von Waffen vorschreibt und das Hissen der roten Fahne verbietet. Der Garnisonsbefehl hat folgenden Wortlaut: ›Detmold, den 6. Dezember 1918. Ich bin heute an der Spitze des Infanterieregiments Graf Bülow von Dennewitz (6. Westfälisches) Nr. 55 in die Garnisonstadt Detmold eingerückt und habe die Kommandogewalt über den hiesigen Befehlsbereich übernommen. Bei Ausübung meiner Tätigkeit stehen mir die Soldatenräte meines Feldregiments beratend zur Seite. Anderweitige, durch die Revolution geschaffene militärische Organisationen sind hiermit ihrer Machtbefugnisse enthoben. Gemäß den Weisungen der Volksregierung haben Offiziere ihre Abzeichen und Waffen zu tragen, sämtliche Mannschaften sind zu unbedingtem Gehorsam den Vorgesetzten gegenüber verpflichtet, entlassene Mannschaften haben die Achselklappen von ihren Bekleidungsstücken zu entfernen. Nach einstimmiger Willensäußerung sämtlicher Mitglieder der Soldatenräte des Feldregiments und im Interesse des sozialen Friedens und der Ordnung wird das Hissen von roten Fahnen auf Reichs- und Staatsgebäuden verboten. Das Regiment will, daß die Reichs- und Landesfarben, für die es vier Jahre im siegreichen Angriff und zäher Abwehr sein Bestes gegeben hat, es auch jetzt beim Einzug in die Heimat willkommen heißen‹«[21].

Die Ereignisse in diesen Städten, die sich vielfach andernorts Ende November/Anfang Dezember 1918 in ähnlicher Weise abspielten, forderten Menschenleben, hinterließen Verwundete und schufen in zahlreichen Städten und Gemeinden wieder vorrevolutionäre Machtverhältnisse. In weiten Teilen der Bevölkerung hinterließen sie ein Gefühl der Unsicherheit und Ungewißheit über die politische Zukunft des Landes, bei Arbeiter- und Soldatenräten aber provozierten sie eine jenseits aller Parteigrenzen stehende Opposition gegen das Offizierkorps, dessen antidemokratische Haltung als Versäumnis der Regierung in Berlin gegenüber der Heeresleitung gewertet wurde. In Berlin übten die Soldatenräte infolge eines – mißglückten – Putschversuches gegen den Vollzugsrat am 6. Dezember heftige Kritik an der bisherigen Militärpolitik der Volksbeauftragten und forderten u. a. die Entfernung der Rangabzeichen und die Entwaffnung der Offiziere[22].

Eine sich rapide ausbreitende radikale Stimmung bildete den Hintergrund des Allgemeinen Kongresses der Arbeiter- und Soldatenräte Deutschlands, der vom 16. bis 20. Dezember in Berlin stattfand und auf dem die Einberufung der Nationalversammlung mit großer Mehrheit beschlossen wurde. Die Delegierten, mit starkem Übergewicht der Mehrheitssozialdemokraten[23], beschlossen hier auch – gegen die Absichten der SPD-Volksbeauftragten – ein Militärprogramm, die »Hamburger Punkte«, so genannt wegen deren weitgehender Übereinstimmung mit militärpolitischen Forderungen der Arbeiter- und Soldatenräte der Hansestadt. Hierin wurde gefordert: 1. Die Kommandogewalt über Heer und Marine üben die Volksbeauftragten unter Kontrolle des Vollzugsrates aus; 2. Entfernung aller Rangabzeichen und Verbot des außerdienstlichen Waffentragens; 3. Verantwortlichkeit der Soldatenräte für die Zuverlässigkeit der Truppenteile und Aufrechterhaltung der Disziplin, Aufhebung des Vorgesetztenverhältnisses außer Dienst; 4. Entfernung der Uniformattribute durch die Soldatenräte, nicht durch Einzelpersonen; 5. Recht der Führerwahl für die Soldatenräte; 6. Offiziere der militärischen Verwaltungsbehörden und Beamte im Offiziersrang sind im Interesse der Demobilisation in ihren Positionen zu belassen, sie müssen gegenüber den neuen Machtverhältnissen aber ihre Loyalität bekunden; 7. beschleunigte Abschaffung des stehenden Heeres und Errichtung der Volkswehr[24]. Ein weiterer wichtiger Punkt, der auf Verlangen Eberts eingefügt worden war, daß die vorstehenden Sätze lediglich »Richtlinien«-Charakter trügen, wurde nicht zur Abstimmung gestellt. Danach war vom Rätekongreß für die Volksbeauftragten verbindlich beschlossen worden, die sieben »Hamburger Punkte« *sofort* in Kraft zu setzen[25].

Die »Hamburger Punkte« waren Protestformel und Leitsätze pragmatischer Sanktionen zugleich gegen die Mißerfolge der Revolution auf militärpolitischem Gebiet. Sie boten nicht den Rahmen dafür, das überkommene Wehrsystem im radikal-demokratischen Sinne umzugestalten, sondern sie sollten vielmehr Leitsätze dafür sein, antidemokratische und gegen die Machtpositionen der Regierung und der Räte gerichtete Strömungen im hohen Offizierkorps und in Teilen des Westheeres einzudämmen. Die Kongreßbeschlüsse entsprangen einer Atmosphäre gefahrvoller Spannungen zwischen der demokratischen Bewegung im Militär und den auf Rückgewinnung alter Machtpositionen hinarbeitenden Kräften in der Heeresleitung. Nicht radikal-demokratische Kräfte hatten die »Hamburger Punkte« erzwungen, sondern die Heeresleitung hatte sie systematisch provoziert. Der 7. Punkt, der die Abschaffung des stehenden Heeres und die Errichtung der Volkswehr betraf, war neben dem Punkt über die oberste Kommandogewalt der bedeutungsvollste. Hiermit hatte die Frage nach der organisatorischen Basis und politischen Struktur des zukünftigen deutschen Wehrsystems einen neuen, richtungweisenden Impuls erhalten.

Die Volkswehr-Konzeption läßt sich nicht auf Initiativen der Soldatenräte zurückführen, sondern auf die Bemühungen der Volksbeauftragten, insbesondere auf die Friedrich Eberts, der Reichsregierung eine feste militärische Stütze gegen konterrevolutionäre Tendenzen zu geben. Bis zum Rätekongreß hatte die überwiegende Mehrheit der Soldatenräte an der Struktur eines nach demokratischen Prinzipien umgestalteten Friedensheeres festgehalten, für das das preußische Kriegsministerium und die einzelnen Generalkommandos die entsprechenden Richtlinien geschaffen hatten. Erst in der Erkenntnis, daß sich weite Teile der Armee, die den organisatorischen und personellen Kern des Friedensheeres bilden sollten, gegen die revolutionär-demokratische Bewegung stellten, entschieden die Arbeiter- und Soldatenräte sich gegen das stehende Heer, jedoch nicht für ein radikal-demokratisch akzentuiertes Wehrsystem, sondern für ein praktikables Modell, das für ein zukünftiges demokratisches Wehrsystem die besten Chancen bot.

Die militärpolitischen Kongreßbeschlüsse erteilten den Volksbeauftragten ganz bestimmte Auflagen, wodurch ihr bisheriger Handlungsspielraum erheblich eingeschränkt wurde. Gleichzeitig wurde aber die politische Position der Militärbehörden, insbesondere der Obersten Heeresleitung, in Frage gestellt. So gesehen, wurde mit den Beschlüssen die Grundlage bereitet, auf der sich in den folgenden Monaten harte Auseinandersetzungen abspielen sollten. Seit dem Rätekongreß gab es in innenpolitischer Hinsicht nur zwei Möglichkeiten einer Regierungsführung: entweder den Demokratisierungsprozeß voranzutreiben oder die Revolutions- und Rätebewegung um den Preis eines Bürgerkrieges mit Hilfe der vor- und gegenrevolutionären Kräfte abzubauen.

Das Ringen um die Durchsetzung der Kongreßbeschlüsse setzte in weiten Teilen des Reiches unmittelbar nach Beendigung des Rätekongresses ein. Repräsentanten der oberen militärischen Führungsgremien (Oberste Heeresleitung, Reichsmarineamt, preußischer Kriegsminister, Offiziere der Feldeisenbahnen) protestierten in massiver Weise gegen die Berliner Entscheidungen. Der Protest der Heeresleitung eskalierte in einer offenen Ankündigung obstruktiven Verhaltens gegenüber den Volksbeauftragten, als Hindenburg unter Berufung auf die Kompetenzregelungen vom 11./12. November 1918 am 19. Dezember u. a. erklärte: »Es bleibt . . . bei den bisher gegebenen Befehlen.«[26] Am 20. Dezember einigten sich in Berlin die Volksbeauftragten, Mitglieder des kurz zuvor aus der Mitte des Rätekongresses gewählten Zentralrats und General Groener als Vertreter der Obersten Heeresleitung über die weitere Behandlung der »Hamburger Punkte«[27]. Im Prinzip ging es hierbei um das Problem der Verbindlichkeit der Beschlüsse für die entscheidenden Instanzen. In der Debatte stellte sich heraus, daß sowohl im Regierungslager als auch im Zentralrat unterschiedliche Ansichten darüber bestanden. Schließlich gelang es Ebert, unterstützt von Groeners Argumenten gegen die Durchführbarkeit der Kongreßbeschlüsse, bei den anderen Volksbeauftragten und den Mitgliedern des Zentralrats ein Mehrheitsvotum dafür zu erzielen, daß Ausführungsbestimmungen erlassen werden und die Beschlüsse nur für das – sich in rapidem

Abbau befindende – Heimatheer, nicht aber für die Stammformationen des Friedensheeres Gültigkeit besitzen sollten, und daß bei deren Anwendung den einzelnen Generalkommandos überdies »ein gewisser Spielraum« zu lassen wäre. Alle Militärbehörden wurden unverzüglich davon unterrichtet, daß die »Hamburger Punkte« noch keine Gesetzeskraft besaßen[28]. Die Folgen dieser Entscheidung für die allgemeine innenpolitische Entwicklung waren am 20. Dezember noch nicht endgültig abzusehen, doch immerhin stand fest, daß die Bemühungen um die Stabilität von Ruhe und Ordnung belastet werden würden durch die starken Spannungen zwischen den konservativen Gruppen im Militär und der demokratischen Bewegung unter den Soldaten. So gesehen, hatte Ebert selbst den oft beschworenen Punkt 1 aller politischen Hauptaufgaben, Ruhe und Ordnung in Deutschland, aufgekündigt. Obwohl Groener seinen eigenen Standpunkt nicht völlig durchzusetzen vermochte und lediglich die Exemtion des Feldheeres von den Kongreßbeschlüssen erreicht hatte, fehlte wenig an seinem vollkommenen Sieg über Regierung und militärische Rätebewegung. Er besaß die feste Gewißheit, daß die Regierung dem Offizierkorps nicht die Vertrauensfrage stellen würde und von seiner prinzipiellen Geschlossenheit unter Hindenburgs Führung ausging. Außerdem war der Heeresleitung kein erneutes Loyalitätsversprechen abverlangt worden, auch wurden keine Maßnahmen gegen ihre politischen Ambitionen von seiten der Volksbeauftragten angekündigt. Alles in allem besaß die Heeresleitung seit dem 20. Dezember 1918 eine Reihe wertvoller Garantien dafür, die bisherige Politik gegenüber der neuen Ordnung auf quasi legaler Basis weiterverfolgen zu können.

VI. Die Ansätze einer Volkswehr-Bewegung im VII. Armeekorps und die Militärpolitik des Generalsoldatenrates

Der Allgemeine Kongreß der Arbeiter- und Soldatenräte in Berlin markierte den Abschluß der ersten Phase der Revolutions- und Rätebewegung. Bis dahin hatte sich nicht nur die neue politische Administration auf Reichs- und Länderebene in Struktur und Funktionen gefestigt, sondern auch die lokalen und regionalen Räteorganisationen im Militär und in der Arbeiterschaft hatten sich allgemein konsolidiert und im Zentralrat ihre höchste Repräsentanz erhalten. In den Städten und Gemeinden, auf den Verkehrswegen, insbesondere auf den Rückmarschstraßen des Westheeres war das allenthalben befürchtete Chaos nicht eingetreten, und trotz der prekären Versorgungslage und der unsicheren wirtschaftlichen Situation

war die Existenz des einzelnen unangetastet geblieben. Die neuen Machthaber hatten Grund genug zu der Annahme, daß die junge Republik von dem größten Teil des Volkes akzeptiert wurde. Besonders seit dem klaren Votum der revolutionär-demokratischen Volksbewegung für die Errichtung des parlamentarischen Systems schien der normale politische Alltag in Deutschland einzuziehen.
Doch der Schein trog; denn die Gegensätze zwischen der Rätebewegung und dem Militär hatten sich so stark zugespitzt, daß sie auf eine Lösung drängten. Die Generalität und das Westheer hatten mit ihrer antidemokratischen und antirevolutionären Haltung den Arbeiter- und Soldatenräten eindrucksvoll bewiesen, wo ihre politischen Intentionen gescheitert waren. Es lag auf der Hand, daß jene Kräfte auf der Linken in den Räteorganisationen nun zum Zuge kamen, die stets gegen die Folgen einer allzu konzessionsbereiten Militärpolitik der Volksbeauftragten polemisierten. Allenthalben setzte sich bei Sozialisten und Nichtsozialisten, in der Arbeiterschaft und unter den Soldaten die Erkenntnis durch, daß der erste Anlauf zur Demokratisierung des gesellschaftlichen und politischen Lebens und vor allem der Verhältnisse im Militär an der Existenz und an den Kompetenzen der Generalität gescheitert war. Im rheinisch-westfälischen Industriegebiet erlebten die Räte überdies, daß die neue Zeit an den Zechentoren haltgemacht hatte und daß überall im Revier die von den Bergarbeitern als dringend reformbedürftig angesehenen Produktions-, Versorgungs- und Besitzverhältnisse unangetastet geblieben waren. Die Debatten auf dem Rätekongreß legten deutlich Zeugnis ab von der Enttäuschung und Verbitterung der Arbeiter- und Soldatenräte über das bisher Erreichte, und in Anträgen, Resolutionen und Beschlüssen drückte sich die Besorgnis aus über die Existenz und die künftige innere Gestaltung des republikanischen Regimes.
Wie ein Schock wirkte die Desavouierung der militärpolitischen Kongreßbeschlüsse auf die meisten örtlichen Räteorganisationen in Preußen. Hieraus begann sich eine abwehrende Kraft gegen die Regierung zu formieren, die sich nicht nur in verbaler Radikalität, sondern auch in konstruktiver Kritik äußerte. Regierung und Räte standen sich – ungeachtet der organisatorischen bzw. ideologischen Verbindungen der Mehrheit der Räte mit der SPD – gegen Ende Dezember 1918 in einem gespannten Verhältnis gegenüber. Jetzt teilten auch diejenigen Räteorganisationen den Vorwurf, die Regierung habe die revolutionäre Bewegung durch ein Übermaß an Konzessionsbereitschaft leichtfertig aufs Spiel gesetzt, die sich bis dahin aus Pflicht zur Loyalität gegenüber ihren Parteiführern in der Kritik zurückgehalten hatten. Die Soldatenräte erwarteten mit Recht, daß die Volksbeauftragten den Beschluß über die weitere militärpolitische Entwicklung mit

der gleichen Verbindlichkeit annehmen würden wie den Beschluß über die Etablierung des parlamentarischen Systems in Deutschland. Ein heftiges Reagieren der Räte auf den Kurswechsel der Volksbeauftragten in der Frage der »Hamburger Punkte« war die notwendige Folge: in Münster gipfelte sie am 6. Januar 1919 in einer Reihe wichtiger Beschlüsse, mit denen sich der Erweiterte Generalsoldatenrat[1] in den offenen Gegensatz zur Regierung, zum Kriegsministerium, zur Heeresleitung und zum Generalkommando stellte. Mit dem Beschluß, die Aufstellung von Grenzschutztruppen sowohl im Osten als auch im Westen abzulehnen, stellte sich das Gremium, zumindest in der Frage des Ostgrenzschutzes, überdies in den Gegensatz zu einem entsprechenden Beschluß des Rätekongresses[2]. Außerdem sollte nach einem weiteren Beschluß die Aufstellung von Volks- und Zechenwehren (auf der Grundlage des Volkswehrgesetzes der Volksbeauftragten) vorläufig unterbleiben, und das stehende aktive Militär sollte unverzüglich aus dem Kohlenrevier zurückgezogen werden. Ferner wurde die Regierung aufgefordert, einzelne Bestimmungen aus den »Hamburger Punkten« zu realisieren: das Heer beschleunigt abzubauen, die Offiziere sofort zu entwaffnen und sie ihres Ranges zu entkleiden. Im Bereich des VII. Armeekorps sollte nur noch Mitgliedern von Wach-, Begleit- und Sicherheitsdiensten erlaubt sein, Waffen zu tragen. Allgemein kündigte die Räteversammlung ihren Widerstand gegen alle Verfügungen der Regierung und Militärbehörden an, »die nicht im Sinne der Revolution liegen«, und wo ihr schließlich eine Kontrolle als nicht genügend erscheine, da würde sie »zur selbständigen Exekutive« schreiten. Hinsichtlich der Frage der bewaffneten Macht im Korpsbereich ließ es das Plenum nicht bei einer Kritik der bestehenden Verhältnisse bewenden, sondern legte unmittelbar eine Konzeption vor. Ausgehend von der Forderung, mit der Aufstellung einer »provisorischen[3] Volkswehr« sofort zu beginnen, wurde beschlossen, die bei den einzelnen Bezirkssoldatenräten bereits bestehenden Sicherheitswehren als »Volks- und Zechenwehren« zu betrachten und der betreffenden Zahlstelle des Bezirkssoldatenrates anzugliedern[4]. Die Rätedelegierten verknüpften hier die von den Soldatenräten allenthalben erhobene Forderung nach Errichtung einer »Volkswehr« mit der Aufstellung von Zechenwehren, ja, man kann sagen, daß das Problem eines ausreichenden Schutzes der Betriebe im Revier die Initialzündung für eine »Volkswehr« im VII. Armeekorps darstellte.

Den Ausgangspunkt hierzu bildete ein Zwischenfall im Hamborner Zechengebiet Ende Dezember, bei dem Zivilisten ums Leben gekommen waren. Hauptsächlich in Hamborn und Mülheim hatten sich unter dem bestimmenden Einfluß der syndikalistischen »Freien Vereinigung Deutscher Gewerkschaften« die Arbeitskämpfe um die Verbesserung der Löhne und sozialen Leistungen für die Bergarbeiter in besonders krassen Formen abgespielt[5]. Zahlreiche Versuche, einen Interessenausgleich zwischen Bergarbeitern und Werksleitungen herzustellen, scheiterten, so daß sich in der Vorweihnachtswoche in einigen rechtsrheinischen Zechen ca. 30 000 Mann zumindest zeitweise im Ausstand befanden. Die Sicherheitswehr des Hamborner Arbeiterrates, der sich zu dieser Zeit noch aus SPD- und USPD-Mitgliedern zusammensetzte, weigerte sich am 20. Dezember, gegen streikende Bergarbeiter auf der Zeche »Neumühl« vorzugehen und solidarisierte sich mit ihnen, als sie beim Ansturm auf die Schachtanlagen mit bewaffneten Polizeikräften zusammenstießen[6]. Obwohl es dem Generalsoldatenrat im Laufe der Streikaktionen mehrmals gelungen war, zwischen beiden Seiten erfolgreich zu vermitteln[7], ereignete sich auf der Zeche »Königsberg« kurze Zeit später ein folgenschwerer Zwischenfall, bei dem Menschenleben zu beklagen waren[8]. Der Generalsoldatenrat trug insofern die Verantwortung hierfür, als unter seinem – formellen – Oberbefehl das Detachement Heuck rücksichtslos gegen die Zivilisten vorgegangen war[9]. Dadurch geriet der Generalsoldatenrat in eine Krise, denn einerseits betrachtete er es als seine Aufgabe, die Kohleförderung vor allen Beeinträchtigungen zu schützen, andererseits mußte er in dieser Funktion gegen die Interessen der Zechenbelegschaften handeln, was ihm die Kritik der Delegierten aus den einzelnen Bezirkssoldatenräten eintrug.

Der Stimmungsumschwung in Münster, die vielfach beschworene »Radikalisierung«, wurde nicht etwa durch einen verstärkten personellen Einfluß der Linken in den Bezirksorganisationen hervorgerufen[10], sondern durch die Einsicht in die wachsende Machtlosigkeit der Arbeiter- und Soldatenräte gegenüber den Zechenleitungen, Kommandobehörden und Kommunaladministrationen[11]. Diese Einsicht führte die Räte nicht auf den Weg des Terrors, wie in der bürgerlichen und mehrheitssozialdemokratischen Presse jener Tage wiederholt behauptet wurde, sie suchten vielmehr in der Mehrzahl der Fälle die Verhandlung und strebten den Interessenausgleich an. Die Beschlüsse vom 6. Januar waren als Protest gegen die politischen Verhältnisse im Revier zwar verständlich, aber sie schufen nicht die Voraussetzung für die Entfaltung der Volkswehrbewegung im VII. Armeekorpsbereich: Der Generalsoldatenrat ließ es lediglich bei der Feststellung bewenden, daß die lokalen Sicherheitswehren als Volks- und Zechenwehren zu betrachten seien, ohne gleichzeitig Maßnahmen zur Koordination des weiteren organisatorischen Ausbaus und strukturellen Konsolidierung zu ergreifen. Außerdem kann als sicher gelten, daß der Rat der Volksbeauftragten gemäß § 2 seines Volkswehr-Gesetzes niemals Vollmachten zur Aufstellung von Volkswehr-Abteilungen einer Räteorganisation erteilt hätte, die sich so regierungsfeindlich gebärdete wie der Generalsoldatenrat in seinen Beschlüssen seit Jahresanfang. Das Beispiel des VII. Armeekorps zeigt, daß infolge der starken politischen Spannungen zwischen der provisorischen Reichsregierung und der militärischen Rätebewegung Anfang 1919 für die Realisierung des Volkswehr-Gesetzes aus den preußischen Soldatenräten heraus kaum noch Chancen bestanden.

Doch inwieweit bekannte sich der Rat der Volksbeauftragten selbst in jenem Zeitraum zum Aufbau einer Volkswehr? Die Diskussionen im Kreise der SPD-Volksbeauftragten und des SPD-orientierten Zentralrates zeigen deutlich, daß man hier nicht bereit war, sich zum Volkswehr-Projekt zu bekennen, geschweige denn Initiativen zu seiner Realisierung zu entwickeln. Leinert hob sowohl für die Volksbeauftragten als auch für den Zentralrat, dessen Vorsitzender er war, die Haltung beider Gremien in der Behandlung militärpolitischer Probleme hervor, indem er betonte, daß man »auf dem Standpunkt eines Volksheeres« stehe, doch so lange man dies nicht habe, so lange müsse man sich mit dem begnügen, was man habe[12]. Die Regierung distanzierte sich nach dem Bruch der Koalition mit der USPD Ende Dezember von dem Volkswehrprojekt mit dem Argument, erst müsse Ruhe und Ordnung hergestellt werden. In der innenpolitischen Situation nach dem Rätekongreß hätte die Realisierung der Volkswehr-Forderung die partielle Realisierung der »Hamburger Punkte« bedeutet, die aber weder der Rat der Volksbeauftragten noch der Zentralrat betreiben konnten, wenn sie nicht das politische Bündnis zwischen der Regierung und der Obersten Heeresleitung, das seit dem 24. Dezember bestand, gefährden wollten. Denn was hätte sich aus der Realisierung notwendigerweise ergeben müssen? Eine Volkswehr hätte zumindest die Truppenbasis der Obersten Heeresleitung, zum Beispiel im hauptstädtischen Raum, in Frage gestellt und die Auflösung, bestenfalls die organisatorische Umwandlung der Formationen, zum Beispiel des Generalkommandos Lequis/Lüttwitz, der militärischen Hausmacht der Obersten Heeresleitung, bedingt. Überdies hätte sie die Revolutionierung des Wehrsystems in Preußen auf administrativem Wege bedeutet, bevor die Nationalversammlung Entscheidungen hierüber zu fällen imstande gewesen wäre. Schließlich wäre in einer auf diesem Wege organisierten Volkswehr das militärische Rätesystem unverrückbar verankert worden. Alles das beschwor eine breite Front von Gegnern herauf, gegen die der Widerstand aus den Räteorganisationen der preußischen Armeekorps nichts auszurichten vermochte.

Die Verengung der vielfältigen ungelösten innenpolitischen Probleme auf die Scheinalternative: Aufrechterhaltung der Ordnung oder Untergang durch Linksradikalismus führte die Volksbeauftragten und den Zentralrat zu der von der Obersten Heeresleitung insgeheim vorbereiteten »Exekutivtruppe«, die über die Organisation der freiwilligen Ostgrenztruppen seit

Anfang Januar etabliert wurde: unmittelbar nach dem Austritt der Unabhängigen aus dem Kabinett stimmten die SPD-Volksbeauftragten einem Grenzschutz in Oberschlesien zu[13], bei dessen Aufstellung die Bezirkskommandos »im Einvernehmen mit den Arbeiter- und Soldatenräten handeln« sollten[14]. Die Präambel zu den Ausführungsbestimmungen (9. Januar 1919) über die Freiwilligen-Truppe, der nur von der Reichsregierung unterzeichnete Aufruf »Freiwillige vor!« (7. Januar), basierte vor allem auf dem Appell an das Schutzbedürfnis östlicher Reichsteile und bemühte sich, den Eindruck zu erwecken, als handle es sich bei dieser Truppe um eine Revolutionsarmee[15]. Die einzelnen Generalkommandos hatten im Einvernehmen mit den Soldatenräten die Annahme von Freiwilligen und ihre Weiterleitung zu veranlassen. Die Zahl der aufzustellenden Einheiten war nirgends angegeben, offenbar ging man davon aus, Freiwillige in unbegrenzter Zahl zusammenzustellen. Zu den Aufnahmebedingungen gehörten u. a. »die Unterordnung unter die eingesetzten Vorgesetzten, denen Soldaten-(Vertrauens-)Räte zur Seite stehen«. Erwähnt wurde damit lediglich die Existenz von Räten, während eine genaue Definition ihrer Funktionen nicht erfolgt. Die Freiwilligen wurden überdies zur »Anerkennung der bisher gültigen Kriegsgesetze« verpflichtet, deren Änderung als »eingeleitet« annonciert wurde.

Engten politische Faktoren den Handlungsspielraum der Volksbeauftragten in der Frage der Errichtung einer Volkswehr gravierend ein? Als innenpolitischer Faktor scheidet der Berliner Januar-Aufstand 1919 insofern aus, als seit dem 20. Dezember 1918[16] die Regierung und der Zentralrat unter dem Einfluß der Obersten Heeresleitung von militärpolitischen Reformen Abstand genommen hatten und die im Aufstand sichtbar gewordene Radikalisierung der hauptstädtischen Arbeiterschaft als Folge der repressiven Rätepolitik der Politiker um Ebert und Scheidemann sowie als Folge der militärpolitischen Fehlentwicklung angesehen werden muß. Als weiterer innenpolitischer Faktor scheiden auch die Unruhen im oberschlesischen Revier aus, die seit dem 3. Januar in der Argumentation der Volksbeauftragten für die Aufstellung der »Exekutivtruppe« die Hauptrolle spielten. Die Ereignisse, die sich in jenen Tagen in Neudorf und Königshütte abgespielt hatten, zeigten nicht nur deutlich, daß das örtliche Militär Herr der Lage war, sondern auch, daß der Einsatz und die Massierung von Militär ungeeignet waren, die schwebenden sozialen Konflikte, die durch den revolutionären Umsturz im November 1918 nicht gelöst worden waren, beizulegen. Vollends fragwürdig werden die Vorbereitungen für eine »Exekutivtruppe« unter Hinweis auf die prekäre Lage in Oberschlesien, wenn man in Betracht zieht, daß der Konflikt am 15. Januar 1919 mittels Verhandlungen beigelegt werden sollte und in Aussicht auf eine Einigung der Kontra-

henten die Streikbewegung unmittelbar stark abebbte, ja wenig später völlig erlosch[17].
Der Aufruf »Freiwillige vor!« vom 7. Januar gab der insgeheim betriebenen militärischen Sammlungsbewegung im VII. Armeekorpsbereich unter den Formationen des ehemaligen Westheeres nun ein legales Fundament. Bereits seit dem 7. Dezember 1918 hatte das Generalkommando in Münster systematisch einsatzfähige Gruppen formiert: im Bereich des XXXX. Reservekorps bei *Hagen* und *Witten* die »Freiwilligen-Abteilung der 2. Garde-Reserve-Division« unter Hauptmann i. G. von Neufville; Stärke am 22. Dezember 1918: 1 Bataillon, 1 Maschinengewehr-Eskadron, 1 Battërie, insgesamt 29 Offiziere, 530 Mannschaften, 365 Pferde. Unter dem Kommandeur der 214. Infanterie-Division, Generalmajor Maercker, entstand unter ausdrücklicher Billigung der vorgesetzten Militärdienststellen am 13. Dezember im Raum *Paderborn* das »Freiwillige Landesjägerkorps«, das zunächst aus vier, dann aus sechs Abteilungen bestand; Stärke: je 3 Infanterie-Kompanien, 1 Maschinengewehr-Kompanie, 1 Eskadron, 1 Batterie. In der Nähe von *Lippstadt* entstand Mitte Dezember bei der 119. Infanterie-Division unter Oberst Heuck das »Freikorps Heuck«, zunächst in der Stärke von 2 Infanterie-Kompanien und einer Maschinengewehr-Kompanie. Unter Oberleutnant von Aulock entstand im Raum *Ahlen-Bekkum-Oelde* das »Freikorps von Aulock«, das zunächst 1 Infanterie-Kompanie, 1 Maschinengewehr-Kompanie, 1 Kavallerie-Abteilung, 1 Zug Feldkanonen, 1 Nachrichtenzug, insgesamt 8 Offiziere und 225 Mann umfaßte. Auf Befehl des XXXX. Reservekorps entstand in *Hagen* unter der Führung des Hauptmanns i. G. Lichtschlag das »Freikorps Lichtschlag«; seine Stärke Ende 1918: 1 Bataillon (3 Infanterie-Kompanien, 1 Maschinengewehr-Kompanie), 1/2 Eskadron, 1 Feldbatterie, 1 Zug schwere Feldhaubitzen, 1 Fernsprech-Abteilung, 1/2 Kraftwagen-Kolonne und 1/2 Fuhrparkkolonne[18].
In *Münster* formierte sich unverzüglich unter der Führung des Hauptmanns Franz von Pfeffer (Infanterie-Regiment Herwarth von Bittenfeld/1. Westfälisches Nr. 13) das »Westfälische Freiwilligen-Bataillon«[19]. Die Vorbereitungen gingen offenbar recht zügig voran, denn am 9. Januar stellte das Generalkommando den Abmarsch der Truppe in das östliche Reichsgebiet in Aussicht. An jenem Tage brachen 400 Offiziere und Unteroffiziere des Bataillons in die Waffenkammer des Infanterie-Regiments 13 ein und bewaffneten sich[20]. Hierauf beschloß der Generalsoldatenrat am 10. Januar, die Freiwilligen in einem benachbarten Ort unterzubringen, bis er einen endgültigen Schluß über Bestand und Verwendungszweck der Truppe gefaßt hatte. Die Waffen waren abzuliefern[21].
Doch bereits am 17. Januar einigten sich die Delegierten des Erweiterten

Generalsoldatenrates auf den Antrag von Castien/Paderborn mit 24:22 Stimmen, die Beschlüsse vom 6. Januar wieder aufzuheben (und damit auch alle Sanktionen gegen das Freikorps von Pfeffer), weil – wie es im Antrag hieß – einige Bezirks-Soldatenräte Protest gegen die Beschlüsse eingelegt hätten[22]. Den Antrag hatten u. a. die Delegierten aus Bielefeld, Coesfeld, Paderborn, Minden, Recklinghausen, Sennelager und Mitglieder des Generalsoldatenrates unterstützt, während sich Delegierte u. a. aus Lennep, Dortmund, Essen, Hagen, Barmen und Oberhausen offen gegen ihn ausgesprochen hatten. Für den Stimmungsumschwung im Plenum zugunsten eines Ausgleichs mit Regierung und Kommandobehörden kamen hauptsächlich drei Gründe in Frage: ein starkes patriotisches Gefühl[23], die Aversion gegen die »linke Seite« und gegen parteipolitisches Handeln überhaupt[24], sowie die Loyalität gegenüber der Regierung[25]. Nicht durchzusetzen vermochten sich die Delegierten aus den Standorten im Revier, die für die Durchführung der Beschlüsse vom 6. Januar eintraten.

An der Entscheidung vom 17. Januar wurde sichtbar, daß im VII. Armeekorps-Bereich die breite Front der Regierungskritiker, wie sie vordem noch bestand, kleiner geworden war. Die Loyalität zur Regierung erwies sich als stärker als die täglichen Erfahrungen mit den Freikorps und den machtbeanspruchenden Kommandobehörden. So blieben ohne Wirkung auf die meisten der Delegierten die bewaffneten Auseinandersetzungen zwischen dem Freikorps Lichtschlag und der Hagener Sicherheitswehr, bei denen fünf Arbeiter und zwei Soldaten ums Leben kamen und zahlreiche Verwundete auf beiden Seiten zu beklagen waren. Ebenso blieb ohne Wirkung auf das Plenum der Überfall von »Regierungstruppen« auf Beamte und Besucher des Rathauses in Buer am 14. Januar, wobei es 5 Tote und 3 Verletzte unter den Zivilisten gab und ein Sachschaden von 13 000 Mark entstand[26].

Der Erweiterte Generalsoldatenrat stand am Ende eines politischen Klärungsprozesses und war in »Linke« und »Rechte«, in Regierungsgegner und Regierungsanhänger zerfallen. Die Polarisierung der Kräfte, wie sie in zahlreichen lokalen Räteorganisationen jener Tage stattfand, zeigte sich auch im Plenum. Die einheitliche Front der Revolutionäre von einst hatte inneren und äußeren Belastungen nicht standgehalten und war in mehrere Gruppierungen zerbrochen, die sich mit aller Härte bekämpften: in die Gruppe der Mehrheitssozialdemokraten und Linksliberalen, sowie in die Gruppe der Unabhängigen und Kommunisten. Dieses Auseinanderbrechen war die Folge der Kontroverse über das Ziel der Revolution: Sie wurde beschleunigt durch das Vorprellen des Militärs und die offensichtliche Konsolidierung der von ihm getragenen antidemokratischen Kräfte im Bürgertum, denen es in zunehmendem Maße gelang, den gesellschaftlichen Umbruchprozeß zu bremsen.

Im Bereich des VII. Armeekorps wie in den anderen preußischen Militärbereichen machte sich Anfang 1919 der verstärkte Einfluß der Unabhängigen und Kommunisten in den lokalen Räteorganisationen bemerkbar. In der Mehrzahl der Fälle wurden die SPD-Mitglieder aus den Räteorganisationen nicht mit Hilfe putschender Sicherheitswehren verdrängt, sondern sie verzichteten auf weitere Mitarbeit und überließen ohne Widerstand der USPD und KPD das Terrain. Dieser Verzicht war die Folge heftiger Angriffe der Linken auf Persönlichkeiten der Kommunalverwaltungen und der Industrie sowie auf bürgerliche und sozialdemokratische Lokalzeitungen. Diese Attacken wiederum wurden z. B. in Düsseldorf, in Mülheim usw. in der subjektiven Gewißheit unternommen, daß die Restauration vorrevolutionärer Machtverhältnisse mit Hilfe von Freiwilligentruppen unmittelbar bevorstehe. Hieraus formierte sich eine radikale Protestbewegung, die weite Teile der städtischen Arbeiterschaft und des Militärs mitriß. Die lokalen SPD-Organisationen waren entweder nicht willens oder nicht in der Lage, in diesem Dilemma eine feste Position zu beziehen. In dieser Revolutionsbewegung gegen die eben entstandene Republik verbuchten USPD und KPD überall dort ihre größten Erfolge, wo es die SPD nicht verhindert hatte, daß gegenrevolutionäre Tendenzen in den zivilen, militärischen und staatlichen Institutionen Urständ feierten. Die Verantwortung für die allenthalben einsetzende Restauration lasteten die Linken nun der SPD an und bezichtigten sie konspirativer Beziehungen, vor allem zum alten Militär. Wie sehr sie dabei auf eine entsprechende Massenstimmung trafen, zeigten ihre Erfolge auf lokaler Ebene immer dann, wenn es ihnen gelang, sich der Räteorganisation und der örtlichen Sicherheitswehr auf politischem Wege zu bemächtigen; denn es regte sich unter den Industriearbeitern und unter den Garnisonsbesatzungen keine Hand, um die alte Sitzverteilung im Arbeiter- und Soldatenrat wiederherzustellen. Die offensichtliche innenpolitische Fehlentwicklung und die Annäherung der SPD-Volksbeauftragten an das alte Militär hatten im rheinisch-westfälischen Industriegebiet zu einem Stimmungsumschwung geführt: Zulauf erfuhren die USPD und teilweise auch die KPD, weil sie der weitverbreiteten Enttäuschung über die Erfolge der Revolution Ausdruck verliehen, während sich die SPD aus Gründen der Parteidisziplin von dieser Kritik distanzierte, auch dort, wo als Folgen der verfehlten Regierungspolitik antidemokratische Tendenzen nicht zu übersehen waren. In dieser Situation büßte die SPD ihre einstige Massenbasis ein und zog sich auf ihre traditionellen Funktionen in den Ortsvereinen zurück in der Hoffnung, daß die Nationalversammlung Voraussetzungen für eine »ordnungsgemäße« innenpolitische Entwicklung bringen würde. Zweifellos konnten sich USPD und KPD nun auf weite Teile einstiger SPD-Sympathisanten stützen, wobei davon ausge-

gangen werden kann, daß die USPD größeren Zulauf erhielt, weil sie der breiten Zustimmung zu einer Nationalversammlung Rechnung trug und damit ein realisierbares Konzept künftiger gesellschaftspolitischer Ordnung in Deutschland vorzuweisen hatte, während die Kommunisten über das Schlagwort einer Räte-Herrschaft nicht hinausgekommen waren. Die Beschlüsse des I. Rätekongresses, vor allem die auf die Demokratisierung und Sozialisierung gerichteten, wurden hauptsächlich den USPD-Anhängern zum politischen Glaubensbekenntnis, das mit immer stärkerem Eifer verteidigt wurde, je mehr die Chancen zu ihrer Realisierung schwanden. Hauptsächlich schieden sich die Sozialisten an der Frage der Nationalversammlung: Hierbei galt der Kampf nicht der parlamentarisch-demokratischen Grundordnung schlechthin, sondern dem Zeitpunkt ihrer Errichtung. Die Unabhängigen vermochten breite Teile der Arbeiterschaft im Revier davon zu überzeugen, daß über das Parlament wieder denjenigen Kräften der Weg ins aktive politische Leben geebnet würde, denen im November 1918 die Arbeiter- und Soldatenräte den Kampf angesagt hatten. Der Kampf gegen die Nationalversammlung im Januar 1919 muß daher als Kampf gegen die »legale Restauration« angesehen werden. Die gesamte Rätebewegung zerfiel in Reformisten und Revolutionäre und verzehrte sich in zum Teil bewaffneten Auseinandersetzungen mit bürgerkriegsähnlichem Charakter, von denen militante Extremisten auf beiden Seiten profitierten. In *Dortmund* kam es am 17. Januar 1919 zu einem bewaffneten Zusammenstoß zwischen der örtlichen Sicherheitswehr der SPD-orientierten Räteorganisation und Demonstranten, wobei zwei Tote und 12 zum Teil schwer Verletzte auf der Seite der Demonstranten zu beklagen waren[27]. In *Gladbeck* schossen am 13. Januar Sicherheitsmannschaften des Arbeiter- und Soldatenrates auf eine Demonstration der Linken: Zwei Demonstranten kamen ums Leben, und weitere fünf wurden verletzt[28]. In *Düsseldorf* schossen Mitglieder der von USPD und KPD kontrollierten Sicherheitswehr auf eine Demonstration, die von Mehrheitssozialdemokraten und Mitgliedern der Demokratischen Partei durchgeführt wurden; auf der Seite der Demonstranten gab es 14 Tote und ca. 25 Verwundete[29]. Weitere bewaffnete Zusammenstöße ereigneten sich in *Duisburg* am 11. Januar und in *Oberhausen* am 3. Januar[30].
Es war klar, daß in dieser Situation der Ruf nach »Ordnung« immer deutlicher vernehmbar wurde. Auch die Mehrheit der Delegierten im Erweiterten Generalsoldatenrat teilte am 17. Januar das Ordnungsdenken der Volksbeauftragten. »Ordnung« in Deutschland bedeutete im Januar 1919: Sicherung der bestehenden Regierung und der Reichsgrenzen sowie Sicherung der Nationalversammlung und der Rohstoffproduktion. Mit diesen Prinzipien identifizierten sich nicht nur SPD-Genossen, -Sympathisanten

und linksliberales Bürgertum, sondern auch konservative Kräfte in Verwaltung, Militär, Großgrundbesitz, Handel und Industrie. Diese Interessenkoalition der Mehrheitssozialdemokraten und bürgerlichen Linken mit den Konservativen kaschierte vorübergehend grundlegende Gegensätze und ließ eine gemeinsame Front gegenüber den Gegnern dieser »Ordnung«, den Unabhängigen und Kommunisten, entstehen. Wo diese – bewaffnet oder unbewaffnet – mit Freikorps-Truppen im Revier in Verteidigung ihrer Revolutionsideale zusammenstießen, kam ihnen aus den mehrheitssozialdemokratisch orientierten Räteorganisationen niemand zu Hilfe, ja, es reichte hier nicht einmal mehr zum Protest: Die Freikorps wurden von den »gemäßigten« Soldatenräten (!) im Bereich des VII. Armeekorps Mitte Januar 1919 als Ordnungstruppen akzeptiert[31].

Der Aufhebung der Beschlüsse vom 6. Januar folgte eine Loyalitätserklärung des Generalsoldatenrates gegenüber der Regierung und dem Generalkommando. Hierin heißt es: Er stehe fest auf dem Boden der Regierung und gedenke nach deren Anordnungen mit dem Generalkommando zusammenzuarbeiten; er werde Anregungen und Wünsche, die ihm im Interesse der Revolution geboten erscheinen, in Zukunft an den Zentralrat weiterleiten, dessen Entscheidung er sich unterordne; er verlange von den Bezirks-Soldatenräten und Truppen-Soldatenräten, daß auch sie nicht willkürlich gegen die von der Regierung und dem Generalkommando im Verein mit dem Generalsoldatenrat gegebenen Weisungen handeln würden. Schließlich erklärte sich der Generalsoldatenrat einverstanden mit der Fortsetzung der Werbung für den Heimatschutz Ost. Er fügte jedoch hinzu, daß nur solche Leute anzuwerben seien, die sich voll der schweren Aufgabe, die ihnen bevorstehe, bewußt seien. Eine »Belehrung« vor der Anwerbung hielt er für notwendig[32].

Ziemlich rasch konsolidierte sich in dieser Atmosphäre das Freikorps Lichtschlag: Nachdem im Sennelager mit der Aufstellung der Artillerie begonnen worden war, wurde dort am 18. Januar die Ersatzabteilung zusammengestellt; wenige Tage später begann man mit der Aufstellung des II. Bataillons. Die Freikorps-Führung plante, das Bataillon zu 4 Infanterie-Kompanien mit je 6 leichten Maschinengewehren und 2 leichten Minenwerfern und 1 Maschinengewehr-Kompanie aufzustellen sowie mit einer Pionierkompanie zu 3 Zügen: Bau-Zug, Minenwerfer-Zug und Flammenwerfer-Zug[33].

Das III. Bataillon (4 Infanterie-Kompanien, 1 Maschinengewehr-Kompanie) des in Driburg stationierten Füsilier-Regiments 39 wurde ausgerüstet und rückte in den Raum Gummersbach–Hückeswagen ein. Hauptmann Gabcke, der Kommandeur des II. Bataillons des Infanterie-Regimentes 158 (Paderborn) stellte im Sennelager ein Freikorps zusammen, das anfangs aus

3 Infanterie-Kompanien, 1 Maschinengewehr-Kompanie und 1 Minenwerfer-Kompanie bestand. In Münster entstand aus der 6. Batterie des Feldartillerie-Regimentes 22 unter Hauptmann v. Bock und Polach ein Freikorps[34].
Währenddessen bewaffneten sich in Münster auch Teile des dortigen Bürgertums: Am 11. Januar erschien der Werbeaufruf der »Akademischen Volkswehr«, der vom Arbeiter- und Soldatenrat Münster gebilligt wurde[35]. Die Bemühungen des Generalsoldatenrates um eine eigene Sicherheitswehr blieben in den Anfängen stecken: Zum einen stießen die Vorbereitungen für die Aufstellung auf den Widerstand im Generalsoldatenrat selbst, zum anderen legte der Bezirkssoldatenrat aus politischen Gründen hiergegen Protest ein. Insgesamt kamen nicht mehr als 80 Mann zusammen[36].
Unter dem Befehl einer von ziviler Kontrolle weitgehend freien Kommandobehörde dominierten seit Januar 1919 in einer der wichtigsten Wirtschaftsregionen Deutschlands gut bewaffnete und schnell einsatzfähige Freikorpstruppen. Dagegen hatte hier die Revolutions- und Rätebewegung ihre Kraft zum größten Teil eingebüßt. Es bestanden auch keine Aussichten auf eine grundlegende Veränderung des bestehenden Kräfteverhältnisses zugunsten der Rätebewegung: zum einen, weil die Politik der Regierung fest auf die Ausschaltung der Arbeiter- und Soldatenräte als politische Kraft ausgerichtet war, zum anderen, weil im Bereich des VII. Armeekorps – wie überall in Preußen – nach der weitgehenden Auflösung des Ersatzheeres besonders die Kräfte aus den militärischen Räteorganisationen ausschieden, die maßgeblich an der Entstehung und Entfaltung der revolutionär-demokratischen Bewegung im November 1918 beteiligt gewesen waren. Infolge der Reduzierung des Soldatenbestandes durch laufende Entlassungen und infolge der personellen Aushöhlung der Formationen des Friedensheeres durch die großzügige Freikorps-Werbung verloren die Räteorganisationen darüber hinaus den einstigen starken Rückhalt in der Armee. Von hier aus war es nur noch ein kleiner Schritt bis zur völligen Entmachtung vor allem der sehr stark engagierten zentralen Rätegremien, wie z. B. des Generalsoldatenrates in Münster.

VII. Sozialisierungsbewegung und lokales Sicherheitssystem im Ruhrgebiet. Die Auflösung des Generalsoldatenrates

Während die militärpolitischen Maßnahmen in den außerpreußischen Militärbezirken Bayern, Württemberg und Sachsen im Januar (und Februar)

1919 von dem deutlichen Willen geprägt waren, das überkommene Wehrwesen nach demokratischen Prinzipien unter Einbeziehung des Elements der Soldatenräte neu zu ordnen[1], hatten sich im VII. Armeekorpsbereich die lokalen Sicherheitswehren am Ende des politischen Polarisierungsprozesses innerhalb der Rätebewegung mehr und mehr zur Hausmacht örtlicher Arbeiter- und Soldatenräte herausgebildet. Der Einsatz in den heftigen Auseinandersetzungen zwischen Regierungstreuen und Regierungsgegnern zerstörte jeden Kristallisationspunkt einer Volkswehr im Sinne des Volkswehrgesetzes vom Dezember 1918[2].

In diesem Gegeneinander parteipolitischer Interessen fungierte der Generalsoldatenrat als leitendes Gremium, als ruhender Pol, an dessen Loyalität gegenüber der Regierung und dem Willen zur Kooperation mit den Kommandobehörden seit den Beschlüssen vom 17. Januar nicht zu zweifeln war. Trotzdem geriet er innerhalb kurzer Zeit in politische Bedrängnis und wurde infolge eines scheinbar unlöslichen Konfliktes mit Regierung und Generalkommando im Februar aufgelöst. Ausgangspunkt dieses Konfliktes war die Kritik der Organisation an der Militär- und Rätepolitik des preußischen Kriegsministeriums; eine besondere Akzentuierung erhielt der Konflikt durch die Sozialisierungsbewegung im Revier, und »gelöst« im Sinne der Regierung und Kommandobehörden wurde er mit militärischen Mitteln.

Die Militär- und Rätepolitik Walther Reinhardts[3], des neuen preußischen Kriegsministers, nahm ihren Ausgang von der Nichtanerkennung der militärpolitischen Beschlüsse des I. Rätekongresses (»Hamburger Punkte«), da er darauf abzielte, »die uneingeschränkte Kommandogewalt wieder in die Hand der militärischen Vorgesetzten zu bringen und die Soldatenräte zunächst (!) auf die Stellung von den einzelnen Befehlshabern angegliederten Vertrauensleuten zurückzuführen«[4]. Am 19. Januar 1919 legte er seine Neuordnungspläne der inneren Verhältnisse des Friedensheeres mit den Verordnungen über die »vorläufige Regelung der Kommandogewalt und Stellung der Soldatenräte«, über Bekleidung und Anzug und über den militärischen Gruß im Friedensheer vor[5]: Sie trugen weder der allgemeinen Forderung der Soldatenräte Rechnung, daß die Regierung die oberste Kommandogewalt über Heer und Marine (unter der Kontrolle des Zentralrats) auszuüben hätte, noch trugen sie dazu bei, das bestehende Wehrsystem im Sinne einer Demokratisierung innerlich neu zu ordnen und es an die bestehenden revolutionär-republikanischen Verhältnisse bis zu seiner Auflösung anzugleichen, auch boten sie keine Voraussetzungen dafür, das Volkswehrgesetz des Rats der Volksbeauftragten vom 12. Dezember 1918 zu realisieren. Schließlich blieb die Heeresleitung, die durch ihre Attacke auf die Rätebewegung den umfassenden Radikalisierungsprozeß ausgelöst hatte, auf dessen Grundlage die »Hamburger Punkte« erst entstanden waren, von den kriegsministeriellen Verordnungen unberührt, ja, ihre Position wurde noch dadurch gestärkt, weil sich die Verordnungen als Instrument zur Neutralisierung des von der Mehrzahl der Soldatenräte ausgehenden demokratischen Impetus erwiesen.

Alles deutet darauf hin, daß der Generalsoldatenrat wegen der Reinhardtschen Neuordnungspläne nicht auf Kollisionskurs ging[6], sondern sich darum bemühte, die Verordnungen den speziellen Bedingungen des VII. Armeekorps anzupassen[7]. Das Kriegsministerium verzichtete zunächst darauf, auf die unverzügliche Durchführung seiner Verordnungen zu drängen und konzedierte den Organisationen Übergangsfristen[8]. Allerdings kam es innerhalb des Generalsoldatenrates über die künftige Haltung gegenüber dem Kriegsministerium und der Regierung zu einer Kontroverse, da die Mehrheit Verhandlungen mit Berlin ablehnte[9] und statt dessen den Weg des Protestes einschlug: Am 26. Januar tagte in Osnabrück der Generalsoldatenrat gemeinsam mit zentralen militärischen Rätegremien des VIII. (Osnabrück, früher Koblenz), des IX. (Altona) und des X. Armeekorps (Hannover), wobei die Delegierten sich darauf einigten, »schärfsten Protest« gegen den Reinhardtschen Erlaß zu erheben. Die Delegierten verlangten eine »grundlegende Änderung« der Verordnungen unter ihrer Mitwirkung und die Veröffentlichung von Ausführungsbestimmungen. Zu diesem Zweck sollte eine Reichskonferenz der Zentralsoldatenräte einberufen werden[10]. Diese Resolution reihte sich ein in die lange Kette der Proteste, die Berlin in jenen Tagen erreichte. Die Zentralsoldatenräte standen nahezu geschlossen gegen Kriegsministerium und Regierung[11]. Die Osnabrücker Resolution richtete sich gegen die Verordnungen, weil sie zum einen ohne Mitwirkung der Zentralsoldatenräte zustande gekommen waren, zum anderen, weil sie wegen der fehlenden Ausführungsbestimmungen allen möglichen Zwischenfällen im Garnisonsbereich Tür und Tor öffneten. Die Delegierten forderten – ebenso wie die überwiegende Mehrzahl der Zentralsoldatenräte – die Wiederbesinnung auf die »Hamburger Punkte«. Die zentralen Gremien waren bereit, in enger Zusammenarbeit mit den Verantwortlichen in Berlin konstruktive Neuordnungspläne zu entwerfen und zu diskutieren, um das bestehende Wehrsystem den politischen Bedingungen anzupassen. Der Terminus »Radikalisierung«, der allenthalben auf die zentralen Soldatenräte in jenen Tagen vor allem von der Regierung und den Kommandobehörden angewendet wurde, ist deshalb falsch, weil die Organisationen nicht gegen Berlin arbeiteten und zum Sturz der Regierung aufriefen, sondern ihre Bereitschaft zeigten, an einer Neuordnung mitzuarbeiten. Der Protest gegen die Verordnungen resultierte aus der Sorge um die Zwischenfälle in den Formationen und Garnisonen; denn der Rein-

hardtsche Erlaß hatte die Truppen ausgespart, die aus ihrer antidemokratischen Haltung besonders im rheinisch-westfälischen Industriegebiet keinen Hehl gemacht hatten: die Freikorps-Truppen.
In dieser Situation übernahm Generalleutnant Oskar Freiherr v. Watter das Kommando über das VII. Armeekorps. Seine Berufung stand im Zeichen des Rufs nach dem »starken Mann«, denn sein Vorgänger, General v. Woyna, war dem Kriegsministerium und der Obersten Heeresleitung offenbar gegenüber den Soldatenräten zu nachgiebig gewesen[12]. Watter kam zwar auf Befehl des Kriegsministers[13], doch man kann sicher sein, daß er auf dringende »Empfehlung« der Obersten Heeresleitung kam. Sowohl im Kreise der Regierung als auch im Kreise der Generalität war man sich offensichtlich der brisanten Lage bewußt, in der das VII. Armeekorps sich befand: Im Revier zeigten sich starke Tendenzen zur Sozialisierung der Zechen, in den Garnisonen befanden sich bewaffnete Sicherheitswehren, und im gesamten Armeekorpsbereich existierte eine durchstrukturierte militärische Räteorganisation. Insbesondere bildete der Generalsoldatenrat, als Kopf der Organisation, eine Gefahr für die »Ordnung«[14]. Watter griff noch nicht in die politische Konstellation ein, weil er glaubte, eine noch größere Truppenmacht aufbauen zu müssen. Deshalb konzentrierte er sich zunächst auf die weitere Konsolidierung der bereits bestehenden Freikorpstruppen und förderte die Ansätze für Neuformierungen[15].
In eine peinliche Situation geriet er, als sich der Offiziersbund in Münster gegen die kriegsministeriellen Verordnungen aussprach und dabei wesentlich schärfer polemisierte als die Soldatenräte; er forderte u. a. statt Verhandlungen und Ausführungsbestimmungen die sofortige Aufhebung der Verordnungen und die Festlegung künftiger militärpolitischer Richtlinien allein durch die Nationalversammlung[16]. Watter sah sich einer eigenartigen Interessenkoalition von Soldaten und Offizieren gegenüber: Ging er gegen sie insgesamt vor, traf er damit große Teile des Führungskorps im Armeekorpsbereich, ging er nur gegen die Soldatenräte vor, so deckte er seine Ziele in einem ungünstigen Moment auf. Ein Angriff auf die Soldatenräte war auch insofern nicht opportun, weil sich mittlerweile sowohl das Kriegsministerium als auch der Zentralrat in Berlin den Forderungen der Zentralsoldatenräte angenähert hatten: Anstoß hierzu gab die Initiative, die von zwei Vollversammlungen der Großberliner Soldatenräte Ende Januar 1919 ausgegangen war. Das Ministerium hatte sich mit der Einberufung eines Kongresses der Soldatenräte sämtlicher Armeekorpsbereiche einverstanden erklärt[17]. Auch der Zentralrat erklärte sich am 29. Januar bereit zu einer »Besprechung« der Armeekorps-Vertreter[18]. Als die Konferenz schließlich am 4. und 5. Februar in Berlin stattfand, wurde aus Vertretern der einzelnen Armeekorps eine »Neunerkommission« gebildet, die mit der

Regierung »in kürzester Frist« zu einer Besprechung der strittigen und abänderungsbedürftigen Punkte der Verordnung zusammenkommen sollte[19]. Alles deutete auf eine friedliche Beilegung des Konfliktes der Regierung und des Ministeriums mit den Soldatenräten hin[20].
Auf der Seite der Bergarbeiter hatte sich bis dahin folgende Entwicklung abgezeichnet: Der Essener Arbeiter- und Soldatenrat, der sich aus den drei sozialistischen Parteien, SPD, USPD und KPD, zusammensetzte, beschloß von sich aus im Januar, die Sozialisierung des Bergbaus zu proklamieren und ergriff hierfür am 11. Januar die ersten praktischen Maßnahmen: Er besetzte die Büros des Kohlensyndikats, verordnete eine allgemeine Lohn- und Preiskontrolle usw. Die Räteorganisation setzte einen »Volkskommissar« ein, dem aus den drei Parteien je ein »Beigeordneter« zur Seite stand. Am 13. Januar fand eine Konferenz sämtlicher Arbeiter- und Soldatenräte des rheinisch-westfälischen Industriegebietes statt, an der neben Vertretern der Reichsregierung Vertreter sämtlicher Gewerkschaften teilnahmen. Im Einvernehmen mit diesen wurde einstimmig die sofortige Sozialisierung des Bergbaus beschlossen, außerdem wurde der »Volkskommissar« bestätigt, und eine aus je drei Vertretern von SPD, USPD und KPD zusammengesetzte Kommission, die »Neunerkommission«, trat an seine Seite. Die Delegierten beschlossen ferner den Aufbau einer Räteorganisation des Bergbaus. Dem Aufruf der »Neunerkommission«, den Streik zu beenden, folgten die meisten Belegschaften in den Revieren: Bis auf einige kleinere Streiks, vor allem in Hamborn zwischen dem 18. und 22. Januar, blieb der Bergbaubezirk bis etwa Mitte Februar ruhig[21]. Aber die Regierung in Berlin zeigte keinerlei Interesse, die Beschlüsse vom 13. Januar zu realisieren. Unter dem Eindruck der zögernden Haltung Berlins bestätigten die Räte des Ruhrgebiets in zwei weiteren Konferenzen (20. Januar und 6. Februar) nochmals die Beschlüsse vom 13. Januar und erklärten dabei »ihre volle Bereitschaft, mit der Regierung und den eingesetzten Sozialisierungskommissaren zusammenzuarbeiten«[22]. Am 6. Februar verlangten sie schließlich »eine klare Anerkennung ihrer Forderungen« und ließen keinen Zweifel daran, daß sie im Falle der Ablehnung zum 15. Februar in den Generalstreik treten würden[23].
In diese sich allmählich zuspitzende Lage platzte die Nachricht von der Bekämpfung der am 10. Januar ausgerufenen Bremer Räterepublik mit Hilfe von Freikorpstruppen unter dem Oberbefehl Noskes[24]. Am 25. Januar erhielt General von Lüttwitz von Noske den Befehl, die »Ordnung« in Bremen wieder herzustellen. Mit der Durchführung des Auftrages wurde am 27. Januar das Freikorps Gerstenberg beauftragt. Es sollte in Bremen einmarschieren, eine provisorische Regierung bilden, alle regierungsfeindlichen Elemente entwaffnen und die kommunistischen Rädelsführer verhaf-

ten[25]. Eine »Welle des Erschreckens« ging sowohl durch die regierungstreuen Räteorganisationen als auch durch die regierungsfeindlichen. »Die übergroße Mehrheit der Arbeiter wünschte eine Beendigung der Kommunistenherrschaft in Bremen – aber sie wollte nicht, daß diese Aktion durch ein ›reaktionäres Freikorps‹ durchgeführt wurde: Noske dagegen begnügte sich nicht mit der Erreichung des politischen Zieles, sondern er wollte darüber hinaus eine Demonstration der unbedingten Autorität der Regierung – auch um den Preis eines Machtzuwachses der ultrarechten Kreise und der Abkehr vieler Arbeiter von der SPD«[26].
Zweifellos sah General von Watter in Münster in dem Angriff auf Bremen das Zeichen zum Eingreifen in seinem Befehlsbereich; denn er mußte befürchten, daß durch den Vormarsch der Freikorpstruppen auf die Hansestadt ein umfassender Solidarisierungseffekt unter der sozialistischen Arbeiterschaft ausgelöst würde, der nicht ohne Folgen auf die Bewegung der Bergarbeiter im Revier bleiben konnte. Aber Watter war vorsichtig genug, vor seinem Schritt sich bei Noske der Unterstützung Berlins zu versichern. Inmitten der schwebenden Verhandlungen um eine allen Interessen gerecht werdende Lösung der kriegsministeriellen Verordnungen ließ der General bei Noske anfragen, ob er den Generalsoldatenrat absetzen dürfe, wenn dieser sich den neuen Verfügungen vom 19. Januar endgültig nicht füge. Noske antwortete darauf, daß der General selbstverständlich gegen den »widerspenstigen Soldatenrat« vorgehen solle, denn er (!) habe ja absichtlich für die schwierigen Verhältnisse in Westdeutschland einen energischen Offizier zum Kommandierenden General gemacht. Truppen versprach Noske dem Generalkommando nicht, die sollte es sich selbst beschaffen[27]. Im Vertrauen auf die Rückendeckung durch die Regierung erklärte Watter am 7. Februar für seinen Befehlsbereich die Verordnungen des Kriegsministeriums vom 19. Januar für verbindlich und fügte eigenmächig folgende Zusätze bei: »Die Soldatenräte bei den Regimentern usw. und die Vertrauensleute bei den kleineren Formationen und Behörden sind bis zum 20. Februar durch geheime, gleiche, allgemeine Wahl zu wählen. Die Garnisonssoldatenräte haben nach Anweisung der Garnisonsältesten bis zum 20. d. M. zusammenzutreten.« Er stellte die Neuwahl eines »Korpssoldatenrates« in einer Stärke von zunächst 6 Mitgliedern in Aussicht und dekretierte hierzu das Wahlverfahren. Ausdrücklich betonte er, daß sich die Garnisonsoldatenräte des Eingriffs in die Angelegenheiten der Truppe zu enthalten hätten und wies abschließend darauf hin, daß angestrebt werden müsse, »daß nur reife Persönlichkeiten in die Soldatenräte gewählt werden« und als Vertrauensleute fungieren[28]. Die Eigenmächtigkeit des Eingriffs in die kriegsministeriellen Verordnungen wird aber besonders deutlich in den Teilen, in denen diese auch dem Offizierkorps Pflichten auferlegten. Diese

Teile ließ der General ruhen. In Erwartung der Opposition in seinem Befehlsbereich bereitete sich Watter auf die militärische Lösung des Konflikts vor: das Freikorps Pfeffer rückte aus Münster aus und zog nach Sennelager, wahrscheinlich deshalb, um eine bessere Angriffsposition einzunehmen. Es bestand zum Zeitpunkt des 7. Februar aus 3 Infanterie-Kompanien, 2 Maschinengewehr-Kompanien, 1 Feldkanonen-Batterie, 1 schweren Feldhaubitzen-Zug, 1 Eskadron und 1 Panzerkraftwagen[29].
In dieser Situation, nicht zuletzt angeregt durch die Generalstreiksdrohung im Revier, faßte der Erweiterte Generalsoldatenrat am 7. Februar mit 35:8 Stimmen eine Reihe folgenschwerer Beschlüsse: er erkannte die Verfügung des Kriegsministeriums vom 19. Januar nicht an und gab statt dessen folgende Richtlinien heraus, deren strikte Durchführung den Bezirkssoldatenräten zur Pflicht gemacht wurde. Danach lag die Kommandogewalt im Bereich des VII. Armeekorps in den Händen des Generalsoldatenrates. In der Frage der Kommandogewalt bekannte sich der Generalsoldatenrat zu den »Hamburger Punkten«. Waffen waren fortan nur im Wach-, Sicherheits- und Begleitdienst zu tragen, Rangabzeichen waren sofort zu entfernen und bis auf weiteres durch republikanische Abzeichen zu ersetzen. Im Bereich des VII. Armeekorps durfte kein Freiwilligenbataillon gebildet werden, die Abreise von Freiwilligen war zu verhindern. An die Stelle des stehenden Heeres sollte eine »Volkswehr« treten, »gemäß Verordnung über Aufstellung der Freiwilligen Volkswehr«. Waffen-, Munitions- und Militärdepots waren allein von Truppen der Soldatenräte zu bewachen. Abschließend hieß es: »Jeder Bezirkssoldatenrat sendet 50 Sicherheitsmannschaften nach Münster. Alle im Bereich der Bezirkssoldatenräte befindlichen Truppen sind dem Generalsoldatenrat anzumelden.«[30]
Diese Beschlüsse waren von vornherein zum Scheitern verurteilt, weil keine Machtbasis zu ihrer Durchsetzung bestand, weder im Bereich des VII. Armeekorps noch im weiteren Umkreis. Die Beschlüsse platzten in die Verhandlungen um die Abänderungsvorschläge der kriegsministeriellen Verordnungen in Berlin. Verständlich waren sie vor dem Hintergrund der damaligen Lage: die Regierung hatte nicht ihren Willen zu Verhandlungen bekundet, sondern sie hatte im Falle Bremens gezeigt, wie radikal sie mit der innenpolitischen Opposition, sofern sie aus den Reihen der Räteorganisationen kam, umzugehen bereit war. Die Forderung nach Aufstellung einer Sicherheitswehr in Münster muß als Kurzschlußhandlung gewertet werden, die dem Kommandierenden General den ersehnten Anlaß zum Eingreifen bot[31], ungeachtet der Tatsache, daß der Generalsoldatenrat trotz verbaler Radikalität zu Verhandlungen bereit war[32].
Watter ließ am 9. Februar eine Kompanie und einen Zug schwerer Maschinengewehre des Freikorps Lichtschlag in Münster einmarschieren, das

Freikorps v. Bock u. Polach sicherte das Generalkommando mit Kanonen und Maschinengewehren ab. Die Mannschaften der Sicherheitswehr wurden verhaftet, ebenso fast der ganze Generalsoldatenrat wegen »Aufwiegelung« und »Hochverrats«. Der Generalsoldatenrat wollte mit Berlin einen Kompromiß schließen, doch als Noske von ihm forderte, sich »bedingungslos« hinter die Reichsregierung zu stellen und deren Anordnungen unverzüglich anzuerkennen, entwickelte er weiter keine Initiative und erklärte sich mit den Direktiven des Generalkommandos schließlich einverstanden. Die Verhaftung des Generalsoldatenrates löste in Münster selbst nur lahme Solidaritätskundgebungen aus, ja, der Bezirkssoldatenrat, der sich infolge der dominierenden Rolle des Generalsoldatenrates nie zu entfalten vermocht hatte, forderte diesen auf, die »politischen Machtbefugnisse« in die Hände der Nationalversammlung zurückzulegen[33].

Um so stärker war der Protest außerhalb Münsters, doch äußerte er sich zunächst nur in verbaler Form[34]. Dann beschloß eine am 14. Februar nach Essen einberufene Konferenz der Arbeiter- und Soldatenräte des Industriegebietes den Generalstreik und den bewaffneten Kampf gegen die Freikorps, wenn nicht sofort der Generalsoldatenrat »mit allen seinen Rechten und Befugnissen« wieder eingesetzt und der Kommandierende General und alle schuldigen Offiziere bestraft würden[35]. Die »Neunerkommission« sollte in Weimar Verhandlungen mit der Reichsregierung führen, damit in einer am 18. Februar erneut stattfindenden Konferenz endgültig ein Beschluß gefaßt würde über die künftige Haltung der Räteorganisationen im Revier gegenüber dem Kabinett und den Kommandobehörden[36]. Als aber am 15. Februar Truppen im Norden des Reviers, in Hervest-Dorsten, einmarschierten, um mit unverhältnismäßigen Mitteln den Mord an einem städtischen Beamten zu sühnen, mit kriegerischen Mitteln also die Bereinigung einer kriminellen Angelegenheit an sich zogen, die in den Kompetenzbereich der lokalen Polizei und des zuständigen Gerichtes gehörte, da wurde es einem großen Teil der Zechenbelegschaften zur subjektiven Gewißheit, daß jedes Verhandeln mit der Regierung nutzlos war und daß nur noch der Generalstreik helfen könnte. Aus diesem Grunde griff eine Konferenz eines Teils der Arbeiter- und Soldatenräte den Verhandlungen der »Neunerkommission« in Weimar vor und beschloß in Mülheim am 16. Februar den totalen Ausstand. Noch ehe die Bezirkskonferenz am 18. Februar in Essen zusammentrat, befanden sich bereits zahlreiche Zechenbelegschaften im Streik[37].

Besonders der Mülheimer Streikbeschluß hat in der Literatur heftige Kritik gefunden, weil man in ihm den bewußten Ansatz der Kommunisten sah, die Sozialisierungsbewegung an sich zu reißen und die bisherige Arbeit der »Neunerkommission« in Frage zu stellen. Das Vorprellen radikaler Kräfte am 16. Februar resultierte – und nur das läßt sich anhand der Quellen belegen – aus einer spontanen Abwehrbewegung gegenüber den militanten Freikorps. Den Zechenbelegschaften erschien der Beschluß zum Generalstreik als die einzig mögliche Antwort auf das Vordringen des Militärs. Über die Frage, wie man angesichts der massiven Angriffe der Freikorps-Truppen mit der Regierung noch über die Sozialisierungsfrage weiter verhandeln sollte, geriet die Gesamtkonferenz der Arbeiter- und Soldatenräte des Industriegebietes am 18. Februar an den Rand ihrer Existenz; denn hier schieden sich »Gemäßigte«, die in Verhandlungen mit der Regierung noch eine Rettung sahen, von den »Radikalen«, die auf dem Generalstreik beharrten. Schließlich verließen die Mehrheitssozialdemokraten die »Neunerkommission« und überließen den Unabhängigen und Kommunisten das Feld. Aber die Kommission war nicht durch die »Radikalen« zerstört worden, sondern sie war zugrunde gegangen an der mangelnden Einsicht in die Notwendigkeit, angesichts der offenen militärischen Bedrohung aus taktischen Gründen ideologische Differenzen innerhalb der Linken zu überspielen und die größtmögliche Geschlossenheit der Arbeiterschaft zur Abwehr gegenrevolutionärer Tendenzen herbeizuführen. Aus einem Kampf gegen die immer stärker werdende antidemokratische Bewegung im Militär wurde schließlich ein Kampf zwischen denen, die im November 1918 spontan zur Überwindung des autoritären kaiserlichen Staatsapparates angetreten waren.

Anmerkungen

1 Hierzu habe ich ausführlich in meiner Dissertation Stellung genommen: Soldatenräte und Revolution. Studien zur Militärpolitik in Deutschland 1918/1919, Göttingen 1975, S. 247–50.
2 Die Regierung der Volksbeauftragten 1918/19, bearb. v. S. Miller u. Mtw. v. H. Potthoff, Düsseldorf 1969, Teil I, S. 248.
3 Der Zentralrat der deutschen sozialistischen Republik 19. 12. – 8. 4. 1919, bearb. v. E. Kolb u. Mitarb. v. R. Rürup, Leiden 1968, S. 2 ff.
4 S. hierzu: Zentralrat, S. 24 ff.
5 Das preußische Kriegsministerium veröffentlichte am 5. 12. 1918 die »Bestimmungen über Entlassungen zum Zwecke der Demobilmachung« (Armee-Verordnungsblatt Nr. 63/1918, S. 683 ff.). Hierin wurde festgelegt, daß »zur Bildung des Friedensstandes« alle Angehörigen der Geburtsjahrgänge 1898 und 1899, bis auf weiteres auch 1896 und 1897 zurückzuhalten seien. In einem kriegsministeriellen Erlaß vom 28. 12. (veröffentlicht am 31. 12.) aber wurde die Entlassung der Jahrgänge 1896 und 1897 aus dem Heimatheer angeordnet (Armee-Verordnungsblatt Nr. 73/1918, S. 767). Der Entwurf des Kriegsministeriums für die endgültige Demobilmachung sah allerdings vor, daß die Jahrgänge 1898 und 1899 »vorläufig« nicht entlassen werden sollten. Siehe hierzu: Zentralrat, Nr. 11, S. 74, Anm. 26 und S. 79, Anm. 40.
6 Freikorps bildeten 1918/1919 den militärischen Rückhalt vor allem des Grenzschutzes im Osten. Die ersten organisatorischen Ansätze lassen sich bis in den November 1918 zurückverfolgen. Im Dezember 1918 entstanden neben den ersten drei Freikorpsformationen acht weitere. Wesentlich höher lag die Zahl der Gründungen im Januar 1919 mit etwa fünfundzwanzig. Während die Zahl der Gründungen in den Monaten Februar und März sich wieder in engeren Grenzen hielt (elf), stieg sie im Zusammenhang mit den Märzkämpfen bis in den Monat April hinein wieder stark an; neunundzwanzig neue Freikorps wurden aufgestellt. Im Mai wurden nur noch drei gegründet, zwei davon in Bayern. Die Mannschaftsstärke der einzelnen Freikorps war starken Schwankungen unterworfen infolge starker personeller Fluktuationen. Die Gesamtstärke der Freikorps ist bisher verschieden hoch veranschlagt worden, die Angaben darüber schwanken zwischen 250 000 und 400 000 Mann. Groener fertigte für eine Besprechung mit dem amerikanischen Oberst Conger eine Aufstellung an über den Mannschaftsbestand der deutschen Militärmacht nach dem Stand vom 15. 3. 1919. Da es keine andere Erhebung aus dieser Zeit gibt, die zum Vergleich herangezogen werden kann, muß Groeners Berechnung hier zugrunde gelegt werden: Danach befanden sich im Ost-Grenzschutz 150 000 Mann, in den Freiwilligen-Formationen im Reichsinnern 60 000, in »Wehren im Innern« 150 000 Mann, 150 000 wurden als krank angegeben, weitere 150 000 Mann standen vor ihrer Entlassung. Insgesamt also 660 000 Mann. (Bundesarchiv Koblenz/Militärarchiv; H 08-46/131, zit. bei Hagen Schulze: Freikorps und Republik 1918–1920, Boppard 1967, S. 36, Anm. 7). Die Freikorps rekrutierten sich zur Zeit dieser statistischen Erhebung aus 150 000 Mann Ost-Grenzschutz und aus

60 000 Mann der Freiwilligen-Formationen im Reichsinnern, zusammen 210 000 Mann. Ihnen gegenüber standen 300 000 Mann nichteinsatzfähiger Soldaten (wegen Krankheit bzw. wegen Desarmierung). Mit »Wehren im Innern« meinte Groener, da er sie als besondere Kategorie neben die »Freiwilligen im Innern« stellte, offenbar diejenigen bewaffneten Gruppen, die von den Kriegsministerien der Länder (außer Preußen) und den zentralen Räteorganisationen der Freistaaten aufgebaut wurden. Danach wurde die bewaffnete Macht der unter dem Einfluß der Obersten Heeresleitung stehenden Truppen im März 1919 größer als die der außerpreußischen Militärbereiche. Die militärische Kraft der 150 000 Mann dieser Wehren im Innern nahm in dem Maße ab, in dem seit der Auflösung des Friedensheeres im Frühjahr 1919 die organisatorische Reduzierung der noch existierenden Heeresstruktur voranschritt. Siehe die Ergänzungen bei U. Kluge, Soldatenräte, S. 457, Anm. 88.
7 Karl Dietrich Erdmann, Die Geschichte der Weimarer Republik als Problem der Wissenschaft, in: Vierteljahrshefte f. Zeitgeschichte 3, 1955, S. 7.
8 Gustav-Adolf Caspar, Die Sozialdemokratische Partei Deutschlands und das deutsche Wehrproblem in den Jahren der Weimarer Republik, Diss. phil. Berlin 1954; Manfred Geßner, Wehrfrage und Gewerkschaftsbewegung in den Jahren 1918–1923 in Deutschland, Diss. phil. Berlin 1962.
9 Eberhard Kolb, Die Arbeiterräte in der deutschen Innenpolitik 1918–1919, Düsseldorf 1962, S. 292–302.
10 Lothar Berthold u. Helmut Neef, Militarismus und Opportunismus gegen die Novemberrevolution, Berlin 1958; Günter Paulus, Zusammenbruch und Wiederaufstieg des deutschen Militarismus 1918/19, Diss. phil. Berlin 1962; Heinz Oeckel, Die revolutionäre Volkswehr 1918/19, Berlin 1968.
11 E. Kolb, S. 292 f.
12 H. Oeckel, S. 138 f.
13 Diesem Problem habe ich mich in meiner Dissertation gewidmet.
14 S. 167–97 u. 300–51.
15 Peter v. Oertzen, Betriebsräte in der Novemberrevolution, Düsseldorf 1963, S. 136 ff.
16 Wolfgang Schumann, Oberschlesien 1918/19, Berlin 1961, S. 139 ff.
17 P. v. Oertzen, S. 112 ff.; s. hierzu meine Ausführungen über die »Essener Sozialisierungsbewegung und Volkswehrbewegung im rheinisch-westfälischen Industriegebiet 1918/1919«, in: Internationale Wissenschaftliche Korrepondenz (IWK) 16, 1972, S. 55-65.
18 H. Oeckel, S. 120 ff., konnte von der Volkswehrbewegung in den wichtigsten Städten des IV. Armeekorps (Halle, Zeitz, Naumburg, Weißenfels, Magdeburg und Halberstadt) offenbar wegen des Mangels an aussagekräftigen Unterlagen (hauptsächlich Militärakten) nur ein oberflächliches Bild entwerfen.
19 W. Schumann, S. 142, Anm. 225.

Kapitel I

1 Regierung der Volksbeauftragten I, S. XXII.
2 Ebd., S. XXII; Zentralrat, S. XV; E. Kolb, S. 119.
3 Zentralrat, S. XV, Anm. 21.

4 »Die provisorische Regierung... und der Aktionsausschuß... hatten beide ihr Mandat von *einer* Versammlung erhalten. Damit war diese Versammlung auch von beiden als ›souverän‹ anerkannt worden«. Richard Müller, Vom Kaiserreich zur Republik, Bd. II: Die Novemberrevolution, Wien 1925, S. 40; siehe auch: Zentralrat, S. XV.
5 S. hierzu ihre Erklärung an den Zentralrat vom 28./29. 12. 1918 in: Regierung der Volksbeauftragten II, S. 137 f.
6 Neue Regierungsmitglieder wurden Gustav Noske und Rudolf Wissell. S. hierzu: Regierung der Volksbeauftragten II, S. 143 f.
7 E. Matthias hat hierzu Stellung genommen in: Regierung der Volksbeauftragten I, S. LXXV ff.; ausführlich: H. Reuse, Analyse der Ursachen und innenpolitischen Auswirkungen der Regierungskrise (Rat der Volksbeauftragten) im Dezember 1918 unter besonderer Berücksichtigung neuerer Quellen, Ungedr. Diplomarbeit, FU (Otto-Suhr-Institut) Berlin 1971.
8 S. hierzu die kontroverse Diskussion im Zentralrat am 28. 12. 1918 über die militärpolitischen Hintergründe der Regierungskrise: Zentralrat, S. 70–89.
9 Über die militärische Entwicklung an der Westfront zwischen dem 5. und 9. November 1918: Der Weltkrieg 1914 bis 1918, 14. Bd., S. 696 ff.; Die Regierung des Prinzen Max von Baden, bearb. v. E. Matthias u. R. Morsey, Düsseldorf 1962, S. 533 ff., 547 ff., 560; Die Auswirkungen der Großen Sozialistischen Oktoberrevolution auf Deutschland 4, S. 1720 ff.; über die Vorgänge im Großen Hauptquartier: Wilhelm Groener, Lebenserinnerungen, Göttingen 1957, S. 451 ff.; Albrecht von Thaer, Generalstabsdienst an der Front und in der O.H.L. Aus Briefen und Tagesaufzeichnungen 1915–1919, Göttingen 1958, S. 253 ff.; Alfred Niemann, Kaiser und Revolution, verbess. Aufl. Berlin 1928, S. 280, 33 f., 337, 341 f., 357, 366, 400, 444 f., 452 ff., 465 ff.; Kuno Graf v. Westarp, Das Ende der Monarchie am 9. November 1918, Berlin 1952, S. 42 ff.; Sigurd von Ilsemann, Der Kaiser in Holland, Bd. 1, München 1967, S. 40 ff.
10 Über die einzelnen Bestimmungen hinsichtlich der deutschen Reparationsleistungen s.: Der Waffenstillstand 1918 bis 1919. Im Auftr. d. Deutschen Waffenstillstandskommission hg. v. Edmund Marhefka, Bd. 1, Berlin 1928.
11 A. v. Thaer, S. 272. Zur »Bündnis«-Frage habe ich ausführlich in meiner Dissertation Stellung genommen; s. dort besonders S. 133–44.
12 Am 15. November erfolgte durch das preußische Kriegsministerium die offizielle Bestätigung des militär-technischen Auftrages an die Oberste Heeresleitung, der als die Grundlage der Zusammenarbeit zwischen Regierung und Heeresleitung angesehen werden muß; es hieß in den an diesem Tage veröffentlichten Richtlinien: »Die Zurückführung des Heeres im Westen hinter den Rhein, im Süden und Osten hinter die Reichsgrenze ist im Gange, sie wird durch die Oberste Heeresleitung durchgeführt. Das Ziel dieser Bewegung ist, zunächst die Waffenstillstandsbedingungen zu erfüllen, dann das uns bleibende Gebiet zu schützen und alle hierbei entbehrlichen Kräfte der Heimat zuzuführen. Die Oberste Heeresleitung bestimmt, welche Teile des Feldheeres als Grenzschutz bis zum Friedensschluß aufgestellt bleiben müsssen. (. . .) Die Verpflegung und Unterkunft auf dem Rückmarsch regelt die Oberste Heeresleitung, soweit geschlossen marschiert und gefahren wird.« Kurt Gößgen, Demobilmachungs-Handbuch, Berlin 1919, S. 1 ff.
13 L. Berthold, H. Neef, S. 27 u. 114.
14 Geheimes Staatsarchiv München, MA I 980: Fernschreiben der Funkerstation München an das Ministerium für Militärische Angelegenheiten am 18. 11. 1918

(aus dem Interview Eberts mit dem Leiter des Transocean-Nachrichtendienstes).
15 S. zu diesem Problem die Äußerung des Volksbeauftragten Landsberg in: Regierung der Volksbeauftragten, Teil II, S. 115.

Kapitel II

1 In seiner Analyse der zivilen Rätebewegung kommt E. Kolb, S. 127, über den Vollzugsrat zu einem ähnlichen Urteil: »Der Vollzugsrat schuf sich keine Verbindung zu den Arbeiter- und Soldatenräten der Provinz und zu den entstehenden Kreis- und Bezirks-Arbeiterräten, wenigstens Preußens, sondern er erließ lediglich einige Proklamationen. Statt die Arbeiter- und Soldatenräte unter dem Spitzengremium zu organisieren, führte der Vollzugsrat endlose Debatten bei zunehmender Versteifung der Fronten und zunehmender passiver Resistenz der SPD-Mitglieder.«
2 Regierung der Volksbeauftragten, Teil I, S. 81 (Gustav Gerhardt). Korpsverordnungsblatt f. d. IX. Armeekorps (1918), Nr. 18 (5. 12. 1918), Ziffer 186.
4 Eduard Schulte, Münstersche Chronik zu Novemberrevolte und Separatismus 1918, Münster 1936, S. 73 f.
5 Ebd., S. 98 ff.; aufschlußreich für die Intentionen des stellvertretenden Generalkommandos hinsichtlich der organisatorischen Durchbildung der militärischen Rätebewegung im Bereich des Armeekorps, die in keinem anderen Bereich eine derartige Perfektion erreicht hat, ist ein Schreiben des Chefs des Stabes, Oberst Giffenig, an die Landräte usw. vom 20. 11. 1918, worin es hieß, es sei Klage darüber geführt worden, daß sich im Korpsbezirk vielfach sogenannte »wilde« Soldatenräte gebildet hätten, die sich »unberechtigterweise Machtbefugnisse angemaßt« und willkürliche Eingriffe in öffentliche und private Angelegenheiten vorgenommen hätten. Der Stabschef ordnete an – und zwei Mitglieder des Generalsoldatenrates sanktionierten diese Anordnung mit ihren Unterschriften –, daß außerhalb des Organisationsplanes (vom 13. November) keine anderen militärischen Räteorgane das Recht auf Existenz und Funktion hätten; dieses gelte insbesondere für solche Soldatenräte, die von Urlaubern oder von selbständig zurückgekehrten Soldaten willkürlich ins Leben gerufen seien. Stadtarchiv Mülheim/Ruhr, Nr. 10-59, Abt. VII, Fach A Nr. 135, Bl. 12 f.
6 E. Schulte, Münstersche Chronik Novemberrevolte, S. 164 f.; eine Tagung zur »Aufklärung« und »Verständigung« hatten die Soldatenräte der IV. Armee und des mobilen Generalkommandos des VII. Armeekorps am darauffolgenden Tag abgehalten. Hier wurde vereinbart und nochmals bekräftigt durch die beiden Soldatenräte der aktiven Armeeteile und den stellvertretenden Soldatenrat des Armeekorps, die Organisation des General-Soldatenrates anzuerkennen. Ebd., S. 171; über die Gründung des Soldatenrates der IV. Armee s. Ludwig Lewinsohn, Die Revolution an der Westfront, Charlottenburg o. J. (1919), S. 5 ff.
7 E. Schulte, Münstersche Chronik Novemberrevolte, S. 222 u. 267.

Kapitel III

1 Vorwärts v. 13. 11. 1918; s. auch Stampfers Leitartikel im »Vorwärts« vom 14. November: »Die ersten Gesetze der deutschen Republik«.

2 E. Kolb, S. 170 f.
3 E. Schulte: Münstersche Chronik Novemberrevolte, S. 154; Vossische Zeitung Nr. 610 v. 29. 11. 1918 (Morgenausg.): Ph. Scheidemann vor den Großberliner Arbeiterräten; R. Müller, Kaiserreich II, S. 87 ff.; Allgemeiner Kongreß der Arbeiter- und Soldatenräte in Deutschland vom 16. bis 21. Dezember 1918 im Abgeordnetenhaus zu Berlin. Sten. Ber., Berlin, Sp. 269 f. (Cohen).
4 E. Schulte: Münstersche Chronik Novemberrevolte, S. 164.
5 Vgl. hierzu die Ausführungen von E. Kolb, S. 198 f.
6 Ebd., S. 199.
7 Allgemeiner Kongreß, Sp. 282; E. Kolb, S. 199.
8 Vorwärts v. 11. 11. 1918.
9 Abgedr. bei L. Berthold/H. Neef, S. 105.
10 Vorwärts v. 12. 11. 1918; ein entsprechender Aufruf des Großberliner Vollzugsrates ist nicht nachweisbar. In der Sitzung der Soldatenräte Groß-Berlins am 14. November aber wurde der Beschluß gefaßt, Offiziere und technische Beamte »nach Möglichkeit« in ihren bisherigen Stellungen zu belassen. Bayer. Kriegsarchiv München, MKr. 2318, Bü. 4, hierin: Bekanntmachungen des Vollzugsrates, Bl. 3; in einem Richtlinienentwurf des Vollzugsrates Mitte November 1918 hieß es: »Solange die Umwandlung der alten militaristischen Armee in ein republikanisches Volksheer noch nicht durchgeführt ist, muß – vor allem in den höheren Dienststellen – mit dem bisherigen Apparat weitergearbeitet werden.« Zit. bei G. Paulus, S. 199 ff.
11 E. Schulte, Münstersche Chronik Novemberrevolte, S. 124 f.
12 Abgedr. in Freiheit Nr. 16 v. 23. 11. 1918.
13 Freiheit Nr. 17 v. 24. 11. 1918.
14 E. Schulte, Münstersche Chronik Novemberrevolte, S. 74 f.: Allgemeiner Befehl vom 10. 11. 1918; hiernach waren noch beide Kokarden zu tragen. S. 92: Befehl vom 12. 11.: S. 125: Aus dem Rundschreiben des Soldatenrats für den Bezirk des VII. Armeekorps vom 18. 11. 1918.
15 Aufrufe, Verordnungen und Beschlüsse des Vollzugsrates des Arbeiter und Soldatenrates Groß-Berlin (Berlin 1918), Nr. 9.
16 Bayer. Kriegsarchiv München, MKr. 2318, Bü. 4, hierin: Richtlinien und Verordnungen, H. 1, S. 12 f.
17 Ebd., S. 13. Der Vollzugsrat ließ es hierbei nicht mit einer Proklamation von Grundsätzen bewenden, sondern bewies im Fall des Hauptmanns von Beerfelde, daß er die Träger der alten Militärverwaltung, sofern sie sich in den Dienst der Republik gestellt hatten, auch gegen die Attacken aus den eigenen Reihen schützte. Beerfelde, der zum Vollzugsrat gehörte, wollte den preußischen Kriegsminister Scheüch verhaften und wurde daraufhin aus dem Vollzugsrat, in dem er als Vorsitzender der militärischen Fraktion fungierte, entlassen. Strobel, als Vertreter des Vollzugsrates, gab in der Soldatenversammlung am 13. November bekannt, es müsse vor allem jeder Terror unterdrückt werden, Beerfelde habe die Revolution in die radikale Richtung leiten wollen und sei deshalb seines Postens enthoben worden. Bayer. Kriegsarchiv München, MKr. 2318: Bekanntmachungen des Vollzugsrates, S. 2.
18 Vgl. G. Paulus, S. 199 ff.
19 Bayer. Kriegsarchiv München, MKr. 2318, Bü. 4, hierin: Richtlinien usw., S. 8 ff.; Hervorhebung – U.K. In den »Richtlinien für die deutsche sozialistische Armee«, die von der Auskunftsstelle des Berliner Vollzugsrates herausgegeben wurden, hieß es, die Armee zerfalle in die Mannschaften und die Führer, die Füh-

rer würden gewählt, im Dienst herrsche militärische Disziplin, der Gruß sei das Zeichen kameradschaftlicher Zusammengehörigkeit, die rote Kokarde werde getragen (aber keine Achselstücke und Degen), Führer und Mannschaften trügen gleiche Bekleidung, Waffen dürften nur während der Dienststunden getragen werden, die gewählten Führer trügen nur im Dienst eine rote Binde als Abzeichen ihres Ranges. Freiheit Nr. 16 v. 23. 11. 1918. Es ist unklar, ob diese Skala von Rechten und Pflichten der Offiziere und Mannschaften jemals vom Vollzugsrat autorisiert worden ist.

Kapitel IV

1 U. a. in Borken, Emmerich, Wesel, Essen, Elberfeld, Kettwig, Haltern, Kleve und Unna. Stadtarchiv Mülheim/Ruhr: Abt. XIII, Nr. 169, 32-00-3, hierin: Beilage zum Korps-Verordnungsblatt (VII. A.K.) Nr. 140, 24. 12. 1918.
2 Stadtarchiv Essen, Rep. 102, Nr. 1094, Bl. 106; vgl. H. Oeckel, S. 56.
3 Stadtarchiv Mülheim/Ruhr, Abt. XIII. Nr. 169, 32-00-3, hierin: Zeitungsausschnitte aus dem »Generalanzeiger« Nr. 268 v. 15. 11. 1918, Nr. 271 v. 19. 11. 1918, Nr. 280 v. 30. 11. 1918; H. Metzmacher, Die Novemberrevolution der Rheinprovinz, in: Annalen des Historischen Vereins f. den Niederrhein NW 169, 1967, S. 400 f.; Sammlung der Drucksachen der verfassunggebenden Preußischen Landesversammlung (Anlagen zu den Sitzungsberichten), Tagung 1919/1921, Bd. 10, Berlin 1921, S. 5626; s. hierzu auch I. Steinisch, in diesem Band.
4 E. Schulte, Münstersche Chronik Novemberrevolte, S. 91, 108, 121 f., 125, 140, 163, 169, 178, 204.
5 S. H.-U. Knies, in diesem Band.
6 Ebd.
7 Stadtarchiv Solingen, Bergische Arbeiterstimme Nr. 266 v. 12. 11. 1918.
8 Stadtarchiv Solingen, V-E-22, Protokollbuch d. Arbeiter- und Soldatenrates Höhscheid, Bl. 2 f.
9 Stadtarchiv Solingen, N-5-17, Bd. II spec.
10 Bergische Arbeiterstimme Nr. 290 v. 1. 12. 1918.
11 Bergische Arbeiterstimme Nr. 292 v. 2. 12. 1918.
12 Bergische Arbeiterstimme Nr. 269 v. 15. 11. 1918.
13 Stadtarchiv Solingen, N-5-17, Bd. II spec., Aus d. Schreiben d. Reg. Präsidenten in Köln an d. Oberbürgermeister in Solingen vom 14. 12. 1918.
14 Stadtarchiv Solingen, Bauermann, Zeittafel zur Geschichte der Stadt Solingen 965-1950, S. 102.
15 Stadtarchiv Paderborn, Paderborner Anzeiger v. 11. 11. 1918.
16 Stadtarchiv Minden, G I A, Nr. 6, Bl. 11 u. 26.
17 Stadtarchiv Krefeld, Best. 4, Nr. 20/27, Bd. 159.
18 Stadtarchiv Krefeld, Krefelder Zeitung Nr. 585 v. 16. 11. 1918, Mittagsausgabe.
19 Stadtarchiv Krefeld, Best. 4, Nr. 20/27, Bl. 5 u. 13.
20 Helmut Metzmacher, Der Arbeiter- und Soldatenrat 1918 in Krefeld, in: Die Heimat 40, 1969, S. 83.
21 Stadtarchiv Krefeld, Best. 4, Nr. 20/27, Bl 22.
22 Ebd., Bl. 169.
23 H. Metzmacher, Krefeld, S. 83; Stadtarchiv Krefeld, Crefelder Zeitung Nr. 623 v. 7. 12. 1918, Abendausgabe.

24 Stadtarchiv Düsseldorf, BG 148, Walter Zensen, Politische Unruhen in Düsseldorf 1919/1920, Ungedr. Staatsexamensarbeit (Pädagogische Hochschule Rheinland, Abt. Neuß) 1969, S. 1–10, 17 f., 20; vgl. Marion Einhorn, Zur Rolle der Räte im November und Dezember 1918, in: Zeitschrift f. Geschichtswissenschaft 3, 1956, S. 549; H. Metzmacher Rheinprovinz, S. 400; Adalbert Oehler, Meine Beziehungen zur Revolution in Düsseldorf, Düsseldorf 1919, S. 3.
25 Stadtarchiv Gelsenkirchen, Stat. 41/KM, Ursula Witte, Entstehung und Tätigkeit des Arbeiter- und Soldatenrates in Gelsenkirchen vom November 1918 bis Februar 1919. Ungedr. Staatsexamensarbeit (Päd. Hochschule Westfalen-Lippe, Abt. Münster I) 1968, S. 23 ff.
26 Stadtarchiv Gelsenkirchen, Verw. Akten XVIII/12/26, hierin Ausschnitt a. d. Gelsenkirchener Allgemeinen Zeitung Nr. 79 v. 3. 9. 1919.
27 U. Witte, S. 38.
28 Ebd., S. 37.
29 Ebd., S. 40.
30 Zum folgenden: I. Marßolek, in diesem Band.
31 Stadtarchiv Bielefeld, Westfälische Neueste Nachrichten Nr. 265 v. 11. 11. 1918.
32 Westfäl. Neueste Nachrichten Nr. 266 v. 11. 11. 1918.
33 Westfäl. Neueste Nachrichten Nr. 271 v. 18. 11. 1918.
34 Stadtarchiv Bielefeld, Protokollbuch d. Magistrats 1917 bis 1919, S. 260.
35 Westfäl. Neueste Nachrichten Nr. 278 v. 27. 11. 1918.
36 Westfäl. Neueste Nachrichten Nr. 284 v. 4. 12. 1918.
37 Stadtarchiv Bochum, Volksblatt Nr. 271 v. 18. 11. 1918.
38 Stadtarchiv Bochum, Akte Nr. 1153, Bl. 10.
39 Stadtarchiv Bochum, Akte Nr. 1252, Bl. 3 f.
40 Stadtarchiv Bochum, Akte Nr. 1252, Bl. 29.
41 Stadtarchiv Bochum, Akte Nr. 1252, Nr. 33: Aus einem Schreiben des Magistrats an d. Oberbürgerm. vom 17. 12. 1918.
42 Stadtarchiv Soest, Rep. Friedrich, Abt. IV, Nr. 24, Bl. 33. Die Quellengrundlage für die Darstellung der inneren Verhältnisse des Sicherheitsdienstes in Soest ist breiter als in anderen Städten des Korpsbereichs; deshalb ist die Darstellung hier auch breiter angelegt als es der Bedeutung der Stadt Soest im Rahmen der politischen Gesamtentwicklung im VII. Armeekorps entsprechen würde.
43 Stadtarchiv Soest, Rep. Friedrich, Abt. IV, Nr. 24, Bl. 5–7.
44 Stadtarchiv Soest, Rep. Friedrich, Abt. IV, Nr. 24, Bl. 7a–9a.
45 Stadtarchiv Soest, Rep. Friedrich, Abt. IV, Nr. 24, Bl. 15–17.
46 Stadtarchiv Soest, Soester Anzeiger Nr. 290 v. 11. 12. 1918. Merkwürdigerweise fehlen Hinweise auf die soziale Zusammensetzung der Bürgerwehr, es kann aber angenommen werden, daß in erster Linie Einwohner der Stadt Soest aufgenommen wurden, und zwar ohne Rücksicht auf ihren sozialen Status oder ihre Parteizugehörigkeit. Auch in Soest stationierte Soldaten wurden aufgenommen.
47 Stadtarchiv Soest, Soester Anzeiger Nr. 11 v. 14. 1. 1919.
48 H. Metzmacher, Rheinprovinz, S. 402.
49 Hanno Lambers, Die Revolutionszeit in Hagen. Die politische Entwicklung von 1917–1924 in Hagen und Haspe, Hagen 1963, S. 51 u. 53.
50 Stadtarchiv Recklinghausen, Abt. C/XIII, Nr. 1, Bl. 79 ff.
51 Stadtarchiv Essen, Abt. I, Nr. 1068, Bl. 23: Aus dem Bericht des Bürgermeisters Jarres auf der Zusammenkunft mit Vertretern des Generalkommandos und der Arbeiter- und Soldatenräte am 27. 2. 1919 in Münster.

52 H. Oeckel, S. 56.
53 Lippischer Volks- und Soldatenrat, Sitzung Nr. 4 v. 14. 11. 1918: Die Räteorganisation behielt sich das Recht vor, bei der Einrichtung »lokaler Sicherheitsausschüsse« allgemeine Weisungen zu erteilen; Sitzung Nr. 5 v. 15. 11. 1918: Die lippischen Gendarmen dürfen Waffen tragen; Sitzung Nr. 6 v. 18. 11.: Sicherung der Waffenbestände durch den Soldatenrat. Über die Schlußfolgerungen aus den Zusammenstößen: Ebd., S. 85.
54 E. Schulte, Münstersche Chronik Novemberrevolte, S. 54.
55 H. Oeckel, S. 56.
56 Stadtarchiv Bochum, Volksblatt Nr. 269 v. 15. 11. 1918.
57 Stadtarchiv Solingen, Bergische Arbeiterstimme Nr. 266 v. 12. 11. 1918.
58 Stadtarchiv Solingen, Bergische Arbeiterstimme Nr. 265 v. 11. 11. 1918.
59 Stadtarchiv Krefeld, Best. 4, Nr. 2027, Bl. 159a.
60 Artikel V der Waffenstillstandsbedingungen lautete: »Räumung der linksrheinischen Gebiete durch die deutschen Armeen. Die Gebiete auf dem linken Rheinufer werden durch die örtlichen Behörden unter Aufsicht der Besatzungstruppen der Alliierten und der Vereinigten Staaten verwaltet. Die Truppen der Alliierten und Vereinigten Staaten werden die Besetzung dieser Gebiete durch Garnisonen bewirken, die die wichtigsten Rheinübergänge (Mainz, Koblenz, Köln) inbegriffen je einen Brückenkopf von 30 km Durchmesser auf dem rechten Ufer beherrschen und außerdem die strategischen Punkte des Gebietes besetzen. Auf dem rechten Rheinufer wird eine neutrale Zone geschaffen. Sie verläuft zwischen dem Fluß und einer Linie, die parallel den Brückenköpfen und dem Fluß gezogen wird, in einer Breite von 10 km von der holländischen bis zur Schweizer Grenze.« Der Waffenstillstand 1918–1919, hg. v. E. Marhefka, Bd. 1, Berlin 1928, S. 27. In den Einzugsbereich der neutralen Zone kamen auf linksrheinischem Gebiet die Standorte Geldern und Krefeld, auf rechtsrheinischem Gebiet Wesel, Duisburg, Düsseldorf, Solingen, Elberfeld u. Barmen.
61 Stadtarchiv Krefeld, Crefelder Zeitung Nr. 623 v. 7. 12. 1918, Abendausgabe, mit dem Eintreffen der englischen Besatzungstruppen am 13. Dezember wurde in Solingen der Arbeiter- und Soldatenrat aufgelöst (Stadtarchiv Solingen, N-5-17, Bd. II spec., hierin: Schreiben d. Oberbürgermeisters von Solingen a. d. Regierungspräsidenten in Düsseldorf v. 28. Dezember). Am 5. Dezember beschlossen die Arbeiter- und Soldatenräte des Kreises Solingen, mit dem Kommandanten der Besatzungstruppen zu verhandeln, um zu erreichen, daß dieser die Arbeiterräte »als die Verwaltung anerkennt«, doch ohne Erfolg (Stadtarchiv Solingen, V-E-22, S. 19). In Düsseldorf protestierten zwar die belgischen Besatzungsbehörden gegen das Weiterbestehen der Sicherheitswehr in der neutralen Zone, doch lösten sie das Sicherheitsregiment nicht auf; das geschah erst am 9. Januar 1919 infolge der Machtübernahme durch die Kommunisten im Arbeiterrat (W. Zensen, S. 20, 35 f., 80, 83 f.; s. E. Kolb, S. 307).
62 Von den Regionalkonferenzen der Arbeiter- und Soldatenräte, etwa von der am 6. Dezember in Bielefeld tagenden Konferenz der Arbeiter-, Volks- und Soldatenräte des östlichen Westfalen und der lippischen Freistaaten, auf der 50 Vertreter aus 20 Städten und Gemeinden versammelt waren, kam kein entsprechender Anstoß zur Vereinheitlichung der Strukturen. Stadtarchiv Bielefeld, Westfälische Neueste Nachrichten Nr. 287 v. 7. 12. 1918. Ebensowenig war der Anstoß von der Bezirkskonferenz der Arbeiter- und Soldatenräte des Bezirks Niederrhein und des westlichen Westfalen am 20. November gegeben worden. Die Delegierten ließen es bei der allgemeinen Forderung bewenden, eine »Rote Garde« zu

schaffen. Dokumente und Materialien zur Geschichte der Deutschen Arbeiterbewegung, Reihe II, Berlin, Bd. 2, S. 510.
63 Ein Major, ein Hauptmann, ein Leutnant und ein Offizierstellvertreter.
64 In ihrer ersten Ausbaustufe sind die 1072 Mann der Dortmunder Sicherheitswehr mit Gewehren, Maschinengewehren, einem Flakgeschütz und Handgranaten ausgerüstet worden. Diese Ausrüstung ist nicht typisch für die meisten Sicherheitswehren im Armeekorpsbereich. Man kann davon ausgehen, daß im Ernstfall die Sicherheitswehren auf die Waffen- und Munitionsbestände der Ersatztruppenteile im Garnisonsbereich zurückgreifen konnten, die überall von der örtlichen Räteorganisation kontrolliert wurden.
65 Stadtarchiv Bochum, Akte Nr. 1252, Blatt 3.
66 Stadtarchiv Bochum, Akte Nr. 1252, Blatt 14 ff.; die Höhe des Tagessatzes für die Sicherheitssoldaten schwankte von Stadt zu Stadt: in Bochum erhielten die Soldaten anfangs 7 Mark, später 15 Mark, in Dortmund 13 Mark, in Hörde bei Dortmund 5 Mark und in Bielefeld anfangs 6 Mark, später 7 Mark, was der Tagesentlohnung für einen Notstandsarbeiter entsprach.
67 Stadtarchiv Bochum, Akte Nr. 1252, Blatt 18 ff.
68 Stadtarchiv Bochum, Akte Nr. 1252, Blatt 36.
69 Stadtarchiv Bochum, Akte Nr. 1252, Blatt 42.
70 Stadtarchiv Bochum, Akte Nr. 1252, Blatt 41.
71 Stadtarchiv Bochum, Akte Nr. 1252, Blatt 57.
72 Stadtarchiv Bochum, Akte Nr. 1252, Blatt 90.
73 Stadtarchiv Bochum, Akte Nr. 1252, Blatt 78 ff.; am 9. Februar hatte die Stadtverwaltung Düsseldorf ca. 116 300 Mark für den Soldatenrat und die Sicherheitswehr erhalten. Es kann angenommen werden, daß das für Bochum angeführte Beispiel im Bereich des VII. Armeekorps typisch ist. Paul Küppers, Die Kriegsarbeit der Stadt Bochum 1914–1918, Bochum 1926, S. 253.

Kapitel V

1 Regierung der Volksbeauftragten, Teil I, S. 31 ff.
2 Diese Konzeption bildete im Gegensatz zu den Konzeptionen der außerpreußischen Militärbereiche keine formale Einheit. Sie setzte sich aus einer Reihe ministerieller Einzelverordnungen und eigenständiger Verfügungen der Generalkommandos für den jeweiligen Befehlsbereich zusammen.
3 Eine Analyse der ministeriellen Politik in den letzten Wochen der Amtsperiode Kriegsminister Scheüchs und der ersten Wochen der Amtsperiode Reinhardts ist außerordentlich schwierig, da die gegebene Informationsbasis zu klein ist. Lediglich der Nachlaß des Obersten Ernst van den Bergh gibt einige Informationen (Bundesarchiv/Militärarchiv Freiburg i. Br., N 112/11).
4 Näheres s. Regierung der Volksbeauftragten, Teil I, S. 247; über die Motivation derjenigen Ministerialbeamten, die an Ebert mit dem »Volkswehr«-Projekt herantraten, läßt sich so viel vermuten, daß sie aus einem Rivalitätsverhältnis zur Obersten Heeresleitung handelten; denn in Berlin befürchtete man die Einengung des ministeriellen Kompetenzbereichs in dem Augenblick, wo hier unter General Lequis eine der Obersten Heeresleitung direkt unterstellte militärische Dienststelle eingerichtet würde. Darüber hinaus vermehrten sich auch im Kabinett die Anzeichen dafür, daß die Heeresleitung ambitiöse politische Ziele unter

Umgehung der Regierung verfolgte. Da es in jenen Tagen keine linksextremen Unruhen gab, kann gefolgert werden, daß das Projekt primär gegen den Herrschaftsanspruch der Heeresleitung gerichtet war.
5 Bundesarchiv Koblenz/Militärarchiv, H-08-42/11, Bl. 10; Die Wirren in der Reichshauptstadt und im nördlichen Deutschland, Berlin 1940 (= Darstellungen a. d. Nachkriegskämpfen deutscher Truppen und Freikorps, Bd. VI), S. 10 f.
6 Wirren, S. 28 und 182 f.; A. v. Thaer, Generalstabsdienst, S. 280.
7 Wirren, S. 182 f.
8 Stadtarchiv Krefeld, Crefelder Zeitung Nr. 608 v. 29. 11. 1918.
9 H. Lambers, S. 52.
10 Stadtarchiv Duisburg, Abt. II, Nr. 6, Bd. 1.
11 Hauptstaatsarchiv Düsseldorf (Zweigstelle Kalkum), Reg. Düsseldorf Nr. 15279, Bl. 46 ff.
12 Erich Kittel, Geschichte des Landes Lippe. Heimatchronik d. Kreise Detmold und Lemgo, Köln 1957, S. 261; Lippischer Volks- und Soldatenrat, S. 85.
13 E. Schulte, Münstersche Chronik Novemberrevolte, S. 251.
14 Stadtarchiv Krefeld, Crefelder Zeitung Nr. 604 v. 27. 11. und Nr. 608 v. 29. 11. 1918.
15 Westfälische Allgemeine Volkszeitung Nr. 282 v. 30. 11. 1918.
16 Stadtarchiv Krefeld, Crefelder Zeitung Nr. 604 v. 27. 11. 1918.
17 Freiheit Nr. 32 v. 2. 12. 1918.
18 Freiheit Nr. 46 v. 10. 12. 1918, Morgenausg.; Nr. 50 v. 12. 12. 1918, Morgenausgabe.
19 Stadtarchiv Krefeld, Crefelder Zeitung Nr. 608 v. 29. 11. und Nr. 613 v. 2. 12. 1918.
20 Stadtarchiv Bielefeld, Westfälische Neueste Nachrichten Nr. 287 v. 7. 12. 1918.
21 Stadtarchiv Bielefeld, Westfälische Neueste Nachrichten Nr. 287 v. 7. 12. 1918.
22 Allgemeiner Kongreß, Sp. 121 ff.
23 Von ca. 500 Delegierten gehörten rund 300 der SPD an, etwa 100 der USPD, davon dem Spartakusbund 10, 26 den Demokraten und der Rest ohne Angaben der Parteizugehörigkeit. Eberhard Kolb, Rätewirklichkeit und Räte-Ideologie in der deutschen Revolution von 1918/19, in: Deutschland und die russische Revolution, hg. v. H. Neubauer, Stuttgart 1968, S. 190.
24 Internationales Institut für Sozialgeschichte Amsterdam, Archiv d. Zentralrats, B-58/II: »An die Kameraden . . .«.
25 E. Kolb, S. 201 f.
26 Aus dem Telegramm Hindenburgs an die Armee-Oberkommandos, abgedr. bei L. Berthold/H. Neef, S. 184.
27 S. die ausführliche Debatte in: Zentralrat, S. 24–43.
28 Bayer. Kriegsarchiv München, Mkr. 2320, Bl. 39.

Kapitel VI

1 Von 55 teilnehmenden Mitgliedern waren 42 stimmberechtigt, sie vertraten die Organisationen in folgenden Städten: Minden, Solingen, Münster, Hagen, Bochum, Soest, Essen, Paderborn, Sennelager, Velbert, Coesfeld, Oberhausen, Dortmund, Recklinghausen, Düsseldorf, Bielefeld, Lennep, Gelsenkirchen, Barmen, Mülheim.

2 Das Problem eines Grenzschutzes im Osten hatte sich folgendermaßen entwickelt: Auf Anregung des Oberbefehlshabers der 10. Armee (14./15. 11. 1918) ordnete das Kriegsministerium an, Freiwillige aus den Befehlsbereichen folgender Armeekorps anzuwerben: I. (Königsberg), II. (Stettin), III. (Berlin), IV. (Magdeburg), XVII. (Danzig) und XX. (Allenstein). Ihr Auftrag sollte sein, den Schutz für das heimwärts marschierende Ostheer zu übernehmen. Den (stellvertretenden) Generalkommandos wurde der Befehl erteilt, die organisatorische Vorbereitung, die Aufstellung und Ausrüstung der Truppen im Einvernehmen mit den zuständigen Soldatenräten zu beginnen. Seit dem 15. Dezember 1918 dehnte das Kriegsministerium die Freiwilligenwerbung auf alle größeren Städte des Reichsgebietes aus, also auch auf die des Ruhrgebietes. Auf dem I. Rätekongreß wurde der Antrag des USPD-Volksbeauftragten Barth, den Ostgrenzschutz aufzuheben, von den Delegierten abgelehnt.

3 Tatsächlich heißt es nur an einer Stelle des bei E. Schulte, Münstersche Chronik zu Spartakismus und Separatismus Anfang 1919, Münster 1939, S. 28 ff. abgedruckten Protokolls »provisorische«, dagegen an zwei anderen Stellen »proletarische Volkswehr«. Es gibt Hinweise darauf, daß es nicht um die Aufstellung von Arbeiterwehren ging, sondern darum, »schon vor Eingang der Entscheidung« aus Berlin provisorisch mit dem Aufbau zu beginnen.

4 E. Schulte, Münstersche Chronik Spartakismus, S. 58.

5 Zum Folgenden: H. Oeckel, S. 110 ff.; P. v. Oertzen, Betriebsräte S. 110 ff.; ausführlich: Erhard Lucas, Ursachen und Verlauf der Bergarbeiterbewegung in Hamborn und im westlichen Ruhrgebiet 1918/19. Zum Syndikalismus in der Novemberrevolution, in: Duisburger Forschungen 15, 1971, S. 1–119.

6 H. Oeckel, S. 105 f.

7 E. Schulte, Münstersche Chronik Spartakismus, S. 29 f.

8 Ebd., S. 30.

9 Ebd., S. 38.

10 Über die parteipolitische Zuordnung der Mitglieder in den einzelnen Bezirks-Soldatenräten können keine Zahlenangaben gemacht werden, doch dürfte es sich nach genauer Kenntnis der einzelnen lokalen Organisationen in ihrer Haltung zu den Grundfragen künftiger Politik in Deutschland (Nationalversammlung usw.) in der Mehrzahl um Organisationen gehandelt haben, deren Mitglieder sich der Politik der SPD/USPD-Koalition verpflichtet fühlten. Ein Versuch einer Gruppe von Delegierten auf der Sitzung am 6. Januar 1919 unter Führung von Ficks, General-Soldatenrat Münster, einen Antrag zu Annahme zur bringen, wonach alle Mitglieder, die keiner sozialdemokratischen Partei angehören, aus dem Generalsoldatenrat auszuscheiden hätten, wurde mit der Begründung zurückgezogen, »weil in verschiedenen Gegenden (des VII. Armeekorps-Bereichs) keine Sozialisten vorhanden sind« (E. Schulte, Münstersche Chronik Spartakismus, S. 51 f.). In der Delegiertenliste des VII. Armeekorpsbereichs für den I. Rätekongreß sind insgesamt 38 Arbeiter- und Soldatenräte aufgeführt, von denen 19 der USPD und 18 der SPD angehörten; von einem Soldatenrat fehlen die Angaben (E. Schulte, Münstersche Chronik Spartakismus, S. 209 ff.). Das Verhältnis von gemäßigten Sozialdemokraten zu Unabhängigen ist von der Parteizugehörigkeit her ausgewogen, doch kommt ihm hier nur formale, nicht politische Bedeutung zu. In der konkreten Situation, in der sich die Räteorganisationen im Bereich des VII. Armeekorps Anfang 1919 befanden, ist die politische Haltung ihrer Mitglieder nicht in erster Linie vom Parteibuch und der Loyalität zu den Parteivorständen geprägt worden, sondern von ihrer Haltung zu den Vorgängen auf

den Zechen, von den täglichen Erfahrungen im Umgang mit den Kommandobehörden usw. Im Falle der Soldatenräte waren die Verhältnisse dadurch speziell gelagert, daß sie losgelöst von der SPD- bzw. USPD-Ortsgruppe agieren konnten, ohne den lokalen Parteileitungen verantwortlich zu sein. Als Ortsfremde fühlten sie sich in erster Linie den Soldaten verantwortlich, die sie gewählt hatten. Wie fraglich es ist, Arbeiter- und Soldatenräte aufgrund ihrer Parteizugehörigkeit als »gemäßigt« (für SPD-Mitglieder), als »radikal« (für USPD-Mitglieder) einzustufen, haben die Entscheidungen der Delegierten auf dem I. Rätekongreß gezeigt.

11 Die Einsicht in die wachsende Machtlosigkeit des General-Soldatenrates im Falle der Affäre Heuck charakterisierte Ficks mit den Worten: »Wenn Militär nach einem Ort geschafft wird, dann schaltet und waltet es eben nach dem Willen der Offiziere.« E. Schulte, Münstersche Chronik Spartakismus, S. 37 f.
12 Zentralrat, S. 175 f.
13 Regierung der Volksbeauftragten, Teil II, S. 170.
14 Ebd., S. 193.
15 Armee-Verordnungsblatt Nr. 4, 11. 1. 1919, Ziff. 24, S. 17 ff.
16 Zentralrat, S. 30.
17 W. Schumann, S. 135 f.
18 Errettung des Ruhrgebiets, 1918–1920 (= Darstellungen aus den Nachkriegskämpfen Deutscher Truppen und Freikorps, Bd. 9.), Berlin 1923, S. 10 f.
19 Der Werbeaufruf für die Formierung des Freiwilligen-Bataillons erschien am 2. Januar 1919, und zwar sowohl im Namen des Generalkommandos als auch im Namen des General-Soldatenrates. E. Schulte, Münstersche Chronik Spartakismus, S. 8.
20 Ebd., S. 83 u. 87.
21 Ebd., S. 98.
22 Ebd., S. 146.
23 Buse/General-Soldatenrat: »Es handelt sich um Sicherstellung der Grenzen unseres Landes. (. . .) Wir müssen dafür einstehen, daß die Polen nicht noch weiter ins Land kommen! (. . .) Wir müssen uns dagegen wehren. 1914 haben wir *alle* auf dem Standpunkt gestanden!! Man will uns die Industriegebiete in Oberschlesien nehmen. (. . .) Wir haben die Pflicht und Schuldigkeit, dafür zu sorgen, daß dort ein Damm geschaffen wird«. Ebd., S. 140.
24 Ebd., S. 134 (Horstmann/Coesfeld) u. S. 140 (Bönte/Recklinghausen).
25 Buse: »Auch mir gefällt manches in der gegenwärtigen Regierung noch nicht. Aber die jetzige Regierung ist doch nun einmal die einzige. Wir müssen versuchen, auf dem Boden dieser Regierungsform zu arbeiten«. Ebd., S. 140.
26 H. Lambers, S. 56; Sammlung d. Drucksachen d. Verfassunggebenden Preußischen Vers. 1919/21, Bd. 10, S. 5597 ff.
27 Sammlung Drucksachen 10, S. 5585 ff.
28 Ebd., S. 5618 ff.
29 Ebd., S. 5627 ff.
30 Ebd., S. 5639 ff. u. 5644 ff.
31 So stimmten am 17. Januar von den 24 »Regierungstreuen« im Plenum lediglich 8 für den Antrag Poensen/General-Soldatenrat, wonach sofort das in den Industriebezirk entsandte Militar zurückzuziehen war, »da dasselbe keine Ordnung schafft, sondern aufreizend wirkt«. E. Schulte, Münstersche Chronik Spartakismus, S. 143 f.
32 Ebd., S. 148.

33 Ebd., S. 208 f.
34 Errettung des Ruhrgebiets, S. 20 f.
35 E. Schulte, Münstersche Chronik Spartakismus, S. 101 u. 103; ein Beschluß des Bezirks-Soldatenrates vom 11. Januar, daß die an die Studenten herausgegebenen (50) Gewehre wieder eingezogen würden und die Leitung der Volkswehr vollkommen in die Verantwortlichkeit des Arbeiter- und Soldatenrates gehörte, blieb offensichtlich wirkungslos. Ebd., S. 110.
36 Am 9. Januar forderten vier Mitglieder des General-Soldatenrates die Räteorganisationen in Barmen und Remscheid auf, »hundert arbeitslose, ältere, verläßliche Genossen zur Bildung einer Sicherheitswehr« für den General-Soldatenrat nach Münster zu entsenden; als Grund wurde der Schutz gegen »gegenrevolutionäre Bestrebungen von rechts« angegeben. Daraufhin kamen 80 Sicherheitsmannschaften in der Stadt an. Ausgangspunkt dieses Schrittes war die eigenmächtige Bewaffnung von Offizieren und Mannschaften des Freikorps Pfeffer am 9. Januar. Im General-Soldatenrat kam es wegen der Sicherheitswehr am 10. Januar zu erregten Debatten über das Für und Wider einer besonderen Schutzgarde. Der Bezirks-Soldatenrat legte hiergegen Protest ein und protestierte dagegen, daß ohne vorherige Fühlungnahme besondere Sicherheitswehren »aus Personen fremder Bezirke« gebildet würden. Schließlich übernahm er am 20. Januar die 80 Mann »zur Beobachtung des Verkehrs an der Gepäckannahme des Bahnhofes sowie des Güterbahnhofes.« E. Schulte, Münstersche Chronik Spartakismus, S. 84 ff., 111 u. 175.

Kapitel VII

1 S. hierzu: Ulrich Kluge: Dioe Militär- und Rätepolitik der bayerischen Regierungen Eisner und Hoffmann 1918/1919, in: Militärgeschichtliche Mitteilungen 13, 1973, S. 7–58; ders.: Das »württembergische Volksheer« 1918/1919. Zum Problem der bewaffneten Macht in der deutschen Revolution, in: Festschrift für Ernst Fraenkel, Hamburg 1974, S. 92–130
2 Eine Einbeziehung der weiteren Entwicklung in den Bereichen der einzelnen Bezirks-Soldatenräte (bis April 1919) in den Rahmen der vorliegenden Betrachtung erwies sich nicht als sinnvoll.
3 Walther Reinhardt (1872–1930), württembergischer Oberst, im November und Dezember 1918 Direktor des Demobilmachungs-Departements im preußischen Kriegsministerium.
4 Bundesarchiv/Militärarchiv Freiburg i. Br.: Preuß. Kriegsministerium H 02-1/17, Bl. 4.
5 Armee-Verordnungsblatt 1919, S. 53 ff. (Nr. 8), Ziffer 85, s. die edierte Fassung in: Zentralrat S. 441 ff.
6 So entließ der General-Soldatenrat z. B. die Sicherheitswehr – für deren Dienste bei der Sicherung der Parlamentswahlen der Oberbürgermeister von Münster sich übrigens öffentlich bedankt hatte – aus seinem Kompetenzbereich. E. Schulte, Münstersche Chronik Spartakismus, S. 175 f.
7 Hierzu arbeitete das parteilose Mitglied des General-Soldatenrates, Rechtsanwalt Dr. Hoeltzenbein Vorschläge aus für die organisatorische Neugestaltung des Gremiums, darüber hinaus wurden Ausführungsbestimmungen des General-Soldatenrates zu den Verordnungen in Aussicht gestellt. Ebd., S. 179 u. 192.

8 Ebd., S. 315.
9 Ebd., S. 195.
10 Ebd., S. 197.
11 Zentralrat, S. 465 ff.
12 Für die Spannungen um v. Woyna sprechen die äußeren Umstände seiner ebenso raschen wie wenig aufwendigen Verabschiedung. Das Kriegsministerium und die Heeresleitung hatten v. Woynas Aufgabe offensichtlich anders eingeschätzt als er selbst, denn er erklärte sich »außerstande, die höchst verworrenen Zustände im Industriegebiet . . . zu entwirren«. E. Schulte, Münstersche Chronik Spartakismus, S. 315.
13 Ebd., S. 315.
14 E. Schulte, der Einblick in die – inzwischen verlorenen – Akten des Reichsarchivs hatte, schrieb über die persönliche Haltung v. Watters: »Exzellenz von Watter . . . ging bei allen seinen Maßnahmen von der Erkenntnis aus, daß sein Korpsbezirk den gefährlichsten Unruheherd ganz Deutschlands erfaßte . . .; ferner beachtete er die äußerst verantwortungsvolle Tatsache, daß der explosive Zustand des unerträglichen Waffenstillstandes stets unmittelbar wieder in Krieg übergehen könnte . . .«. Über Watters Ziele schrieb Schulte: Er nahm die Gelegenheit des Konflikts wegen der kriegsministeriellen Verordnungen zwischen Münster und Berlin wahr, »den Wiederaufbau einer schlagfertigen Truppe durch Abdrosselung des Rätesystems zu beginnen, und zwar mit dem Ziele, die unentbehrliche Kommandogewalt der Offiziere wiederherzustellen; er begann bewußt den Konflikt mit dem Entschluß, unter allen Umständen und mit allen Mitteln Remedur zu schaffen«. Ebd., S. 315.
15 Ebd., S. 190.
16 Ebd., S. 201.
17 Zentralrat, S. 515, Anm. 56.
18 Ebd., S. 516 f.
19 Ebd., S. 572 Anm. 90.
20 Die entspannte Lage in Münster wurde sichtbar an der Haltung des Bezirks-Soldatenrates, der eine Protestresolution gegen Noskes Politik zurückstellte. E. Schulte, Münstersche Chronik Spartakismus, S. 228.
21 P. v. Oertzen, Betriebsräte, S. 110 ff.
22 Ebd., S. 114 f.
23 Ebd., S. 115.
24 E. Kolb, Arbeiterräte, S. 345; Revolution und Räterepublik in Bremen, hg. von Peter Kuckuk, Frankfurt/Main 1969, S. 53 ff.
25 E. Kolb, Arbeiterräte, S. 345.
26 Ebd., S. 345.
27 E. Schulte, Münstersche Chronik Spartakismus, S. 316.
28 Ebd., S. 316 f.
29 Ebd., S. 247.
30 Ebd., S. 320 f.
31 Ebd., S. 326.
32 Ebd., S. 324 u. 332.
33 Ebd., S. 271, 323–26, 335, 347, 353, 355, 359.
34 Richard Müller, Der Bürgerkrieg in Deutschland, Berlin 1925, S. 136.
35 Ebd., S. 136; P. v. Oertzen, Betriebsräte, S. 115.
36 Ebd., S. 136.

37 Die Angaben über die Anzahl der Streikenden schwanken. So spricht R. Müller von $^9/_{10}$ der Zechenbelegschaften »nach einem scheinbar übertriebenen WTB-Bericht« (Bürgerkrieg, S. 136), während P. v. Oertzen die Zahl der Streikenden am 20. Februar mit rund 180 000 Mann, »kaum mehr als die Hälfte der Bergarbeiter«, beziffert (Betriebsräte, S. 116).

1. Verzeichnis der benutzten Archive

Stadtarchiv Bielefeld
Stadtarchiv Bochum
Stadtarchiv Dortmund (StA Do)
Westfälisches Wirtschaftsarchiv Dortmund (WWA)
Hauptstaatsarchiv Düsseldorf (HStAD)
Stadtarchiv Düsseldorf
Stadtarchiv Duisburg
Stadtarchiv Essen
Stadtarchiv Gelsenkirchen
Stadtarchiv Krefeld
Stadtarchiv Minden
Stadtarchiv Mülheim/Ruhr (StA Ml)
Staatsarchiv Münster (StA Mü)
Stadtarchiv Recklinghausen
Stadtarchiv Soest
Stadtarchiv Solingen
Stadtarchiv Wuppertal (StA Wu)

Außerdem wurden in Einzelfällen Bestände folgender Archive benutzt: Internationales Institut für Sozialgeschichte Amsterdam; Stadtarchiv Bonn; Militärgeschichtliches Forschungsamt Freiburg i. Br.; Bundesarchiv/Militärarchiv Freiburg i. Br.; SPD-Parteibüro Kiel; Bundesarchiv Koblenz; Bayerisches Kriegsarchiv München; Geheimes Staatsarchiv München; Deutsches Zentralarchiv Potsdam (DZA); Werksarchiv Thyssen.

2. Verzeichnis der benutzten Zeitungen (Jahrgänge 1918/19)

Barmer Anzeiger, Amtliches Kreisblatt (B.A.)
Bergische Arbeiterstimme. Organ für das arbeitende Volk des Kreises Solingen (B.A.St.)
Bergisch-Märkische Zeitung (Berg.-Märk. Ztg.)
Bergische Tageszeitung (B.T.)
Dortmunder Tageblatt (D.T.)
Dortmunder Zeitung (D.Z.)
Düsseldorfer Nachrichten
Düsseldorfer Tageblatt
Freie Presse. Organ des werktätigen Volkes von Rheinland und Westfalen, Elberfeld (F.P.)
Freiheit. Organ für die Interessen des gesamten werktätigen Volkes. Publikationsorgan der Arbeiter- und Soldatenräte, Verbreitungsbereich Mül-

heim-Ruhr, Duisburg, Oberhausen, Hamborn, Moers-Rees und Essen-Ruhr (F.)
Gelsenkirchener Allgemeine Zeitung
Gelsenkirchener Zeitung
Generalanzeiger für Dortmund und die Provinz Westfalen (G.A.)
Mülheimer Generalanzeiger. Mit der Beilage: Vaterländische Blätter (M.G.A.)
Mülheimer Zeitung. Amtliches Kreisblatt für den Stadtkreis Mülheim a. d. Ruhr (M.Z.)
Mülheimer Volkszeitung (M.V.)
Täglicher Anzeiger, Amtsblatt
Tremonia, Dortmund (Trem.)
Volksblatt. Sozialdemokratisches Organ f. d. Wahlkreise Bochum, Gelsenkirchen, Hattingen, Witten, Herne und Rheinhausen-Borken
Volkstribüne. Organ des werktätigen Volkes von Elberfeld-Barmen (Volkstr.)
Vorwärts (Barmen, einzige Ausgabe 22. 11. 1918)
Westdeutsche Rundschau
Westfälische Allgemeine Volkszeitung, Dortmund (W.A.V.Z.)
Westfälische Neueste Nachrichten, Bielefeld

Außerdem wurden einzelne Nummern folgender Zeitungen benutzt: Bergarbeiterzeitung (Bochum); Bonner Zeitung; Bremer Bürgerzeitung. Organ für die Interessen des Volkes; Essener Arbeiterzeitung; Krefelder Zeitung; Niederrheinische Volkszeitung (Krefeld); Paderborner Anzeiger; Trierer Zeitung; Weser Zeitung (Bremen).

3. Verzeichnis der abgekürzt zitierten Literatur

Die Auswirkungen der Großen Sozialistischen Oktoberrevolution auf Deutschland, hg. v. Leo Stern, Bd. 3, Berlin (Ost) 1959.

Bachem, Karl: Vorgeschichte, Geschichte und Politik der deutschen Zentrumspartei, Bd. 7, Köln 1931.
Baudis, Dieter: Zur Geschichte des Kampfes der deutschen Arbeiterklasse um die Kontrolle über die Produktion während der Novemberrevolution und der Massenstreiks im Frühjahr 1919, Wirtschaftswiss. Diss. Berlin (Ost) 1960.
Berthold, Lothar und Helmut Neef: Militarismus und Opportunismus gegen die Novemberrevolution. Das Bündnis der rechten SPD-Führung

mit der Obersten Heeresleitung, November und Dezember 1918. Eine Dokumentation, Berlin (Ost) 1958.

Bloch, Ernst: Die sozialpolitischen Kämpfe in der Schwerindustrie des Ruhrgebiets in den Jahren 1918–1922, Diss. phil. Berlin 1924.

Bock, Hans Manfred: Syndikalismus und Linkskommunismus von 1918–1923, Meisenheim am Glan 1969.

Buchner, Eberhard: Revolutionsdokumente. Die deutsche Revolution in der Darstellung der zeitgenössischen Presse, Bd. 1: Im Zeichen der Roten Fahne, Berlin 1921.

Croon, Helmut: Die gesellschaftlichen Auswirkungen des Gemeindewahlrechts in den Gemeinden und Kreisen des Rheinlands und Westfalens im 19. Jahrhundert, Köln 1960.

Deist, Wilhelm: Die Politik der Seekriegsleitung und die Rebellion der Flotte Ende Oktober 1918, in Vierteljahrshefte für Zeitgeschichte 14, 1966, S. 341–368.

Denkschrift zur Hundertjahrfeier der Stadt Mülheim a. d. Ruhr 1908, hg. v. Mülheimer Geschichtsverein, 1908.

Dörnemann, Manfred: Die Politik des Verbandes der Bergarbeiter Deutschlands von der Novemberrevolution 1918 bis zum Osterputsch 1921 unter besonderer Berücksichtigung der Verhältnisse im rheinisch-westfälischen Industriegebiet, Diss. phil. Würzburg 1966.

Dokumente und Materialien zur Geschichte der deutschen Arbeiterbewegung (Reihe 2), hg. vom Institut für Marxismus-Leninismus beim Zentralkomitee der SED, Bde. 1–3, Berlin (Ost) 1958.

Drabkin, J. S.: Die Novemberrevolution in Deutschland, Berlin (Ost) 1968.

Errettung des Ruhrgebiets, 1918–1920 (= Darstellungen aus den Nachkriegskämpfen Deutscher Truppen und Freikorps, Bd. 9), Berlin 1943.

Feldmann, Gerald D.: Army, Industry and Labor in Germany 1914–1918, Princeton 1966.

ders.: Wirtschafts- und sozialpolitische Probleme der deutschen Demobilmachung, in: H. Mommsen u. a. (Hg.): Industrielles System und politische Entwicklung in der Weimarer Republik, Düsseldorf 1974, S. 618–647.

Frank, Hans: Synchronoptische Heimatgeschichte von Dortmund, o. J.

Geschäftsbericht für die Jahre 1917 und 1918. Verband der Bergarbeiter Deutschlands, Bochum 1919.

Graf, Hans: Die Entwicklung der Wahlen und politischen Parteien in Groß-Dortmund, Hannover 1958.

Haacke, Heinrich: Barmen im Weltkriege, Barmen 1922.

Habedank, Heinz: Um Mitbestimmung und Nationalisierung während

der Novemberrevolution und im Frühjahr 1919, Berlin (Ost) o. J. (1968).
ders.: Über Verlauf und Wesen der Sozialisierungsbewegung im Ruhrgebiet während der Novemberrevolution, in: Beiträge zur Geschichte der Novemberrevolution, Berlin (Ost) 1960, S. 42–61.
Hellgrewe, Henry: Dortmund als Industrie- und Arbeiterstadt, Dortmund 1951.
Hinkers, Hans Willy: Die geschichtliche Entwicklung der Dortmunder Schwerindustrie seit der Mitte des 19. Jahrhunderts, Dortmund 1925.
Illustrierte Geschichte der Deutschen Revolution, Berlin 1929 (Neudruck: Frankfurt 1968).
Karski, J.: Das Rätesystem, Essen 1919.
Kolb, Eberhard: Die Arbeiterräte in der deutschen Innenpolitik 1918–1919, Düsseldorf 1962.
ders.: Rätewirklichkeit und Räte-Ideologie 1918/19, in: H. Neubauer (Hg.): Deutschland und die russsische Revolution, Stuttgart 1968, S. 94–110.
Lambers, Hanno: Die Revolutionszeit in Hagen. Die politische Entwicklung von 1917 bis 1924 in Hagen und Haspe, Hagen 1963.
Liebe, Werner: Die Deutschnationale Volkspartei 1918–1924, Düsseldorf 1956.
Lucas, Erhard: Ursachen und Verlauf der Bergarbeiterbewegung in Hamborn und im westlichen Ruhrgebiet 1918/19. Zum Syndikalismus in der Novemberrevolution, in: Duisburger Forschungen, Bd. 15, 1971, S. 1–119.
ders.: Märzrevolution im Ruhrgebiet. März/April 1920. Vom Generalstreik gegen den Militärputsch zum bewaffneten Arbeiteraufstand. März–April 1920, Bd. 1, Frankfurt/M. 1970.
Lützenkirchen, Ralf: Der sozialdemokratische Verein für den Reichstagswahlkreis Dortmund-Hörde. Ein Beitrag zur Parteiengeschichte, Dortmund 1970.
Mehnert, Gottfried: Evangelische Kirche und Politik 1917–1919. Die politischen Strömungen im deutschen Protestantismus von der Juli-Krise 1917 bis zum Herbst 1919, Düsseldorf 1959.
Metzmacher, Helmut: Der Novemberumsturz 1918 in der Rheinprovinz, in: Annalen des Historischen Vereins für den Niederrhein, Bd. 168/69, 1967, S. 135–265.
Müller, Richard: Die Novemberrevolution, Bd. II: Vom Kaiserreich zur Republik, Wien 1925.
ders.: Bürgerkrieg in Deutschland, Berlin 1925.
Neumann, Walter: Die Gewerkschaften im Ruhrgebiet. Voraussetzungen,

Entwicklung und Wirksamkeit, Köln 1951.
Noske, Gustav: Von Kiel bis Kapp, Berlin 1920.
Oeckel, Heinz: Die revolutionäre Volkswehr 1918/19. Die deutsche Arbeiterklasse im Kampf um die revolutionäre Volkswehr. (November 1918 bis Mai 1919), Berlin (Ost) 1968.
Oertzen, Peter v.: Betriebsräte in der Novemberrevolution, Düsseldorf 1963.
ders.: Die großen Streiks der Ruhrbergarbeiterschaft im Frühjahr 1919, in: Vierteljahrshefte für Zeitgeschichte, Bd. 6, 1958, S. 231–262.
Popp, Lothar und Karl Artels: Ursprung und Entwicklung der November-Revolution 1918, Kiel 1919.
Rausch, Bernhard: Am Springquell der Revolution, Kiel 1918.
Die Regierung des Prinzen Max von Baden, bearb. v. Erich Matthias u. Rudolf Morsey, Düsseldorf 1962 (= Quellen zur Geschichte des Parlamentarismus und der politischen Parteien, Reihe 1, Bd. 2).
Die Regierung der Volksbeauftragten 1918/19, eingeleitet von Erich Matthias, bearb. v. S. Miller u. Mitwirkung v. H. Potthoff, Düsseldorf 1969 (= Quellen zur Geschichte des Parlamentarismus und der politischen Parteien, Reihe 1, Bd. 6).
Reulecke, Jürgen (Hg.): Arbeiterbewegung an Rhein und Ruhr, Wuppertal 1974.
Richter, Werner: Gewerkschaften, Monopolkapital und Staat im ersten Weltkrieg und in der Novemberrevolution, Berlin (Ost) 1959.
Rosenberg, Arthur: Geschichte der Weimarer Republik, neu hg. v. Kurt Kersten, Frankfurt 1961.
Ruben, Ernst: Geschichte der Essener Sozialisierungsbewegung. Denkschrift, abgeschl. 23. 11. 1919, o. O. u. J.
Rürup, Reinhard: Probleme der Revolution in Deutschland 1918/19, Wiesbaden 1968.
Sammlung der Drucksachen der Verfassungsgebenden Preußischen Versammlung 1919/1921, Bd. 10.
Scheidemann, Philipp: Der Zusammenbruch, Berlin 1921.
Schieck, Hans: Der Kampf um die deutsche Wirtschaftspolitik nach dem Novembersturz 1918, Diss. phil. Heidelberg 1958.
Schulte, Eduard: Münstersche Chronik zu Novemberrevolution und Separatismus, Münster 1936.
ders.: Münstersche Chronik zu Spartakismus und Separatismus Anfang 1919, Münster 1939.
Schulz (Major a. D.): Ein Freikorps im Industriegebiet, 2. Aufl., Mülheim 1922.
Schumann, Wolfgang: Oberschlesien 1918/19, Berlin (Ost) 1961.

Die Sozialisierung des Bergbaus und der Generalstreik im rheinisch-westfälischen Industriegebiet, Essen o. J. (1919).

Spethmann, Hans: Zwölf Jahre Ruhrbergbau. Aus seiner Geschichte vom Kriegsanfang bis zum Franzosenabmarsch 1914–1925, Bd. 1: Aufstand und Ausstand bis zum zweiten Generalstreik April 1919, Berlin 1928.

Ursachen und Folgen. Vom deutschen Zusammenbruch 1918 und 1945 bis zur staatlichen Neuordnung Deutschlands in der Gegenwart. Ein Urkunden- und Dokumentenbuch zur Zeitgeschichte hg. u. bearb. v. H. Michaelis und E. Schraepler, Bde. 1–3, Berlin 1958.

Walther, Henri und Dieter Engelmann: Zur Linksentwicklung der Arbeiterbewegung im Rhein-Ruhrgebiet. Unter besonderer Berücksichtigung der Herausbildung der USPD und der Entwicklung ihres linken Flügels vom Ausbruch des Ersten Weltkrieges bis zum Heidelberger Parteitag der KPD und dem Leipziger Parteitag der USPD. Juli/August 1914 bis Dezember 1919, Diss. phil. Leipzig 1965.

Weber, Hermann (Hg.): Der Gründungsparteitag der KPD. Protokoll und Materialien, Frankfurt 1969.

Weiss, Otto: Die eigenwirtschaftliche Tätigkeit der Stadt Mülheim a. d. Ruhr in der Vorkriegszeit und heute, Diss. Münster 1929.

Das Werk des Untersuchungsausschusses der Verfassunggebenden deutschen Nationalversammlung und des Deutschen Reichstages 1919, Reihe IV, 12 Bde., Berlin 1925–1929.

Die Wirren in der Reichshauptstadt und im nördlichen Deutschland 1918–1920 (= Darstellungen aus den Nachkriegskämpfen Deutscher Truppen und Freikorps, Bd. 6), Berlin 1940.

Witte, Ursula: Entstehung und Tätigkeit des Arbeiter- und Soldatenrates in Gelsenkirchen von November 1918 bis Februar 1919. Ungedr. Staatsexamensarbeit (Päd. Hochschule Westfalen-Lippe, Abt. Münster I) 1968.

Zeisler, Kurt: Die revolutionäre Matrosenbewegung in Deutschland im Oktober/November 1918, in: Revolutionäre Ereignisse und Probleme in Deutschland während der Periode der großen sozialistischen Oktoberrevolution 1917/18, hg. v. Institut f. Geschichte a. d. Deutschen Akademie der Wissenschaften zu Berlin unter d. Red. von Albert Schreiner, Berlin (Ost) 1957.

Zensen, Walter: Politische Unruhen in Düsseldorf 1919/1920. Ungedr. Staatsexamensarbeit (Pädagogische Hochschule Rheinland, Abt. Neuß) 1969.

Der Zentralrat der deutschen sozialistischen Republik 19. 12. 1918 – 8. 4. 1919, bearb. v. Eberhard Kolb u. Mitw. v. Reinhard Rürup, Leiden 1968 (= Quellen zur Geschichte der Rätebewegung in Deutschland 1918/19, Bd. 1).

Die Autoren

Ulrich Kluge, Dr. phil., Wissenschaftlicher Assistent am Historischen Seminar der Universität Freiburg i. Br., geb. 1935, Studium der Geschichte, Politischen Wissenschaft und Publizistik in Berlin (Freie Universität), arbeitete im Bibliothekswesen, war wissenschaftlicher Mitarbeiter im Kommunalwissenschaftlichen Forschungszentrum Berlin. Veröffentlichungen u. a.: Soldatenräte und Revolution. Studien zur Militärpolitik in Deutschland 1918/19, Göttingen 1975; Essener Sozialisierungsbewegung und Volkswehrbewegung im rheinisch-westfälischen Industriegebiet 1918/19, in: Internationale Wissenschaftliche Korrespondenz zur Geschichte der deutschen Arbeiterbewegung 16, 1972, S. 55–65; Das »württembergische Volksheer« 1918/19, in: Klassenjustiz und Pluralismus, Festschrift für Ernst Fraenkel, hg. v. G. Doeker u. W. Steffani, Hamburg 1973, S. 92–130; Die Militär- und Rätepolitik der bayerischen Regierungen Eisner und Hoffmann 1918/19, in: Militärgeschichtliche Mitteilungen 13, 1973, S. 5–58.

Hans-Ulrich Knies, Studienrat am Beethoven-Gymnasium in Berlin-Lankwitz, geb. 1940, Studium der Geschichte, Latinistik und Politischen Wissenschaft in Köln, Montpellier und Berlin (Freie Universität), war u. a. wissenschaftlicher Mitarbeiter der Historischen Kommission zu Berlin, Sektion Arbeiterbewegung; journalistische Arbeiten zur politischen Situation in Spanien und Portugal.

Inge Marßolek, Doktorandin des Fachbereichs 13 (Geschichtswissenschaften) der Freien Universität Berlin, geb. 1947, Studium der Geschichte und Romanistik in Bochum und Berlin (Freie Universität); derzeitiges Forschungsprojekt: »Entstehung und Politik der Arbeiterorganisationen (SPD, KPD und Gewerkschaften) im Bergischen Land 1945–1948«; außerdem Mitarbeit an einem Sammelband über Entstehung und Programmatik der antifaschistischen Ausschüsse 1945 in Deutschland.

Reinhard Rürup, Professor für Neuere Geschichte im Fachbereich 13 (Geschichtswissenschaften) der Freien Universität Berlin, geb. 1934, Studium der Geschichte und Germanistik in Freiburg, Berlin (Freie Universität) und Göttingen, war wissenschaftlicher Mitarbeiter des Instituts für Europäische Geschichte in Mainz, Assistent in Karlsruhe und Berlin, Gastprofessor an der University of California in Berkeley. Veröffentlichungen u. a.: Johann Jacob Moser. Pietismus und Reform, Wiesbaden 1965; Probleme der Revolution in Deutschland 1918/19, Wiesbaden 1968; Der Zentralrat der deutschen sozialistischen Republik, Leiden 1968 (bearb. mit E. Kolb); Emanzipation und Antisemitismus. Studien zur »Judenfrage« der bürgerlichen Gesellschaft, Göttingen 1975; Moderne Technikgeschichte, Köln 1975 (hg. mit K. Hausen).

Irmgard Steinisch, Doktorandin im Fachbereich 13 (Geschichtswissenschaften) der Freien Universität Berlin, geb. 1946, Studium der Geschichte und Anglistik in Bochum, Berlin (Freie Universität) und Indiana, U.S.A., 1972–74 Forschungsassistentin an der University of California in Berkeley. Veröffentlichung: The Stinnes-Legien Agreement: A Documentation, in: Internationale Wissenschaftliche Korrespondenz zur Geschichte der deutschen Arbeiterbewegung, Bd. 19/20, Berlin 1973, S. 45–102, (hg. v. G. D. Feldman, unter Mitwirkung von I. Steinisch); derzeitiges Forschungsprojekt: »Wirtschafts- und sozialpolitische Probleme der Einführung des Achtstundentages in der Eisen- und Stahlindustrie Deutschlands und der Vereinigten Staaten. Eine vergleichende Studie von der Jahrhundertwende bis zur Großen Depression«.

Inhalt

Reinhard Rürup: *Einleitung*   7

Ulrich Kluge: *Militärrevolte und Staatsumsturz. Ausbreitung und Konsolidierung der Räteorganisationen im rheinisch-westfälischen Industriegebiet*   *39*

I. Der Matrosenaufstand und die Ausbreitung der militärischen Rätebewegung in Norddeutschland   *39*

II. Die Bildung von Räteorganisationen in den Bereichen des VII. und VIII. Armeekorps. Materialien zur Typologie der militärischen Umsturzbewegung in Deutschland   *46*

III. Zielsetzung, Funktionen und Programmatik der Soldatenräte   *67*

Hans-Ulrich Knies: *Arbeiterbewegung und Revolution in Wuppertal. Entwicklung und Tätigkeit der Arbeiter- und Soldatenräte in Elberfeld und Barmen*   *83*

I. Zur wirtschaftlichen, sozialen und politischen Situation in Elberfeld und Barmen vor der Revolution   *83*

II. Die Revolution und die Bildung der Arbeiter- und Soldatenräte in den Wupperstädten   *92*

III. Rätebewegung und Parteipolitik: Auseinandersetzungen zwischen SPD und USPD bis Ende Dezember 1918   *106*

IV. Die politischen Parteien und die Wahl zur Nationalversammlung in Elberfeld und Barmen   *120*

V. Die Wuppertaler Räte unter der Führung der USPD: Januar bis März 1919   *128*

Irmgard Steinisch: *Linksradikalismus und Rätebewegung im westlichen Ruhrgebiet.*
Die revolutionären Auseinandersetzungen in Mülheim an der Ruhr   *155*

I. Die wirtschaftlichen, sozialen und politischen Verhältnisse in Mülheim vor und während des Krieges   *156*

II. Der Ausbruch der Revolution und die Bildung der revolutionären Räteorgane in Mülheim   *166*

III. Die Tätigkeit des Mülheimer Arbeiter- und Soldatenrates im November/Dezember 1918.   *177*

IV. Arbeitskämpfe, politische Konflikte und Wahlen in Mülheim   *193*

V. Sozialisierungsbewegung, Generalstreik und die Entmachtung des Mülheimer Arbeiter- und Soldatenrates   *205*

Zusammenfassung   *216*

Anhang: Die Mitglieder des Arbeiter- und Soldatenrates in Mülheim   *220*

Inge Marßolek: *Sozialdemokratie und Revolution im östlichen Ruhrgebiet.*
Dortmund unter der Herrschaft des Arbeiter- und Soldatenrates   *239*

I. Die sozialökonomische und politische Lage in Dortmund vor der Revolution   *240*

II. Entstehung und Politik des Dortmunder Arbeiter- und Soldatenrates bis Ende Dezember 1918   *247*

III. Die Phase der verstärkten Abgrenzung nach links und die Selbstauflösung des Arbeiter- und Soldatenrates: Januar bis März 1919   *261*

IV. Arbeitskämpfe und Sozialisierungsbewegung in Dortmund bis März 1919   *279*

Schlußbetrachtung   *293*

Ulrich Kluge: *Der Generalsoldatenrat in Münster und das Problem der bewaffneten Macht im rheinisch-westfälischen Industriegebiet*   *315*

I. Die Machtverhältnisse nach dem Umsturz: Der Rat der Volksbeauftragten und die Oberste Heeresleitung — *321*

II. Die organisatorische Konsolidierung der militärischen Räteorganisationen und die Gründung des Generalsoldatenrates in Münster — *326*

III. Ziele und Funktionen der Soldatenräte im November/Dezember 1918 — *328*

IV. Der Ausbau des lokalen Sicherheitssystems im Bereich des VII. Armeekorps — *335*

V. Das Ringen um die Gestaltung des republikanischen Heeres in den ersten Wochen nach dem Umsturz — *352*

VI. Die Ansätze einer Volkswehr-Bewegung im VII. Armeekorps und die Militärpolitik des Generalsoldatenrates — *358*

VII. Sozialisierungsbewegung und lokales Sicherheitssystem im Ruhrgebiet. Die Auflösung des Generalsoldatenrates — *369*

Verzeichnis der benutzten Archive — *393*

Verzeichnis der benutzten Zeitungen — *393*

Verzeichnis der abgekürzt zitierten Literatur — *394*

Die Autoren — *399*

Aufstand der Bürger

Revolution 1849
im westdeutschen Industriezentrum

Mit einem Vorwort von
Gustav Walter Heinemann

Herausgegeben von Klaus Goebel
und Manfred Wichelhaus

320 Seiten, DM 20,-

Dieses Buch veröffentlicht Dokumente aus einer vielfach verschwiegenden Zeit unserer Geschichte. Es füllt einen weißen Fleck mitten auf der Karte rheinisch-westfälischer Freiheitsbewegungen in den Jahren 1848 und 1849. Auch auf diesem Boden haben Menschen von Einigkeit und Recht und Freiheit nicht nur gesungen, sondern dafür gekämpft. In staatsbürgerlichem Aufbegehren sind sie der Obrigkeit entgegengetreten. Erst hundert Jahre später hat unser Grundgesetz die Grundrechte der Bürger aller Staatsgewalt vorgeordnet.

(Aus dem Vorwort)

Peter Hammer Verlag